法律职业技能竞赛丛书

主　编　谭世贵
副主编　张炳生　苏新建

法之思

浙江省首届法科大学生征文比赛获奖论文集

厦门大学出版社
XIAMEN UNIVERSITY PRESS
国家一级出版社
全国百佳图书出版单位

《法律职业技能竞赛》丛书编委会

主任

谭世贵

委员（以姓氏笔画为序）

于世忠　王　健　方建中　田信桥

李占荣　阮国平　陈　党　吴高庆

苏新建　罗思荣　张炳生　钭晓东

陶丽琴　唐长国　袁继红　梁开银

黄　彤　黄　威　揭　明　喻文莉

序

谭世贵

从上世纪末到本世纪初的短短十多年时间里，随着高等教育扩招政策的全面实施，我国的法学教育一路高歌猛进。据统计，1995 年，我国的法学院、校仅有 140 所，在校学生 8 万余人。到 2009 年，全国的法学院、校已发展到 630 多所，在校学生 30 多万人。14 年间，我国法学院、校的数量和在校生的人数增加均达 4 倍之多。但是，量的扩张并没有带来质的提升，相反，出现了师资水平下降、培养模式单一、学生创新意识不强和实践能力不高的严重问题，同时，法学专业学生就业率低的状况也引起了全社会的广泛关注。

面对教学质量的严重滑坡和社会舆论的普遍关注，我国的法学院、校积极应对，采取了一系列措施改革培养模式，加强教学建设，改善教学条件，健全质量控制，以促进人才培养质量的提高。其中，诸多高校纷纷采用"三个率"（司法考试通过率、研究生考取率和公务员录用率）来衡量法学院、系的教学质量和办学水平，即"三个率"高，则表明法学院、系的教学质量和办学水平就高，反之就低。殊不知，这种以"三个率"来衡量教学质量和办学水平的做法，实际上是"考试万能论"的翻版，其培养的只不过是学生死记硬背的能力和应对考试的能力，而法学专业学生所应具备的创新精神和实践能力（特别是法律思维能力、口头表达能力、论辩能力和写作能力等）并没有得到很好的锻炼和提高。这也从另一方面说明了，尽管我们在提高人才培养质量方面采取了诸多措施，但为何效果仍不理想的问题。由此，迫切需要我们更新观念，转变思路，另辟蹊径，寻求提高法律人才培养质量的新途径、新举措和新突破。

正在我们为此彷徨、踌躇之时，国家卓越法律人才教育培养计划的启动为我们拨开了迷雾，指明了方向。2011 年 11 月 23 日，教育部、中央政法委联合印发《关于实施卓越法律人才教育培养计划的若干意见》（以下简称为《若干意见》），决定实施"卓越法律人才教育培养计划"。其总体目标是：经过 10 年左右的努力，形成科学先进、具有中国特色的法学教育理念，形成开放多样、符合中国国情的法律人才培养体制，培养造就一批"信念执着、品德优良、知识丰富、本领过硬"的高素质法律人才。为实现这一目标，该《若干意见》确定了分类培养卓越法律人才、创新卓越法律人才培养机制、加强社会主义法治理念教育、强化法学实践教学环节、加强法学师资队伍建设等五项主要任务和建设卓越法律人才教育培养基地、实施高校与实务部门人员互聘"双千计划"、建设法学实践教学基地、开展法学教育国际交流与合作、建设高水平教材、制定卓越法律人才培养标准等六项工作措施。其中，明确提出要在全国范围内，"建设 80 个左右应用型、复合型法律职业人才教育培养基地，建设 20 个左右涉外法律人才教育培养基地，建设 20 个左右西部基层法律人才教育培养基地"。

2012 年 6—7 月，经中央部委属高校直接申报、省级教育行政部门推荐申报，教育部组织专家通讯评审和会议评审，差额投票产生了"全国首批卓越法律人才教育培养基地"，包括 60 个"应用型、复合型法律职业人才教育培养基地"、22 个"涉外法律人才教育培养基地"和 12 个"西部基层法律人才教育培养基地"。其中在浙江，浙江大学获准为"应用型、复合型法律职业人才教育培养基地"和"涉外法律人才教育培养基地"，浙江工商大学获准为"应用型、复合型法律职业人才教育培养基地"。

在浙江省属高校20多所法学院、系中，浙江工商大学法学院能够入选"全国首批卓越法律人才教育培养基地"，这既是很大的荣誉，是国家教育行政主管部门对我院办学水平的充分认可，同时也带给我们巨大的压力和前所未有的挑战。一方面，如何把卓越法律人才教育培养基地建设好，真正把学生培养成为"信念执着、品德优良、知识丰富、本领过硬"的高素质法律人才，成为我们必须努力完成的一项艰巨任务。另一方面，如何发挥卓越法律人才教育培养基地的辐射效应和我院作为"浙江省法学会法学教育研究会"挂靠单位的牵头作用，扎实推进浙江省高等法学教育的科学发展和整体提升，也成为摆在我们面前的一项全新课题。

正是基于对上述情况的观察与思考，浙江工商大学法学院在2012年3月新学期伊始，便制定了在全院学生中开展辩论赛、演讲比赛和征文比赛三项竞赛活动的计划并开始实施（该学期举办了征文比赛）；在2012年11月10日召开的"浙江省法学教育研究会年会暨转型发展中的浙江法学教育研讨会"上，我提出了建设"浙江法学教育网"和举办"浙江省法科大学生竞赛活动"（具体分为辩论赛、征文比赛、演讲比赛和模拟法庭比赛）的倡议，得到会议代表和兄弟院系的积极响应。会后，我们及时向省法学会的领导和省教育厅高教处的同志作了汇报（在汇报过程中，省教育厅高教处王国银副处长建议将"法科大学生竞赛"更名为"法律职业技能竞赛"，以更加符合强化法律职业技能培养的法律人才培养要求，我们采纳了他的建议），拟定了竞赛章程和各项比赛的规则，筹措了部分竞赛经费，与兄弟院系的院长、主任进行了联系、沟通，并于 2013 年 3 月 15 日召开了有 17 所法学院、系负责人参加的院长（主任）联席会议。会议经充分讨论，决定成立浙江省高校法律职业技能竞赛组织委员会，通过竞赛章程和比赛规则，并确定每学期举办一项竞赛活动（即 2012 年上半年举办辩论赛、下半年举办征文比赛，2013 年上半年举办演讲比赛、下半年举办模拟法庭比赛）。首届浙江省高校法律职业技能竞赛（"振才杯"辩论赛）在各院、系进行初赛的基础上，分别于 2013 年 5 月 11、12 日和 25、26 日在浙江工商大学进行了复赛、决赛，取得了圆满成功。

在全省范围内举办包括辩论、征文、演讲和模拟法庭等四项比赛在内的法律职业技能竞赛活动，这在国内尚属首次，具有极其重要的意义：第一，有利于改变法学教育培养模式单一的状况，建立多元化的人才培养模式。长期以来，我们一直采用课堂讲授的培养模式，教师与学生之间缺乏互动，学生靠死记硬背获得知识。举办辩论、征文、演讲和模拟法庭等各项比赛，能够改变"满堂灌"的单一培养模式，使辩论、演讲场所和模拟法庭变成生动、有趣的第二课堂，实现教与学的良性互动，从而建立新的人才培养模式，更加有利于学生的全面成长与个性发展。第二，有利于培养学生的创新精神和实践能力，切实提高法律人才的培养质量。实践证明，传统的课堂教学与书面考试的方法磨炼的是学生的记忆力，《高等教育法》所要求的创新精神和实践能力的培养目标难以得到实现。通过开展辩论、征文、演讲和模拟法庭等各项比赛，学生将在语言表达、法庭论辩、论文写作等方面得到实战性的训练；同时，学生要在比赛中获得好成绩，就必须探寻新思路，采用新方法，提出新观点，构建新思维，这无疑有利于培养学生标新立异、开拓创新的精神以及能说会道、能言善辩、妙笔生花和临场应变的能力。第三，有利于全面提高学生的法律职业技能，以更好地适应法律工作的要求。在司法实践中，法官、检察官、律师只有拥有能够"唇枪舌剑"的良好"口才"和能够高质量地撰写各种诉讼文书的良好"笔才"，才能胜任司法工作。很显然，以磨炼学生记忆力为根本特征的课堂教学不可能培养出"口才"和"笔才"俱佳的法律人才，而只有通过经常性地进行辩论、征文、演讲和模拟法庭等各项比赛，才可能使学生切实掌握"能说会写"的法律职业技能，从而在走上法律工作岗位后能够较快地适应法律工作的要求，早日成为一名合格的法官、检察官或执业律师。第四，有利于促进全省高校法律院系的交流与合作，促进我省高等法学教育的创新发展和整体提升。在我国经济最具活力的长三角地区，与上海市、江苏省相比，浙江省的高等法学教育尚有较大的差距。我们认为，除需要政府重视外，更需要全省高校的法律院系加强交流与合作，以实现共赢与发展。而各法学院、系组织起来，常态化地开展辩论、征文、演讲和模拟法庭等各项比赛，无疑是法学院系之间进行交流与合作的重要途径。第五，有利于提高浙江省高等法学教育在全国的竞争力和影响力。目前，其他省份如山东、广东等，已在全省范围内开展了模拟法庭等单项比赛，而只有我省高校在全省范围内定期开展了辩论、征文、演讲和模拟法庭等四项比赛。因此，只要全省高校的法学院系团结合作、齐心协力，将各项比赛工作做好，同时扩大并加强其他形式的交流与合作，就一定能够逐步提升我省高等法学教育在全国的竞争力和影响力，并在不太长的时间内达到先进水平。

令人欣喜的是，在首届浙江省高校法律职业技能竞赛（"振才杯"辩论赛）的举办过程中，我们有幸结识了厦门大学出版社副社长施高翔先生和编辑甘世恒先生。经过多次沟通和讨论，厦大出版社愿意把我们比赛的成果编辑成书并无偿出版;辩论赛、征文比赛、演讲比赛和模拟法庭比赛等四项比赛的成果编辑成书,分别取名为《法之辩——浙江省首届法科大学生辩论赛实录》《法之思——浙江省首届法科大学生征文比赛获奖论文集》《法之声——浙江省首届法科大学生演讲比赛获奖演讲稿》《法之绎——浙江省首届法科大学生模拟法庭比赛实录》。

我们相信,浙江省高校法律职业技能竞赛的常态化举行以及比赛成果的相继出版,不仅是我们进行法学教育改革,寻求提高法律人才培养质量的新途径、新举措和新突破的有益探索,也是我们浙江省高校法学院系开展交流与合作所获成果的集中展示,必将有力地提升浙江省法学教育的整体水平和在全国的影响力,促进浙江省法学教育的创新发展与合作共赢。

是为序。

（作者系第四届全国十大杰出青年法学家、中国高等教育学会
常务理事、中国刑事诉讼法学研究会副会长、浙江省法学会法学教
育研究会会长、浙江工商大学法学院院长）

目录

研究生一等奖

本科生一等奖

研究生二等奖

本科生二等奖

研究生一等奖

从国内外第三者获得遗赠、赠与判例中分析公序良俗原则适用问题

范贺超

中国计量学院法学院

摘　要： 自泸州遗赠案起，我国此类案件开始增多，由此引发的争论也一波未平一波又起。这本是好事，但是我国公众尤其是学者对法院的判决理由缺乏应有的理性，是综合考察不同时期多数人的价值取向还是一味地借鉴国外经验，应当引起我们的警觉。

关键词： 遗赠；赠与；公序良俗原则

一、典型案例梳理

（一）案例一

被告蒋伦芳与遗赠人黄永彬为夫妻。1996 年黄永彬与张学英相识并公开同居。黄后因病住院。之后写下遗嘱，由泸州市纳溪区公证处公证。遗嘱将其所得住房补贴金、公积金、抚恤金和卖泸州市江阳区房产所获款的一半和自己的手机一部，总额 6 万元的财产用遗赠的方式赠与张所有。同年黄因病去逝。

随后张以蒋拒绝分配财产，将蒋诉至泸州市纳溪区人民法院。法院判决黄的遗赠行为违反了《民法通则》第 7 条规定，损害了社会公德，破坏了公共秩序，侵害了蒋合法的财产继承权，应属无效行为。原告主张本院不予支持，驳回诉

讼请求。

一审判决后，张上诉。二审认为黄所立遗嘱时虽具完全行为能力，遗嘱也系真实意思表示，且形式上合法，但遗嘱的内容和目的违反社会公共利益。二审法院判定黄与张的长期同居属于违法行为。而且，基于非法同居关系订立遗嘱以合法形式变相剥夺了蒋的合法财产继承权，使张谋取了不正当利益，依《民法通则》第7条，判定遗赠行为无效，维持原判。

（二）案例二

张晓佳与陈锋系夫妻。陈锋结识了刘娜并成为情人。之后，陈陆续赠与刘8万元。后张发现，将陈和刘诉至南阳市宛城区法院，要求刘返还不当得利。法院认为陈把8万元给情人的行为属于转移夫妻共同财产，因此，妻子可以要求分割这8万元夫妻共同财产。在分割时，由于原告与被告的婚姻关系仍然存续，共有关系并未终止，无法进行具体份额的分割，故应依公平原则等分处理，即原告享有该共同财产中的一半。丈夫未经妻子同意擅自处分妻子财产，属无效民事行为，妻子可主张被告返还。而对于丈夫处分自己的那部分财产，因违背公序良俗，属无效民事行为，但该无效民事行为属于不法原因给付，不得请求返还。宛城区法院作出判决，被告支付给原告4万元，驳回原告其他诉讼请求。

（三）案例三

一名已婚但无子女的男子于1942年与已经离婚的M女士同居，于1965年死亡。生前订立遗嘱将自己的所有财产赠与M。M向一审法院提起诉讼，要求按照该男子遗嘱分配遗产。

一审判决根据《德国民法典》第138条的规定，认为该遗嘱将被继承人的遗孀排除在遗产继承顺序之外是无效的。

M不服提起抗告，二审法院认为无须对该遗嘱是否整个违反善良风俗作出判决。此后，发妻提出申请，要求作为法定继承人获得3/4的遗产；M也提出只分1/4遗产。继承法院的遗产法庭根据二人申请分别颁发遗产继承证书。此后，被继承人的两姐妹向法院提起申请要求作为法定继承人分别继承其兄遗产的1/8。法院不予支持。

两姐妹遂向三审法院提起再抗告。最终法院驳回请求，维持原判。理由：被继承人指定M作为继承人而将被继承人的姐妹排除在了法定继承顺序之外的行为，并不违反《德国民法典》第138条第1款规定的善良风俗。通过遗嘱给予通奸者财产以作为对保持通奸关系的酬谢，只有在被继承人的配偶及其他享有特留份权利的直系卑亲属因此受到损害的情况下，才属于道德上应予谴责的行为。《德国民法典》并不妨碍该遗嘱的部分有效性。

二、婚外遗赠、赠与案例评述

笔者搜集相关案例时发现，此类案件涉及公共安全、婚外财产处置、伦理习俗、基因工程……种类繁多。若从第三者获得遗赠、赠与财产这一角度入手，会降低研究的难度。目前距泸州案已十余年，此案引发的争议也随着时间的流逝而淡出公众视野。那么旧案重提有意义吗？如何海波先生言："对它的探讨可以持续不断地进行，只要我们感觉它涉及的问题对我们的生活仍然会有潜在的影响"，[1] 而且，从针对此类案件的学者、法科研究生发表的论文、研究生毕业论文来看，对此案件的理解千差万别，甚至偏颇，有必要再论。

（一）对判决理由的分析

婚外遗赠、赠与财产案件的核心是判决理由，我国目前对此类案件争议较大的原因是法院判决理由不充分，且判决多偏向遗赠人、赠与人的配偶，认定遗赠、赠与人的行为违法，受赠人应返还遗赠、赠与财物。

案例二认定属于赠与人的那部分财产因违背公序良俗，属于不法原因给付，不得请求返还。而案例三的判决与前两个案例截然不同，认定遗赠人的有将财产赠与其非法同居者的自由，认为遗赠人和受赠人的非法同居关系并必然导致赠与行为无效，如果赠与的动机是为了向女方表示酬谢或者为了促使女方继续保持通奸关系而作出的法律行为，被认为是违反善良风俗的和无效的。但是，如果一项终意处分并非仅仅具有这种酬谢性质，就不能单凭婚外性关系这一事实，来论证财产赠与行为违反了善良风俗。

（二）对判决理由的质疑

泸州案终审判决后，学界对涉及第三者的遗赠、赠与案件的公序良俗原则适用问题展开了广泛讨论，其中，持质疑态度的较多。归纳起来，主要有：是否区分行为和法律行为；民事行为是否要考虑动机；能否"将没有法律制裁内容的道德转化为有效的法律制度"[2]；婚外遗嘱、赠与的生效问题在没有法律规定的前提下，究竟能否适用公序良俗原则判案。很多学者认为法律对遗嘱、赠与的规定表现在《继承法》《民法通则》上，既然婚外遗赠、赠与符合了法律

1 何海波：《何以合法？对"二奶继承案"的追问》，载《中外法学》2009年第5期。
2 [美]罗斯科·庞德：《法律与道德》，陈琳琳译，中国政法大学出版社2003年版，第44页。

规定的合法要件，就不应当再去考虑遗赠人、赠与人与受赠人之间的非法同居关系。依据我国婚姻法，非法同居关系属于法律禁止条款，但遗赠人、赠与人和受赠人的非法同居关系和遗嘱行为、赠与行为完全是两个法律行为，遗赠、赠与行为的生效与否不需要考虑遗赠人、赠与人的另一个法律行为。"行为与法律行为分与不分，就像德国法院只是在此案中将行为与法律行为两分，而在此案前并不两分，这显然是受对婚外性关系的道德评价的引导，是法院的道德立场决定着运用何种法律技术"[1]。那么，在认定一个法律行为合法与否的时候，是否考虑另一个法律行为对其产生的影响？当然。在婚外遗赠、赠与的案例中，赠与人与受赠人的非法同居关系影响着遗赠、赠与行为的产生。在判决过程中，法官不可能绕开行为之间的影响。

其次，民事法律行为问不问动机？不同的学者甚至给出截然相反的观点。喻敏认为在遗赠案件中，法官"管得太宽"，"管了民法作为私法本来就不管的事项——民事主体的行为动机"[2]。郑永流在综合比较德国一系列的遗嘱案件后，认为德国法院在不同的时期分为考虑动机和几乎不考虑动机[3]。由此看来，法官判案过程中，考虑法律行为的动机与否，要参考当时社会大多数人对婚外情的态度，即寻求当下社会的一般社会价值。

再次，能否将道德的标准作为法官判案的依据？法律是最低限度的道德，法律与道德有着复杂而又密切的关系。有人认为，"法院更多的是采用了道德评判标准，而没有足够的法律依据，运用了一个法律关系嫁接的做法，把继承方面的遗产处分取得关系等同于一般的民事关系，这并不是太合适的。当然，我们可以说,他们的同居关系违法,但不等于他的财产遗赠当然违法"。当然，"什么是善良风俗或社会公德，法律本身未指明。法官依职权可以在个案中赋予其具体的内容，具有合法性，法律给了法院作出道德判断的合法权力"[4]。遗赠人、赠与人将财产赠给其情人即使在道德上应当予以谴责，但在法律上并无不妥。

最后，本文讨论的核心，遗嘱人、赠与人将财产赠与其非法同居者，在法律未对此作规定的前提下，能否适用公序良俗原则判案。也有学者将其称为

1　郑永流：《道德立场与法律技术——中德情妇遗嘱案的比较和评析》，载《中国法学》2008 年第 4 期。

2　喻敏：《文义解释——民法解释的基础与极限——评张学英诉蒋伦芳遗赠纠纷案的一、二审判决》，载《西南民族学院学报》（哲学社会科学版）2002 年第 11 期。

3　参见郑永流：《道德立场与法律技术——中德情妇遗嘱案的比较和评析》，载《中国法学》2008年第4期。

4　金锦萍：《当赠与（遗赠）遭遇婚外同居的时候：公序良俗与制度协调》，载《北大法律评论》2004 年第 1 辑。

规则与原则之争。"规则论者主张中立裁判目标，是通过各种司法技术来实现的……规则论者认为应区分行为与法律行为，而在本案中判断遗赠行为的法律效力，应完全不问其动机，这本身就是一种道德立场。因此，规则论与原则论之争的实质，就不是要不要有道德立场之争，而是应该持何种立场的不同立场之争。"[1] 本案中的规则与原则之争，从内容上看，实际上是两种价值之争，即遗嘱自由与社会公德之争。"制定法中的善良风俗或社会公德条款的设定，本身就是要对遗嘱自由等自由进行限制，这两项次要技术并不能改变这一立法目的。当然，限制本身也要受到限制，不可滥用善良风俗或社会公德条款去限制遗嘱自由等自由。"[2] 因此，当法律规定无法解决具体的案例时，当然要借助于法律原则；在适用法律原则的过程中，要对案件事实的实质作出判断，严格适用的界限，防止扩大适用范围。

三、公序良俗原则在解决第三者获得遗赠、赠与案件中的适用

（一）公序良俗原则的内容

早在罗马时期，对遗赠、赠与就已经有了规定。在对遗嘱自由的限制方面，包括废除继承人的限制、遗嘱逆伦诉、特留份追补诉赠与或嫁妆逆伦诉制度。[3]

公序良俗是指公共秩序和善良风俗。"在罗马法上，所谓公序，即国家的安全，市民的根本利益；良俗即市民的一般道德总则。"[4] 公共秩序是从国家的角度而言，善良风俗则是从社会的角度而言。善良风俗"具有地域性以及时差性，并且在目前我国利益、文化甚至社会价值等均多元化的社会背景下，对其判断就非常困难"[5]。不同的法官对公序良俗的理解也不尽相同，公序良俗的认定标准很难达成一致，容易出现不同的判决。

很多国家对公序良俗原则有不同的规定。《法国民法典》第6条规定："个人不得以特别约定违反有关公共秩序和善良风俗的法律。"第1133条也规定：

1　黄伟文：《道德争议案件与司法的合法性——对"泸州遗赠案"的反思》，载《西部法学评论》2011年第5期。

2　郑永流：《道德立场与法律技术——中德情妇遗嘱案的比较和评析》，载《中国法学》2008年第4期。

3　周枬：《罗马法原论》（下册），商务印书馆2001年版。

4　罗芳：《浅析公序良俗原则在我国民事司法适用的问题》，载《河北科技大学学报》（社会科学版）2010年第3期。

5　罗芳：《浅析公序良俗原则在我国民事司法适用的问题》，载《河北科技大学学报》（社会科学版）2010年第3期。

"如原因为法律所禁止，或原因违反善良风俗或公共秩序时，此种原因为不法原因。基于不法原因的债，不发生任何效力。"[1]德国民法中违反善良风俗的行为主要包括：设定过度担保的行为；危害其他债权人的行为；束缚债务人的行为；违反职业道德的行为；通过法律行为设立性交义务的行为；违约诱导行为；暴利行为；其他违反善良风俗的行为[2]。在英美法国家，"基于政府法律或公共政策目的，以及维护社会的公平正义，凡其标的、内容或最终目的违反法律原则或法律规定的不法合同，往往为法律所禁止，或经由法院被宣告无效从对此类案件的审判理由可以看出，对当事人赠与或者遗赠案件的处理有欠妥之处"[3]。

（二）本文涉及案例对公序良俗的适用及缺陷

从泸州案可以看出，适用公序良俗原则的理由是婚外同居行为违反社会公德及公共利益。德国司法界所采用的观点截然相反，婚外同居关系并不能对遗赠协议的效力产生决定性影响，法官着眼于遗赠行为本身，虽此行为基于的不道德关系必然成为法官审判时所考察的因素，显然法官对法典中公序良俗一般条款的理解是，所裁判法律行为本身是否违反了公序良俗。反观我国，以遗赠行为所基于的违反公序良俗同居关系作为适用《民法通则》第7条的支撑理由，推理过程并不能站得住脚，在泸州遗赠案中法官对公序良俗的适用并不正确。

并非所有与婚外同居有关的行为都违反公序良俗，如案例一，黄病重之际，张对黄的悉心照料致使黄出于对张的感激而将属于自己的一部分财产赠与张，以弥补张因照料他而付出的精力，难道这违反公序良俗原则么？这使得我们想道，如果说公序良俗原则是对法律本身内在的伦理原则和价值标准的维护，那么应当注意：该行为是否达到对法律本身内在的伦理原则和价值标准的危害程度？像泸州纳溪区法院副院长刘波担忧的那样，如果支持了原告的诉讼主张，是否会滋长了"包二奶"的不良社会风气？是否违背了法律所要体现的公平、正义的精神？[4]然而，现实中很可能会出现这样的情况：赠与人在将自己的财产赠给与其非法同居的人时，很可能会顾虑到法院的判决先例，采取更加隐秘的手段将财产赠给"第三者"，以免配偶将来提起诉讼要求返还赠与。法院的判

1　黄杨、陈轶：《试论公序良俗原则及其司法运用》，载《武汉交通职业学院学报》2009年第2期。

2　彭珍珍：《我国司法实践中的公序良俗原则研究》，中国政法大学2010年硕士学位论文。

3　李先波：《合同有效成立比较研究》，湖南教育出版社2000年版，第82页。

4　金锦萍：《当赠与（遗赠）遭遇婚外同居的时候：公序良俗与制度协调》，载《北大法律评论》2004年第1辑。

决结果可能导致的有利和不利影响都有可能出现，有什么理由只考虑一种影响呢？

在涉及婚外遗赠的案例中，原则的适用应谨慎，即婚外遗赠行为是否达到了违反公序良俗的严重程度。当遗赠人将夫妻共同财产赠给第三者时，法院不应当仅基于公序良俗原则而全然不考虑遗赠人的遗嘱自由和受赠人的实际情况。如泸州案，受赠人在遗赠人生病期间给予了照顾；受赠人和遗赠人在五年的相处当中还育有一女；二人的同居行为不仅仅是简单的婚外同居行为，而是基于相互扶持、共同生活的感情……这些都是法律应考虑的因素。由此，除了判决被告得到属于自己的财产外，还应将属于遗赠人的那部分财产判给原告，保证判决的合法、公正。因为法律不应当站在道德的高度上惩罚当事人，也不应当让当事人仅仅感受到法律的冰冷，应当给予当事人人性的关怀和温暖，这绝不是出于法律之外道德因素的考量，而是基于法律本身的应有之义。

（三）判决过程的缺陷

法官判案时唯一的准则就是法律。法律对法律行为的规定很可能会驱使法官向一个他不想接受的方向。也正是如此，完全依照法律和带着个人感情作出判决是法官断案的两个极端。

法律"作为一国人民的思想、文化、观念、传统的集中体现，不应忽视来自民众的声音，否则，法律只能停留在纸上，只能满足法学家理论思辨的偏好，而不能渗入民众的意识与行动之中，不能成为具有生命力的'活法'！再者，法律不仅是社会生活的反应，还应对其发挥导向作用，而这主要是通过法官的判决体现的"[1]，如案例一，"法官完全支持原告的诉讼请求，判令被告将遗赠人的遗产交付于原告，势必产生负面的导向作用，一个直接的后果就是涉及第三者的婚姻关系受害一方必将陷于孤苦无助之凄惨境地"。[2]

但是，法官若仅支持原告的诉讼请求同样不可取。案例一的判决结果恐有不妥。原告与遗赠人同居长达五年之久，能否推断：遗赠人已经将原告当作生命中重要的一部分，原告内心的意愿也许就是将其财产遗赠给原告。在此情形下，法律可以完全背离遗赠人的真实意思而对遗产做出其不愿意看到的处分？法官完全忽视真实状况，否认原告享有的权利，有失公允。

看一看法官在"泸州遗赠案"中的价值取向："纳溪区法院特意将审判庭选在了泸天化公司的职工俱乐部，开庭审理此案。这一天，有1500多名泸州

---

1 周枏：《罗马法原论》（下册），商务印书馆2001年版。
2 黄江东：《公序良俗原则的规范功能》，载《法律适用》2002年第3期。

市民从不同的地方赶来，旁听这次非同寻常的庭审。"[1] 旁听席上爆发出热烈的掌声。审判不是偏袒一方，更不是演戏。只是夸大被告应得的利益，而完全忽视原告的法定权利，让人看不出法律的人性化，而这也往往会导致在道德上不占优势的原告承受法律外的道德谴责，法院也更容易受到不理智公众的影响。可取的是法官充分听取涉诉双方后的利益衡量，顾及原被告双方的利益。

四、结论

当泸州遗赠案判决结果出来的时候，学界对其判决理由普遍持批评态度，这无可厚非。但批评的原因令人深思。除了少数学者通过翻译查阅国外类似案件，试图在理论层面上澄清一些误区[2]，以及翻阅国外类似的系列案件，对国外不同时期对同一类案件的判决进行研读，发现"许多人（包括笔者在内），只看到德国联邦最高法院在这个情妇遗嘱案上的立场及使用的法律技术，而没有去历史地全面分析，何种因素在决断情妇遗嘱是否违反善良风俗时起着决定性的作用，未注意到此案前后德国法院立场的改变，更没有去追问立场改变的原因，而这些恰恰是在这类道德立场对立且无法判明对错的案件中值得深究的"[3]。大多数的批评则是引用德国 1967 年对一桩婚外情案件的判决理由，而不考虑我国法律的实际，武断地认为外国的判决就是合理的，而基于此理由，我们就要当然地予以借鉴。这样做将会有很大的风险，尤其是在我国法律体系刚刚确立，法律推理技术尚欠娴熟的状况下，如此不加甄别地借鉴国外的判决理由。

1　何海波：《何以合法？对"二奶继承案"的追问》，载《中外法学》2009 年第 5 期。

2　参见邵建东、丁勇：《情妇遗嘱是否违反善良风俗——德国联邦最高法院"情妇遗嘱案"评析》，中德法学论坛，2003 年。

3　郑永流：《道德立场与法律技术——中德情妇遗嘱案的比较和评析》，载《中国法学》2008 年第 4 期。

网络暴力何时休

——"人肉搜索"的内涵及相关法律问题

方 磊

浙江理工大学法政学院

摘 要：互联网技术的高速发展，给人们的学习、工作和生活带来了巨大的便利。与此同时，一些由网络引发的问题也正深刻影响着人们的日常生活。特别是"人肉搜索"作为一种新型的互联网搜索方式，其对人们隐私权的侵害日趋严重，公民隐私权的保护和"人肉搜索"的规制已经成为亟待解决的法律问题。本文深入分析"人肉搜索"的概念以及相关法律问题，针对我国现行法律在规制"人肉搜索"方面存有漏洞的现状，细化"人肉搜索"侵权主体的类型以及责任承担的形式，当公民的合法权益遭遇网络暴力的时候能够得到合理的救济。

关键词："人肉搜索"；含义；人格权；责任承担

一、"人肉搜索"概述

（一）"人肉搜索"的含义

"人肉搜索"[1]，不同于一般的搜索方式，它是指将百度、Google 等网络搜索引擎与人工搜索相结合，一切由信息"征集者"提出问题，信息"应征者"回答问题，从而能够在网络上搜索到某一个人、某一件事的信息和资料，确定

---

[1] "人肉搜索"一词最早来源于小说《鬼吹灯》，该小说里介绍一种机关枪叫"芝加哥打字机"，后来网友把手打的《鬼吹灯》文稿称为"人肉打字机"版。"人肉"一词由此流传，并衍生出"人肉搜索"这样的词汇。其中"人肉"并非指的是被搜索的对象，没有道德上的贬义色彩，而是泛指参与搜索的各个网民，由此区别于 google 等纯粹自动化的搜索引擎。

被搜索对象的真实身份并将其暴露于互联网世界之中的一种超强的搜索手段。[1]

"人肉搜索"实际上是改变了传统的网络信息搜索方式，在聚合了各方力量后，改变以往枯燥的查询过程，让其成为"一人提问、八方回应，一石激起千层浪，一声呼唤惊醒万颗真心"的人性化搜索体验。

（二）"人肉搜索"日益成为网络暴力的工具

"人肉搜索"为何会成为当今网络暴力的工具，这是因为"人肉搜索"往往聚集了各方的力量，甚至发展成一种局部性的全民运动，面对人数众多的搜索者，受害者显得尤其的势单力薄，在这场四两拨千斤的竞技中，力量过于悬殊，因此我们需要制定一系列的制度，为被搜索者提供权利遭受侵害后的救济方式，用国家的力量平衡双方的力量。那也是因为在网络这个特殊的环境中，受害者往往表现为事前无从防范、事后无从申辩、损害结果无从逆转。[2]

如今的互联网普及程度非常高，往往是人手一台电脑，随着时代的发展，网络载体也在不断更新，朝着更为普及与便携的方向发展，手机、平板电脑的加入，让信息呈网状发散，再加上微博、微信等信息传播平台的发酵，当事人根本无从防范，这种开放式和海量的信息，从点到面最终编制成一张在持续延伸的大网，源头已经模糊，当事人无从追究更无从申辩。"人肉搜索"形成的道德法庭，其实更具有广场效应和娱乐精神，这是一场大众的狂欢，当事人的辩解往往被淹没在喧嚣中无人理睬，受害者的处境往往是事前无从防范，事后百口莫辩，因此亟待需要我们制定出一系列法律进行规制，使得人们不再遭受侵害。

二、"人肉搜索"侵犯的人格权类型

（一）隐私权

我们在认定某一行为是否侵犯了隐私权的时候，一方面，要正确的界定隐私权的概念和主要内容，认定该行为是否符合侵害隐私权的构成要件。另一方面，在认定"人肉搜索"搜索的信息是否侵害他人隐私权时，还应考虑搜集、提供的渠道和方法。

1.隐私权的含义和主要内容

通说认为，隐私权是指自然人享有的私人生活安宁与私人信息依法受到保

1　参见潘春玲：《"人肉搜索"相关法律问题探讨》，载《柳州职业技术学院学报》2008 年 12 月第 4 期。

2　参见马特：《从"人肉搜索"看隐私权的困境与出路》，载《中国法学会 2009 民法年会论文集》，2009 年 5 月 1 日。

护，不被他人非法侵扰、知悉、搜集、利用和公开的一种人格权。2009 年以前，我国在立法上没有明确规定隐私权，这一度成为我国侵犯隐私权相关案件处理依据的空白。[1] 令人欣慰的是，我国于 2010 年颁布的《侵权责任法》第 2 条第 2 款中明确将"隐私权"规定在民事权益的范围里面。[2]

此外，在认定该行为是否构成侵害隐私权时，需要鉴别"人肉搜索"侵权行为的具体方式。我国最高人民法院在司法解释中提及侵害他人隐私行为的方式限于"宣扬""公布""披露"。[3] 但在现实生活中侵害他人隐私权的行为方式多种多样，例如侵入、侵扰、监听、监视、窥探、刺探、调查、干扰等。因此在认定该行为是否构成侵权时不应过于拘泥于这三种形式，还应当具体问题具体分析。

2. 从"人肉搜索"看网络隐私权

在网络条件下，与隐私相对应的一个概念是个人资料。[4] 个人资料的内容包括个人身份，工作、家庭、财产等各方面的信息。个人资料相较于一般信息具有特殊的个体识别功能，特指那些能够直接或间接指向个人特征的私密信息。一旦这些信息被披露，就能够将范围缩小到一类人，最终锁定一个人。1973 年瑞典制定的资料法将个人资料的保护作为其一部分，在这之后，人们越来越重视对个人资料的保护。

个人资料由于其特殊的个体识别功能变得越来越重要，但是随着网络技术的日益发达，对其保护的难度也越来越大。资料一旦被收集并通过网络等媒介

1　我国《民法通则》没有明确规定隐私权，是通过一般人格权来保护个人隐私的，采用的是一种间接保护的方式。《关于贯彻执行〈中华人民共和国民法通则〉若干问题的意见（试行）》第 140 条以及 1993 年《最高人民法院关于审理名誉权案件若干问题的解答》，对个人隐私的保护不是直接以侵犯隐私权为名，而是按照侵害他人名誉权进行处理。再者，最高人民法院《关于确定民事侵权精神损害赔偿责任若干问题的解释》第 1 条第 2 款规定："违反社会公共利益、社会公德侵害他人隐私或者其他人格利益，受害人以侵权为由向人民法院起诉请求赔偿精神损害的，人民法院应当依法予以受理。"将个人隐私作为人格利益进行保护，并未直接将其规定为一种人权权利。

2　《侵权责任法》第 2 条第 1 款：侵害民事权益，应当依照本法承担侵权责任。第 2 条第 2 款：本法所称民事权益，包括生命权、健康权、姓名权、名誉权、荣誉权、肖像权、隐私权、婚姻自主权、监护权、所有权、用益物权、担保物权、著作权、专利权、商标专用权、发现权、股权、继承权等人身、财产权益。

3　参见最高人民法院《关于审理名誉权案件若干问题的解答》（1993 年 8 月 7 日）答问之七、八、九；另参见最高人民法院《关于贯彻执行〈中华人民共和国民法通则〉若干问题的意见（试行）》第 140 条。

4　周江洪：《网络隐私权保护研究》，载《厦门大学法律评论》2002 年第 3 期，厦门大学出版社 2002 年版，第 103 页。

非法转让、传播出去，给被害人造成的伤害将是不可逆转的。

网络上的隐私权是指公民在网上享有的个人私事不受公开宣扬、私人生活不受干扰与私人信息受到保护，不被他人非法侵扰、知悉、搜集、利用和公开等的一种人格权。[1]网络隐私权表现为一种集人格权与财产权于一体的复合型权利，一旦当事人的隐私权遭受侵害，对当事人的精神与财产都会产生损害。除此之外，网络隐私权的客体相较一般隐私权有所扩大，例如姓名、性别、年龄等，在网络社会中都可能成为个人的隐私。

公布他人个人信息能否构成对相关当事人隐私的侵犯，认定难度颇大，也是人肉搜索案件的争议焦点。正如著名法学家李建伟所说，从法律角度来说，主要看公布的信息属不属于个人隐私范畴，"这个界限其实很难界定"。[2]

我们需要区分被公布信息者的身份，具有特殊职业要求的主体，例如政府官员他们的一些信息特别是财政收入状况被公开，很大程度上是为了更好地实施民主监督，防止贪污腐败，因此我们要防止过分扩大个人隐私的范畴，使得人民合理的监督权利被剥夺，更让某些别有用心的官员找到规范的漏洞，钻了法律的空子。

另外我们所熟知的一类主体就是公众人物，也就是我们所说的明星，我们通常说的明星是没有隐私的，这或许有些过于绝对，但也从另外一个角度阐释了作为公众人物所必须承担的比普通人更高要求的曝光率，隐私被曝光常常作为包装艺人，提高知名度的一种营销手段，因此在鉴别这些信息是否为个人隐私的时候，需要认真进行论证区别，如果一味地一刀切，那么很容易造成公众的思维混乱，在实践中的可操作性也不强。

（二）其他人格权

1. 网络名誉权

《民法通则》第 101 条、最高人民法院《关于确定民事侵权精神损害赔偿责任若干问题的解释》第 1 条第 1 款第 3 项对名誉权的保护进行了规定，但是我们要注意在网络上认定侵犯名誉权的特殊性。

首先，权利人想要通过诉讼的方式实现权利的救济，就必须找到明确适格的原告，在网络这样一个虚拟的世界，是很难准确找到原始言论的发布者的，这也就是我们常说的"在网络的世界里或许和你聊天的只是一只狗"。另外

1　赖俊、刘光亮：《人肉搜索的法律问题研究——兼论网络隐私权的保护》，载《法制与社会》2009 年第 1 期。

2　白龙、李鹏：《"人肉搜索"：争论中的三大焦点》，载《人民日报》2008 年 7 月 16 日第 15 版。

被侵权人若要追究责任，会遇到原告不仅仅是一个人，而是很多人的情况，因为"人肉搜索"之所以为"人肉搜索"，就在于它搜索的过程是集合了各种人的力量，在如此庞大的跟帖者面前，是否会遇到法不责众的情况，也未为可知。在克服了谁是原告这个问题后，其实权利追诉人的艰难维权之路才刚刚开始。

现实中权利人将遇到取证困难的问题。网络上的信息往往更新滚动地非常迅速，可以说是一秒万年，如果没有网络服务商采用特殊技术将信息存档，当权利人提起诉讼的时候，这些言论可能已经无迹可寻了，法庭非常注重证据，如果无法及时找到有效的证明材料证明他人侵犯了权利人的利益，这对当事人是非常不利的。另外即使规定了网络服务商必须在一定期限内将信息存档，但是存档也是有时间与容量的限制的，网络信息如此庞大，如果硬要规定服务商将每一条信息都保存下来并且尽量保存到当事人追诉的时候，这样的法律规定未免过于严苛了。

最后一个方面，我们必须意识到一个现实，在网络的世界里，相聚千里万里也只是近在咫尺，没有国界就无法限定影响的范围，现实生活中任何网站都有自己较为固定的点击群和特定的影响范围，因此发生侵权的案件时，判定侮辱性陈述的影响范围也是一件非常艰难的事情。

2. 肖像权

我国保护肖像权立法始见于《中华人民共和国民法通则》第100条，另外最高人民法院《关于贯彻执行〈中华人民共和国民法通则〉若干问题的意见（试行）》第139条对肖像权进行了进一步的规定，总结出侵犯肖像权行为的构成要件：（1）使用肖像权未经本人同意。使用无民事行为能力人的肖像，没征得其监护人同意。（2）使用肖像是以营利为目的。"人肉搜索"中张贴当事人照片的行为往往没有以营利为目的，由此不能构成对肖像权的侵犯，这样显然是不妥当的。

首先，将"以营利为目的"作为肖像侵权的构成要件，有颠倒主次之嫌，我国对于肖像权的保护强调其精神性，"以营利为目的"作为侵权要件加强了对肖像权的财产性保护，却降低了对精神利益这一根本内容的重视，这会给肖像权的保护带来许多司法上的困境。[1]其次，这也有违我国保护人权的基本立场。我国近年来越来越重视人权的保护，2004年宪法修正后成功实现了"人权入宪"，肖像权作为人权的一部分应该得到较大力度的保护。

1　宋宗宇、何慧丽：《肖像权保护的立法模式与现实选择——兼评刘翔肖像侵权纠纷案》，载《天津市政法管理干部学院学报》2007年第1期。

三、"人肉搜索"侵权主体以及侵权后的救济方式

（一）"人肉搜索"侵权主体类型

1. 信息发布者

参与"人肉搜索"，公开他人信息、泄露他人隐私的网民，他们是"人肉搜索"中对他人进行诽谤或者侮辱，以及侵害公民隐私权的直接责任人，应当对其行为承担侵权责任。《侵权责任法》第 36 条明确规定了网络用户、网络服务提供者在满足一定条件下应当承担侵权责任。

实践中，我们需要找到首次发布消息的责任人，强调这一点，是因为一个信息、一个帖子一旦被发出，可能在极短的时间里被转载发布，而转载的行为人不能一概划为侵权责任人，他们其中绝大多数人没有侵权的故意，因此，在"人肉搜索"案件中我们不能把所有转载发布过该信息的人都列为被告，不仅仅是法不责众的问题，如果那么做也有滥用权利的嫌疑。

2. "人肉搜索"发起人

"人肉搜索"的发起人是首个在网络上发动搜索人。对于那些明知或者能够预见到自己的搜索行为会侵害到他人的人格权，仍然发布"搜索令"进行"人肉搜索"的发起人，应当对其引发的搜索行为所造成的后果承担侵权责任。而对于那些无法预见到发动搜索会造成他人人格权受侵害后果的发起人，其对网民在搜索过程中泄露他人隐私的侵权行为，不存在故意或过失，此时应由信息发布者承担侵权责任，发起人没有责任。[1]

3. 网络服务提供者

网络内容服务提供者以提供信息服务为业，因此，在"人肉搜索"问题上，其行为的违法性主要指提供的信息具有内容上的瑕疵和审查注意义务[2]。我国《互联网信息服务管理办法》及《互联网电子公告服务管理规定》中对此进行

---

[1] 杨立新：《解决"人肉搜索"中的违法行为关键在于依法规范网络行为》，载《信息网络安全》，2008 年第 10 期。

[2] 杜伦：《我国公民隐私权保护探析——以"人肉搜索第一案"为例》，兰州大学 2009 年硕士学位论文。

了较为详细的规定。[1]

网络内容服务提供者在"人肉搜索"案件中的侵权行为可以表现为积极的作为，也可以表现为消极的不作为。其本身可以通过发帖、转载等行为，通过网络发布当事人不愿公开的私密信息，在这个过程中，由于其工作的性质给他们的行为提供了更为便捷的途径，因此侵权行为所造成的危害范围往往更为广泛，所造成的后果也可能更为严重。当网络内容服务者明知或者应当预见到该信息可能会侵犯到权利人的权利时，就有及时删除的义务，另外当权利人提出删除请求的时候，他们也必须及时做出反应，否则也可能会成为"人肉搜索"案件中的侵权主体。

关于"人肉搜索"问题，2009年12月新出台的《侵权责任法》第36条规定，网络服务提供者对用户发布信息的内容具有审查注意的义务，电子公告服务系统中一旦出现侵害他人权利的内容，网站就有义务及时予以删除。如果网络服务提供者明知"人肉搜索"已经侵害了他人的人格权，或者被侵权人已经提出相关通知，其仍未采取必要措施，放任侵权后果的发生或者扩大，就构成侵权。相反，如果网络服务提供者履行了监管义务，及时采取必要措施，其对"人肉搜索"所造成的后果就没有过错，因此不承担侵权法律责任。

4. 信息整理者

所谓的信息整理者，指将散见于网络上、因各种正常原因在网络上已经公开的点滴信息，进行搜集、对比、整理、总结得来的受害人个人信息和隐私等内容集中发布在"人肉搜索"页面上的网民。

这类主体相较于前三类主体，即信息发布者、"人肉搜索"的发起人、网络服务的提供者来说是有区别的，他们没有直接参与到被害人隐私的挖掘过程，因为他们所整理的内容并非第一手、未发布过的资料，在此之前已经有前手零星逐渐地公开部分信息，但是这些网民与前三类主体的共同特点在于他们都具

---

1 《互联网信息服务管理办法》第13条："互联网信息服务提供者应当向上网用户提供良好的服务，并保证所提供的信息内容合法。"第15条："互联网信息服务提供者不得制作、复制、发布、传播含有下列内容的信息：……（八）侮辱或者诽谤他人，侵害他人合法权益的。"第16条："互联网信息服务提供者发现其网站传输的信息明显属于本办法第十五条所列内容之一的，应当立即停止传输，保存有关记录，并向国家有关机关报告。"《互联网电子公告服务管理规定》第4条："上网用户使用电子公告服务系统，应当遵守法律、法规，并对所发布的信息负责。"第9条："任何人不得在电子公告服务系统中发布含有下列内容之一的信息：……（八）侮辱或者诽谤他人，侵害他人合法权益的。"第13条："电子公告服务提供者发现其电子公告服务系统中出现明显属于本办法第九条所列的信息内容之一的，应当立即删除，保存有关记录，并向国家有关机关报告。"

有侵害他人人格权的故意。在现实生活中可能会出现这样一种情况，那些点滴信息的发布者所公开的信息并不具有特定主体的指向性，因此可能并没有在事实上损害到某一个主体，但是经过信息整理者的整理，各种消息之间形成经纬线，最终确定在某一个人上，从而出现了特定的被侵害主体，因此信息整理者的行为是存在损害后果的可能性的，同样应当根据其所整理发布的信息的重要性和数量多少等因素来认定其侵权行为，承担相应的侵权责任。[1]

5. 普通网民

这里的普通网民，是相对于信息发布者而言的，我们应当将其与信息发布者所承担的责任严格加以区分。普通网民上网仅是对网站上的内容进行浏览，这并不构成侵权，相反，他们正是在积极行使自己的知情权、监督权等法律所赋予的权利。因此，普通网民在浏览被侵权者的个人信息和隐私时并不需要承担责任，仅在其行为造成或扩大侵害时才承担过错责任。如果普通网民在搜索信息时参与"人肉搜索"而成为一个新的信息发布者，这样就构成了侵权。[2]

（二）"人肉搜索"侵权责任的救济方式

在明确"人肉搜索"的侵权责任主体后，明晰侵权行为人所应承担的侵权责任方式，对于净化网络环境和避免对公民隐私权、名誉权等人格权利的侵害，都具有相当重要的意义。

2009 年出台的《侵权责任法》第 15 条规定了承担侵权责任的八种方式，停止侵害、排除妨碍、消除危险、返还财产、恢复原状、赔偿损失、赔礼道歉、消除影响、恢复名誉。以上承担侵权责任的方式，可以单独适用，也可以合并适用。针对"人肉搜索"侵权案件，对侵权行为人可以适用停止侵害、消除影响、恢复名誉、赔礼道歉、赔偿损失等民事责任。

1. 停止侵害

停止侵害指加害人正在实施侵害他人财产和人身的行为，受害人可以依法请求其停止侵害行为，这实际上是要求侵害人不实施某种侵害行为。在"人肉搜索"行为中，主要指责令信息发布者删除泄露他人隐私的信息，发起人撤销"搜索令"，网络服务提供者从网站中移除侵权信息或通过技术手段限制或禁止网民对侵权信息的访问，以及屏蔽、断开网页链接。由于大部分网络侵权行为往往使受害者的精神遭受重大打击，因此停止对被侵权人的侵害比赔偿经济

---

1 周晓晨：《从"王菲案"谈"人肉搜索"所涉及的侵权法问题》，载《专题研究》2008 年 10 月版。

2 杜伦：《我国公民隐私权保护探析——以"人肉搜索第一案"为例》，兰州大学 2009 年硕士学位论文。

损失更为迫切。

由于网络环境相较于一般环境信息的传播速度更为迅速，范围更加广泛，因此我们可以借鉴西方国家的做法，设立临时禁令制度。当被侵权人发现"人肉搜索"的侵权责任主体存在侵权行为时，可以在起诉时或诉讼中向法院请临时禁令，禁止侵权行为人的作为或不作为。法院在综合考虑申请者胜诉的可能性、被申请者的损害程度、公共利益的平衡等多种因素后，自由裁量决定准许或者不准许。一旦法院对案件作出判决或裁定，临时禁令即行失效。[1]

2. 消除影响、恢复名誉

发布他人不愿公开的隐私，转载含有诋毁他人不当言论的网络帖子容易造成受害者名誉受损，社会评价降低的严重后果。

在法律实践中，损害与赔偿的范围往往需要相适当，因此消除影响、恢复名誉的范围，也应当与侵权行为所造成的不良影响的范围相匹配。司法实践中已经出现了网上侵犯名誉权后判决如何消除影响的案例，按侵权人在网上实施侵权行为的实际时间长度计算，判决其以相同时间连续发表声明，以消除影响。[2]

适用一定方法消除影响、恢复名誉时，应以受害人的要求为准，要注意避免在客观上继续公开、披露、宣扬和传播受害人的隐私资料，避免使受害人不仅没有得到精神上的抚慰，反而受到进一步的损害。[3]

消除影响、恢复名誉是损害发生后的一种救济方式，意图在于挽救损失、防止危害后果进一步扩大，如果一味强调惩罚措施本身，忽略需要保护主体的真实需求，就会使得该措施生冷而没有人情味。立法者在制定相关法律的时候，需要充分考虑到隐私被曝光者身心所遭受的创伤，在审理过程中谨慎处理这些隐私信息，防止被二次曝光。证据审核、法庭审理的过程中要充分保护被侵权者，这也是平衡"人肉搜索"案件中受害方势单力薄，加害方往往人数较多所导致的力量不均衡现象。

3. 赔礼道歉

"人肉搜索"行为侵害了当事人的隐私权，受害人可以要求加害人赔礼道歉，即承认错误，表达歉意。赔礼道歉的方式有公开和不公开两种，司法实践中也是如此操作。这是基于对隐私权保密性的特殊考虑，同时赔礼道歉不同于

1　向玲：《论网络内容服务提供者的侵权责任——由"人肉搜索"第一案引发的法律思考》，载《法制研究》2009年第12期。

2　张娟：《论网络内容服务提供者的侵权责任——由"人肉搜索"第一案引发的法律思考》，载《法制与社会》2010年第1期。

3　陈军：《新闻媒介侵害隐私权的救济手段》，载《江西社会科学》2000年增刊。

消除影响、恢复名誉，是另一种独立的救济手段，前者追求的是受害人心理上的满足感，是对受害人自身的是非对错价值观念的维护，着眼于对受害人感受的内部救济；后者追求的是受害人被破坏的社会评价得以尽量恢复到未遭侵权时的水平，是对受害人恢复其原先社会联系的补救，着眼于对受害人的外部救济。所以应当允许当事人有选择赔礼道歉方式的自由，同样要避免公开赔礼道歉可能给受害人带来的再次伤害。[1]

4. 赔偿损失

赔偿损失即侵权人支付一定的金钱或者实物赔偿侵权行为所造成的损失。在"人肉搜索"侵害隐私权的民事责任中，赔偿损失的目的并不是要惩罚侵权行为人，而是要补偿被侵权人因侵权行为所遭受的损失。在确定侵权责任人侵权的赔偿数额时，人民法院可以根据被侵权人的请求，按照被侵权人因侵权行为所遭受的实际损失进行计算，该实际损失包括直接经济损失和预期应得的利益。[2]

至于精神损害赔偿，《侵权责任法》第22条明确规定："侵害他人人身权益，造成他人严重精神损害的，被侵权人可以请求精神损害赔偿。"因此，法官可以根据个案情况，考虑侵权人的行为性质，受害人遭受的精神损害的程度，以及其他相关情况自由裁量确定赔偿的数额。

四、结语

"人肉搜索"是一个社会问题，需要依靠道德、习惯、信仰以及民法等互动协调，才能得以妥善解决。通过立法规范来限制网络运营商的行为，健全对公民隐私权的保护，以及完善网络实名制，加强网络服务商和网民对法律的信仰，是促成公众自觉遵守网络秩序，维护网络文明的良好选择。我们应当共同致力于构建一个和谐的网络社会。

---

1 陈军：《新闻媒介侵害隐私权的救济手段》，载《江西社会科学》2000年增刊。
2 陈军：《新闻媒介侵害隐私权的救济手段》，载《江西社会科学》2000年增刊。

我国产品责任中纯粹经济损失的赔偿研究

——一种法学实用主义的研究思路

黄　围

中国计量学院法学院

摘　要：产品责任中的纯粹经济损失赔偿问题，即当缺陷产品造成人身、其他财产损害时，对于缺陷产品自身的损失以及其不能使用所引起的经济损失能否一并获得侵权法上救济的问题。随着《侵权责任法》的实施、学者们的深入探讨，将《侵权责任法》第41条中的"损害"作扩大解释，将产品责任中的纯粹经济损失纳入其中，已被越来越多的人接受，这是符合正义的要求的。但是，同时又必须对"损害"作限缩解释，防止一些不正义的情况发生。运用实用主义法学的研究思路能较好地解决这一问题，因为实用主义法学认为法律应该更注重保护社会利益，其能够体现真正的正义。

关键词：产品责任；纯粹经济损失；损害赔偿；实用主义

一、问题的提出

我国产品责任中的纯粹经济损失能否在侵权法中获得赔偿的问题在《侵权责任法》出台后变得更加扑朔迷离。

产品责任中的纯粹经济损失应当包括两个方面，一是缺陷产品自身的损失，包括修理、更换费用和产品价值的减少；二是缺陷产品的不能使用所引起的经济损失，包括受害人额外支付的各种费用和可预见的利润损失。

随着学术界对产品责任中的纯粹经济损失的不断探讨，被讨论的问题不断深入，从"缺陷产品自身的损害能否获得侵权法上的救济"发展为"当缺陷产品造成了多种损害，即在既有纯粹经济损失，又有人身、其他财产损害的情况下，什么样的救济途径才是最符合正义的"。

随着讨论的逐渐深入，依据《侵权责任法》第41条，将"损害"进行扩大解释，将缺陷产品自损的部分纳入其中一并进行救济的看法占据了大部分。但是，此种看法显得太过绝对，忽略了缺陷产品的不能使用所引起的经济损失这一部分，而这一部分恰恰是较难明确的。[1]

正是因为相关法条规定的不明确，导致司法实践中的裁判混乱。无论是《侵权责任法》实施前还是实施后，对"损害"的不同理解导致了判决结果的不同。美国著名大法官卡多佐（B. N. Cardozo）曾说："立法机关有时放弃了自己的责任，而将这个责任传给了法院。"[2] "法官作为社会中的法律和秩序之含义的解释者，就必须提供那些被忽略的因素，纠正那些不确定性，并通过自由决定的方法——'科学的自由寻找'——使审判结果和正义相互和谐。"[3] 但是，法官们似乎并未充分认识到这一点，法律三段论式的逻辑判案方法未必能解决所有纠纷。

因此，我们必须寻求新的出路——运用法学实用主义研究思路并发挥法官的功能来解决这一纠纷，实现真正的正义。

二、运用实用主义法律思想对我国产品责任中纯粹经济损失赔偿问题的再思考

（一）实用主义法律思想的主旨及运用的可行性

实用主义法律思想的基础是实用主义哲学。在美国，首先将实用主义哲学应用于法学的是霍姆斯（O. W. Holmes），他曾提出一个广为人知的实用主义法律概念：法律的生命不是逻辑而是经验。他还认为，逻辑并不是法律发展中起作用的唯一力量。实用主义代表人物、著名法学家罗斯科·庞德（Roscoe Pound）强调法律的社会目的、效果和作用，认为法律是一种社会工程，是社会控制工具之一或首要工具，其任务在于调整各种相互冲突的利益……法律不

1　纯粹经济损失能否获得赔偿在各国学术界都存在争议，它是欧洲法学界讨论最多的问题之一。纯粹经济损失由于其多种类性、不明确性导致其一般是不能获得赔偿的。产品责任中的纯粹经济损失有其自身的特性，但也有纯粹经济损失的一般特性。因此，要在侵权法中获得救济必须对其进行限制，否则将会造成讼累，过度加重侵权人负担，也无法体现真正的公平正义。

2　［美］本杰明·卡多佐：《司法过程的性质》，苏力译，商务印书馆2000年版，第55页。

3　［美］本杰明·卡多佐：《司法过程的性质》，苏力译，商务印书馆2000年版，第5页。

仅应当保护个人利益，而且更应强调保护社会利益。[1]

毫无疑问，法官必须依法判案，遵循逻辑方法；事实上，法律是权威的，但有时也是滞后的，实践中出现的纠纷并不是都能依靠三段论的逻辑结构方法就能解决的。因此，在法律的空白背后，法官如何权衡好各种利益冲突作出判决是极其重要的。就产品责任中的纯粹经济损失赔偿问题而言，法律确实存在模糊地带，即《侵权责任法》第41条对可赔偿的"损害"范围规定不明确，因此也造成了在我国司法实践中，此类案件存在同案不同判的现象。因此，运用实用主义法律思想对其进行研究完全是可行的，是符合正义要求的。

（二）具体运用——利益衡量的分析方法

权衡各种冲突利益是实用主义法律思想的中心。[2]其实，立法过程本身就是一个利益衡量的过程，但是，法律并不是万能的，对于司法实践中法律出现的漏洞或是疑难问题，我们可以用利益衡量的方法予以解决。因为利益是法律权利的核心，当事人的利益往往是通过权利从而获得法律上的保护的。

但是，利益衡量的主观性非常强，以至于利益衡量作为法官判案的方法极易导致恣意。所以，如何运用利益衡量的方法、防止利益衡量的滥用就显得极其重要。

德国法学家海克（Heck）认为法官在判决案件时，共同体利益应该优先于自己利益与特殊利益。他甚至把"共同体利益"提升为衡量对立利益之标准。[3]卡多佐大法官也认为，法律的终极原因是社会的福利。[4]当法官们应召就现存规则应如何衍生或如何限制而发言时，他们一定要让社会福利来确定路径，确定其方向和其距离。[5]但是，一定不能为在个别案件中实现正义而完全不顾前后一致和齐一性。[6]本文也认为，法官在利益衡量时决不能停留在个人利益的层面，

1　周成泓：《卡多佐：实用主义法律思想》，载《理论探索》2006年第4期。

2　由实用主义法学发展出来的利益法学，其理论及利益衡量所针对的是概念法学及形式主义的司法，它否认法律的自足性，认为法律不可避免地存在模糊、漏洞、滞后等缺陷，单凭三段论演绎推理不足以获得案件的可接受的答案。进而，它认为在案件裁判中实质性的判断、不同利益的衡量才具有决定性的意义。（张伟强：《利益衡量及其理论的反思——一个经济分析的视角》，载《法学论坛》2012年第4期）

3　吴从周：《概念法学、利益法学与价值法学：探索一部民法方法论的演变史》，中国法制出版社2011年版，第132页。

4　[美]本杰明·卡多佐：《司法过程的性质》，苏力译，商务印书馆2000年版，第39页。

5　[美]本杰明·卡多佐：《司法过程的性质》，苏力译，商务印书馆2000年版，第40页。

6　[美]本杰明·卡多佐：《司法过程的性质》，苏力译，商务印书馆2000年版，第63页。

必须上升到社会共同体利益的层面，这样得出的判决结果才是真正符合公平正义要求的。

根据利益衡量的需要，学者梁上上教授把利益分为"当事人的具体利益""群体利益""制度利益"和"社会公共利益"。这种层次结构要求法官在判案过程中遵循这样的一种思维过程：以当事人的具体利益为起点，在社会公共利益的基础上，联系群体利益和制度利益，特别是对制度利益进行综合衡量从而得出妥当的结论。需要特别强调的是，制度利益直接联结当事人利益与社会公共利益，它的衡量是利益衡量的核心所在。[1] 所以，一个新的法律制度是否应该被创设取决于该制度利益是否能符合社会公共利益。

具体而言，在对产品责任中的纯粹经济损失赔偿问题进行利益衡量时，必须明确：（1）现有的法律制度是否在此问题上已无法提供救济？将纯粹经济损失部分纳入侵权法与人身、财产损害一并获得救济是否完全保护了受害人、被侵权人；（2）扩大现有救济途径的范围时，对社会的影响是不是正面的、积极的。[2]

就本文所讨论的问题而言，《产品质量法》和《合同法》已经无法给受害者提供完整的、便利的救济，"一并救济"的做法不失为解决此问题的办法。为避免利益衡量过程中发生恣意，本文认为，既要对《侵权责任法》第41条中的"损害"进行扩大解释，也要进行限缩解释。

三、对"损害"进行扩大解释——衡量创设新的救济途径是否具有必要性

对于缺陷产品造成多种损害的情况，主要有两种处理方法[3]：第一种，基于请求权聚合，允许受害人同时提出侵权的诉讼请求和违法瑕疵担保的违约损害赔偿请求；第二种，仅提起侵权之诉，将缺陷产品自身的损害纳入侵权责任法中与人身、财产损害一并获得赔偿。到底哪一种方法最优，更能保障制度利益

1　梁上上：《利益的层次结构与利益衡量的展开》，载《法学研究》2002年第1期。

2　梁上上：《利益的层次结构与利益衡量的展开》，载《法学研究》2002年第1期。文中这一小节介绍了利用制度利益创建法律制度的步骤，本文将其运用到所研究的具体问题上。

3　学术界还有一种处理方法，即基于《合同法》第122条有关违约责任与侵权责任竞合的规定认为缺陷产品造成多种损害的情况会产生责任竞合，两个请求权只能择其一，那么被侵权人的损失将不能得到完全的赔偿。但本文认为，缺陷产品造成的自损及其引起的经济损失和其他损害之间是不会产生违约责任和侵权责任的竞合的，而是责任聚合，即被侵权人有两个请求权，可都提起。在此，本文不做详细论述。

和社会公共利益呢？

第一种处理方法，"在一个具体的产品责任案件中，如果产品本身发生损害同时也存在被侵权人人身损害或其他财产损失，应当允许受害人同时提出侵权的诉讼请求和违法瑕疵担保的违约损害赔偿请求，二者可以并立。"[1]这其实是对我国现有制度的挑战。在民事诉讼中，对不同的民事法律关系的诉的合并的条件是有严格要求的。对于诸如"二者可以并立"的建议，本文不知其意思是同时起诉分别审理，还是合并审理。如果是前者，那么会增加诉讼成本；如果是后者，那么就是对现有制度的挑战。

第二种处理方法，本文认为，可以在某种程度上避免第一种方法带来的困扰，即既解决了请求权聚合产生的能否合并审理的问题，又可以降低诉讼成本、节约司法资源。可见，新的救济途径是有其存在的必要的。起初，产品责任中纯粹经济损失能否赔偿的问题一直在是否应一律由合同法调整上徘徊不定，加上《产品质量法》第41条第1款明确将缺陷产品自身损害排除在产品责任救济之外。[2]但是，如果单凭合同法并不能保障社会公共利益，甚至是弱势群体——消费者的利益，那么，这样的规则是经受不住实践的检验的，这样的"法律规则与正义感不一致或与社会福利不一致，就应毫不迟疑地放弃该规则。"[3]

下面，本文先试图用梁上上教授利益衡量的列表方式[4]将该问题呈现出来：

表1 将"损害"进行扩大解释后的利益衡量结果

选择保护对象	结果					
	当事人具体利益		群体利益		制度利益	社会公共利益
	生产者/销售者利益	受害者利益	生产者/销售者群体利益	受害者群体利益	产品质量法、侵权责任法、合同法等追求的制度利益（保护消费者权益、平衡产销者利益等）	维护市场经济秩序、促进社会和谐稳定、公平、正义等
保护受害者	×	√	×	√	○	○
不保护受害者	√	×	√	×	○	○

说明："√"表示得到保护、"×"表示没有得到保护或不能得到保护、○为待定。

1　张新宝、任鸿雁：《我国产品责任制度：守成与创新》，载《北方法学》2012年第3期。

2　《产品质量法》第41条1款："因产品存在缺陷造成人身、缺陷产品以外的其他财产（以下简称他人财产）损害的，生产者应当承担赔偿责任。"

3　[美]本杰明·卡多佐：《司法过程的性质》，苏力译，商务印书馆2000年版，第94页。

4　梁上上：《利益的层次结构与利益衡量的展开——兼评加藤一郎的利益衡量论》，载《政法论坛》2006年第5期。

从表1中可以看出，对于当事人具体利益和群体利益是否受保护是没有争议的，那为什么即使在第二种处理方法下制度利益和社会公共利益不是完全得到保护呢？如果能适当地运用第二种处理方法，保护受害者的同时制度利益和社会公共利益都会得到保障；但是如果无限度地对"损害"的赔偿范围进行扩大，确实会造成生产者／销售者承受过重的负担，也不能体现出实用主义法学中所追求的正义。

所以，本文认为必须对"损害"进行限缩解释。

四、对"损害"进行限缩解释——衡量创设新的救济途径是否具有妥当性

当缺陷产品造成多种损害的情况下，扩大《侵权责任法》第41条"损害"的概念，将受害人所遭受的全部损害赋予侵权法的救济，通过上文的论述，是必要且合理的。但是，是不是所有的产品自损都毫无例外地被纳入侵权法一并获得救济呢？缺陷产品自损引起的经济损失是否也是毫无例外地可赔偿呢？答案是，不是的。产品责任中的纯粹经济损失要想获得侵权法上的救济或者一并救济还是需要对其进行严格地区分和限制的。

（一）合同有约定

众所周知，合同法贯彻的是当事人意思自治原则，强调的是契约必须严格遵守，只要当事人之间达成了合意，双方就应当受到合意的拘束。所以，若当事人通过合同对自身的责任做出了安排，以防范未来的风险，表明当事人已经预见到将来可能发生的风险，那么就应当尊重当事人的意愿。在当事人已经对合同责任做出安排的情况下，"有充分的理由认为，通过合同自愿地对风险进行安排，比起溯及既往地确定侵权责任要更加优越"。[1]虽然在很多情况下，侵权法更有利于保护受害人的权益、提供救济。但是也不能将侵权法的调整范围无限制地进行扩张，而应当依据具体情形确定是否有必要适用侵权责任或者合同责任。

因此，在产品责任中考虑加害人究竟承担合同责任还是侵权责任，应当根据具体情形加以分析。如果当事人双方之间存在明确的合同关系，且对双方所负有的责任及未来可能出现的风险做出了明确的规定，那么应当认为合同责任

1　王利明主编：《侵权责任法疑难问题研究》，中国法制出版社2012年版，第103页。

有利于解决问题，可以考虑直接适用合同法的相关规定加以处理。但是，如果当事人双方之间的合同没有对上述这些内容达成一致，则应当适用《侵权责任法》第41条加以处理。

举例来说，甲向乙购置了一个烤箱用于其面包房的经营，但是因为烤箱存在缺陷致使面包房失火，造成烤箱自身损害、面包房内其他财产损害及面包房的营利损失。若甲、乙之间的合同预见到了风险、明确了损害赔偿的范围、约定了对这些损害的赔偿方式，基于合同的意思自治原则，甲请求乙承担合同责任（担保责任），其损失照样可以获得完全的赔偿。相反，若甲、乙之间的合同没有对这些相应的损害做出赔偿约定，则甲可以选择将缺陷烤箱造成的纯粹经济损失和其他损害依据《侵权责任法》第41条一并提起侵权之诉，当然，这并不排斥甲可以仅就纯粹经济损失部分提起违约之诉。

（二）合同无约定

当双方当事人之间的合同没有预见到将来可能发生的风险、没有对纯粹经济损失部分做出约定时，并不是所有的纯粹经济损失部分都可依据《侵权责任法》第41条同其他损害一起一并提起侵权之诉。本文认为，有必要对可赔偿的纯粹经济损失部分的标准做出界定——"可预见"标准。

可预见标准在合同法和侵权法中，在决定义务、损害、因果关系等要件中均起着重要作用。其在这两种法律中典型的应用为：在合同法中，它被用以划定违约方的责任范围，以违约方在缔结合同时可以合理预见的范围为限；在侵权法中，它被用以判定侵权人是否对某一特定的被侵权人负有注意义务，以及侵权人的行为是否是损害的近因。但是，在严格责任下的产品责任中，为了扩大侵害人的责任范围，过错不再是其承担责任的必要条件，所以可预见标准的作用被削弱了。但是，在判断产品责任中的纯粹经济损失问题时，可预见标准又能起到一定的作用。

如果产品责任中所有的纯粹经济损失都可依据《侵权责任法》第41条同其他损害一并获得赔偿，由于基于侵权法获得赔偿的金额没有上限，大大增加了侵权人的负担，并造成讼累。举例来说，甲从乙处购买了一辆汽车，但由于汽车缺陷（不考虑汽车某部件缺陷造成其他部件损害的情形，这里的汽车是整体意义上的汽车）造成的损害包括汽车自身的损害、汽车不能正常使用造成的经济损失。对于汽车不能正常使用造成的经济损失可能包括车主甲选择替代交通工具所需费用、耽误其工作造成的损失等等。可以看出，汽车不能正常使用造成的经济损失类型是可以无限延伸的，并不是每一种类型都是侵权人在缔约合同时就能够预见的，如果一律给予赔偿显然是不合理的。

本文认为，可预见标准可以从以下两个方面来衡量：

一是，是否有明确的赔偿内容。纯粹经济利益的内容越明确，则侵权人承担损害该利益的责任就越合理。

二是，依赖程度及是否易于察知或实际知晓。显然，被侵权人对侵权人的产品依赖程度越高，其所引起的纯粹经济损失越容易受到保护。比如，烤箱缺陷导致面包房失火从而造成面包房经营者的利润损失，相比之下，被侵权人因汽车缺陷错过了重要会议而导致的生意上经济损失的情况，可以认为前者的被侵权人对侵权人出售的烤箱的依赖程度是极高的，侵权人更有可能预见到的是极有可能作为营利所需的烤箱缺陷造成的经济损失。或者，双方在缔约合同时，侵权人就已知晓被侵权人购置其产品的用途。总之，如果某纯粹经济损失是易于察知或者实际知晓的，那么其就越容易受到保护。

如此一来，上一节中利益衡量的表格可将这一问题重新呈现：

表2 将"损害"进行限缩解释后的利益衡量结果

选择保护对象	结果					
	当事人具体利益		群体利益		制度利益	社会公共利益
	生产者/销售者利益	受害者利益	生产者/销售者群体利益	受害者群体利益	产品质量法、侵权责任法、合同法等追求的制度利益（保护消费者权益、平衡产销者利益等）	维护市场经济秩序、促进社会和谐稳定、公平、正义等
保护受害者	×	√	×	√	√	√
不保护受害者	√	×	√	×	×	×

说明："√"表示得到保护、"×"表示没有得到保护或不能得到保护。

从表2可以看出，通过限缩解释得出的结论是妥当的，保护受害者利益就是保障了制度利益和社会公共利益。

五、结语

通过上文的论述，本文有关问题的结论详见表3：

表 3　将"损害"进行扩大和限缩解释后得出的结论及理由

情形	解决办法	理由
缺陷产品造成的纯粹经济损失（合同法）；且缺陷产品造成人身损害（只能选择侵权法）	纳入侵权法一并获得救济	责任聚合的情况下，被侵权人有两个请求权，显然没有单一请求权解决问题便利，此时扩大损害赔偿的范围，适用《侵权责任法》第41条较为合适。
缺陷产品造成的纯粹经济损失（合同法）；且缺陷产品造成其他损害①合同有约定②合同无约定	①合同法予以救济②纳入侵权法一并获得救济	第①种情况下，为尊重当事人的意思自治，适用合同法较为合适；第②种情况下，扩大损害赔偿的范围，适用《侵权责任法》第41条较为合适，但必须依据"可预见标准"对纯粹经济损失进行必要限缩。

可以说，《侵权责任法》第五章针对产品责任的规定有其创新之处，但也存在着不足。就本文针对的第41条来讲，本文通过论证后认为，要解决产品责任中的纯粹经济损失赔偿问题，必须首先正确理解第41条中"损害"的内涵和外延。只有这样，才能避免法官在判决时造成的恣意。正如卡多佐所言，"正义才是一切民事法律的目标和目的。"[1]"法官做决定时必须考虑到类推、便利、得当和正义。"[2]

厘清这些问题，我们应该把更多的关注放在具体适用上，将这一创新较好地运用到实践中。本文期待，随着《侵权责任法》第41条的运用和不断完善，能够真正保护被侵权人的合法权益。

1　［美］本杰明·卡多佐：《司法过程的性质》，苏力译，商务印书馆2000年版，第39页。

2　［美］本杰明·卡多佐：《司法过程的性质》，苏力译，商务印书馆2000年版，第68页。

完善公司债权人保护制度

——以对公司债权人分类保护为视角

李秋萍

浙江师范大学法政学院

摘　要：债权人是在债的关系中，有权要求债的相对人为或者不为一定行为的人。对于债权人无论是传统民法还是公司法都有相关的制度设置对其合法利益予以保护。但是我国现有的公司债权人保护制度中担保、合同责任、债的保全、法人人格否认以及公司法上与公司资本有关的监督制度等对公司债权人的传统保护模式因其本身的局限性，已不能满足越来越复杂的侵害公司债权人利益行为的规制。因此有必要对公司债权人保护制度予以完善，尤其应从公司债权人分类保护的角度予以完善。

关键词：公司债权人；分类保护；债权人会议制度

一、我国传统理论及现行法律对公司债权人保护的现状

（一）传统民法理论对债权人的保护

担保。《担保法》第1条将担保作为对债权人利益保护的一种途径，这也是传统民法理论对债权人保护常用的方式。担保制度要求以当事人的一定财产为基础或者以保证人的信用为基础，是一种能够用以督促债务人积极履行债务保障债权实现的方法。根据我国法律规定担保仅有五种方式，即保证、抵押、质押、留置、定金。运用担保方式保护债权人的利益具有局限性，即在担保制度中要求以当事人一方的财产或者保证人的信用为基础。而公司债权人的债权除了法定之债一般都不具有担保外，部分的意定之债也不具有担保，例如公司发行公司债券、签发的票据等就不能适用担保制度予以保护。

契约责任。《合同法》第七章规定了违约责任，用以保护债权人维护其基

于契约而享有的权利。例如债权人可以要求债务人承担继续履行、采取补救措施或者赔偿损失等违约责任。对于金钱债权，债权人可以要求债务人支付价款或者报酬。对于瑕疵履行的债权人可以根据标的的性质以及损失的大小，要求债务人承担修理、更换、重作、退货、减少价款或者报酬等违约责任。债权人还可以根据约定要求债务人承担违约金、双倍返还定金等违约责任。这种通过契约责任的方式保护债权人也有一定的局限性，虽然根据合同的约定可以要求债务人承担违约责任、定金罚则，但是仍然受限于传统民法的损失填平原则，违约金的约定不能超过损失的30%，定金不能超过主合同标的额的20%。对于公司债权人的保护契约责任仅限于基于合同而形成的债权债务关系，不能涵盖所有债权人保护。

债的保全。债的保全制度规定于《合同法》第73条、第74条。债的保全包括债权人代位权和债权人的撤销权，是法律为防止债务人的财产的不当减少，给债权人权利带来损害而设置的债的一般担保形式。根据《合同法》第73条第1款的规定，债权人代位权是当债务人怠于行使其对第三人享有的到期债权而又对债权人的债权造成损害时，债权人为保全自己的债权，可以向人民法院请求以自己的名义代位行使债务人的债权的权利。债权人撤销权是债权人对债务人所为的危害债权的行为，可以申请法院予以撤销的权利。它与债权人代位权一样，突破了债的相对性原理以保全债权，体现了债的对外效力。债的保全制度是通过法院对债务人侵害债权人的行为进行纠正，从而实现对债权的保护。但是这种方式也具有局限性，对公司债权人的保护也略显苍白。债权人行使债权保全需要证明债务人有侵害债权人的事实例如放弃到期债权、放弃未到期债权、放弃债权担保、恶意延长到期债权的履行期等等，而对于债权人行使代位权，需要满足债权人享有的债权和债务人对第三人的债权都已届清偿期，且债务人怠于行使其债权损害了债权人的利益为前提。一方面，在子公司债权人之中公司不同于普通的自然人，发生的债权类型与一般的民法意义上的有很大的不同。因此有必要对子公司债权人进行分类，进而才能更好地保护公司债权人的利益。另一方面，债权人行使权利的时间点不同。普通自然人之间的债权，债权人自符合法律规定之时起即可行使权利。但是公司债权人行使权利一般都存在于公司破产清算阶段，其行使权利的形式是债权人会议。因此，债的保全制度不能满足公司债权人保护的现实需要。我们需要在传统民法保护方式之外，另谋出路。

（二）我国现行公司法对公司债权人保护

公司人格否认制度。《公司法》第20条第3款规定："公司股东滥用公司法人独立地位和股东有点责任，逃避债务，严重损害公司债权人利益的，应当对公司债务承担连带责任。"

公司强制审计及会计报告公示制度。[1]

在司法实践中法人人格否认制度的适用。在司法实践中适用法人人格否认制度，公司的股东对公司债权人承担连带责任一般存在于以下情形：当公司资不抵债或公司解散清算过程中。即当公司财产不足以清偿债务时，才适用法人人格否认制度。

笔者认为，传统民法对债权人的保护制度对公司债权人来说可以作为保护自身权利的一种选择，但是对于以上保护制度存在的各种局限性，仍需要另寻出路对公司债权人予以保护。

二、国外对公司债权人保护法理、判例和立法考察

（一）英国

信息披露制度和流动抵押制度。英国公司法法案认为有限责任公司应当以一种很公开的方式将公司承担有限责任这一事实告知那些同它交易的人，这是信息披露制度的基本内容之一。信息披露制度另一个更基本的内容是：公司应当公开披露公司的年度财务报告。[2]除了信息披露制度，英国更将流动抵押制度引入到公司法并明确：当公司发生违约行为时，公司债权人不仅仅可以取得公司财产的所有权，甚至可以取得公司的管理权。即现有的董事会被流动抵押抵押权人任命的接管人取代，接管人自此以后经营公司。

除了以上两个制度，英国公司对公司债权人的保护还沿用了各国通用的制度：资本限制制度和"法人人格否认制度"。资本限制制度有三个原则：（1）最低资本。（2）资本维持原则。（3）资本不变原则。公司法人人格否认制度的运用。在有限的条件下，由于善意，公司"面纱"被刺破，股东对公司的债务负责或者承担其他责任。

但综观英国公司法，英国对债权人保护制度主要依赖于债权人的自我救济（通常通过合同约定）保护自己以对抗有限责任产生的侵害债权人利益的风险。债权人除了通过合同相关的自我救济途径外，英国公司法还利用保险法例

1　2005 年《中华人民共和国公司法》第 165 条、第 166 条。

2　［英］保罗·戴维斯：《英国公司法精要》，樊云慧译，法律出版社 2007 年版，第 77 ～ 78 页。

如通过[1]强制保险来对付产生于公司法之外的问题。

（二）美国

对于公司债权人的普遍保护，美国公司法分阶段有不同的保护制度和适用不同的原则。在设立过程中，适用事实原则保护债权人利益。对于公司在设立过程中发生的交易行为，在美国普通法上法官一般根据"事实公司"原则来解决。根据普通法，一个"事实公司"是一个尚未完全成立的公司（一个"法律上的公司"）。在公司经营过程中，债权人可以通过查阅权要求公司对其利益有关的重要信息予以公开。尤其是针对可能存在的控股股东的内幕交易行为。除此之外，美国公司法也采纳了公司资本制度对债权人利益予以保护。

美国公司法人格否认制度。相比于其他国家的法人格否认制度，美国公司法在采纳该制度保障子公司债权人利益时使用了内在公平性标准。通过Weinberger v. UOP, Inc.（Del.1983）案涉及一个部分持股的子公司的现金兼并的问题。[2]在美国法上"法人格否认制度"因适用阶段的不同其内容也有所变化。在破产阶段"法人格否认制度"又称为"深石原则"。"深石原则"是美国法院在审理"泰勒诉标准电器石油公司"案中的涉诉子公司——深石石油公司时创立的，指在母子公司的场合下若子公司资本不足，且同时存在为母公司之利益而不按常规经营者。在子公司破产或重整阶段，"法人人格否认制度"表现为次位受偿即母公司对子公司债权之地位应居于子公司优先股东权益之后。"深石原则"并非否认母公司对子公司债权的存在，而是根据控制股东是否有不公平行为，从而决策其债权是否应劣后于其他债权人或者优先于股东受偿。[3]

（三）日本

日本公司法对债权人的保护主要体现为以下两个方面：（1）一般制度。制作公司债存根簿，债权人的查阅权，公司的通知或催告义务，公司债特殊权诉讼时效（利息请求权：5年）。（2）特殊保护制度。首先，日本公司法除了与各国类似的债权人保护制度外，日本公司法设置了公司债管理人制度：当发行公司债时，必须规定公司债管理人，委托其为公司债权人进行清偿的受领、债权的保全及其他公司债的管理。并且公司债管理人受债权人会议监督。最为特别的是《日本公司法典》第715条规定："公司债权人，按照公司债的类别

1　［英］保罗·戴维斯：《英国公司法精要》，樊云慧译，法律出版社2007年版，第117～118页。

2　［美］罗伯特·W.汉密尔顿：《美国公司法》，齐东祥译，法律出版社2008年版，第364页。

3　沈乐平：《企业集团母子公司关系的法律透析》，载《时代法学》2003年第2期。

组织公司债权人会议。"而不是将公司债权人不加区分的成立债权人会议，进而通过表决制度行使债权人的权利。

三、对公司债权人进行分类保护的正当性

（一）债权分类保护的法理基础

债权的相对性原理决定了债的可分性。债权是一种相对权，发生在债权人和债务人之间，不能对抗第三人。由于债是有双方当事人的意思表示、行为以及债权的标的性质等方面内容，因此根据债权的性质可以将债权进行分类。不同的标准有不同的分法，例如根据债的发生与当事人的意志关系，债可以分为意定之债和法定之债。根据债的标的物是否特定，债又可以分为特定之债和种类之债。而根据债的主体双方是单一还是多数的，债可以分为单一之债和多数人之债，等等之类的债的分类。

运用权利集中理论将相同种类的权利进行集中可获得更多的优势。在公司债权中，既有基于合同行为例如发行公司债而形成的意定之债，也有基于无因管理、侵权行为、不当得利等形成的法定之债。在传统民法之中更注重的是单独私权的保护，正如孟德斯鸠所说的："在民法慈母般的眼神中，每个人就是整个国家。"因此，一方面，民法关注个人私权利的保护，并且这种保护模式是个别的，对于权利的集合并没有予以规定。另一方面，民法向来以填平为救济原则，其关注的目光只放在受侵害的私人损害的填平，而对公司这种法人组织对债权人的责任是采取民法的填平原则还是应当考虑公司作为商行为主体应当承担特殊的责任是值得深究的。笔者认为公司法作为商法的一部分，其对公司债权人的保护不应当止步于民法的个别保护模式，也不应当仅限于民法的填平原则。"财产权经过集中和整合，可能质变为权力化的权利。"[1]在商法之中由于公司的盈利性，而盈利的秘密就来源于资本的集中。[2]公司通过让私人的"死"的财富变成"活"的资本，进而使资本进行增殖和积累。但是公司作为一个组织具有组织性，因而在行使管理职能时免不了运用决议制度：人数多数决或者是资本多数决来进行表决。因此这时候财产权的集中就可能突破一定的量而达到质变形成权力化权利。通过行使这种权力化的权利，作为原本是财产权人之一的部分债权人就可以运用这种权利更好地保护自己的利益。

1　陈醇：《商法原理重述》，法律出版社2010年版，第50页。

2　［秘鲁］赫尔南多·德·索托：《资本的秘密》，王晓冬译，江苏人民出版社2005年版，第4页。

债权分类保护与债的平等性原则的紧张。笔者认为债权平等原则指当数个债具有相同的内容时，其效力具有平等性。但是对债权的分类保护就是基于不同的债根据其不同的内容进行分类，经过分类之后再在相同的债之间遵行债的平等性原则。因此两者并不是对立关系，而是并存和包容关系。例如不同的债根据其设立的先后顺序不同，其诉讼时效利益就有不同。再如根据债权是否设立担保，有担保的债权和普通的债权效力显然是有担保的债权具有优先性。而同样的道理，不同的债权人，拥有的债的数额不同其效力也必然会存在差异。正因为这种种的"不平等性"，即存在的事实上的债权人保护和债的平等性原则之间的紧张，才更需要对债权进行分类。只有对债权进行分类，才能真正使相同的债权在其同类债权的集体中享有相同的权利。不至于使有优势债权与普通债权人在债权人会议机制中出现强者更强，弱者更弱的局面。

（二）运用统计学方法对公司债权人进行分类

分类就是把无规律的事物分门别类使之更有规律，以便于人们更好的认识该事物。在统计学上把对象分类通常用的方法是聚类分析。聚类分析通常有两种类型：即按照对象的观测值，对不同的变量进行分类；另一种是先区分变量，再对观测值进行分类。而在对对象进行分类前，又根据是否事先确定分多少类，可以使用情况的最直接的体现，针对这些数据，公司可以查找公司经营管理可能存在的漏洞，完善薄弱环节，保护债权人利益。

不同的聚类方法：若事前确定了分多少类我们可以使用 K- 均值聚类法；若事前不用确定分多少类我们可以选择使用分层聚类的方法。两种不同的聚类方法的区别点就是事前是否设定了分类的类别数。

对于公司债权人的分类，选择分层聚类法可能更合适。理由如下：根据统计学对变量的定义：可变的数量标志称为变量。[1]因为公司债权人分类的对象是不同的债权人。而这些不同的债权人就是变量。按照变量值的连续性，公司债权人应属于离散变量。离散变量的数值是通过逐个计数的方法得出的，变量值只能以整数断开，而不能变现为小数的。公司债权人可能发生的种类各个公司可能都有所不同。例如，A 公司可能发行了公司债券，那么 A 公司就具有公司债券债权人。而若 B 公司不发行公司债券，那么 B 公司就不会存在公司债券债权人。因此，鉴于这一理由，笔者认为对公司债权人若使用预先设定分类数量的 K- 均值分类是不适宜的。对公司债权人的分类选择分层聚类法可能更合适。

运用分层聚类法将公司债权人进行分类。开始时，对公司债权人有多少人

1　文华：《统计学原理与应用》，清华大学出版社 2005 年版，第 17 页。

就分为多少类。第一步先把最近似的两类合并为一类，然后再把剩下的最近似的两类，两两合并为一类；这样下去，每次都少一类，直到最后只有一大类为止。显然，越是后来合并的类，距离就越远。[1]根据分层聚类法，我们可以将公司中存在的合同之债债权人、侵权之债债权人、不当得利之债债权人、缔约过失之债债权人、无因管理之债债权人、公司票据持有人、公司债券持有人等等债权人进行分层聚类，我们最终可以将公司债权人分类：法定债权人和意定债权人。

对公司债权人分类的意义。这种分类一方面是将公司债权人进行分类，使其从无规律的状态达到更有规律的状态。另一方面，通过这种统计可以使公司获得本公司债权人统计第一手资料，对公司经营管理提供最真实的数据资料以便公司制定更科学的经营管理计划。这种统计所得的数据是公司可能存在的侵权情况的最直接的体现，针对这些数据公司可以查找公司经营管理可能存在的漏洞，完善薄弱环节保护债权人利益。

（三）完善我国公司法债权人会议制度

1. 将参与公司债权人会议的债权人进行分类。将公司债权人运用分层聚类法进行分类。可以实现更加公平、正义地保护各个不同债权人的利益。根据民法的责任原则：投资者风险自担。那些基于合同等交易行为与公司成立债权债务关系的债权人与基于法定事由与公司之间形成债权债务关系的债权人是不同的。在交易行为模式下，债权人常常都是知道公司存在的问题，因此只要公司不存在欺诈的情形，那么这种债权人因自身的交易行为而遭受损失，那可以看作是一种投资的正常风险。对这种意定之债的债权人的保护应当有别于法定之债债权人的保护。因此有必要将意定之债和法定之债债权人加以分类。而其各自在债权人会议的表决过程中享有的权利也应当有所区别。正如《日本公司法典》第715条规定："公司债权人，按照公司债的类别组织公司债权人会议。"将公司债权人分类以后成立债权人会议，通过表决制度行使债权人的权利。这种将相同或者相近类别的债权人进行聚类使其权利得以集中行使，进而能在债权人会议中通过表决制度行使自己的权利保护自己的利益。

2. 完善我国债权人会议中有关管理人的规定。在我国债权人会议制度中有关管理人的设置是由法院指定的，其职责是完成破产财产的保管、清理、估价、处理、分配事务，但必须对法院负责并报告工作，并受债权人会议的监督。在对债权人进行分类时，有必要对管理人制度进行完善，针对不同的债权人，根据需要增设专门的管理人等。

1　吴喜之：《统计学：从数据到结论》，中国统计出版社2004年版，第151页。

小生境生物相克损害民事救济研究

刘冰冰

浙江农林大学法政学院

摘 要： 小生境生物相克损害案件是一种生态破坏型案件，以生态系统失衡造成损害为表现形式。该类案件有原因行为的不可谴责性、因果关系的复杂性、损害后果的严重性、行为主体的复杂性等特点，我国对此类生态破坏型案件的规定较少。国家应当建立起个别化救济和社会化救济相结合的完整救济体系，解决此类损害的民事救济，要建立起过错推定原则、因果关系推定原则为支撑的小生境生物相克侵权构成要件。通过诉讼和非诉的救济方式实现责任人明确的侵权救济。对于不能通过个别化救济完全实现的侵权救济，可以通过预防、治理基金、农业保险和责任保险等途径保证受害人的救济和生态环境的恢复。

关键词： 小生境；相克损害；社会化救济

［案例一］2004 年，某市 2227 户梨农起诉某市交通委员等七被告，诉称：原告梨子的收成一直居全省前列。但自从 1997 年被告在穿行该区的国道路段栽种桧柏后，梨子的收成逐年下降。2003 年春末夏初大面积爆发梨锈病，1913.76 公顷约 115.13 万株梨树全部绝收。经省内外专家考察后认定，该灾害系因国道栽种的桧柏所致，且经此严重的梨锈病侵害，该地区的梨树 2004 年依然绝收，对 2005 年的产量仍将产生影响，以后必然再次爆发此种灾害。科学检验表明国道桧柏确有梨锈病孢子寄生，极可能是此次灾害的主要原因。[1]

［案例二］水葫芦原产地南美，是 20 世纪初人为引入中国的物种，适量养殖可以净化水体，但其繁殖速度极快，在中国南部水域广为生长且难以控制，水葫芦泛滥，不仅会阻塞水上交通，还会与水中生物争夺氧气、遮挡阳光，会导致水中生物大量死亡，水葫芦腐烂后还会造成水体污染，成为外来物种引发生物相克损害的典型代表。2013 年 9 月 23 日，长沙县松雅河水面上水葫芦再

---

1 吕忠梅：《环境法案例辨析》，高等教育出版社 2006 年版，第 83 页。

次泛滥成灾，由于紧邻星沙供水公司的取水点，该公司便担起了河道清理的任务，以保证供水公司水质，这并非偶发事件，据公司负责人介绍，公司每年要花 20 多万元来清理水葫芦。[1]

梨锈病案发生以后引起了学界和理论界的关注。对于案件的定性、论证过程和判决结果都有一定的讨论。水葫芦由于泛滥灾害频繁发生更是无法确定加害人，虽无人就此提起诉讼，但损失却巨大。此二例是小生境生物相克损害法律问题的典型案例，均体现了在这一方面法律救济的不足。

一、小生境生物相克损害概念及性质

（一）小生境生物相克损害释义

在生态系统中，各种生物原是互相依存，互为消长，相生相克，成为一种环形的食物链，一个地区在这样一种完整的食物链环境下维持着一种相对稳定的生态系统环境。但这种稳定关系并非牢不可破，它往往由于一种外生因素的变化，或一种不为人们重视的生物繁衍受到干扰和限制，造成一连串生态的不平衡，进而形成经济生物的大量减产，或有害生物的更加猖獗。[2]这一现象即生物相克损害现象。

局域、生境尺度中的生物入侵，或者称之为生物污染，是生物"个体相克功效"问题；而全球与区域尺度的生物入侵问题属于"系统相克功效"问题。"个体生物相克功效"合理利用是可以化害为利、加以运用的，比如其在生物防治中的应用。

"小生境"指一种特定环境下的生存环境，某一生物特有的生存环境即为一个小生境，这一概念多用于生物进化计算，在此引用"小生境"概念，从微观角度探讨特定生存环境下生物相克损害的救济。

小生境生物相克损害是一种小生境生态系统结构的破坏导致的损害，主要指财产损害和生态破坏。造成小生境生物相克损害的原因多种多样，典型的有以下几种：生物入侵、生物相生关系利用不当、物种灭绝，其他环境行为或自然原因。

（二）小生境生物相克损害是一种生态破坏性环境损害

我国环境立法所控制的环境问题主要包括环境污染和生态破坏。因此，环

1　《长沙县松雅河水葫芦为患，百米河道被"吞"》，网易新闻，http://news.163.com/13/0923/14/99FDK 8Q700014AEE.html，最后访问日期：2012 年 10 月 8 日。

2　叶谦吉：《生态农业》，载《农业经济问题》1982 年第 11 期。

境侵权也应当包含环境污染侵权和生态破坏侵权两方面。

环境污染指由于人类在工业生产、生活活动等过程中，将大量污染物质以及未能完全利用的能源排放到环境之中，超出了环境的自净能力，致使环境质量发生明显不利变化的现象。生态破坏指由于人类不合理开发利用自然资源，以及从事大规模建设活动或其他对环境有影响的活动而给环境带来显著不利变化的现象。[1] 小生境生物相克损害是一种生态系统结果变化导致的损害，并不以污染的存在为前提，因此应当属于生态破坏型侵权。

"梨锈病"案的桧柏种植是以有益于环境为初衷的建设性行为，行为本身并未向环境释放任何累及环境自净能力的物质，而且本案行为属于对小生境生态环境造成冲击的建设性活动，应当更加符合生态破坏侵权的特点。

"水葫芦"案中的水葫芦本身不是一种污染物，其借助一定自然力进入一定水域，泛滥成灾，造成损害，而这种损害是通过破坏小生境的生态平衡完成的，因此，是一种生态破坏型环境损害。

二、小生境生物相克损害的特点及责任认定

（一）小生境生物相克损害的特点

小生境生物相克损害不同于一般的环境侵权损害，其特殊性使得其救济方式的特别讨论成为必要。小生境生物相克损害的特点体现如下几方面：

1. 原因行为的不可谴责性

小生境相克损害行为人不同于传统排污主体，后者在排放污染物时就应当明确知道其造成环境污染的结果，尽管对可能造成的具体的损害程度仍不能确定。小生境生物相克致害往往具有一定的隐蔽性和滞后性，防治必须要具备相当专业的知识，一般主体在为原因行为时很难预见能力，因而无主观过错（在此暂不讨论行为人故意造成相克损害的行为），要求行为人对于主观没有认识的行为承担责任，违背了现代民事法律立法精神，也有悖于现代法律的公平观。

案例中，相关交通部门种植桧柏的行为属于公路绿化，是履行其行政职责的行为，是合法行为，且桧柏是交通部门长期使用的树种之一。法院最后判决驳回原告的诉讼请求。

水葫芦事件亦是如此，其物种引入本是以养殖并作为家畜饲料为目的的，

1　吕忠梅：《环境法学》，高等教育出版社 2008 年第 2 版，第 223 页。

因为在新的生态环境中无相克制衡的生物而导致其形成严重灾害，这是行为主体难以预料的。

2. 因果关系的复杂性

小生境生物相克致害因果关系认定的复杂性是由于该法律关系的自然属性决定的。小生境生物相克是此生物对彼生物的影响，是抽象的，难以量化的影响，且一种损害结果的发生经常是多种因素的复合累积而逐渐形成的，经常形成多因一果的损害现象，因此对因果关系的认定往往成为案件的焦点。而且小生境生物相克致害由于专业性较强，对于因果关系的认定需要涉及深奥的科技知识，要借助相关的生物学理论。比如，在"梨锈病"案件中，国道桧柏的存在仅是梨锈病发生的条件之一，天气等因素也是十分重要的，而且梨锈病也只是原告梨树减产的原因之一，梨锈病可防治而受害人未采取防治措施亦有过错。在水葫芦事件中，水污染导致的水体富营养化、天气因素，引入者的过错，水域管理者的管理失职，多重主体都与灾害有关，致使侵权责任的认定十分困难。

3. 损害后果的严重性

自然界生物群体中，彼此间存在着相生相克的关系，一般地保持着相对的生物生态平衡状态。由一个生态系统相对平衡状态到平衡破坏的过程，可以是为时很短暂的，但是其造成的损害却可能是巨大的，不仅仅是其直接造成的经济损失，将生态环境从被破坏了的平衡复苏和改造为相对稳定的平衡状态，往往需要消耗大量的人力物力，而且是一个漫长而复杂的过程。小生境生物相克损害正是这样一种损害严重，难以修复的生态破坏。案例一两行桧柏的种植竟导致上万亩梨树的绝收，案例二水葫芦物种引入，无法根除，已为害二十余年且仍在继续。

4. 行为主体的复杂性

一方面公民、法人、其他组织都有可能成为生物相克法律关系主体，可能是民事主体亦可能是行政主体，甚至有可能不存在加害主体或加害主体作用在严重的损害面前显得过于渺小。不同性质的加害主体，其注意义务、专业技术、预见能力和赔偿能力等方面都各有不同，面对不同加害主体的不同特点，对其处理方式也会有所不同。

另一方面，行为主体内部亦有复杂性。同一侵害可能存在多个责任主体，不同主体之间权利义务关系会十分复杂。"梨锈病"案七个行政主体为被告，不同行政主体存在职能交叉，责任界限不清晰。

（二）小生境生物相克损害的责任认定

"造成环境污染危害的，有责任排除危害，并对直接受到损害的单位或者个人赔偿损失。"这是《环境保护法》第41条关于环境侵权的规定，直接表明规范的是环境污染类案件。在我国《宪法》《民法通则》《侵权责任法》中的规定也都类似，可见在我国，传统的环境侵权体系是以环境污染为中心进行构建的，其中含有的丰富的法律法规大都不适宜生态破坏类问题。因而对于生态破坏类侵权案件的责任认定并无明确法律依据，只能依据一般侵权责任的认定原则——一般过错责任原则，而此原则远不足以解决复杂而严重的小生境生物相克损害。因此构建相应的法律救济机制已十分必要。而立法的构建，仍需从学理上提供必要性、正当性和可行性的支撑。

1. 过错推定原则

小生境生物相克损害案件的特点表明其不宜使用一般过错责任原则归责，否则可能会导致许多侵害人逃避责任，受害人利益无法得到救济。鉴于在环境侵权案件中，尤其在需要较高专业知识领域的生物相克损害案件中，普遍存在受害人举证困难问题，较适宜的方法是采用过错推定原则由加害人一方就其没有过错承担举证责，要求只要行为与损害存在因果关系，行为人就要承担侵权责任，有利于保护受害人利益，又在一定程度上维护原因行为人有益行为的积极性，不致违背公平原则。

一方面，《中华人民共和国公路法》《建设项目环境保护管理条例》《交通建设项目环境保护管理办法》《公路环境保护设计规范》中都有公路工程建设项目要做好环保设计工作，综合考虑当地的生态环境，避免建设行为对当地生态环境造成损害的规定。[1]另一方面，桧柏与梨锈病菌的关系并非过分专业的问题，在专业人士中更是十分普遍的知识。因此，梨锈病灾的发生是可归责于交通部门的疏忽的，若其不能证明自己已尽到注意义务仍未能避免灾害，则应当承担侵权责任。

2. 适用推定的因果关系

小生境生物相克损害的因果关系十分复杂，证明也极为困难，可以参照环境污染案件证明标准，实行因果关系推定，原告方承担一定程度的证明责任，当原告证明达到盖然性占优的标准时，若被告不能提出足以否定因果关系的反证或反驳，则推定损害与被诉行为之间存在因果关系。尽管《侵权责任法》已

---

1 刘国涛：《从"梨锈病案"看生物相克损害的法律规制》，载《中国环境法制》2006年第2期。

经规定了污染者应当对其行为与损害结果之间不存在因果关系承担证明责任，但是司法实践中对受害方仍然是有一定因果关系证明责任要求的。因此，在此也并非全然免除受害人的证明责任，受害方基础关系的证明责任仍然是必要的。

"梨锈病"案中柏树的存在是否与梨树感染"梨锈病"有因果关系也曾经一度成为案件争议的焦点。原告方提供了权威报告、专家意见等证据，证明交通部门种植桧柏的行为是梨锈病灾害发生的必要条件，并极大地提高了灾害发生的风险，这已足以证明案件基础关系。但被告方以桧柏种植非梨锈病爆发的必然条件为由反驳，并得到了法院支持，案例表明法院对原告方提出了很高的因果关系证明要求，使得法律对此类案件受害者的保护极为薄弱。

三、小生境生物相克损害的个别化救济措施

环境救济权是一项复合性权利，既包括公益性权利，也包括私益性权利。小生境生物相克损害的救济也包括环境公益救济和环境私益救济。环境公益救济主要是对公共利益的救济，比如对受到破坏的生态环境的救济，而环境私益救济主要是对受害人个人的损失进行补偿、赔偿的救济。[1] 小生境生物相克损害既包括对特定受害人的私益侵害，又包括对生态环境的公益侵害。单独的环境公益侵害救济主要通过政府救济、公益诉讼或社公化救济实现，在此讨论个别化救济主要是为实现公民的环境私益救济。

小生境生物相克损害个别化救济，即责任主体对受害人的救济，主要是针对侵权人明确的案件，其途径主要有行政处理程序、民事诉讼程序以及非诉救济。非诉救济主要指调解、仲裁、自行和解和行政裁决。小生境生物相克损害的复杂性及我国环境法制的不完善性等特点决定了各种非诉处理机制的灵活运用在损害的个别化救济中十分重要。

四、小生境生物相克损害的社会化救济

小生境生物相克损害的特殊性注定了单纯个别化救济无法完成被侵权人救济的使命。第一，作为小生境生物相克损害原因的物种引入可能是由于行为人有意引入或无意引入，也可能只是自然力作用的结果，其可归责性不可同一视之。第二，小生境生物相克损害往往具有严重性，且责任主体具有复杂性，履

1　参见李劲：《环境侵权论》，长江出版社2006年版，第133页。

行环境侵权损害赔偿责任十分困难。第三，原因行为往往不是环境污染类行为，原因行为不具有可归责性，通过个别化救济要求行为人对于损害结果承担赔偿责任有违社会公平。因此，诉讼等个别化救济之外，社会化救济仍然是实现损害填补的重要手段。可以通过预防、治理基金和农业保险等方式分散风险，实现救济目标。

（一）建立健全农业保险机制

小生境生物相克，造成的损害也多是生物方面的，与农业有着紧密的关系，因此，将其纳入农业保险的承保范围是对受害人进行救济的重要手段。

我国《农业保险条例》第2条规定本条例所称农业保险，指保险机构根据农业保险合同，对被保险人在种植业、林业、畜牧业和渔业生产中因保险标的遭受约定的自然灾害、意外事故、疫病、疾病等保险事故所造成的财产损失，承担赔偿保险金责任的保险活动。可见农业险的承保范围主要是没有侵权人的损害风险。小生境生物相克法律损害是否能够归入《农业保险条例》的规范范围呢？前文提及其原因大体有四类：生物入侵、生物相生关系利用不当、物种灭绝、其他环境行为或自然原因。这些原因中可能有明确的侵权行为人，也可能没有，没有明确侵权人或侵权人不具有法律上的责任的案件，应当可以纳入承保风险的范围。然而，由于小生境生物相克损害的严重性，许多有具体侵权人的案件都由于侵权人无赔偿能力而使损害无法得到补偿。笔者认为，农业险承保范围可以适当放宽，为其他无法得到救济的受害人提供帮助。这也是符合农业险设立宗旨的。

但是我国目前农业保险行业的发展水平仍然不高，原因在于，农业自然灾害发生频率高、范围广、损失大，导致农业保险的费用大、损失率高，费率也高，而作为农业保险消费者的农民的收入水平很低，使得以商业性保险为主的传统农业保险出现了保额过高会超出农业生产收入无人参保或保额过低保险公司无盈利无从发展的矛盾局面。为解决这一矛盾，《农业保险条例》规定国家支持发展多种形式的农业保险，健全政策性农业保险制度，坚持政府引导、市场运作、自主自愿和协同推进的原则发展农业保险制度。同时，还要通过保费补贴、经营管理费用补贴、再保险补贴、农险基金亏损补贴和税收优惠等方式支持我国农业保险事业的发展，完善保险事业，也为小生境生物相克损害的救济提供保障。

水葫芦事件是一种侵权主体不明确的损害，受害主体求诉无门，通过保险来分散损害是十分有效的救济方式。

（二）引入责任保险制度

在小生境生物相克损害领域建立环境责任保险制度，有利于及时填补受害人的损害，维护公众的环境权益；有利于转移风险，降低企业经营负担，减少政府环境压力；还有利于强化保险公司对企业等相关主体保护环境、预防环境损害的监督。[1]"梨锈病"案中梨农的损失表明了责任保险制度的必要性。

由于受到经济发展水平、环保意识、保险公司能力等方面的制约因素，我国尚未全面建立起实质意义上的环境责任保险制度。只在《海洋环境保护法》《太湖流域管理条例》等法律法规中有部分关于环境污染领域的规定。

面对我国现代社会市场经济发展迅速，环境侵害归责困难（尤其在小生境生物相克损害领域）的现状，政府应当实行以强制责任保险为原则、以自愿责任保险为例外的投保方式，[2]根据风险的发生概率对责任人提出不同程度的投保要求。笔者认为，物种引入者、生物相生关系利用者及其他有较大的造成生物相克损害的环境行为人都应当纳入环境责任保险的范围。同时还要进一步发展保险机构，完善商业性环境责任保险机构和政策性保险机构以及再保险机构。

（三）建立预防、治理基金

在环境侵权领域，基金制度设立主要是为了实现环境损害行为人不明、损害超过致害行为负担或保险人保险责任限额，及其他无法通过责任人直接救济的环境损害救济。[3]生物相克损害通过破坏原有的平衡的生态系统而导致的损害，除给予受害人以救济外，更重要的是原有生态系统的恢复与重建，因此通过基金保险等方式，除了给予受害人补偿外，更重要的是生态系统恢复的费用。建议设立相应的相关风险的预防、治理基金，用以实现物种引入造成的生物相克损害的预防、救济和生态恢复。

政府在小生境生物相克损害领域设立预防、治理基金，其财政主要来源包括：政府补贴、行为人的生态保护税费、其他环境保护税费的一定比例、司法相关罚款罚金、社会捐赠、基金孳息等。还要进一步完善基金的发放和使用制度，使其切实成为小生境生物相克损害救济的最后保障。

1　贾爱玲：《环境侵权损害赔偿的社会化制度研究》，知识产权出版社 2011 年版，120 页。

2　周珂、刘红林：《论我国环境侵权责任保险制度的构建》，载《法学论坛》2003年第 5 期。

3　竺效：《生态损害的社会化填补法理研究》，中国政法大学出版社 2007 年版，第 224 页。

观念抑或存在：犯罪论体系的第一次哲学修正

——《犯罪论与法哲学》一书评介

满 涛

浙江工商大学法学院

摘 要：日本著名刑法学者宗纲嗣郎先生的《犯罪论与法哲学》一书是对犯罪论体系进行哲学反思的首创之作。该书否定了近百年来德日刑法理论中的"观念论"哲学立场，提出"法存在论"，并认为能够将其作为不可谬的东西加以主张。基于存在论的法哲学，宗纲先生对于"三阶层"犯罪论体系中的构成要件该当性、违法性和有责性分别提出质疑并开辟了与之相适应的理论出路。以存在哲学为思考基点来剖析"三阶层"犯罪论体系存在的问题，对于当下"言必称德日"的中国刑法学确实提供了一种新的思考路径与研究方向，这对于我国刑法学发展而言应是裨益良多。

关键词：犯罪论体系；观念；存在；哲学修正

近年来，犯罪论体系的理论争议问题，已经成为我国刑法学研究的一个持续热点。以德、日刑法学为理论根基的"重构论"学派，明确提出中国刑法学中犯罪论体系的修正必须是在彻底放弃四要件犯罪论体系的词语背景、思维模式的前提之下，直接导入德日的"构成要件该当性—违法性—有责性"的体系，实际上是完全脱离了四要件体系的底版和地基（从而也彻底摆脱了这一体系的束缚），而另起炉灶，也就是所谓的"推倒重来"。[1] 对此，基于维护传统"四要件"构成理论的"保守论"学派认为，上述学者的观点实际意味着或者说其立论根基是"就现行中国刑法学犯罪构成理论体系给予彻底否定"，[2] 在当前刑法发展特别是长期司法操作认同的情境下，所谓的"推倒重来"是极不理性的，因为他们提倡的"三阶层"理论同样存在难以自洽的困境。"四要件"和"三

1　付立庆：《犯罪构成理论：比较研究与路径选择》，法律出版社 2011 年版，第 312 页。

2　高铭暄：《关于中国刑法学犯罪构成理论的再思考》，载《法学》2010 年第 2 期。

阶层"究竟孰优孰劣,引发了学者们你来我往的"宣战"与"回应","重构论"和"保守论"两大学派在学术上"自由攻伐"的积极局面也因此不断铺陈展开,渐入佳境。

就在中国刑法学界为此展开激烈论辩的同时,日本著名刑法学者宗纲嗣郎先生对于转型期的中国犯罪论体系的理论建构十分关注,从一位域外"旁观者"的角度认真审视了中国刑法的理论之争,其中,对于"中国刑法应当全面引进'三阶层'犯罪论体系"的主张尤为疑虑。宗纲先生否定了近百年来德日刑法理论中"观念论"的哲学立场,提出"法存在论"的观点,并认为能够将其作为不可缪的东西加以主张。基于存在论的法哲学,宗纲先生对于"三阶层"犯罪论体系中的构成要件该当性、违法性和有责性分别提出质疑并开辟了与之相适应的理论出路。如此,宗纲先生的《犯罪论与法哲学》一书便应运而生。在当下"言必称德日"的中国刑法情境内,宗纲先生从法的存在哲学出发,深刻剖析了"三阶层"犯罪论体系的问题与困境,为正处在变速发展中的中国刑法学提供了一种新的思考路径与研究方向,而这对于繁荣我国刑法学术研究来说应当是裨益良多的。

一、质疑:近代认识论的观念性与刑法学范式

在犯罪认定中,如何能够使得犯罪性的认识成为可能?开篇之义,宗纲先生明确了全书的研究视角和理论基调,拟定从认识哲学的角度深入考察"三阶层"犯罪论体系。

西方启蒙运动以降,近代"主客二元论"的认识哲学框架由笛卡尔与霍布斯建立起来,基本上立足于认识的主体与被认识的客体这一二元分立模式。这种二元认识哲学的出现,与当时自然科学的迅速发展不无关系。在科学认知领域内,认识之可能必须是可以被对象化的构造,否则,认识即无可能。基于此,认识哲学便携带了大量科学实证主义的色彩,其基本原则在于"哲学应当以实证自然科学为根据,以可以观察和实验的事实及知识为内容,摒弃神学和思辨形而上学所研究的那些所谓决定的、终极的,然而却无法证明的抽象本质"。[1]按照这种观点,哲学应当只限于对事实的研究,而价值在本质上是一种形而上学的思辨,应当被排除在哲学研究的范围之外。延至 19 世纪中叶,实证主义哲学思潮蔓延至法学领地,出现了法律实证主义,其核心观点在于"将价值考

---

1 刘放桐等:《新编现代西方哲学》,人民出版社 2000 年版,第 5 页。

虑排除在法理学科学研究的范围之外"。[1] 在实证主义的视域内，事实与价值绝对分野，事实中无法蕴含价值，更无法从事实中推导出价值，认识方法必须主客二元分立。

囿于时代的知识局限，近代德日传统刑法理论也被深深地打上了自然科学实证主义的烙印，其认识基础立足于"二元分立"的方法，所有认识对象仅限于能够加以表象化的对象构造，这是绝对的；反之，类似于伦理规范和法律规范这些不具有形而下的质料性的"东西"，只能处在与对象化的科学认知不同的另一个范畴内。换言之，纷繁芜杂的世界被人为地区分为"事实世界"与"价值世界"，二者运行法则各不相同。宗纲先生正是对于这种观念论的分立认知的提出进行批判，指出二元论这种观念就是当前法异化现象的根源所在。在法学领域内，独特的"规范世界"必然会作为因人而异的"概念知"[2] 产物被人为地创设出来，犯罪认定就是在此中进行。如此一来，犯罪的认定也就毫无疑问地被封闭在了"概念知"的领域。因此，那些不具有表象构造的直观的作用，被完全排除在了法律家的犯罪认定的逻辑之外。

例如，在李斯特看来，刑法的任务就在于解释犯罪与刑罚之间的因果关系，而这只能透过自然科学的方法才能竟其功。[3] 同时，李斯特认为，一种行为的犯罪性的认识不是刑事司法的研究客体，这种犯罪性的判断（实质上是一种"恶"的价值判断）应由立法者完成，犯罪认定的司法过程只需要按照立法明文规定的罪状逐一认定即可，其他任何价值评价都是多余的。对此，许迈曼指出，"李斯特刑法构想的错误，其实在于误以为价值的问题已经透过刑法典加以解决，并且没有认识到，例如在刑法总则里，极大部分的规范问题，根本不曾被立法者及 19 世纪的刑法学者认识到，遑论被解决"。[4]

---

1 ［美］博登海默：《法理学：法律哲学与法律方法》，邓正来译，中国政法大学出版社 2004 年版，第 118 页。
2 人类的所有认识活动都是从感觉开始的，其中，知性活动常常依赖于感觉，受动地展开。这种跟概念相关的知性的作用方式，就是"概念知"，也被称为"受动理性"。所有概念知的活动，都是受动理性的作用，它促使思维中知觉表象像的形成，从而扩大认识的范围，再根据需要修正知觉表象，而且根据需要形成新的知觉表象。
3 许玉秀：《当代刑法思潮》，中国民主法制出版社 2005 年版，第 9 页。
4 ［德］许迈曼：《刑法体系思想导论》，许玉秀译，载许玉秀、陈志辉：《不移不惑献身法与正义——许迈曼教授刑事法论文选辑》，台湾春风煦日论坛 2006 年版，第 270 页。

二、立论：犯罪论体系的存在哲学考察

基于自然科学实证主义和新康德主义观念论的基本立场，近代刑法学在认识哲学上呈现出明显的观念性特征，尤其是在犯罪论的考察当中，犯罪认定的过程遭遇了人为地割裂与分离，"事实世界"与"规范世界"的二元分立认识论成为无须争辩的"正确"范式。日本著名刑法学家西原春夫认为，构成要件是违法行为类型，构成要件该当性在其实质内容上揭示了属于规范违反性的违法性，因此，对于"裸的行为"意义上的犯罪进行考察时，必然对其进行"事实与价值"两个层面上分别理解。例如，"杀人"的构成要件，是观念世界中的概念，但是，"甲杀了乙"却是现实世界中的事实，二者"栖息的世界不同"。[1]众所周知，日本刑法学者基本上都采用该种二元观念论的研究范式，因此，日本所有的刑法学理论问题的探讨都是建立在"概念知"的作用基础之上的，根本没有也无法发挥直观的作用。当然，刑法毕竟是规范意义上的范畴，如若否定"概念知"的作用也就无法正确认定犯罪，甚至无法固定人的一般认识，不论是结果无价值还是行为无价值的概括理解，都只能是"概念知"的事实功能与作用。但是，"概念知"的作用强大并不表明其能取代一切，其实在对各种犯罪构成的"概念知"考察之前，对于犯罪的定义问题存在一个共同的认识，即将其理解为"某种东西"的共通认识。在观念论的知识谱系中，犯罪的定义必然来源于"概念知"的自由作用，是各种犯罪观（定义）凝练与提示出来的，无关乎其他因素；然而，犯罪的本质是一种事实存在，是表达"犯罪是作为什么样的东西而存在的"一种直觉表象，也是存在于各种犯罪观（定义）之前或是说之根基的"实在的东西"。概言之，犯罪绝不是也不能是"概念知"自由创造的产物。于是，立足于观念规范主义认识框架的犯罪论是有瑕疵而无法自洽的。

对于"犯罪是什么东西""犯罪被认为是什么""犯罪是什么存在"等一系列诘问，抛却观念哲学立场后的自证亦是有难度的。存在哲学的基本立场很容易揭示个别犯罪现象的具体状态，譬如人被杀了，钱被偷了，身体受伤了等等。但是，超越上述个别犯罪现象并内含于所有犯罪事实的"实在的存在"到

1　［日］西原春夫：《犯罪实行行为论》，戴波、江溯译，北京大学出版社2006年版，第35页。

底是什么呢？宗纲先生认为，是"价值侵害的引起"。[1] 在这个层面上，宗纲先生提出了本书的所有观点的基本哲学立场——存在论，即事实与价值是一体的，二者也是可以互换的。

从哲学思辨迈入犯罪论体系的具体构建，我们需要整理的是"直观"应当获得应有的重视。近代二元图式背景下，"直观"被认为是模糊不可测的东西而遭遇抛却，也就导致整个犯罪论体系奠基于一种差谬，即不能认知这个生活世界的经验的现实。毋庸置疑的是，宗纲先生对于直观作用的重视并不是主张凭直观来认定犯罪，因为这种行为引发的恣意也是十分危险的。宗纲先生认为，犯罪的认定并非依赖于直观，而是根据"概念知"的作用。直观的作用（或者说是机能）在于，通过解释的循环，将一般分离于存在并自由作用的"概念知"（思考）拘束在存在的范畴内，这就是认识的存在拘束性。具体到犯罪论体系上，对于犯罪的认定，"结果的归属"判断应当置前，然后才有"行为的归属"判断，从结果到行为，从行为到行为人的认定顺序既是不可逆的又是唯一应存的，这是构筑犯罪论体系的第一个前提；在共犯的认定问题上，必须确定"行为的归属"，抛开行为人的主观方面就无法客观地判定正犯与共犯，将共犯置于单独犯中的"行为"的层面是不行的，亦即共犯行为具备其固有的状态，不能因为个别行为的单纯集合而消解，这是构筑犯罪论体系的第二个前提。所以，对于犯罪论体系，宗纲先生持"行为论"体系，即"行为·违法·责任"体系，将构成要件作为违法行为类型消解在了违法论当中；对于违法性则理解为"规范的违反"；责任性则是国家对犯罪人的法定"非难"。

三、展开：存在哲学下犯罪论体系的三项修正

发轫于近代观念二元哲学的德日犯罪论体系，不可避免地放弃了事实与规范的互动考察，脱离存在性论证的犯罪认定也就只能唯"概念知"是从，直观的作用便也毫无意义。如前所述，宗纲先生基于存在论的基本立场，对于近代犯罪论体系给予了一次哲学意义上的修正。具体而言，是从构成要件该当性、违法性和有责性三个方面循次展开：

1　当然，宗纲先生的"价值"理解不再是观念论中二元分立之一的价值概念。宗纲先生认为，价值是实在于我们所生活的这个世界中的东西，或者说是对于我们共生的生活所必需的全部东西。无论是事物的东西，还是精神的东西，为生存所需要的一切"东西"就是价值。

（一）构成要件的辨证与再省察

对于犯罪的定义，绝大多数刑法学者的答案基本一致，犯罪指该当构成要件、违法且有责的行为。[1] 不难看出，这种定义方法涵摄的是"构成要件中心主义"的犯罪论，然而，对于"什么是构成要件"这一基本问题，刑法学者难以给出一个逻辑周延的回答。将"构成要件"一词纳入犯罪成立要件的是贝林，在他 1906 出版的《犯罪论》一书中正式阐述了构成要件理论，该书也被后世公认为近代犯罪论体系研究的第一经典著作。[2] 贝林认为，单纯地对犯罪概念的描述是没有任何意义的，而应该将行为的构成要件该当性作为犯罪概念中的一个要素，即犯罪应该被定义为"犯罪是该当构成要件、违法且有责的，满足所有应受刑罚处罚条件的行为"，也就是说，抛弃过去的犯罪定义中附加在违法和有责之上的通过刑罚威吓的词句，而换之以构成要件该当性，因为作为犯罪类型的构成要件是刑法规定的，以构成要件来定义犯罪是罪刑法定原则的要求。[3] 构成要件被定位为，是使犯罪的"型"成为犯罪类型认定的逻辑前提，是规制违法和责任这两个犯罪类型的"观念的指导形象"。[4] 贝林采用"构成要件"的概念是为了满足"从客观到主观"的犯罪要素排列，这一点是可以毫不犹豫地认同的。但是，基于这一目的理性而创造"指导形象"，又是明显地陷入了事实与价值二元分立的观念论的泥淖。在存在论者看来，从主观到客观的犯罪认定顺序是绝不可能的，如果脱离了现实存在的价值侵害这一前提，主观"责任"也就难以存在。犯罪要素的排列，只能由犯罪这种事实的存在构造所决定，其他任何单纯的抽象规范都是难以自洽的。

同时，对于构成要件与罪刑法定原则的关系问题，我国"重构论"学者认为，构成要件的机能之一即在于保障了罪刑法定原则的刑法落实。宗纲先生冷静地指出，在英美法系的刑法中并不存在"构成要件"和"三阶层"理论，然而却也将罪刑法定视为宪法性的大原则并且落实得很好。所以说，没有"构成要件"就无法保障罪刑法定的观点是站不住脚的。

从贝林到麦兹格，再从小野清一郎到佐伯千仞，构成要件概念历经更迭（违

1　[日]山口厚：《刑法总论》（第 2 版），付立庆译，中国人民大学出版社 2011 年版，第 23 页。

2　[德]恩施特·贝林：《构成要件理论》，王安异译，中国人民公安大学出版社 2006 年版，第 9 页。

3　王充：《论德国古典犯罪论体系──以贝林的构成要件理论为对象》，载《当代法学》2005 年第 6 期。

4　[德]恩施特·贝林：《构成要件理论》，王安异译，中国人民公安大学出版社 2006 年版，第 12 页。

法类型说，违法有责类型说等），逐渐呈现出肥大化的趋势，甚至背负了犯罪成立的绝对主要因素的重任。原本作为犯罪的"型"的认识，遭遇到刑法规范理论的无限"压榨"与"放大"，构成要件在偏离自在价值的道路上越走越远。在宗纲先生看来，构成要件概念的回归只需要确认一个问题，即构成要件的本质只是引起法益侵害结果的行为的类型化。只要确认了这个问题，"构成要件该当性"这一犯罪定义的第一要素就基本上不具有固有的所谓概念内容，只是"引起了实定法所规定的结果"这个层面上的意义。

（二）违法本质的共生价值意义

基于上述构成要件的理性回归，我们知道构成要件仅仅是引起法益侵害结果的行为类型，再无其他。那么究竟何为违法呢？违法性的本质到底是规范的违反还是法益的侵害呢？这样的问题是近代观念二元论视域下无法调和的对立框架。在宗纲先生看来，上述对立图式的出现只是观念论的消极产物。事实上，规范的违反与法益的侵害从质上而言就是一回事，将二者对立起来理解本身就是错误的。

在德国刑法学史上，规范问题的讨论已逾百年。其中，宾丁的"规范论"、迈耶的"文化规范说"、麦兹格的"评价规范说"久负盛名，尤其是在解释与违法性的关联性上取得了先驱性的业绩。但是，这些刑法学大师的规范理论多是以新康德主义哲学条件下的"存在"与"当为"观念二元论为前提的。近代对于规范的理解强调的是远离现实的应然状态，基本上是来源于自由主义思想和更深层次的资产阶级法思想的意思主义。意思主义的对象国家化之后，规范的本质探讨获得了长足的进步，"命令说"因此诞生，即规范是以国民为对象的国家的命令。不可否认，规范中确实涵摄的有与"命令"类似性质的东西，二者都是基于一定力量来控制人的行动，表面上的形态也无太大的差异。然而，就两种"力量"的本质而言，规范具有的"规范力量"与命令具有的"权力力量"却有着决定性的差异。拉德布鲁赫曾指出，命令只是"起作用"，而规范是"起妥当性作用"，二者存在质的差别。[1] 但是，拉德布鲁赫的洞察仍旧止步于观念二元论的局限之内，并没有朝着"规范在与实存的关联中实存着"这一方向再前进一步。

解构观念二元论的尴尬境地，宗纲先生从存在论的角度否定了规范本质探讨上的"意思主义"和"命令说"等观点，认为规范不是意思的产物，不是由

1　［德］古斯塔夫·拉德布鲁赫：《法律智慧警句集》，舒国滢译，中国法制出版社 2001 年版，第 94 页。

人随意创设出来的东西。规范，超越了具体与个别，客观地实存着，是一种共生的法则，既是自由的法则也是价值的法则。基于规范的存在性质，刑法学中"规范"含义就是实定刑法规范的逻辑构造。因此，法规范就是法益（法价值）的法则，法规范的违反就是法益的侵害，二者其实是一致的。同样，在方法论意义上而言，所有"规范论"都必须表明主观主义的思考方向必须停止与关闭，实定刑法规范的违反只能以法益（法价值）的侵害为根据。

（三）基于存在的规范责任

面对"刑事责任是什么"的问题，困难也许比想象的还要多。即便已经对刑事责任进行了一个多世纪的考察，刑法学者仍无法得出理性的答案。当然，这种理解方式与自然科学中"时间""空间"的概念一样，可以使用但却很难对其进行概念化并能达到理论上的贯穿与融合。当然，在刑事责任的讨论中，发端于 20 世纪初的规范责任论成为研究刑事责任的理论范式，而这主要得益于莱茵哈德·弗兰克的理论贡献。弗兰克认为，责任的实体是"非难"，而非难的依据则是"他行为的可能性"。[1]

对于责任的成立，宗纲先生同样认为其必须建立在与规范的关联关系中，支持将刑事责任在规范责任前提下的逻辑构造。当然，此处的规范已不再是观念二元论的规范所指，而是作为共生之法则、自由之法则、价值之法则的"规范"。责任的惹起，实质上是由于人的行动的法益被侵害，追究他人责任的同时也被他人追究责任，而这取决于人们共生的存在事实。个人存在必须依赖于与社会的同存，只有在共生系统之内，个人才可以作为个人而存在，人是个体存在者的同时，也当然地成为社会的存在者。所以说，自己行动引起的"价值侵害"（也可称之为一种"恶"）破坏了共生秩序，这不仅影响到他人的存在基础，同时也是在毁坏自己的存在基础，也就是扰乱了所有人的共生秩序，因此，自己也就陷入了危险的境地。这是规范责任论的立论基础，也是将刑事责任理解为规范责任的出发点。

简言之，宗纲先生对于有责性的核心问题，倾向于非难可能性的朴素观点。不论犯罪行为时的主观心态是故意还是过失，行为人没有选择可能的其他法规范以内的行为，而是选择了犯罪行为，这就是有责性问题的最终落脚点。当然，基于共生法则的规范性考虑，人不可能纯粹地单独行为，人选择犯罪行为时一定是以"有责任的存在者"的形式存在的。因此，在有责性考量因素的内容上，宗纲先生指出行为人的责任能力和期待可能性是一种"实存"，并不是心志主

---

1 张明楷：《外国刑法纲要》，清华大学出版社 2007 年第 2 版，第 195 页。

义条件下的自由选择，所以只能当作非难的前提，是"人"这一"有责任的存在者"的前提，而不是阻却责任的一般事由。

四、结语：思路与道路的抉择

《犯罪论与法哲学》一书中哲学思辨的芬芳与法理论证的理性，着实让人心旷神怡、流连忘返。有别于一般的刑法学著作，《犯罪论与法哲学》最令人回味无穷的应该是其独特的立论视角——存在哲学。众所周知，近代德日刑法理论的演进是在新康德主义的哲学范畴内展开的。当然，这种观念的二元分立基本立场在刑法学者看来是"理所当然"的，所以也就不假思索地在自己的理论领地内辛勤耕耘。如今，宗纲嗣郎先生打破了一个多世纪的"理所当然"，论证出刑法学研究的"土地"其实是存在问题的，"地"都有问题了，根植于其上的树枝与果实便可想而知了。因此，近代德日"三阶层"犯罪论体系并不是我国某些学者眼中的"完美"范式，而是可以"挑剔"的。可以这样说，我国刑法学中的"重构论"学派在呼吁引进"三阶层"犯罪论体系之时，并没有意识到存在论与观念论的哲学思考方式这一基本问题。仅就这一层面而言，宗纲先生对于中国刑法学的最大贡献在于打开了一扇新的窗户，给予了一阵新的空气，提供了一种崭新的思考维度。

当然，对于中国犯罪论体系究竟该何去何从，是重构还是改良，笔者不愿也无力发表更多支持或是否定的论断，但就《犯罪论与法哲学》一书的读后感而言，笔者认为当前全面引进"三阶层"犯罪体系的观点似乎略显冒进，毕竟这种理论体系自身都是"百感交集""顽疾缠身"。如若一味地将其引入，其效果应与"引狼入室"无异。在"重构论"学派风靡一时的今天，宗纲先生的雅作恰恰给躁动许久并已跃跃欲试的"重构论者"敷上了一帖清醒剂，而这对于中国犯罪论体系的抉择与走向而言，应当是大有裨益的。

思路毕竟不是道路。在犯罪论体系的应对问题上，我们的态度应当是开放的、多元的，诚如日本著名刑法学家大谷实先生所言，"犯罪论的体系是实现刑法目的的体系，随着刑法目的中重点的变迁，体系论也会发生变化，不可能有绝对唯一的犯罪论体系"。[1]在中国的犯罪构成理论发展过程中，我们不应该走非此即彼的单一与极端道路，完全可以开放曾经封闭的心态，迎接各种各样、各具特色的犯罪构成理论模式的出现与到来，并通过它们之间的交流、讨论与辨析来发现其中的真伪，寻找出或形成更好的模式促使其"破蛹而出"，以此

---

1 ［日］大谷实：《刑法总论》，黎宏译，法律出版社2003年版，第71页。

作为中国刑法学自己的发展选择方向。[1]诚然，这既是宗纲嗣郎先生写作《犯罪论与法哲学》一书的美好初衷，也是吉林大学陈劲阳教授翻译本书的良苦用心，更是所有刑法学人对于中国刑法学发展的衷心企盼。

1　参见杨兴培：《论犯罪构成的中国化发展路径》，载《法治研究》2010年第3期。

专利行政调解论

——兼论对专利法第四次修改建议

乔宜梦　王雨佳

宁波大学法学院

摘　要： 十八大强调，要继续加快政府职能转变，实现社会管理创新。社会经济的发展，不仅对政府提出了新的目标，对知识产权尤其是专利权的保护也提出了新的要求。在当前大调解背景下，专利行政调解不仅适应转型期政府社会管理的需求，而且在专利纠纷解决方面也有不可替代的作用，本文将通过对专利行政调解的介绍、比较分析其制度优势与运行困境，并通过对管理专利工作部门的正确定位、调解原则的确立、调解程序的完善、与专利年费转化制度构建四方面来铺垫其制度路径，最终实现专利行政调解的制度价值，也希望对尚未定稿的专利法第四次修改提供可供参考的建设性意见。

关键字： 专利；行政调解；调解；社会管理创新；专利法修改

西门子股份有限公司（下称西门子公司）发现浙江温州某集团公司销售的断路器、接触器和过载继电器等侵犯了其8项发明专利，向温州市知识产权局投诉，请求该局行政查处，并就赔偿部分进行调解。温州某集团公司与西门子公司经过多轮谈判，最终于2012年6月13日达成调解协议：温州某集团公司立即停止相关产品的销售和许诺销售行为、销毁库存涉嫌侵权产品并进行赔偿。温州市知识产权局依法出具行政调解书，确认双方的调解协议有效。在短期内高效地解决了涉及8项专利且标的高昂的专利纠纷，并实现了纠纷当事人双赢。[1] 知识产权行政调解曾一度在理论界有过一段热议，[2] 但是因制度本身不健全等原

1　找法网：《西门子公司专利行政查处案》，http://china.findlaw.cn/lawyers/article/d100622.html，最后访问日期：2013年6月22日。

2　关于知识产权行政调解其实早在21世纪初就在国内一些大型的学术年会有过一段热议，但是因为实践中案例较少，相关规制不健全，致使对这一问题的研究慢慢淡化，早期相关会议如湖北省行政管理学会2000年年会暨"知识经济与政府管理"。

因导致在司法实践中相关案例较少。随着社会的发展，知识经济的不断进步，对知识产权保护尤其是专利的保护越来越需要多维度的综合保障，于是便对专利行政调解这一高效的专利纠纷解决方式提出了新的要求，而十八大也强调继续推进政府职能转变，强化服务性政府理念，而专利行政调解制度正是能够有效实现纠纷当事人双赢局面的社会管理制度创新。[1] 同时，我国专利法正值第四次修改契机，本文将通过对专利行政调解进行解读，在比较分析的基础上，提出完善我国专利行政调解制度的措施与建议。

一、专利纠纷行政调解的制度背景

在当今实现和谐社会理念的背景之下，大调解机制格局近些年来一直备受理论界和司法实践关注，调解作为解决纠纷、化解矛盾的方式也因而备受称赞。目前我国对专利的保护及专利纠纷的解决主要有"司法保护"和"行政保护"两种手段，而专利纠纷的行政处理是我国专利管理的一大特色，由于行政机关处理争议具有行政化的特质和优势，包括专业性、高效率、低成本、快捷性、主动性、灵活性、综合性等优势，[2] 而且专利权人不仅看重专利之维护，更加注重对其知识产权的经营、管理和因之带来的商机和长远利益，所以在专利纠纷解决中存在着更多的利益博弈、妥协与合作的可能，[3] 这些先天性条件的契合就决定了专利纠纷对行政调解方式解决的偏爱。

所谓行政调解，有学者定义为："行政主体主持的，以国家法律、政策和公序良俗为依据，以自愿为原则，通过说服教育等方法调停、斡旋，促使当事人友好协商，达成协议，消除纠纷的一种调解制度。"[4] 然而专利纠纷有其特殊性，在调解主体上，我国《专利法》第 60 条规定能够处理专利行政调解的主

---

1 何炼红：《英国知识产权纠纷行政调解服务的发展与启示》，载《知识产权》2011 年第 7 期。

2 倪静：《论我国知识产权争议行政调解机制的完善》，载《法律适用》2010 年第 9 期。

3 刘友华：《知识产权纠纷非讼解决机制研究》，中国政法大学出版社 2011 年版，第 166 页。

4 朱最新：《社会转型中的行政调解制度》，载《行政法学研究》2006 年第 2 期。

体为管理专利工作的部门，[1]当然此处管理专利工作的部门被包含在行政主体这一大概念之内。因而专利纠纷行政调解应指法定的管理专利工作的部门（以下简称专利部门）以国家法律、政策和公序良俗为依据，以自愿为原则，通过说服教育等方法调停、斡旋，促使当事人友好协商，达成协议，消除纠纷的一种调解制度。

专利纠纷是一个外延非常广泛的概念，一般来说专利纠纷包括专利侵权纠纷、专利申请权纠纷、专利权归属纠纷、专利合同纠纷、专利行政纠纷等。[2]然而行政调解并不适用于所有的专利纠纷，根据《中华人民共和国专利法实施细则》（以下简称《实施细则》）第 85 条的规定，行政调解适用于专利申请权和专利权归属纠纷，发明人、设计人资格纠纷，职务发明创造的发明人、设计人的奖励和报酬纠纷，在发明专利申请公布后专利权授予前使用发明而未支付适当费用的纠纷以及专利侵权损害赔偿数额纠纷。专利法及实施细则将专利合同纠纷和专利行政纠纷两大类专利纠纷案件排除在行政调解之外。

首先，专利合同纠纷主要指在专利申请权、专利权转让合同、专利技术许可实施合同、专利技术中介服务合同中，当事人就全力义务的履行、合同条款的解释等发生的争议。[3]关于专利合同纠纷，我国 1987 年的《技术合同法》第 51 条实质上排除了管理专利工作的部门对该类纠纷的调处权。[4]然而，随着我国合同法的颁布，《技术合同法》中排除专利合同纠纷行政调解的规定随之实效，技术合同法中排除专利合同纠纷行政调解的规定也应随之实效，现行合同法第 324 条规定关于争议的解决方法可以由当事人自行约定，这就意味着专利合同当事人也可以约定行政调解方式进行纠纷的解决，所以笔者认为应当在专利法及专利法实施细则中对之进行确认，使专利合同纠纷行政调解行为有法可

1　《中华人民共和国专利法》第 60 条："未经专利权人许可，实施其专利，即侵犯其专利权，引起纠纷的，由当事人协商解决；不愿协商或者协商不成的，专利权人或者利害关系人可以向人民法院起诉，也可以请求管理专利工作的部门处理。管理专利工作的部门处理时，认定侵权行为成立的，可以责令侵权人立即停止侵权行为，当事人不服的，可以自收到处理通知之日起十五日内依照《中华人民共和国行政诉讼法》向人民法院起诉；侵权人期满不起诉又不停止侵权行为的，管理专利工作的部门可以申请人民法院强制执行。进行处理的管理专利工作的部门应当事人的请求，可以就侵犯专利权的赔偿数额进行调解；调解不成的，当事人可以依照《中华人民共和国民事诉讼法》向人民法院起诉。"

2　吴汉东：《知识产权法学》，北京大学出版社 2011 年版，第 208 页。

3　吴汉东：《知识产权法学》，北京大学出版社 2011 年版，第 225 页。

4　参见曾伟、齐昌文：《关于知识产权行政调处行为诉讼行政的探讨》，载《郑州大学学报》（哲学社会科学版）2001 年第 3 期。

依，有据可行。

其次，专利行政纠纷指当事人对专利行政机关所作的决定不服引起的争议。[1]学术界普遍认为行政争议包括专利行政纠纷不适用于调解，因为行政权具有不可处分性，但是近年来也有大批学者提出随着实践与理论的发展行政权逐渐的具有可处分性，但是笔者大抵同意叶必丰教授观点，即行政争议的和解或调解不必纠缠于行政权的可处分性，其不过是基于公众参与所发展起来的一项争议解决方式，通过组织相对人的补充性参与，促使当事人双方互相认可对方的事实证据和法律意见并形成共识的法律机制。[2]因而笔者认为应当将专利行政纠纷也纳入专利行政调解范围之内。

在明确专利纠纷行政调解的概念与适用范围的背景下，让我们具体了解与司法救济等救济方式相比专利行政调解的制度优势所在。

二、专利纠纷行政调解的比较优势

专利纠纷行政调解作为一种独特的纠纷解决机制，在当下的社会发展中越来越受到纠纷当事人的偏爱，说明其具有其他纠纷解决方式不具有的优势。虽然诉讼判决作为权利救济的终极形式因其极富强制力在实践中仍然在所有的纠纷解决方式中占据首要地位，但是与诉讼司法救济相比，行政调解仍然具有不可比拟的优势，主要表现在：

第一，表现在纠纷解决的效率方面。迟来的正义为非正义，"正义的第二种含义——也许是最普遍的含义——就是效率"。[3]如前文所述，与专利之维护相较，专利持有人更加注重专利经营、管理和因之带来的商机和长远利益。然而专利诉讼所消耗的金钱和成本极为庞大，诉讼程序的复杂使得当事人双方的权利难以得到及时的维护。一方面因为专利权本身有期限的限制，又因为技术的发展存在周期，动辄数年的诉讼周期可能使得权利人丧失发展机遇。另一方面，因为诉讼周期长，在诉讼过程中很可能发生被告转移财产或是被告经营状况在其间出现问题等等，而这些情况的发生都会导致权利人即使胜诉也难以得到赔偿。诸如种种都会使得权利人付出更大的成本，从经济学与法学角度来看，这是不效率的，也是非正义的。相比之下，行政调解的优势就凸现出来，行政

1　吴汉东：《知识产权法学》，北京大学出版社 2011 年版，第 225 页。

2　叶必丰：《行政诉讼制度改革研究》，载《政治与法律》2008 年第 5 期。

3　[美]波斯纳：《法律的经济分析》，蒋兆康译，中国大百科全书出版社1997年版，第 31 页。

调解多被设定为政府和行政机关的专门职能，又有强大的公共财政作为支持，不仅可以极大地减轻当事人的负担，并且可以在节约司法成本的基础上高效、及时的解决争议，还能降低社会治理和纠纷解决的公共成本，兼顾当事人利益和社会效益。

第二，表现在纠纷解决的专业性。与其他纠纷不同，专利本身就是一个专业性极强的领域，在司法实践中不能也不可能要求专利审理法官对纷繁复杂的众多专利了解的面面俱到，因而通过司法方式解决专利纠纷，法官的专业性是最大的挑战[1]，因为对技术理解的偏差也难免会影响到最终结果的公正性。相比之下，专利部门所拥有专业团队令司法体系难以望其项背，因而专利部门在处理专利纠纷方面也应会表现出其应有的专业性，即行政调解在专利纠纷解决方面表现出比其他纠纷解决方式更强的专业性，通过专业化的行政调解处理不仅可以高效处理专利纠纷，并且因为其对专利知识细致入微的了解与掌握，在处理纠纷时也不会因为理解的偏差造成处理结果客观公正的偏失。

第三，表现在解决专利纠纷的保密性。在专利纠纷司法解决的过程中，因为举证等司法程序的需要可能会涉及当事人的商业隐私，[2]而且也可能会对当事人商誉、名誉造成潜在的伤害，进而影响到当事人与客户、合作伙伴的关系，这不仅无益于纠纷的解决，反而对当事人的损失"雪上加霜"。而行政调解则会降低当事人间纠纷的影响度，其潜在地保护了当事人的商誉、声誉等，而且因为调解方式本身的灵活处分性，也对当事人的商业秘密有较好的保护。

第四，解决程序的规范性与灵活性。司法救济具有严格的程序规定，当事人必须遵守而不能随意变更，然而专利行政调解既有正规的准司法程序，也包括大量灵活机动的方式，其较之于司法程序而言显得较为灵活而不死板；其较之于民间解决机制而言，因为调解行为受到本身的权限和公务员行为准则的约束以及司法审查等监督等多重约束，也不会因为过分随意而丧失公正性。[3]

1　Julia A. Martin. Arbitrating in the Alps Rather Than Litigating in Los Angeles: The Advantages of International Intellectual Property-Specific Alternative Dispute Resolution.49 *Stan. L. Rev.* 917（1997），p.937.

2　在多数专利侵权中，原告的起诉行为都是建立在一定推测基础上的，在其起诉时并无确凿证明被告确实侵犯了其专利权，在诉讼中专利权人可以通过设立倒置举证责任机制等方式来刺探并获得竞争对手的技术秘密，造成利益失衡。

3　参见范愉：《行政调解问题刍议》，载《广东社会科学》2008 年第 6 期。

三、专利纠纷行政调解的实现困境

虽然专利行政调解的优势显而易见，但是在目前我国专利纠纷求助于专利部门进行行政调解的案件数量还是远远少于诉诸司法方式解决的数量，因制度本身以及调解各方等相关因素的影响，专利纠纷行政调解这一解决方式的实施与实现尚存在困境。具体如下：

首先，管理专利的机关作为专利纠纷行政调解的居中者，没有摆正其自身的中立地位，在实践中，政府主导运作模式的痕迹明显。行政调解本身应为行政指导的一种[1]，不具有行政强制力，这也反映了调解的本质，所以对于调解程序的启动、进行和终结，主动权应取决于纠纷的当事人双方，专利机关只应是居间劝和。因为专利机关所拥有的调解权力是一种以契约关系为基础的合意性权力，其特征类似于仲裁机构经仲裁协议而取得的对案件的仲裁权，而与行政许可、行政裁决这些更多体现行政权的单方性和强制性的行政行为不同，[2]最终的决定权取决于当事人意志而非行政意志。但是实践中，因为专利管理机关兼具行政执法和行政调解双主体身份，在行政调解过程中往往容易渗入行政执法中的强硬作风，而忽视当事人间的意志与利益调和，反而扩大矛盾。"知识产权行政调解中出现的这种行政执法主体与调解主体的混同、行政执法行为与纠纷居间调解行为的交叉，使知识产权行政调解定位偏离了应然的轨道，失去了行政调解作为政府基于善治目的而为民众提供秩序、公正等公共产品的服务行为的本质。"[3]

其次，作为专利纠纷当事人在认识方面还存在偏差。这主要表现在以下两点：

1. 中国自古提倡"无讼""和谐"等以和为贵的思想，行政调解制度作为中国保护专利方式的特别制度正符合其要求，但是因为宣传力度不足，这一方

---

[1] 关于行政调解行为的性质，学者有争议存在，部分学者认为其不属于具体行政行为，而只是一种行政相关行为。参见：胡建淼：《行政法学》，法律出版社2003年版，第368页；还有学者认为行政调解是一种准司法性质行为，参见：应松年主编：《当代中国行政法》（下卷），中国方正出版社2005年版，第1107～1108页。但是学界主流观点认为行政调解行为应属于行政指导行为。

[2] 赵春兰：《知识产权纠纷行政调剂服务机制的构建》，载《甘肃社会科学》2013年第2期。

[3] 参见《长沙市开展专利纠纷行政调解协议司法确认试点工作》，http://www.changsha.gov.cn/xxgk/szfgbmxxgkml/szfsydwxxgkml/szscqj/gzdt_8515/201302/t20130216_429354.html，最后访问日期：2013年8月22日。

式不常为专利纠纷当事人知晓。另外，专利持有者大多为各企业公司和高级知识分子及技术人员，因地方保护等相关因素的影响，与一般民众的"信访不信法"相反，在这些权利人心中，司法尚比政府公平与清澈，政府机关的介入往往会使定分止争的"调解"加上一个是否能不偏私而公正处理的问号，于是当纠纷发生时，大多数权利人第一反应依然是司法救济。这其实是权利人对国家行政机关居间性不信任的表现，往往会担心作为居间方的行政机关会在调解中产生权钱交易，造成徇私偏袒。造成这一想法的原因一方面在于前述行政机关在调解过程中对自己的定位错误使然，另一方面在于在地方保护主义等相关因素的作祟，权利人对行政机关信任力的缺失。其实这些归根究底在于权利人对行政调解这一纠纷解决方式了解不足。

2. 根据经济学的观点，经济人都是理性自利的，专利权人多为市场主体，为了追求利润的最大化，相关利益人可以不择手段，本身为追求正义的诉讼程序也会在利润面前变为他们实现利润最大化的"牺牲品"。如前所述，司法诉讼方式解决纠纷的周期长，相关利益人便用诉讼拖累对方专利的实施，也通过诉讼给对方的声誉、商誉造成不良影响，进而削弱对方的市场影响力给对方造成无形的损失。也有专利权人是意图通过诉讼纠纷的社会影响力来宣传自己，把司法诉讼当作廉价的广告手段，进而扩大自己的市场影响力，促进自己产品的知名度。诸如种种做法不仅不正确，而且都是在浪费珍贵的司法资源，这反而使高效并且节约司法成本的专利行政调解遭遇冷门。

最后，行政调解制度本身的缺陷与不足是其实施中最大的障碍。主要表现在：

1. 专利行政调解案件范围的狭隘。在我国正式立法中，虽然与没有纳入行政调解制度的著作权和仅适用损害赔偿纠纷行政调解的商标权相比，专利权的行政调解范围要大多，但是专利合同纠纷等相关专利纠纷依然没有被纳入行政调剂的范围之内。前文已述，专利合同纠纷与专利行政纠纷在所有专利纠纷中几乎占据了"半壁江山"，然而专利法及实施细则并没有从立法上将专利合同纠纷及专利行政纠纷纳入行政调解的范围之内，这使得专利行政调解的适用大打折扣。

2. 行政调解本身缺乏体系化设计。当前我国《行政调解法》缺位，关于行政调解的规制散见于《中华人民共和国民事诉讼法》《中华人民共和国行政诉讼法》《中华人民共和国行政复议法》等各种法律法规、规章，其中关于专利纠纷的行政调解规制更是杂乱无章，行政调解本身体系化的缺失使得在实践中对专利行政调解程序不够规范，这在实践中必滋生权利滥用、人为操作等不良后果，不仅不利于专利纠纷的解决，反而会激化矛盾，并且造成权利人对行政调解方式解决纠纷信心的丧失和不良的社会后果。

3. 专利行政调解协议缺乏法律效力。与法院裁判文书相比，因为专利行政调解协议是纠纷当事人意志的结果，是纠纷当事人相互妥协让步的产物，与行政机关意志无关，因而不具有法律效力而缺乏强制执行力。调解协议达成后，只能依靠双方当事人的自觉履行，调解双方的意志决定着行政调解协议的存废。若有一方不愿履行，调解协议便会立马变为一纸空文，之前在调解过程中，纠纷双方及管理专利的机关的努力将全部付诸东流，并且因无法申请强制履行，只能向重新向法院提起诉讼。这样不仅是对国家资源的一种浪费，也不利于专利纠纷的解决，并且降低了专利行政调解的权威性和效力。

四、专利纠纷行政调解的实现路径

（一）专利相关部门要摆正自身在行政调解中的位置

在行政调解中，专利机关是独立于当事人纠纷之外的居间者，前文已述，调解的私权处分性决定不应由公权进行主导，专利相关部门在调解的过程中，应充分尊重纠纷当事人的意见，考虑当事人利益，实现纠纷当事人对调解进程的主控。但是不仅在实践中管理专利的部门不能保持其中立性，在法律法规的制定上更是过犹不及。国家知识产权局 2011 年修订并颁布实施的《专利行政执法办法》第 2 条规定："管理专利工作的部门开展专利行政执法，即处理专利侵权纠纷、调解专利纠纷以及查处假冒专利行为，适用本办法。"其中将调解专利纠纷明确划入了专利行政执法的范围之内，这样的规章办法一出，怎能使管理专利的部门在行政调解实践中正确定义其行为与角色？当下正值专利法修改契机，在征求建议稿第三稿对关于专利纠纷解决的第 60 条的修改中，对专利行政调解的改善只字未提，却又进一步扩大了管理专利机关的行政执法权，这不仅是对作为私权本质的专利权的进一步威胁，更无益于专利纠纷的解决。对此，笔者建议并希望，将专利行政调解中专利机关进行正确界定并写入专利法修改的正式稿件，明确专利纠纷行政调解的居间中立性，并且在接下来的专利实施细则的修改中对专利行政调解专利机关的角色定位，调解方式等进行正确规制，以指导专利纠纷行政调解的正确实践。

（二）专利行政调解应遵循的原则

原则作为一种根本规范或基础规范，在其法体系或法运行中起着基础性的作用，在专利行政调解中也应遵循一定的原则以保证调解的正常进行，专利行政调解除了应当遵循自愿原则、合法合理原则、平等原则等行政调解的一般原则外，笔者认为结合专利的特殊性，专利行政调解还要遵循以下两个原则：

1. 保密原则。长期以来，保密原则在调解工作中一直是缺失的，这直接导致调解信息常常被外泄，而专利调解中涉及的信息多为重要的商业信息，尤为要注意保护。前文已述，在专利诉讼审判活动中因证据及庭审活动的需要，许多敏感的商业信息难免要被披露，虽然与审判活动相比行政调解更具保密性特点，但是仍然应当将保密原则以法定的形式确认，以更好地指导调解实践的开展，更好地保护权利人的利益免受额外的损失。

2. 效益原则。专利行政调解的另一个内在特点便是效率高，与动辄数年的专利诉讼纠纷相比，专利行政调解以数周或数天之期即可成功化解矛盾，但是在专利行政调解工作中不仅要追求效率，更要追求质量，即尽可能的保障当事人双方利益达到最佳的平衡点，不能片面的追求高效率而忽略当事人之间的利益平衡，也不能为使得当事人双方的利益都达到最大化而开展马拉松式的调解，这都与专利行政调解的本质追求相违背，应当将效率与利益二者统筹兼顾，才能真正实现专利行政调解的价值。

（三）加强专利行政调解的制度构建与法律保障

1. 专利行政调解程序的构建。当前因为《行政调解法》的缺位，关于行政调解程序的规制散件于相关法律法规之中，并且对专利行政调解程序也没有明确的规定。法定程序的缺失会导致专利管理部门在调解过程中缺乏规范和监督。重实体、轻程序是我国传统法治文化的弊端所在，专利行政调解程序的缺失就是立法不完备最真实的反映。因此笔者建议应当借鉴我国新出台的人民调解法的相关规定对行政调解尤其是专利行政调解的程序进行合理规制：（1）在专利行政调解的申请方面，专利纠纷当事人应当将申请事项、申请理由、当事人基本状况等通过经当事人签字的书面申请书或口头申请纪录的形式递交专利管理相关部门；（2）专利相关部门在申请受理方面，应该区别对待，对不属于专利行政调解范围的案件，专利管理机关应当书面告知申请人不予受理决定理由并告知其他救济途径；对属于专利行政调解范围之内的，在所有利害关系人都同意调解的基础上，应当及时确定调解时间、调解程序、告知双方当事人在调解过程中的权利义务等；（3）关于专利行政调解程序的进行，参照我国的仲裁制度与人民调解制度，首先应当允许双方当事人从专利管理部门中选择确定调解员，其次应赋予双方当事人申请回避的权利，最后有学者主张听证程序的适用，但笔者认为专利行政调解有其特殊性存在，出于保护商业资料或是商业秘密等的需要，对待听证程序应当慎重；（4）专利管理机关在调解过程中也应当注重效率，应当自调解组织之日起60日内促成当事人达成调解协议，最后专利管理机关应当制作并确认调解协议书；（5）关于专利行政调解的终止事项也应当规制在内，如当事人和解、当事人撤回申请等。笔者认为种种这样程序性规定，最佳的模式应当建立专门的行政调解法，而在专利法或专利实施细则中则设置准用性规则指向行政调解法并针对专利行政调解中的特殊事项的适用与否进行说明。

2. 从法律上保障专利行政调解。主要应从两方面入手：（1）确定专利行政调解协议的法律效力。2010年我国颁布的人民调解法第33条已经确立了人民调解协议可以进行司法确认，司法确认后的人民调解一协议具有司法效力，调解双方有一方不履行的，另一方可以申请强制执行。从某种程度上来说，行政调解比人民调解更具规范和权威，行政调解协议应当具有不低于人民调解协议的效力，然而当下对行政调解协议并没有相关法律规定可以进行司法确认，赋予强制执行力，仅有一些地方规范确认行政调解赋予可以进行司法确认，如2013年1月，湖南省高级人民法院印发《关于在长沙市岳麓区人民法院开展专利纠纷行政调解协议司法确认试点工作的通知》：根据岳麓区法院制定的《专利纠纷行政调解协议司法确认工作规范（试行）》，经辖区内专利行政管理部门调解，当事人可就专利侵权纠纷中的损失赔偿纠纷、专利申请权和专利权归属纠纷、发明人设计人资格纠纷等六类专利纠纷达成的具有民事合同性质的调解协议，向该院申请司法确认。作出确认裁定后，一方当事人拒绝履行或未全部履行调解协议内容的，对方当事人可向作出确认裁定的人民法院申请强制执行。[1] 虽然这也只是专利行政调解司法确认的试点而已，但是从这一点可以看出国家在逐渐重视专利行政调解协议司法确认工作，笔者建议在本次的专利法修改中，应在正式稿件将专利行政调解司法确认写入专利法，使专利行政调解协议具有强制执行力，这样才能真正高效的实现专利行政调解的制度价值而不至于浪费国家行政资源与当事人的时间与精力。（2）通过法律约束专利行政调解主体行为。我国设定专利行政调解的法律条文十分简单，对专利行政调解主体缺乏相应的程序约束和责任约束，从而导致专利行政调解主体敷衍了事或强行调解、越权调解等，应该对专利行政调解主体给予相应的责任约束，给当事人相应的行政救济措施，以保障当事人的合法权益。[2] 不通过法律约束调解主体行为，就难以保证在执行的过程中基于理性自利的主体会因为其他利益的引诱

1　朱最新：《社会转型中的行政调解制度》，载《行政法学研究》2006年第2期。
2　王泽鉴：《债法原理》，中国政法大学2001年版，第77页。

而做出有违制度本身价值与目的的行为。因此，对专利行政调解的主体也应当进行约束。

3. 加强专利行政调解制度的宣传并诱因专利行政调解的运行。

最后，专利行政调解良好的运行和开展，不仅需要完善的程序制度作为基础，同时，要为制度提供良好的运行环境。

前文已述，专利行政调解这一方式对于部分专利权人或相关利益人来说还不甚知晓，每年知道专利行政调解并适用这一方式解决的案件极少，与司法方式解决的案件相差甚远。所以，应当加大对专利行政调解这一纠纷解决方式的宣传，通过网络、政府文件等方式都可以达到宣传的目的，例如这两年国务院下达的《关于加强专利行政执法工作的决定》，虽然内容有一定的瑕疵，但其起到了一定的宣传效用，而且也引起相关部门的重视。

专利行政调解另一个运行障碍在于，专利纠纷当事人有时会把专利救济的司法方式作为一种经营战略手段，利用如通过诉讼来显示自身为"专利强者"或利用专利诉讼解纷周期长等的缺点来拖延竞争对手或打击对手市场，以实现自身的利益最大化。诚然，这在一定程度上满足了一方当事人的利益需求，但是这一排除专利行政调解适用的行为造成的后果不仅浪费了珍贵的司法资源，而且使得社会总效益降低。所以在摆正管理专利部门居间地位的同时，要对专利纠纷当事人的行为进行规制。本文建议应当设立相关诱因制度诱导专利纠纷当事人利用行政调解解决纠纷。我国专利法虽然在第 47 条中潜在地确立 Trips 协议要求的"恶意诉讼反赔制度"以限制专利权人恶意诉讼行为，然而因为规制的不够细致，在实践中难以把握，并且要证明原告的"恶意"也是十分困难的。相比之下，基于市场主体，专利权人的自利性，设立相关诱因制度更容易节约司法资源，使专利行政调解的制度价值得到体现。

众所周知专利虽然能为专利权人带来利益，但是对专利的维护也是专利权人的一大负担，专利的年费便是其中之一，笔者认为可以设立这样的诱因制度，即专利权人专利纠纷通过行政调解解决的，在行政调解期间应缴的年费予以减半，但是同时为了防止专利权人以此制造纠纷来规避年费的缴纳，应当对专利权人的故意规避行为进行处罚。诚然，专利年费制度实质是平衡专利权人维持专利的成本，目的是为了使没有技术价值和经济价值的"无用"专利成为公共资源，但须知若一项专利本身失去技术价值，侵权人便不会积极地制造、销售该专利产品，若一项专利本身失去经济价值，专利拥有人也不会耗费人力财力去对专利进行维护，毕竟对于一项专利来说诉讼或维权成本要比年费成本大得多。况且，行政调解期间年费减半征收并非对专利年费制度这一立法技术手段本身的否定，其只是作为一种激励手段，来引诱纠纷当事人对行政调解这一纠纷解决方式的选择，如同诉讼费用制度同样是使当事人考量维权成本，那么适用调解结案的案件诉讼费用减半就是对诉讼费用这一制度的否定吗？显然不是的。设立这样的诱因制度会产生多方面价值，对于专利权人来说，因为行政调解方式不仅能够高效的解决专利纠纷，而且这样一种制度下大大地节约了专利维护成本，当有纠纷发生时出于理性自利考量下的专利权人当然会倾心于专利行政调解方式解决；对于管理专利的部门来说，因为纠纷调解时间越长，专利人免交的年费就越多，这在某种程度上会促进管理专利的机关提高解纠化纷效率；对于整个社会来说，不仅节约当下相对匮乏的司法资源，而且调解方式保障了社会的稳定和谐，使得社会总收益呈正向发展。此制度虽为笔者首创，但综合分析下，其带来的社会正效益还是较为可观的，因此笔者建议将此诱因制度写入修改的专利法实施细则中，以使其发挥保障专利行政调解制度顺利的运行之价值。

结语

总之，正处于社会转型期的中国，大量矛盾的突发使得政府不得不寻求新的高效解决方式。在专利纠纷解决方面，相较于其他纠纷解决方式而言，行政调解方式具有先天的优势性，其不仅有利于纠纷的解决，而且有利于社会的稳定，也是服务性政府构建社会管理创新的题中之意。虽然专利行政调解在实践中还存在众多的困境，但笔者认为只要完善相关立法、确定相关原则、补缺相关程序、建立相关诱因制度，其必将在我国知识产权发展与和谐社会构建的道路上大放异彩。

论强制缔约

孙佳骏

宁波大学法学院

摘　要：强制缔约，简单地说就是法律强制民事主体承担订立合同的义务。从强制缔约的目的出发，考察各个强制缔约义务产生的原因，可以对强制缔约的主要类型进行分类。对强制缔约类型上的区分，除了有助于更加全面的认识强制缔约制度、理解强制缔约的概念与本质外，对我们研究违反强制缔约义务的责任也有所帮助。当然，尽管目前我国法律规范中对强制缔约有了些许的规定，但不可否认，这些规定还存在不小的局限性，例如强制缔约涉及的范围狭窄且过于分散，责任的承担不明确等，因而需要对其完善做一个系统的说明，以期学界加深对该制度的认识，更好地发挥该制度在维护社会公共利益方面的优势。

关键词：强制缔约；契约自由；法律责任

引　言

　　强制缔约制度是为了适应社会经济条件的变化而逐步发展起来的一项重要制度，它的出现在保护弱势群体、维护公共利益方面，发挥着不可或缺的作用。不过，就目前看来，其实际的适用范围仍较为狭窄、责任方式并不十分明确，理论上分歧的地方也不在少数。正因为如此，笔者尝试对强制缔约做一个较深入的探讨，以期学界加深对该制度的认识，更好地发挥该制度在维护社会公共利益方面的优势。

一、强制缔约的界定

　　强制缔约，简单地说就是法律强制当事人承担订立合同的义务。由于立法上有关强制缔约的规定散见于多个法律条文之中，合同法、证券法等均有所提及，未有一个统一的规定，因而在定义强制缔约时往往众说纷纭。我国台湾地区学者王泽鉴先生这样表述强制缔约，即"个人或企业负有应相对人的请求，与其订立契约的义务。也就是说，对于对方当事人提出的签订合同的要约，没有正当事由，义务人不能拒绝。"[1]这一定义因为简明通俗因而受到大陆学者的广泛认可。[2]

尽管表面上看来，强制缔约的含义并没有多少理解上的困难，但涉及强制缔约的一些具体问题时，学界仍有不少的争议。这里首先要说明的就是关于强制缔约定义的第一个分歧，即强制缔约是否包含强制要约的情形。尽管我国大部分学者对此持肯定的意见，但也多表示狭义的强制缔约无论是在立法还是社会生活中都更加多见，也更具有现实意义，因而探讨这个制度的时候往往只讨论狭义的情形。与大多数学者一样，笔者同样赞同强制缔约应当包含强制要约的情形，主要理由如下：第一，尽管缔约义务人承担着和相对人订立合同的义务，但强制缔约不同于合同的法定成立，双方权利义务的产生仍基于要约与承诺的方式。既然如此，就不能否认包含强制要约的情形；第二，强制缔约制度的出现很大程度上是为了保护弱势群体的利益，如果认为强制缔约就是强制承诺，显然不利于这一目的的实现。

其次，学者在定义强制缔约时常遇到的第二个争议点，就是命令契约是否属于强制缔约。大多数学者对此表示认同，认为命令契约根本未有脱离强制缔约的意思。对此，笔者持保留意见。前面已经提到强制缔约中，双方权利义务产生的基础仍然是合同，既然是合同就必然需要有民事主体自由意思的反映；相反地，在命令契约中，则完全不考虑当事人之间是否有签订合同的意思，也不问当事人对缔约内容的看法，双方的权利义务完全是按照有关的行政法规和行政命令来确定的，是以国家公权力对自由意志的极端干预，是以契约之名行强制之实，显然已失契约之真正意义。

因此，笔者这样定义强制缔约：所谓强制缔约，指基于法律直接规定或公共利益、政策的要求，在合同缔结的过程中，要求民事主体承担与他人订立契约的义务，没有正当事由，义务人不得拒绝订立该契约。

---

1 高富平：《民法学》，法律出版社 2009 年版，第 536 页。
2 崔建远：《强制缔约及其中国化》，载《社会科学战线》2006 年第 5 期。

二、强制缔约的类型区分

理论上，根据不同的划分依据，主要的分类有——强制要约和强制承诺、直接强制缔约和间接强制缔约[1]，而不同于理论上的一般分类，笔者将从强制缔约的目的出发，对强制缔约的主要类型进行新的归类。

（一）强制缔约在理论上的分类

1. 强制要约与强制承诺

首先，按照缔约义务人承担的义务的不同，强制缔约可以被划分为强制要约和强制承诺。强制要约，指被强制方承担依照法律的相关规定，向对方提出要求签订合同的意思表示的义务。一旦对方做出承诺的意思表示，合同即告成立。而所谓强制承诺，即对于要约人发出的订立合同的要约，承诺方负有与其签订合同的义务，没有正当事由不得拒绝订立合同。

这种类型划分的价值主要体现在，可以明确地分清承担强制义务的主体，也能够反映该义务的履行与合同成立之间的关系。[2]但这样的分类，对于进一步认识强制缔约仍少有突破，至少在这个程度上还难以适应强制缔约制度的发展。因为就目前而言，强制缔约涉及的范围仍然是比较小的，在许多与公民息息相关的领域，都少有关于强制缔约的规定，更何况现实生活中强制要约的情形了。另外，虽然强制要约与强制承诺这样的分类，能够明确责任承担的主体，但也还没有说明其要承担的是什么样的责任以及承担责任的方式。

2. 直接强制缔约与间接强制缔约

按照强制缔约义务是否基于法律的直接规定，区分为直接强制缔约与间接强制缔约。前者指法律上明文规定的强制缔约情形，如《中华人民共和国证券法》第97条就明确规定了强制缔约的情形。后者是指虽然在法律条文上没有明确规定，但基于习惯或公共利益的考虑而使当事人负有强制缔约义务的情形。

这种分类的主要意义在于，强制缔约的义务来源不同。但这样的分类，也存在着一些问题。强制缔约的规定散见于各个法律条文之中，未有一个统一的规定，如果仅仅以法律是否明文规定来进行划分，无助于进一步认识强制缔约，毕竟基于法律规定或是基于政策、法律原则，都不能清楚地反映强制缔约的本质。

1　韦经建：《论海上货物运输法的强制缔约义务的适用及其规范的制度价值》，载《法制与社会发展》2007年第3期。

2　邵建东：《德国反限制竞争法》，载《外国法译评》2000年第1期。

（二）本文的认识——强制缔约的主要类型

不同于上述分类，笔者从强制缔约的目的出发，对强制缔约的主要类型进行以下的归类：

1. 基于保障公共利益需要的强制缔约

一些具有天然垄断性质的企业，如电力、通讯等，这些企业凭借着其垄断地位，使得人们在与垄断企业交涉时，难有做出适合自己选择的权利。长此以往，消费者不仅丧失了是否缔约的自由，连合同的内容都难以得到保障，此必将严重伤害广大消费者的利益。

基于公共利益的考量，法律规定这些企业在某些涉及公共利益的场合，无正当理由，不得拒绝消费者的缔约要求。类似的情形很多，以运输行业为例，对于乘客合理的搭乘请求，承运人应当予以承诺。

2. 维护市场经济正常运行的强制缔约

改革开放以来，我国市场经济建设的步伐进一步加快，在这之中，虽取得了巨大的成绩，但也产生了不少的问题。首当其冲的就是企业为了追求利润的最大化，常常采用一些非法的或者有悖于公认的商业道德的手段和方式。在现实生活中，不正当竞争行为五花八门、形形色色、举不胜举。因此，世界大多数国家除了在竞争法律制度的规制外，在某些方面也适用了强制缔约制度。如德国《反对限制竞争法》第 20 条，就对强制缔约的情形做了较多的描述，欧洲其他国家也多借鉴此规定。[1]

3. 国家为实现一定政治目的或公共政策的强制缔约

不同于国家为公共利益而做出的强制缔约的要求，在这里，国家更多的是针对某一个特殊的群体。[2]比较典型的是美国，众所周知美国是一个种族歧视相当严重的国家，早期很多黑人甚至难以与白人进行契约买卖，为摆脱这种局面，美国不得不制定相关法律，要求不得仅仅因为肤色的原因而拒绝与对方订立合同。[3]就这类强制缔约的立法规定而言，其要求一些特殊群体承担强制缔约的义务，是为了达到一定的政治上的目的或实现某种政策。这与之前为了公共利益以及调控市场经济而规定的强制缔约义务存在着构成要素以及法律适用上的差异。

1　贾玉平、吕中行：《公共政策视域下的强制缔约》，载《吉林大学社会科学学报》2007 年第 5 期。

2　谢怀栻：《外国民商法精要》，法律出版社 2002 年版，第 23 页。

3　瞿方明、贺红强：《医疗机构的强制缔约义务与法律风险防控》，载《中国卫生法制》2011 年第 3 期。

这样分类的优势主要体现在三个方面：首先，尽管强制缔约制度散见于各种法律规范之中，但从国家设立强制缔约制度的初衷出发，就更加容易把握强制缔约的本质。其次，可以简明的反映承担强制缔约义务的主体，如在为公共利益上，义务主体一般是公用事业单位，如运输等；在维护市场经济正常运行方面，义务主体则主要是具有市场支配地位的企业；而在政策下的强制缔约，其义务主体则往往针对某一个特殊群体。最后，目前立法上并没有明确规定违反强制缔约义务所应承担的责任，而要弄清楚这一点，首先要明确的就是法律的适用，因此这样的分类在一定程度上有助于人们对责任方式的研究。

三、违反强制缔约义务的责任思考

事实上，无论哪一种类型，首先要肯定的是强制缔约属于强制性规范。至于违反该义务要承担什么样的责任，理论上还没有统一的观点。而要弄清楚这一点，首先要考虑的就是强制缔约义务到底是什么性质的义务。

（一）强制缔约义务的性质

对于这一义务的性质，理论上有两种观点：其一认为，强制缔约义务主要是基于行政法规等公法规范而要求缔约当事人承担某种缔约的义务。因此，性质上属于公法义务[1]；其二则认为，尽管公法上对于强制缔约有较多规定，但强制缔约仍然适用合同法的一般规则，缔约的结果也是形成一个合同。因此，性质上属于私法义务。[2]

造成此分歧的主要原因在于，我国对于强制缔约义务的规定分散于多个法律条文之中，没有一个统一的规定。笔者认为，强制缔约义务的性质，因调整该义务的目的不同而有所区分。具而言之，在维护公共利益方面，以大众为主体，涉及的一般是民商事交易，如公交、水电、天然气等，因而这种形式明显偏向于私法性质；至于为维护市场经济运行和国家为实现一定的政治目的或公共政策而设定的强制缔约义务，此种义务往往针对的是某一个特殊群体，国家强制力的体现也更为明显，主要规定于行政法律法规之中，公法色彩也更为浓厚。

---

1 唐敏：《反思与重构：电网企业强制缔约义务立法完善研究》，载《华东电力》2009年第7期。
2 杨崇森：《私法自治之流弊及其修正》，台湾五南图书出版公司1984年版，第138页。

（二）违反强制缔约义务所应承担的民事责任的性质

在大多数违反强制缔约的案件中，民事责任的承担是最为常见也是最为复杂的，至于这种责任是何种性质的，不仅在理论界还是实务界都存在不少分歧。

第一，侵权责任说。有学者这样认为，缔约义务主体在没有正当事由的情况下，造成对方的损害，双方并不当然成立合同关系，但义务主体要向对方承担侵权责任则是一定的。[1]

第二，缔约过失责任说。王利明教授解释说，义务人拒绝承担强制缔约义务应当承担的民事责任应该是一种缔约过失责任。理由是，第一，该义务发生在缔约期间，否则也没有讨论的必要了；第二，不履行该义务同样会造成相对人信赖利益的损害。[2]

第三，独立责任说。有学者解释说，当前无论是前面提到的哪一种责任，两者都难以简单明了的对违反该义务所应承担的责任做出合理的解释。所以，有部分学者主张为违反强制缔约义务的行为单独设定一种责任类型。[3]

笔者以为，首先，违反强制缔约义务所应承担的民事责任不该是侵权责任。因为侵权责任的成立一般要求行为人具有过错，而且它以相对人有实际损失为前提，如果要求违反强制缔约义务也满足上述条件，则对于弱者的保护会有力不从心之感。其次，也不该是缔约过失责任。虽然违反强制缔约义务产生的责任与缔约过失责任有相似之处，例如都发生在缔约阶段、都是违反法定义务所产生的责任等。两者之间也具有明显的界限，至少在强制缔约时，民事主体之间很少甚至不会为了订立合同而反复协商。[4]最后，笔者较为倾向于为违反强制缔约的责任单独设立一种责任。当法律规范难以满足社会发展的要求时，法律需要做出一定的调整。不得不提的是，我国现行法中对强制缔约的规范还相当不完善，理论研究亦尚处于起步阶段，因而对于违反强制缔约义务所应承担的民事责任并没有统一的规定。考虑单独设立一项责任制度，这不至于造成我国责任体系过于臃肿的情形。

1　王利明：《合同法新问题研究》，中国社会科学出版社 2002 年版，第 134 页。

2　蒋学跃：《论强制缔约》，载《杭州商学院学报》2004 年第 2 期。

3　蒋学跃：《论强制缔约》，载《杭州商学院学报》2004 年第 2 期。

4　在宁波大学社会管理创新研究团队的指导下，笔者与宁波大学的 3 名研究生、5 名本科生对江东区法院、司法局、信访局以及各类人民调解组织进行了实地调研。调研报告刊载于中国法学会网：《宁波市大调解机制的发展与完善——基于江东区经验调查与总结》，并荣获全国第十三届"挑战杯"大学生课外学术科技作品竞赛一等奖，浙江省第十三届"挑战杯"大学生课外学术科技作品竞赛特等奖，成果反馈给政府后还得到了当地主要领导的批示与肯定。本文与江东区有关的数据，除标记外均来自于此次调研。

当然，在笔者看来，强制缔约义务的性质会随着目的的不同而异，那么违反这种义务所应承担的责任，不仅仅局限于民事责任，还包括了行政责任，甚至在某种情况下还有可能是刑事责任。

（三）强制缔约义务人承担责任的形式

在明确了强制缔约义务的性质和违反强制缔约义务所应承担的民事责任的性质后，需要谈到的就是义务人承担责任的形式问题了。在此，首先要明确的是适用法律的问题。笔者基于类型区分的角度认为可以这样考虑：在违反保障公共利益而设定的缔约义务时，可以适用民商事法律规范；在违反调控市场经济的需要而设定的义务时，可以适用经济法法律规范；在违反国家基于一定政治目的而设定的义务时，可以适用行政法律规范。

首先，就民事责任的承担来说，当事人可以考虑通过要求义务人实际履行的方式来达到订立合同的目的，这无疑是最便捷，也最容易实现的方式。当然，对于那些事后履行已经难以实现合同目的的情况，则可以考虑合理的损失赔偿。另外，民事责任的承担方式中，还有这样的情形，当不承担义务的行为造成人身或财产损害时，就可以认为是违反强制缔约的责任与侵权责任在责任的承担上发生了竞合，也正是因为这样，有学者主张是侵权责任也不是没有道理的。

至于行政责任的承担，在一些特定情形下，当事人拒绝承担强制缔约义务时，法律规范中也有要求义务人应当承担行政责任的规定，这样的规定对于义务主体妥善的履行义务起着重要的作用。其形式主要有罚款、吊销资格证等。至于在具有市场支配地位的主体滥用其支配地位，违反强制缔约义务时，则可以对义务人进行经济上的处罚，如罚款等。

四、完善强制缔约的几点思考

前面已经提到，尽管目前对强制缔约的规定，其适用的范围较小，法律责任体系不健全，还存在不小的局限性。本文针对这些问题，提出一些见解，认为强制缔约制度应从以下几方面进行完善：

（一）扩大强制缔约制度的适用范围

就目前来说，我国法律规范中关于强制缔约的规定是相当散乱的，在多个法律条文中都有涉及，而且适用的范围也相对的狭窄，许多本应当承担强制缔约义务的主体在法律中都没有规定，主要涉及的便是负有公共利益的企事业单位，这样的规定显然是严重损害了公众的利益，也不利于社会的稳定。另外，随着我国市场经济的发展和社会的进步，很大一部分关乎大众生活需要的新兴的产业部门也应该尝试着引入强制缔约制度，以此扩大强制缔约制度的适用范围。

（二）明确违反强制缔约义务的法律责任类型

实践生活中，司法部门也常常遇到强制缔约义务人拒绝缔约这样的情形，至于如何确定义务人的责任，则还没有权威的说明。事实上，无论是侵权责任说、缔约过失责任说，还是独立责任说，对于解决实际生活当中遇到的违反强制缔约义务的情形，都有着至关重要的作用，也将进一步影响义务人承担责任的形式。因此，需要在未来合同法修订或民法典中增设强制缔约的责任规范，包括民事责任、行政责任、甚至是刑事责任的规定，使得对于违反强制缔约的义务人的惩罚和相对人的救济均有法可依。

（三）平衡强制缔约义务人和相对人的权利义务

强制缔约的出现，是对绝对契约自由弊端的修正，尽管表面上看来强制缔约是为实现合同正义而产生发展的，实际上强制缔约是在限制合同自由的情况下实现真正的合同自由，是现代契约法的重要进步之一。当然，法律对于相对人的保护也不可能毫无限制，当这种保护有失公正时，那么强制缔约就理应受到合理的限制，否则，可能会导致相对人的权利滥用，从而产生新的不平衡，不利于开展正常的市场交易活动。至于如何平衡双方之间的权利义务，则可以从强制缔约类型、性质等角度出发，广泛借鉴中外法律规范中的一些有益经验，进而完善强制缔约制度。

结　语

在各国，强制缔约制度与社会进步、人民生活安稳都有着极其紧密的联系。自该制度产生以来，西方国家的理论界及实务界对其都有了较为深入的探讨，也取得了一些成果，但在我国大陆，对于强制缔约制度的研究还非常的浅薄，无论是理论界还是实务界，都没有权威性的解释与说明。但是，强制缔约制度在保障公共利益、促进市场经济、维护社会稳定等方面的重要作用是有目共睹，这也激励着学者继续对强制缔约制度的研究与借鉴。可以预见的是，随着对强制缔约制度的进一步研究与完善，法律人一定会得到更大的惊喜。

供需缺陷与精明买家：政府购买调解服务的困境与突破

王春晓

宁波大学法学院

摘　要：社会的转型为我国带来了矛盾纠纷的多发。为此，国家在社会管理创新领域做出了许多努力。其中，大调解格局的构建取得了突出的效果，但仍存在诸多弊端。通过政府购买调解服务的新举措，培育民间调解组织，搭建独立的第三方调解平台，不但可以弥补现有大调解格局之弊端，而且可以达到发挥社会自治力量，减轻政府及司法机关工作量，减少社会总体解纷成本，以及助力民众利益表达等效果。

关键词：大调解；政府购买；社会自治

一、矛盾的指出：当前的大调解机制存在供需缺陷

当今中国正处于传统和现代的交汇处，更处于计划经济到市场经济的转型期，两者的激烈碰撞与盘根错节的交织使得各类社会矛盾纠纷大量增加。在民事领域，诉讼与调解作为解决矛盾纠纷的两大主要途径均面临着新的挑战。两者相较，调解因在效率与和谐方面具有先天优势，成为日益理性的当代人更多的现实之选。社会管理者们亦在不断创新中摸索更为适应现实需求的调解模式。形式各异的大调解机制便如雨后春笋般于全国各地纷纷涌现。但同时，群体性事件、报复社会的恶性案件之频发也告诉我们，许多深层次的利益矛盾被长期积累，社会层面仍积攒了大量"怨气"，时下以"司法主导型"和"政府主导型"为主的大调解机制仍不能完全满足民众的解纷需求，大调解的大发展需要更多的新举措。

二、一个可能的突破：政府购买调解服务

通过对现有研究的整理和以宁波市江东区为样本的实地调研我们发现，[1]人民调解作为社会自治的重要表现形式，拥有广泛的社会基础和庞大的调解员队伍，应当在大调解的进一步发展中逐渐走上前台，担当起主导之重任。而在构建"人民主导型"大调解的过程中，推广政府购买调解服务的新举措，不但可以规避现有模式之弊端，更是可以达到发挥社会自治力量，减轻政府及司法机关工作量，以及助力民众利益表达，此一举多得之效果。

（一）可以很好地规避现有大调解模式之弊端

各地大调解实践的最大特色在于，人民调解、行政调解、司法调解三者的整合与联动。从全国来看，联动中亦各有侧重。依开展工作的主动性和充当核心角色的主体之不同，可将这些大调解的不同运作方式大体区分为两种模式，即"司法主导型"和"行政主导型"。前者指在大调解中，法院和法官始终以司法身份出现，于其中扮演核心角色，积极主动解决纠纷的解纷体系。[2]其特点在于，法院将调解工作推进到诉前，并通过能动司法达到政治效果、社会效果和法律效果的统一。后者则指行政部门以社会管理者的身份出现，于"大调解"中扮演核心角色，主动预防、积极协调、联合处理，尽量于诉讼之外化解矛盾的解纷体系。例如，宁波市江东区构建了一种党委、政府统一领导，政法综合治理部门牵头协调，司法行政部门业务指导，调解中心具体运作，职能部门共同参与，整合各种调解资源，对社会矛盾纠纷协调处理的"大联调"机制，属于典型的"行政主导型"。

实际上，无论是"司法主导型"还是"行政主导型"都存在着一定的逻辑困局。首先，"行政主导型"大调解在政府自身成为矛盾一方主体时，因缺乏独立的第三方，而出现适用边界。[3]同时，由于其设计定位和价值目标过度行政化，自始就招致了一些质疑，例如，这种由地方党委领导协调的机制是否会影响司法的独立性，包括法院在内的"地方"政权是否会为了追求稳定，而对当

1　苏力：《关于能动司法与大调解》，载《中国法学》2010 年第 1 期。
2　艾佳慧：《"大调解"运作模式及适用边界》，载《法商研究》2011 年第 1 期。
3　范愉：《纠纷解决的理论与实践》，清华大学出版社 2007 年版，第 554 页。

事人的诉权和处分权进行压制和诱导等等。[1]其次，依据现行法律之规定，行政案件在法院立案以后不能以调解形式结案，"司法主导型"大调解在适用于官民纠纷时同样存在很大局限性。而且，在民事案件中"司法主导型"的调审结合又容易导致以压促调、以判促调、久调不决等现象。最后，司法系统不堪重负是构建大调解的重要动因，而"司法主导型"因对法院工作主动性的要求较高，实际上反增了法院的工作量。[2]

针对以上问题，我们提出了政府购买调解服务的主张。主要指以现有大调解格局为基础，着力挖掘基础庞大、服务面广阔的人民调解力量之潜力，通过政府出资，选择、对接和大力扶植民间调解机构，引导其在专业化、长久化的发展道路上为解决总体社会矛盾贡献更大的力量。相较于现有大调解的以上弊端，它的优势主要在于：第一，选取由优秀人民调解员组建的民间调解机构为购买服务之对象，并没有改变这些机构作为非政府组织的性质。尤其是将这种购买由政府的权利转变为义务，以调解实效作为对象选取之标准时，更可以保障其独立性，真正构建了一个独立的第三方。第二，这种民间机构的调解是多元纠纷解决体系的重要组成部分，司法、行政机关指导、衔接，但不干涉，可以保障其自主性和开放性，保障当事人的选择权。同时，自愿、平等的调解程序有利于当事人之间的理解和协议的达成，且最有效率。第三，庞大的人民调解员队伍是民间调解机构的孵化温床，有足够的力量应对社会矛盾纠纷激增的挑战。截至2012年，全国共有各类人民调解员428万余人，其中专职人民调解员82.9万人。[3]同年，全国法官人数仅为19.7万人。足见，到民间寻找解决纠纷的力量以此缓解社会管理者及司法系统之压力，是有现实基础的。

（二）发挥社会自治力量的必然要求

"司法主导型"和"行政主导型"大调解之所以会存在如此多的困局，与其逻辑起点的失当有着直接关系——国家将一切社会问题大包大揽，希望凭借

1　例如，在"司法主导型"的典型代表之一，北京市怀柔区法院汤口法庭，凭借"五元一点"的纠纷解决模式荣立北京市法院系统集体一等功的背后，是"群众炕上动动嘴、法官下乡跑断腿"的工作常态，其人力资源方面面临较大压力，而且在物质装备方面也要增加大量投入。参见赵华军：《调解之花在大山深处绽放》，载《法庭内外》2010年第5期，第6页。

2　法制网：《中国法学会发布中国法治建设年度报告（2012）》，http://www.legaldaily.com.cn/index/content/2013-06/25/content_4592447.htm?node=20908，最后访问日期：2013年8月19日。

3　新浪网：《李碧影：基层一线法官压力大　数量有待增加》，http://news.sina.com.cn/c/2013-03-15/152326543167.shtml，最后访问日期：2013年9月4日。

国家掌控的司法、行政等解纷途径消解一切社会矛盾纠纷，这是不可能，更是不必要的。以奥斯特罗姆为代表的学者通过大量的例子，从实证角度证明，人类社会中存在的大量公共问题事实上既不是依赖国家也不是依赖市场解决的，社会自治和自我处理机制也是处理公共事务的有效的制度安排。[1]社区、村庄、企业等与个体直接接触的社会单位，通过民间调解化解各类日常纠纷本身就是社会自治的重要表现。

调解的依据无外乎"情、理、法"，在这些民间调解中，"情"与"理"的作用尤甚，其本质是一种"非正式规范"。美国学者埃里克森认为，没有法律仍然可能存在秩序，甚至有"无需法律的秩序"。并在《无需法律的秩序》一书中通过描述美国夏斯塔县乡村居民化解因牲畜引发纠纷的方式，试图来说明"非正式规范"也是解决纠纷的很好方式，他认为"规范，而不是法律规则，才是权利的根本来源"。[2]在"非正式规范"的作用下，社会自治力量本能很好地发挥其解纷能力，但是国家在解纷领域一味地扩张必然会削减这些社会自生自发力量的生长空间。须知，除了深刻的经济、社会和文化原因外，中央集权下发达的司法体制与民间社会自治的相对弱势，是古代中国的一些时期形成"诉讼（好诉）社会"（litigious society）的关键要因。[3]更重要的是，若国家和民众都下意识地将解决一切纠纷当作国家的分内之事，会使任何由解纷过程、结果甚至个体间纠纷的久拖未决所引起的不满都催生出对政治体制的抱怨情绪，直接影响政治清明，增加社会秩序的不稳定性。

因此，我们可以将解纷机制的重构作为切入点，通过构建"人民主导型"大调解，寻求国家与社会之间的平衡，释放社会自治力量，并通过政府购买的形式滋养其生长，引导和保障民间调解机构实现长久化发展。

（三）有利于减少社会的总体解纷成本

通过行政、司法渠道解决纠纷，不但当事人要耗费巨大的成本，而且还有一部分成本要强加给社会。英国学者科斯在其《社会成本问题》一文中强调"政府行政机制本身并非不要成本，实际上有时它的成本大得惊人。而且没有任何理由认为，政府在政治压力影响下产生而不受任何竞争机制调节的，有缺陷的

1　陈华：《吸纳与合作——非政府组织与中国社会管理》，社会科学文献出版社2011年版，第51页。

2　[美]罗伯特·埃里克森：《无需法律的秩序：邻人如何解决纠纷》，苏力译，中国政法大学出版社2003年版，第52页。

3　范愉：《诉讼社会与无讼社会的辨析和启示——纠纷解决机制中的国家与社会》，载《法学家》2013年第1期。

限制性和区域性管制，必然会提高经济制度运行的效率"[1]。在解纷领域仍是如此，国家为了实现维护社会稳定的目标，在强大的政治压力下，大量依靠行政、司法等官方途径解决各类纠纷，由此耗费的社会总成本是巨大的。[2]

相比之下，实践中的人民调解则主要由人民调解员以志愿服务的形式保障劳力供给。2009 年德国民间组织调查结果显示："公民从事志愿服务的主要原因是想为他人、为社会做贡献。并且，大多数志愿者都认为志愿服务能够带来乐趣。"[3]基于这种志愿者心理，再加上我国传统"熟人社会"的惯性和大多数兼职人民调解员所具备的管理者、教化者的身份，村居、企事业单位、行业协会等人民调解队伍在当今社会依然发挥着巨大的社会自治作用。[4]因此，我们可以将乡镇、街道一级设计为"购买"的起点，为基础自治力量留足活动空间。这样一来，即使"购买"时需要花费一些成本，这种"养事不养人"的方式相比单纯依靠国家解决纠纷的方式仍然存在较大的成本差。

（四）实现政府职能转变的理性选择

著名学者 E.S. 萨瓦斯曾说："政府"这个词的词根来自希腊文，意思是"掌舵"。政府的职责是"掌舵"而不是"划桨"。直接提供服务是"划桨"，可政府并不擅长"划桨"。所以，政府应该将"掌舵"和"划桨"的职能分开，这是公共服务领域改革的趋势。[5]在解决民事纠纷的领域，这种趋势尤为紧迫。一方面，国家将民事解纷领域的"掌舵"和"划桨"集于己身，很容易导致"出力不讨好"的尴尬局面。转型期的中国仍处于一种"总体性社会"，即我们打

1　Ronald H Coase, The Problem of Social Cost, *Journal of Law and Economics* 3,（1960），p.15.

2　近年来各地维稳投入居高不下，就是社会整体解纷成本巨大的一个重要表现。例如，2007 年广州市社会维稳支出高达 44 亿元，远远超过当年社会保障就业资金的 35.2 亿元。再如，2012 年国防支出预算数是 6702.74 亿元，而 2012 年国家公共安全支出预算数是 7017.63 亿元，比 2011 年执行数增长 11.5%。清华大学社会学系社会发展研究课题组的专家们甚至认为："进入 21 世纪后的这 10 年，维稳成了中国最基本的基调。"参见清华大学课题组：《以利益表达制度化实现长治久安》，载《学习月刊》2010 年第 9 期（上半月），第 28 页；新浪网：《预算内公共安全支出引关注》，http://news.sina.com.cn/c/2012-03-16/145724126565.shtml，最后访问日期：2013 年 8 月 20 日。

3　杨解朴：《德国民间组织：发展状况与社会功能》，载黄晓勇主编：《中国民间组织报告（2011—2012）》，社会科学文献出版社 2012 年版，第 250～251 页。

4　例如，2011 年宁波市江东区共受理人民调解案件 5126 件，其中由村居调委会调解的案件达到 1145 件，占调解总数的 22.3%，而由企事业单位调委会调解的案件更是达到 2327 件，占调解总数的 45.4%。

5　张洪泽：《政府购买医疗纠纷第三方调解服务的行为模式》，载《中国卫生经济》2010 年第 4 期。

破了传统的"国家—民间精英—民众"的三层结构，搭建了一种"国家—民众"二层结构。[1]当民间精英的位置不再存在、国家直接面对民众的时候，国家成了解纷服务的唯一提供者。不但政府、法院的工作量急剧增加，而且复杂的社会生活使得政群关系变得极易激化。另一方面，就划好"解决生活中常见而又多发的小额民事纠纷"这只船桨而言，很多时候，民间精英要比政府，甚至比法院合适得多。他们的解纷智慧、解纷手段、道德威望、与当事人的人情关系甚至特殊的人生经历，都有可能成为官方机构无法比拟的优势。[2]而这些热心公益的民间精英，则正是民间解纷机构的主要组成力量。

此外，协调好国家与民间解纷机构的关系，本质上是一种"国家和市民社会的正和博弈"。钭晓东教授指出："市民社会的合理建构是中国现代化须作出的努力；中国社会转型的重要表现之一，就是市民社会的出现。"[3]作为一个较为理性的选择，政府通过购买调解服务的方式，协调好"掌舵"与"划桨"的关系，可以巧妙借助民间精英、调解志愿者的智慧和劳力付出，使得市民社会的自组织能力得以充分发挥，从而在解纷领域实现从"强政府、弱社会"向"小政府、大社会"的职能转变。

（五）汇入世界 ADR 潮流的明智之举

从世界范围来看，20 世纪末以来 ADR（Alternative Dispute Resolution，常译为多元纠纷解决机制）的利用和发展已经成为一种方兴未艾的时代潮流，它们不仅发挥着重要的社会功能，而且已经或日益成为当代社会中与民事诉讼制度并行不悖、相互补充的重要纠纷解决机制。[4]调解作为 ADR 的主力军，在世界各国拥有广泛的实践。美国的调解组织及形式主要有法院附设调解、"司法仲裁调解中心"、主要服务于社区的"纠纷解决中心"，[5]以及私人调

---

1 中国战略与管理研究会社会结构转型课题组：《中国社会结构转型的中近期趋势与隐患》，载《战略与管理》1998 年第 5 期。

2 这里有一个我们在调研过程中遇到的真实案例：两个人在小区中因为小小的摩擦争执不下，一位闻讯赶来的"老娘舅"拖出气焰嚣张的一方，打了一个耳光并训斥几句，那人竟悻悻地走了，矛盾自然也就解决了。原来，被打耳光的年轻人平时不务正业，有时连吃饭都是个问题，恰恰是这位"老娘舅"常常接济于他。这次，他想借机讹诈对方的小心眼儿亦被"老娘舅"一眼识破。

3 钭晓东：《市民社会理论研究基点的展开及其在中国语境中的应用性研究》，载《浙江学刊》2007 年第 4 期。

4 参见［日］棚濑孝雄：《纠纷的解决与审判制度》，王亚新译，中国政法大学出版社 2004 年版，第 110 页。

5 参见范愉：《非诉讼纠纷解决机制研究》，中国人民大学出版社 2000 年版，第 96～100 页。

解公司等。[1] 此外，澳大利亚、英国、德国、法国、韩国等国家的调解实践都非常活跃；值得一提的是，在日本近代史上，调解还曾被作为一项国家策略强调。[2] 事实上，从民众的解纷心理来看，基于道德或宗教的和谐教化以及对诉讼固有弊端的考量，尽可能地规避诉讼，理性地通过低成本的和解来化解纠纷，乃是人类的共通认知。例如，日本比较法学家大木雅夫教授指出："两千年来教化西方人的《圣经》，一直在告诫人们应该谋求在神职者面前的和解，而不是把纠纷诉诸法律家和审判。而且，这种以无法的社会为理想的思想，不仅为基督教所信仰，也成为马克思主义的基础。一般说来，诉讼会吞噬时间、金钱、安逸和朋友（Lawsuits consume，time，and money，and rest，and friend），对于东西方而言，都是一种常识。"[3] 充分借鉴国际调解经验，发挥作为"东方经验"的我国传统调解之优势，并结合我国现有国情，以政府购买调解服务推动大调解格局的重构，是汇入世界 ADR 潮流的明智之举。

（六）群体性事件和恶性报复社会事件之频发使得变革迫在眉睫

近年来，群体性事件，尤其是群体性泄愤事件频发，使得我们不得不思考社会管理中存在的问题。这类事件往往起因偶然，剧烈升级，迅速失控，矛头直指政府，且绝大多数参与者与诱发事件并无直接利益关系，他们参与的主要目的是发泄情绪，表达对带有全局性、整体性问题的不满。[4] 例如，虽然宁波市在构建新的解纷机制方面做出诸多探索并收到了良好的效果——于 2012 年成为全国大中型城市创新社会管理的样板城市——但是依然于 2012 年 10 月爆发了轰动一时的"PX 事件"。一个"化工厂附近村民争搭拆迁末班车"[5] 的 200 人规模的上访，在一周不到的时间里竟演变成了轰动全国的反对引进 PX 项目的游行示威，直到政府公开允诺"停止 PX 项目上马"才息止。而实际上，宁波的 PX 工厂早已投产数年，年产量约 65 万吨，此次仅为扩建而已。许多参与示威的市民直到事件平息都还没对 PX 项目的真实危险性、该项目对地方经济

1　美国 JAMS 公司是美国具有代表性的私人调解公司，成立于 1979 年，在全美有 23 个纠纷解决中心，现有 250 名有专业资质的纠纷解决专家，其中 200 人以前是法官，其余的以前是律师，在 JAMS 工作的人都是专职的。参见李政：《ADR 视野下私人调解的程序和效力——以美国 JAMS 公司为例》，载《法学杂志》2009 年 11 期。

2　邱星美：《当代调解制度比较研究》，载《比较法研究》2009 年第 4 期。

3　［日］大木雅夫：《比较法》，范愉译，法律出版社 1999 年版，第 129 页。

4　于建嵘：《中国的社会泄愤事件与管治困境》，载《当代世界与社会主义》2008 年第 1 期；于建嵘：《社会泄愤事件中群体心理研究——对"瓮安事件"发生机制的一种解释》，载《北京行政学院学报》2009 年第 1 期。

5　《宁波镇海反 PX 事件始末》，载《凤凰周刊》2012 年第 32 期。

的贡献程度以及该项目的现实进展状况有一个理性的认识。尽管此次发生在宁波的群体性事件有其特殊之处——易引起市民在环保维权方面的"误解"，且大连、厦门都曾有过类似的抵制活动并"获得成功"，但是泄愤情绪在此次事件的迅速扩张中的确发挥了巨大的推波助澜之作用。不得不说，群体性泄愤事件的频发与官民之间信任缺失、民众利益表达机制缺失、民间各类怨气长期积累且没有恰当的宣泄途径有着直接关系。

同时，恶性报复社会事件的频发，也使构建更为积极的解纷制度成为当务之急。2013 年 6 月，福建厦门发生公交车纵火案，40 余条无辜的生命丧生。7 月，黑龙江海伦、浙江温州相继发生敬老院、老人亭纵火案，死伤均达 10 余人。几起针对普通民众甚至弱势群体的恶性案件皆以诉求被忽视、个人被误解甚至开关空调引起的争执等极微小的社会矛盾纠纷为导火索。为了避免类似的微小纠纷转化为恶性案件，社会的管理者们需要积极思考，如何引导民众营造理性的社会解纷氛围，如何构建更为贴近百姓、更为及时有效的解纷制度，能否为民众创建一个其"乐于求助的地方""愿意评理的地方"，甚至仅仅是一个能"倾诉委屈，宣泄不满的地方"。而这些领域恰是有能力、有威信、有热心的民间精英们发挥其草根解纷优势的地方。"政府购买调解服务"很有可能成为帮助这些社会自治力量生长的新平台。

三、展望

转型期的中国，社会状况纷繁复杂，而城镇化的推进必将带来新一轮的利益博弈与格局重组。如何正确看待、合理疏导、妥善解决这个过程中日益多发的社会矛盾纠纷，是具有深远社会意义的时代重任。政府购买调解服务作为推动大调解格局重构的重要举措，为寻求富有生命力的解纷力量打开了新的视野，应当纳入社会管理创新的重点发展规划。

季卫东教授曾言："历史的经验已经反复地证明，理论上很完美的制度并不一定可以付诸实施，而行之有效的制度却未必是事先设计好的。"[1]纵然我们对政府购买调解服务进行了一定的分析和设计，最后仍然需要等待实践的检验；更重要的是，应该在实践中不断予以完善。尤其是在国民习惯于依赖国家解决纠纷的当下，多元解纷文化的宣传、购买对象的培育和选取、渐进式的实现"竞争性购买"之目标、调解流程的规范化程度之拿捏等，都是变革推进过程中极具发展性的课题。

1　季卫东：《法制与选择》，载《中外法学》1993 年第 4 期。

论《刑事诉讼法》[1]背景下"亲亲相隐"制度的体系构建

王 壮

宁波大学法学院

摘 要："亲亲相隐"制度符合以人为本的法治理念，我国现行法将其抛弃的做法有失偏颇，应在批判的基础上借鉴、吸收，为现行法律注入人性因素。本文拟从导入"亲亲相隐"制度定义入手，全面分析"亲亲相隐"制度被现行法抛弃的原因及危害，对构建该制度体系的进行思考，以期能够更好地保障人权，为构建现代法治社会服务。

关键词：亲亲相隐；容隐权；人伦亲情；体系构建

一、亲亲相隐制度的概述

"亲亲相隐"，又称"容隐权""亲属相容隐"等，是我国传统法律中保护亲属对抗公权力的重要司法工具。"亲亲相隐"的定义是："亲属之间犯罪应当相互隐瞒，不告发和不作证不论罪，反之要论罪。"[2]

追溯我国亲亲相隐制度的源头，最早出现"亲亲相隐"是在春秋战国时期，叶公语孔子曰："吾党有直躬者，其父攘羊，而子证之。"孔子曰："吾党之直者异于是：父为子隐，子为父隐——直在其中矣。"[3]孔子这句话成为亲亲相隐制度的思想基石。

随着《刑事诉讼法》及其解释的颁行，符合现代法治精神、旨在更好地保

---

1 本文所称《刑事诉讼法》指自 2013 年 1 月 1 日开始实施的《中华人民共和国刑事诉讼法》。

2 中国大百科全书编委会：《中国大百科全书·法学卷》，中国大百科全书出版社 1984 年版，第 723 页。

3 《论语·子路》。

护犯罪嫌疑人或被告人合法权益的法律条文逐步走进人们的视野。该法的众多条文富含以人为本的法治理念，推动了我国刑事法治的发展，保障了刑法的正确实施。

但该法仍有其不完善的部分，特别是关于证据体系的建设。我国《刑事诉讼法》第60条规定："凡是知道案件情况的人，都有作证的义务。"第188条规定："经人民法院通知，证人没有正当理由不出庭作证的，人民法院可以强制其到庭，但是被告人的配偶、父母、子女除外。证人没有正当理由拒绝出庭或者出庭后拒绝作证的，予以训诫；情节严重的，经院长批准，处以十日以下的拘留。"根据对上述法条的理解，笔者认为，在规定"不得强制自证其罪"的情况下，法律应明文规定"亲亲相隐"制度，因为"不得强制自证其罪"与"亲亲相隐"具有逻辑上的一致性和精神上的相通性，从而能够更好地维护犯罪嫌疑人或被告人及其近亲属的权利。

二、亲亲相隐制度被现行法剔除的原因及危害

（一）剔除的原因

建立并成熟于封建社会的容隐制度，在新中国成立后被视为封建文化的糟粕而被废除。但是我们必须承认，任何时期的立法成果都是当时理性选择的结果，能够延续数千年的亲亲相隐制度，必定存在着无可比拟的制度价值。既然亲亲相隐制度具有其优越性，为何我国现行法律将其剔除？笔者认为主要有三个原因：

1. 历史原因

我国古代立法的主导思想是儒家思想，而儒家倡导等级观念、贵贱有序，"贱事贵，不肖事贤，是天下之通义。"根据人的年龄、性别、宗族等因素将人划分尊卑长幼，强调卑幼者对尊长者的义务。[1]在亲亲相隐中反映的是卑幼者对尊长者负有容隐的法律义务，而尊长者却不负有对应的义务，即卑幼者与尊长者之间的权利义务不对等，这与现代法律内在的平等精神背道而驰。

2. 现实原因

传统文化中一直奉行国家利益至上的理念，重视国家、集体利益，轻视个人利益，强调社会保护，忽略人权保障。这种观念使任何包庇、隐匿犯罪分子的行为均被视为破坏国家司法秩序的行为，应该毫无例外地受到法律的惩治，

1　范忠信：《中西法文化的暗合与差异》，中国政法大学出版社2001年版，第58页。

而亲亲相隐制度内在的包含了隐匿犯罪亲属而被现行法律所天然否定。再加上目前我国刑事案件侦查手段较为落后、单一，不得不过多依赖犯罪嫌疑人或者知情人的言词证据。[1]

3. 当时的政治考量

新中国成立初期，为与国民党专制统治划清界限，废除国民党的统治工具之一——"六法体系"，也就不难理解了。新中国确立了以马列主义为立法指导思想，立法时，对国民党制定的法律没有进行细致研究、分析，只做了简单处理，亲亲相隐制度自然被作为封建残余而被否定。再加上当时秉承国家利益高于一切的理念，亲情作为个人利益的表现，自然要让位于国家利益。1997 年刑法继承了 1979 年刑法的立法指导思想，自然不会接纳亲亲相隐制度。

（二）剔除的危害

近几十年的司法实务表明，将亲亲相隐制度驱离于现行法律并不科学，随着我国人权保障制度的不断发展，禁止亲属相隐的危害日显端倪。

1. 禁止亲亲相隐导致变相株连

法律不允许亲属间相互隐匿、包庇，意味着民众必须在"大义"和"亲情"之间做出抉择。亲属情不自禁地实施了帮助犯罪亲属的行为触犯了刑法，这样的司法规定有些矫枉过正。亲属出于亲情而自然或不自然爱护亲属的行为而使自己身陷囹圄不能不说是株连的另一种表现形态。[2]

2. 禁止亲亲相隐导致诉讼制度遭到损害

证人出庭率低是世界各国普遍现状，所以很多人将目光投向了如何保证证人出庭作证上，甚至《刑事诉讼法》规定可以使用强制手段保证证人出庭。[3]然而在拒绝作证的证人当中，的确有相当一部分人有难言之隐，若要强迫这些亲属指证亲属的犯罪事实，最终的结果必然是亲属憎恶、朋友厌弃。这些证人不愿意出庭与亲亲相隐制度有深层次的联系，因为我们生活在熟人社会中，自己的一句话可能决定亲属的命运，是亲亲相隐还是彼此指证，法律的严酷规定对他们来说，未免太过苛刻了。[4]

1　张建军，常有有：《富含人性的传统法律及其当代魅力——对"亲亲相隐"原则法律价值的透视》，载《时代法学》2007 年第 12 期。
2　范忠信：《中西法文化的暗合与差异》，中国政法大学出版社 2001 年版，第 94 页。
3　《中华人民共和国刑事诉讼法》（自 2013 年 1 月 1 日开始实施）第 60 条。
4　孟宪玉：《"亲亲相隐"与现代法治精神》，载《法治》2011 年第 6 期。

三、亲亲相隐制度的体系构建设想

通过以上分析可知，亲亲相隐制度不是某个国家或民族文化传统中的特有现象，也不是某一历史阶段的特有现象，也不跟特定的社会制度共存亡。[1] 亲亲相隐制度的体系构建应在消除原制度固有缺陷的同时，注入人性因素，凸显时代特色，既要继承原制度保护亲属的传统思想，也要彰显现代社会的人权理念。笔者对亲亲相隐制度的体系构建设想如下：

（一）明确界定"亲亲相隐"的性质

古代的容隐更偏向一种义务性，亲属间无权告发，一旦告发，要承担沉重的法律后果。[2] 古代的容隐多为单向，即卑亲属负有容隐尊亲属的法律义务，而尊亲属却不负有对等的法律义务，具有浓厚的维护封建等级制度的色彩，这些都是构建亲亲相隐制度时应当摒弃的内容。

《刑事诉讼法》中明文规定"不得强制自证其罪"，而"不得强制自证其罪"与"亲亲相隐"具有逻辑上的一致性和精神上的相通性。应当明文规定"亲亲相隐"制度，将"亲亲相隐"制度以法律条文形式表述为公民的权利。这样能够使犯罪嫌疑人或被告的近亲属更好的保障自身的各项权利，避免卷入近亲属的案件中，免遭国家司法机关的侵害。当"亲亲相隐"被确认为公民权利时，"不得强制自证其罪"的目的才能真正地实现，因为当"不得强制自证其罪"与"亲亲相隐"密切结合形成一个有机综合体时，才能避免国家司法机关将矛头由以前对犯罪嫌疑人的刑讯逼供转为对其近亲属的威逼利诱，才能够更好地维护犯罪嫌疑人或被告人及其近亲属的合法利益。

当权利人选择行使容隐权护匿犯罪的亲属时，司法机关应当予以尊重和保护；当权利人选择放弃容隐权时，司法机关应当同样予以尊重和保护。[3] 遵循"法律面前人人平等"原则，消除不同辈分亲属适用亲亲相隐制度的区别对待，所有亲属可以平等行使该权利。

（二）明确划分"亲属"的适用范围

从客观上说，亲亲相隐制度对及时打击犯罪、维护社会秩序有一定的负面作用。要在容隐亲属和保障社会安定之间寻求一个利益的平衡点，这使划分适

1　范忠信：《中西法文化的暗合与差异》，中国政法大学出版社2001版，第118页。

2　范忠信：《中西法文化的暗合与差异》，中国政法大学出版社2001年版，第72页。

3　丁文芳：《"亲亲相隐"制度及其刑事立法化》，载《法制与社会》2008年第4期。

用"容隐"的主体范围成为必然。唐律中允许"同居相隐"，[1]其范围过于宽泛，不利于打击犯罪，惩治犯罪；我国《刑事诉讼法》将近亲属范围仍然规定为：配偶、父母、子女和同胞兄弟姐妹，其范围稍显狭窄，不利于该制度作用的充分发挥，在实践操作过程中遭遇较大阻力。

笔者认为我国确立的亲亲相隐制度的主体范围包应括：配偶、父母、子女、兄弟姐妹、祖父母、外祖父母、孙子女、外孙子女以及尽了赡养义务的丧偶女婿和丧偶儿媳。

亲亲相隐制度所要保护的就是人类普遍的亲伦人情和现代人权。血亲主体自然应在保护范围之内，而现行刑事诉讼法将近亲属范围仅仅包括配偶、父母、子女和同胞兄弟姐妹，[2]这与社会现实生活不符。由于我国实行计划生育，孩子的数量较以前急剧减少，这使现在的亲人间的情感更加亲密，相互间更为依赖。比如，现在有很多孩子的日常生活都是由其祖父母或者外祖父母照顾，因为孩子的父母忙于工作，祖孙间的感情十分浓厚，如果孙子涉嫌犯罪，而强迫其祖父母或者外祖父母指证其罪，这样的法律规定是严重不合人伦常情，同时与现代法治精神相背道而驰。

而尽了赡养义务的丧偶女婿和丧偶儿媳与当事人不仅有财产关系，也在长期的共同生活中形成了浓厚的亲情关系。如果说儿子、女儿赡养父母是尽了赡养义务，那么丧偶儿媳和丧偶女婿的赡养行为可以认为是道德高尚的表现。在《中华人民共和国继承法》（以下称《继承法》）中，对尽了赡养义务的丧偶儿媳和丧偶女婿的继承权予以明确的肯定，[3]这就是对他们赡养行为的肯定和奖励。在《继承法》中对尽了赡养义务的丧偶儿媳和丧偶女婿给予了继承权的"奖励"，为什么在《刑事诉讼法》中对这种后天形成的类似血缘亲情的感情熟视无睹呢？这显然不符合社会实际生活。

上述的设想参考了我国继承法对继承顺序的规定，同时结合了我国现在"小家"的实际社会现状。这样的近亲属范围认定不仅可以照顾到依血缘建立的亲情，也体现了对后天形成的亲情关系的保护，有利于增进家庭内部成员的团结友爱和社会的和谐安定。

1　范忠信：《中西法文化的暗合与差异》，中国政法大学出版社2001年版，第71页。

2　《中华人民共和国刑事诉讼法》第106条第6项规定："'近亲属'是指夫、妻、父、母、子、女、同胞兄弟姊妹"。

3　《中华人民共和国继承法》第12条规定："丧偶儿媳对公、婆，丧偶女婿对岳父、岳母，尽了主要赡养义务的，作为第一顺序继承人。"

（三）限制容隐的行为方式和隐匿对象

相隐行为可以表现为消极的不告发行为，也包括积极的隐匿行为，但不得采取犯罪行为。犯罪后，行为人在既无钱财又无藏身之所且内心惶恐不安的境况下，当亲属的自由、身体甚至者生命受到紧急危险时，亲属们不可能眼睁睁看着其痛苦不安而不闻不问，更难以做到将其送进监狱或者在法庭上指证亲人所犯之罪，他们必然会自然或不自然地采取各种方法来护匿涉嫌犯罪的亲人，这是人性使然。[1]

我们不能也不应该期待一般民众能够做到舍亲为国。所以若针对近亲属的纯粹亲情行为也要课以窝藏、包庇之罪，实难与以人为本的法治理念相符。当然，对于隐匿亲属的行为应当做严格限制，不得使用暴力、胁迫、贿赂等非法行为方式威胁其他证人作证或者采取打击报复等手段使他人不敢作证。所以，若行为人隐匿亲属的行为构成犯罪，应以相应的刑罚论处。对于隐匿的对象应该限定为实施了犯罪行为的亲属与自己亲属实施共同犯罪的其他犯罪人以及他们所控制的犯罪证据及赃物，不得指向他人或他人所掌握的犯罪证据。

（四）限制容隐制度的适用范围

亲亲相隐制度并非可适用于任何案件中，隋朝的《开皇律》将危害统治秩序和破坏封建伦常的十种重大犯罪（即"十恶"）正式列入法典，凡"犯此十者，不在八议论赎之限"。[2] 为了平衡亲亲相隐制度和当今社会秩序之间的矛盾，对该制度也要设定适当的适用范围，才能保证其不被滥用，在尊重人伦的同时实现司法正义。

1. 严重危害社会公共安全的犯罪不适用容隐制度

针对涉及危害国家安全的罪种和我国《刑法》第17条规定的已满14周岁不满16周岁的人所犯的故意杀人、故意伤害致人重伤、死亡、强奸、抢劫、放火、贩卖毒品和投放危险物质等犯罪行为应当负刑事责任，不得援引亲亲相隐制度。

因为上述案件性质恶劣，社会影响重大，若允许其援引亲亲相隐制度，容易造成不良的社会导向。况且，已满14周岁不满16周岁的未成年人尚且要承担责任，自然更不能够允许隐匿此类犯罪，否则必然会造成人心惶惶、社会动荡的结果。

越是罪行、刑事责任严重的犯罪，亲属容隐的可能性越大。[3] 然而这类犯罪

---

1 范忠信：《中西法文化的暗合与差异》，中国政法大学出版社2001年版，第100页。

2 张晋藩：《中国法制史》，商务印书馆2010年版，第178页。

3 蔡昱，龚刚：《"亲亲不能相隐"的经济学分析》，载《南开经济研究》2008年第2期。

行为危害性巨大，影响恶劣，社会反应强烈，其侵害的不仅仅是某个社会个体的个人利益而是整个国家与社会的利益，法律在照顾亲情的同时，必须充分考虑国家与社会的整体利益。

2. 非出于保护亲情的目的不得容隐

亲亲相隐的制度设计是为了维护家庭和睦，保护人伦精神，是对人类固有的亲情的照顾，所以容隐行为必须建立在对亲人的关爱、保护的基础之上，若违背了这一个主观目的，其行为就不应该受到容隐权的保护。例如为了隐藏自己的犯罪行为而容隐同案的近亲属的犯罪行为则不具有"亲亲相隐"的主观属性。

3. 违背人伦精神的犯罪不得容隐

亲亲相隐的立法初衷是维护亲情关系和家庭和谐，而亲属之间相互伤害、虐待、遗弃，对近亲属的性犯罪等，其行为伤害了亲伦人情，与容隐权的立法初衷背道而驰，自然不得容隐。

4. 国家工作人员的职务犯罪行为不得容隐

如果将亲亲相隐制度延伸到国家公务活动领域，必然造成上下级相互包庇，官场腐败，政治黑暗。[1] 贪污、贿赂等此类犯罪天然具有隐秘性，他们的家属特别是妻子儿女对他们的犯罪行为比较了解，如果允许其亲属援引亲亲相隐制度，司法机关的调查取证工作将面临更大困难，不利于反腐工作的开展。现实中，涉嫌犯此类犯罪的国家工作人员的妻子儿女往往知道犯罪内容，而且往往参与了隐藏、使用赃款及其他非法利益。如果法律赋予其亲属容隐权的话，那么作为利益共同体的他们自然不会揭露其亲属的罪行，更不会主动配合国家司法机关，甚至会千方百计地阻挠案件的侦查、审理工作。容隐职务犯罪行为不仅没有弘扬亲情友爱，反而助长了贪污腐败，有害于社会秩序的稳定和政治风气的清明。

（五）容隐制度在实践中对证人出庭制度的完善

我国近年来庭审方式改革，确立了法官主导、控辩双方平等对抗，力求切实做到当庭举证、质证、认证。[2]《刑事诉讼法》第 60 条规定："凡是知道案件情况的人，都有作证的义务。"第 188 条规定："经人民法院通知，证人没有正当理由不出庭作证的，人民法院可以强制其到庭，但是被告人的配偶、父

1　蒋道湘：《从"亲亲相隐道我国亲属拒证权的建构"》，载《中国商界》2010年第 5 期。

2　徐光华：《从现实的社会文化看亲亲相隐原则回归的意义》，载《广州市公安管理干部学院学报》2011 年第 4 期。

母、子女除外。证人没有正当理由拒绝出庭或者出庭后拒绝作证的，予以训诫；情节严重的，经院长批准，处以十日以下的拘留。"

这些新规定正是为了适应现代庭审方式的发展，目的就是为了破解"证人出庭难"的问题，从而构建合理的证人出庭制度。但是其对证人主体不加限制，对对象规定过窄，侵害了犯罪嫌疑人或被告人近亲属的利益。因为对我国《刑事诉讼法》第188条规定可以作以下解释：被告人的配偶、父母、子女有作证的义务，并且可以强制他们作证，仅仅不强迫他们出庭而已。这就为逼迫犯罪嫌疑人或者被告人的近亲属作证提供了法律的依据，在实践操作中容易对其近亲属的合法权益造成侵害。

众所周知，获取证据最快捷的方式就是讯问犯罪嫌疑人或者被告人和询问与犯罪嫌疑人或被告人关系密切的近亲属。《刑事诉讼法》第50条已经明文规定："不得强迫任何人证实自己有罪"，这就说明法律对犯罪嫌疑人或者被告人的强制讯问持禁止态度，那么国家司法机关必然会转而将矛头指向犯罪嫌疑人或被告人的近亲属，再加上新《刑事诉讼法》第60条规定："凡是知道案件情况的人，都有作证的义务。"这就使得作为犯罪嫌疑人或者被告人的近亲属的权利处于危险之中。然而法律中缺乏对他们的保护制度，"亲亲相隐"制度就可以充当犯罪嫌疑人或者被告人近亲属的保护伞，使他们免受近亲属犯罪案件的牵连，卷入纠纷的漩涡。

四、结语

亲亲相隐制度作为古今中外共同选择的一项制度设计，其立法初衷是为了保护亲属之间的亲情关系和家庭伦理关系，旨在实现家庭和谐、社会安定。[1]在西法东渐的历史背景下，我国在引入西方有关公平、正义等法律观念的同时，应该注重合理看待民族的传统法律文化，因为中国的历史和现实为做学问的人准备了一个"富矿"，中国法学尤为甚之。[2]对待我国传统法律文化应在批判的基础上继承并发扬遗留下来的优秀法律思想，注入以人为本的时代特色，并结合现代刑事人文建设的需要，创立具有中国特色的现代法律文化和制度。

诚然，亲亲相隐制度在现实操作中的确有妨害司法公正之嫌，但在法治建设的进程中必要要有牺牲。[3]著名的米兰的规则、辛普森案件，都是以牺牲社会

1　范忠信：《中西法文化的暗合与差异》，中国政法大学出版社2001年版，第68页。
2　苏力：《法治及其本土资源》，中国政法大学出版社2004年版，第3页。
3　范忠信：《中西法文化的暗合与差异》，中国政法大学出版社2001年版，第123页。

正义维护程序正义的范例。世人不能苛求建立完美无缺的法律和制度，立法者应该综合考量，坚持"两害相权取其轻"的立法理念。因此，不仅要理解法律的缺陷，还要容忍甚至为法律容留缺陷。容留缺陷的目的不是为了放纵犯罪，而是考虑到法律的主旨和最佳功能而采取的积极应对措施。亲亲相隐制度，能够在法律和人情之间寻找到一个平衡点，协调两者之间的矛盾。我们要将对犯罪破案的无限渴望让步于维持家庭的团结和睦，司法的铁蹄止步于家庭这个城堡。这样的做法，虽然一时放纵了罪犯，却巩固了法律秩序，树立了法律权威，弘扬了法治精神。

本科生一等奖

基层政府维稳的法治考察与反思

——以宁波市江北、江东、镇海三区的拆迁情况为例

陈睿奇

宁波大学法学院

摘　要：随着改革开放的发展，以征地拆迁为导火索的维稳事件越来越多，本课题立足于宁波市征地拆迁面积最多的几个区，通过走访调研相关政府部门、被拆迁群众以及普通公众，了解基层政府在征地拆迁上的维稳手段以及考察其是否符合法治的精神，然后对其做法进行一定的评析并进行反思。

关键词：维稳；拆迁；法治考察

一、引言

"充满活力、和谐有序"的社会环境是我们每个人都期望的，但是随着改革开放进入攻坚期，社会矛盾日益凸显，群体性事件频发。邓小平曾指出："中国的问题，压倒一切的是需要稳定。没有稳定的环境，什么都搞不成，已经取得的成果也会失掉。"，因此切实做好社会维稳工作比以往任何时候都显得紧迫。

自从党中央把维护社会稳定作为深化改革开放和构建和谐社会的必然要求之后，维稳就成了当下社会最为主流的政治话语与政治实践。而基层政府作为最贴近群众的国家机关，维稳早已成为其工作重点，成为基层治理的指挥棒。

可以说基层政府是维稳的基础阵地，基层政府维稳（以下简称基层维稳）的质量直接关系整个社会稳定的质量，基层维稳已经成为当前维稳体制中最为重要的组成部分之一。但是从诸多见诸报端的新闻报道来看，虽然基层政府在维稳工作上投入了大量的人力物力，但是取得的效果却并不明显，反而陷入了"越维稳越不稳"的怪圈，显然目前基层维稳困难重重，形势严峻，还存在诸多问题需要解决。

那么基层维稳的现状到底如何？在法治建设的背景下，基层维稳从政治话语到法治话语，从政治实践到法治实践的转变又进行得如何，是否符合法治的要求？如果存在问题，又将如何运用法治思维和法治制度破解维稳难题？围绕着这一系列问题，我们调研小组展开了我们的调研。

二、调研的设计与实施

（一）调研的方案

维稳本身只是一种手段，但因不同的原因所导致的社会不稳定状态也应该用不同的具体维稳手段来解决，因此维稳有着其本身不易被发现的复杂性。经过我们的分析和总结，房屋拆迁、土地征收，贪腐问题引起的干群矛盾，资源分配不公这三类问题是当前维稳的主要关注目标，而其中尤其以第一类问题的严重性和广泛性最为突出，所以我们把维稳考察的对象放在了征收拆迁所表现出来的问题上面。

我们的调研对象主要分为普通公民、被拆迁群众以及政府工作人员三类，而政府工作人员里面主要包括了政法委（维稳办）、拆迁办、街道办事处、社区这些单位的工作人员。我们调研的内容紧紧围绕拆迁过程中的社会稳定状态以及维稳手段而展开，主要涉及拆迁的方式、政策的公开程度以及被群众了解程度、拆迁的进行状况、导致拆迁受阻从而影响社会稳定的原因、引起矛盾的解决方式、拆迁问题对社会稳定的影响程度等一些方面。

调查的方法主要实证调查、文献调查。深入基层，通过发放问卷和进行访谈的方式去了解和收集普通公民、被拆迁群众以及政府工作人员遇到的问题以及他们的想法。同时查阅大量文献资料，从报纸、学术期刊、政策杂志、硕博士论文，从中印证基层维稳从政治化到法治化转变得如何，同时何以解决维稳的难题。

（二）调研的实施

在做好前期各项准备工作之后，我们开始了长达十多天的调研活动。从 7 月 6 日去天一广场、城隍庙等地发放公民问卷开始到 7 月 15 日去白沙街道办事处走访，我们走访了江北区拆迁办、江北区白沙街道办事处、江北区白沙街道大庆社区、江东区东郊街道拆迁办、双桥村、江北区甬江街道、镇海区庄市街道永旺村等地进行实地走访调研，还有 7 月 25 日在何跃军老师的带领下去江东区政法委进行调研。我们在烈日下奔波，除了身体上的劳累之外，还要遭受不理解我们的群众的责难以及一次又一次被一些政府部门拒之门外，但是我们认为我们的付出是值得的，因为除了收集到许多第一手资料外，我们对社会的了解程度也有很大的提高。

三、调研结果（拆迁中维稳现状及分析）

经过回收统计，我们共发放公民问卷 100 份，其中有效问卷 95 份；政府工作人员问卷 20 份，有效问卷 20 份；被拆迁群众问卷 20 份，有效问卷 5 份（因为无法达到一个合理基数，所以没有对其进行统计），大多数问卷的非选择题都无人回答，只有少数人对非选择题部分作了回答，因此我们只对选择题部分作了统计。对政府工作人员的访谈共 15 人次，对被拆迁群众访谈 5 人次。下面对我们的问卷以及访谈笔记整理后进行列举分析。

（一）普通公民问卷

公民问卷共计 10 题，其中选择题 8 题，下面对部分与维稳主题联系最为密切且让我们感触颇深的一些题目做简单展示与分析。

1. 对于在一些实际拆迁工作中，出现一些暴力威胁或其他威胁方式强行拆迁的现象，51.6% 被访者认为不管怎样，政府都不可以这么做，24% 被调查者认为如果是赔偿不到位，则不可以这么做，也就是说 75% 的人反对政府以暴力或威胁的方式进行强拆，看来大部分人认为政府的权力应该受到限制，而不应该完全按照其意愿办事，即使有时候它占理。

同时有 31.5% 的人反对政府向法院申请强制拆迁，可见强制拆迁十分招致群众的反感。但依然有 45.8% 的被调查者对申请强制拆迁不太清楚。

2. 如果您所在的居民区需要拆迁，但未得到满意补偿，您是否会坚持不拆迁

表1

	坚持到底，直到获得满意补偿	视其他居民而动，若大部分都已拆迁，则不再坚持	在满足基本生活需求的情况下，不在乎赔偿数额，同意拆迁	其他
人数	24	49	13	9
所占比例	25.2%	51.8%	13.7%	9.5%

从表1不难看出有一半的被调查者在拆迁时会随大流，即使对于拆迁补偿不是很满意，所以要提防政府实施软性拆迁（鼓动一部分人，然后逐渐影响他人），当然并不是说软性拆迁不好，而是要提防在自身利益受损害时遭到软性拆迁的逼迫而不得不妥协。

3. 如果拆迁中引发纠纷，您会选择哪种方式解决

表2

	接受相关部门调解	上访	协商解决，各退一步	暴力阻挠拆迁进行	向新闻媒体求助	诉讼
人数	23	18	37	5	8	4
所占比例	24.2%	18.9%	38.9%	5.2%	8.4%	4.2%

在一个多元化的社会里，群众解决拆迁纠纷的方式也是多元化的，只有23%的人可能会影响到社会稳定，大部分人还是愿意用和平的方式来解决拆迁中的纠纷，为和谐稳定的社会作一份贡献。

4. 您对个别"钉子户"的看法是

表3

	故意的，为了获得更多的赔偿或者破坏拆迁秩序	政府部门安置及补偿不合理，为维护拆迁户的合法权益	完全是生活所迫，没办法	其他
人数	17	52	18	8
所占比例	17.9%	54.7%	18.9%	8.4%

从表3可示，超过一半的被调查者认为"钉子户"的存在是因为政府部门安置补偿不合理，是一种维护自己合法权益的方式，超过七成的被调查者对其抱以同情的态度，而只有17.9%的被调查者认为"钉子户"是一种为了自身利益而破坏拆迁秩序的存在。

（二）政府工作人员问卷

政府工作人员的问卷共计8题，其中选择题6题，但有一个奇怪的现象，

即政府工作人员的回答问题时偏向性比较明显——往往偏向于政府有理的部分，但也会有那么一两个人在一两道问题上会做出与绝大多数人截然相反的选择。下面对部分与维稳主题联系最为密切且让我们感触颇深的一些题目做简单展示与分析。

1. 70%的被调查者认为政策非常好，妥善安置了拆迁户，超过八成的被调查者在政策本身都是好的意见上达成了一致，只有3位被调查者认为政策的好也只是相对于某些地区而言。可见在政策方面被调查者达到了高度的统一。

2. 在协调拆迁过程中，您觉得下列哪种工作方式最有效

表4

	亲身走访被拆迁户	安排村委会或居委会做好动员工作	做好拆迁咨询工作、信息公开工作	其他
人数	3	6	10	1
所占比例	15%	30%	50%	5%

一半的被调查者认为拆迁之前的咨询工作以及信息公开对拆迁的帮助很大，同时还是让村委会或居委会进行协助。这种方式本身就是一种"阳光征收"的体现，说明政府透明意识在不断增强。

3. 您认为引发当前拆迁矛盾的主要原因

表5

	补偿金不合理，补偿力度不够	政府工作人员工作方式方法不合理	被拆迁人不理解不支持政府工作	其他
人数	4	3	12	1
所占比例	20%	15%	60%	5%

被拆迁人的不理解、不支持政府工作让大部分拆迁办工作人员认为是引发拆迁矛盾的主要原因，但是或许他们也应该换位思考一下群众的感受，为群众着想，而非一直让自己处在群众的对立面，这样反而更容易激化双方的矛盾，为维稳事件埋下伏笔。

4. 对于在拆迁过程中产生的矛盾，您认为政府应该如何解决

表6

	加大前期宣传力度	广泛听取民意	加大补偿力度	合理安置，解决后顾之忧	其他
人数	1	3	2	12	2（加强宣传；双方利益最大化）
所占比例	5%	15%	10%	60%	10%

这里依旧是合理安置，解决后顾之忧一种方式占绝大多数，但是如何进行合理安置，后顾之忧又该如何解决却不得不让政府工作人员去思考。

（三）被拆迁人访谈

由于我们组员所认识的同学中没有宁波本地的拆迁户，所以在对于寻找被拆迁人是一件比较麻烦的事，最后我们只找到了 20 多位被拆迁户（主要在江北区的双桥村以及镇海区的永旺村），但是大部分村民认为我们不是政府部门或者新闻媒体的人，不太愿意和我们交流，因此我们只对几位被拆迁者进行了较为粗浅的交流。

1. 在对双桥村村民及商户的调查访问中，我们感受到了他们的质朴，对拆迁工作的不满，对拆迁补偿不合理的愤怒、无奈、无力；同时也体会到政府拆迁工作的不易与艰辛。在访问过程中我们了解到当地村民租户其实是采取了一些维权措施的他们去了市政府上访、尽量搜集、利用网络资源维护自己的正当权益，当结果却不尽人意，但他们却并未因此而气馁，依然在坚持继续着自己的维权之路。

据我们所了解，双桥村本身的情况极为复杂，一方面很多房屋都是违章建筑（这一点我们在走访通过常识可以进行初步判断），因此拆迁是无法得到赔偿的，另一方面，双桥村的很多沿街房都是出租给商户的，政府只给房主补偿，但并未把商户考虑在补偿范围内，同时房主又不愿对商户进行补偿。所以说村民及商户的表述是存在一定问题的。

2. 在永旺村的采访中，村民提到很多人都不了解政府关于拆迁的相关政策和规划，而村民的意见和想法也无法及时地让政府知晓。一方面，政府出台了相关政策无法全面、准确地让民众了解，容易引起误解和民心的不安；另一方面，村民有意见却找不到有效的渠道来反映问题，只能求助于村委会，而村委会往往只是敷衍了事，最终不了了之。针对这一问题，我认为村委会应该承担起沟通政府与民众的责任。对于政府出台的相关措施、政策，村委会要及时、全面、准确无误地传达给村民，进行广泛的宣传，让公众在第一时间了解情况；而对于村民们的意见，更要及时地向上层反映，让政府听到群众的声音，知道群众的想法。此外，民众维权意识淡薄，态度比较消极。当被问及是否有采取一些有效措施维护自身权益或者表达意见时，村民们的回答普遍是否定的，他们只是被动地接受安排。

（四）政府部门访谈

我们采访到的几个政府部门工作人员都比较配合，因此我们有大量的谈话记录，但是在相同部门甚至不同部门的工作人员的谈话内容都比较接近，所以在我们整理后对位不同部门工作人员的主要观点进行陈述。

1. 江东区维稳办

维稳办的邱科长着重向我们介绍了"重大事项社会稳定风险评估机制"，目前宁波市的风评已经进入深化推进阶段。在实际工作中，通常按照"谁决策谁评估"原则确定具体的评估方，另外还会采用第三方评估这一新型评估方式。后者的优越性主要体现在完备规范的程序上，主要包括走访群众、开展调研、举办听证会以及座谈会等等。

江东区在风险评估领域已经积累了一定的成功经验，例如天伦广场的建设工程。但同时，风险评估仍存在实行难的问题：其一，由于缺少统一的风险评估办法，管理者缺乏具体的制度规范作为指引，不得不在摸索中开展工作；其二，由于风险评估工作本身并不具有法律上的行政效力，因此并不能直接作为政府决策的依据；其三，第三方评估存在独立性不强、客观性不高的缺陷，宁波目前仅有一家有资质的第三方评估机构属市政府的下属机构，可见评估权尚在政府手中。

2. 江东区信访办

信访办的科长介绍了信访维稳情况。信访工作的难点主要有上访原因多、案件数量多，无理上访应对难，赴京非正常访、越级上访频发、地方政府面临排名通报的压力。科长说，一半的信访是合理的，另一半是没道理的，有些甚至是无理取闹。在应对时，都会极尽力量予以妥善处理，甚至不惜人力、物力把案件维控在地方。但是，对于无理上访，政府只能做到保障合理的权益，不能作无条件退让。此外，科长坦言信访不能走法治化道路，因为信访的出现正是法治不健全的结果；同时信访应当弱化，法治应该强化。

3. 江北区白沙街道大庆社区

从通知到拆迁完成进度较慢，至少一年，有的需要两三年。保证通知到各户，并且签字作为依据、证明。在签订拆迁合同时社区主要负责陪同、通知、做见证人。之后也会张贴公示，哪些人已经搬迁，安置在哪里，使得拆迁的整个过程公开透明化。

居民普遍愿意拆迁，大庆社区已谈好、拆迁的居民中满意率达97%，剩下的百分之三主要是由于产权关系复杂，历史遗留问题、无理取闹等所导致。

4. 江北区白沙街道办事处

白沙街道辖区内的拆迁秩序一直很好，当问到为什么时，工作人员提到他们主要采取"四把法"的工作方针来保证拆迁的顺利进行。所谓"四把法"：一是把说劝疏导贯穿动迁地块始终。开展形式多样的宣传发动和说劝疏导作用，针对住户的顾虑，对症下药，帮助住户算好"经济账""名誉账""法纪账"。二是把依法拆迁贯穿动迁地块始终。针对拆迁中早拆吃亏、"钉子户"占便宜现象，绝不"放水"，保证政策口径的统一，执行的公平、公正、公开，杜绝配合支持拆迁部门的早签约动迁户又"吃亏"又"掉泪"的现象。三是把据实定策贯穿动迁地块始终。结合白沙动迁地块"自搭房多、一房多户"等实际情况，有情操作的一些做法得到了成功尝试和探索。如个别自搭房面积较大并年久的，还有一些三代同堂，有的甚至四代同堂的住户，实施"分得开、能住下、适当扩面"的原则进行安置，尽可能让群众利益最大化。四是把稳妥善后贯穿动迁地块始终。鉴于动迁到安置一般需两年左右时间的实际，要克服掉"房拆掉、人迁走，拆迁就结束"的做法，避免拆完就算、拆后不管，重视并采取行之有效的举措为拆迁群众解决后顾之忧和实际困难。

5. 江东区东郊街道拆迁办

90 年代开始旧城改造，现在进行的是城中村改造，把工业用地改成商业用地。一般会提前三个月通知，有时 6 个月或者 1 年。每个项目都会有相关的拆迁补偿方案（县级人民政府批准即可）。

阳光征收，公开会促进公平。但是在相对公平的前提下，只能"一刀切"，公平标准难以确定，无法维护绝对公正，因此在相对公平情况下即可，基本上依据的是国务院的拆迁条例，到省里和市里都有文件，还有操作细则。

拆迁信息传达一般不可能不到，大多数钉子户属于无理取闹。有 95% 的人愿意拆迁，但是为了获得更多的利益，钉子户就只有坚持了。但是也正是因为部分钉子户的确得到了比一般人更多的钱，也起到了一种不好的示范效应。

由于拆迁政策的公开、政策法规的完善、民众一直盼望拆迁，使得拆迁工作越来越顺利。但是强制仍然是一种必不可少的手段，该种强制属于司法强制，由法院执行，而非行政强制。这点上民众存在着一定的误区。

四、基层维稳的法治考察与反思

（一）考察结论

1. 宁波市拆迁中的维稳工作做得还是比较文明合法的，至少没有出现"越维稳越不稳"这样的现象。值得称道的是"重大事项社会稳定风险评估机制"，它用一种相对科学的手段对即将进行的工程进行稳定风险的评估，通过这种评估来预测可能出现的社会不稳定因素。同时采取一定的措施降低风险等级，使得这种不稳定因素无法成形，做到了维稳的提前化，大大降低了不稳定因素破坏社会稳定的风险。

正如拆迁办以及街道的工作人员所讲的那样，在江浙经济较发达地区政府的服务意识和公开意识还是比较强的，因此维稳工作还是能够依法进行。现在政府拆迁完全是按照法律进行，从国家层面的《中华人民共和国土地管理法》《国有土地上房屋征收与补偿条例》，再到省、市里面相关的文件，具体到每个项目上还会有实施细则出台。每个拆迁项目都会提前几个月通知到每户人家，而且之后还会有业主大会对具体拆迁补偿条款进行讨论，只有 3/4 以上业主通过才有效。在签订拆迁合同时社区主要负责陪同、通知、做见证人。之后也会张贴公示，哪些人已经搬迁，安置在哪里，使得拆迁的整个过程公开透明化。这样一来绝大部分人在拆迁时不会产生逆反抵触情绪，使政府能顺利地进行拆迁，这样也就保证了社会的安定和谐，可以说是一种提前的、有效的、把不安定因素灭杀在摇篮里的有效维稳措施。

在出现情况（比如"钉子户"）之后，拆迁办工作人员能够耐心地上门沟通，同时也会适当提高补偿标准。如果仍然无法说服对方，那么就申请宁波市中级人民法院强制执行，把决定权交由人民法院，执行权由法院或者人民政府共享。这在一定程度杜绝了行政强拆的情形出现，通过法院的裁决也能够在一定程度上保障被拆迁人的权利。

2. 虽然说宁波的维稳正在逐渐由政治化向法治化转变，但是离法治化的要求仍然有一定的距离。一是体现在城乡之间的信息透明度的差异，信息的透明度很大程度上体现在人民群众对信息的了解和掌握，从我们在农村的调研情况来看，无论是对政策规划的了解还是对表达意见渠道的了解都几乎处在一个空白的程度。而城市里的人民群众则由更多的机会和渠道去了解，而这种城乡之间的差异也导致了人与人间极大不平等的产生，这就是距离法治化的差距，而正是这种差距导致农村产生不稳定因素的风险也就高于城市。二是没有拓宽公民参与渠道，农村被调查者的访谈记录就是最好的证明之一，另外从政府工作人员的问卷以及公民问卷中也有一定的体现。

3. 虽然从对政府工作人员的访谈似乎可以了解到宁波市（至少在江东区与江北区）拆迁情况还是令百姓满意的，并没有什么不稳定因素的出现，但是结合他们描述的一些细节以及公民问卷的结果，还是存在一定数量的"不服从者"

的，虽然这部分人暂时并未对社会稳定造成严重的后果，但却是一颗定时炸弹，一旦处理不好，势必会影响社会安定和谐。

（二）法治反思

1. "重大事项社会稳定风险评估机制"虽然有一定的效果，但其法律效力却值得推敲，在重大事项实施之前需要评估现在只存在于一些文件要求之中，大部分只是一些"红头"文件，即主要以行政命令的形式存在，处于一种可供选择的状态，因此需要将其纳入行政法规之中，作为一种必需的存在。同时对其推广和深化主要需要做到坚持党委、政府的统一领导；强化牵头部门的工作职能；建立风险评估责任倒查机制；加强与社会力量的良性互动，只有在一套严密的制度之下，这个机制才能更好地发挥作用。

2.《物权法》第 42 条对房屋征收做了四个方面的规定：①定征收的理由，即为了公共利益；②合理补偿；③社会保障；④程序合法。而 2011 年出台的《国有土地上房屋征收与补偿条例》又对公共利益进行了清晰的界定（①国防和外交的需要；②由政府组织实施的能源、交通、水利等基础设施建设的需要；③由政府组织实施的科技、教育、文化、卫生、体育、环境和资源保护、防灾减灾、文物保护、社会福利、市政公用等公共事业的需要；④由政府组织实施的保障性安居工程建设的需要；⑤由政府依照城乡规划法有关规定组织实施的对危房集中、基础设施落后等地段进行旧城区改建的需要；⑥法律、行政法规规定的其他公共利益的需要。）如果说政府征收本身就是不符合法律的，而大部分人的房屋已经被征收，并住进了安置房，但仍有部分"钉子户"不愿搬迁，这时候提交到法院，法院又该怎么判？这是笔者在参考文献资料结合实际想到的问题，现实中也必将存在，所以值得我们反思。

3. 在社会维稳中应该引入公民参与，只有这样才能拓宽公民的利益诉求渠道，而利益诉求渠道畅通，利益分配合理，社会矛盾缓和，社会稳定。反之，利益诉求渠道不畅，利益分配不均，社会矛盾积淀，社会失序。同时让公民以平等的身份参与到涉及其切身利益的公共政策制定和执行中去，政府、公民和其他相关利益主体通过民主协商达成利益平衡，如此才能化解社会矛盾，缓和社会紧张关系，维护社会的稳定。

4. 无救济则无权利，维权才能维稳，所以在人民群众遇到问题之初，双方就应该采取积极协商的态度去解决，同时政府作为国家权力机关的执行机关，应该更多地保障相对弱小的个体的权利，当这个社会权利救济的方式被大多数人所熟知且确实能起到作用，那么我们的社会也将更加和谐稳定。

　　在提倡法治的当下社会，一个社会和谐稳定、人民幸福安康的法治中国的到来是我们每个法律人以及每个公民都乐意迎接的，但是这个过程必定的艰辛的、坎坷的，我们所将面对的问题也是形形色色的，所以我们需要关注当下社会所产生的一些问题，用法治的视角去分析它、解决它，或许只有这样，我们的法治中国才会早日到来。

环境法治成本难题破解中的
"按日计罚"问题研究

陈斯炜

温州大学法政学院

　　摘　要：在我国环境问题日益严峻的今天，现行环境法治面临"违法成本与执法效率"的系列难题，必须加以破解，也是1989年《环境保护法》修订的重要议题。无疑，针对我国"违法成本低、守法成本高"现状，引入按日计罚制度，可以有效改变环境违法行为屡禁不止，提高环境行政的执法效率，充分法律发挥应有的威慑作用。本文重点对按日计罚制度的应然性、理论机理、实效性进行论述，从实践角度对按日计罚制度进行探讨与创新，对《环境保护基本法》的修订提出建议，并对违法成本问题的法律经济学分析作出思考。

　　关键词：按日计罚；应然性；实效性；成本分析；修订建议

一、时势需求：按日计罚制度的应然性分析

（一）有效治理环境污染已势在必行

　　2013年是改革开放第35个年头，我国GDP一直呈现突飞猛进之势，然而在这耀眼的成就背后也有一些问题已经到了必须解决的时候。来自中国环保局的数据：自1996年来以来，环境群体性事件一直保持年均29%的增速。2005年至2012年，环保部直接处理事件共927起，重特大事件72起，2013年仅上半年两个季度环保部就已公布重点环境污染事件47起，其中企业环境污染事件41起，占87%。

　　随着北京雾霾，山东地下水污染，云南"牛奶河"等事件接连爆发，中国的环境污染问题已然引起了国内外越来越多的关注。北京雾霾事件爆发后，英国《金融时报》发表题为《中国不应再忽视空气污染》的社论，文中说世

界银行数据显示，早在 2009 年，空气污染带来的成本已相当于中国国民收入 3.3%。诸如美联社、法新社等外媒近年也纷纷对中国环境问题大加关注。我党在十八大报告中明确提出要建设"美丽中国"。"美丽中国"包含多方面含义，但是良好的环境必然是"美丽中国"的基本前提。因此，有效治理环境污染，特别是有效遏制企业环境污染已势在必行。

（二）实施按日计罚制度已成必要

然而在急需解决环境污染问题的背景下，我国环境问题的相关立法、执法却都有待完善，特别是在我国现行《环境保护法》规定下，环境违法受到的处罚额度与所获得的收益相比可以忽略不计，这一点在实务中处处可见。而根据犯罪经济学原理，企业在违反法律之前会对未来所得的收益与成本进行一个对比，而影响其违法行为成本的因素有两个：一是被发现的概率，二是将会受到的处罚额度。现行的处罚机制无疑纵容了犯罪分子实施环境违法行为。

按日计罚制度是发达国家在阻止环境施害者的过程中，设立的一个非常重要的制度。按日计罚是指对于环境违法行为不再一次性罚款了事，而是按照环境违法行为实施日期的长短来计算罚款，并且每日累计叠加，最终按叠加额进行一次总的处罚，即从发现污染的那一天起，到污染终止的那一天，每一天都要罚款一定数额，污染时日越长，罚款越重。因此，为了维护法律权威，保障环境安全与公民身体健康，惩罚犯罪分子并贯彻罪责刑相适应原则，以维护社会主义法制，保障可持续发展事业的顺利，实施按日计罚制度十分必要。

（三）实施按日计罚制度效果优势

1. 与申请法院强制执行对比

与其他违法行为相比环境违法具有其特殊性，环境违法往往属于持续犯，该犯罪行为及其所造成的不法状态在一定时间内处于持续状态，依然在不断地对环境造成破坏。申请法院强制执行首先存在一个当事人可以申请行政复议的情况，其次从相关部门作出行政处罚决定到申请法院强制执行再到法院最终强制环境违法者解决问题往往用时良久，在这段时间内环境违法行为可能已产生了更严重的污染问题。更有甚者，某些不法分子可能利用这一漏洞恶意拖延，使环境问题得到治理的时间更为延后。

所以，申请法院强制执行这一制度本身存在较长执行期限的问题，不利于及时制止与惩罚环境违法行为。而且，申请法院强制执行制度属于行政强制中的直接强制，申请法院强制执行首先容易导致司法机关与群众对立，并且这一方式无法很好地使犯罪分子感受到其实施的环境违法行为时时刻刻在对环境造成破坏，事实上因为申请法院强制执行这段时间的长短对环境违法者自身利益并无太大关系，环境违法者往往会进行拖延，这不符合《环境保护法》保护环境的立法目的。而按日计罚制度属于典型的间接强制，相对温和不会直接激发矛盾，并能很好的迫使环境违法者自发及时的处理环境污染问题，使其深刻认识到解决环境污染问题刻不容缓。此外，比起申请法院强制执行按日计罚还能够节省法院宝贵的人力物力，与前者相比显然更具优越性。

2. 与规定最高限额下的罚款方式相比

在许多法律中针对罚款制度往往会规定最高限额，这是为了保护违法者，从而平衡各方面利益。但是面对我国目前严峻的环境污染状况，机械的规定最高限额并不适当。比如我国《水污染防治法》在修订时，把最高罚款规定为 300 万元，如果遇到像松花江污染那样的重大污染问题这显然过轻了。所以针对这一现状按日计罚是比较合适的，这在美国杜邦公司特氟龙事件[1]中尤为明显。该事件中法院判决从杜邦公司明知危害仍贩卖产品到停止之日，每天罚 2.5 万美元，最后共 3.1 亿美元，从此杜邦公司再也不敢违法。可见按日计罚制度能很好地起到法律应有的惩罚作用、教育作用、威慑作用，更好地制止环境犯罪，这在当前企业环境违法严重、环境破坏严重的现状下难能可贵。当然实施按日计罚也不应该使受罚者倾家荡产，在操作中我们可以评估受罚者的资产并确定一个百分比，在这个百分比内执行按日计罚。

二、理论机理：按日计罚制度的法理分析

首先需要区别的是按日计罚制度与按日计罪制度。正如上文所述，按日计罚制度只是一种计算罚金的方法，与违法者的定罪并无关系。而按日计罪制度是指将持续性环境犯罪按实施日期，每日一罪，定为数罪，并进行数罪并罚的制度。按日计罪制度是一种定罪的制度，而不是一种计算罚金的方法。

当然在加拿大等国家的法律中对环境犯罪规定了按日计罪制度的同时往往也规定了按日计罚制度，如加拿大《水法》第 30 条第 1 款规定，对每个违法行为处 5000 加元以下罚款；第 2 款规定，某个违法行为如被实施或被持续 1 天以上者，每一天的行为均被视为一个单独的违法行为。即对持续性环境违法行为，以天为单位，每一天的行为均被视为单独的违法行为。上述条文第 1 款

1　2004 年 7 月，美国国家环保局以杜邦公司在"特氟龙"制造过程中所释放出的主要成分 PFOA 违反《资源修复法》和《有毒物质控制法》，造成公共水域和居民饮用水水源污染，并且长期隐瞒公司环境污染和毒性研究结果为由，对其提出正式司法指控。

规定了按日计罚制度，第2款规定了按日计罪制度，是比较典型的。而在另外一些国家的相关法律中也存在只规定按日计罪制度而直接依据数罪并罚方式进行计罚的情况。

在这些西方国家的法理中一般是将持续性环境犯罪按日定为数罪，然而根据我国对定罪罪数的规定，继续犯属于实质的一罪，而连续犯属于处断的一罪，因此按日计罪制度是与我国法理及相关立法相违背的。而按日计罚制度只是一种计算罚金的方法，在定罪上完全不会与法理及相关立法相矛盾，并能在惩罚环境犯罪、保护环境上发挥巨大作用，是完全可以被我国法律吸收引入的。

一些学者提出按日计罚制度与我国现有定罪量刑理论和立法相冲突，其一，混淆了"按日计罚"与"按日计罪"，美国等国家一般将持续性环境犯罪按日定为数罪进行并罚，但根据我国现有法理和立法，继续犯与连续犯都属于一罪。事实上我们实施的是"按日计罚"而不是"按日计罪"，这与我国定罪理论和立法并不冲突，是依然以此为一罪并将持续的时间定为比较特殊的量刑情节，这在法理上并无问题。其二，认为按日计罚制度违反了一事不再罚原则。但如上文所述按日计罚只是一种计算罚金的方法，只在最后做出一次处罚，并未违反一事不再罚原则。综上，实施按日计罚制度在法理上具备可行性。

三、实践评估：按日计罚制度的实效性考量

（一）我国现行环境法治实践中的"效率与成本"难题

1. 环境违法成本低

在我国环境立法下，环境违法特别是企业环境违法成本太低，收益与成本不成正比。据有关部门统计，我国环境违法成本平均不及治理成本的10%，不及危害代价的2%[1]。依照市场经济规律以及资本的逐利性，这无疑是在教唆企业污染环境。而适用按日计罚则可以很好地解决这一问题，这点将在后文予以论证。

2. 环境法律规定的处罚手段可执行性差

目前我国环境法律执行力差的现状是由多方面引起的。环保部门执法队伍建设不完善，执法人员专业性不足，相关技术手段落后，这些固然是原因，然而法律规定的处罚手段本身可执行性差则更是致命。目前我国环境处罚的种类有四种：罚款、责令重新安装或使用、责令停止生产或使用、责令停止生产或

---

1 美国《清洁空气法》规定，联邦环保局长可以对违法行为人违法的每一天，处以最高2.5万美元的罚款，处罚时效不超过12个月。美国《清洁水法》规定，如果某个环境违法行为处于继续状态，罚款就实行按日计算，每天不超过1万美元。

使用。对于罚款县级环保主管部门只能决定 1 万以下，省级环保主管部门只能决定 5 万以下，超过就要报上一级主管部门批准，既费时又费事，而其他三项均是责令，如果相关企业无动于衷，环保部门只能在行政处罚决定的起诉期限届满后才能向法院申请强制执行，并且企业是地方的利税大户，一些地方政府往往为了追求经济效益阻挠环保部门的责令，这都导致这些处罚手段执行力不足。而按日计罚制度在执行上不需要严格的逐级批准，地方政府也相对难以阻挠，能较好地保证处罚的执行力。

3. 环境执法成本高

如前所述，环境处罚种类有四种。其中罚款因金额的限制往往需要报上一级主管部门批准，这就需要支出许多额外的人力物力；而责令则牵涉到与企业、地方政府等方方面面的交涉以及相对复杂的行政程序，环境执法成本偏高。与之相反，按日计罚制度在执行上不需要太过复杂的程序，能够大大降低执法成本，有助于制度的真正落实。

4. 环境执法效果差

我国环保罚款的各级处罚金额上限相当低，这或许是出自廉政方面的考虑，然而这自然会导致企业污染环境所罚的金额与所得的收益不成比例，造成处罚效果不佳。而在现行政治体制下企业面对环保部门的责令想到的往往不是整顿，而是拖延和找关系，在这种情况下环境执法的效果可想而知。而适用按日计罚制度罚款金额完全按照规章制度，能够很大限度避免相关部门滥用职权且适用按日计罚制度能有效制止企业拖延时间，促使其尽快进行处理，防止环境污染进一步恶化。这一制度针对资本的逐利性，能使企业做到长久的自觉环保，最终扭转社会的风气。

（二）他山之石——其他国家、地区的实践经验

事实上，对环境违法行为实施按日计罚的制度，在美国、德国、法国等西方国家以及我国香港、台湾地区的环境立法中早已普遍应用。美国的主要环境法规，如《清洁水法》《清洁空气法》《有毒物质控制法》中都有对环境违法行为按日计罚的规定。[1] 当然美国采取的是既按日计罪也按日计罚的方式。德国、法国等国家在其《刑法》中规定了日罚金制度，按日计算罚金，如《德国刑法

---

1 《德国刑法典》第 40 条："一、罚金按天计算，每天 2 万～1 万德国马克，法律另有规定的除外；二、每天罚金数额由法院决定，法院在决定时应考虑违法者的个人情况、经济条件等。"

典》[1]明确规定罚金按天计算，每天罚金数额由法院决定。经过实践论证，德国的这一方式是比较成熟与合适的，同属大陆法系国家，德国的经验对我们的立法具有十分宝贵的参考价值与借鉴意义。

我国香港的《空气污染管制条例》[2]、《水污染管制条例》等法律也都规定了环境违法的连续处罚。我国台湾地区更是几乎所有环境立法[3]都规定了按日计罚制度，这些法律也都在当地经过了实践上的考验。从按日计罚制度在这些国家和地区的实施情况来看这一制度确实能有效震慑犯罪分子，改变环境违法行为屡禁不止的现状，树立法律的权威。

（三）破解我国当前环境法治"效率与成本"难题的可行性

其实不只是在美国等西方国家以及我国香港、台湾地区应用了按日计罚制度，在重庆、深圳等地也早已实施了按日计罚制度，并发挥了良好的效果。2007年9月1日，新修订的《重庆市环境保护条例》正式实施，其中最受关注的就是实施了按日计罚制度。《条例》规定：对违法排污行为和破坏生态环境的行为造成严重环境污染或危害后果的，可加收二倍以上五倍以下排污费。拒不改正的，可按本条例规定的罚款额度按日累加处罚。2007年9月26日[4]，重庆市环境监察总队对某电解锰企业进行现场检查，发现该企业生产冷却水未经处理直接向外排放且水中锰浓度超标。执法人员当即发出违法行为改正通知书，责令该企业立即改正。但责令整改并没有引起该企业的重视。9月29日，执法人员又对这家企业进行了现场核查，发现问题仍未解决。按《条例》规定，环保部门对该企业连续3天拒不改正违法行为为做出罚款30万元的累加处罚，这在以前是从未有过的。企业很快意识到，如果不改正违法行为，面临的处罚将

1　香港《水污染管制条例》第11条规定，任何人未经许可向香港水域及内陆水域排放污水，即构成违法。如此项违法属持续违法，则可就法庭已获得证明并在此违法行为持续的期间，另处每天罚款1万港元；向公用污水渠和公用排水渠排污的，每天罚款4万港元。

2　包括《水污染防治法》《空气污染防治法》《噪音管制法》《海洋污染防治法》《废弃物清理法》等。

3　此段的案例以及下一段的数据来自中国环境报第3版《地方实践到国家立法路有多远？——从执法实践看"按日计罚"立法可行性》一文，作者：佚名。

4　法文的专制政体（le despotique，le despotisme）的含义与中文的"专制"并不完全重合。尤其在孟的笔下 le despotisme 始终是君主政体因腐败而蜕变成的最坏的政体，其君主即使不是暴君也与暴君相去不远；因而，le despotisme 始终是一个贬义词，不同于一般的由君主单独执政的王国和帝国。中文中的专制则泛指所有由君主独自掌权的政体。另外，在孟的心目中，共和政体就是罗马或雅典，专制政体就是东方诸国，君主政体则是罗马帝国溃亡后产生的那些欧洲国家——摘自许明龙译的《论法的精神》。

会更重，在执法人员的帮助下这家企业很快完成了整改。

重庆市环境监察总队统计数据表明，在新《环保条例》实施前，重庆市企业被处罚后主动改正违法排污行为的仅 4.8％。2007 年 9 月新《条例》实施至 2008 年 9 月，监察总队共发出《违法行为改正通知书》297 件，及时改正 274 件，实施按日计罚 23 件，及时改正率 92.3％。2008 年 9 月以来，企业环境违法行为及时改正率已高达 95.9％。从 4.8％到 95.9％，重庆的经验很好的表明了按日计罚制度对约束企业环境违法行为、制止环境犯罪的巨大作用，以及这一制度在实践上的可行性。

（四）"效率与成本"难题的方案论证

目前，按日计罚制度在具体实践中主要有两种方式。第一种，以美国法律为代表，从违法行为发生之日起，按持续时间进行处罚；第二种，以台湾地区法律为代表，规定执法部门先进行警告并责令在限定天数内改正，当再次检查时若发现违法行为仍在持续，就将自责令改正之日起按天数对违法者进行处罚。但按法理，违法行为在主观上分为故意与过失，过失犯罪应相对故意犯罪判罚较轻，而第一种方式未对两者进行区分，有所不妥。

无疑，执法部门应先对环境违法者进行警告并责令限期改正，在执法部门再次进行检查时，若发现环境污染问题已经解决，则按法律规定从轻处罚或免除处罚；若发现并未解决，应以环境违法者知道或应当知道其行为对环境造成破坏之日为分界点：之前，按法律规定视危害程度进行处罚（主要解决严重的过失环境违法的问题）；之后实施按日计罚制度。其中每日罚金数额考虑违法者特别是违法企业的经济情况而制定。当然同时如上文所述，为了保护违法者的基本利益，在操作中应当确定一个罚金占受罚者资产的百分比，在这个百分比内执行按日计罚，这样对两方权益均有所均衡，在实践中易于实施。其实在《水污染防治法》的初稿中也曾写入"按日计罚"，但因立法者担心企业负担过重而最终删除，如采用这一方式，笔者认为既可以警告相关企业又不会使企业负担过重，能很好地解除立法者的担心。

在实践中，如无确切证据证明环境违法者在被相关部门警告前知道或应当知道其行为对环境造成破坏，则以受到相关部门警告之日起实施按日计罚制度。此外，如有证据证明环境违法者在被相关部门检查前就实施了相对明显的环境违法行为，而相关部门并未检查发现，则应该追究该部门的责任，如此可以避免相关部门为了多罚款而不及时制止环境违法者的环境违法行为，从而导致环境破坏加重的情况。当然基于现阶段现实情况实施按日计罚制度应当从简，那么自责令改正之日起计罚亦无不可。同时对于急需进行治理的恶性环境污染可先由相关部门进行代履行，再由受罚者支付相关费用（对于暂时无力全部支付的小企业可以先由政府出资再向企业追偿）。

四、趋势与展望：关于《环境保护基本法》修订的建议

如上文所述，在目前我国的环境法律下环境违法者违法成本低，环境执法者执法成本高，很难从根本上遏制环境违法行为，因此从法律层面出发提高环境违法者违法成本，降低执法者执法成本已是大势所趋，而相比制定更严厉的直接强制措施在计罚层面实现这一目标无疑是比较合适的。按日计罚执法成本低，执行力强，经实践能有效遏制环境违法行为，按日计罚属间接强制不会直接激化矛盾且按日计罚只是改变了原有罚款措施的计罚方式可最大限度减少物议。因此，针对当前《环境保护基本法》正处于修订的情况，可在《环境保护基本法》中增设按日计罚条款，从而借此推进"按日计罚"制度的运行，正是一个重要契机。

而在立法实践中，《环境保护基本法修正案》专家建议稿中也曾建议增加一个条款──第45条："违反本法规定，经环境保护行政主管部门处罚后，违法行为人仍不停止违法行为或者逾期不改正的，环境保护行政主管部门应对该违法行为人实施按日计罚。按日计罚的每日罚款额度为一万元。计罚期间自环境保护行政主管部门作出责令停止违法行为决定之日或者责令限期改正的期限届满之日起计算。"然而这里强制规定每日罚款额度为一万元，有一刀切之嫌，对于那些小型企业、新成立的企业数额过大很可能导致企业难以为继甚至破产，而往往正是这些本小利薄无法购买环保设备的企业造成了环境污染，这就导致后续的治理要全由地方政府买单。笔者认为按日计罚追求的应该是让企业痛而不死，这样才能更好地使其为造成的环境污染负责。当然对于急需治理的污染可以先由地方政府出资，再向该企业追偿一些，这样减轻了政府的负担又保全了企业并使其受到深刻的教训，既减少了实践中的阻力又达到了立法教化的目的。

为此，笔者《环境保护基本法修正案》中增加一个条款："经环境保护行政主管部门处罚后，违法行为人仍不停止违法行为或者逾期不改正的，依法作出处罚决定的行政机关可以按照原处罚数额在一定的限度内按日连续处罚。"这样的条款规定，可以根据企业的资产、盈利额等制定。并且为平衡各方利益从而更好地落实按日计罚制度在操作中应确定一个执行按日计罚的罚金占受罚

者资产的百分比。从而综合各方面的实践条件，推进效率与公平的平衡。

五、余论：违法成本问题所延伸的法律经济学思考

按日计罚制度从犯罪经济学原理出发，直接针对资本的逐利性制定，提高环境违法者违法成本，降低执法者执法成本，在按日计罚制度下经过的时间越长环境违法企业损失越大，能够使企业自觉从速处理其造成的污染后果，促进企业做到长久的自觉环保，最终扭转社会风气。这一制度背后隐藏着的其实是法律经济学的思考，依据法律经济学理论企业环境违法可以归结为企业与社会的一种交易，如果社会使企业所付出的代价过小，自然有更多的人涌进这场交易。逐利是资本的本性，遏制这些违法行为正应从这一关键出发。

这一理念也适用于其他许多违法行为。许多违法行为正是违法者出于利益理性选择的结果，而这些行为亦受投入产出规律制约，违法者付出的成本与违法行为实施后预期可获得的利益间的比例关系将直接决定其行为决策。故而科学、合理地设定违法行为的违法成本，保持违法成本大于实施违法行为所得的利益，而对于违法行为的受害者，其成本应足以抵偿受害者所受损失，同时再提高违法行为的被追究率，则既可使违法者无利可图自觉放弃又可弥补受害者使违法者为其过错负责，这些都应在《环境保护基本法》修订时应当加以考虑。

读《论法的精神》

——"教育法应该与政体原则相适应"有感

冯茜茜

浙江工商大学法学院

摘　要：本文主要就孟德斯鸠的《论法的精神》中"教育法应该与整体原则相适应"的内容，阐述自己的所思所想，主要从专制政体、君主政体和共和政体的教育出发，再在最后回归现实。

关键词：孟德斯鸠；论法的精神；教育；政体

"他的去世令我们悲伤，令祖国痛惜，对于外国人和不认识他的人来说，他的去世不会是一件无关痛痒的事"，这是塔西伦在他的作品《阿古利可拉传》中对孟德斯鸠的评价。确实，无论对于西方，还是东方来说，他都是一个无法令人忘记的存在，历史将他的名字刻在了时间这座永不倒塌的碑上。或许有些人没听说过这个名字，但是大家对美国肯定熟悉，这个让世界崇拜同时惊恐的国家，是什么让它从一个新生儿飞速长成巨人，很大一部分的原因得益于它的三权分立原则。而这一指导思想就是源自于法国伟大的法学家孟德斯鸠的《论法的精神》。

但是本次，我在这里要讨论的并非是他的三权分立学说，而是同样出自此书的，关于他所说的第一编第四章的内容。在这一章里，孟的主要观点是"教育法应该与政体原则相适应"。我将主要分三部分来说明：专制政体的教育，君主政体的教育，共和政体的教育。[1]

专制政体的教育

孟的观点是，专制政体的教育旨在降低心志，因此这种教育必须是奴役性

---

[1]　官学是指中国封建朝廷直接举办和管辖，以及历代官府按照行政区划在地方所办的学校系统。包括中央官学和地方官学，共同构成了中国古代最主要的官学教育制度。

的，是接受畏惧心理和某些极为简单的宗教原则常识，甚至从某种意义上来说，专制政体无教育。事实上，我并不认同他的观点。诚然，在专制的前提下，君主为了要求臣民的绝对服从，会从思想上加强对他们的控制，用今天现代人的说法也就是"奴化教育思想"，也可以是孟所说的接受畏惧心理和某些极为简单的宗教原则常识。但是，正因为专制是由君主独自掌握政权的政体，繁多的政务，让君主应接不暇，所以他们需要一批拥有较高文化水平及政治素养的人才，也可以说是统治工具来辅助，而最好的方式就是不得不重视教育。事实上，历史也是如此表明的：专制政体中的教育并非只有糟粕。

就中国而言，自汉武帝起，一句"罢黜百家，独尊儒术"，儒家就在中国确立起了其正统地位。

儒家的礼制思想虽然为了适应专制政体，强调的是封建等级秩序，借以巩固统治，但同样的，它也反映了我国道德的基本规范，对于引导人心，规范社会秩序的作用是显而易见的。儒家的德治主义，它主张以道德去感化人，这种教化方式是一种心理上的改造，也更为彻底。再说其人治主义，就是重视人的特殊化，重视人可能的道德发展，重视人的同情心，把人当作可以变化并可以有很复杂的选择主动性和有伦理天性的"人"来管理统治的思想。难道这一切都算不上是教育，且是一种直到今天仍旧需要借鉴的思想吗？

再从办学来讲，汉武帝时期除了确立儒家的地位，同时他创立的官学[1]对教育事业的发展促进不可小视。其中中央官学在培育各种优秀人才、继承中国古代文化遗产、繁荣科学、学术事业等方面，曾经起过十分重要的作用。在促进中国与亚欧诸国的文化交流和增进中国人民与各国人民友谊方面，也曾起了积极的作用。

从当代来讲，我们今天引以为傲的传统美德，源远流长的优秀传统文化，这一切很大一部分要归功于我国的教育系统。所以笔者要说的是，专制政体中的教育在适应该政体的同时，尽管它具有缺陷，但绝不是像孟所说的那样仅仅只是接受畏惧心理和某些极为简单的宗教原则常识。

君主政体的教育

孟的观点是，在君主政体国家中，教育应该以彬彬有礼和相互尊重为目标，文中他还引用了一句话"品德要高尚，作风要坦诚，举止要礼貌"来说明。君主政体中的教育要求人在举止方面讲究礼节，"人生来就要彼此取悦，不遵守

1　摘自《论法的精神》第四章第二节。

礼规的人会由于得罪了所有与他共同生活的人而名声扫地，以至于什么好事都做不成。"在这里，孟突出了人的社会性，这是人不能脱离社会而独立生存的属性，如利他性，服从性，依赖性，以及更加高级的自觉性。人的社会性使得人无法获得绝对的自由，肆意妄为，相反，他还必须学会并遵守社会礼节，"礼节既让彬彬有礼者心生喜悦，也让受到礼遇的人感到高兴"，从而不至于让自己成为众矢之的，在孟的说法中，这还会让你明白自己是身在宫中或是有资格身在宫中的人。

在这一节中，孟一再强调"荣宠"在君主政体教育中的独特而不可或缺的作用："而荣宠则是无处不在的指导我们的万能教师"[1]。它共有三条主要规则：

1. 荣宠准许我们重视财富，但严禁重视我们的生命。

2. 当我们一旦跻身显贵时，就不能做让我们不配此种身份的任何事，也不允许别人这样做。

3. 不为法律所禁止而为荣宠所禁止的事，其禁止的程度更为严格；不为法律所要求而为荣宠所要求的事，其要求程度更为强烈。

从中我们可以看出荣宠依照自己的愿望为美德作了界定，并从这些愿望出发，为我们按规定必须做的一切制定了规则，同时扩展或限制我们的义务。

孟还提道："荣宠存在于君主政体中，在那里，荣宠给所有政治集团和法律以及美德以生命""荣宠使政治集团的各部分动起来，通过自己的作用把它们连接起来。这样一来，各部分自以为在追求各自的特殊利益，实际上却都向着公共利益汇聚。"即使在孟看来荣宠存在于君主政体中，但荣宠对于今天的我们来说仍有着借鉴意义。在西部大开发中，国家制定了一系列大学生到西部就业的优惠政策：1. 根据人事部 2002 年 4 月 27 日通知，对原籍在中、东部地区而去西部工作的高校毕业生，实行来去自由的政策。户口和档案可转到工作地区，也可转回原籍，由工作单位或原籍所在地政府人事行政部门出具有关证明，协助其办理落户手续。对到西部贫困、边远地区工作的高校毕业生，可以提前定级并适当提高工资标准。人事部还要求各地积极引导高校毕业生进入国有大中型骨干企业及承担国家重点工程、项目的单位。2. 为鼓励北京生源毕业生到西部工作，凡北京生源毕业生到西部工作，户口可落在北京，并建立北京生源毕业生到西部就业联系卡，在西部工作满三年后可随时申请回北京。回京后，凭卡由政府人事部门所属人才中介服务机构推荐工作。

虽然似乎是大学生为了追求自身利益（荣宠）而前往西部，但事实上他们

1　王蕾、陈展：《现代艺术作品市场与美术作品追续权》，载《商场现代化》2005年第 11 期。

是在国家政策的引导下，共同致力于建设西部，是为了国家的公共利益。这是荣宠的力量。

但因为荣宠允许权术，也不禁止阿谀奉承，所以在孟看来，君主政体中的风尚远不如共和政体中的风尚纯正。这其中还包括，在孟的心目中对于君主政体中的教育应该使风尚具有某些坦诚，但平民的坦诚却遭到蔑视的不满。

共和政体的教育

孟的观点是，共和政体国家需要教育发挥其全部力量，教育应该激发高尚但痛苦的情感，舍弃自我，从而产生对国家的爱。这种爱要求始终把公共利益置于个人利益之上，的确是一件困难的事。也因此，孟认为要让儿童具有这种爱，可靠的办法是父辈们自己先有这种爱。孟说的共和政体主要针对罗马，雅典，他们的教育，除了有父母给予生产和生活知识，还注重道德教育，敬神，服从双亲和族中长者，勇敢、谦虚和爱国居于首位。另外，"只有最好的老师才可以被允许教育孩子。这个老师应具有清白的名声、对教育的献身精神、受过尽可能好的训练。"但后期由于受教育成为优越地位的象征和阶梯，出现严重的形式主义。

这是否也给当今的我们敲响了警钟呢？目前的教育，一味地强调成绩，文凭，而忽视了更多对学生道德上的引导。药家鑫事件，"我爸是李刚！"，复旦黄山门等等一系列的事件，我们感慨着新一代淡薄的道德观念，指责、谩骂……是否想过这一切真的只是他们的错吗？"变坏的绝不是新生的一代，只有当成年人腐化之后，他们才会堕落"这句话并非只是针对孟说的共和政体中的教育，小悦悦事件是一个很好的说明。作为成年人，有激励儿童热情的责任，记得曾经看过的一个广告片小时候我曾看过这样一则感人的公益广告：晚上，一位母亲端着装满热水的洗脚盆，来到了孩子的房间。妈妈一边蹲在地上用热水轻拂着孩子的小脚丫，一边绘声绘色地给孩子讲"小鸭子"的故事。待到孩子洗完脚，母亲又给孩子的姥姥洗脚。孩子看到了这一幕，转身跑进了洗手间。当孩子的妈妈为自己的母亲洗完脚来到孩子的房间时，却不见孩子在床上睡觉，她转过头来一看，孩子正端着装满洗脚水的水盆，一步步走向妈妈，并很懂事地说："妈妈，洗脚。"结尾是妈妈坐在床上，孩子也在学妈妈给自己洗脚时的神态，说："妈妈，我也给您讲'小鸭子'的故事"，那一刻眼睛莫名发酸。这才是我们成年人对下一代教育所应该做的，而不是在面对路边乞丐时，拉开孩子的手说："这是骗子，别管他。"尽管社会存在着太多的欺骗与伤害，但是对于一个尚处迷茫期的孩子来说，他需要的不是如何预防欺骗，而是学会相信，学会爱……

结语

孟觉得教育法应该与政体原则相适应，将后者置于前者之上，可能更多的是出于巩固一个国家的秩序来讲，毕竟教育会影响人三观的形成，引导一个社会的风尚，思想的力量有时足以振兴一个时代或者摧毁一个国家。

联想至中国的教育体制改革，前人已经提出太多太多的相关建议，有针对办学制度和学校管理制度的，有关于公办学校和民办学校改制的，有批驳应试教育的，更有官民冲突论者，诸如此类，不胜枚举。我曾经看过这样一句话："作为一个懂教育的中国教师，我对于中国教育现状已经接近绝望。"我不知道是什么让一个老师发出这样的感慨，"师者，所以传道授业解惑也"，当一个老师都不对国家的教育抱有希望，或者说是充满疑惑，那我呢？这个话题太过严肃，就现在我的所学所知，我无法给出一个较为可行的建议，除非是拾人牙慧，人云亦云。我只能给出的是在我看来，什么是教育体制中真正应该注重的，教育最重要的是育人，"子曰：'能行五者于天下为仁矣。'请问之。曰：'恭、宽、信、敏、惠。恭则不侮，宽则得众，信则人任焉，敏则有功，惠则足以使人'"，早在千年之前，先辈们就已经为我们提出了一个明确的目标，虽然说这句话针对的是所谓"仁"，但这样的"仁人"何尝不是我们育人的最终目标。

最后，笔者想说的是无论何种政体，一个国家秩序的维护都不应该以钳制人民的思想为代价。当人民失去思考的能力，被局限在一个框架中，这个国家谈何发展。最重要的是，谁能肯定选中的政体必是最好的，在我们目光所触之外，或许有更好的选择在等待发现，而要实现这一点，在笔者看来，教育法应有自己独立而合理的体系，绝不是依附于任何政体，以服务政体为最终目的。

完善我国追续权制度的建议

梁浩翔　顾杭燕

杭州师范大学沈钧儒法学院

摘　要：追续权即是艺术作品的作者对其作品原件后续增值转让费的享有一定提成的权利。目前追续权立法已经成为一种国际性趋势，我国现阶段基本具备了设立追续权制度的条件。2012年《中华人民共和国著作权法》修改草案第二稿中也提及了"追续权"这一概念。本文将结合国外追续权制度，立足国情，对本国追续权制度的构建提出建议。

关键词：追续权；艺术作品；制度构建

艺术品的增值源自多个方面。一个方面是由于艺术家坚持不懈地创造性劳动，是作者智慧凝结的结果，可以说如果没有艺术家后面的努力，前期的作品就不可能得到增值。另一个方面是画廊、拍卖商的宣传行为。如果没有他们的商业宣传，公众可能还认识不到作品中巨大的艺术价值。在现实生活中，艺术品的增值全被艺术品经销商拿走，这对艺术家很不公平，因此追续权的设立是为了保护艺术家的利益。

一、我国设立追续权制度的可行性

（一）我国设立追续权制度的市场条件

一个国家若要确立现实的行之有效的追续权制度，现代化的发达的艺术品交易市场必不可少。只有繁荣的艺术品交易市场才能为艺术品保值增值提供保障。

中国的拍卖行业近年来发展形势强劲。拍卖与私下销售相比，其买家的不特定性使得对于美术作品的竞争更充分些，最终的拍卖价格更能体现"此时此地艺术品的真实价值"。[1] 我国目前拍卖行业企业数已经超过 5300 家，从业人员 10 余万人，国家注册拍卖师 10400 余人，2011 年拍卖成交额超过 6000 亿元人民币，拍卖范围已经覆盖了可以流通的商品的全部。[2] 中国拍卖市场的交易数据如（表 1）[3] 所示。

表 1　中国艺术品拍卖市场情况

年份	成交额（亿元）	中国书画占比（%）	油画占比（%）
2007 春拍	85	27.3	29.41
2007 秋拍	146	34.83	26.49
2008 春拍	125	31.7	24.29
2008 秋拍	76	32	18
2009 春拍	68.8	48.92	13.25
2009 秋拍	156	49	10
2010 春拍	201	52.09	11.5
2010 秋拍	37.2	59.01	7.89
2011 春拍	428.4	60.05	8.28
2011 秋拍	428	59.33	8.62
2012 春拍	115.5	50.41	9.54

除了拍卖，中国的艺术博览会也为中国的艺术市场注入了蓬勃的生机。"在 2005 年 5 月的中国国际画廊博览会上，成交额已经突破了 5000 万人民币，并创造了 1.2 亿人民币的边际效应；2005 年 11 月的第九届上海艺术博览会，观众人数和成交金额双双创历届之最，观众人次超过 5.5 万……其成交额也达 5200 万元人民币。"[4]

在艺术品投资中，我国艺术作品创作者、拍卖行和艺术商之间形成了一个完整的链条。在这样的市场条件下，追续权制度已存在可建立的前提。由于艺术交易市场本身得到了相应的发展，其自我调节能力已经可以适应追续权所带来的影响。所以，关于追续权制度的建立会打击艺术品交易的积极性的疑虑也可以消除了。

1　王蕾、陈展：《现代艺术作品市场与美术作品追续权》，载《商场现代化》2005 年第 11 期。

2　范干平：《当前我国拍卖行业现状和思考》，载 http://www.gpai.net/index/news_getNewsByIdByType.action?id=581&newstype=4，最后访问日期：2013 年 9 月 15 日。

3　根据雅昌艺术市场监测中心（AMMA）公布的数据制表。

4　赵力：《中国艺术市场之变，东方艺术》，载《财经》2006 年第 3 期。

（二）我国设立追续权制度的制度条件

国际上主要国家关于追续权的执行机构，都不约而同地选择著作权集体管理组织。中国的著作权集体管理组织虽然存在着各方面的问题，但是作为追续权的执行机构，依然有其自身的优越性。著作权集体管理制度历经 200 年的探索与实践，已经变得相当成熟。发达国家的著作权集体管理组织不仅自身良性运转，还不断为全社会精神世界的丰富努力贡献着自己的力量。尽管著作权集体管理的概念有着这样或那样不宜为大家理解的特点和原则，但时至今日，仍没有哪种制度可以将其替代。[1]中国的集体管理组织从 1992 年年底以来得到了迅猛的发展，特别是 2001 年《著作权法》第 8 条明确规定了著作权管理机构的法律地位，又到 2004 年国务院颁布《著作权集体管理条例》，从此我国的著作权管理机构开始在我国有了法律上的保障。根据《著作权集体管理条例》第 3 条规定，本条例所称著作权集体管理组织，指为权利人的利益依法设立，根据权利人授权、对权利人的著作权或者与著作权有关的权利进行集体管理的社会团体。追续权一旦纳入著作权法，那么就处于著作权集体管理组织所能管理的范围。

其实当我们看到（表 2）[2]有关中国音乐著作权协会著作许可使用费收费总额及分配情况[3]，就会意识到我们的著作权管理协会完全能肩负起执行追续权的重任。

表 2　2008—2011 中国音乐著作权协会许可费收支情况表　单位：万元（人民币）

年份	2011 年	2010 年	2009 年	2008 年
许可费收入总额	8889.31	6801.86	4253.70	3688.51
许可费分配总额	7347.25	5597.23	3569.17	3098.08
海外向协会分配金额	560.03	430.61	487.56	389.84

二、我国追续权制度的构建

（一）我国追续权客体的范围

追续权的客体即著作权的保护对象，一般认为追续权的客体为艺术作品的原件，对追续权客体的研究是保证权利人实现权利的前提。然而对于什么是艺

1　杨东锴、朱严：《著作权集体管理》，北京师范大学出版社 2010 年版，第 11 页。
2　数据来源：中国音乐著作权协会 2008—2011 年年报。
3　姚宇聪、叶新：《香港著作权集体管理近况》，载《出版参考》2007 年第 16 期。

术作品，艺术作品的种类各个国家都有不同的理解，如何确定追续权的客体是我国设立追续权制度必经之路。

1. 大陆法系对追续权客体的具体规定

法国是世界上最早规定追续权的国家。《法国知识产权法典》L122-8条规定："尽管作品原件已经由作者或其权利继受人转让，如果艺术品市场的专业人员以卖方、买方或者中介身份介人，平面及立体作品原件的欧盟成员国或欧洲经济区成员国公民作者，享有追续权，即对任何转售该作品所得收益有不可剥夺的分享权。"[1]《德国著作权法》规定追续权的对象只能是造型艺术，且不适用于建筑艺术和实用艺术著作。[2]俄罗斯则承认造型艺术作品的作者享有追续权。在俄罗斯相关法律中，工艺品、艺术设计作品一类的实用艺术作品也是造型艺术作品。另外，《匈牙利著作权法》也规定实用艺术作品作者享有追续权。[3]

2. 英美法系对追续权客体的具体规定

英国于2006年开始实施《艺术家转售权利金法案》，这是一部关于追续权的法案。这项法案保护的"作品"是指任何绘画或造型艺术作品，如图片、拼贴画、油画、素描、雕刻作品、版画、平版画、雕塑、壁画、陶瓷作品、玻璃器皿或一个物件上的图画作品。美国在对待追续权上呈现了一个奇特的状态。《美国版权法》并没对追续权作出规定，但加利福尼亚的州立法却在《转售提成法》中规定了追续权。其具体规定为：纯美术艺术作品一经售出，出售者或出售者的代理人须向纯艺术作品的作者或其代理人按作品售价的5%支付提成费。从中可以看出，其追续权的客体是高度概括的，即纯美术艺术作品，这样就排除实用性艺术作品，又给法官较大的自由裁量权。[4]

3. 国际条约对追续权客体的具体规定

《伯尔尼公约》第14条之三规定："对于作家和作曲家的艺术原著和原稿，作者或作曲者死后由国家法律授权的人或机构，享有从作者第一次转让作品之后对作品的每次销售中分取盈利的不可剥夺的权利。"2001年欧盟通过了一项指令《欧盟议会和理事会关于艺术作品原作作者追续权的2001/84/EC号指令》，简称为"追续权指令"。根据"追续权指令"第2条规定，艺术品原件是指各

1　《十二国著作权法》编写组编：《十二国著作权法》，清华大学出版社2011出版，第73页。

2　《十二国著作权法》编写组编：《十二国著作权法》，清华大学出版社2011出版，第153页。

3　车玉龙：《追续权客体范围初探》，载《社会与法制》2012年第9期。

4　丁丽瑛、邹国雄：《追续权的理论基础和制度构建》，载《法律科学》2005年第3期。

类图形和立体艺术作品原件，包括图画、拼贴画、绘图、素描、雕刻、版画、平板化、雕塑、挂毯、陶瓷制品、玻璃器皿和照片。艺术品原件应当是艺术家本人的创作，或者可以视为艺术家本人创作的复制品。[1]

4. 我国著作权修改草案对追续权客体的具体规定

我国在《中华人民共和国修改草案》的第二稿的第二章第12条中规定："美术、摄影作品的原件或者文字、音乐作品的手稿首次转让后，作者或者其继承人、受遗赠人对原件或者手稿的所有人通过拍卖方式转售该原件或者手稿享有分享收益的权利，该权利不得转让或者放弃，其保护办法由国务院另行规定。"

由以上规定可知我国追续权的客体包括美术、摄影作品的原件或者文字、音乐作品的手稿，并没有包括实用类艺术作品，笔者以为这样规定是符合国际立法趋势，是与国际接轨的做法。而实用类艺术作品是大批工业生产的，复印件和原件的审美价值是一致的，原件的稀缺性弱。

（二）我国追续权的保护期限

如果要讨论追续权的保护期限，首先就要确定追续权的性质，对于追续权的性质，学术界一般有三种观点：第一种认为追续权是人身权或人格权，是一种不可转让，不可剥夺，不可放弃的权利；第二种是财产权，权利人可以据此获得一定的经济利益；第三种是综合说，认为追续权两者兼而有之。

如果认为追续权是一种人身权，那么追续权的保护期限就是无限期，如果认为追续权是一种财产权，那么我国关于追续权的保护期限可以参考著作财产权的规定。笔者认为有关追续权的性质采取第二种学说，即财产权。国家设立追续权权的目的是为了保护艺术家的获得合理收益的权利。所以笔者认为，追续权虽然具有人身性，但是其设立目的却是直接指向财产权的。这与一般的著作财产权，在性质上是一致的。关于《中华人民共和国修改草案》第二稿中所提及的"不得转让或者放弃"，是为了避免法律的虚设危险。建立追续权制度的目的就是矫正市场自由所带来的不利后果。很显然，对于广大处于劣势地位的艺术作品创作者而言，其缺乏可谈判的资本。一旦允许对追续权的转让或者放弃，无疑为中间商提供了另一个规避法律的途径，使追续权制度丧失机制。

如果对追续权采取长期保护，势必削弱中间商的投资积极性，从而影响艺术市场的健康发展。相反的，由于艺术作品的增值一般需要较长的时间，对追续权的保护采取较短的保护期限，显然不利于保护艺术作品创作者的合法权益。横观美国和法国，前者是作者终生加死后50年，后者是作者终生加死后20年，

---

1 参见李明德：《欧盟知识产权法》，法律出版社2010出版，第268页。

法国作为追续权的鼻祖，对追续权的规定只是作者终生加 20 年，凡·高可以算是美术界的悲剧了，但是在他死后的八年，他的画也开始增值了，可见这么长的时间足以让艺术的价值增长，我国对财产权的保护期限长于法国追续权的保护期限，笔者认为对财产追续权的保护期限与财产权的保护期限相同是合适的。

（三）我国追续权的付费规则

著作权的付费方式主要有三种方法：第一种方法是总额提取法，即从每次出售所得的价款总额中提取一定的比例给作者，例如阿尔及利亚、匈牙利等国规定提取转售总额的 5% 给作者。第二种方法是以总额为基额的超额累进提取法，即预先设定一个确定的金额，当出售的价款超过这个金额后便按一定的比例提取给作者，否则不收取追续权费用，例如德国就规定了艺术品售价超过 100 马克时才能提取交易价的 5% 作为追续权费用。第三种方法是以增值额为基额的超额累计提取法，即预先确定一个金额，当转售的差价超过这个金额后按一定的比例在增值额中提取追续权费用，例如意大利规定作品的增值额必须超过一定金额，才能提取 1% 到 10% 比例的增值额。[1]

通过对以上三种付费方式的比较，第一种付费方式比较简单，技术要求低，实行起来有失公平；第三种付费方式比较公平，但是比较复杂，在追续权并不是深入人心的今天实行这种方式可能会有较大的阻力，反倒阻碍追续权的行使，实践证明采取这种方式实行追续权的国家如巴西、智利、意大利、乌拉圭等国从未具体实施过。而实行第二种方法的法国、德国等却取得了较大的成功。我国也可以采用第二种方法来实施追续权。

至于对追续权的起征点我们可以参照（表 3）[2] 一些国家的规定：

表 3　部分欧盟成员国、美国州及欧盟（《指令》）的追续权起征点（单位：欧元）

国家	比利时	丹麦	芬兰	法国	德国	美国加州	欧盟
起征点	1240	268	252	15	51	2181	不超过 3000

鉴于我国有关的追续权制度并没有深入人心，为了更好地实行追续权制度，减少实行阻力，笔者认为可把起征点确定在 24000 人民币（约合 3000 欧元）。一方面是由于国内艺术市场已经形成一定规模并且相对繁荣，自我的调节能力已能适应相应的法律制度的变动；另一方面，较高的起征点在追续权制度实施初期，可以减少中间商的阻力。毕竟任何制度的实施都是需要有一个平滑的过

1　［西］德利娅·利普希克：《著作权与邻接权》，联合国教科文组织译，中国对外翻译出版公司 2000 版，第 164～166 页。

2　部分资料引自 ImPlementing Droit desuite（arlists' resale right）in England.

渡期，以便更好地植根中国社会。更重要的是较高的起征点会让中间商因为成本问题而不会转移拍卖地点。确定了起征点之后，我们就要确定提成比例，国际上的提成比例最低为 1%，最高为 20%，以增值额为计算方法的提成比例比较高，以总额为基额的提成比例比较低，鉴于笔者认为以总额为基额，所以我国的提成比例可在 1% 到 10% 左右。每种艺术品的增值方式并不一样，所以我们可以针对每种艺术品在 1% 到 10% 之间设立不同的提成比例。

（四）我国追续权的备案登记机构

在德国，作者所享有的份额请求权只有在那些有艺术商或拍卖人作为购买人、出卖人或中间人的情况下才能实现。德国这样的做法主要是考虑到两方面的内容，一是私人出售的出售价格并不针对广大不特定人，其价格在缺乏竞争的前提下可能并不接近"当时艺术作品的真正艺术价值"；二是私人出售行为不利于信息公开，那么对其主张份额请求权不具有可行性。由此可见，信息公开是主张追续权的一个十分重要的前提。所以，有必要在中国针对追续权制度设立备案登记机构，专门对艺术作品的交易信息进行登记。

追续权是一种特殊的权利，其真正的收益期可能是几年、十年甚至几十年。在那时就将面临两个问题：一是如何证明作者本人就是艺术作品的创作者；二是如何保证在这个过程中，及时高效地收取追续权费。同时解决这两个问题的最好办法就是设立专门的备案登记机构。

我国的备案登记制度可借鉴美国的技术发明文字记录制度。技术发明文字记录制度指将企业内部的技术开发过程予以记录形成实验记录、研发文档、技术交底书等书面材料。拍卖行在出卖每一件艺术作品的时候，应当详细记录以下信息（1）交易的详细记录，包括交易场所、地点和时间等，及时知晓交易的存在，才能正式启动追续权；（2）权利相对人的确切信息，包括住址、电话和名称等，方便作者在法定期限内及时找到卖家主张权利；（3）真实的交易价格，方便计算权利金；（4）艺术品的流转次数及交易过程，便于确定最终所有权人，为下次流转中权利的适用预留必要信息。[1] 这些资料都要拿到版权局进行登记，然后一式两份进行保存，以备后来者进行查看。这些资料可能涉及隐私所以笔者不赞成把资料直接给著作权管理组织，但是可以赋予著作权管理组织有权查看这些资料。如果拍卖行没有进行登记或者进行虚假登记，可以对相关责任人进行行政处罚，或者吊销拍卖行的营业执照，甚至追究刑事责任。

---

[1]　刘迪、杨悦：《追续权制度中的信息获取问题研究》，载《法制与社会》2012年第 14 期。

三、结语

　　追续权体现了国家对艺术事业的支持，体现了著作权法追求文艺繁荣的目的，它鼓励现有的以及潜在的艺术作品创作者们继续投身艺术事业。在中国政治稳定，经济快速发展和国际交流加快的背景下，我国实行追续权制度是大势所趋，人心所向，希望新的《著作权法》公布之后细化追续权制度，使中国的艺术市场得到更好的发展。

"上海自贸区"负面清单管理模式
法治化研究

梁 莺

浙江工业大学法学院

摘 要：当今中国进行经济转型升级，需由法治建设来保障市场经济环境。根据《中国（上海）自由贸易试验区总体方案》，为符合总体要求中投资便利化、总体目标中法制环境规范和总任务中通过体制改革与政策创新相结合形成衔接国际投资的基本制度框架的要求，在已制定出"负面清单"的前提下，还须依托制度创新实行管理模式法治化。研究其如何实现，应首先考察"负面清单"的内容，并初探其他相关模式制度；其次在研究其内容的基础上，从其内涵、对应行政管理模式、产业保护资源配置以及相关修改程序方面，提出其试行初期面临的难题；最后，根据我国已有政策法律，比较并借鉴国际通行规则与国际上存在的新颖制度，针对主要难题——提出法治完善建议。

关键词：上海自贸区；负面清单；法治化；国际化；制度创新

一、问题的提出

当今世界，一系列双边、多边国际投资贸易协议谈判正在进行。而参与新一轮投资贸易协议的谈判，就必须调整我国现有的投资管理制度，与之对接。尤其是 TPP，即跨太平洋伙伴关系，由亚太经济合作会议成员国发起，从 2002 年开始酝酿的一组多边关系的自由贸易协定。其协议第一条一款三项（Article 1.1.3）规定："本组织支持亚太经济合作会议，促进自由化进程，达成自由开放贸易之目的。"[1] 作为对接国际的重要一步，2013 年 9 月 29 日中国（上海）自由贸易试验区正式挂牌。

---

1 引用自 Trans-Pacific Strategic Economic Partnership Agreement Retrieved 25 July 2011.

在《中国（上海）自由贸易试验区总体方案》中，投资便利化是总体要求之一；法制环境规范是总体目标之一；把扩大开放与体制改革相结合、把培育功能与政策创新相结合，形成与国际投资相衔接的基本制度框架，是总任务之一；而探索建立负面清单管理模式，则是实现上述"三总"的一项具体措施。而"完善法制领域的制度保障"主要措施又对负面清单管理模式的制度保障问题提出要求，如要求上海市通过地方立法，建立与试点要求相适应的试验区管理制度。再结合方案第三部分"营造相应的监管和税收制度环境"对投资对接国际的要求，可以得出自贸试验区要实施"负面清单"管理，法治化是其应有之义。

要实现负面清单管理模式法治化，就是要借鉴国际通行规则，通过制度创新保障良好的市场经济环境；因此，如何实现"上海自贸区"负面清单管理模式法治化的问题，就是如何进行符合我国国情的创新制度设计的问题。

二、负面清单管理模式及其相关联制度初探

（一）负面清单管理模式的定义及内涵

"负面清单"（Negative List），另称中国（上海）自由贸易试验区外商投资准入特别管理措施，指列明中国（上海）自由贸易试验区（以下简称"自贸区"）内对外商投资项目和设立外商投资企业采取的与国民待遇等不符的准入措施。制定负面清单的主要依据是《外商投资产业指导目录》，编制方法是按照国民经济行业分类。我国目前国民经济行业分类一共是20类，去除非经济组织的社会组织和国际组织，实际上是18个门类，其中又分为89个大类、419个中类、1069个小类。在1069个产业小类中，设有190项特别管理措施，占比为17.8%。其中使用禁止字样的有38条、限制字样的为74条。

根据负面清单管理模式的要求，自贸试验区内将率先改革投资项目管理、外商投资企业设立及变更管理、工商登记等审批环节。同时，按照内外资一致的原则，对于试验区内涉及固定资产投资的内资和外资项目进行备案管理。在三年内，对负面清单之外的外商投资，暂时停止与"负面清单"实施有冲突的《外资企业法》《中外合资经营企业法》《中外合作经营企业法》三部法律的有关规定，暂时停止实施文物保护法的有关规定。

"每个人，只要他不违背正义的法律，就应允许他去按照他的方式去追求他的利益。"这是亚当·斯密在他的《国富论》中提出的一个著名论断，也正是在以市场经济为追求的经济体制中应当奉行的"法无禁止即可为"原则。自

贸区的负面清单制度的核心，即在于建立"法律禁止规定以外即可为"的政府管理理念，并将其推广到政府对其他领域的管理中。

（二）负面清单与相关联概念的辨析

1. 正面清单与混合清单

与负面清单相对应的，是正面清单。正、负之间，虽只一字之差，却体现了截然不同的投资管理理念。为了清晰地体现负面清单与正面清单的区别，笔者制表说明（表1）：

表1 负面清单与正面清单的区别

	负面清单	正面清单
含义	列明了企业不能投资的领域和产业，相当于投资领域的"黑名单"	列明了企业可以做什么领域的投资
性质	依靠市场机制，放松政府事前监管，管理重心转向事中事后	政府事前监管为重心
优点	1. 清晰、简明、公平 2. 打破垄断，激发市场主体活力，让市场配置资源发挥更大作用 3. 简化对外资进入的审批管理，同时扩大开放。在外资准入方面更加透明	1. 正面清单对现有政策的约束可能性，给政府提供重要的自由度，当政府只有有限的行政能力，来汇总所有有贸易限制政策的领域清单时，这种自由度的给予尤为重要，包括子领域的开放，或者是一些对外资参与敏感的产业 2. 分类指导外商投资
缺点	1. 其实行要求政府简政放权，需要政府放弃既得利益，与政府现有体制与利益导向不完全适应 2. 容易流于概念和形式，过多依赖现有体制内政策，而缺乏实质性突破	1. 鼓励企业的范围、程度，以及未鼓励的能否实行，难以明确；全部由各个监管部门自行解决，暴露出法律的不透明性 2. 程序复杂，效率低下，企业的合同章程必须在走完所有审批流程之日起才能生效 3. 审批制的灰色地带太大，容易产生寻租现象
较相容的制度	报备制	行政审批制
意义	我国改革开放以来从法律上对外商投资最大限度的准入和保障	通过"选择准入"的方式，保留对外资准入的部分自由裁量权，控制外资流入在计划内

根据上表，可以总结出负面清单与正面清单实质上只是处理一个问题的两种思路。两者具有互补特性。

事实上，试图在中国投资的外商一直接受的是混合清单模式，即定期修改公布的《外商投资产业指导目录》，里面包括了鼓励、限制、禁止外商投资的产业目录，所以兼具正、负面清单的特点。

2. 准入前国民待遇

与"负面清单"相关联的，是"准入前国民待遇"。"负面清单"是"准入前国民待遇"规则实施后的首要风险防范屏障，意在确保在开放过程中的国家经济安全。准入前国民待遇是将国民待遇延伸至投资发生和建立前阶段，其核心是将对内外资的平等待遇扩大到准入权，并在监管和税收待遇上一视同仁。目前国际上至少有 77 个国家采用"准入前国民待遇和负面清单"管理模式。我国同意采用这种模式是适应国际发展趋势的需要，与我国正在推进的行政审批制度改革的方向是一致的，这为所有制企业创造公平竞争的市场环境，激发市场主体活力，促进经济发展，也是此次"上海自贸区"负面清单管理模式法治化进程的前提。

三、负面清单管理模式面临的法治难题

"负面清单"的管理模式是中国投资体制改革和行政审批体制改革的重要实践，其能否发挥实质性的作用面临着诸多障碍，其中有四大难题最为突出。

（一）负面清单难以摆脱"形式主义"

对于企业，"负面清单"内容是否有突破非常关键。经过笔者比对分析发现，负面清单相比全国实行的《外商投资产业指导目录》，两者的吻合度接近100%。固然，其中有的分类不能完全一一对应（如目录"工业品及其他制造业"中的"象牙雕刻"等 5 项限制，在清单里归并成了 1 项；反之亦有）的原因，也有目录没有全部涵盖所有对外资的准入限制（"国家和我国缔结或者参加的国际条约规定禁止/限制的其他行业"未列入目录）的原因，但目录所有的禁止、限制投资产业都体现在了清单里，清单里的禁止、限制投资产业以及管制措施甚至更多。换言之，清单里的限制产业和管制措施比目录还犹有过之。

（二）负面清单难以保障行政管理方式合预期转变

负面清单规定，对其之外的领域，将外商投资项目由核准制改为备案制；将外商投资企业合同章程审批改为备案管理。这是行政管理方式的转变。审批制重事前的监督，在准入的时候设置门槛，而备案制，则需要加强事中和事后监管和企业的自律，这对于监管方提出了更高的要求，也带来了风险。一类是准入风险，准入从审批改为备案，门槛放宽，无论是企业本身的错误还是监管部门的审查错误，都会导致不合格企业的进入；一类是监测和执法风险，主要是监管部门在监测、执法过程中发现问题、处理问题时产生的风险。

行政管理方式的转变，又意味着从以政府管理为主到以政府服务为主的职能转变。换言之，负面清单作为一项外资准入政策，与行政管理制度构成外资准入制度的一体两面，外资准入政策是行政管理的主要实体性依据，行政管理制度是落实外资准入政策的程序性工具[1]。如今已经制定出负面清单，如何按照其内容完成政府职能转变，是科学引导、利用外资的关键。在我国长期以来的多元普遍审批制度下，商务部门的大量精力被牵扯在逐个项目审批等程序性事务方面。[2]如何合理配置行政资源，保证负面清单管理模式政策得到及时、全面、科学的修改与更新，是一大难题。

（三）负面清单难以保障内资企业的利益

负面清单的内容包含了按照内外资一致的原则，对于试验区内涉及固定资产投资的内资和外资项目进行备案管理，但却没有明确规定内资开放模式，即试验区内的内资企业如何审批的问题。此次在自由贸易试验区暂停的是三部涉及外资的法律，《公司法》却不在其中，亦有待厘清。由于政府列负面清单时无法完全预见新兴产业的发展，国外的有关企业可能在这些行业占据市场优势，使得国内企业后来进入这些行业困难大增。换言之，根据中国企业现有的竞争力，以当前的水平，清单制定者很难穷尽地写出所有外资不可以投资的项目。

（四）负面清单难以规范修改程序

根据"负面清单说明"，负面清单以《外商投资产业指导目录（2011年修订）》为主要依据，并且将根据外商投资法律法规和自贸试验区发展需要，适时进行调整。自贸区管委会常务副主任和商务部新闻发言人都曾表示，2013版负面清单会根据外商投资法律法规和上海自贸区发展需要，适时进行调整，[3]即负面清单是一种将随改革进度而调整的动态管理模式。首先，这在法的层面上增加了不确定性。其次，作为负面清单制定依据之一的《外商投资产业指导目录》，本身自1995年经国务院批准首次颁布，至今共进行了5次修订。[4]已进行的5次修订均有其特殊背景，如2004年的修订是为兑现中国入世承诺，2007年的修订是为防止经济过热与通货膨胀。此种非制度化、非定期的修订导致《外商

---

1 王宏军：《印度外资准入制度评析》，载《云南民族大学学报》（哲学社会科学版）2009年第1期。

2 马宇：《我国外商投资管理体制亟须改革》，载《大经贸》2007年第2期。

3 引用自 http://news.ifeng.com/mainland/detail_2013_09/30/30007792_0.shtml 凤凰网，http://legal.people.com.cn/n/2013/1018/c188502-23243608.html 人民网。

4 即1997年、2002年、2004年、2007年、2011年对《外商投资产业指导目录》的5次修订。

投资产业指导目录》未能及时反映并适应高速发展变动的中国经济。负面清单若要修订，难免"重蹈覆辙"。最后，《外商投资产业指导目录》修订是由商务部和发改委联合进行，而两部委之间缺乏制度化的协调机制。此外，本次上海自贸区的负面清单是由上海市方面制定的，国家商务部、发改委只负责"指导、支持"。由此不难推断，负面清单的修订也将涉及商务部和发改委的协调问题。

四、负面清单管理模式法治化建设的建议

（一）"渐进式"修改负面清单

由于我国是首次制定负面清单，国内无先例可循。而美国与日本作为两个重要的发达国家，无论是其经济发展的程度还是法律完善的程度都处于领先地位，他们也经历过由弱到强的发展阶段，因此他们对外资准入的法律规定和政策导向对正处于快速发展的我国有着极其重要的借鉴作用。

美国对外资所遵循的原则是"完全放开"。但其并不是不对外资准入进行限制，例如《埃克森·弗罗里奥修正案》《2007 年外国投资与国家安全法案》等主要是针对外国资本并购所导致的涉及国家安全方面的审查。此外，对于涉及国家安全方面的行业，国计民生的行业及其一些特殊行业，比如美国国内的航空运输、核能等方面美国是严格限制甚至禁止外资介入的。日本采取的策略是"循序渐进，逐步放开"。其于 1950 年在《外汇管理法》的基础上颁布了《外资法》，对日本国际收支的经常项目和资本项目进行严格管理。日本政府从 1967 年 7 月到 1973 年 5 月，用 6 年的时间、分 5 个阶段推进资本自由化：第一阶段实施自由化的只有 50 个行业，而且百分之百自由化的行业仅 17 个，实施 50% 自由化的行业有 33 个。自 1973 年 5 月开始为第五阶段，除农林水产、矿业、石油业、皮革制品制造业、零售业外，原则上规定全部行业百分之百自由化。对外国投资者的持股比率也原则上规定百分之百的自由化（但仍有 17 个行业的"准例外"）。虽然随着日本经济的发展，资本交易和经常交易的限制不断松动，但外汇法所主张的对外汇和外贸管制的态度一直延续下来。同时在 1967 年至 1973 年，分为 5 个阶段推进资本自由化，向外资开放大部分行业，并允许外资百分之百控股。1992 年《外汇管理法》对外资准入进行了重大修改，对外国的投资采取事后报告制度，原则上对外国的直接投资给予自由化。自此，日本废除了对外资准入进行全面审查的制度，只对个别行业的准入进行审查。日本历经了对外资准入的严格控制到逐步开放国内行业直至最后实现外资进入

的自由化的过程，这也代表了日本经济、社会、法律等方面逐渐发展成熟的过程，可见，外资准入制度的改革是由社会发展阶段所决定的，并非一蹴而就。换言之，外资管制程度的争论反映了国家对外资的管辖权与对外资的保护两者之间实现平衡与协调的需求。[1] 我国作为发展中国家，尤其是处在经济转型的特殊时期，既需要外国投资的适量进入，同时基于国内产业的状况又有必要对外资施加合理限制。在此背景下，采取"渐进式"步骤推进我国外资准入制度的改革实为相对现实的选择。

（二）"清单"内外控审批

根据行政法的职权法定原则，要确保政府完成管理模式转变，为企业的发展提供资源帮助，首先应当完善相关法治建设。笔者认为，关键在于审批制的运用。在负面清单外，只备案，不审批；负面清单内，对现行审批制进行一定的改革。在负面清单政策的基础上，当前我国可考虑区分不同行业，分层次逐步简化外资准入的审批流程。例如：简化审批层级，限定审批的具体内容，以有效节约行政资源；在立法技术上，可以根据改革进度，对三资企业法及其实施条例、《关于外国投资者并购境内企业的规定》等程序性规范中关于准入审批的内容进行修订，同时协调各部法律中如审批时限等的不协调之处。另外，上海市应当根据《国家发展改革委关于实行企业投资项目备案制指导意见的通知》等法律法规建立健全有关备案或者其他登记的规定，最大限度地避免负面清单带来的风险。国务院有关部门和上海市等有关地方人民政府应加强风险管控，除应及时制定和调整负面清单、完善国家安全审查制度外，还应通过反垄断审查、金融审慎监管、城市布局规划、环境和生态保护要求、劳动者权益保护、技术法规和标准等手段，构建风险防御体系，完善配套措施。

再观美日。美国对外国直接投资采取与内资一样的待遇，按照美国各州公司法规定设立公司，无须进行审批，直接在州务卿处进行备案即可，即对外资不进行全面审查，允许自由进入美国市场。日本的做法是，1992 年以前，《外汇法》对外国的投资实行事前审批制度；1992 年后，改为事后报告制度，原则上对外国的直接投资给予自由化。而涉及国家安全，妨碍公共秩序、公众安全的行业，以及属于日本要保持自由化特征的行业，则实行事前申报、审批制度。在现行投资制度中，日本没有明确对哪些行业采取禁止、限制或鼓励，只局限于对行业进行事前申报和事后报告的区分。笔者建议中国可以参考日本的做法。

1　汪智刚：《外资准入和投资自由化——兼谈发展中国家对国际投资自由化趋势的应对策略》，载《商业研究》2005 年第 21 期。

（三）产业保护优化资源配置

首先，要明确中国内资企业的竞争力，即制定者需要通过专业技术能力对各类产业进行梳理和评估，对其竞争力的水平做出判断。基础性工作是产业竞争力调查与评价。其次，应当梳理现行法律中与我国产业保护相关的法律法规，与负面清单管理模式有机结合。在发达国家中，美国对外国直接投资采取与内资一样的待遇，按照美国各州公司法规定设立公司，日本对外商直接投资（特别是外资并购）的规章制度原先是较为严格的，而且其对外资的开放是分阶段、渐进式的。在对外资的逐步开放过程中，日本强调对本国产业"先保护育成、后开放竞争"的方针。[1] 日本政府对准备向外资开放的部门进行慎重的选择，从多方面规定了选择的标准。其中最重要的标准是该部门是否具备能够同外资企业抗衡的综合竞争力。由此可知，产业安全绝非伪命题，国家利益和产业安全从来就是这些国家立法的基本精神。事实上，市场和全球化不仅无法超越国家利益，同时也无法完全自动地维护国家利益和产业安全。外资对国家产业安全的冲击与潜在威胁是一类新型的"市场失灵"。[2] 为解决市场失灵，国家需正确处理企业利益、地方政府利益与全局利益的关系，加大供给科学、合理的外资准入行业政策等"公共物品"。其中，商务部在此应发挥重要作用，从外资审批机关，逐步转型为外资准入行业政策制定机关，以实现行政资源的合理配置，维护我国产业安全。

（四）修改法律与修改负面清单有机结合

未来负面清单政策的修订，应当回归到法治构建层面上进行。之前制定者为了确保负面清单能够不受阻力地实施，暂停了"三资法"在上海自贸区的适用。而要实现负面清单管理模式法治化，应以完善负面清单为修订外商投资法律法规探路，坚持"先行先试"的指导思想。此外，还应落实国务院《关于授权国务院在中国（上海）自由贸易试验区等国务院决定的试验区内暂时停止实施有关法律规定的决定（草案）》中提出的"将及时提出修改完善有关法律规定的建议"，让"负面清单"作为未来修改完善外资企业法等法律规定的依据，让新体制"可复制、可推广"。

因此，相关制定部门不仅应专注于负面清单的研究与更新，还应当利用三年的暂停实施对《外商投资产业指导目录》进行修改，即遵循科学的方法，在

1　林勇明：《利用与规制外资政策的国际经验比较及启示》，载《中国经贸导刊》2007 年第 8 期。

2　纪宝成、刘元春：《对我国产业安全若干问题的看法》，载《经济理论与经济管理》2006 年第 9 期。

对我国国民经济行业发展数据进行完整统计的基础上，与发改委、行业主管部门、国家安全部门及其他有关部门充分沟通并汇总其意见、建议，在着重于产业安全的同时，兼顾其他方面的政策考量，如国家安全、社会公共利益、保证国防需要、保护环境、技术准入门槛等，科学完善外资准入政策。另外，对负面清单的修正也应是一项定期的、遵循严格修正程序的制度化工作。从修正内容来讲，实现经济增长方式的转变，提高资源利用效率以缓解资源约束、减少污染、实现经济结构调整是我国当前经济发展的重要任务，故应努力把外资利用与实现我国经济增长方式转换的目标有机结合起来。[1]简言之，"负面清单"应与《外商投资产业指导目录》有机结合，发挥对我国经济结构调整的指引作用，在进行二者的修正、修订的时候，可以通过制定不同的评价指标体系提升目录的针对性与科学性，通过资源耗费指标、环境污染指标、工业效率指标等量化标准加强对外资的引导。两者的修订应该是相互联系的。

李克强总理说过，"市场经济的本质是法治经济"。负面清单管理模式作为上海自贸区投资便利化方向的改革核心，尽管试行初期仍面临着诸多难题，但其着眼于制度创新推动经济自由化发展的意图才是首要的。在上海自贸区法治建设大背景下，它的内含，就是坚持先行先试，以开放促改革、促发展；它的目标，就是要"让法治思维法治方式深入人心"，[2]率先建立符合国际化和法治化要求的跨境投资规则体系，使试验区成为我国进一步融入经济全球化的重要载体，打造中国经济升级版，为实现中华民族伟大复兴的中国梦作出贡献。

---

1 裴长洪：《论中国进入利用外资新阶段》，载《中国工业经济》2005年第1期。

2 《为现代中国凝聚梦想力量（社论）——热烈庆祝中华人民共和国成立64周年》，载《人民日报》2013年10月1日。

论"两高"为打击网络谣言司法解释存在的几点问题

宋金环

浙江工商大学法学院

摘　要：在信息技术高速发展的时代背景下，利用信息网络实施的各类违法犯罪活动日渐增多。为了规范网络造谣、传谣行为的入罪门槛，最高人民法院、最高人民检察院（以下简称两高）在9月9日制定了《关于办理利用信息网络实施诽谤等刑事案件适用法律若干问题的解释》，为网络言论世界拉起了明确的法律"高压线"。然而，现行的"口袋式"司法解释是否违背了刑法的罪刑法定原则和谦抑性原则有待我们进一步的审视；公民言论自由作为宪法所赋予的一项基本权利，刑法进入其中是否慎重得当，也值得我们探讨。

关键词：罪刑法定；刑法谦抑性；合宪性解释；网络谣言

随着信息时代的高速发展，网络成为人民群众工作、学习、生活不可缺少的组成部分。但是，网络又是一把双刃剑，其公开性、便捷性、隐匿性、技术性又为那些具有非法意图的不法分子提供了新的作案平台，他们通过网络侵犯公民的名誉权、财产权等合法权益，扰乱公共秩序，破坏市场秩序，具有严重的社会危害性，网络造谣、传谣的违法犯罪现象令人十分担忧。结合我国国情，国家正竭力于法治中国的建设，为了惩治网上造谣、传谣违法犯罪行为，规范网络造谣、传谣行为的入罪门槛，2013年9月9日，最高人民法院、最高人民检察院颁布了《关于办理利用信息网络实施诽谤等刑事案件适用法律若干问题的解释》（以下简称《解释》），该司法解释的出台，将治理网络谣言等违法犯罪的行动进一步纳入法制轨道，同时也为网络世界拉起了明确的法律"高压线"。[1]但是，针对此次《解释》，解释是否符合刑法的罪刑法定原则、刑法的

1　邹伟、杨维汉：《拉起网络世界的法律"高压线"》，载《人民法院报》2013年9月10日。

谦抑性原则，是否满足刑法解释的合宪性要求，却有待我们进一步的思考。

一、《解释》出台的背景

近年来，利用信息网络实施的各类违法犯罪活动日渐增多，特别是近段时间以来，我国司法机关加大了对网络造谣、传谣等违法犯罪的打击力度。有关媒体日前统计了各地"抓谣"不完整数据：河南批捕 131 人；山西刑拘 49 人、治安处罚 29 人、批捕 23 人；陕西批捕 22 人；湖北公安机关更是查处网络谣言案件 135 起，查实谣言制造者、传播者 223 人，教育训诫 128 人，行政拘留 90 人，刑事拘留 5 人。在以往的司法实践中，网上造谣、传谣的行为所涉及的罪名主要有：侮辱罪，诽谤罪，编造、故意传播虚假恐怖信息罪，煽动分裂国家罪，煽动颠覆国家政权罪，寻衅滋事罪，敲诈勒索罪，非法经营罪等。如网名"秦火火"的秦志晖，由于发布、炒作张海迪入日本国籍、"7·23"动车事故外国人获天价赔偿等谣言，涉嫌寻衅滋事罪被刑拘；网名"立二拆四"的杨秀宇开办推手公司，以删除帖文替人消灾、联系查询 IP 地址等方式非法攫取利益，涉嫌敲诈勒索罪被刑拘等。他们利用网络这个传播速度惊人、影响范围广泛的手段，造谣、传谣，对公共秩序造成了严重的混乱，侵犯了公民的合法权益，使群众深受其害。

在该《解释》出台前，针对造谣、传谣行为需要承担的法律责任主要分为三种：一是民事责任；二是行政责任，即如果利用网络来散布谣言故意扰乱公共秩序的，或公然侮辱他人、捏造事实诽谤他人，尚不构成犯罪的，要根据治安管理处罚法等规定给予拘留、罚款等行政处罚；三是刑事责任，即造谣传谣行为若构成犯罪，要依据刑法追究其刑事责任。从我国刑法来看，网络造谣传谣的行为可能涉及的罪名有：侮辱罪，诽谤罪，编造、故意传播虚假恐怖信息罪，煽动分裂国家罪，煽动颠覆国家政权罪，寻衅滋事罪，敲诈勒索罪，非法经营罪等。如针对秦火火一案，由于发布、炒作张海迪入日本国籍、"7·23"动车事故外国人获天价赔偿等谣言，其就以涉嫌"寻衅滋事罪"为由被刑拘。但是，根据我国《刑法》第 293 条规定四种触发寻衅滋事罪的情形有：（1）随意殴打他人；（2）追逐、拦截、辱骂、恐吓他人；（3）强拿硬要或者任意损毁、占用公私财物；（4）在公共场所起哄闹事，造成公共场所秩序严重混乱的。秦火火的行为，根据刑法规定则只能以刑法第 293 条第 4 款来定罪，但事实上也未免有欠妥当，毕竟"公共场所"是否包含"网络"这一虚拟空间，这是存在争议的。一般情况下的公共场所，根据两高对"寻衅滋事罪"最新司法解释，明确定义为"车站、码头、机场、医院、商场、公园、影剧院、展览会、运动场或者其他公共场所"，并没有对网络空间是否是公共场所作出明确的解释。中国青年政治学院教授林维认为两高所作出的解释所指的都是通常理解的物理空间，没有提到虚拟的网络空间，从功能性角度我们可以说"网络空间是公共空间"，但问题是它并不是刑法所说的公共场所；而清华大学法学院教授周光权则认为"在公共场所起哄闹事，造成公共场所秩序严重混乱的"里的两个"公共场所"概念应该分别理解："第一个概念，可以包括虚拟的公共场所，因为在这种场所，可以发表不负责任的言论起哄闹事。但是，第二个场所，一定是'现实社会的公共场所'，即行为造成现实社会秩序混乱的，才能定罪"，也就是说如果在虚拟空间发表了谣言，造成现实社会秩序混乱的，也可定罪。在《解释》出台前，类似于"秦火火"这样的在网络上造谣、传谣的案例以"寻衅滋事罪"定案的数不胜数，而在司法实践中，我们可以看到有关部门也支持公共场所包括网络空间的解释，以便有效惩治犯罪，维护社会秩序。但是，正如北京大学法学院副教授车浩说，如果没有新的司法解释，目前对造谣、传谣行为以寻衅滋事罪论处确实比较勉强的。[1]

　　《解释》正是站在这样一种社会立场，对利用信息网络实施的诽谤、寻衅滋事、敲诈勒索、非法经营等犯罪进行了专门性的解释，以便司法实践的统一适用。我们都知道，刑法具有相对的稳定性，但它同时必须适应社会发展的需要，否则便没有生命力。[2]早在2000年，全国人民代表大会常务委员会就作出了《关于维护互联网安全的决定》，明确指出了利用互联网实施诽谤等行为，构成犯罪的，依照刑法有关规定追究刑事责任。但是进一步具体的定罪量刑标准没有立即出台，导致适用法律时民声就会有怨言，正如秦火火、刘虎两案，在《解释》尚未出台前以寻衅滋事罪论处，还是有失偏颇的，也引发了法律界关于寻衅滋事罪适用范围的讨论，洪道德也认为，如果将网上造谣的行为定为寻衅滋事罪，还要明确衡量标准，要防范个别地方滥用这一规定，乱抓人。因此，为了维护公民的合法权益，有效地打击犯罪，更好地统一适用法律，防止在司法实践中出现入罪门槛不一致的情形，《解释》犹如一场及时雨，在信息技术高速发展的时代，为网络世界拉起了明确的界限，弥补了现存的法律缺漏。

　　1　鞠靖、曾鸣：《打击谣言的法律边界　重拳严打，天下无谣？》，载《南方周末》2013年9月5日。

　　2　张明楷：《罪刑法定与刑法解释》，北京大学出版社2012年版，第89页。

二、"口袋式"解释是否违背罪刑法定原则

（一）罪刑法定原则对司法解释的制约

罪刑法定原则是刑法的生命，是法治在刑法领域的表现。它既是立法机关制定刑法、司法机关适用刑法必须遵循的原则，也是任何解释者都必须遵循的原则。罪刑法定原则实质的侧面来源于民主主义与尊重人权主义，其实质的侧面包括两个方面的内容：一是刑罚法规的明确性原则；二是刑罚法规内容的适正的原则。罪刑法定原则的明确性要求刑罚法规的内容不能含混，必须具体、明确。明确性"表示这样一种基本要求：规定犯罪的法律条文必须清楚明确，使人能确切了解违法行为的内容，准确地确定犯罪行为与非犯罪行为的范围，以保障该规范没有明文规定的行为不会成为该规范适用的对象"[1]。该项基本要求与刑法的预防犯罪功能是紧密相关的，费尔巴哈认为必须事先以法律明文规定犯罪的法律后果，使人们能事先预测犯罪后受到的刑罚处罚，从而预防犯罪。如果人们认为不实行犯罪行为"合算"，就不会实施犯罪行为。[2]为了贯彻实施该原则，美国有"因不明确而无效"的理论，在 1969 年德国联邦法院也明确表述了"必须使任何人都能够预测对何种行为规定了何种刑罚"的原则，日本也有相关的实践理论存在。因此，明确性作为罪刑法定原则的实质侧面之一，任何解释者都必须遵循，该《解释》也不例外。

另外，罪刑法定原则禁止适用类推解释，但是不禁止扩大解释。当然这并不是说扩大解释的结论都符合罪刑法定原则。解释有合理与不合理之分，不合理的扩大解释就有可能超出国民的预测可能性，侵犯公民的自由，从而违反罪刑法定原则，[3]所以，合理的扩大解释才是被允许的，也就是说如果一个解释超出了国民预测范围，那么该种解释就是不合理的，是违背罪刑法定原则的。

（二）"口袋式"《解释》和相关概念的模糊违背罪刑法定原则

但是，在此次《解释》中，"口袋式"的解释和相关概念的模糊并不符合明确性的要求，也超出了国民的预测可能性，导致了罪刑法定原则的背离。所谓"口袋式"的罪名指某一行为是否触犯某一法条不明确，但与某一法条相似，而直接适用该法条定罪的情况，这种情况多次出现，就将此罪称为口袋罪。此次《解释》的出台，"口袋式"的解释难逃违背刑法罪刑法定原则之嫌。《解释》

1　张明楷：《罪刑法定与刑法解释》，北京大学出版社 2012 年版，第 48 页。
2　张明楷：《罪刑法定与刑法解释》，北京大学出版社 2012 年版，第 8 页。
3　张明楷：《罪刑法定与刑法解释》，北京大学出版社 2012 年版，第 119 页。

第2条规定："利用信息网络诽谤他人，具有下列情形之一的，应当认定为刑法第二百四十六条第一款规定的'情节严重'：（一）……（四）其他情节严重的情形"；《解释》第3条规定："利用信息网络诽谤他人，具有下列情形之一的，应当认定为刑法第二百四十六条第二款规定的'严重危害社会秩序和国家利益'：（一）……（七）其他严重危害社会秩序和国家利益的情形"。上述两条规定，都采用"口袋罪"的方式用"其他"等类似的话语加以解释，可是"其他"的范围该如何定性呢？什么行为都能往里"塞"吗？解释的明确性何在？公民根本无法据此来明确辨别自己的某种行为是否囊括在该"口袋"中，也就是说，公民无法预测到自己的某种行为一旦实施是否将受到法律的制裁，超出了国民的预测可能性，而罪刑法定原则强调明确性，由此可见，该《解释》违背了罪刑法定原则。如果法律事先明确规定了犯罪的法律后果，使人们能预测到犯罪后将受的刑罚处罚，也就不会出现公民对自己行为认识模糊的现象，也就是说如果法律明文规定了什么样的行为一旦实施将受到法律的制裁，人们也就不会踩中那个雷区，然而"口袋罪"的存在却使得人们并不是十分明确自己实施的某种行为究竟是否已在法律制裁的那个"圈"内，刑法的预防犯罪功能也大大减弱了。

因此在司法实践中，法律的不明确性无疑会导致这样一种现象出现：同样的一种行为，人们认为达不到造成公共秩序混乱的程度，而司法机关却认为已经造成了公共秩序的混乱，要将其进行处罚。试问这两者间又该用什么来权衡呢？司法的权威性又如何来得到民众的信任？法官自由裁量权的使用是否适当又是如何来证明的？如此下去，司法的公信力必然有所降低。可见，《解释》的明确性有待提高，超出国民的预测可能性的解释也是不被允许的，罪刑法定原则是任何解释者都必须遵循的。

三、《解释》是否体现了刑法的谦抑性

《人权宣言》第8条规定："在绝对必要的刑罚之外不能制定法律，不依据法律行为前制定且颁布并付诸实施的法律，不得处罚任何人。"那么什么是绝对必要的刑罚？什么样的行为达到了必须规制在刑罚这个"圈"内？这就引出了我们众所周知的刑法的谦抑性。谦抑性原则又称必要性原则，指立法机关只有在该规范确属必不可少，没有可以代替刑罚的其他适当方法存在的条件下，才能将某种违反秩序的行为设定成犯罪行为。刑法的谦抑性是不同于其他法律的一个特质，它的具体内容包括三个含义："第一是刑法的补充性。即使是有

关市民安全的事项，只有在其他手段如习惯的、道德的制裁即地域社会的非正式的控制或民事的规制不充分时，才能动用刑法……第二是刑法的不完整性，即刑法不介入市民生活的各个角落……第三是刑法的宽容性，或者可以说是自由尊重性，即使市民安全受到侵犯，其他控制手段没有充分发挥效果，刑法也没有必要无遗漏地处罚……"[1]法律所处理的事项，必然是社会中的少数，绝大多数的事项需要其他规范来加以处理，诸如道德、习惯、伦理等，梁根林教授在《非刑罚化——当代刑法改革的主题》一文中说"所谓刑法谦抑，是指刑法应当作为社会抗制违法行为的最后一道防线，能够用其他法律手段调整的违法行为尽量不用较重的刑法手段调整"。而此次两高的《解释》，针对利用信息网络实施犯罪的行为，用刑法这一"最后手段性"的法律来规制人们的言论并没有体现出刑法的谦抑性。

首先，刑法的谦抑性讲究刑法具有补充性，只有在其他手段如习惯、道德等的规制不充分时，才能动用刑法。在《解释》出台前，针对网络造谣、传谣行为需要承担的法律责任主要是民事责任、行政责任和刑事责任，所涉及的法律分别有民法、行政法、刑法等实体法和相应的诉讼法，只有在相关的部门法不能充分保护某种社会关系时，才需要刑法这一最后性的手段，也就是刑法谦抑性所包含的补充性的体现。此次《解释》打击的主要是网络造谣、传谣的犯罪行为，将部分行为纳入刑法规制领域，并没有体现刑法的谦抑性。例如《解释》第1条第1款规定捏造损害他人名誉的事实，在信息网络上散布，或者组织、指使人员在信息网络上散布的以"捏造事实诽谤他人"论处，但是我们必须看到的是在这样一个信息高速发展的时代，诸如这样的虚假言论每天都有人在发布，每天都有人在转发，针对这种现象，我们完全可以让当事人承担民事责任，即如果造谣传谣行为侵犯了公民的名誉权或者侵犯了法人的商誉，应承担停止侵害、恢复名誉、消除影响、赔礼道歉及赔偿损失的民事责任，并不需要将在网上捏造事实损害他人名誉的行为以侮辱罪或诽谤罪来论处，动辄就动用刑法，所有的事情都用刑法管制起来，刑法的谦抑性何在。

其次，刑法的谦抑性强调刑法的宽容性，或者可以说是自由尊重性，在其他控制手段没有充分发挥效果前，刑法也没有必要无遗漏地处罚。《解释》第2条第1款规定"同一诽谤信息实际被点击、浏览次数达到五千次以上，或者被转发次数达到五百次以上的"就可认定为《刑法》第246条第1款规定的"情节严重"，这并不符合刑法的宽容性要求。网络上的不法言论，在其他相关法

1　转引自［日］平野龙一：《现代刑法的机能》，载平野龙一编：《现代法11——现代法与刑罚》，岩波书店1965年版。

律法规如《民法》《行政处罚法》《中华人民共和国电信条例》《全国人民代表大会常务委员会关于维护互联网安全的决定》等或者是网络技术的监管（如发现不法信息予以屏蔽）或者是社会习惯、道德没有充分发挥作用前，我们的刑法不应该作为我们惩治这样一个自由言论平台的首选工具，这样只会限制公民的自由，而且对于目前盛行的"网络反腐"也会产生负面影响，这不是我们刑法谦抑性所追求的。

所以，当我们动用刑法时，刑法的谦抑性原则是我们必须遵循的，针对一种行为，如果其他方法都不能加以抑制加以制裁，并且动用刑法不会对公民的自由造成不尊重，在构成要件上确实符合刑法罪刑法定原则的，这时用刑法进行制裁才是明智的，才是符合刑法的谦抑性。

四、《解释》是否合宪

宪法是国家的根本大法，具有最高法律效力，《宪法》第5条规定一切法律、行政法规和地方性法规都不得同宪法相抵触。张明楷教授在《刑法分则的解释原理》（第二版）上册中提到合宪性解释一词，他认为合宪性解释不只是一种解释方法，更是一种解释原则：对刑法条文的解释结论必须符合宪法；违反宪法的解释不仅是没有说服力的解释，而且是无效的解释；对于公民行使宪法所赋予的权利的行为，即使行使方式、程序不当，也不得轻易解释为犯罪。法律保护公民的言论自由，包括对特定的事或人进行的评论，[1] 那么我们来看此次两高作出的《解释》，主要涉及的是公民的言论自由权，也就是说该《解释》限制了宪法所赋予公民的言论自由权，让我们来分析一下其是否合宪。

《宪法》第35条规定，中华人民共和国公民有言论、出版、集会、结社、游行、示威的自由，言论自由是指公民依据宪法享有的通过各种出版物表达各种思想见解以及其他意思的自由，所以公民有权在网络上发表关于自己思想见解或者是其他意思。但是，《解释》第1条第2款规定"明知是捏造的损害他人名誉的事实，在信息网络上散布，情节恶劣的，以'捏造事实诽谤他人'论"；《解释》第8条规定"明知他人利用信息网络实施诽谤、寻衅滋事、敲诈勒索、非法经营等犯罪，为其提供资金、场所、技术支持等帮助的，以共同犯罪论处"，笔者认为这两个条文中对"明知"这种情形的限定是不符合宪法的，侵犯了宪法所赋予公民的言论自由权。"明知"指明确知道，明确知道是捏造的损害他人名誉的事实，可是如何来认定当事人"明知"该《解释》却未作说明，这就

1 周伟：《宪法教程》，四川大学出版社2006年版，第386页。

会出现这样一种情形：传播者不知该事实是捏造的，但是也不知道如何来证明自己不明知，结果情节恶劣，有关部门就认定其明知，再比如网络上一些辟谣的信息"……是真的吗？"由于传播速度惊人，严重影响了当事人的权益，传播者就被定罪论处了，久而久之，公民的言论在潜移默化中受到了限制，谁也不敢求真相了，而公民的言论自由只有当实行言论自由会产生迫在眉睫的严重危害时，才可以对言论进行限制，[1]公民行使宪法所赋予的权利的行为，即使行使方式、程序不当，也不得轻易解释为犯罪，刑法的谦抑性也注重刑法的补充性、不完整性和宽容性（这在前文已有详细叙述），那么对于公民在网络上行使自己的言论自由权，动辄就用刑法来惩治，这不是牺牲言论自由在维护我们所谓的"公共秩序"吗？所以笔者认为，解释中使用"明知"二字对公民的言论进行限制是不符合宪法的。

五、总结

综上，在这样一个信息化的时代，网络已经渗入到公民生活的方方面面，利用网络来实施犯罪的行为也是屡见不鲜，秦火火、刘虎这样的人比比皆是。但是，刑法的罪刑法定原则、刑法的谦抑性必须要坚持，"法无明文规定不为罪，法无明文规定不处罚"的明确性和禁止类推解释的规定，刑法的补充性、宽容性等刑法的谦抑性原则都是不容动摇的。此次两高所作的《解释》中，"口袋式"的司法解释以及此次解释中一些模糊表述，都不符合了罪刑法定原则；况且，公民的言论自由作为宪法所赋予公民的一项基本权利，动辄就用刑法来加以限制，既违背了刑法的补充性、宽容性等刑法的谦抑性原则，也无法实现对公民言论自由权的保护，牺牲言论的自由和取得社会效益两者之间需要我们更加明智地来加以权衡。如著名刑法学者周光权所说"如果把所有的事情都用刑法管起来，试图搞道德净化运动，那可能是一种灾难"。总之，刑法作为一部"最后手段性"的大法，其应该慎重介入公民言论。

1　张千帆：《宪法学导论·原理与应用》，法律出版社2004年版，第497～499页。

阴阳鱼太极图：阐释中国古代礼刑关系的新视角

汪涵治

浙江工商大学法学院

摘　要：以太极图为视角对古代礼刑关系进行创新阐释。太极图是由黑白两色的鱼形相互缠绕而成，呈现出两者之间的相互依存并相互斗争的关系的图形。"阴阳二极，一静一动"，把礼比作阳极，把刑比作阴极，并结合太极"阴中有阳，阳中有阴"的特点，阐释"刑中有礼，礼中有刑"这一关系。在构图上，左边的阳鱼呈上浮趋势，右边的阴鱼呈下沉趋势，根据这一位置特点，阐释"礼不下庶人，刑不上大夫"这一礼刑阴阳关系变化的典型例证。中国古代阴阳关系是中国古代法律最重要的部分，而作为阐释礼刑关系的新视角，太极图具有独特中国古代法文化特色。

关键词：古代礼刑关系；阴阳鱼太极图；中国法文化

一、问题的源起

中国古代法律独具特色，它将礼与刑融合于一体，维持了中国古代社会的长期的稳定与繁荣。礼刑关系是贯穿于古代法律发展的基本线，标示着古代法律发展的基本方向，也显示着中国古代法律的基本精神。或曰，不知礼刑关系，便不知中国古代法。礼刑的关系是在不断变化中得以发展的。刑为法家所主张，礼为儒家所提倡，虽经礼刑对立时代，王霸争长时代，终达于礼刑合一之结果。[1]礼刑关系的发展牵系着中国法律的发展——"刑"与"礼"正是影响中国法律发展的两个基本因子。因此，礼刑关系历来是研究中国传统法律文化的热点问题。可以说，研究中国古代法律是无法绕开礼刑关系的研究的。

---

[1]　转引自史广全：《礼法融合与中国传统法律文化的历史演进》，法律出版社2006版，第35页。

目前学界无论在礼刑关系的内涵还是外延上的研究都有了可观的成就。但纵观学界对礼刑关系的阐释，大多以文字为叙述工具。这种阐释方式虽然可以完整地呈现礼刑之关系，但没有从中国古代法文化角度去阐释此问题，也缺乏形象生动的效果。

而阴阳鱼太极图则不同。它是中国古代文化的精粹，有着深厚的中国古代文化底蕴，在文化背景，和礼刑关系是一致的。其中包含的阴阳太极思想是古代中国人脑中根深蒂固的哲学思想，古人在立法、司法和执法的过程中受着它的影响，应该说中国古礼刑关系中所蕴含的思想绝非西方辩证思想，而是古代阴阳思想。鉴于以上所述，又加之太极图有着完美生动的构图，以其为视角对礼刑关系进行创新阐释。

二、太极图作为阐释新视角的合理性

太极图是我国古代说明宇宙现象的图。一种用圆形的图像表示阴阳对立面的统一体，圆形外边附八卦方位，道教常用它做标志。另一种是宋代周敦颐所画的，代表宋代理学对于世界形成问题的看法。它认为太极是天地万物的根源，太极分为阴阳二气，由阴阳二气产生木、火、土、金、水这五行，五行之精华凝合而生人类，阴阳化合而生万物。[1]阴阳鱼太极图，大致出现于宋末。在元明清及现当代，人们又根据自身理解和需要，创作了不少变化图像。周敦颐太极图、先天太极图（原名"天地自然之图"，俗称"阴阳鱼图"）、古太极八卦图（先天太极图周围配以八卦符号）、来知德太极图以及清朝端木国瑚太极图。虽然这些太极图各不相同，差异明显，所要阐释的道理有了不同的侧重和延伸，但是阴阳辩证的思想仍然是它们的构图根基。出于图形直观简洁的考虑，我选取了"阴阳鱼太极图"为阐释工具。

图1 阴阳鱼太极图

---

1 《现代汉语词典》，商务印书馆 2012 年版，第 1256～1257 页。

阴阳鱼太极图在构图上由黑白两色的鱼形相互缠绕而成，呈现出两者之间的相互依存并相互斗争的关系。《易传》有言："易有太极，是生两仪，两仪生四象，四象生八卦。"又有《吕氏春秋·大乐篇》："太一出两仪，两仪出阴阳。阴阳变化，一上一下，合而成章。"这都表明了阴阳两极为太极图最基本的要素。太极图的另一个构图特点是阴阳鱼各有一个鱼眼。这表示的是阳中有阴，阴中有阳。每个鱼又自成一个"太极"。

而礼刑如阳鱼和阴鱼，相互依存又相互斗争。阳鱼"礼"失去了阴鱼"刑"便成死鱼，无法运动和实现。而阴鱼"刑"失去了阳鱼"礼"也便失去存在的意义。这正是一种阴阳的关系，与太极不谋而合。

在中国古代社会，"刑"和"礼"都是维护社会秩序、调整社会关系的重要社会规则。二者相辅相成，互为表里，共同构成了封建社会完整的社会规范体系。其中，"礼"是积极、主动的规范，是"禁恶于未然"的预防；"刑"是消极、被动的处罚，是"惩恶于已然"的制裁。也就是说，"礼"总是从正面主动地提出要求，对人们的言行作出正面的"指导"，明确地要求人们应该做什么，不应该做什么，不可以做什么。"礼"的功能，重在"教化"。"刑"则相对处于被动状态，对于一切违背"礼"的行为，进行刑罚处罚。凡是"礼"所禁止的行为，亦必然为"刑"所不容，即所谓"礼之所去，刑之所取"，"出礼则入刑"。"刑的功能，重在制裁。"[1]

礼如同阳鱼，刑如同阴鱼。它们相互交缠变化，中国古代法律才得以运作和发展。

三、太极图下的礼刑关系

（一）法即太极

"太极"是太极哲学的元范畴。从字面上说，"极"是顶点、尽头、极限的意思，"太"是高、大的意思，"极"字上加上"太"字构成的词，表现了无以复加的极限、极点的观念。又云：太极无极。即太极具有无极性。太极的无极性包括无形性和无限性。[2]意思是说：第一，太极包涵着最高最大的意思；第二，太极没有限极。"太极"的这两个特点皆可用于"法"。

---

1 曾宪义主编：《中国法制史》，北京大学出版社 2000 年版，第 45 页。
2 杨成寅：《太极哲学》，学林出版社 2003 版，第 10 页。

春秋时期法家有名言："法者，天下之程式也，万事之仪表也。"[1]此处的"程式""仪表"都是准则、规范的意思。意在指明"法"是各种社会关系的固有调整系统，是衡量天下人言行是非、功过、曲直的客观标准和必须遵守的行为规范。朱子有语："法者，天下之理也。"[2]以上体现了法是针对天下之人的准则与规范。是为法之"高""大"。

"法者不可恒也，存亡治乱之所出，圣君所以为天下大仪也。"[3]这句话体现了法应时而变的特点。封建时代的各君主为了治国平天下，都有不同程度的立法、修法、删法的活动。正是韩非子所说的"治民无常，唯法为治，法与时转而治，治与世宜则有功"。同时也在王夫之那句"法者，非一时、非一地者也"[4]中得到了更为直接的体现。法，不仅因时而变，在适用时也因人、因地会产生变化。是为法之无极的体现。

（二）礼为阳极，刑为阴极

太极这个实体是健运不息的，动则产生阳气，静则产生阴气，如此一动一静，阴阳之气互为其根，运转于无穷。也就是说，阳鱼是动，阴鱼是静。

古代的礼是社会典章制度和道德规范，用于定亲疏，决嫌疑，别同异，明是非。它总是从积极方面规定人应该做什么，给人以正面的行为和道德上的引导。刑则相反，它的规范是消极、被动的处罚，只有当人们的行为违背礼的时候，刑才会发挥作用。在"法"这个太极之中，礼的作用是积极、主动、正面的，正是运动的阳鱼；而刑则相反，它的处罚是消极、被动的，为相对静止的阴鱼。

在唐律中，人们被划分为四个等级：皇帝、封建贵族和官吏、广大平民、出于社会底层的被奴役的贱民，天下臣民必须对皇帝"唯忠唯孝"。[5]这就是礼从正面地要求人们做符合"亲亲尊尊"的行为。当人们遵守"亲亲尊尊"的时候，阴鱼"刑"并不会发挥任何作用。而一旦人们做了不忠不孝之事，刑则会发挥作用，给予严惩。可见阴鱼"刑"是消极的、相对静止的，而阳鱼"礼"则主动地发挥作用。

（三）中国古代法的"阳中有阴，阴中有阳"

阴阳两鱼各有一个鱼眼是阴阳鱼太极图的一个重要特点，失去鱼眼的太极

1　辛子牛主编：《中国历代名案集成》（上卷），复旦大学出版社1997年版，第630页。

2　曾宪义：《中国法制史》，北京大学出版社2000年版，第45页。

3　杨成寅：《太极哲学》，学林出版社2003年版，第10页。

4　朱伯崑：《周易知识通览》，齐鲁书社1993年版，第492页。

5　朱伯崑：《周易知识通览》，齐鲁书社1993年版，第492～592页。

图不成其为太极图。白中黑点表示阳中有阴，黑方白点表示阴中有阳。

礼刑不是两种独立的社会规范，刑的制定是为了礼的实现，礼的实现也必然有着刑的支持。

阳中有阴。古人云"寓刑于礼"。礼作为法的重要内容之一，不仅以刑的强制力为后盾保障贯彻实施，而且其本身也包含着刑的规范要求。礼尤其周礼的制定与实施，是为了满足统治阶级需要，维护宗法等级制度。礼不仅具有法的目的和性质，而且由于礼是经国家制定或认可的，以国家机器的强制力为后盾，因而它也具有法的强制性。违反礼的规定和要求，就是违反国家法律制度，同样要受到严厉制裁。可以说，正是刑元素的加入使"礼"这个概念得以完整。也就是太极里所说的阳鱼阴鱼又自成太极。

五代时期有著名的不孝子双双赐死案，当孝道受到挑战的时候，刑便发挥其作用，正所谓"出礼入刑"。"天成三年……八月……滑州掌书记孟升匿母服，大理寺断处流，特敕孟升赐自尽。观察使、观察判官、录事参军失其纠察，各行殿罚。襄邑县民闻威，父为人所杀，不雪父冤，有状和解，特敕处死。"（《旧五代史·唐书·明宗本纪》）后唐明宗天成三年八月，滑州掌书记孟升的母亲去世，竟匿丧不报。为此，大理寺判处他流放，后由皇帝诏令赐他自尽。同时，观察使、观察判官、录事参军等一批官员因督察失职，均由朝廷分别加以刑罚。襄邑县百姓闻威，父亲被人杀死，他不替父亲申冤报仇，反而递上状纸要求和解，也被诏令处死。[1]

阴中有阳。《陈亮集·问答八》中有语"刑者圣人爱民之具，而非以戕民也"，意为"刑是圣人用来爱护百姓的工具，而并不是伤害百姓的工具"，圣人在古代是礼之代名词。此处说刑者圣人爱民之具，体现了古代刑中有礼的特点。刑是统治阶级维护其统治的工具，而礼则是阶级差别的直接体现。刑的制定常受到礼的影响，这种影响在具体的刑罚条文以及立法思想上都有着明显的表现。譬如，古代立法是常注重于法律保护"君为臣纲""父为子纲""夫为妻纲"。这三条原则本身属于礼的范畴，而大量刑法条便围绕于此而制定。

在古代法律在实施的过程中，"刑中有礼"也有所体现。"山阳民有父得罪当杖而子请代者，太祖谓刑官曰：'父子之亲，天性也，然不亲不逊之徒，亲遭患难，有坐视不顾者。今此人以身代父，出于至情，朕为孝子屈法，以劝励天下，其释之。'"（《典故纪闻·卷三》）意思是山阳地区有个做父亲的犯了罪被判杖刑而他的儿子请求代替受刑，太祖对法官说："父子间的亲情是

1　转引自辛子牛主编：《中国历代名案集成》（上卷），复旦大学出版社1997年版，第630—631页。

天性，但有些不顾亲情、不从不顺的人，亲人遭到患难，他坐视而不顾的。现在这人用自己的身子代服刑，是出于真情，我为这个孝子而不按法办事，用这来劝勉、鼓励天下的百姓。还是放了他吧！" [1] 儿子对父亲孝顺，这是礼的要求。孝道与刑产生冲突的时候，太祖选择了刑为礼让步。因为刑的制定是为了礼的实现，刑是礼的辅助。

（四）阴阳漩涡力场——影响法变化的因素

阴阳鱼太极图是阴阳螺旋力场的直观显现，而阴阳螺旋力场是宇宙万物混化、运行、演变时普遍存在的规律。宇宙万物，无论是高维空间的存在，还是低维时空的存在，一律受到阳性正力与阴性反力的作用，存在于阴阳螺旋力场中。

在法这个太极之中，法的变化受到礼和刑的共同作用。而礼、刑作用的大小变化则受到世情世风、时代形势、统治阶级等因素的影响。这些因素共同形成法这个太极中的"阴阳漩涡力场"。《吕刑》中所说的"刑罚世轻世重"正是刑罚到了世情世风的影响。而明太祖朱元璋所说的"乱世用重典"则体现了混乱的时代形势促成当时刑的作用的增强。

（五）"左升右降，左白右黑"与"刑不上大夫，礼不下庶人"

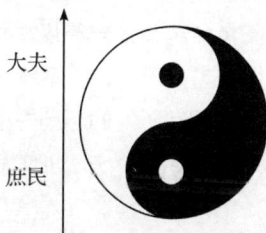

图2　礼刑阴阳变化图

"礼不下庶人，刑不上大夫"是封建社会一项重要的法律原则。"刑不上大夫"即大夫以上犯罪，在一定条件下，可以获得某些宽宥，如他们一般不被处以残损肤体的肉刑，必须处死者在郊外执行等等；主要是因贵族内部不同程度上总有一定的血缘关系，为了在广大被统治者面前保持贵族作为一个整体的尊严，也不宜让他们终生带着曾受刑辱的标记。"礼不下庶人"，即庶人忙于生产劳动，又不具备贵族的身份和礼所要求的物质条件，因而不可能按贵族的各种礼仪行事，这些礼也不是为他们而设立的。

1　转引自辛子牛主编：《中国历代名案集成》（中卷），复旦大学出版社1997年版，第351页。

于阴阳太极图，《内经》里面有语云"左右者，阴阳之道路也；水火者，阴阳之征兆也。"简单地说，男为阳，女为阴；左为阳，右为阴（故而有"男左女右"之说也）；上为阳，下为阴；火为阳，水为阴；升为阳，降为阴；浮为阳，沉为阴。也就是说在太极图里边，阳鱼总是占据着上方的位置，并保持着升浮的状态；而阴鱼则总是居于下方，并保持着下沉的状态。从阴阳鱼的分布看，上部为阳鱼鱼头与阴鱼鱼尾，下部则相反。阳鱼占据着太极图中的上方位置。

若以三维立体的动态观念看待阴阳太极图，太极图上的阴阳两鱼不仅立了起来，而且在阳极正力和阴极反力的作用下，以漩涡状盘绕在一起；二者此消彼长，相互媾和，呈现出阴阳螺旋式运行态势。在此基础上，加上一条纵向的名为阶级的坐标，那么如图，坐标的上部即表示所谓的"大夫"，而下部则表示"庶民"。

对于位于社会上部的大夫阶层，更多地适用于礼教。在大多数情况下，他们犯罪会受到相对更少或更轻的刑罚处罚；只有那些不可饶恕的犯罪（大多为危害于封建国家根本利益的犯罪），则必须受到阴鱼鱼尾，也就是"刑"的处理。反之，位于社会下部的庶人阶层，相比较之下，礼的比重小。由于庶人阶层的生活条件限制，很多上层阶级的礼有大部分对于他们并不具有适用性。对于他们来说，礼只是一条细细的阳鱼鱼尾，只起着基本的教化作用；然而，在生存的需要逼迫下，礼的教化则显得力量不足，并不能起到完全规范他们的作用，在这种情况下，巨大的阴鱼鱼头朝向了他们。刑的出现，弥补了"礼"作用的不足。可以说，刑在法的下部稳固了整个法，也使整个古代阶级结构有了完整的规范保证。

四、结语

本文以太极图为视角对古代礼刑关系进行了创新阐释。一，以太极喻法，阐释了法作为社会规范的地位与其处在不断发展中的特点。二，提出"礼为阳鱼，刑为阴鱼"。礼就如同阳鱼，阳鱼是运动的，而礼是主动的。刑就如同阴鱼，阴鱼是相对静止的，而刑是消极、被动地起着作用。三，在此基础上，以太极图中"阳中有阴，阴中有阳"的特点，进一步阐释礼刑之间阴阳相融的关系。四、以影响太极两极运动的"太极阴阳力场"比喻影响礼刑关系变化的诸多因素。最后，运用太极阴阳视角，阐释古代重要法律原则"礼不下庶人，刑不上大夫"。

虽然在清末修法以后，西方的法律模式取代中国古代法律，但是中国古代法律中的许多精神仍是可为现代刑法所借鉴的。礼刑阴阳关系中的"法没有极点""阴阳礼刑力场""礼刑相互依存依相互斗争"等都对当代刑法有着借鉴意义。"法没有极点"启示我们不仅要不断发展我们的法律，而且要在一定程度上灵活应用法律。而"阴阳礼刑力场"则要求我们关注影响法律变化的诸多因素。而"礼刑相互依存依相互斗争"则引发我们对"当道德与法律冲突时，如何处理案件"的思考。研究中国古代法律，以古人之智慧补足现代刑法之不足，这也不失为现代法律发展的一种思考方向。

由物业服务合同纠纷的调查分析
浅谈法治建设

——以象山县为样本进行调查分析

王 琰

浙江工商大学法学院

【调研意义】近年来，随着法治中国建设进程的不断开展、加强，法律在日常生活中的作用发挥得越来越大。同时民众的维权意识逐渐增强，开始懂得运用法律的武器来维护自身权益，但是知道运用法律并不代表能正确使用法律。现代社会，小区业主逐渐懂得运用法律，然而物业服务企业却更容易以一个有利的身份赢得诉讼。起诉似乎成了维权的唯一途径，非诉途径无法物尽其用，法院的受案量增加，形成讼累。

【调研背景】宁波市象山县作为一个海滨的县城，虽然在宁波市区范围内经济并不突出，但是其作为一个东部沿海县城，自2009年以来，城镇化水平发展迅速，新建小区数量急剧增多，随之也不断产生了许多城镇化进程中的问题。其中物业服务合同纠纷的问题逐渐显现。各类住宅小区在收取物业费用后，由于提供物业服务质量的标准都不一致，业主与物业服务企业又缺乏一定沟通协调机制，使得两者之间的矛盾越演越烈，由此产生了不少的纠纷。本次调研是对象山县的物业服务合同纠纷进行研究分析后提出相应对策，相信会具有一定的现实和代表意义。

【调研目的】法治中国的建设，应当具化到每个和谐社区的建设，本次调研系基于对社区物业纠纷的现状进行统计分析后提出相应对策，以期将法治中国建设深入具化到每个社区。

【调研方式】以象山县法院2009年至2013年8月份审理的物业服务合同纠纷案件数据为样本进行统计分析。

一、物业服务合同纠纷的主要特点

（一）物业服务合同纠纷所涉范围扩大，纠纷数量呈波折浮动变化

不同于别的地区物业服务合同纠纷数量呈直线上升趋势，象山县自 2009 年至 2013 年 8 月份的案件数量呈波动变化。2009 年至 2012 年的案件数量比较少，而在 2013 年仅 8 个月数量就急剧猛增。2009 年到 2011 年只涉及一个物业服务企业，到了 2012 年、2013 年涉及的物业服务企业就达到了 6 家。所涉小区也逐渐扩大为塔山花园、金港花园、宏润花园、绿城百合公寓、水木华庭等 5 个小区。（图 1）

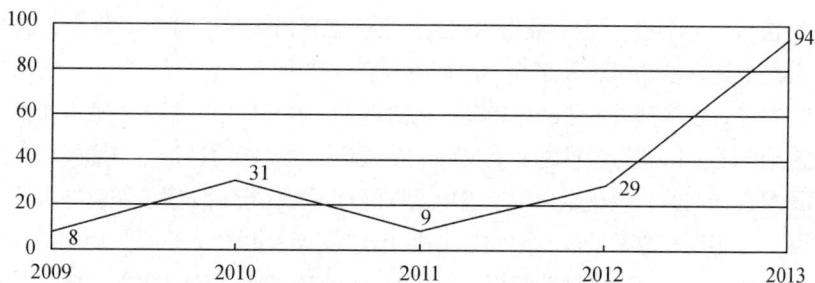

图 1　2009—2013 年 8 月的物业服务合同纠纷数量

（二）物业服务合同纠纷案件到庭答辩率低，诉由主要集中在请求支付物业费

2009 年以来物业服务合同撤诉数量基本随着案量的改变发生变化，而调解率从 2010 年开始就一直呈卜降趋势，与之形成对比的是从 2011 年开始低判决率呈明显上升趋势。随之在 2013 年产生了一个新的处理结果即支付令。仅仅在 2013 年 1 月至 8 月就产生了 34 起支付令，法院签发支付令后被告并未提出异议，这将会是一个新的有效处理方式。（图 2）

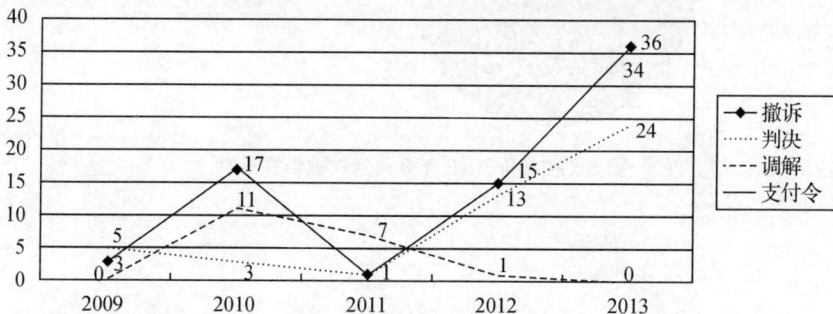

图 2　案件结案方式走势

表 1 判决答辩

年份	案量	判决	判决出庭答辩	答辩率
2009 年	8	5	5	62.5%
2010 年	31	3	3	9.68%
2011 年	9	1	1	12.5%
2012 年	29	13	4	13.79%
2013 年	94	24	1	1.06%
合计	171	46	14	

　　在 46 个判决案件中，被告出庭进行书面或者口头答辩的仅有 14 个，其余皆为经法院合法传唤，无正当理由拒不到庭参加诉讼。见（表 1）。未出庭答辩的案件，法院都进行了缺席审理。在撤诉了结的案件中，系因为被告在收到法院通知后立即履行缴纳物业费义务。在调解中也全部由被告方当场履行，按照民事诉讼法的有关规定，双方当事人均同意不再另行制作民事调解书，且此调解一般出现在立案阶段，因此答辩率十分低。业主以个人形式与物业服务企业发生纠纷，一旦触及法院起诉，大多业主会产生抵触心理，采取消极应对的方法，以缴纳物业费方式避免官司，这就使业主处一个不利的被动的地位。并且在这 14 个出庭答辩的业主中只有 5 个，即 36% 的被告提供了证据，而另外 64% 的被告没有提供相关证据，进行了口头辩论。见图 3、图 4。

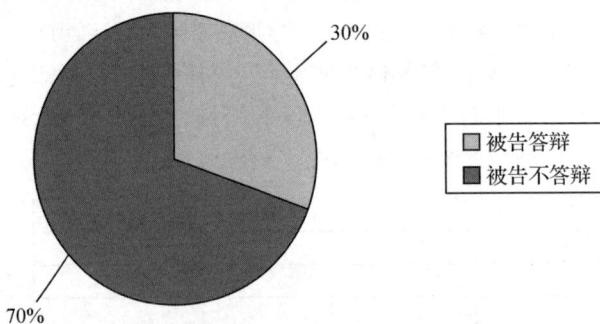

图 3 2009—2013 年 8 月判决被告答辩率

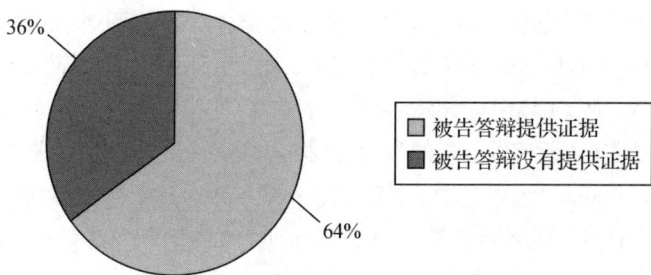

图4　2009—2013年8月判决中被告答辩提供证据率

　　在171个案件中，除了1起案件是由象山县丹西街道金港花园业主委员会起诉以外，其余170件物业服务合同纠纷都为物业服务企业起诉业主。在170起案件中诉由也都很单一，都为请求支付物业费。而事实上，即使业主进行了答辩，也基本不会成功，最后只能支付物业费。

（三）物业服务合同纠纷案件类型多，新型案件增多

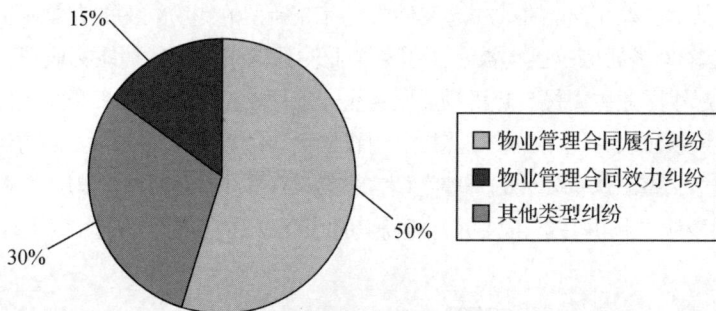

图5　管理纠纷类型图

　　1. 物业管理合同履行纠纷。基本上所有的答辩理由都涉及履行合同义务的问题。物业管理合同是业主委员会与物业服务企业签订的合同，是物业公司管理物业的依据，对业主有约束力。物业服务企业需要履行维修管理、安全管理、设备管理、环境管理等相关的义务。在具体实施中，物业服务企业就存在以下问题：（1）设备设施不配套，物业迟迟不维修更换；（2）违章建筑不处理；（3）绿化工程不够完善；（4）小区安全问题没有很好地解决。在14份答辩中就有6份提到自己遇到的门卫形同虚设，小区内养大型犬，由于管理不严导致小区经常遭窃，汽车停放在家门口被人喷漆、车胎被人割破等安全问题，但小区物业并未及时进行调查或者提高安全措施。宏润花园的业主就以保安人员更换频繁，且年纪偏大无法保障小区安全为由拒绝缴费。物业管理没有统一的标准，合同履行情况难以量化考核，这就造成业主往往以物业服务企业不履行物业管理义务为由拒缴物业费。10 起案件中被告认为收费与配套服务不成比例，拒绝缴费。也有业主以合同本身对物业费标准、缴费期限收取方式等约定模糊为由拒缴物业费。在 14 起判决结案的案件中，有 12 起案件的被告答辩称收费标准没有明确透明；6 起案件被告的答辩提到物业服务企业催讨物业费次数少，未上门收取，只要整个小区的物业费交到了 60% 以上，并张榜公布小区物业费的缴纳情况，其也会缴纳物业费。物业服务企业未履行相关义务与业主拒缴物业费两者在本质上都涉及合同的履行问题。

2. 物业管理合同效力纠纷。关于物业管理合同效力的纠纷，主要包括：（1）业主认为合同不合法，例如金港花园某业主就认为小区第二届业主委员会并非业主大会选举产生，其签订的物业委托合同是无效的，对小区业主无约束力因此拒缴物业费；（2）业主认为主体不统一，业主并非是《前期物业管理服务合同》的当事人，《入住合约》并未明确将《前期物业管理服务合同》纳入调整范围，《前期物业管理服务合同》对被告没有约束力。

3. 其他类型纠纷。在 171 起案件中，存在新型的纠纷。例如有位业主的一只价值 2000 多元的哈巴狗被物业服务企业的狼狗咬死因此拒缴物业费。另外存在 1 起小区业主委员会起诉物业服务企业案件，请求物业服务企业支付租金损失及装潢垃圾转运费，移交监控、可视电话、门禁系统设备，安装防盗窗、整改花格、整改违章安装的外墙空调。虽然只存在 1 个案例，但因是由业主委员会代表业主起诉并取得胜诉，值得其他小区业主在涉及此类纠纷时学习和借鉴。

二、物业服务合同纠纷的产生原因

（一）业主的法律意识参差不齐，未形成现代的小区居住理念

业主一旦对物业服务企业产生不满极易产生拒缴物业费的思维，以此来保护自己权益。有部分业主法律意识不强，仅以未享受或者无须接受相关物业服务进行抗辩，例如有被告答辩称只要物业公司将小区白茶花换掉将会支付物业费。也有业主法律意识错误，根据相关规定，依法签订的前期物业服务合同和物业服务合同，对业主有约束力，不得以并非合同当事人为由抗辩。上文中就显示了由于物业服务合同效力产生的问题不在少数。而在司法实践中，对于物业管理纠纷案件法律也未明文规定举证责任。如果根据谁主张，谁举证，对于业主来说，要证明物业服务企业是否履行了物业管理义务，在举证上也存在着一定困难。

（二）业主委员会未起到作为调解渠道的作用

有业主称未选举过业主委员会，也不知道业主委员会成员，这让业主委员会形同虚设。在171个案件中涉及的小区规模较大，业主数量较多，组织相互间不熟悉的业主进行组建，比较复杂，又缺少有能力的组织者，业主参与意识不强，这就使业主委员会的功能性和完整性受到了冲击。171个案件中只有1起是象山县丹西街道金港花园业主委员会起诉物业服务企业。物业服务企业在前期服务过程中存在严重违反物业管理合同的情况，最终与业主委员会达成协议，并形成《金港花园物业移交会议纪要》一份。物业服务企业虽退出了金港花园的物业管理，但拒不履行其他义务，由此产生了纠纷问题。本案是171个案件中唯一一个物业服务企业败诉的案例。通过业主委员会的起诉可以减少讼累，同时可以形成合力对抗物业服务企业，从群体性诉讼变为业主委员会与物业服务企业的纠纷，节约司法成本。业主委员会是作为业主利益的代表，这个地位决定了它必须要为业主争取利益。它既要监督物业服务企业的合同履约情况，也要协调业主与物业服务企业，及时与居委会及相关部门进行沟通。作为一个桥梁和纽带，它的作用显得尤为重要。

（三）物业服务企业服务不到位，服务行为不规范化

随着需求的急剧增加，虽然物业服务企业发展快速，但其服务的水平和质量都存在问题。这主要表现为：1.服务意识有待提高。由于很多物业服务企业是从开发商处衍生而来，造成思想观念的改变并没有从管理型向服务型调整；2.服务不到位，收费与服务不相符合。有些物业服务企业追求利益至上，忽视对业主的服务质量；3.物业财务收支不透明。物业服务企业大多采取包干制的物业管理收费模式，容易造成财务的不透明，业主容易产生不满。

（四）物业服务企业产生纠纷是由开发商遗留问题转嫁形成

宏润花园小区是宏润公司在象山开发建设的一处高品质楼盘，原告上海润凯物业服务有限公司系宏润公司的下属公司。原告上海润凯物业服务有限公司从事物业管理未经过公开招标，系宏润公司单方确定。宏润公司在交房时因房屋质量、规划等方面存在问题，小区部分业主曾以此起诉其要求赔偿，最终由宏润公司决定免去起诉业主3年3个月的物业费，那么其余业主也认为应当免去相应的物业费。从本例来看，物业公司的权责范围和开发商的权责范围容易产生混淆。例如房屋的质量问题应归咎于开发商，而对于公用设施的维修等应归咎于物业公司。开发商遗留问题一般都在物业服务企业管理服务不到位，未履行合同义务时才激发出来。开发商往往为了追求利益，掌握管理权，选聘自

身的下属单位或者关系密切的管理企业为物业服务企业，使得物业服务企业容易承担本属于开发商的过错。

三、解决物业管理纠纷的对策分析

（一）加强小区业主的法律意识

在物业管理区域内对业主进行《物业管理条例》等相关法律法规的普及和讲解，让业主进一步明确自己所享有的权利与义务，知道通过何种方式来维护自己的权益。对于不缴、少缴和拒缴物业费来保护自己权益的方法，法律虽然没有明文规定，但不代表业主可以拒缴物业费，也不代表业主对于物业服务企业未履行义务还得全额缴纳物业费。如法律明文规定业主可以拒缴物业费，可能容易加深业主与物业服务企业的矛盾，因此，在面对此类问题时，由于物业费是分项收取，可以对其不规范的项目进行拒缴，而不是全额拒缴或者全额缴付。具体拒缴范围可由业主委员会或者法院来调节协商。建设部和国家发改委可以对物业服务收费管理办法进行更加明确统一的划分。要做到既不给物业服务企业不规范的运作空间，也不让业主仅以未享受相关物业服务进行抗辩拒缴物业费的机会，让两者利益同时得到最大的满足，使得纠纷减少。

（二）积极组建业主委员会，确保其职能的有效实施

根据《业主大会和业主委员会指导规则》相关规定，业主委员会作为一个代表全体业主利益的民间组织，能够反映业主意愿，监督物业服务企业，是业主大会的执行机构。这就奠定了其能作为物业服务企业与业主之间排解纠纷渠道的基础。由于在同一物业管理区域，更为了解区域内的物业纠纷原因，业主委员会代表业主与物业服务企业自主协商，双方更容易针对问题，和谐便捷的解决。这需要物业所在地的区、县房地产行政主管部门和街道办事处、乡镇人民政府积极发挥对业主大会和选举业主委员会的设立、运作提供的指导和协助作用，便于业主委员会发挥职能，产生更大的成效。

（三）对物业服务企业加强监督管理

根据《物业管理企业资质管理办法》，物业服务企业的设立需要相应的资质条件，并将资质分为一级、二级、三级。对物业服务企业实行年检制度，由资质审批部门监督检查。其中提到对设立物业服务企业要求其做到建立并严格执行服务质量、服务收费等企业管理制度和标准，建立企业信用档案系统。而往往在实际考评中对于物业服务企业的服务质量衡定标准等难以做到统一。制

定更为准确明了的服务质量标准，完善企业信用档案系统等显得十分重要，同时对于违反规定的物业服务企业应加重处罚金额和处罚力度，加大对从业人员的素质要求，例如定期进行物业从业人员的素质培训，实行持证上岗制度等，以此来提高服务效率与质量，从根本层面上减少物业纠纷问题。

（四）从司法立案角度减少讼累

根据《物业管理条例》第 67 条规定，违反物业服务合同约定，业主逾期不缴纳物业服务费用的，业主委员会应当督促其限期缴纳；逾期仍不交纳的，物业服务企业可以向人民法院起诉。在实践中，物业服务企业了解到人民法院起诉后追讨物业费的便捷，对业主催讨不彻底就进行起诉，极易增加法院负担。因此，法院对于物业管理服务纠纷案件的立案条件有必要进行限制。应对物业服务企业的资质进行审核后，审查物业服务企业是否履行了相应的告知和催讨义务。通过不断总结，提出司法建议来加快我国物业管理法律体系的发展和完善。

（五）法院应增加物业服务管理合同的处理方式，可以建立快审制度

强调司法调解、行政调解、人民调解三位一体的工作机制，物业服务企业可以通过申请启动快审制度，让相关的业主与物业服务企业进行调解。由于涉及同一个物业管理区域，诉求相似，涉案标的额一般都不大，案情基本相似，因此可以组织进行共同调解，这就减少了重复调解。在 2013 年 1 月至 8 月之间，象山县人民法院对受理的物业服务合同纠纷采取了支付令方式，让案件处理更为简洁快速。在此基础上则既需要对业主普及督促程序知识，使业主能够适时提出异议，也需要对业主进行告知其权利与义务，怠于履行义务不会得到法律保护。

结语

此次调研报告，目的在于总结出物业服务的纠纷现状，以象山县为例发现了小区业主、物业服务企业、业主委员会为主要关系的漏洞和弊端，以此归纳出更为公平公正、高效便捷的物业纠纷处理方式。同时在一定程度上提出解决纠纷、发展和谐小区的建议和举措，从不同主体上进行针对性的提出意见，多方发展有力措施，最终达到推进社会主义法治建设的目的。欲治国，先齐家。从法律上解决小区物业服务企业纠纷，带给业主安定的生活，才能进一步促进社会的稳定。中国的法治社会建设在做到从上到下的推进普及时，更应该做好从下到上的"积累"——要从公民的日常生活开始建设，要从点滴做起。不积"跬步无以至千里，不积小流无以成江河"，相信此次的调研报告对于中国的法治建设将具有建设性的意义。

"亲亲相隐"制度的法经济学分析

——兼论传统法制与法治建设

魏文通

宁波大学法学院

摘　要："亲亲相隐"作为中华法系的一项重要制度近年来受到广泛关注。从法经济学视角来看，其产生、发展及现代回归历程的背后都隐含着对成本、收益的考量。在"亲亲相隐"的产生过程中，成本、收益的分析为亲属间相互告发不具有期待可能性提供了新的解释角度和观点。从其发展过程来看，"亲亲相隐"的传承与发展所表现出的"多回合赛局"特性与其成本、收益分析有着内在契合性，典型表现就是在农业社会到工商业社会变迁过程中，亲属间关系的界定也伴随着相处成本的改变而改变。刑诉法修改后，"亲亲相隐"有了回归的迹象，表现出了新时代下成本、收益的均衡。随着我国法治建设水平的不断提高，更多具有合理内核的传统法律制度将重新回归与适用。

关键词：成本；收益；传统法制；法治建设

"亲亲相隐"制度也称"亲亲得相首匿"，在古代刑律中指在一定的范围内亲属之间可以互相隐瞒犯罪事实而法律不予论罪或减免其刑罚。或者对当隐而不隐者则要定罪处刑的制度。[1] 该思想最早源自于儒家"子父相隐"理论学说，随着中国古代法律的儒家化进程，"亲亲相隐"的思想在西汉时期被统治者正式接受，并开始在法律中有所体现。在随后漫长的封建社会中这一制度逐渐发展，至隋唐时期达到成熟，成为封建社会中一项极其重要的法律制度，清末变法和民国时期虽然对封建法统进行了重大改革，但"亲亲相隐"制度却基本得到保留。[2] 新中国成立后这一制度被废除，随着刑诉法的修改该制度呈现出"回归"的迹象。

1　李晓芳：《浅谈亲亲相隐制度》，载《当代法学论坛》2011 年第 5 期。
2　杨辉：《中国亲亲相隐制度研究》，华东政法大学 2006 硕士学位论文。

关于"亲亲相隐"制度的产生原因、作用、意义等内容，我国学者与西方学者分别从维护封建纲常、家族制度和尊重人权、稳定社会等方面做出了解读。但是上述解读多是从伦理学和社会学角度进行的阐释，较少有学者从法经济学角度来对此制度进行分析。法经济学近些年日益兴盛，已然成为一门显学，其最大的特点是主张运用法外之学（主要为经济学分析方法）由外而内对法学进行研究，其对于某些法学原理和制度的解读往往会得出发人深省的结论。法经济学的研究有多种进路，其中成本和收益分析是最核心的一种，本文就是主要从这个角度来分析"亲亲相隐"制度。

一、"亲亲相隐"产生的成本与收益分析

"亲亲相隐"制度于汉朝得以确立，是汉律"引礼入法"的重要表现。[1]汉宣帝在地节四年下达诏令："父子之亲，夫妇之道，天性也，虽有患祸，尤蒙死而存之"（《汉书—宣帝纪》），在唐朝时发展完备、成熟，后经历代发展沿袭。纵观整个封建时期，显著特点是生产力并不十分发达，整个社会对于劳动力的依赖非常严重。劳动力是家庭生活资料、统治者的赋税徭役以及国家防卫、战争的主要承担者，属于社会稀缺资源，是社会所倍加珍惜的对象。作为家庭主要劳动力的男性往往是犯罪的主要群体，因此对于一般犯罪的告发问题通常会与家庭的主要劳动力有关。笔者认为，关于"亲亲相隐"的讨论这一点是无法绕开的。基于这一因素的考虑，笔者试图运用法经济学的方法从成本与收益角度对"亲亲相隐"制度产生与确立的合理性进行剖析。

（一）成本、收益考量对实现家庭稳定、维护家族道德具有重要意义

传统的人情、法理解释从法的可预测性和可接受性方面为"亲亲相隐"的产生提供了理由，成本、收益的分析主要从缘何要兼顾法的可预测性与可接受性的角度给出答案。经济学分析是以个人、家庭等基本对象为分析单位的，对于"亲亲相隐"问题的研究也可以将家庭作为分析的基本单位，这样的做法也与当时强调家族制的社会状况所契合。以下将主要通过对"亲亲不相隐"所带来的直接成本与间接成本问题的分析，来论证"亲亲相隐"的合理性所在。

1. "亲亲不相隐"的直接成本分析

对于告发人来说，告发家中劳动力做法带来的直接成本主要来自两个方面。其一，告发家庭成员使被告发者深陷牢狱之灾。其二，该劳动力将被投入牢狱，

1　王立民：《中国法制史》，北京大学出版社2011年版，第118页。

造成家庭劳动力的稀缺，进而家中的田将无人耕种，政府与地主的租金、税赋将无法承担，自己的日常生活甚至养老问题都无法得到保障，这样的做法带来的成本对告发人来说不可谓不大。

2."亲亲不相隐"的间接成本分析

乐观地假设，被告发者在经受过刑罚重新回到家中后，告发人也必将为重新修复与被告发者的关系而付出高昂代价。而且，告发人身边的邻居、亲戚、朋友等在得知其将自己的亲人举报后，对于告发人的评价势必会大打折扣，这也将增加告发人与他们的交往成本。告发亲属使告发人承担了来自于以上三方面甚至更多的额外成本，对于拥有理性自利本性的人来说，降低成本是其必然选择，为此这也就为"亲亲不相隐"不具有期待可能性提供了一种法经济学角度的解释。当然，"亲亲相隐"制度的确立与儒家学说在汉朝的发展是密不可分的，这一制度是对儒家所提倡的家族道德的一种维护。[1]

（二）成本、收益考量对降低行政成本、提高国家统治收益具有重要价值

从统治者角度来看，采取立法的形式将"亲亲相隐"制度化，既是对"亲亲相隐"合理性的肯定，也是一种降低国家行政成本、提高国家统治收益的重要手段。

1."亲亲相隐"降低国家行政成本的分析

对于"亲亲相隐"的否定有着重大的外部性，而这种外部性也隐含着较高的成本。外部性是一个经济学的重要概念，可以简单地定义为"一个人的行为、对其他人造成的影响，或者一件事对他人造成的影响都称为外部性"。[2]按照性质不同，可将外部性分为正的外部性与负的外部性两种，正负的含义可以用积极、消极等词汇去进行理解，例如当下社会各界所宣传的"正能量"。法学与外部性的关系是法律所处理的问题，就是外部性为负，而且严重的情况。[3]

具体说来，在当时十分强调劳动力和家族观念的历史条件下，结合上文的分析，对于家族成员的告发是不具有期待可能性的。如果通过立法，否定"亲亲相隐"的合理性，要求"亲亲不相为隐"则与当时的社会观念、人的本性是相抵触的，这会带来巨大的外部性。要解决这样的外部性问题，行政成本增加成为不可避免的趋势。而"亲亲相隐"制度的出现则为解决这一问题提供了理

---

1 曾宪义：《中国法制史》，中国人民大学出版社 2008 年版，第 92 页。

2 熊秉元：《法学干卿底事——法律经济学的旨趣》，台湾时报文化出版社 2003 年版，第 159 页。

3 熊秉元：《法学干卿底事——法律经济学的旨趣》，台湾时报文化出版社 2003 年版，第 163 页。

论支持和法律依据。

2."亲亲相隐"提高国家统治的收益分析

除了对于家庭的影响外,"亲亲不相隐"也会对整个社会产生不良影响。"亲亲不相隐"带来的直接后果是众多家庭的破碎,社会道德的滑坡,甚至是人性的淡漠和人心的疏离。这种情况所造成的外部性(负的)是极大的,而这种状况恰恰与统治者的统治需要所背离。统治者也注意到在国家利益和亲属利益发生矛盾难以两全的时候,不可能指望一般人都深明国家大义而灭亲。[1]社会的稳定、经济的发展是统治者稳固其统治的基础,如此情况下统治者自然会选择动用道德、舆论,乃至法律的手段,来承认"亲亲相隐"的合理性,避免这种外部性的发生,节约行政成本的同时也实现了提高行政收益的。

(三)成本、收益考量对降低司法成本、提高司法运作效益起到重要作用

"亲亲相隐"的实施是降低司法成本,提高司法运作效率的重要途径。公平与效率是一对相伴相生的伙伴,公平是效率的指引,而效率又是公平的保障。二者趋势统一是司法追求的目标,而面对个案情形的不同,二者又可能发生冲突。因此,在司法资源有限的情况下,如何合理分配资源对于正义的实现有着重要意义。

1."亲亲相隐"降低司法运作成本的分析

在"亲亲相隐"的问题上,由于当事人面对需要付出沉重成本而选择相隐情况的存在,司法机关就必须付出相当大的代价才有可能使其突破理性的指引而选择作证,但是对于司法机关来说这样的成功概率并不乐观,它所造成的司法资源浪费和减损却是显而易见的。由需求定律公式——价格和数量、呈反向变动规律[2]来看,当要求亲属作证的成本升高,对它的要求数量反而会下降,在这一下降的过程中,"亲亲相隐"成为最优的理由。

2."亲亲相隐"提高司法运作效益的分析

司法成本的节约使得对于其他对社会具有严重危害行为的关注增多,客观上提高了这些问题的解决效力和效益,从而为社会的经济、政治、文化发展创造一个稳定和谐的环境。同时,我们也看到"亲亲相隐"制度的实施为社会劳动力的存续、生活养老问题的解决,以及国家赋税徭役的征收提供了保障,它使每个家庭都能功能完整地正常运作,社会财富亦活跃流动,客观上提高了司

---

1 范忠信:《"期待之可能性"与我国刑事法的"法治圣贤定位"——从"亲亲相隐"的角度观察》,载《广东社会科学》2010年第2期。

2 熊秉元:《法学干卿底事——法律经济学的旨趣》,台湾时报文化出版社2003年版,第99页。

法运作效益。因而，"亲亲相隐"为统治者所采纳也就顺理成章了。

除了叙述式的分析方法外，以上三方面的成本、收益分析还可以通过经济学模型的方式采用数学的方法加以表示，基于文章内容的考虑就不在此赘述。特以第一方面（家庭选择"亲亲相隐"的经济模型分析）为例，附于本文之后，仅供参考、交流。

二、"亲亲相隐"变迁的成本与收益分析

"亲亲相隐"制度并非一成不变的，它是随着社会经济、政治、文化等因素的发展而变化的，其主要变化体现在它的范围和对象的界定上。例如汉代，"亲亲相隐"的范围规定的比较小，直系亲属和配偶范围内，才可适用。即便在这个范围内，也只有卑幼可以隐护尊长，唐代这个原则进一步扩大，"同居相隐"制度不仅将直系亲属、配偶，扩大到旁系亲属，而且长幼之间可以相互隐藏，到清时"亲属相为容隐"范围就更大了。[1]而中华民国建立后相隐的范围并没有延续扩大的趋势，而是逐渐进行限缩。时至今日，我国关于"亲亲相隐"的规定主要见于《刑事诉讼法》第188条规定："经人民法院通知，证人没有正当理由不出庭作证的，人民法院可以强制其到庭，但是被告人的配偶、父母、子女除外。"范围仅限定在了配偶、父母、子女。对于这一制度的变迁笔者认为存在不一定合理，但存在一定有原因。[2]

"亲亲相隐"的发展与社会的政治经济状况有着密切联系。考虑到各个时期的政治经济状况，秦统一中国后，"令黔首自实田"，正式废止了国家授田制，从法律上承认了封建土地私有制。西汉王朝继起，又进一步加以确认和发展，于是土地买卖和土地兼并迅速盛行起来，成为普遍的社会经济现象，两极分化的弊端也开始暴露出来。隋唐时期为中国封建经济发展的顶峰时期，贞观之治隋唐盛世的出现也使统治者法律上的观念有所转变，封建法律的"人文关怀"特点逐渐增多。而到清朝末年，国内封建经济、列强资本主义经济和国内的民族资本主义经济并存，受西方法学人权、民主的思想的影响，"亲亲相隐"的主体和事项进一步扩大。"亲亲相隐"的变迁历程中，成本、效益的考量主要体现在"亲亲相隐"的"多回合赛局"和与社会更迭相适应的

---

1 丁凌华：《艰难与希望——中国法律制度史讲课实录》，人民出版社2008年版，第142页。

2 丁凌华：《艰难与希望——中国法律制度史讲课实录》，人民出版社2008年版，第99页。

两大特点之上。

（一）成本、收益考量与"亲亲相隐"的"多回合赛局"特性的内在原理相契合

从"亲亲相隐"的"多回合赛局"特点来看，"亲亲相隐"的操作、实施暗含了对成本、效益的考量。所谓"多回合赛局"主要是源于经济学中的赛局理论，即以研究不同情况下如何选择能达到最优为目的的理论。在"亲亲相隐"的框架下，对于亲人的告发实际上是一场多回合的赛局。

在这一赛局下，举报者与被举报者可以被看作是参赛者，他们中后行动者了解目前赛事的信息，并且知道先发者的选择。被举报者对于当前的赛局或者说局势是了解的，对于下一步该采取怎样的行动是握有主动权的。例如，当被举报人服刑完毕后，面对曾经告发过自己的亲人，他处于对亲情的失望、社会信任感的降低及内心的仇恨之中，很可能产生以其人之道还其人之身的想法，进而努力搜集对方的罪证，甚至不惜一切苦心设计、捏造对方的犯罪事实从而进行打击报复。而举报人在此情况下，处于资讯的弱势方，他对这一切可能是不知道也无从知道的。这一情况下，潜在的举报者就会发现告发他人罪行是一把悬在自己头上的双刃剑，它既有可能实现将犯罪者绳之以法的效果，更有可能给告发人自身带来遭受同样后果的潜在威胁。面对如此的状况，潜在的举报者就不得不考虑自己的行为所要付出的成本有多大，收益又是多少，是否值得他为之付出。一般来讲基于对未来无知的恐惧在充分权衡利弊后，放弃举报就成为对自己最有利的选择。

与家庭相结合，家庭一般具有人数少、环境小、重复交往的特点，这三项因素隐含的是，家庭成员们会持续频繁的互动，彼此都能相互视察和交换资讯，[1]这就使家庭成员间每一交往所做行为都能影响到对下一环节行为的抉择，赛局的重复则可能产生合作结果的均衡。[2]这其中所暗含的道理就是潜在的举报者会考虑自己本轮的行为为自己下一轮所带来的后果，在这种考虑之下就出现了上文所谈到的放弃举报的合作均衡结果。

从反面来看，当"亲亲相隐"这种规则被建立和认同后，如果潜在举报者将举报付诸行动，则有可能触发经济学上的扣扳机效应。即只要其他参赛者合作，参赛者选择合作结果，一旦任何参赛者破坏合作，参赛者停止合作以惩罚

1　熊秉元：《法学干卿底事——法律经济学的旨趣》，台湾时报文化出版社 2003年版，第 126 页。

2　[美] Nicholson, Snyder：《个体经济学——理论与应用》，学富文化出版社 2007 年版，第 81 页。

破坏合作的参赛者，长远来看，这种结果对于举报者自身也是不利的。在"亲亲相隐"的操作、实施过程中，"多回合赛局"特点发挥了重要作用，同时"多回合赛局"特点的核心就在于每一轮做出行为时都要进行成本、效益的考虑，因此说"亲亲相隐"在巩固、发展的过程中也体现着对成本、效益的考量。

（二）成本、收益考量同样具有时代特性

农业社会中，生存和保险是人们最主要的两件大事，这种条件下对于亲人的依赖（对于生存和天灾人祸时的互通有无）就显得尤为重要。相应地亲属间的关系势必更为密切，人们往往能够通过付出较小成本来与亲戚、朋友处理好彼此之间的关系，以求在发生天灾人祸时能够得到精神和物质上的支援。这种情况下扩大相隐亲属的范围所要付出的成本较因此所获收益相相比会小得多，由此可以看出增强亲属间的关系、扩大相隐的范围既是对现实情况的尊重，也是一种对成本、效益的考量。

而当下我们早已由农业社会进入工商业社会，传统的生产方式已经改变。人们对于生存和保险的要求和保障也发生了很大的改变，人们在物质生活上更加的独立自主，同时对于抵御风险和灾难的能力也有所增强。在这种情况下，传统的亲属关系更多的意义在于情感上的依靠，这为相隐范围的重新界定提出了要求，如果还保持原有模式下的相隐范围势必会增加立法和执法的成本，因此重新界定相隐范围也是基于成本和效益的考量。

无论是对于相隐亲属范围的扩大还是进行必要调整、限缩，我们都不难发现这背后所隐藏的社会变迁的影子。"亲亲相隐"作为一项司法制度，自身的历史使命就是解决与社会发展状况相适应的社会问题，这既是它的特点也是它存在的价值。在其不断调整的过程中，成本、收益的考量起到了重要的作用，并且随着社会状况的发展变化，成本、收益所关注的内容也在发生不断的变化，呈现出其特有的时代特性。

三、"亲亲相隐"回归的成本与收益分析

戊戌变法巨子梁启超曾指出："史者，所以通知古今，国之鉴也。"[1]对于历史的研究意义正在于对当下的启示。新中国成立以后，立法机关也曾在1979年《刑法典草案》第22稿中规定，直系亲属、配偶，或者在一个家庭共同生活的亲属窝藏除反革命分子外的犯罪分子的，可以减轻或者免除处罚。但后来

1　何勤华：《外国法制史》，上海教育出版社2001年版，第3页。

认为这条规定有容忍封建社会所提倡的"亲亲相隐"的那种伦理道德的味道，与鼓励大义灭亲的新型道德相矛盾，所以在草案第33稿中删除了。一个国家法律制度的建立势必受制于传统的法文化及法律意识，这种不加区分地简单剔除一些根深蒂固的法律文化或许是不明智的做法。面对这种强求所有人都成为"国家利益至上""爱国家胜于爱亲属"的"圣贤"立法，[1]学者们进行了广泛讨论。有的学者认为这种做法不利于维护人类之间的宝贵亲情，违背了人性；不利于维护婚姻、家庭和社会的和谐；不利于法律的真正贯彻落实，法律实施难以保证等。[2]

笔者认为，种种看法的核心观点实质在于"亲亲相隐"与现代刑法价值观并不违背，而且内涵上融通一致，"亲亲相隐"符合现代刑法价值观念。较为典型的例证就是《法国刑事诉讼法》第335条、《意大利刑事诉讼法》第199条（近亲属回避权）、《德国刑事诉讼法》第52条（因个人原因拒绝作证权）等，这些西方现代意义上的刑事立法都从某种程度上反映了容隐精神。[3]2012年颁布的《刑事诉讼法》第188条规定："经人民法院通知，证人没有正当理由不出庭作证的，人民法院可以强制其到庭，但是被告人的配偶、父母、子女除外。"新刑事诉讼法考虑到强制配偶、父母、子女在法庭上对被告人进行指证不利于家庭关系的维系，明确免除被告人的配偶、父母、子女出庭作证义务。[4]这一举措被称为"亲亲相隐"理念的回归。

（一）"亲亲相隐"回归降低证人与司法运作成本的分析

新规定下，对于亲属来说，有权拒绝出庭作证至少降低了以下几方面的成本。一是证人出庭所必须产生的人力物力和时间成本。二是证人指证犯罪嫌疑人不仅自身有内疚感而且会得到嫌疑人及其余家人甚至是社会的责怪和憎恨，由此产生的心理负担属于精神成本。三是亲人之间的指证引起的家庭社会信任危机，破坏社会秩序的社会成本。对于司法运作成本的降低上文已有涉及此处不再赘述。

———————

1　范忠信：《"期待之可能性"与我国刑事法的"法治圣贤定位"——从"亲亲相隐"的角度观察》，载《广东社会科学》2010年第2期。

2　毛舒逸：《论"大义灭亲"与"亲亲相隐"之取舍》，载《黑龙江省政法管理干部学院学报》2010年第7期。

3　马小红：《中国法制史关键问题》，中国人民大学出版社2011年版，第56页。

4　缪军：《近亲属不必出庭作证："亲亲相隐"理念回归》，载《检察日报》2012年5月18日。

（二）"亲亲相隐"制度回归的收益分析

从经济学的角度来讲，降低成本也是一种提高收益的手段，二者实质反映了一个硬币的两个方面。除了证人作证与司法运作成本的降低外，我们也可以看到"亲亲相隐"所能带来的直接收益。

对于证人来说，一是由于采信了亲属证人的证言，使得犯罪嫌疑人洗清罪名沉冤得雪，抑或承担了较轻的法律责任。二是犯罪嫌疑人本人及家庭获取的物质利益和精神利益如家庭收入不减少，赔偿减轻或者无赔偿，嫌疑人和家庭成员的声誉受到了维护，家庭继续和睦的生活等等。[1]

对于国家公检法机关来说，也在一定程度上降低了他们的行为成本。例如，一是亲属证人对出庭作证怀有抵制的情绪，办案机关花费一定的人力物力和时间来说服教育亲属证人出庭作证所耗的成本。二是亲属作证出于私心和本能，可能出现伪证，降低了办案成本和诉讼效率等。在降低成本的同时，另一方面看也增加了司法操作的收益，这些都是在一定条件下、一定范围内最好的均衡。

（三）"亲亲相隐"回归中存在的问题分析

在为"亲亲相隐"制度回归欢欣鼓舞的同时，我们也应当清醒地认识到刑诉法的修改还仅是"亲亲相隐"回归的初始阶段。我国当前阶段的"亲亲相隐"与"亲亲相隐"的本体内含还是存在一定差距的。现阶段的"亲亲相隐"主要是在形式法治方面给予犯罪嫌疑人的配偶、父母、子女拒绝出庭作证的权利。犯罪嫌疑人的配偶、父母、子女享有的是不出庭作证的权利。而在实质法治方面还并未与形式法治实现完全的对接，以上三类人并没有免除作证的义务，他们仍有义务就其所了解的与犯罪有关的事实向法庭作证。这样的做法在形式法治的意义上可能实现"亲亲相隐"的效果，但在实质法治的意义上仍有可能带来一些问题。贝卡利亚曾指出"一切违背人的自然感情的法律的命运，就同一座直接横断河流的堤坝一样，或者被立即冲垮或淹没，或者被自己造成的漩涡所侵蚀，并逐渐地溃灭"，制度的设计与修正实质上是一个成本与收益相冲突的问题，同时也是今后形式法治与实质法治需要解决的问题。

四、结论（传统法制与法治建设）

本文的写作目的并非仅是就"亲亲相隐"谈"亲亲相隐"，而在于尝试着

1　刘小琼：《亲属拒证特权的法经济学分析》，载《辽宁省行政学院学报》2012年第6期。

借助法经济学的分析方法从一个新的侧面对中国某些传统法律制度的合理性做出解释，进而为当代立法重新挖掘和吸收传统优秀法律制度提供理论支持。"亲亲相隐"仅是众多优秀传统法律制度的冰山一角，在当下的法治建设中还有更多的优秀传统法律制度等待着我们去挖掘与吸收。结合上文的研究，我对传统法制与法治建设也进行了一定的思考，并得出了以下结论：

（一）传统法律制度的合理回归是当代法治建设的必然趋势

一个国家的法治应当首先立足于本国的法律土壤，只有这样才能结出适合本国的法治果实。新中国成立以来，我们经历了多次大的社会变革，较为典型的是以十一届三中全会为代表的经济发展转型和以党的十五大依法治国方略的提出为代表的治理方式的变革，社会大变革的背后都隐含着法治的变革。随着改革开放的不断深入国民经济、政治、文化等各个领域都对法治建设提出了更高的要求。然而在近些年法治建设蓬勃法治的同时，暴露出许多无法回避的问题如法律文化的缺失。中国正在建设社会主义法治国家，需要有法治文化与之相匹配。[1]

新中国成立以后，传统的法律制度受到了全面的否定，中国开始大量引进、移植苏联和西方的法律制度。然而西方的法律制度大多是建立在其各自的法律环境与法律土壤之中的，是对于当时当地社会问题的回应，将其引进中国就可能发生水土不服，即与中国国情所不相适应的情况。因此，发展本民族的法治还是应当主要基于本民族的社会土壤，从本土问题出发，依靠本民族的法律文化实现可持续的自我发展。我国传统法律被称为"中华法系"，在世界的法制进程中都占有重要地位，其并非仅是所谓德治、人治的代表，正如上文所论述的一样，它所包含的许多法律制度与当代的法治精神并不冲突反而具有内在的契合性。在当下的法治建设中，传统法律制度的合理回归是当代法治建设的必然趋势。

（二）本土法律制度与法律移植的和谐是当代法治建设的关键所在

长期以来，法律移植被认作是法律发展的规律和法律法治的基本历史现象，当代中国法律的法治在这一点上表现得尤为明显。何勤华教授将其总结为三个方面，第一方面，他认为法学留学生在将西方先进之法律移植入中国，并使其本土化方面做出了巨大贡献。第二方面是在清末法律改革活动中，中国政府曾聘请了一批日本法学专家参与中国的立法和法律教育，这奠定了中国近现代法学发展的基础。第三个方面是自20世纪80年代起，中国在改革开放的国策之下，

1　王立民：《中国的转型与法治建设》，载《企业经济》2011年第5期。

开始积极加入法律的全球化趋势过程中。[1]

法律的移植无法绕开的问题就是处理与本土资源的关系。在某些情况下，法律移植可能会与法律的本土化资源产生冲突、矛盾的情况，如果所移植的法无法与本土法律资源达到和谐，这种移植的法就可能难以在中国的法律土壤上生根、发芽、茁壮成长。为此，在进行法律移植的过程中，如何实现本土法律制度与法律移植的和谐就成为当代法治建设的关键所在。为了实现二者的和谐我们既要注意对移植法的辨别和改造，做到将其"民族化""本土化"，同时还应当理性地看待本土化法律资源，理性地分析本土资源的合理性。总之，法律移植和开发、扬弃法的本土资源并不矛盾，凡是本土资源中缺少的，移植当然是没有问题的；凡是本土资源中存在的，也要看其合理与否，是否属于改革之列，如是，则也是可以通过移植来变革不合理的本土资源的结构和成分的。[2]

（三）尊重传统、与时俱进是当代法治建设的合理路径

纵观中国近现代法律发展的历程，主要走的是法律西化的路子，即通过移植西方的法律制度，并赋予其东方的法律逻辑，将其应用于解决本土的社会问题。在法律移植的路径中，中国传统文化与现代法治被视为两种截然不同的事项，并且认为传统文化会阻碍现代法治建设，需要被批判、摒弃。当法律制度与中国传统文化产生冲突时，东方主义的思维方式使我们习惯于从中国文化的价值理念层面来寻找原因，如中国人的观念、习惯等。但司法实践一再证明，不受道德和价值观支持的法律系统容易失效，因此，法治建设需要观照中国传统文化，而不是一味地无视它、摧毁它。[3]

不可否认移植外国法律是当下法治建设与法律发展的必由之路，但也不应当忽视对传统法律文化、法律制度的挖掘、研究和吸收。随着当下学术界对于中国法制的现代化、中国法的现代性等问题的关注，用"文化自觉"的心态来看待、发掘利用中国传统文化中有价值的资源，重视中国传统文化（包括法律文化）已成为了一种共识。对于当下法治建设问题，我们应当清醒地看到中华传统文化（包括法律文化）仍然对人们的行为及思维方式产生着重要影响，因此，在当下的立法中应当充分考虑基本国情和本土的法律文化及法律心理，只有这样才能实现法的可预测性与可接受性的统一，进而实现形式法治与实质法治的统一。

1　何勤华：《法的移植与法的本土化》，载《中国法学》2002 年第 3 期。

2　何勤华：《法的移植与法的本土化》，载《中国法学》2002 年第 3 期。

3　邢朝国、郭星华：《从摒弃到尊重——现代法治建设与传统文化》，载《中国人民大学学报》2012 年第 4 期。

（四）去糟取精、吐故纳新是开发传统法律制度建设当代法治应有的态度

随着我国法治化水平的不断提高，对国家与个人的价值、地位的认识开始发生改变，个人的价值和地位逐渐上升，人权的保障和程序的正义越来越受到重视。与此同时，法律也正在逐渐做出调整，类似"亲亲相隐"这样的符合当下法治诉求的本土制度，正在重新焕发光彩。一个国家的法治首先要立足于本民族，才可能放眼世界，只有"本土化的"，才能为大众所接受。西方的法治文化需要一个中国化或民族化、"本土化"的过程。[1] 同时，我们也应注意到，对于一些制度，我们既不能以古非今，也不能照搬照抄西方的类似制度，而应当结合当下国内现实情况，从我国的国情出发，充分考虑法治和制度的诉求，去糟取精、吐故纳新，有选择地吸收、有意识地选择，努力做到形式法治与实质法治的统一，实现法的可预测性与可接受性的平衡，只有这样才能更好地进行有中国特色的社会主义法治建设。

---

1 马小红：《中国法制史关键问题》，中国人民大学出版社 2011 年版，第 12 页。

法律适用——法律发现中的逻辑

夏霖宜

浙江万里学院法学院

对法律适用的误解

孟德斯鸠曾经描述过法官作为制定法奴隶的情形，甚至非常极端地说：法官的判决只具有"权力中立"的意义。法官严格地说可以从国家权力中加以排除，因为他是一个不被赋予自我意志的机关。法官的判决无非是"制定法的精确复写"而已，一种"无意志的生物"，不能减弱制定法的效力与严格，因此，法官的权力"在某种形式上等于零"[1]。

但是这无疑与孟德斯鸠在政治哲学上的权力分立的主张是悖谬的。在此种情形下，法官将只是立法者意志的传诉者，司法权力丝毫不能作为制约与立法权力和行政权力的第三方力量而存在。

与此相关，迄今很多法律人仍然怀有一种"包摄信条"：一个特殊的案件应当被精确地包摄于法律规范中；从法律规范中出发，可以严格地把事实包摄进来。换言之，法律适用的主要工作在于包摄。而在包摄的过程中，要尽力杜绝法官的恣意，包摄应当是一个逻辑的、理性的，以至于应该以演绎法作为其理想范式的过程。

这种观念影响着众多的法律人。追溯此思想的源头，很大程度上来自于文艺复兴时代以来几何学方法论的影响。欧几里得的《几何原本》为后世提供了一种构建学科体系的经典范例。欧几里得从五条形式公理出发，运用演绎的方法发展出庞大而精致的欧式几何学，这一直被作为人类理性的光辉例证。与纯粹几何学相紧密联系的是大地测量学，后者是一门实践的工艺论，它的主要理论基础蕴含在作为理论学科的纯粹几何学中，每一条测量学中的实践规范都有

1　[法]孟德斯鸠：《论法的精神》，申林编译，中国长安出版社2012年版，第35页。

一条理论规律作为支撑，相反的，从理论规律可以精确地导出实践规范，从而纯粹几何学精确地指导着实践的展开，从纯粹的观念存有可以降临到经验世界。几何学中，人类的逻辑理性取得的重大胜利，使得这种方法论开始蔓延至其他科学研究中，以至于人文科学也承继了这种逻辑演绎主义的思想。

在后面的讨论中我们将会看到，法律中传统的方法论处处与几何学有着平行关系。

法律适用的传统方法

传统的法学方法涉及萨维尼的解释理论。以萨维尼方法论为基础的传统包摄模式遵循"实然与应然的方法二元论"——实然与应然严格分离。一方面，法律作为应然规范，法官应当探求规范的意义与范围；另一方面，法官应当探求事实，特别是依真实意向而举证。然后把以证明的事实包摄于已解释的法规之下。

这样一种法律适用的方法论存在诸多需要论证的问题。首先，法官应当如何探究法律规范的内容和范围。根据传统的萨维尼奠基的方法论，解释法规是"重建内在于制定法的思想"，在此有四种解释方法：一、文法或语言学解释，对已思考过的事物再深入思考，已认识的事物再深入认识，探究文句、用语可能的字义，区别规范的核心范围与边缘范围；二、逻辑—体系解释，此属下又可以区分形式逻辑解释和目的论解释，而在目的论解释之下还可以区分依历史上立法者之意思的主观（历史）解释和依一个想象的今日立法者之意思的客观解释。

对传统方法论的批判

传统方法似乎为法律人适用法律指明了一条道路，但是关于法律规范与事实相衔接的可能性问题与可能性条件，它却避而不谈。法官在判决书中呈现的只是法律适用的最后环节——纯粹的形式的包摄，却把包摄之前的整个论证过程忽略不谈，而在我看来，那才是真正具有重要意义的部分。

事实上，只要仔细想一下，在适用法律的过程中，我们有两部分的材料。一方面是事实——纯粹的经验的事实，它们本身不含有任何规范性的内容，它们只是如其所是地呈现给我们，所谓"事实的规范性"只有在事实被规范地理解的前提下才是有可能的；另一方面是法律规范——由一些法律概念所组成，这类法规表达着一个规范判断，它具有"应当"的含义。但是，法律概念的存在性内涵却是模糊的，法律概念的经验内容需要在法官对法律概念的含义充实的行为中加以把握。因此，在实现法规与事实相衔接的过程中，二者不是一种单纯的演绎或者单纯的归纳的过程，在这个过程中的整个心理体验至今为止仍然不为人们所加以澄清。本文所要谈论的正是传统法学放弃不谈的东西。

在传统上，人们往往秉承"主体—客体"的认知模式，即认知者在认知一对象时，系依其纯粹客观而不夹杂主观因素之认知，以作为对其对象认识的图像。这种认识方式——不是像大多数人想象的那样，是一种自然的伴随着人类认识结构自发的认识方式——得自于近代自然科学的方法论，尤其是受到伽利略方法论的影响。在希腊人眼中，自然并不是作为一个纯粹物化的客观存有，自然是兼有人性与物性的统一体。唯其如此，希腊时代的哲学家们才试图在"自然"中探求"正当"和"正义"，亚里士多德把自然的概念设定在道德上，而创造出道德的自然法论，认为自然法系内在于客观存在的事物中[1]。到了文艺复兴时代，伽利略发展出了一种全新的自然观，他把作为精神的世界与作为物质的世界完全割裂开来，物被抽去了所有精神性的特征，成为完全客观的物体，伽利略把这种东西作为他研究的对象。于是自然界作为一个物化的存有封闭成为物理学家的研究领域。这种"主体——客体"的认识模式被后代的科学家以及人文学家承继下来，自觉地作为自己的研究方法而加以使用。但是，这样一种模式已成为过去，在物理学领域，早已经扬弃了这种方法。著名的"波粒二象性"理论就预示着自然之所是依赖于观察者观察的角度，我们所有的物理模型都与我们认识的方式密切相关，所谓的实在只是一种观察者眼中的"模型实在"。对于这方面关于认识论的问题，胡塞尔就指出，对象只有在被赋予了含义意向之后，才能为我们所认识[2]。

诠释学的观点

诠释学往往被人们误认为是一门"理解的艺术学"。然而就其本质而言，诠释学所探讨的是意义理解的可能性之条件[3]，因而其不是方法，而是要阐明理解何以是可能的。诠释学可以为法律适用的过程提供一种新的解释。

从诠释学出发，"主体—客体"的认知模式是需要被扬弃的。对于任何事实，

1　[古希腊]亚里士多德：《政治学》，颜一编，中国人民大学出版社1999年版，第1254页。

2　E·胡塞尔：《逻辑研究》（第二卷），上海译文出版社2006年版，第63页。

3　A·考夫曼：《法律哲学》，法律出版社2004年版，第60页。

要对其做出一判断——无论是事实判断还是价值判断，我们都必须在判断之前对待判断的内容有一种先前的领会，否则我们甚至无法理解事实所要表达的含义，更遑论判断的可能性了。因此，法官在做出判断之前，必定已经是带着一种对事实的先前理解，一个预先的判断，从这种"理解的地平线"出发，法官不断修正对事实和法规的含义既有理解。

由此看来，法律适用并非真正单纯的包摄行为，而是一种创设行为，法官在积极地形成对事实的类型化和对法律概念内涵的清晰化。纯粹的概念是空洞的，纯粹的经验事实也不存在任何规范性的内涵，要对纯粹事实进行规范化，我们必须已经把握了对其的某种规范化理解。而关于这种理解行为的发生心理学的澄清，对我们理解法律适用的本质具有重要意义。这种理解的行为发生在纯粹法规与事实之间的断裂带中。

语词的含义

要澄清在法律适用的过程中思维的行为特征，必须表明我们是如何使用语言以及如何理解语言的含义的。

现代语言哲学的两个流派均由维特根斯坦开创。维特根斯坦早期和晚期的哲学研究代表了语言的两个向度。早期，他证明了所有充满争议的哲学问题都源于人们对语言的含义模糊地使用，于是试图着手建构出一个记号系统，每一个符号都具有单一的、清晰的含义，以此来净化日常语言的多义性和模糊性；后期，他从逻辑语言转向对日常语言的研究，认为语词的意义在于它的使用方式，人们使用语言是一个个语言游戏。彻底使用单义的语言是不现实的，它的目的在于将语言从超验的层面带回他的原始意义，并透过对于自然语言的正确使用，去除概念上的不清晰性。

除了那些原本的非经验的法律概念，如法律规范、法律事实、法律关系、法源等，大部分法律概念都与经验事实发生着对象性关系。为了尽可能在精确意义上使用法律概念，法律人对于法律概念都有着特殊的规定性，它们源自日常语言，但又与日常语言在含义上有一段距离。例如物、财产、出生、死亡、所有权等概念，在法律的意义上又有特定的含义。但是法律概念远没有达到单义性的要求，法律归根究底是一门实践学科，一方面它有一种使自己努力向精确科学靠近的潜在愿望，另一方面，它又完全不能像数学那样完全脱离现实世界仅局限于发展一套限于特定法律人群体的专业语言，这种内在的张力使得法律概念在语言的两个向度上都有延伸。如果我们要使生活事实的日常世界与法律规范世界相互沟通，要使一个将事实纳入法律秩序成为可能，那么首先必须透过语言的层次来达到。

当谈到某个表达的含义一词时，我们经常对"含义"这个词的含义做不同的理解。它可能意指表达的主观内容，即说者进行表达时的心理体验；也可能意指这个表达的客观内容，即作为含义范畴和含义充实内容的统一；还可能意指表达的对象性，即某个语音所指示的对象。一般而言，我们会把含义的第二种、第三种意义的整体作为其意义。一条完整的法律规范由三部分组成：构成要件、法律效果，以及把法律效果归入构成要件（效力规定）。所以描述构成要件的语词的含义，更狭义地，这些语词的对象性，其地位在法律实践中尤为重要。

在此以国际法中的"无害通航"这一法律概念为例，说明法律语词普遍存在的含义意指偏差。对于海军强国而言，其在解释无害通航时，往往把不适用武力的军舰与民用船舶等同对待，以期在他国领海海域内获得军舰的通航权；然而对于其他国家而言，无害通航天然地不适用于军舰。我们注意到，当进行法律适用时，并不能直接地从"无害通航"这样一个语词，或者毋宁说是符号，演绎地将不使用武力的军舰包摄于其内，因为作为含义而事实地起作用的概念与它们所联结的、即那些使它们在人类心灵生活中得以现实化的符号之间并不自在存在着一个必然联系；相反也无法从各个具体的案件出发，使用归纳的方法找到规则。从严格的逻辑学家的观点来看，比如卡尔·波普尔，归纳法在科学上是遭到怀疑的，这点却是作为法律理论家的人必须接受的。因为，如果如前所述的，完全没有归纳的因素，在法学方法上是绝对行不通的，否则整个现行法规范都将成为一堆空洞的符号。所以，对法律发现而言，归纳是不可缺少的。但我们如何仅仅透过归纳，只从案件的事实性出发，就能获得一个应然的判断，这个可能性只得去问主张这种看法的人才行。一个推理、一个判断，若非是完全形式演绎的，那么它必定包含着某些隐含的前提设定。这些前提往往就隐含在我们为什么对一个语词作如此这般理解的原因之中，亦即，在设定什么样的前提下，我们才能对这个语词作如此这般的理解。这里包含的就是一种设证的方法，这种方法最初由皮尔斯开发出来，贝恩德·舒内曼对此评论道："借着 Charles Peirce 所研拟的设证程序……让深受喜爱但却玄奥深妙的'事物本质'思想，获得一个科学理论上无可指摘的根据。"[1]这些隐含的前提设定（每个人的具体的设定都是具体的、个体性的）就是诠释学所称的我们的先前理解。法律发现的逻辑是演绎、归纳和设证的混合体，一种类推论证。我们理解一事物

1　B·舒内曼：《刑法分则中法律发现的方法导论》，1979 年，第 117～123 页。

之所以是可能的，必须通过另一事物与该事物之间的相似相异关系，通过演绎、归纳、设定、比较等心理活动来达到对该事物的理解，确定其在知识体系中的位置。如果我们已经对世界有了一个基本的理解，在此基础上理解一新事物，那么我们也需要通过旧事物与其之间的关系来理解它。而我们对于旧事物的理解以及对它们之间的关系的理解是先于对该新事物的理解而存在的。

因此，从一个法律规范形成一个"构成要件"（解释），发生在案件中，而一个案件形成一个"事实"（建构）则发生在法律规范中——这种形成过程，一直是一个创造性的行为，它发生在包摄之前。这个过程是理性推理与法官权力宣示的结合的结果。由此，我们可以理解拉德布鲁赫的这句话："解释是解释结果的结果，解释方法是在结果已经被确定了以后，才被选择的。"[1]

法律研究的模式

每当把一个事实包摄到一条法律之下时，我们是如何做到这一点的呢？因为事实是纯粹经验性的，而概念是纯粹知性的，把概念应用于现象之上是如何可能的呢？由此可见，必须有一个第三者，它一方面与概念同质，另一方面与现象同质，并使前者应用于后者之上成为可能。

这个过程的实现机制是这样的，人们从作为整体的生活事实中抽象出一些模型或者结构，并在法律的框架内探讨这些模型的性质以及精细化其关系结构，用法律的语言和概念描述这个模型。当以后再次碰到相似的生活事实时，我们便寻找与其相似的某种模型，然后将之嵌入模型并进行解释。但是这又引出一个问题，这个嵌入过程是如何实现的？通常，人们认为模型是由一些作为零件的部分组合而成的，这些部分往往可以用一个法律概念概括它，并且解释学为界定这个概念的客体域提出了一组可判定的标准。然而，经过现代语言哲学以及物理学的批判，我们已经吸取了一个教训：每一个词或者概念，尽管它可能看起来很清楚，也只能在有限的范围内适用。更为激进的解释是，不是部分的组合决定整体的性质，而是作为对整体事实的理解决定了部分的性质特征。换言之，对法律语词的理解、对它的客体域（适用范围）的界定依赖于整体的语境，依赖于我们对于作为整体的事实的性质的理解，否则如果只用语言描述，从理论上来说，是不可能精确地捕获它的客体的，因为总是存在某些隐含的前提作为判断的基础。而这个前理解属于难以言说的神秘之物，取决于不同人的世界观，也依赖于特定的历史条件下的看待世界的方式。

1　转引自考夫曼：《法律哲学》，刘幸义等译，法律出版社 2004 年版，第 120 页。

浙江省旅游景区门票收费调研报告

杨　骁[1]　陈　颖[2]　邵丹俊[2]　徐梦影[2]　赵　全[2]

宁波大学法学院[1]　浙江大学城市学院法学院[2]

摘　要：近年来，国内旅游景区门票价格的快速上涨，为了解我省旅游景区门票收费情况，进一步规范门票收费价格的制定、门票收入的使用，本课题小组就旅游景区门票收费开展了专题调研。我们通过查阅资料、实地走访等形式，了解了旅游景区门票的设置形式、门票收费的价格和门票的收支情况，列举了旅游景区门票收费中存在的一系列问题并提出了相关的建议。

关键词：旅游景区；门票价格；收支形式；消费者权益

前言

　　旅游丰富了人们的物质生活，满足了人们的精神享受。进入 21 世纪后，中国旅游业得到了前所未有的发展，尤其是 2009 年国务院出台的《关于加快发展旅游业的意见》，更是将发展旅游业提到了一个战略性的高度。近年来，国内旅游景区大到世界级自然、文化遗产和国家级风景名胜区，小到一般的旅游景点甚至公园，都纷纷举起了门票涨价大旗。有旅游机构统计发现，全国 130 家 5A 级景区中超半数门票价格过百元，其中超过一成门票价格在 200 元以上。旅游景区门票收费价格的快速上涨，引发了社会各界的广泛热议。

　　尽管旅游景区门票价格上涨有其必要性，但其中隐含的问题仍然不容忽视。社会各界都在关注门票涨价的一系列问题。本课题组基于这些问题，以浙江省部分旅游景区近几年的门票收费情况为研究对象，通过实地调查和查阅资料等方式，对浙江省旅游景区的门票设置形式、门票收费价格、门票收费的收支情况以及门票收费中侵害消费者权益的现象等展开调查研究。

一、旅游景区的基本类别与门票形式

（一）旅游景区的基本类别

按照不同的划分标准，我国的旅游景区有多种不同的分类。本课题组主要采取了两种分类方式，一是按照旅游景区资源的性质划分，二是按照旅游景区的等级划分。

首先，按照旅游景区资源的性质，将旅游景区分为公共资源类景区和非公共资源类景区两大类。公共资源类景区一般指以自然景观和文物景观等公共资源为依托的自然景观类景区和文物景观类旅游景区，包括世界遗产、风景名胜区、自然保护区、文物保护单位、森林公园、地质公园、历史文化名城等。非公共资源类景区指商业性投资开发、建设的各类人文、人造景观。一般由私人投资建造，以营利为目的而运营。

两种不同类别的旅游景区，其门票收费存在明显差异。公共资源类旅游景区门票收费一般更多地体现"公益性"。对于与居民日常生活关系密切的城市公园、纪念馆、博物馆和展览馆等，多采取门票免费或象征性门票的方式；对于保护性开放的重要文物古迹、大型博物馆、重要风景名胜区和自然保护区等不可再生的旅游资源，其门票收费价格相对较高，主要是为了控制游客数量，保护不可再生的旅游资源。而非公共资源类旅游景区门票收费价格一般实行市场调节，由旅游景区经营者自行定价，报政府价格主管部门备案。其门票价格一般都要高于公共资源类旅游景区的门票价格。

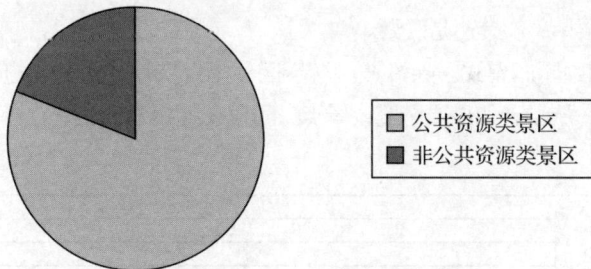

图例：
- 公共资源类景区
- 非公共资源类景区

图1　本次调查的旅游景区分类比例图

本次共调研浙江省内旅游景区23个，其中公共资源类旅游景区19个，占总数的82.6%，非公共资源类旅游景区4个，占总数的17.4%。总体而言，国内旅游景区仍以公共资源类景区为主。（见图1）

其次，按照旅游景区质量等级，可以将旅游景区划分为五级，从低到高依次为 A、AA、AAA、AAAA、AAAAA 级旅游景区。本课题调查的旅游景区为其中的 4A 和 5A 级旅游景区。在浙江省内,目前 4A 级旅游景区有 64 处,5A 级旅游景区有 9 处。本次调研的 19 个公共资源类旅游景区,其中 4A 级旅游景区有 15 个,5A 级旅游景区有 4 个,分别占 78.9% 和 21.1%。(见图 2)

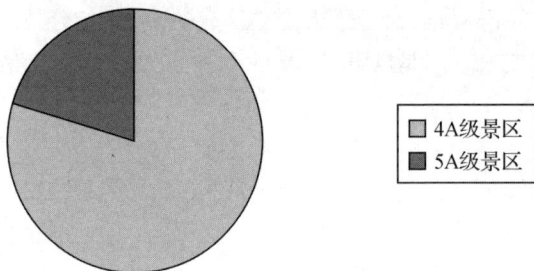

图 2　本次调查的旅游景区等级比例图

(二)旅游景区门票的形式

目前,国内旅游景区门票的设置形式也是千差万别。通过调研浙江省内旅游景区,我们发现门票设置形式共有以下几种:

(1)一票式。即一个旅游景区只设置一张门票。

(2)联票式。一个旅游景区有多个旅游景点,每个景点分别设置门票,但所有门票捆绑统一销售。这种门票设置模式在某种程度上侵犯了旅游者的自主选择权。

(3)单一门票和联票结合式。一个旅游景区内有多个旅游点的,每个景点分别设置单一门票,同时设置价格低于单一门票价格总和的联票,由旅游者自主选择购买单一门票还是联票。

(4)园中园门票式。除设置旅游景区外围门票外,景区内的个别景点另行设置门票。旅游者如果要游览该景点,不仅要购买外围门票,还得购买该景点门票。

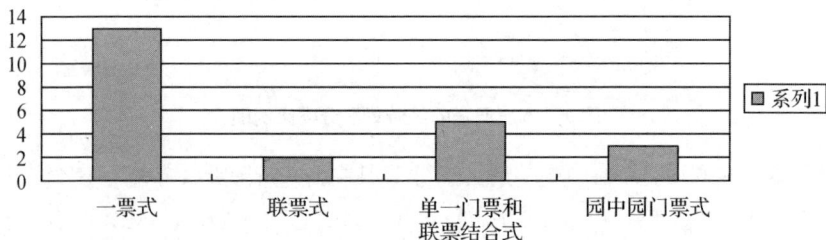

图 3　本次调查的旅游景区门票形式柱状图

课题组此次调查的 23 个旅游景区中，门票设置形式分别为：一票式 13 处，占 56.5%；联票式 2 处，占 8.7%；单一门票和联票结合式 5 处，占 21.7%；园中园门票式 3 处，占 13.0%。（见图 3）

二、浙江省旅游景区门票收费价格分析

旅游景区门票收费价格如何确定，价格是否合理，既关系到旅游资源的保护和可持续性发展，也关系到旅游景区经营者和旅游者的切身利益。

（一）旅游景区门票收费价格的确定方式

旅游景区门票收费价格的确定方式包括政府定价、政府指导价和市场定价，三种定价方式有其不同的定价程序。

（1）政府定价。由政府价格管理部门按照定价权限和范围，根据各方面综合因素拟定旅游景区门票价格，然后经过听证会等形式征求意见，最终制定旅游景区的门票价格。

（2）政府指导价。由政府价格管理部门按照定价权限和范围，根据各方面因素规定旅游景区门票的基准价及其浮动幅度，指导旅游景区根据实际情况制定价格。

（3）市场定价。旅游景区经营者根据市场规律决定景区门票价格，报政府价格管理部门备案即可，不需要经过特定的定价程序。

本次调研的 23 个旅游景区中，实行政府定价的旅游景区有 18 个，实行政府指导价的旅游景区有 1 个，实行市场定价的旅游景区有 3 个，实行政府定价和市场定价并存的旅游景区有 1 个，分别占 78.2%、4.3%、13.0% 和 4.3%。（见图 4）

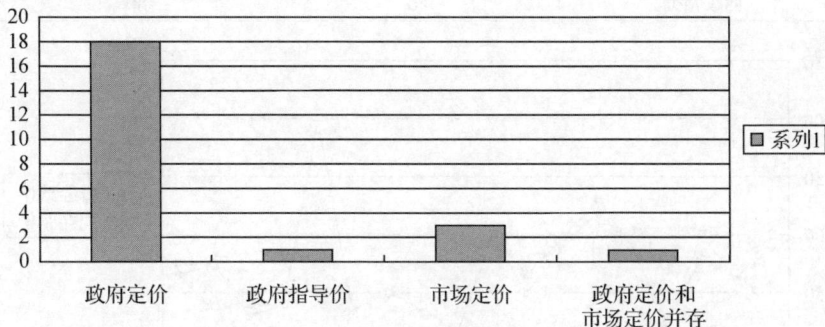

图 4 本次调查三种门票价格确定方式景区数量柱状统计图

通过调查我们发现，浙江省旅游景区中由政府定价的占绝对多数。

（二）浙江省旅游景区门票收费价格变动情况分析

在全国旅游景区门票普遍看涨的大背景下，浙江省旅游景区的门票收费价格又如何呢？课题组对浙江省范围内的19个公共资源类旅游景区和4个非公共资源类旅游景区门票价格近几年的变动情况做了一个调查。

首先，我们来看一下公共资源类旅游景区门票价格变动情况。如下表所示：

表1　浙江省公共资源类旅游景区门票价格变动情况表

景区名称	曾经票价	现在票价
嘉善西塘	90	100
嘉兴南湖	60	60
江郎山	80	100
江心屿	25	25
金华双龙洞	90	90
丽水缙云仙都	120	130
丽水遂昌金矿	88	98
龙游石窟	50	65
南浔古镇	100	100
楠溪江	15	50
天一阁	35	45
寨寮溪	50	50
五龙潭	35	35
宁波奉化溪口	200	200
仙岩	40	40
雁荡山	30	40
紫薇山国家公园	75	75
灵隐寺	65	75
西溪湿地	40	80

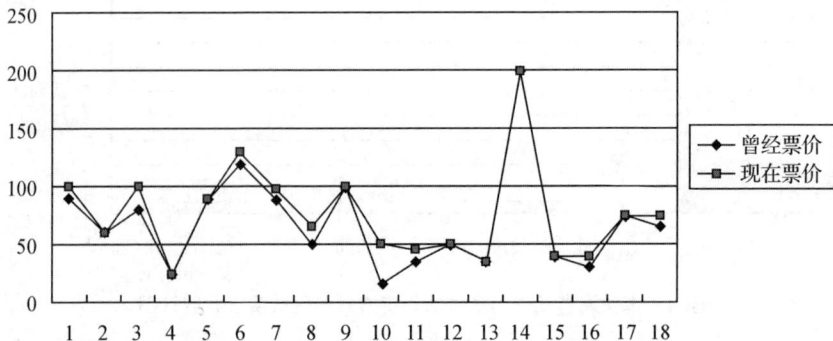

图5　浙江省公共资源类旅游景区门票上涨幅度图

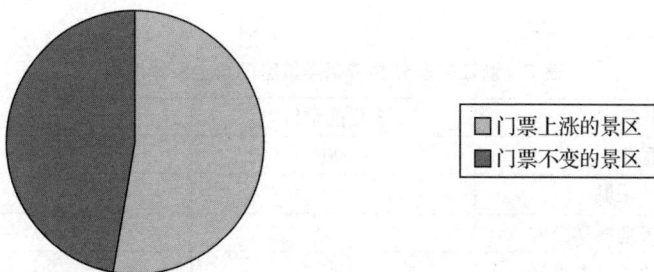

图6 浙江省公共资源类旅游景区门票价格的变动情况图

通过调查，我们发现，在调查的19个公共资源类旅游景区中，过半数的景区在近几年门票价格都有上涨的情况。通过数据对比，我们发现，尽管门票价格上涨了，但是涨幅都不是非常大。对比国内其他相同等级的旅游景区，浙江省的公共资源类旅游景区价格涨幅总体来说还是较低且平稳的。

公共资源类旅游景区门票价位又是什么情况呢？

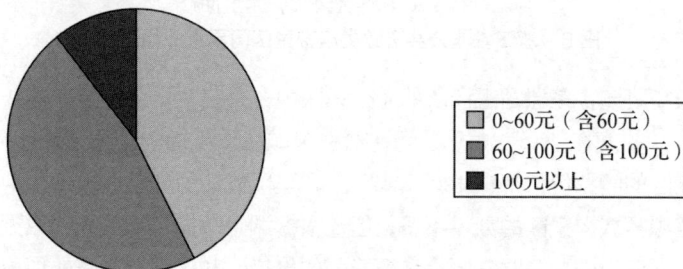

图7 浙江省公共资源类旅游景区门票价位图

通过查阅资料，课题组发现大多数游客能够接受的门票价格在60元以内。在本次调查的19个公共资源类旅游景区中，票价在60元以内（含60元）的有8个，占42.1%；而60～100元（含100元）偏高票价的景区共9个，占47.3%；100元以上的高票价景区2个，占10.5%。（见图7）由此可以发现，虽然门票价格涨幅不大，但超过一半的旅游景区票价都超过了游客所能接受的限度，达到了偏高或过高的水平。虽然国家发展与改革委员会在最新下发的通知中明确要求，实行政府定价和政府指导价的游览参观点，制定和调整门票价格应充分考虑群众消费水平，不能片面强调经济利益。[1]但是多数旅游景区门票的价格仍然是居高不下。

其次，我们再来看一下非公共资源类旅游景区的价格变动情况。如图8

---

1 牛翠珍：《从景点门票看我国旅游的公益性》，载《山西大同大学学报》2009年第3期。

所示：

表 2　浙江省非公共资源类景区门票上涨幅度表

景区名称	3 年前票价	现在票价
温州乐园	90	100
宋城	80	120
杭州极地海洋公园	150	180
江心西园水上世界	90	120

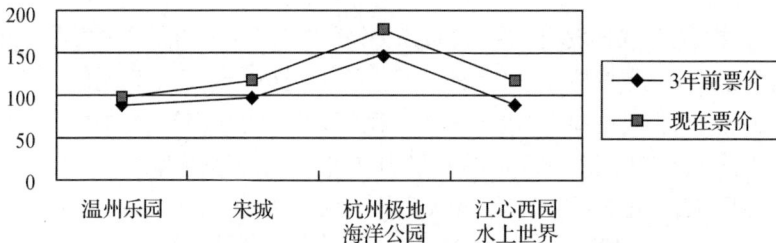

图 8　浙江省非公共资源类旅游景区门票上涨幅度图

由表 2 可知，在课题组调研的 4 个景区中，有三个景区在过去的 3 年内都有涨价，其幅度在 20～30 元之间，唯独宋城在 1 年之内价格上涨了 40 元，且 4 个景区的门票价格都在 100 元或以上，呈现偏高的现象。虽然实地调查的非公共资源类旅游景区的数量不多，但是根据调研数据和相关统计数据可以大致看出，浙江省内非公共资源类旅游景区的价格近几年都有上涨的现象，且价格普遍很高。

（三）浙江省旅游景区门票收费价格变动的原因分析

国内旅游景区门票自 2004 年第一波涨价潮以来，就一直轰轰烈烈。三年禁涨期一过，"补涨效应"凸现，结果导致了景区门票价格倍量上涨。自 2004 年年底开始，浙江省众多旅游景区门票价格也是一路上升，上涨幅度从 10% 到 150% 不等。旅游景区门票价格为什么会不断上涨呢？对此我们通过调查分析得出以下原因：

1. 资源垄断。旅游资源垄断是门票价格上涨的主要原因。风景名胜区由于其独有的景观，当具体到某一景点时，其垄断性是非常明显的。任何一个景点基本上都处在"卖方市场"的地位，所以涨价也变得容易。

2. 通货膨胀。随着通货膨胀的加剧，国内物价普遍上涨，旅游景区门票价格自然也会因此不断抬高。

3. 相互攀比。一些旅游景区看到同级或者次一级景区上调门票价格，出现了"比较涨价"心理，也随之跟风涨价。门票高价不仅能提高收益，对外也是一种形象和面子。所以一个旅游景区的涨价会让周边许多景区蠢蠢欲动。

4. 旅行社回扣。旅游景区与旅行社结对，给予回扣，然后从它们手里争取到足够多的客源。由于多了这部分的支出，景区只能通过门票涨价来保证一定的利润。

5. 限制游客数量。随着景区游客人数的不断增加，景区的管理运营成本加大，同时出于保护生态、文物的需要，提价在一定程度上能够起到限制人数的作用。然而实际上这只是一个伪命题，本质上大多数旅游景区还是为了从门票上增加收入。

6. 价格听证会流于形式。据相关人士透露，门票价格的调整，到了听证会这一关，基本成了走秀。参与听证会的范围和名额被人为地预先划定，其参与者中缺少来自于政府机关与学术界的研究人员，无法形成台面上不同观点的正面交锋的情形，最终导致听证会流于形式，没有实效。另外，与会人员注重的更多的是经济效益而非社会效益，这也让门票上涨趋势加快。

（四）规范旅游景区门票收费价格的具体措施

如何规范旅游景区门票收费价格，避免门票价格不合理的、大幅度的上涨，课题组经过调查研究，提出一些自己的建议。

1. 强化立法。旅游景区门票价格上涨本应是一种严肃而规范的法律行为，其上涨应和民众的生活实际联系起来，考虑民众收入的涨幅。虽然国家发改委通过文件限制了上涨周期为三年，但是"禁涨期"过后门票价格的"报复性"增长，使得这样的规定失去了意义。针对当前我国旅游景区门票管理较为混乱的现状，有必要认真研究出台一些行之有效的规章制度，如制定统一的景区门票价格定价标准、景区门票价格调控操作规范、社会力量资助旅游景区管理办法等，对景区门票收入流失等反常现象也应采取措施予以制止[1]。促使国内旅游景区门票价格管理走上一条有序、规范的发展道路。

2. 完善门票价格听证会制度。听证会绝不只是少数权贵的玩具，民众也不仅仅只是参与到后期的"听""证"当中，更多的应该在听证会中从一至终发出他们的声音，让每一个听证会的过程都成为真正的民主。听证会应该广泛吸纳社会各界人士，让各种不同的声音在会上显现，让其真正地对广大民众产生积极的效用。

---

1 王华、韩斌、孙云帆：《风景名胜区门票价格探讨》，载《昆明冶金高等专科学校学报》2008年第6期。

3. 淡化门票收入意识，拓宽收入渠道，保证景区资金的充足。国家对旅游景区的财政拨款有限，国内公共资源类旅游景区资金主要还是来自于门票。参照国外的经验，我国公共资源类旅游景区经营管理部门可从国家补贴、社会企业捐赠、社会基金补充、企业广告收入、发行彩票等多种渠道筹集费用。另外，旅游景区投资主体可以向旅游餐饮、住宿、娱乐、购物、交通等投资项目上发展，做到多元化的投资，获得多元化的收益，带动周边一系列产业的发展，主动改变单一性投资获取单一性门票收入的现状，让景区的收入不仅仅依赖门票，从而让其回归到社会大众身边。

4. 建立旅游景区统一管理机构。公共资源类旅游景区的特殊性决定了其不能仅仅由市场调节，政府这只看得见的手必须采取措施。目前国内景区出现的涨价现象，有一个重要原因就在于，政府责任出现错位和缺位，具体表现为一些地方政府的管理错位，另一方面则表现为国家有关部门的监管缺位。为了更长远的利益与发展，必须完善旅游景区的管理机制与和监督机制，加大执行力度，有力打击景区在经营过程中出现的价格违法违规行为。

三、浙江省旅游景区门票收支情况分析

我国公共资源类旅游景区大多数属于事业单位，非公共资源类旅游景区大多为私人企业，因此两者门票的收支形式是不同的。

（一）浙江省旅游景区门票收支形式

旅游景区门票收支形式取决于景区经营管理者的性质，而目前国内旅游景区经营管理者性质主要分为事业单位和企业单位两类，其中事业单位又分为全额拨款事业单位、差额拨款事业单位和自收自支事业单位三种。全额拨款事业单位指其所需的事业经费全部由国家预算拨款的一种管理形式。一般适用于没有收入或收入不稳定的事业单位，如学校、科研单位、卫生防疫等事业单位，人员费用、公用费用都要由国家财政提供。[1] 差额拨款事业单位指人员费用由国家财政拨款，其他费用自筹。[2] 自收自支事业单位的人员工资、办公经费、各种补贴、津贴等等依靠单位自主调剂，政府不给予任何补贴，自负盈亏。

目前我国大部分公共资源类旅游景区的收支形式是全额和差额拨款形式；

1　王军：《国外高校教师薪酬对我国高校教师薪酬的启示》，载《内蒙古财经学院学报》2010年第6期。

2　姜爱林：《事业单位养老保险制度改革为何困难重重——事业单位养老保险制度改革试点：推进状况、制约因素与破解对策》，载《天津行政学院学报》2010年第3期。

而非公共资源类旅游景区则属于自收自支形式，由企业自己管理，自负盈亏。

  课题组本次调查的浙江省内的 19 个公共资源类旅游景区（均属于风景名胜区），分别位于杭州、嘉兴、温州、衢州、丽水、金华、宁波、湖州共 8 个城市，其中 5A 级景区 3 个，4A 级景区 16 个。调查结果显示：19 个公共资源类旅游景区中，只有雁荡山和楠溪江 2 个景区采用的是门票自收自支形式，其余 17 个旅游景区均采用全额或差额财政拨款形式。（见图 9）

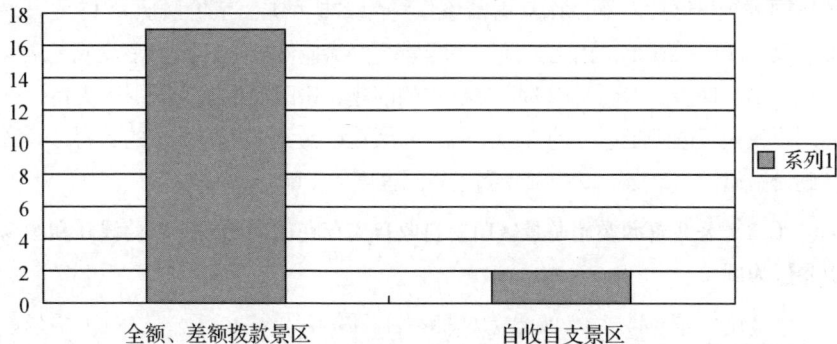

图 9　门票收支形式数量统计图

  2006 年出台的《风景名胜区条例》第 37 条、第 38 条规定了风景名胜区收入进行收支两线管理，即包括门票和资源有偿使用费在内的所有收入都要上缴财政，每年的管理机构工作经费需要再由财政划拨，而不是依照之前由风景区管理机构个体支配收入。因此，雁荡山和楠溪江旅游景区并没有按照国家规定实行收支两线管理。

  对于公共资源类景区，全额或差额拨款的收支形式，目的是为了更好地规划景区，保证其稳定发展，优化景区的经费使用结构。而对比采取自收自支形式的雁荡山和楠溪江景区，他们之间的管理存在何种差异？

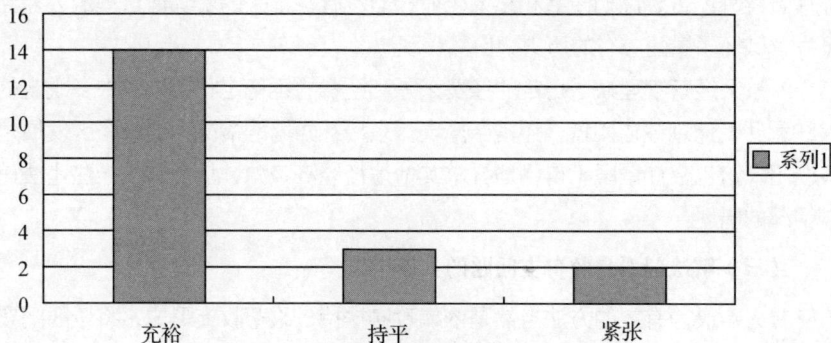

图 10　公共资源类旅游景区收支平衡情况

在图 10 中不难发现，大部分 4A 级以上的景区资金还是比较充裕的。89.5% 的景区能够拥有充分的财政拨款，景区的维护、发展较为稳定。但仍然有两个景区，占到总数的 10.5%，即楠溪江和雁荡山，其资金非常紧张。通过调查，我们了解到的原因是：景区内部各景点地理位置分散，距离相隔较远。门票又是按照各个景点分别设置，单独销售，以致游客失去游览兴趣。年客流量较同等级景区少（雁荡山年客流量仅约为 275 万）。票价最低为 15 元，最高也仅为 40 ～ 50 元，相比其他同等级景区价格偏低。这些因素都造成了景区年收入不甚理想。然而又因为收支形式的问题，景区缺少国家的财政支持，仅靠门票收入不能满足景区的支出。所以发展建设受到了较为严重的阻碍，景区基础设施建设、景点开发等都受到了不同程度的影响。

（二）公共资源类旅游景区门票自收自支存在的问题——以楠溪江和雁荡山景区为例

雁荡山门票年收入为 8000 万，楠溪江门票年收入 400 万，这对于两个景区都是入不敷出的。在此次调查中，我们发现，两者都采取了自收自支的收支形式，且两者都有资金紧张情况，管理压力较大。那么自收自支的收支形式和景区的资金情况以及景区发展之间是否存在一定的联系呢？

通过调查我们了解到，对于公共资源类旅游景区，若是采用自收自支形式，放任其市场化经营，必然造成景点的破坏和景区生存的难以为继。自收自支形式带来的负面效应主要有：

1. 景区资源遭受破坏。自收自支的形式会让旅游景区为了追求更高利润而变得"用心不专"，会让景区管理机构从一个事业单位的管理者慢慢转变成具有企业性质的经营者。这会使得景区商业化气息严重，各种开发商、投资商介入，充斥着各种广告、高档住宅和私人企业，而没有对本来的资源做合理的公益性开发，破坏了景区应有的历史、自然美观。

2. 景区经营管理缺乏稳定的经费来源。经费的不稳定将会导致许多既定的保护和开发计划被迫搁置，经常会出现拆东墙补西墙的情况，造成景区发展建设受阻。这也会让景区不得已地寻求其他途径经济来源，从而造成一些违法违规情况的出现。

（三）解决门票自收自支问题的具体措施

首先，最为有效的方法当然是依靠政府扶持，改革收支形式，将景区门票自收自支形式改为全额财政拨款形式。全额财政拨款的收支形式，能够保障景区的资金来源，更有利于景区的管理和建设，同时也更有利于对经费使用的监督，合理分配。由于雁荡山和楠溪江景区缺少了财政支持，采取门票自收自支形式，造成了资金的紧张。因此课题组认为，两大景区需要加快改革的步伐，尽快将收支形式统一到全额拨款，从而帮助景区摆脱困境。而目前雁荡山景区已经向政府部门提出了相关的申请，正处于审批之中。

其次，拓展旅游景区的收入来源。在暂时无法改变收支形式的情况下，建议旅游景区经营管理部门通过各种合法方式，尽可能增加景区的收入来源。如通过门票的改革，在设置单一门票的同时，设置价格低于各单一门票总和的联票，由游客自由选择，在一定程度上可以增加景区的门票收入。同时也应积极向财政部门申请差额补贴，增加景区经费来源，加快景区的各种设施建设，加快自然景观的开发，吸引更多的人前来观光等等。

四、旅游景区门票收费中侵害消费者权益现象分析

旅游景区面向的主体是广大游客。随着媒体的曝光，旅游行业许多内幕被逐渐公之于众。作为旅游消费者，我们需要有强烈的权利意识来保护自己。课题组此次还针对旅游景区门票收费中有无侵害消费者权益的现象做了一些调查。

（一）旅游景区门票收费中侵害消费者权益现象的数据统计

旅游景区门票收费中可能出现的侵害消费者权益的行为，一般包括以下几个方面：（1）强行推销联票行为；（2）门票与景区的交通工具费用捆绑销售；（3）景区给予旅行社门票回扣；（4）门票价格优惠制度没有统一标准，存在一些优惠歧视；（5）团队旅游中不给旅游者单独提供服务单据；（6）门票价格没有经过听证会等合法程序而直接制定；（7）旅游景区发售的赠票被非法经营者当作正规票券贩卖使用；（8）门票上出现虚假内容。

经过实地走访调查，对各种违法行为出现的频率进行了初步统计，主要有5种侵害消费者权益的行为。（见图11）

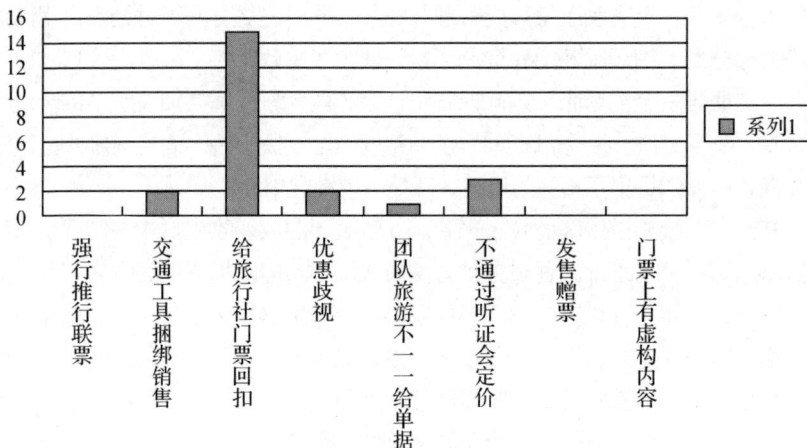

图 11　侵权行为发生的次数统计图

1. 部分景区存在将门票与景区内交通工具费用捆绑销售的行为,侵犯了旅游消费者的自主选择权。

2. 旅游景区为增加客源,基本上都会通过给旅行社门票回扣的方式和旅行社结对。而门票回扣则是直接来源于游客支付的门票费用,因此一定程度上损害了消费者的合法利益。

3. 大部分旅游景区会给旅游者开具服务单据或者发票,包括团队旅游。但也有个别景区在这方面存在一定问题。

4. 一部分景区的门票价格上涨并没有经过听证会等合法程序,侵害了消费者的知情权。

5. 对于景区门票优惠人群,国家有特别的规定。具体涉及儿童、学生、教师、军人、残疾人等等。在这次的实地调查中,在优惠这一方面,基本上所有被调查景区都能完全执行国家规定的优惠政策,只有个别景区有几个小问题:对 30 年教龄以上的教师的优惠政策,没有在相应的优惠细则上列出;有个别景区没有把优惠明细表公示张贴在显眼位置。但总体上来看,我们认为浙江省还是做得比较到位的。

(二)保护消费者权益的具体措施

1. 尽快出台《旅游法》,为旅游消费者权益保护提供法律保障。在与旅游经营者的交易的中,由于在旅游中环境陌生,观光景点唯一,缺少选择性等因素,游客往往处于弱势地位,其合法权益容易受到侵犯。但是目前的《消费者权益保护法》毕竟不能涵盖旅游方面的所有违法行为,所以国家需要加快旅游基本法的立法进程。

2. 加大行政执法力度，规范旅游景区门票收费行为。针对旅游景区门票收费中侵害消费者权益的违法行为，旅游、价格、工商等相关行政管理部门应加大行政执法力度，坚决予以处罚。

3. 发挥社会监督力量。鼓励、支持一切组织和个人对损害旅游消费者合法权益的行为进行社会监督。[1]各种社会力量都需要提供更加畅通有力的维权渠道，如大众传媒做好维护旅游消费权益的宣传，对损害消费者合法权益的行为进行曝光和舆论监督；消费者协会做好协调和监督工作，充分维护消费者权益。

4. 消费者需要加强旅游消费者的法制观念，主动学习和掌握有关消费的知识，增强判断能力和选择能力，提高维权意识。在自身合法权益受到侵害时，应做好相关证据收集保存工作，积极合理利用法律手段保护自身的合法权益。

五、结语

旅游景区门票价格上涨是中国特色社会主义市场经济条件下，政府宏观调控和市场充分发挥能动性双重作用的结果，同时也是 21 世纪以来，旅游产业迅猛发展的深刻写照。合理制定门票价格以及规范使用门票收入，是旅游业又快又好发展的前提。

根据课题组的调查，目前《旅游法》处于制定阶段，现有的法律法规对旅游业的相关细节尚未有明确的规定，旅游景区门票收入在实际运作中缺乏法律法规的规范和约束，暴露出一些问题。据此，我们作出分析并提出相关意见建议。希望通过我们的调查，发现问题，解决问题，在一定程度上提高旅游者的维权意识，促进门票收费的合理利用，完善旅游景区基础设施建设，实现旅游产业的长足发展。

1　章俊：《公共管理学视角下的流通环节食品安全社会化管理》，载《中国工商管理研究》2012 年第 6 期。

当前我国食品安全中存在的问题及对策建议

易 楠

浙江工商大学法学院

摘 要：民以食为天，食以安为先。食品安全直接关系广大人民群众的身体健康和生命安全，关系国家的国际形象，关系社会的和谐稳定，全面提高食品安全保障水平已成为经济社会发展中一项重大而紧迫的任务。本文指出了当前我国食品安全监管中存在的诸多问题，借鉴发达国家的经验，提出了建立和完善食品安全应急预警机制、加强食品安全办综合协调下的资源整合和信息共享、加强食品安全标准体系建设、完善《食品安全法》的配套法规体系和有奖举报制度、建立健全新型食品安全"网—链控制"模式、开展《食品安全法》在实施状况的 CBA 评估、推进《食品安全法》和食品健康安全知识培训宣传等对策建议。

关键词：食品安全监管；问题；对策建议

《食品安全法》实施以来，我国各级政府及有关部门认真履行监管职责，加大执法力度，加强食品安全日常监管和质量监测，政府食品安全控制能力进一步提高，食品生产经营行为更为规范，取得了较明显的执法效果。但同时也还存在不少问题，一系列食品大案先后发生，如近期频频曝光的"地沟油""染色馒头""瘦肉精""月饼菌落超标""食品接触材料重金属超标"等事件充分暴露出我国"马后炮"式的监管漏洞，广大食品消费者的权益受到了极大伤害，并直接引发了全社会对食品安全的信任危机。近年来，我国在工农业等领域取得了飞速发展，但在涉及食品安全的建设方面却难于及时跟进，公共卫生各方面投入均有待加强。

一、当前我国食品安全工作中存在的主要问题

（一）食品安全监管体制有待理顺

目前，我国各省市就如何加强综合协调工作进行了一些有益的探索，但总体上看，尚未建立起强有力的工作机制，基本上是部门牵头，相关部门配合的执法工作机制，出现了"有利益抢着管理，需承担责任的、难管的问题相互推诿"的局面。各监管部门的职责有待细化，《食品安全法》明确了国务院质量监督、工商行政管理和国家食品药品监督管理部门依照本法和国务院规定的职责，分别对食品生产、食品流通、餐饮服务活动实施监督管理，农业部门对农产品实施监督管理的管理体制。但林业产品、水产品以及有些企业同时从事食品的生产、流通等，依然存在监管边界不够清晰的问题，仍处于"多龙治水"的状态。例如，国内有地方反映，在豆芽生产、生猪收购运输、超市现做现卖、餐具集中消毒、食品仓储和运输等问题上，存在管理部门不明确或互相推诿责任的情况[1]。在食品安全监管体制改革上，无论是在食品安全的健全监管还是在明确职责、提高监管人员素质方面，均有待完善或提高。

（二）食品安全预警机制有待完善

近年来，我国对外源化学物质加强了控制和管理，取得了显著成效，但仍存在对其潜在的危害因素缺乏认识、研究滞后等问题。之所以频繁发生由外源化学物质引起的有损大众健康的安全问题，除了政策法规建设滞后、行政部门执法不力等因素外，很重要的一个原因与安全预警措施不完善、滞后分不开。相关检测机构虽然有检测设备和检测标准，但是缺乏有效的生物安全预警系统，尚未建立起有效的外源化学物质的监测系统，监测资料仅为一些零散数据，缺乏全面、连续的监测数据资料，无法开展系统的安全评价和预警工作。我国外源化学物质的安全性评价及生物预警系统的研究工作虽取得了一些重要进展，但尚处于探索阶段。已经开展的研究主要集中在少数外源化学物质的毒理学研究上，尚缺乏多层次、多学科、系统性的集成研究，这是我国食品安全应急预警体系的瓶颈。

（三）食品安全风险监测、风险评估和检测体系有待完善

食品安全风险监测、风险评估工作基础薄弱，对食源性疾病、食品污染和

---

[1] 隋洪明：《我国食品安全制度检讨与重构——以〈食品安全法〉颁布为背景》，载《法学论坛》2009 年第 5 期。

食品中有害因素的风险监测与评估尚处于起步阶段，各地工作开展不平衡，离《食品安全法》规定的实施风险监测与评估制度还有较大差距。目前，我国各地食品质量监督检验所（站）分属卫生厅、农业厅、工商、质检局等部门，职能分散，仪器设备和信息未实现共享，整个检测体系的运作效率未达到最优的状态。

（四）当前食品安全标准存在较多问题

我国食品安全标准数量少、时间早、指标粗，有些指标缺少风险评估依据，食品安全标准总体水平偏低；国家标准、行业标准和地方标准之间存在着交叉、重复甚至矛盾；重要标准短缺，标准的前期研究薄弱，部分企业标准低于相应的国家标准或行业标准，部分标准的实施状况较差，甚至强制性标准也未得到很好的实施。总体上看，我国当前食品安全形势依然严峻，其重要的原因之一就是食品标准化工作不能完全适应新形势的要求。

（五）部分企业食品安全责任制尚未落实

部分食品企业未落实《食品安全法》的食品安全责任制，未严格执行食品安全的生产规范、产品召回、索证索票、从业人员健康管理等方面的制度，食品安全"第一责任人"的意识还不强。另外，食品行业协会等自律组织在推进行业诚信建设、促进和引导食品产业健康发展方面的作用还有待进一步发挥。

（六）部分经营者对食品安全认识不足，意识淡薄

主要表现在：《食品安全法》与过去的《食品卫生法》等法律相比加大了行政处罚力度，部分经营者对新的法律理解与认识不足，认为违法经营的食品经营额小，而处罚起点过高，执法存在"过罚不当"，执法者是小题大做，为难经营者。然而在调查中我们发现，除了部分经营者认为加大处罚力度会抑制企业发展之外，其他各行各业人员都一致认可加大处罚力度是很有必要的，甚至有人提出现今的罚款数额还是远低于生产有毒有害食品的犯罪成本。部分经营者对食品安全违法认识不足，认为只要是没有出人命案就不算违法的观念还根深蒂固，对一般的违法行为已是司空见惯，见怪不怪。此外，部分经营者没有深刻认识到《食品安全法》中所规定的经营者所应承担的责任和义务，不是主动地配合管理，而是被动地接受管理，甚至是回避执法管理工作，在很大程度上存在抵触情绪。

（七）《食品安全法》实施中部分地方经费和人员投入不足的问题较突出

虽然我国《食品安全法实施条例》规定了买样费和检验费由同级财政列支，

国务院也要求县级以上地方人民政府对本行政区域内执行《食品安全法》确立的各项制度予以经费保障，但是部分地区财政经费到位率很低，缺口很大，直接导致监督抽检范围缩小、频率下降、批次减少，影响了执法效果，也容易埋下食品安全隐患。如部分欠发达地区的食品药品监督管理部门从事食品药品监管的人员只有 2～3 人，也没有相应的执法车辆，需要承担全县食品药品的监管力不从心。

（八）消费者尤其是农民等群体法治意识和食品安全意识缺乏

有关调查显示，我国部分省市只有 1% 的人因为从事职业的原因对《食品安全法》非常了解，40% 的人对该法部分了解，59% 的人不了解。可见，有99% 的人对该法不了解或部分了解。[1] 由此不难看出，法律的普及宣传工作亟待加强。消费者过多关注食品的美观、颜色，而不关注食品的质量及安全是导致各种防腐剂、色素泛滥的原因之一。前不久，杭州市余杭区农业、质监、公安、工商等执法部门捣毁了用焦亚硫酸钠等化学品浸泡芋芁和土豆的窝点。从这个案件可以说明，经营者采取非法手段处理芋芁和土豆可以取得更多的利润，主要原因是迎合了消费者更愿意购买外观美观的芋芁和土豆的心理，而对从土地中挖出带泥的芋芁和土豆，消费者更少甚至不愿意购买，基居于消费者的这种消费倾向，经营者为了取得更多利润，采取各种非法手段，让初级农产品变得更加美观，进而损害消费者利益也就不足为奇了。

（九）《食品安全法》立法中存在一定缺陷

相关法律责任各项条款中，未对日常监督检查过程中发现的不符合食品安全标准的食品如何处理进行明确规定。《食品安全法》第 72 条第 1 款第（2）项对发生食品安全事故后管理部门进行调查处理时对现场所采取的措施进行了规定"封存可能导致食品安全事故的食品及其原料，并立即进行检验；对确认属于被污染的食品及其原料，责令食品生产经营者依照本法第五十三条的规定予以召回、停止经营并销毁"；第 85 条、第 86 条分别对生产经营各类禁止生产经营的食品及相关违法行为应当承担的法律责任进行了规定，对监督管理部门在日常检查过程中所发现的不符合安全标准或者存在食品安全隐患的食品，作了没收、罚款和责令停产停业等规定。在实际工作中，对于超过保质期限等现场检查即可明显界定为不合格食品或者明显存在食品安全隐患的食品，应当

1　易凌、林建原、胡约笛：《浙江食品安全监管与危机应急处置机制研究—基于〈食品安全法〉在我省实施状况的调研》，载浙江省社会学学会 2011 年年会论文集。

规定在现场可以进行监督处理的措施，例如监督销毁 [1]。

二、发达国家食品安全规制的评估方法及经验

（一）发达国家食品安全规制中的 CBA 法评估

1. 食品安全规制的 CBA 法

食品安全规制是社会规制的一项重要内容，包括各项食品领域的法律、法规、认证制度等。作为政府推动和企业自愿相结合的食品安全规制，其具体实施需要投入大量的立法、执法、监督等成本，食品安全规制实施后，可能带来经济收益、健康收益、环境收益等，诸如此类的效应总称为食品安全的收益。为了使政府制定规制和企业实施规制的效率达到最优，各国政府对其实施的食品安全规制进行绩效评估，其中被广泛采纳的一种评估方法就是成本收益分析法（即 CBA 法）。

2. 食品安全的成本

一般而言，改进食品安全的成本收益分析要考虑三种成本：（1）真实资源遵从成本；（2）社会福利损失；（3）过渡的社会成本。真实资源遵从成本指生产者为改进食品安全而采取各种措施所导致的直接成本，如购买、运作、维护新设备、改变生产过程和投资培训雇员等。社会福利损失包括为生产和管理更安全产品（如规制管理机构的执行和监督成本）而付出的更高价格带来的消费者剩余和生产者剩余的减少。社会过渡成本则指转向其他市场的资源，或由于不能满足食品安全规制要求而导致的公司倒闭等。

3. 改进食品安全的收益

从传统意义上来说，改进食品安全所获得的收益可分为直接收益和间接收益。直接收益指那些能用货币衡量的收益，间接收益则指只能间接用货币度量的收益。除了有直接收益和间接收益的界定外，食品安全的收益还可分为社会收益、消费者收益和厂商收益三个部分。社会收益包括社会看护费用的减少和对弱势群体的保护。消费者收益指由于避免食用被微生物病菌和其他有害物质污染的食品所产生的死亡或患病风险的降低。厂商收益包括产品加工设计过程的改进、生产过程中组织运作效率的增进、产品货架寿命的延长、进入新市场

---

1 周维华、杨玉军：《〈食品安全法〉部分条款适用过程中存在的问题探讨》，载《中国卫生监督杂志》2012 第 5 期。

的可能性和保留老顾客等好处。[1]然而，由于社会收益的很多方面难以准确量化，学者们或政府有关部门仅仅将消费者收益作为社会收益的近似替代，即把食品安全规制的收益分为消费者收益和厂商收益。

（二）欧盟的食品和饲料快速预警系统

1. 食品和饲料快速预警系统（RASFF）的建立

为确保消费者的健康在遭受严重风险时提供警告信息，早在1979年欧盟内部就开始运作一种针对食品安全的快速预警系统，即食品和饲料快速预警系统（rapid alert system for food and feed，简称RASFF系统），它被当作一个网络系统建立起来，其目的是通过RASFF系统来统一整个欧盟中各个成员国的所有食品安全信息来源。例如，它规定：当产品对消费者的健康安全有严重风险时应立即告知成员国（包括欧盟、欧洲自由贸易联盟、欧洲经济区等）。为构建食品和饲料快速预警系统的建立奠定法治基础，2002年，欧盟条例No1178/2002号5《通用食品法6》开始实施，为RASFF提供了法律保障，并逐渐成为欧盟食品安全整合方法的核心工具。

2. 食品和饲料快速预警系统（RASFF）的信息通报

信息通报制是RASFF所采用的最有效的信息发布方式。该通报包括两类，第一种是预警通报。当一成员在市场上发现有危害的食品和饲料时，需立即采取措施并发出预警通报。预警通报由发现问题的成员国实施，并要指明拟采取的相关措施，如撤离市场、召回等。这类通报的目的是给其他成员国提供所有食品安全相关信息，确认在其市场上是否也有相关产品，以便及时采取必要的措施。第二种是信息通报。指某一食品或饲料被确认存在危害，但因为这类食品或饲料并没有进入欧盟成员国市场，而无须立即采取行动的通报。自2007年起，RASFF发布的预警及信息通报新增加了控制类型和状况两个栏目。控制类型主要有：（1）口岸控制中的拒绝入境，即通过口岸检查而发出的通报，主要是拒绝货物入境，并将其控制在欧盟（及欧洲经济区）口岸外；（2）口岸控制中的筛选抽样，即通过口岸抽样分析而发出的通报。在该种情况下，整批被检货物同时已进入欧盟市场；（3）市场控制，即通过市场检查而发出的通报。这种情况是在欧盟（及欧洲经济区）内部市场上实行官方控制；（4）企业自检，即企业向主管当局通报其自检结果而发出的通报；（5）消费者投诉，

---

1 刘霞、郑凤田：《国外食品安全规制评估的CBA法及启示》，载《山西财经大学学报》2007年第2期。

即根据消费者向主管当局的投诉而发出的通报。[1]

（三）发达国家食品安全的监管模式

1. 多部门分工监管模式

食品安全多部门分工监管模式的代表是美国。美国联邦及各州政府具有食品安全管理职能的机构有 20 个之多，但其中最主要的，具备制定食品安全法规和进行执法监管的联邦行政部门有五个：即卫生部的食品药品管理局、农业部的食品安全检验局和动植物健康检验局、环境保护局、海关与边境保护局。食品药品管理局主要负责除肉类和家禽产品外美国国内和进口的食品安全；食品安全检验局主要负责肉类、家禽及相关产品和蛋类加工产品的监管；动植物健康检验局主要负责保护和促进美国农业的健康发展，执行动物福利法案以及处理伤害野生动植物行为的案件；环境保护局主要监管饮用水和杀虫剂；海关与边境保护局主要与联邦管制机构合作执法，确保所有货物在进入美国时都符合美国法规条例的要求。此外，美国商业部、司法部和联邦贸易委员会也不同程度地承担了对食品安全的监管职能[2]。

2. 单部门主导监管模式

食品安全监管单部门主导模式的典型代表是加拿大。加拿大于 1997 年 3 月通过《食品监督署法》，将原来分别隶属于农业部、渔业海洋部、卫生部和工业部等四部门中的检验业务剥离出来，在农业部之下设立一个专门的食品安全执法监督机构——加拿大食品监督署，统一负责加拿大食品安全、动物健康和植物保护的监督管理工作。加拿大食品监督署负责农业投入品监管、产地检查、动植物和食品及其包装检疫、药残监控、加工设施检查和标签检查，真正实现了"从农田到餐桌"的全程性管理。

3. 专设部门独立监管模式

食品安全监管专设部门独立监管模式的代表主要是英国。1998 年英国政府发表了白皮书《食品标准局——变革的动力》。白皮书指出政府有必要设立标准局，以结束食品安全和标准发布管理方面混乱不明的状况。其后颁布《1999 年食品标准法》，于 2000 年 4 月成立了一个独立的食品安全监督机构——食品标准局。与其他国家不同的是，该部门完全独立于其他中央政府机构，全权代表英王履行食品安全执法监管职能，并向英国议会报告工作。具体而言，英

1　顿玉慧、郑启伟、黎昊燕、程洁、方莹、李可：《欧盟食品和饲料快速预警系统的发展及 2007 年度通报的简析》，载《中国卫生检查杂志》2009 年第 8 期。

2　徐楠轩：《外国食品安全监管机构体系的发展和启示》，载《行政与法》2007 年第 6 期。

国食品标准局主要有四项职能：一是政策制定，制定或协助公共政策机关制定食品（饲料）政策；二是服务，向公共当局及公众提供与食品（饲料）有关的建议、信息和协助；三是检查，为获取并审查与食品（饲料）有关的信息，可对食品和食品原料的生产、流通及饲料的生产、流通和使用的任何方面进行观测；四是监督，即对其他食品安全监管机关的执法活动进行监督、评估和检查。

（四）发达国家食品安全的立法经验

1. 美国的食品安全立法。美国食品安全法律主要有：《联邦食品、药品和化妆品法》《联邦肉类检验法》《禽类产品检验法》《蛋产品检验法》《食品质量保障法》《公共健康服务法》等。相关法有：《联邦进口牛奶法》《罐装牛奶法》《食品和药品管理现代化法》《卫生食品运输法》《茶叶进口法》等。奥巴马上任后，对美国食品安全监管体制进行了改革。美国众议院于2009年通过了食品安全加强法案，该法案赋予了FDA多项新权限，包括给予FDA制定农场初级原料生产标准、强制回收受污染食品、扣留不安全食品、限制或禁止来自某个地区的不安全食品流通以及就可能违规情况索取相关数据等新权限，甚至要求FDA发展一套能够完善追查食物污染来源的追溯系统。

纵观美国食品安全立法，它有两个特点：一是涵盖面全，适用范围广。美国很早就进行了食品安全方面的立法，目前，美国有关食品安全方面的法律法规相对较完善，覆盖范围广，适用对象多，基本包涵了所有的食品，同时制定了相对完善的食品安全标准和监管体系。二是法令与时俱进，不断发展完善。国会赋予管理机构很大的权力。在有威胁公民健康的新情况出现，而法律法规还未涉及的状况下，管理机构可以依据自己的灵活性，对规章进行相应的修订，从而使管理部门能以先进的方法来解决新出现的食品问题[1]。

2. 日本的食品安全立法。日本食品安全监管的两大基本法律分别是《食品卫生法》和《食品安全基本法》，这两部法律确立了食品安全法律监管的基本框架。[2]此外，在日本还有很多涉及食品安全的专业、专门法律法规，比如：《屠宰法》《禽类屠宰管理与检查法》《加强食品生产过程中管理临时措施法》《健康促进法》《农林物质标准化及质量规格管理法》《食品与农业农村基本法》等。日本食品安全立法的特点是以食品卫生法作为基础法，同时有许多具体法律。卫生部和农业部作为主要的食品安全监管和执法部门。新设立食品安全委员会专门进行食品危险性评估。

1　初振波：《发达国家食品安全法律及对我国的启示》，载《经济师》2012年第6期。
2　肖进中：《国外食品安全法律监管对中国的借鉴》，载《世界农业》2012年第6期。

3.欧盟的经验。目前，欧盟委员会对维持了 25 年之久的欧盟食品安全卫生制度进行了根本性改革，对涉及食品安全的 17 项法令进行合并、简化、协调、统一，力求制定一项统一、透明的新的食品安全卫生规则。该规则适用于从农场到餐桌的所有食品以及所有食品经营者，同时还建立有效的执法机构，加强对食品安全的监管，以有效应对未来食品链中可能出现的食品危机。新政策的核心是在建立食品安全战略目标的同时，给商家以选择采取何种安全措施的自由，而不是给他们制定过多的麻烦。新规则主要有以下几方面的改进：一是引入"从农场到餐桌"的概念[1]；二是确立了食品生产经营商对食品安全负首要责任的原则。这一原则加大了生产经营者的安全责任。生产经营商则主要依靠自我核查机制及对有害物的现代监控技术来确保食品的安全卫生。

三、解决我国食品安全问题的对策和建议

针对当前我国食品安全工作中存在的诸多问题，借鉴发达国家食品安全治理的成功经验，提出以下解决我国食品安全问题的对策建议。

（一）建立和完善食品安全应急预警机制

根据欧盟建立食品和饲料快速预警系统的经验，笔者认为，健全食品安全应急预警机制的关键是完善食品安全信息监测网络系统，在加强信息跟踪的基础上，一是建议把食品安全综合检测信息和带有季节性、规律性的消费信息及时向社会通报，建立国内反应敏捷的食品安全应急预警和防控法律体系，将食品安全预警机制纳入法制轨道。二是建立健全食品安全突发事件快速处理机制，提高应急反应能力。发挥人民群众的监督，建立国内食品安全群众监督网。三是建立适时快捷的食品安全信息采集分析评价体系和统一权威的信息发布平台，提高食品安全重大事故查处能力，定期发布食品安全（法治）状况白皮书，逐步形成食品安全监管的长效机制。四是建立健全食品退市、召回和销毁管理制度，防止过期食品等不合格食品回流食品生产经营环节，要求食品经营者要建立并执行临近保质期食品的消费提示制度，严禁更换包装和日期再行销售。

（二）加强在国务院食品安全办综合协调下的资源整合和信息共享

一是建议整合同级政府部门所属的各类食品检测检验机构，形成协调一致的检测体系。建立食品安全风险监测数据库和共享平台，强化数据分析和实际

1　王兆华、雷家：《主要发达国家食品安全监管体系研究》，载《中国软科学》2004 年第 7 期。

效能，健全和完善食品安全监督管理体系与运行模式，以统一组织、协调和管理与食品安全有关的工作，充分发挥检测网络为管理体系提供技术性支持的功能。二是建设食品生产经营者诚信信息数据库和信息公共服务平台，通过食品安全信息共享系统，与金融机构、证券监管等部门实现信息共享，及时向社会公布食品生产经营者的信用情况，实施违法违规企业"黑名单"制度，对企业失信行为予以惩戒，为诚信者创造良好发展环境。三是改善食品安全执法条件，完善各类检验检测设备，鼓励运用新技术，提高食品安全监管的技术支撑能力。

（三）健全食品安全监管体系

建议借鉴加拿大统一管理的食品安全监管单部门主导模式，来健全和完善我国食品安全监管体系：一是进一步健全食品安全综合协调工作机制，建议将各级食品药品监管部门作为政府的组成部门，而不是卫生部门下面的二级部门，加强其在食品药品监管中的统筹协调和综合管理职责，并承担起食品安全委员会办公室的监督职责，提高监管整体效果。二是建议开展食品安全监管综合执法试点改革。方案一是选择 1～2 个条件比较好的省（市）开展此项试点工作，将农业、质监、卫生、工商、食品监督等涉及食品安全管理的职责全部划归一个部门，即省（市）食品监督管理局管理，避免出现职责不清、相互扯皮，条件成熟后全国推开。方案二是与各级政府推进的相对集中行政处罚权试点工作相结合，将食品监督职责划入现行的城市管理相对集中行政处罚权的执法部门，统一行使执法职能，并将相应的食品检验检测机构交由其管理，为综合执法提供技术支撑。三是及时合理调整部门职责分工。如果综合执法试点难以实施，针对实际工作中反映比较集中的监管空白和交叉问题，各省市政府应抓紧研究细化监管部门的职责，明确具体的职责分工，防止出现食品安全监管工作中的扯皮与推诿现象。

（四）加强食品安全标准体系建设

一是建议对现行的国家标准、行业标准和地方标准进行全面清理，对已备案的食品企业的产品标准进行清理，进一步完善食品标准体系，启动重要标准的制修订工作。二是建立明确和统一的农产品省级规范和标准，为直接进入消费领域和作为食品加工原料的农产品进行监管提供制度保障。围绕重点食品、重点行业、重点技术，及时制定或完善地方性食品标准。深入开展标准的前期研究和国际标准的分析及比较借鉴研究。新的食品安全标准体系要按照统一、科学、先进、合理的原则来规划，提高食品标准的整体水平。三是完善农产品和食品认证体系，提高食品质量安全水平。通过认证，从源头上控制和管理食品的生产和供应，促进提高食品安全水平，完善食品质量标准。

（五）完善《食品安全法》的配套法律法规体系和有奖举报制度

一是进一步完善食品安全配套法律法规，为食品安全监管提供法制保障。建议加快制定《〈保健食品监督管理条例〉实施办法》《食品生产加工小作坊和食品摊贩管理办法》《鲜活农产品质量安全条例》等食品安全相关的地方性法规规章，逐步健全以市场准入、食品召回、责任追究等方面的食品安全监管立法，借鉴美国立法完备的经验来构建和完善我国食品安全法律法规保障体系。二是建议支持加快建立健全食品安全有奖举报制度，畅通投诉举报渠道，细化具体措施，完善工作机制，实现食品安全有奖举报工作的制度化和规范化。切实落实财政专项奖励资金，合理确定奖励条件，规范奖励审定、奖金管理和发放等工作程序，确保奖励资金及时兑现。

（六）完善和落实食品安全监管责任制和法律责任追究制

一是落实《国务院关于加强食品安全工作的决定》[国发（2012）20号]，将食品安全纳入地方政府年度绩效考核内容，并将考核结果作为地方领导班子和领导干部综合考核评价的重要内容。对于发生重大食品安全事故的地方，在文明城市、卫生城市等评优创建活动中实行一票否决制。二是强化县级以上人民政府在食品安全监督管理中的责任，要求县级以上地方人民政府统一负责、领导、组织、协调本行政区域的食品安全监督管理工作，建立健全食品安全全程监督管理的工作机制，主要负责人应积极协调县级以上卫生行政、农业行政、质量监督、工商行政管理、食品药品监督管理部门加强沟通、密切配合，按照各自职责分工，依法行使职权，勇于承担责任；统一领导、指挥食品安全突发事件应对工作。加大执法人员、执法车辆、执法经费向县级基层执法机关倾斜，切实解决基层执法人员偏少、经费缺乏等问题，切实解决执法部门各行其是、相互推诿的执法现状。

（七）建立健全新型食品安全"网—链控制"模式

为了加强食品安全监管的适时性和有效性，建议建立和实施食品安全"网—链控制"模式来解决食品安全问题。基于系统控制的新型食品安全"网—链控制"模式包括食品供应链、食品安全管理链、食品安全科技链、食品安全信息网四大要素。该模式通过对食品安全预警监控的绩效及关键影响因素分，逐步回归分析结果表明：政府控制、生产者控制、消费者控制、科技控制是食品安全控制绩效的关键影响因素；4个关键影响因素可细化为政府控制指标中的成立组织机构数、年有效监管次数，企业控制指标中的示范企业参与数、示范企业挂牌数，消费者控制指标中的食品安全知晓率、愿付较高价格购买安全食品的人群比例，科技控制指标中的科研人员参与数等七项指标，这七项指标为制定有效的食品安全微观监控策略提供了科学依据。

（八）开展《食品安全法》实施状况的 CBA 评估

《食品安全法》的制定和实施不仅需要投入大量的成本，而且其实施后，可能带来企业声誉收益、公民健康收益、环境收益、社会和谐等各类效益。为了使国家制定的法律和企业实施法律的效率达到最优，各国政府对其实施的食品安全法律进行绩效评估，其中被广泛采用的一种评估方法就是成本收益分析法（简称 CBA 法）。目前，CBA 法已成为美国、欧盟等国对食品安全法律实施效果进行度量的重要方法，国外学者对此做了大量研究，而我国在该领域的研究才刚开始。在食品安全领域引入 CBA 法符合科学发展观的执政理念，CBA 法既可使政府有限的财政资源得到合理配置，也可为企业采纳食品安全战略提供有效的参考。借鉴发达国家经验，建议我国也开展《食品安全法》实施状况的 CBA 评估，从而开创我国《食品安全法》实施状况成本效益评估的先河。

论试药人合法权益的法律保护

俞弼仁

杭州电子科技大学人文与法学院

摘　要：试药人指在国家新药物上市之前为确定体验新药的安全性及合理的给药剂量提供依据，进行临床试验试药的人。大量新药的问世催生出了试药人这个群体，由于每次试验可得高额报酬，试药人队伍正呈"膨胀"趋势。在现实生活中，试药者健康权、隐私权、知情权、救济权等合法权益并未得到有效的保障，法律制度处于"缺失"的状态。如何借鉴国际组织相关规定完善试药者的合法权益是我国法律制度所面临的重要问题。

关键词：试药人；合法权益；法律保护

一、引言

根据国家药监局网站显示，2012年中国共批准各类临床药物研究704件。正是这些大量新药的问世催生出了试药人这个群体。每一种新药在批准生产、推向市场使用之前，都必须要经过动物试验、人体实验和临床试验这三个过程。其中临床试验分三期，第一期是为了观察药物的安全性和代谢过程，需要在健康人身上试验；第二期、第三期实验是为了观察药物的有效性，受试对象为病人。大多所谓"试药人"，指在国家新药物上市之前为确定体验新药的安全性及合理的给药剂量提供依据，进行临床试验试药的人，他们主要参加的是一期药物试验。每一次药物临床试验，受试者都可以获得一笔费用，从法律属性上看是补偿金性质，并不是工资。中国的"试药人"的构成较为复杂，但基本上由学生、医护人员和社会无职业者组成，而其中医护人员与学生是药物一期临床试验的主力军。每一次药物临床试验受试者都可以获得一笔补偿费用。这笔费用包括误工费、采血费等费用，少则几千元，多则数万元。那么既然是试验，就会有不利后果产生的可能，尤其是医学研究领域，其试验所产生的不良后果往往是不可修复的！一旦受试者因为所试验的药物而产生不良反应并导致健康问题进而产生一系列后果的时候，就很有必要弄清试验者和受试者之间的权利和义务，以便分清责任、明确责任，并依照相关的法律、行政规章来解决问题。但在实际情况中，受试者往往不清楚自己的合法权益，试验者也推脱责任，监督者也没有能尽到监督的职责。那么我们该如何保护试药人的合法权益呢？

二、试药人应然的合法权益

试药人，首先享有的自然是人应当有的所有权益，但在本文中并不讨论关于人权的问题，而是着重于试药人在受试过程中所应当享有合法的权益。笔者认为，试药者至少有以下几种合法权益：

（一）健康权

健康权，指自然人依法享有的保持身体机能正常和维护健康利益的权利，其内容主要包括健康保持权和特定情形下的健康利益支配权。健康权是公民享有的一项最基本人权，如果健康权得不到保障，那么公民的其他权利就无法实现或很难实现。保护公民的健康权是我国刑法、民法等多项部门法的共同任务。而关于我国对于试药人健康权的规定主要见于《药物临床试验治疗管理规范》中的附录1《世界医学协会赫尔辛基宣言》（简称《赫尔辛基宣言》，下同）第5条规定：在涉及人体对象的医学研究中，应优先考虑人体对象的健康幸福，其次考虑科学和社会的利益。

（二）隐私权

关于隐私权的定义，笔者倾向于王利明教授在其主编的《人格权法新论》一书中的观点：隐私权是自然人享有的对其个人的与公共利益无关的个人信息、私人活动和私有领域进行支配的一种人格权。而关于我国对于试药人健康权的规定主要见于《赫尔辛基宣言》第21条规定：必须尊重实验对象捍卫正直诚实的权利。应尽可能地尊重对象的隐私和病人的机密，尽量减少课题给对象带来的体力和精神以及个性上的影响。

（三）知情权

知情权指知悉、获取信息的自由与权利，包括从官方或非官方知悉、获取相关信息。随着知情权外延的不断扩展，知情权既有公法权利的属性，也有民事权利的属性，特别是对个人信息的知情权，是公民作为民事主体所必须享有的人格权的一部分。迄今为止，中国尚未明确对知情权作出规定，但从宪法的已有规定中足以认定该项权利在中国是有宪法基础的。而在试药领域内中国的相关规定见于《赫尔辛基宣言》第 22 条规定：对任何涉及人的研究来说，必须使每个潜在的对象充分了解研究的目的、方法、经费来源、任何可能的利益冲突、科研工作者与其他单位之间的从属关系、课题预计的好处以及潜在的风险和可能造成的痛苦。应让对象知道他们拒绝参加研究或无条件随时收回同意书的权利。在确信对象已了解研究情况后，医生才能获取对象自愿给予的尽可能是书面的同意。如果不能取得书面的同意，必须记载和（旁人）证实非书面同意。

（四）救济权

救济权是由原权派生的，为在原权受到侵害或有受侵害的现实危险而发生的权利，是保护性法律关系中的权利。尤其是在试药人身上，救济权往往是由于健康权受损而派生出来的。这一点在《赫尔辛基宣言》第 30 条规定：课题结束时应确保每个参加实验的病人能够利用课题所证实的最好的预防、诊断和治疗方法中体现了出来。

三、试药人合法权益受损的现状分析

关于试药者知情权、健康权、救济权的合法权益受损，我们可以通过一个案例来了解：退休工人郭朝斌患有糖尿病，2005 年 9 月初不小心患上感冒血糖出现波动，到南京某"三甲"医院就诊时，医生向他推荐给徐州某药厂新药科研组研制的一款治疗糖尿病新药，因为免费而且还可获赠价值不菲的礼品，郭朝斌同意了。事实上，郭朝斌是被物色参加上述新药的三期临床试验，俗称人体试药，医院受药厂委托承担了这项新药临床试验。接下来，郭朝斌被安排做受试前的身体检查后，医生将一份《患者须知和知情同意书》交给了他，同意书上写有参与研究的风险、有可能获得的受益等等，郭朝斌最终成了上述新药三期临床试验 480 名受试者中的一员。

从 2005 年 9 月 29 日起，郭朝斌按要求停下原来服用的药品，正式开始试用新药，在医生的要求下，药量一加再加，从 14 个单位一直加到 40 个单位。当郭朝斌坚持按规定要求完成了 13 周的新药试验后，不仅病情没有好转、血糖没有控制，还出现了身体浮肿、下肢无力、双侧腰部酸痛等不祥之兆。2006 年 1 月郭朝斌因身体不适，先后两次到上述"三甲"医院就诊，经检查确认，被诊断为"2 型糖尿病，糖尿病肾病"。愤怒的郭朝斌于 2006 年 2 月将鼓楼医院及徐州某药厂告上鼓楼区人民法院，要求两被告赔偿各项损失 31 万余元，后又追加律师费 5000 余元。

原告郭朝斌及其代理律师认为：两被告正式试药前没有告知原告肾脏病情，原告并不适合参与试药。被告为了自身的利益而不顾受试者的死活，最终导致原告的肾病不可回转。被告的"告知书"中的权利义务不明确，在试验中没有尽到注意义务，没有最大限度地保护受试者的权利。对此，两被告应承担赔偿责任。被告某"三甲"医院和徐州某药厂辩称：被告是有资格的新药临床试药医院，新药试验有益于人类的健康。原告在试药前被告医院履行了充分的告知义务，原告本人也签字认可。胰岛素药物对肾功能不可能造成伤害，被告的最终检查结论证实，其不存在损害后果的事实，请求法院驳回原告的诉讼请求。

法院认为：尽管原告郭朝斌不存在身体健康的损害后果，但两被告未充分履行知情同意义务，侵害了原告郭朝斌的自我决定权，给原告造成了精神损害。由于在药物试验中原告的人格尊严得不到尊重，且原告是在不清楚自己病情的情况下参加药物试验的，在试验过程中又出现糖尿病性肾病的临床症状，原告由此产生精神伤害是客观存在的，因此原告主张赔偿精神抚慰金的请求法院予以支持，酌定精神抚慰金为 10000 元。虽然本案药物临床试验与原告直接发生关系的是被告医院，但药物试验的《临床研究方案》《知情同意书》等由被告药厂制定和提供，被告医院主要是按方案进行试验。两被告是为了共同完成药物临床试验而与原告发生关系，因此两被告作为共同侵权人应承担连带赔偿责任。此案的判决，对规范人体药物试验有着重大而积极的意义。[1] 此后，像浙江海宁试药案件和沈新连试药事件严重侵犯了试药人的知情权，类似的案件不胜枚举。

从以上案例中分析可以知道，试药人的知情权受到损害是由于不能充分了解药物的毒副作用及可能产生的各种损害后果。虽然根据《药物临床试验治疗管理规范》的规定，研究者或其指定的代表必须向受试者说明有关临床试验的详细情况，并签署书面的知情同意书，但是鉴于受试者专业水平的限制，无法了解研究者是否尽到了充分告知义务，试验期间研究者与受试者之间的权利、义务不明确，这导致了试药人不能全面的行使自己的知情权。因此试验期间受试者应享有 24 小时看护的权利，随时中止试验的权利，获得报酬的权利，了解试验进展及出现异常状况的权利等等。

实质上，试药人知情权被侵害往往就已经意味着健康权也受到了侵害，那么知情权和健康权之间又有什么样的联系呢？在一般情况下，知情权和健康权

1　刘作翔：《试药人——一个特殊人群的健康权保护问题》，载《政治与法律》2008 年第 9 期。

是两个独立的权利，各自独立存在，互不隶属。但对于试药人来讲，这两种权利是被"捆绑"在一起的。司法实践中的案例充分说明了这一点。在试药人和医院及医药公司的权益纠纷中，多数的案例是以认定试药人的知情权受侵害结案的，但实质上是试药人的健康和身体状况出现了问题，但因不能证明的缘故，而只能在知情权方面找出被告未充分履行义务等瑕疵。所以，对于试药人来讲，知情权是附属于健康权的，即试药人的健康权中就包含着知情权，知情权成为试药人健康权的构成内容。笔者的这一认识是有其根据的，按照国际公约对健康权的规范解释，"健康权包括自由和权利两方面的内容。自由包括控制自己健康和身体的权利，以及免受干扰的权利，比如免受酷刑和未经本人同意的治疗和实验的权利。权利包括享有一种使人们平等享受最高可能达到的健康水平的健康保护机制。具体的权利包括儿童、母亲和生育健康的权利，预防、治疗和控制疾病的权利，包括使用基本药品的权利。"因此，对试药人的知情权的侵害就是对其健康权的侵害，或者说是对试药人广义健康权的侵害。[1]

在此案例中，试药人在试药过程中病情加剧，作为有着专业知识的医护人员，首先必定具备了判断这个病情严重与否的能力。可以看到，医护人员并没有做出相应的救济手段。在试验结束后，也没有确保参加实验的病人能够利用课题所证实的最好的预防、诊断和治疗方法去保障试药人的健康。这不仅仅是侵害了试药人的健康权，也侵害了试药人的救济权，违背了立法精神。

在现实生活中，由于国家对于参加试药的试药人资料保护较为严格，因此侵犯试药人隐私权的案例较少。但笔者认为，试药人在试药过程中，有一些特殊情况，比如试验者要进行跟踪调查，以确保记录药效，试验者完全有可能将一些试药人的个人隐私给记录下来。在这方面，还没有一定的标准去界定怎么样的跟踪行为才不算是侵犯了试药人的隐私权。因此也有必要未雨绸缪，将一些可能出现的情况也列入考虑之内，完善现有的法律制度。

四、我国对试药人的法律规定及其不足

90年代初，世界卫生组织制定了《药品临床试验规范指导原则》并向各国推荐。1998年3月我国参照这一原则制定了《药品临床试验管理规范（试行）》，1999年年底修改后的《药品临床试验管理规范》正式颁布，2003年9月1日又重新改版，更名为《药物临床试验治疗管理规范》（以下简称《规范》）。

1　刘作翔：《试药人——一个特殊人群的健康权保护问题》，载《政治与法律》2008年第9期。

改版的新《规范》从三个方面来加强对"试药人"权益的保护：一是强调了《赫尔辛基宣言》的原则；二是明确了受试者应对有关临床试验的情况享有知情权；三是规定了研究单位必须成立伦理委员会。新《规范》明确提出"受试者的权益、安全和健康必须高于对科学和社会利益的考虑"，要求伦理委员会"向国家食品药品监督管理局备案"的制度；必须"定期审查临床试验进行中受试者的风险程度"；明确规定"研究者在临床试验过程中，不得向受试者收取试验用药所需的费用"。新规范还明确，"受试者参加试验应是自愿的，而且有权在试验的任何阶段随时退出试验而不会遭到歧视或报复……如发生与试验相关的损害时，受试者可以获得治疗和相应的补偿"。[1]

《规范》是由国家食品药品监督管理总局制定的，属于国务院部门规章。[2]而法律位阶按照中国宪法和立法法规定的立法体制来分，分为六级，从上到下依次为：根本法、基本法、普通法、行政法规、地方性法规和行政规章。规章所处的法律位阶最低。而据专家估计，目前有 60 多家跨国企业在中国进行着近 100 个项目的一期临床试验，直接参与人员数万人，如果算上大面积的采样对象，至少在 50 万人以上。[3]笔者认为，这样一个位阶低的法律显然不能适应目前的社会发展态势以及这个"新兴行业群体"的合法权益保障。

知情同意书是为了保障试药者的合法权益制定的，但仍有不少瑕疵。按《合同法》规定，合同中有关造成对方人身伤害的免责条款无效。因此，医院知情同意书中"医院概不负责"或"医院不承担任何责任"部分因违反了法律禁止性规定而归于无效。如果医务人员在为患者手术过程中存在医疗过错并造成了患者人身损害的后果，医疗机构仍应承担民事责任。手术同意书不具有"免除因医务人员医疗过错而给患者造成损害后果应承担的民事责任"的法律效力。

五、域外对试药人合法权益保护的规定及借鉴

关于试药人的国际公约是著名的《赫尔辛基宣言》，全名为《指导医生进

---

1 张辰、唐慧：《职业"试药人"的权益保障棘手》载《周末》，2004 年 8 月 9日第三版。

2 2001 年由时任国务院总理朱镕基签署的中华人民共和国国务院令（第 322 号）公布的《规章制定程序条例》（2002 年 1 月 1 日起施行）规定的国务院部门规章的制定主体是国务院部门，因此，药监局作为国务院部门，由它公布的规范性法律文件应当是国务院部门规章。

3 刘作翔：《试药人——一个特殊人群的健康权保护问题》，载《政治与法律》2008 年第 9 期。

行人体生物医学研究的建议》，1964 年 6 月在芬兰赫尔辛基召开的第 18 届世界医学大会上通过。《赫尔辛基宣言》长期以来一直被看作是临床研究伦理道德规范的基石。此后 1975 年、1983 年、1989 年、1996 年、2000 年、2008 年的世界医学大会又分别对《赫尔辛基宣言》做了多次修订。《赫尔辛基宣言》，就其性质而言，并非一个在国际法上有法律拘束力的文件。然而，宣言（或宣言中的伦理原则）被无数的关于人体研究的国际和国内文件、伦理指南、法律法规等吸收或列为附件。世界卫生组织《药品试验质量管理指导原则》、国际医学科学组织委员会（CIOMS）《人体生物医学研究国际伦理指南》、我国《药物临床试验质量管理规范》中都将宣言作为附件。宣言已成为世界各国普遍接受的，从事人体医学研究应遵守的基本伦理规范。我国国家食品药品监督管理局于 2003 年发布《药物临床试验质量管理规范》，第 4 条明确规定"所有以人为对象的研究必须符合《世界医学大会赫尔辛基宣言》（附录 1），即公正、尊重人格、力求使受试者最大程度受益和尽可能避免伤害。"尽管宣言在国际法上没有法律拘束力，但是在我国，宣言的所有内容被作为附录直接纳入部门规章，因此，笔者认为，宣言被赋予了与《药物临床试验质量管理规范》相同的法律拘束力。

美国早在 20 世纪 90 年代就制定了受试者保护法（2005 年修正）。美国人体受试者保护由两部独立的法律来管理，即《食品、药品、化妆品法》和《公共卫生法》，由国会在 20 世纪 70 年代初通过，以回应公众对新药与新医疗设备的安全性和人体受试者的权利与健康的担心。大部分人体试验由人类健康服务部（the Department of Health and Human Services，DHHS）下属的两个机构之一监督，即食品与药品管理局（Food and Drug Administration，FDA）和人体研究保护办公室（Office for Human Research Protections，OHRP）。与受试者保护相关的联邦法规被收载在《联邦法典》（*Code of Federal Regulations*，CFR）之中。CFR 是一部综合性的法律汇编，汇集了联邦政府所有行政法规和部门规章，由被授权部门组织制定并定期进行修正，其第 45 主题的第 46 部分（45 CFR 46）和第 21 主题的第 50 部分（21 CFR 50）、第 56 部分（21 CFR 56）集中地规定了人体试验受试者保护的具体措施。其中的伦理审查、知情同意及特殊群体保护等制度值得借鉴。

简单来说，伦理审查就是美国医学与研究公共责任组织（PRIM&R）、美国医学院协会、美国大学联合会、国际实验生物学协会、社会科学协会联盟五家组织共同合力成功打造了美国机构伦理审查委员会（IRB）认证体系，对推动 IRB 高质量、高水准的伦理审查起到了重要作用，并节省了政府对 IRB 运作监管的成本。

六、我国对试药人合法权益法律保护的完善

（一）组建完全独立于研究、试验单位之外的伦理委员会

伦理委员会可以由有关机构设立，只有完全独立，才能履行监督、审查职责。我国目前尚无专门的医药伦理委员会。根据《规范》的规定，为确保临床试验中受试者的权益，须成立伦理委员会，并向国家食品药品监督管理局备案。即使遵照《规范》的规定，但由研究、试验单位组建的伦理委员会，也很难想象会独立开展药物临床试验的伦理审理工作。

（二）建立临床试验注册制度

即对临床试验进行注册登记，将试验研究进展和管理信息等内容向公众开放，实现临床试验设计和实施的透明化，从而对临床试验的质量加以控制，并保障受试者的知情权，还有利于公众监督并参与研究过程。

（三）完善与受试者签订药物临床试验协议

一份知情同意书不能完全涵盖研究者与受试者之间的权利义务，为了充分保障受试者的权益，明确权利义务关系，有必要同时签订一份协议。协议中可明确约定以下内容：试验期间的经济补偿标准；试验药物造成受试者身体损害的具体衡量标准；试验药物造成受试者身体损害的具体赔偿标准；试验者未尽充分告知义务的违约责任等等。

（四）设立药物临床试验保险制度

"我国目前没有要求药物研究、试验单位为受试者投保，而在西方国家均有相应要求。"例如20世纪90年代中，上海有一家制药公司曾向美国FDA提出了该公司研发的银杏新产品"杏灵滴丸"的临床试验申请。结果是毒理、药理和临床前试验均无任何问题。最后，该产品即将进入实质性临床试验，美方提出必须由"杏灵"生产商事先缴付1亿至2亿美元的药品临床试验保证金给相关美国保险公司，以备一旦试验中"出事"（病人死了或致残）后，由保险公司出面向病人家属作出经济赔偿。保险的意义不言而喻，是为了保障受试者身体出现异常情况时，能获得及时的治疗与赔偿。[1]

目前的《规范》对于补偿金额和金额来源并没有制定出明确标准。对此，

1　林靖：《中国试药者或遭受三大风险 权益尚无法律保障》载《北京晚报》，2011年6月15日第15版。

应当建立相关保险机制或是风险保障基金。医学的进步是以研究为基础的，这些研究在一定程度上最终有赖于以人作为受试者的试验。但是所有以人为对象的研究，必须符合《世界医学大会赫尔辛基宣言》，即"公正、尊重人格、力求使受试者最大程度受益和尽可能避免伤害"。

（五）建立受试者保护制度

近年来医学研究出现了国际化趋势，发展中国家承担了越来越多的人体医学试验，随之也出现了一些侵犯受试者权利的问题，如我国的"人参丸事件"和"上海东方医院人造心脏事件"。受试者权利保障问题应当得到政府及社会的广泛关注。首先，制定专门的受试者权利保护法，美国早在20世纪90年代就制定了受试者保护法（2005年修正），其中的伦理审查、知情同意及特殊群体保护等制度值得借鉴。其次，设立受试者保护机构，专门负责临床试验中受试者的权利保护问题，监督伦理委员会审查工作，对临床试验进行全程监督。

研究生二等奖

以淘宝为例探索网络平台供应商的责任承担

陈丹丹

宁波大学法学院

摘　要：网络平台供应商（下文称"IPP"）是对于以购物网站为代表的网络服务商的一种分类。随着互联网的发展，IPP被卷入各种侵权纠纷中不能自拔，既包括与用户之间的普通侵权纠纷，也包括与相应的知识产权权利人的知识产权侵权纠纷。阻碍了电子商务行业的正常发展。而且相关责任承担问题的评判标准不一，给我国的司法和电子商务行业的发展造成阻力。本文主要探讨的是在IPP与知识产权权利人之间的知识产权纠纷中，IPP的责任承担问题。将以淘宝网为例，分析以购物网站为代表的IPP的在实际操作中的法律地位、责任承担方式，以期能够为解决上述问题提供参考，完善知识产权制度，促进电子商务产业的发展。

关键词：网络平台供应商（IPP）；法律地位；责任承担；间接侵权

一、淘宝网的 ISP 性质

ISP，即网络服务提供商，英文中表述为"Internet Service Provider"或"Online Service Provider"，我国学者一般将其直译为"网络服务提供者"。2009年实施的《侵权责任法》设定的两类网络侵权主体中，其中之一便是ISP。

淘宝网作为目前亚洲最大的网上零售交易市场，是负责为商户与消费者之间进行联系提供纽带的C2C网站。虽然其宣称自己为纯粹IPP，但本文认为，淘宝网等购物网站是兼有网络内容服务供应商（ICP）与网络平台供应商（IPP）性质的网络混合服务供应商。鉴于此，本文主要讨论淘宝网作为网络混合服务商的知识产权侵权责任承担问题。

二、淘宝网的法律地位

（一）淘宝网在交易活动中的角色

淘宝网在交易活动中的角色，学者们看法不一，主要分析看来有以下三种。

1. 商场说

商场说认为，淘宝网与各卖家之间在 C2C 交易中系商场与专柜的关系，作为网络平台提供商，其只需审核进驻品牌的资质即可，无须为专柜商品的质量问题或者知识产权问题承担法律后果。

2. 卖方或合营方说

此说将淘宝网视为通过平台进行交易的一方当事人，其作为销售者或至少是与直接卖方共同经营的合营者，与消费者在平台上达成交易合同，因此，网络平台商应承担与卖家几乎相同的法律责任。

3. 居间人或经纪人说

此说认为，淘宝网在向卖方和买方之间提供服务的过程中形成了"事实"上的居间关，网络平台商应当承担居间人的法律责任。

（二）由淘宝网所扮演的角色确定其法律地位

对于淘宝网的法律地位，目前学界尚无统一的说法。本文认为，尽管淘宝网可以为其用户提供一个双向信息交流通道，技术上也能够做到对用户发布的信息进行编辑和控制，但其无法像纯粹的 ICP 一样事先对信息行使"充分的编辑方的控制权"，只能在信息发布后行使一定的监控权，以及在得知发生侵权行为时采取一定的积极措施，以防止权利人的损失扩大。因此，淘宝网的法律地位是介于信息的发布者和传播者之间的，所扮演的角色类似于商场却不完全等同于商场，它的法律地位应依据其独特的运行机制并结合实际情况来界定。

三、归责原则

淘宝网的知识产权侵权责任承担的归责原则问题，目前有间接侵权、无过错责任原则、过错责任原则三种理论。

（一）间接侵权

1. 间接侵权的概念

间接侵权行为有广义和狭义之分，它是与直接侵权行为相对应。狭义的间接侵权行为指行为没有直接侵犯他人的合法权益，但是对他人的直接侵权行为起到了诱导帮助的作用，或以积极的行为扩大了直接侵权行为的损害，从而法律规定应当承担责任的行为，知识产权间接侵权行为即指狭义的间接侵权。广义的间接侵权除包括狭义的间接侵权行为外，还包括利用他人的违约行为或无行为能力人的行为损害第三人合法权益的行为以及利用某种介质损害他人合法权益的行为。[1]

2. 在我国如何适用间接侵权制度

间接侵权制度源于共同侵权理论。《中华人民共和国民法通则》（以下简称《民法通则》）第120条规定："二人以上共同侵权造成他人损害的，应当承担连带责任。"《最高人民法院关于贯彻执行〈中华人民共和国民法通则〉若干问题的意见（试行）》第148条规定："教唆、帮助他人实施侵权行为的人，为共同侵权人，应当承担连带民事责任。"这是民法上共同侵权的相关规定，是法院判定商标共同侵权的最主要的法律依据。

在间接侵权的构成要件中规定：侵权行为并未直接涉及知识产权保护的客体，而是为该直接侵权行为提供了便利条件，或者造成直接侵权行为的扩大或者有教唆的行为，行为人自觉或不自觉地参与了侵权行为从而对权利人的合法权益造成了侵害，间接侵权行为是直接侵权行为的继续或实现条件。[2]

通过两者概念的对比和比较，我们不难发现共同侵权和间接侵权的行为方式中都包括教唆和帮助两种手段。其在侵权方式和概念中具有一定的相似性。故有学者提出"'我国知识产权保护中应引进间接侵权'是一个伪命题"。[3]他们认为国内现有共同侵权制度完全可以解决IPP的知识产权侵权问题，不需要在引进间接侵权这一与共同侵权意义有重叠的概念。

但是，间接侵权在的概念中除了帮助和教唆他人实施直接侵权行为之外，还有一条是"行为人自觉或者不自觉的参与了侵权行动"，这就说明间接侵权

1　艾亮：《知识产权间接侵权之归责原则的探讨》，载《河北大学学报》（哲学社会科学版）2010年第3期。

2　参见国家知识产权局条法司编：《〈专利法〉及〈专利法实施细则〉第三次修改专题研究报告》（上卷），知识产权出版社2006版，第1692页。

3　杨明：《"间接侵权"辨：从百度、雅虎案说开去》，载《网络法学评论》2009年第1期。

不以间接侵权人主观上是否故意实施间接侵权行为，从而造成损害后果为构成要件。而共同侵权中的帮助和教唆一般指的就是故意的教唆和帮助。而间接侵权在版权中的成功应用，说明间接侵权有其存在必要性，而且在版权上的成功运用，是其运用在商标侵权，专利侵权的实践基础。虽然其与共同侵权在某些方面存在重合，但是间接侵权是一个独立的制度体系，不应与共同侵权混淆。

（二）无过错责任原则

按照"无过错责任说"的观点，IPP 对他人侵犯知识产权的行为，无论其主观上是否存在过错，均应当承担相应的知识产权侵权责任。该观点的依据是：首先，IPP 同网络用户以及知识产权人技术力量相差悬殊，因此适用无过错责任说可以加强对知识产权权利人的法律保护；其次，从 IPP 自身来说，作为一个网络事业的经营主体，若不能在法律规定范畴内从事经营活动，那其本身是否应当继续存续，就是一个问题；最后，目前世界各国对于 ISP 的定位都是"准出版商"，而 IPP 作为 ISP 的子分类更应如此。参照版权法，无论是英美法系国家还是大陆法系国家出于出版商的责任最开始都规定的是无过错责任。

（三）过错责任原则

德国著名法学家耶林对过错曾有过这样的表述："不是损害而是过错使侵害者负有赔偿义务。"

尽管 ISP 的侵权行为认定标准、归责原则与传统侵权行为的标准存在不同，但是，过错责任理论仍然是承担法律责任的基石。过错的基本形态有两个：故意和过失。ISP 的故意行为应当承担相应的侵权责任是毋庸置疑的。

但是，ISP 的过失行为是否应承担侵权责任就有些复杂了。"过失"可以分为一般过失和重大过失。

一般过失指行为人在其主观上并没有侵权他人权利的恶意，而是因为疏忽或是过于自信导致了损害结果的发生。有人认为在一般过失的情况下，不能或不应当要求 ISP 承担侵权责任，因为互联网上的信息量非常大，不能要求 ISP 做到对所有信息进行筛选、过滤、审查，这无疑将加重 ISP 法律责任和运营成本，不利于互联网产业的发展。但是，如果因此将 ISP 的审查责任一概免除，则等于从一个极端走向了另一个极端，同样不利于这个新兴产业的健康发展，正确的做法应当是分清不同类型的 ISP，然后根据不同类型的 ISP 在信息传播中的具体的作用来区分它们各自的责任认定标准。

本文认为，结合我国的实际情况以及国际上的相关先例，在我国的 IPP 关于知识产权侵权的归责原则应当以间接侵权理论为主，结合狭义的过错责任原则。当一个行为毋庸置疑的侵犯了知识产权权利人的合法利益时，对淘宝网可以以间接侵权者的身份按照过错责任原则向权利人赔偿损失。

四、IPP 现有的责任承担依据

签订用户协议来确定双方的责任是在目前我国对 IPP 侵权责任规定不明确的情况之下的权宜之计。但是，这种签订用户协议的方式还存在很多问题，也有很多地方需要完善。

（一）"用户协议"的效力问题

每一个电子商务网站都有其自己与用户签订的用户协议，并且会在协议中与用户做出各种约定，这种用户协议事实上就是网站与用户签订的一份合同。比如淘宝网就在其用户协议开头写道："本协议由您与淘宝平台的经营者共同缔结，本协议具有合同效力。""本协议内容包括协议正文及所有淘宝已经发布的或将来可能发布的各类规则。所有规则为本协议不可分割的组成部分，与协议正文具有同等法律效力。"

用户协议无论在形式和内容上都符合格式合同的特征。在协议中，会明确规定一些各自的权利义务，以及责任承担问题。用户只要出于自愿，在相应页面勾选了"同意"选项，则其与淘宝网就签订了这份约定了双方义务权利及纠纷解决方法的合同。淘宝网和用户都应当遵守该协议的相关规定，违反者应当承担相应的违约责任。

（二）"用户协议"中的规定如何用相关地方性法规加以规范

对于用地方性法规规范 IPP 用户协议，需要从内容和制定程序上加以规范。从内容上看，首先对于网站方的免责条款严格加以限定。具体可参考民法通则上的免责事由，以及合同法的相关规定。而且在制定过程中可以适当地加重作为强势一方的网站方的责任。其次，对于网站方和相对方的基本权利和义务应当明确规定。以防止网站方强加给相对方过多的不合理义务，从而损害相对方的合法权益。

从制定程序上来看，首先，用户协议作为一种格式合同需要在有关工商部门登记备案。以防止用户协议制定上的滥用。其次，也是最重要的，用户协议的修改程序应当严格加以限制。虽然电子商务行业是个瞬息万变的行业，在政策及法规的制定上需要较大的灵活性和自主性。[1]而且在实际操作中这种修改的权利一般是单方面属于网站方的。比如该协议在隐私权保护方面就规定"淘宝将在淘宝平台公布并不时修订隐私权政策,隐私权政策构成本协议的有效组成部分",以及"内容与协议"中的规定"淘宝有权根据需要不时地制订、修改本协议及各类规则,并以网站公示的方式进行公告,不再单独通知您。变更后的协议和规则一经在网站公布后,立即自动生效。如您不同意相关变更,应当立即停止使用淘宝平台服务。您继续使用淘宝平台服务的,即表示您接受经修订的协议和规则"。如果不对其加以限制,则容易出现网站方为了逃避责任,单方面肆意更改条款,使相对方处于一个极为被动和尴尬的地位。虽然网站方会在事后对新的协议加以公示,但是此时相对方已经无法对关涉自己权益的条款提出异议,这样无疑侵犯了相对方的合法权益或者使该合法权益处于一个相对危险的状态。因此,应当对网站方的单方面修改权加以限制。比如制定一个修改的标准,未达到修改标准的不得修改;若修改,则需要提前 15 日在网站的醒目地方加以公示,说明修改的理由并征集用户的意见等。

五、责任承担

(一)IPP 的合理义务

对于 IPP 的知识产权侵权责任承担,我们应当根据 IPP 的责任和义务来确定,以体现法律的公平性。如果对其权利义务还不明确,那探讨其归责原则就失去了意义。总的来说,对于 IPP 的义务,归纳出来有以下几点:

1. 信息真实性的审查义务

信息真实性审查义务应当分为两个方面。一方面是针对所有的电子商务网站的,应当对注册用户的真实信息进行审查,实行网络实名制。以便于产生纠纷时可以找到明确的被告,使诉讼能够顺利展开。另一方面是针对淘宝网等 IPP 的。作为网络交易平台服务的提供者,虽然不能像新浪网等典型 ICP 那样对内容进行全面的实质性审查,但是其对于用户自行发布的信息还是应当对其进行事后真实性的审查,如对信息真实性有疑义,应当采取必要的删除或者更正措施。

2. 保存和复制信息的义务

IPP 应当全面、准确且安全的保存注册用户的基本信息,商品发布的信息,

1 　摘自《电子商务的政策环境》,http://china.findlaw.cn/falvchangshi/dianzishangwu/dzswhj/smsdzswhj/2010/0908/33761.html.

以及交易记录，谈话记录以及其他电子交易的有关证据。以固定证据，有利于在发生知识产权侵权纠纷时进行取证。但是这一义务在实际实施时具有一定的困难。比如淘宝网就规定，淘宝网的交易维权，需要有阿里旺旺（为淘宝公司自行研究开发的聊天工具）的聊天记录作为证据，不能使用 QQ 聊天记录。有这条规定的原因很简单，就是淘宝网对于阿里旺旺的聊天记录可以审查其真实性，但是对于 QQ 就鞭长莫及。这也让我们考虑是否可以在用户维权时增强各企业之间的合作与帮助，比如腾讯公司可以在必要的时候接受淘宝公司的请求，调取所需的聊天记录作为证据。

3. 删除不良信息的义务

"IPP 在服务过程中应从技术和管理上充分尊重保护权利人的合法权益，保护知识产权、隐私权和消费者权益等。在经过向权利人提出异议并出具有效证据后，应采取移除侵权内容等措施以消除侵权后果。"如果相关权利人向 IPP 发出了合法有效的异议通知，IPP 应接到通知后做出分析判断进而采取控制措施，对不良信息予以删除，以保护权利人的合法权益，防止损失的扩大。

4. 保障交易安全的义务

IPP 作为技术上的优势方，应当采取必要的技术手段和管理措施，提供可靠的安全的交易环境和交易服务，以保证网络交易平台的正常运行以及用户对交易平台的正常使用。如淘宝网就在其服务协议中设定了这项义务："淘宝有义务在现有技术上维护整个网上交易平台的正常运行，并努力提升和改进技术，使用户网上交易活动得以顺利进行。"

（二）已有的法院的看法

有关于 IPP 的知识产权纠纷，我国包括世界上许多法院都有过相关判例。而各个法院对于网络平台商的责任认定存在很大的不同。

1. 彪马诉淘宝网商标侵权

在此案中，法院就认为本案第一被告即淘宝网没有违反事前审查义务。首先，第一被告规定，在其淘宝网上销售物品必须通过实名认证，包括个人认证与商家认证两种；其次，法院认为淘宝网在交易中的地位属于网络交易平台商（类似于网络中介服务商中的 IPP），并不直接参与假冒商品的直接销售，同时鉴于网络空间的广阔性，网络服务提供商在其技术范围内无法对其网站内的所有商品的商标合法性一一进行实质性审查；最后，本案第一被告 2006 年制定发布的《淘宝网服务条款》规定了售假制裁规则，也在其网站的显著位置进行了公布。

综上，法院认为本案第一被告并未违反事前审查义务和事后补救义务，原告（彪马公司）对第一被告（淘宝网）的指控缺乏依据，不予支持，予以驳回。

2. 北京宇宙星贸易有限公司诉易趣网的案件

在类似的案件中，法院对于原告指控网络平台商商标侵权的判决均为驳回请求。法院的判决理由主要有以下三点：第一，被告均不是涉案假冒商品的销售商，被告仅为该销售行为提供销售信息平台；第二，被告作为网络交易平台提供商，向在网络上进行交易的买卖双方提供信息传递的渠道，其对用户上传的商品信息不具备控制的能力，对每件商品是否涉嫌侵权均进行事前审查或者监督并不现实；第三，被告已经尽到了合理的注意义务，采取了恰当的方式来阻止侵权行为的发生。

（三）责任承担

经过上文的分析，本文认为对于 IPP 的责任承担应当以权责统一为基本原则，松紧适宜，不宜过分苛责 IPP。出于社会主义法治和人道主义救援考虑可酌量增加 IPP 的赔偿责任。

法律在设置 ISP 的权利义务时，应努力使其责任风险具有较强的可预见性，并应当对 ISP 的义务加以适当限制，使之责任负担不至于为了强调保护相对弱方而过于沉重。

IPP 与知识产权权利人之间的知识产权侵权，包括商标侵权、著作权侵权、专利侵权等，由于双方一般情况下均为企业，此时双方的优弱势地位不明显，法院可根据实际情况进行判决。但是对于 IPP 的责任，我们应当根据其义务的履行状况进行判决，如果 IPP 已经履行了其合理义务，则不应该过分苛责 IPP，让其承担明显超过必要限度的间接侵权责任。但是也不能说因为 IPP 不是侵权产品的销售者，所以其就不用为发生在该平台上的知识产权侵权行为负责，这样也是不科学，不合理的。

论影视明星隐私权的法律保护

方 涛

浙江工商大学法学院

摘 要：随着社会的发展，人们的权利意识越来越强，尤其是对隐私保护的意识不断增强，然而，我国目前在立法和司法上对于隐私的保护都存在诸多的弊端，人们在自己的隐私受到侵害时，往往无法得到应有的救济。本文选取一类在现实生活中隐私经常受到侵害的群体，即影视明星作为研究对象，原因在于，影视明星具有其自身的特殊性，其隐私权与一般公众以及公众人物都存在一定的差别。本文首先对影视明星隐私权的特点作一定阐述；其次，在从立法和司法的角度来阐述我国影视明星隐私权的现状；最后，结合第一部分相关内容，考虑我国影视明星隐私权的现状，对我国影视明星隐私权的法律保护提出相关的完善措施。

关键词：影视明星；隐私权；合理兴趣原则

一、影视明星隐私权的特点

我国著名民法学家王利明教授认为：隐私权就是"自己个人私事、个人信息等个人生活领域内的事务不为他人知悉，禁止他人干涉的权利。"[1]隐私权的核心问题在于对隐私的界定。分析王利明教授的观点我们可以看到，隐私的内容应包括：本人信息不被非法知悉、私人活动不受外界非法干扰和个人对私事的决定不受非法干涉三个方面。

结合隐私权概念及内容和影视明星的概念，笔者认为，影视明星的隐私权即在电影和电视上为人们所知晓后，通过国内外大量主流媒体以及所获奖项和取得的成就而受到公众关注的人，其个人私事、个人信息等个人生活领域内的事务不为他人知悉，禁止他人干涉的权利。

1　王利明：《人格权法研究》，中国人民大学出版社 2005 年版，第 147 页。

从上述概念中我们可以看出，影视明星为人知晓的途径是通过大量的主流媒体以及所获奖项和取得的成就而受到人们的关注。事实上，很多影视明星为了让自己获得更多的关注，主动地泄露一些自己的隐私，甚至有些是故意利用自己的隐私进行炒作。而相较于公众人物积极地保护自己的隐私，影视明星主动泄露或者故意利用隐私进行的炒作而为公民所知的隐私，是否应当受到保护，应当受到何种程度的保护？这也是影视明星隐私权不同于其他公众人物隐私权的一个重点方面。

根据美国理论界的通说，在美国法上公众人物主要分为两类[1]：

一是自愿的公众人物，这种公众人物又可以分为"完全目的的公众人物"和"有限目的的公众人物"。"有限目的的公众人物"主要指诸如体育明星、娱乐明星等，当然本文的写作对象也包括影视明星。"完全目的的公众人物"，指在政府机关担任重要公职的人员。他们往往拥有极大的权力和影响力，其言行与国家利益密切相关，所以纳入公众人物的调整范畴。

二是非自愿的公众人物，指某些人本身不是公众人物，不会引起公众兴趣，但是因为某些事件的发生偶然卷进其中成为"公众人物"，这种公众人物具有短暂性的特点，随着时间的推移，公众对其就不再感兴趣。

从上述分类中我们可以看出，影视明星的隐私权内容和其他公众人物的隐私权内容是有一定的区别的。首先，影视明星的隐私权仅仅与公众兴趣尤其是影迷的兴趣有关，与公共利益无直接的关系；其次，影视明星的某些隐私，在特定情况下，为了特定的目的，是影视明星自愿公开的。透过这两点区别，笔者认为，影视明星的隐私权具有以下特征：

（一）权利的自愿让渡性

通说认为，因为公众人物基于其特殊身份，获得了比一般公众更多的利益或者是权利，因此，他们的隐私权在满足"公众合理兴趣"的前提下应当受到一定的限制，这一观点同样也适用于影视明星的隐私权问题上。然而，影视明星与一般公众人物不同的是，其他公众人物的隐私多数时候是被动地让渡或者是被侵犯的，而影视明星在某些情况下为了提高自己的知名度有些时候会主动地透露自己的一些隐私以满足影迷们的兴趣，获得更多人的关注。笔者认为，影视明星们虽然愿意让渡自己的部分隐私，如工作计划、兴趣爱好、婚恋等希望提高知名度，以便从社会中获得更大的利益，但对于自己一些纯粹的私人领域如身体隐私、住宅隐私、通信秘密等却不愿受到媒体和公众干扰。影视明星

1　Gertz V. Robert Welch，Inc，418U.S.1967，p.130.

为了提高知名度而让渡出来的隐私，即已不属于影视明星隐私权的保护范围了，应当当作一种公共信息来看待。然而在实际操作中，媒体由于利益的驱使，没有很好地把握好明星们隐私曝光的"度"。

（二）权利的非公共利益性

在考量公众人物隐私权的限制问题上，主要涉及两个处理原则：公共利益和公众合理兴趣。原因有二：一是，公众人物因其广泛的社会知名度使其拥有一定的社会影响力和社会价值取向的引导性，所以公众人物的工作、生活、言行举止不仅为公众所关注，且和社会公共利益密切相关，甚至可能构成公共利益的重要内容。二是，公众人物可能会因其特殊的身份而与社会公共利益产生联系，构成社会公共利益的特殊性内容。例如第一例试管婴儿，他本身与人类科技进步紧密地联系在一起，因而其成长的有关情况就成了社会公共利益的一部分。

然而，同其他公众人物相比，影视明星的知名度主要来源于自身努力，并没有公权力的色彩，其他公众人物的知名度大部分存在着公权力的色彩。影视明星的知名度来源于其娱乐事业的成功。影视明星虽然作为公众人物的一部分，但是其影响力仅限于那些追随他们的影迷，对影视明星隐私权产生兴趣的只是他们的影迷，而这些影迷群体的人数是有限的，且会随着时间的变化不断发生变化。因此，影视明星的隐私权通常只与自己的影迷的兴趣有关，而不涉及社会的公共利益。

（三）权利的冲突性

在讨论公众人物隐私权的权利冲突问题上，往往强调的是公众人物隐私权与知情权的冲突。笔者认为，在影视明星隐私权的权利冲突问题上同样涉及隐私权与知情权的冲突，只是这种冲突的范围相较于公众人物隐私权与知情权缩小了很多。

知情权又称知悉权、了解权。知情权的内容包括以下几个方面：一是知政权，即公民依法享有知道国家的活动、了解国家事务的权利，了解国家所颁布的法律、法规和政策的权利，国家机关及工作人员有依法向公众公开自己活动的义务。二是社会信息知情权。这指公民有权知道其所感兴趣的社会情况并了解社会发展变化的权利，如公众对体育新闻的知情权，股东对股东会议记录和公司财务状况的了解权。三是个人信息知情权，即公民对自己有关方面情况的了解权，如本人的生理、病理资料及个人档案等。[1]

这里提到的社会信息知情权其中也就包括了影迷对其所感兴趣的影视明星们相关事情的知情权。当然，笔者认为，这种知情权是有一定的限度的，那些与影视明星的身体、住宅等人身密切联系且他们不愿意公开的隐私则不属于知情权的范畴，而诸如工作计划等这类隐私即属于知情权的内容。然而，在现实生活中，很多影视明星基于现实的考虑，不愿意公开自己工作计划等隐私，这就产生了影迷们主张知情权与影视明星主张隐私权的冲突，如前文所述，笔者认为，影迷对于此类事实是有知情权的。

二、我国影视明星隐私权保护的现状解读：基于立法和司法

从上述特点分析，我们可以知道，虽然影视明星属于公众人物的范畴，但是对其隐私权的保护与其他公众人物应当做一定的区别对待，需要对其进行特殊的保护。《侵权法》将隐私权作为一项独立的人格权进行保护，填补了我国立法上没有隐私权保护的空白。然而我国目前现行的立法当中并没有针对影视明星隐私权保护的作出具体的法律规定，在 2009 年 4 月 15 日，广电总局发布的一条禁令中也只是抽象的对侵犯名人隐私作了规定。[2]就影视明星隐私权保护的司法实践来说，在《侵权法》没有颁布之前，一切侵犯隐私的行为，法院都参考有关名誉权侵权的有关规定来处理。而在《侵权法》颁布之后，有关影视明星隐私权的判决主要从两个角度去考虑：从法律规定的角度，主要是参考有关隐私权保护的条文；从理论的角度，主要是参考国内一些学者关于公众人物隐私权保护的学说。

（一）我国影视明星隐私权保护的立法现状

我国法律并没有对影视明星隐私权有单独的法律规定。对于影视明星隐私权的法律规定包含在对普通公众隐私权保护中。2009 年以前，我国对于隐私权的保护集中规定在司法解释及一些行政法规和社会法领域的专门法中，属于间接的保护方式，即必须依附于名誉权来寻求救济，有关隐私权的保护比较凌乱，在宪法、刑法、民法、三大诉讼法以及司法解释的相关条文中都有所提及，但

1　肖枝海：《公众人物隐私权与公众知情权》，载《中南民族大学学报》（人文社会科学版）2004 第 8 期。

2　该禁令的主要内容为：广播电视综艺、娱乐、访谈等各类节目，严格禁止谈论名人绯闻秘史、艺人隐私恋情等花边新闻、八卦新闻，凡再有播出此类节目的电台、电视台，一经发现，要从策划选题者开始，层层追究责任。

未形成一个完备的法律体系。比如，《宪法》第 38 条、第 39 条、第 40 条隐含了保护隐私权的思想。[1] 然而，这些规定，均是将隐私权纳入名誉权的范畴来进行保护的，对受害者明显缺乏保护力度。

学界公认的，对于隐私权作出实质性进展规定的，应当是《侵权责任法》，该法第 2 条提出了隐私权的概念，将对隐私权的保护方式提高到直接立法的模式，但却没有对隐私权的具体内容进行明确的规定，导致了司法实践中可操作性差。

（二）我国影视明星隐私权保护的司法实践

如前所述，影视明星隐私权与影迷的知情权是相冲突的，因此，在解决影视明星隐私权的司法实践中所面临的首要问题就是如何解决其和影迷知情权的冲突。纵观目前各国的立法，并未有关于直接规定知情权的条款。各国有关知情权的条文和宪法依据一般都体现在言论自由和出版自由中。因此，与影视明星隐私权有关的，无论是规定言论自由的条款还是出版自由或新闻自由的条款，他们的核心均是满足影迷的合理兴趣。如何让影迷的知情权得到满足的同时影视明星隐私权得到较好保护，成为我们司法实践中保护影视明星隐私权必须解决的一个问题，然而，在我国目前的司法实践中很多时候却有意地回避这个问题，而就隐私权保护去谈隐私权的保护，这其中最为典型的案例即为 2011 年汪小菲、徐熙媛诉张朝阳肖像权、隐私权、名誉权案。

该案中，原告汪小菲、徐熙媛认为：被告未经原告允许，擅自公布原告婚礼现场照片，侵犯原告肖像权、隐私权，事件发生后台湾媒体纷纷谴责原告对两岸媒体厚此薄彼，更有网友指责原告是有意炫富、炒作，严重降低了原告的社会评价。法院在判决中，首先对隐私及隐私权的概念作出了解释，认为"隐私一般是指仅与特定人的利益或者人身发生联系，且权利人不愿为他人所知晓的私人生活、私人信息、私人空间及个人生活安宁。隐私权一般指自然人享有的对自己的个人秘密和个人私生活进行支配并排除他人干涉的一种人格权。采取披露、宣扬等方式，侵入他人隐私领域、侵害私人活动的行为，就是侵害隐私权的行为。"其次，将本案的争议焦点归纳为"将婚礼实况视为隐私是否超过必要限度"。最后，对"必要限度"进行解释，得出将婚礼内容视为隐私显

1　比如：宪法第 38 条规定，中华人民共和国公民的人格尊严不受侵犯。禁止用任何方法对公民进行侮辱、诽谤和诬告陷害，这也是对中国公民权利保护的基础。

然超过了必要的限度，不当扩大了隐私的范围。[1]

通过本案的判决，笔者认为，我国司法实践中在审理影视明星隐私权的问题上存在以上两个方面的问题：

第一，在认定是否属于隐私的问题上，采取个案讨论的方法，法官的自由裁量权过大。本案中，法院认为，婚礼实况并非属于隐私的范畴，理由是将婚礼的内容视为隐私超过了必要的限度，但是并没有阐明必要限度中的"度"的界限。第二，法院没有考虑到原告之一作为影视明星的特殊身份。正如前文所述，影视明星的隐私权和影迷的知情权是存在冲突的，影视明星因为自身身份的特殊性，其对影迷的影响非常大，影迷对影视明星的私人生活非常的感兴趣。通说认为，影视明星作为公众人物的一个部分，其隐私权应当受到一定的限制，这种限制是建立在影迷合理兴趣的基础上的，笔者认为，这种合理的兴趣包括影视明星事业方面的隐私以及其自愿公开或有助于其成名的隐私，不能延伸到别处。就本案而言，原告在三亚举行秘密婚礼，其主要原因是婚礼属于原告的私人生活部分，原告不希望自己的婚礼受到过多外来因素的干扰，原告有权不公开自己的婚礼，这并不受到影迷合理兴趣的限制。

三、我国影视明星隐私权法律保护的完善措施

通过上文的叙述，笔者认为：影视明星的隐私的公开仅限在事业方面，同时还包括那些有助于自己出名的因素，不能延伸到别处。除此之外，其他的隐私都是受到法律保护的，任何人不可侵犯。影视明星在私生活方面没有义务为追星者做出道德表率，也并非社会中的道德榜样。因此，在针对影视明星隐私

1　（2011）海民一（民）初字第1489号判决书原文摘要：隐私一般是指仅与特定人的利益或者人身发生联系，且权利人不愿为他人所知晓的私人生活、私人信息、私人空间及个人生活安宁。隐私权一般指自然人享有的对自己的个人秘密和个人私生活进行支配并排除他人干涉的一种人格权。采取披露、宣扬等方式，侵入他人隐私领域、侵害私人活动的行为，就是侵害隐私权的行为。本院认为，任何信息是否属于隐私，并不单纯取决于权利人的意志，而应当根据权利人是否有视该信息为隐私的意思，信息是否进入了公知领域，信息的范围是否超过必要限度等方面确定。本案中，原告将其婚礼的实况视作为隐私，并且采取了拒绝媒体现场报道等措施，被告也承认其所拍的有实质性婚礼场面的照片属于首发。本案的争议焦点是，将婚礼实况视为隐私是否超过必要限度。婚姻状况，比如婚否、配偶身份信息等，若当事人加以保密的，可以视为隐私。但所谓婚礼，是向亲朋好友公开宣示结为夫妇的传统礼仪，一方面具有私人性，一方面又具有公示性。虽然婚礼的私人性方面符合"私"的要求，但其公示性显然违背"隐"的要求，故将婚礼内容视为隐私显然超过了必要的限度，不当扩大了隐私的范围。综上，婚礼实况并非属于隐私范畴，故被告公布原告婚礼实况不构成隐私侵权。

权法律保护的完善措施方面，笔者认为主要是要突出影视明星与一般公众人物不一样的那部分进行完善。

1. 确立合理兴趣原则

根据经济学的原理，任何利益的获得都要付出一定的风险和交易成本，对于影视明星来说，没有影迷的关注和追捧，就没有他们令人羡慕的经济收入和社会地位，限制隐私权就是必要付出的风险和交易成本。那么，如何进行限制就是必须要考虑的问题。任何一项法律制度都应有明确的原则，它是整个法律制度的灵魂所在。准确地确定影视明星隐私权的限制原则则是建立影视明星隐私权保护法律制度的核心。如前文所述，影视明星影响的仅仅是关注或者追随他们的那一部分人，因此，他们的隐私不应当受到公共利益的限制而只应当受到影迷的合理兴趣的限制。通过影迷的合理兴趣对公众人物隐私权进行限制，一方面是影迷兴趣和影迷知情权的需要，另一方面也符合影迷的心里期许。

在确定影迷的合理兴趣原则时，需要确立一个观点：不是所有的影迷兴趣都可以作为限制影视明星隐私权的理由，只有那些合理的兴趣才可以称为限制理由。在考量某事实是否构成合理兴趣时，应当遵循以下两个标准：第一，合法性标准。虽然影视明星的隐私权应当受到限制，但是这种限制并不是无限度的，这种限制必须不得违反现行法律的禁止性规定，这是对影视明星隐私权限制的最低要求。第二，相关性标准。这里的相关性指对影视明星隐私权的限制只能是与影视明星事业有关的一些内容，而不能是涉及影视明星私人隐私。

2. 明确影视明星隐私权的内容

任何一项法律原则的建立都必须要有相应的法律制度将其落到实处，在对影视明星隐私权进行法律的保护的过程中，笔者认为，在影迷合理兴趣原则的指导下，确立影视明星隐私权的内容是非常有必要的。虽然影视明星的隐私权在诸多方面受到限制，但这并不意味着明星就没有隐私权。隐私权是法律赋予每个公民的一项基本的人格权利，影视明星也应当完全享有这项权利。

影视明星作为社会公众的一部分，其享有的隐私权一般公众一定也享有，而影视明星又因为身份的特殊性，其隐私权的内容一定比一般公众要窄。笔者认为，与一般公众相比，影视明星隐私权的限制主要体现在两个方面：第一，符合影迷合理兴趣原则，应当公布明星的相关事宜，比如，影视明星最近正在拍摄的电影名称，影视明星所拍电影的票房情况等。第二，正如前文所述，影视明星的隐私权具有自愿让渡性的特点，只要此项内容是影视明星自愿让渡出来的，就不再使用隐私权来进行保护。因此，影视明星隐私权的内容包括上述两项限制以外一切一般公民享有的隐私权他们都应享有。

3. 限制法官的自由裁量权

我国关于隐私权的立法仅限于《侵权法》中的原则性规定，同时又鉴于我国是成文法国家，法官不能造法，因此，在司法实践中，法官在处理有关隐私权尤其是影视明星隐私权的案件时有较大的自由裁量权，这种在没有统一指导思想下形成的自由裁量权会导致同一类型的案件，其处理结果不一样，严重影响法治的统一。因此，如何限制法官的自由裁量权是对于影视明星隐私权保护的一个重要议题。

笔者认为，在目前立法缺失的前提下，解决法官自由裁量权过大的问题的首要方法即是建立起一套有关影视明星隐私判例制度。最高人民法院应当总结各级人民法院的司法实践经验，规范影视明星隐私权案件的审判工作。总结相关的经验、建立判例制度、及时颁布相关的司法解释，这是对目前影视明星隐私权保护最可行有效的方式。

论足球裁判黑哨行为的刑法定性

——兼论刑法第九十三条中的"公务"

金 希

宁波大学法学院

摘 要： 黑哨行为定性的关键在于裁判的身份，认定裁判身份的核心是对《刑法》第 93 条中的"公务"的理解。应当从对象的公共性、目的的公益性和权源的公法性三个实质要件理解公务的内核。裁判行为并不符合公务的特征，黑哨行为仅构成非国家工作人员受贿罪。

关键词： 裁判；受贿；公务；国家工作人员

足球裁判因收受财物而在足球比赛中违反体育道德、背离足球规则、有意偏袒一方、影响足球比赛公平竞争的行为便是人们通常所称的黑哨行为。[1] 可以肯定的是，足球裁判的黑哨行为具有严重的法益侵害性，既破坏了足球比赛公平竞争的体育竞技秩序，又侵害了裁判职务行为的不可收买性，使得公众对裁判公正执法的信赖丧失[2]。不过，要将黑哨行为以犯罪论处，除了具备这一实质的法益侵害性之外还须符合罪刑法定原则的要求。《刑法》第 163 条规定："公司、企业或者其他单位的工作人员利用职务上的便利，索取他人财物或者非法收受他人财物，为他人谋取利益，数额较大的，处五年以下有期徒刑或者拘役……"。第 385 条规定："国家工作人员利用职务上的便利，索取他人财物的，或者非法收受他人财物，为他人谋取利益的，是受贿罪……"尽管非国家工作人员受贿罪与受贿罪的实行行为并不完全相同，但均包含为他人谋取利益的样态，而足球裁判的受贿行为在客观上均符合此种样态，因此，问题的焦点便集

---

1 就广义而言，黑哨行为还包括没有收受贿赂，单纯偏袒一方的行为。但本文中所称的"黑哨"仅指裁判员接受贿赂从而影响比赛公平竞争的行为，这也是黑哨行为的通常样态。

2 有学者认为因为足球贿赂行为而受害的主体包括国家、社会和足球俱乐部。（参见谢自豪：《论刑法对足球贿赂行为的介入与规制》，载《当代法学》2003 年第 10 期）

中于足球裁判在主体身份上究竟符合受贿罪还是非国家工作人员受贿罪[1]的犯罪构成，即足球裁判是否具有《刑法》第93条中规定的"国家工作人员"身份。

足球裁判显然不属于《刑法》第93条规定的前三类国家工作人员，判断的关键便在于其是否属于"其他依照法律从事公务的人员"，裁判行为能否解释为《刑法》第93条中的"公务"。针对公务的内涵与外延，特别是"其他依照法律从事公务的人员"的范围，学者们纷纷见仁见智，提出了不同的认定标准。大体而言，对"其他依照法律从事公务的人员"的界定有两种模式。第一种模式为列举式，即具体说明"其他依照法律从事公务的人员"包括哪些单位的哪些人员。如有学者认为，其他依照法律从事公务的人员包括：依法履行职责的各级人民代表大会的代表；依法履行职责的各级人民政协委员；履行审判职责的人民陪审员。[2]且不论将上述人员认定为"其他依照法律从事公务的人员"是否合理，此种列举式的认定模式容易导致挂一漏万。倘若人们明确地认为某集合包含若干元素时，便会习惯性地将其他元素排除在这个集合之外，而不问这些元素是否符合这个集合的本质特征。此种模式容易将某些现有的本应以国家工作人员论的人排除在其范围之外，也不利于根据实践的发展认定新出现的国家工作人员。第二种模式为概括式，即笼统地说明"其他依照法律从事公务的人员"的特征，而不加以具体列举。例如有观点认为，"从事公务"就是依法履行职责的职务行为以及其他办理国家事务的行为。[3]这种观点并没有说明公务的本质特征，况且，其中的"职责""职务""国家事务"等用语内涵也十分宽泛，事实上也很难据此区分公务行为与非公务行为。

在本文看来，刑法之所以对国家工作人员的受贿行为规定了比非国家工作人员更重的法定刑，是因为两者的法益侵害程度不同。受贿罪侵害的是国家工作人员职务行为的不可收买性，非国家工作人员受贿罪侵害的仅是一般职务行为的不可收买性。在刑法以"公务"为核心构建国家工作人员概念的情况下，就应从公务的本质特征来理解公务的核心内涵，以使从事此类行为的公务人员的受贿行为在法益侵害性上有别于非从事此类行为的人员。本文认为，《刑法》第93条中的"公务"应当包含以下三个要件：

1. 对象上的公共性

公务行为在对象上应具有公共性。所谓对象，指除行为人之外其权利义务

1　2006年《中华人民共和国刑法修正案（六）》颁布之前为公司、企业人员受贿罪。

2　陈兴良：《规范刑法学》（下），中国政法大学出版社2003年第3版，第1110页。

3　赵秉志：《论国家工作人员范围的界定.刑法问题与争鸣》（第一辑），中国方正出版社1999年版，第336页。

会受到该行为实际影响的人。所谓公共，即是与私人相对应的概念，将个别、少数排除在外。对象上的公共性，能将公务与私务有效区分。不过，对于此处的"公共性"，仍需进一步加以具体的界定。对此，德国学者提出了不同的观点。地域说认为，"公共"涉及一个相关空间内的大多数人[1]。根据此学说，一个地区内的大多数人的事务，足以形成公共事务。至于在地区内居于少数人之事务，则可以称之为个别事务[2]。人数说认为，不确定的多数受益人就是"公共"的含义。即以受益人之多寡的方法决定，只要有多数的不确定性。

目的人存在，即属公共[3]。反面说认为，应当以"某圈子之人"作为与"公共"相对的概念，从反面间接地定义"公共"。根据学者的概括，"某圈子之人"应具备两个特征。一为该圈子具有隔离性，二为圈子成员在数量上是少数[4]。地域说力图以一定的空间范围为基准，建构公共的概念。这一学说在社会生活简单、人们的生产生活仅依托单一地域的过去具有一定的合理性。但在社会生活日趋复杂的情况下，人、财、物跨地区流动必然日益频繁。

当下，公共资源的跨地区共享与公共利益的跨地区关联日益凸显，该学说赖以存在的基础业已丧失。但人数说与反面说并非相互对立的学说。人数说仅要求数量上的多数，反面说在要求数量多数的同时，还要求相应圈子的开放与非隔离性。因此可以认为，人数说的主张实质上是反面说的一部分。可以从涉及领域的开放与参与人员的多数两个基点来理解公共的内核[5]。事实上，这两个基点也可以统一起来加以理解。开放性就意味着多数人参与的可能性。一个隔离的圈子孤立地看，或许包含了许多的成员。但较之与圈子以外的更大的集合，其成员仍居于少数的地位。

据此，足球裁判行为的对象显然不具有公共性。尽管这种行为具有裁决判断的性质，但权利义务受其直接影响的主体，往往仅限于足球圈子内。足球竞赛是一个特定的业务领域，具有自身相对独立的规则体系与纠纷处理机制。参与这一领域的成员，较之于社会全体成员显然居于少数的地位。

2. 目的上的公益性

仅仅强调对象上的公共性，还不能完全涵盖公务的本质特征。因为，诸如商店的营业员、公共汽车的售票员等人员，其服务对象也具有开放性与不特定

---

1 陈新民：《德国公法学基础理论》（上），山东人民出版社 2001 年版，第 182 页。
2 康诚：《论刑法中的"公务"》，载《现代法学》2008 年第 4 期。
3 陈新民：《德国公法学基础理论》（上），山东人民出版社 2001 年版，第 86 页。
4 康诚：《论刑法中的"公务"》，载《现代法学》2008 年第 4 期。
5 城仲模：《行政法之一般法律原则》（二），台湾三民书局 1997 年版，第 158 页。

性。但他们从事的显然不是公务，因此有必要从主观向度考察公务的实质。从事公务之人，行为目的应在于维护开放的多数人的利益，而不限于追求自身之经济利益。目的上的公益性，能将公务与商务有效地区分开来。刑法之所以以公务为核心构建国家工作人员的体系，一个重要原因就在于强调此类人员在本质上应当为人民群众服务。

3. 权源上的公法性

2000 年 4 月 29 日，全国人大常委会通过了《关于〈中华人民共和国刑法〉第九十三条第二款的解释》，该解释指出：村民委员会等村基层组织人员协助人民政府从事下列行政管理工作时，属于《刑法》第 93 条第 2 款规定的"其他依照法律从事公务的人员"：（1）救灾、抢险、防汛、优抚、扶贫、移民、救济款物的管理；（2）社会捐助公益事业款物的管理；（3）国有土地的经营和管理；（4）土地征收、征用补偿费用的管理；（5）代征、代缴税款；（6）有关计划生育、户籍、征兵工作；（7）协助人民政府从事的其他行政管理工作。村民委员会的人员在从事日常工作与协助人民政府从事上述工作时，可以说均具有对象上的公共性与目的上的公益性。但为何只有协助人民政府从事上述行为时，才能以国家工作人员论呢？关键在于从事两类行为的权源不同。根据我国宪法规定，村民委员会属基层群众自治组织，其实施日常行为的权力来源与村民的集体授权，但其从事上述行为的权源则在于人民政府的授权或委托。由此可见，实施公务的第三个特征就在于实施该行为应具有某些公法上的依据。行为人在实施公务行为时，应依托一定的公共机构或公共团体，其权力是自上而下的，通常具有一定的管理性、决策性，而并非出于自发或自下而上的让渡。据此，民间自发的慈善捐助或志愿服务行为虽具有对象上的公共性与目的上的公益性，但显然不具有这种自上而下的特征。依据这一特征，也能将公务与业务加以区分。2008 年 11 月 20 日《最高人民法院最高人民检察院关于办理商业贿赂刑事案件适用法律若干问题的意见》指出："医疗机构中的医务人员，利用开处方的职务便利，以各种名义非法收受药品、医疗器械、医用卫生材料等医药产品销售方财物，为医药产品销售方谋取利益，数额较大的，依照刑法第一百六十三条的规定，以非国家工作人员受贿罪定罪处罚。"之所以不将医生的上述行为认定为公务就是因为其行为是利用自身的专业知识，又不具有公法上的依据，属于业务行为。

同样，足球裁判的行为也可视为一种业务行为，裁判是利用自身所掌握的专业技能参与足球赛事，通过公正执法来推动比赛顺利进行。在某种程度上，裁判员与运动员、教练员一样，都是比赛的参与者，而非组织者与管理者。有学者认为，裁判在体育比赛中的权力来源于中国足协的正式授权。足球裁判员受中国足协聘请在足球比赛中从事裁判活动，是中国足协对足球运动进行管理的组成部分 [1]。但是，认为裁判的执法行为源于中国足协的授权并不妥当，首先倘若如此，裁判应以足协的名义执法，但这与事实不符。其次，果真如此，足协便能任意地撤销或者改变裁判的判罚，这将有损裁判活动的独立性与权威性。最后，假使如此，作为被授权方的裁判无法履行职务时，作为授权方的足协官员则能直接在场上行使其权利，这将严重破坏裁判队伍的专业技术性与执法的公正性。

从以上的分析可以看出，足球裁判在场上的执法行为，虽然具有目的上的公益性，但不符合对象上的公共性与权源上的公法性两个要件，故不能认定为公务。相应的，足球裁判也不具有国家工作人员身份。因此，对于足球裁判的黑哨行为，只能认定为非国家工作人员受贿罪，并不构成受贿罪。

1　曲新久：《"黑哨"行为已构成受贿罪》，载《政法论坛》2002 年第 3 期。

程序之失，法治之殇

李标森

宁波大学法学院

摘　要：新近审判的案件无不关乎程序问题，或行政程序，或司法程序，实有必要重申程序正义价值。程序之失，主要源于中国"情"文化、关系社会以及公权力膨胀、滥用，其结果让人深感法治之殇。正是程序性保障价值及程序正义价值，以及其为"看得见正义"之特性，对现阶段法治中国建设意义重大，有必要要强调行政机关要依程序执法，否则将面临不利后果；有必要强调司法机关要依程序司法，寄公正于司法程序；要落实好违反程序的责任制度。

关键词：法治；行政程序；司法程序；程序正义

源于新一届中央政府领导人的更迭，2013 年无疑是备受关注的一年；源于多位中央领导人的法学学科背景，2013 年也是挑动法律人心弦的一年。今年 3 月份习近平主席提出的平安中国、法治中国之建设，是否意味着"法治梦"已经在圆梦的道路上？这需留待时间来证明。时值九月审判季，让人想起古时的秋审制度，一个个备受关注的案子集中在这段时间审判或执行，如薄熙来案、雷政富案、杨达才案、李某某案、王书金案、龚爱爱案以及很有争议的夏俊峰案。这一个个案子扣人心弦，或关乎权力，或关乎人性，或关乎制度，引起了纷纷议论，或谩骂，或痛恨，或惋惜。除此之外，今年还有张辉、张高平案、唐慧案……其实，对于这些案件，大都是同程序方面存在问题有莫大关联，这也是为法律人及民众所愤慨的重要原因，若关注过这些案件，不按程序办事乃是为民众所诟病。这也就说明了为何时常混迹微博、各种论坛等社交工具的人士深感中国法治之殇，对行政机关、司法机关的适法乱象感到愤慨，常以"做一个幸福的人，请关注娱乐新闻"调侃。

一、程序于法治之意义

法治就其本质而言，是要树立法律在社会中的最高权威，实现法律对权力的有效驯服，切实保障公民的自由和权利。[1] 然而如何实现法律的最高权威？如何实现法律对权力的约束？这些才是我国现阶段的难题，也是法制现代化过程中需要考虑的。前提是需要完善法律体系，然后依赖法律的有效实施，随时间的积淀形成法律的最高权威，通过法律明确权力的界限，自然能够实现公民的自由和权利保护。问题是如何实现法律的有效实施以及权力不被滥用，程序就能在现今法治困境中发挥其关键作用，通过程序法律制度来实现实体法律价值。与此同时，法制现代化是法治化的应有之义，它的顺利推行需要强化政府权威和扩大政府权力，另一方面却又要想方设法通过法律来约束政府权力，[2] 这也是提升程序法价值的原因之一。

程序正义的重要性，不仅在于对实体正义的维护和保障上，而且在于它是一种看得见的正义。现阶段，我们的主要矛盾不仅在于是否有"善"的法得以适用，也在于法律的适用是否公正合法，源于民众仇官、仇富、仇权的情绪，普遍怀疑法律适用者的公正，无法信服，将该原因归结于程序不透明实不为过，正因应了"阳光是最好的防腐剂"这句话。程序正有此特征，通过行政机关、司法机关的依照法律规定原则、步骤去适用，将法律适用的过程、结果公开，为公众所知，这是公众进行法律监督的窗口。与此同时，法律的权威来源于公民的确信和承认，通常是由证明过程决定的，在一个程序中，当事人能有自己的主张、诉求并能够得到合理的权衡、考量，让不满化解于行政、司法程序之中，这个便是程序通过严密系统和操作要求实现外在于实体正义之价值，正是英美法系国家"正义不仅应得到实现，而且要以人们看得见的方式加以实现"要求。

目前中国，公众普遍怀疑政府的能力，或许程序能够一定程度上消除疑虑。2013年的贪污腐败案此起彼伏，公务员大都是从高校里走出去的，队伍里不乏精英分子，为何最后锒铛入狱？这或许如柏杨所说，中国社会本身就是一种酱缸文化，再洁净的水，经过酱缸一涮，最后结果可想而知，这种最为典型的就是中国的"官场"文化，并未随着社会的更迭而消亡，而是浸透在民族的骨子里，让我们中国人变得自私、猜忌。正是源于这种文化，有现实为证，这让民众们何以信服行政执法者、司法者的所作所为。每当发生行政、司法事件，民众的

1　梁迎修：《理解法治的中国之道》，载《法学研究》2012年第6期。
2　梁迎修：《理解法治的中国之道》，载《法学研究》2012年第6期。

习惯性思维是将其同背后的"人"联系起来,认为乃"人祸"使然,再加上当权者出于维稳而做出的回应,总能牵扯出背后为人所诟病的东西,最终就难免怀疑实体法律价值的实现。程序正义作为一种看得见的正义,能够在一定程度上缓和这种形势,有利于法治建设。

二、程序价值缺位的根源所在

英美法系国家普遍重视程序,利用其看得见的方式向公众展示其适用法律的过程,便于民众监督,所以其传统上便是通过法律诉求维护自己的权利,而非诉诸人。然而我国却是恰恰相反,虽说建设法治国家,但却存在与此相违背的"病态"制度,如信访制度,这本身就是破坏法院终局判决、独立审判制度,扩大了行政机关的自由裁量权,看似一切问题都能通过行政机关或者领导人解决,这是法治建设所亟须克服的难题。这些问题背后的程序价值缺位或缺失的主要原因源于以下两个方面:

其一是源于历史法文化的因素,重于追求实质目标而轻形式过程的观念。传统上我国民众个人权利是严重遭受抑制,并且受儒家重人治、轻法治的思想观念的影响,凡事都讲究一个"情"字,所以有称现实中国为一个基于人情的社会。在这种观念倡导下,托人、找关系成为社会的常态,重结果、轻过程成为大众普遍心理,实现程序价值显得困难重重。[1]民众有诉求时,首先浮现的是行政机关、司法系统里是否有自己的关系,而不是相信法官能依程序公正、独立处理,这对民众来着就意味着无关系无胜诉、无关系无权利,最终导致法院的裁判的终局性、法官的公正性黯然无存。这观念也会让法官在法与情之间更加倾向于情理,思维上重民意,思维时重实体而忽视程序。诉讼的激增使法官无法再亲自调查取证和细致说明,否则就会使案件久拖不决;马锡五式的法官已经成为一种逝去的理想,在今天人格化的法官往往会被关系社会所腐蚀;法官的职权在缺乏严格程序的限制下,显得过大,其积极介入当事人的纠纷则会因失去中立性而影响公正;更重要的是,整个社会已经无法承担追求实质正义所需的极高的公共成本和司法资源的投入。这种传统观念被遗留下来并且深植人心,并未随着法治中国建设而消弭,造成了程序价值的缺失。

其二是公权力的膨胀及其滥用导致程序的缺失。对于司法、行政程序有着明确的规定,但是现实中发生了诸多违反程序的行为,尤其是在行政程序中,

---

1 华忆昕、苏新建:《程序正义于中国司法实践之困境与出路》,载《浙江社会科学》2011年第8期。

这主要是源于对违反程序的行为没有得到相应的处罚，所以权力滥用得不到控制。与此同时，受制于传统观念，社会依赖于公权力，相信公权力能够解决问题，但是另一方面又怀疑其公正性，从而导致公众同公权力存在着纠缠不清的关系，这就难免形成"悲情社会"。此外，由于西方法制先行者的强大示范效应和后来者面临的巨大时间压力，使得中国这样的后发法制现代化国家必须选择走政府推进型的法制现代化道路，就意味着行政机关普遍需要权力的集中，这样施行政策时能够有较高的效率，做到令行禁止，权力渐趋膨胀，程序亦是渐趋虚无。然而程序正义的出发点在于控制权力、保护私权利，本身就是公权力的制衡因素，彰显法律对权力的规范。中国的政府推进型法制之路，需要一个强大的政府，必须强化政府的权威和能力，处于大政府背景的现实社会，然而程序同公权力两者为此消彼长的关系，公权力的滥用、膨胀就难免抑制了程序价值的发挥。

三、程序价值的重申

法制现代化过程中程序一直占据着重要的地位，深知其有重要的、不可或缺的价值，但事实却是程序在法治中国并未发挥其应有的作用，行政、司法机关的不合程序的行为始终处于风口浪尖上。源于历史因素、现实因素导致了其价值的缺位，造成了法治之殇，基于此有必要重申程序价值，正如法制现代化的政府型推进，这也是需要从行政机关、司法机关的执法、司法过程中体现出程序正义价值。

其一，要强调行政机关要依程序执法，否则将面临不利后果。法治内涵依法治国之意，依法行政也是其要求之一，但现实中行政机关行自由裁量权之名为不合法之现象并不鲜见。我国虽无完整意义上的《行政程序法》，但是关于行政机关依照法定程序行使职权之规定并不少见，如《行政处罚法》《行政强制法》《行政强制法》等法律规范中均能发现，然而因程序问题而提起行政复议、行政诉讼的案件却并不多见，现实中也时常报道关于政府在行政拆迁、行政处罚等方面未依照法定程序进行的事例，如未尽到通知义务。这就说明了执法过程中未能重视依照程序行使职权的意义所在，漠视程序价值，如此有必要强制要求行政机关严格依照法定程序行使行政职权，尽应尽的程序性义务，否则将面临不利后果。更为重要的是这样能便利公众对行政机关的程序性义务进行监督，对其是否严格依照法定程序进行督促，这是对监督行政机关行使职权的最好方式，如今公众通过网络监督、律师死磕等方式取得的良好成效便是最好的证明。

其二，要强调司法机关要依程序司法，寄公正于司法程序。英国哲学家培根说过，一次不公正的审判比数次违法危害更烈，因为违法不过是弄脏了水流，而不公正的审判则是败坏了水源。[1] 司法机关始终要以法律之规定为出发点，严格适用法律，不能掺杂其他私利。耶林说过，权利是通过斗争而获取的，但现实中司法机关出于维稳的需要而强制调解等乱象也是屡见不鲜，虽初衷为解决争议，但对法治建设方面着实不利，和稀泥并不能根本上解决问题，反而会带来其他更为严重的问题，如今公众普遍猜疑心理就是结果之一。司法机关未能从法律规范出发处理问题，本身就是掺杂了太多的其他因素，如政治因素，这种出发点往往忽视了程序方面的价值。另一方面，民众也是对这种未在阳光下进行的司法行为持怀疑态度，无法知晓其个中明细的操作，对司法机关的公正性只能诉诸个别法官的良心和理性。这对公众来说通过司法程序维护合法权益只能是概率性行为或者说有点赌博性质，对于这种现象，司法机关有必要严格依照三大诉讼法规定的程序，在阳光下行使司法行为，做到处事大白于天下，便利公众监督，让这些质疑随着程序的严格执行而消失。严格规范司法行为，切实遵守法定程序，"努力让人民群众在每一个司法案件中都感受到公平正义"，正是司法机关的这种坦然面对一切的态度，能够重燃公众对其公正执法的信心。

行政机关、司法机关要严格遵照法定程序，通过程序性行为重申程序正义价值，正是通过程序价值让公众认识到实体正义，这有利于转变现今公众"质疑一切"之态度，或许这样公众能够逐步形成法治观念，从而形成良性循环。

1　袁曙宏：《奋力建设法治中国》，载《求是》2013 年第 6 期。

浅议适当成年人在场制度

李 慧

浙江工商大学法学院

摘　要：适当成年人在场制度是刑事司法中保护触法未成年人合法权益的重要制度，这项制度在我国部分地区相继展开了试点，并且现已被新《刑事诉讼法》正式确立。但是，当前的适当成年人在场制度仍存在一些不足之处，因此，明确适当成年人的角色定位，推进适当成年人的专业化水平以及构建讯问时在场的程序等内容将成为完善我国适当成年人在场制度的重要内容。

关键词：适当成年人；在场制度；完善思路；建议

随着社会的发展和转型，无论是在立法过程还是司法实践中，完善对未成年群体保护的各项工作已经逐步开展，并且始终贯彻着教育感化挽救的基本原则。完整意义上的适当成年人参与制度起源于英国，并在西方国家得到普遍确立，确立这一制度的直接原因即未成年犯罪嫌疑人不同于成年犯罪嫌疑人的心理、生理特征，他们更需要心理和感情上的援助。适当成年人在场制度的基本含义是指：警察在讯问未成年犯罪嫌疑人时，必须有一适当的成年人在讯问现场，见证讯问的整个过程，过程中，适当成年人可以向未成年人提出意见，协助讯问人员与未成年人的沟通，同时阻止讯问人员的不当压迫行为，确保未成年人的陈述是自愿的。

一、我国适当成年人在场制度的现状与问题

（一）我国适当成年人在场制度的现状

1996年修订的《刑事诉讼法》第14条第2款规定："对于不满十八岁的未成年人犯罪的案件，在讯问和审判时，可以通知犯罪嫌疑人、被告人的法定代理人到场。"2006年修订的《未成年人保护法》第56条规定："公安机关、

人民检察院讯问未成年犯罪嫌疑人，应当通知监护人到场。"监护人在场权与适当成年人在场权是有着紧密联系的，上述法律条文从"可以"上升到一种"应当"性的强制要求，表明适当成年人讯问时在场制度初步确立。立法内容之间的冲突给司法实践造成了一定程度的混乱，也是造成司法实践中很少通知法定代理人等到场的原因之一。但是，从法理上看，《刑事诉讼法》和《未成年人保护法》均是由全国人大或其常委会制定的、处于同一效力阶位的法律，根据"对于同一效力阶位的法律、法条发生竞合、冲突时，特别法优先于一般法适用"的法理原则，对于询问、讯问未成年人应否通知监护人到场，毫无疑问应当适用《未成年人保护法》的规定——应当通知监护人到场。另外，公安部、最高人民检察院、最高人民法院在各自制定的司法性文件中也都规定了适当成年人参与制度，均表述为"应当"性的强制要求，但是排除例外情况，如有碍侦查或者无法通知。2002年12月公安部发布的《公安机关刑事法律文书》将《法定代理人到场通知书》列入其内，要求各地公安机关在讯问未成年犯罪嫌疑人时，如果需要通知其法定代理人到场，应制作这一文书。

2012年3月14日，十一届全国人大五次会议表决通过了《全国人民代表大会关于修改〈刑事诉讼法〉的决定》。新《刑事诉讼法》在其第五编"特别程序"中规定了"未成年人犯罪案件诉讼程序"，该章对办理未成年人犯罪案件的方针、原则、各个诉讼环节的特别程序作出规定，适当成年人讯问时在场制度被列为其中之一，即"对于未成年人犯罪案件，在讯问和审判时，应当通知犯罪嫌疑人、被告人的法定代理人到场。无法通知、法定代理人不能到场或者法定代理人是共犯的，也可以通知犯罪嫌疑人、被告人的其他成年近亲属，所在学校、单位或者居住地的村民委员会、居民委员会、未成年人保护组织的代表到场，并将有关情况在讯问笔录中注明。"至此，适当成年人讯问时在场制度已在我国正式确立。

目前中国的适当成年人在场制度试点以云南昆明盘龙区、上海市、福建厦门市同安区三地的探索为代表。盘龙区实践项目为了适应工作的要求，组织培训了32名兼职"适当成年人"，后来又招聘了10名全职的"适当成年人"。这些适当成年人将在派出所亲历讯问的全过程中，维护未成年人的合法权益。如果该案件在公安侦查阶段不能结案，适当成年人要继续对该未成年违法犯罪嫌疑人、被告人进行社会背景调查，协调和促进相关司法部门的合作，并配合家庭、学校、社区、司法部门做好教育、感化、挽救的跟踪帮教和矫正工作。[1]

---

1 赵国玲：《未成年人司法制度改革研究》，北京大学出版社2011年版，第171页。

上海市检察机关从 2004 年开始，在长宁、浦东等区检察院通过与综治部门、青保部门、团委等相关部门沟通协调，聘请由学校教师、共青团干部、青保干部以及"关心下一代工作委员会"工作人员或专业社工等人员组成"适当成年人"队伍，探索建立"适当成年人"参与刑事诉讼制度。即在法定代理人无法到场的情况下，由"适当成年人"到场，为未成年人提供帮助，行使法定代理人部分诉讼权利。检察机关先在办理未成年人的审查逮捕、审查起诉阶段探索实践，后公安（看守所）、法院逐步向侦查阶段、审判阶段延伸，全市有 13 个区已构建起"适当成年人"参与未成年人刑事诉讼工作机制。厦门市同安区的探索对于适当成年人的来源和资质作了更为细致的规定，强调适当成年人到场的必须性，没有适当成年人在场的讯问为非法讯问。[1]

（二）我国适当成年人在场制度存在的问题

新《刑事诉讼法》的出台，似乎已经顺利消除了先前立法内容之间的冲突给司法实践造成的混乱，但是，它同时也引发了一些新的问题。

1. 法律条文表述存在歧义

新《刑事诉讼法》规定，当无法通知、法定代理人不能到场或者法定代理人是共犯的，也可以通知犯罪嫌疑人、被告人的其他成年近亲属、所在学校、单位或者居住地的村民委员会、居民委员会、未成年人保护组织的代表到场。这个"也可以"，就比较让人费解，笔者暂将这个"也可以"理解成两种含义：一是当无法通知、法定代理人不能到场或者法定代理人是共犯的情形，那么通知抑或不通知其他适当成年人的裁量权就掌握在了侦查人员的手中，侦查人员可以根据办案需要等因素决定是否还需要通知其他适当成年人，按照这样的理解直接推导出如下的结果：没有适当成年人在场的讯问过程仍然可以合法的进行；二是讯问未成年犯罪嫌疑人、被告人，必须有适当成年人在场，优先通知未成年犯罪嫌疑人的法定代理人，法定代理人不能到场或者法定代理人是共犯的，才可以在成年近亲属、所在学校、单位或者居住地的村民委员会、居民委员会、未成年人保护组织的代表中选择一位适当成年人。鉴于上述理解得出的不同结果，司法解释应该尽快明确这个"也可以"的内涵。

2. 由学校、单位、居住地代表担任适当成年人值得商榷

在实际生活中，一时失足走上犯罪道路的未成年人往往可能是在学校表现不够好的学生或者是在居住圈子里不太受欢迎的讨厌鬼，如果这个时候让未成

1　姚建龙：《权利的细微关怀——"合适成年人"参与未成年人刑事诉讼制度的移植与本土化》，北京大学出版社 2010 年版，第 173 页。

年人所在学校、单位或者居住地的村民委员会、居民委员会代表到场，很可能会产生某些负面效果，因为面对这些人，未成年犯罪嫌疑人、被告人有种本能的排斥情绪，他们唯恐这些代表将自己的恶行夸大，甚至曝光自己以前的种种劣迹。如果是这样的情形，就肯定违背了设立这一制度的初衷。此外，村委会、居委会或者未成年人保护组织的代表到场，他们的差旅费该如何报销？村委会、居委会的人到场，是否会导致未成年人犯罪的事情让全村、全社区都知道了，从而不利于他的改造、回归社会？

3. 没有适当成年人在场的讯问所取得的口供效力如何认定仍是空白

对于讯问笔录，新《刑事诉讼法》规定应当交给到场的法定代理人或者其他人员阅读或者向他宣读。这里只是规定要让其阅读或宣读，那阅读或者宣读后需不需要适当成年人签字，不签字怎么证明已经阅读或者宣读，没有签字的笔录是否违反程序，对违反此制度的行为采取何种制裁措施等等。可见，立法回避了这一问题，这也使得适当成年人在场制度的效果大打折扣。

二、完善适当成年人在场制度的几点思路

梁漱溟先生曾言："人心的一切发展皆见于其身，身心发展相应不离。"[1]由于未成年人的生理并未发育成熟，因而心理也未必达到成熟的状态，他们极易受到周边人和环境的影响。当未成年人涉入刑事诉讼后，面对着以国家强制力为后盾的公安司法人员，其内心的压力也会随之越积越多，此时如果有一位适当成年人在身边为他们舒缓压力，协助沟通，就可以规避由于这种不成熟而可能导致的不利影响。刑事诉讼的发展要求我们必须对未成年人刑事诉讼程序加以关注和完善。

（一）明确适当成年人的角色定位

适当成年人的角色不仅仅是一个讯问的旁观者，他必须要向未成年人提供意见，使未成年人和讯问者之间的沟通更加顺畅，防止未成年人无心地做出"不可信的、误导的（错误的）自证其罪"的信息，[2]同时也要防止未成年人受到警察威胁、引诱、欺骗等非法讯问。姚建龙教授认为，适当成年人的作用主要包括：（1）支持、建议和帮助被拘留的人，特别是在他们被讯问的时候；（2）观察警察的行为是否适当、公正和尊重被拘留人员的权利，如果警察没有做到

1　梁漱溟：《人心与人生》，学林出版社 1984 年版，第 253 页。

2　［英］约翰．斯普莱克：《英国刑事诉讼程序》，徐美君、杨立涛译，中国人民大学出版社 2006 年版，第 75 页。

这一点，则提醒他们；（3）帮助被拘留人与警察交流；（4）使被拘留的人理解自己的权利和适当成年人的职责是保护他们的权利。[1]

适当成年人的角色不能等同于律师。在英国和澳大利亚，适当成年人与律师是明确区别开来的，并且两者不能相互替代。律师到场，主要义务就是在法律事务方面提供建议，是未成年人合法权益的专门维护者，这一角色决定了律师在与侦查机关的配合方面存在制度性障碍。[2]适当成年人的职责主要是协助沟通，提供心理上的援助，保障讯问工作程序上的公正。律师可以成为适当成年人，但案件的承办律师不能作为适当成年人。[3]

（二）推进适当成年人的专业化水平

实践中，需要由适当成年人介入提供帮助的未成年被告人往往十分缺乏家庭关爱和社会认同，存在心理问题的情况较为普遍。[4]首先，据数据显示，家庭关系不和谐、子女和父母关系疏远是引致未成年人走上犯罪道路的重要原因之一。父母的介入，未必能协助未成年人与警察的沟通。其次，由于法定代理人、亲属自身法律意识的缺乏以及私心偏袒，某些言行误导了未成年犯罪嫌疑人、被告人，这在客观上都是不利于未成年人配合讯问过程的，更谈不上教育感化挽救了。最后，中国贫富差距悬殊的特殊国情造成了很多贫困地区的未成年人集聚在经济发达地区，他们往往将自己定义为这个大城市的弱势群体，有着极度敏感的心理，加之物质利益的诱惑刺激，外来未成年人犯罪案件增加的趋势日益明显，而通知他们的法定代理人到场是十分困难的，也许无法通知，也许路途遥远，这些都成为推行适当成年人讯问时在场制度的障碍。因此，基于现实环境的需要，我们应该促成适当成年人队伍的专业化。

专业化适当成年人队伍可以有利于对触法未成年人进行全程的保护和帮教。适当成年人的作用不仅仅局限于在讯问现场的帮助，还延伸到社会调查、取保候审、司法分流、社会帮教等方方面面，这些对于未成年人合法权益的保

1　参见姚建龙：《英国适当成年人介入制度及其在中国的引入》，载《中国刑事法杂志》2004年第4期。

2　参见赵国玲：《未成年人司法制度改革研究》，北京大学出版社2011年版，第179页。

3　参见徐美君：《未成年人形式诉讼特别程序研究——基于实证和比较的分析》，法律出版社2007年版，第124页。

4　参见史华松：《适当成年人参与制度的"吴中经验"研究》，载《常熟理工学院学报》（哲学社会科学）2011年第1期。

护和顺利回归社会具有积极意义。[1] 在很多国家和地区，适当成年人介入审前社会调查，体现了针对性保护功能，同时适当成年人还介入庭审各个环节，彰显庭审全程式保护和感化教育功能。

专业化适当成年人通过长时间的接触、沟通与疏导，才能使触法未成年人充分信任、依赖他们，继而保证适当成年人工作的顺利展开。而一支全程跟进的适当成年人队伍，能够更好地对触法未成年人进行人文关怀，对其展开帮教，推进案件的进程；同时避免了不同阶段工作人员更换与手续交接的繁杂，节省了司法资源与时间，提高了效率。[2]

（三）明确讯问时无适当成年人在场所获得的口供不具有证据效力

新《刑事诉讼法》仅规定讯问笔录要让适当成年人阅读或者向其宣读，这在实践适用中将会造成很大的分歧。英国、澳大利亚等国适当成年人参与制度的最大特色在于适当成年人的介入对于警方讯问合法性及所获得口供效力的影响，没有适当成年人介入的讯问是非法的，所取得的口供亦可作为非法证据予以排除。[3] 在英国，讯问结束后，必须允许适当成年人阅读所有讯问笔录，并在讯问笔录上签字。如果没有适当成年人的签名，也没有相关的说明适当成年人拒绝签名的记录，那么该讯问笔录就将被认为违反程序的规定。实务中，英国法院严格坚持此项规定，在一系列判例中认定没有适当成年人在场而获得的口供不可靠，必须根据《警察与刑事证据法》第 76 条的规定加以排除。[4]

一项制度要得到严格的贯彻执行，就必须赋予它相应的强制性，在制定制度时就必须设定好违背制度的不利后果。若要让触法的未成年人充分享有适当成年人在场的权力，那么我国的立法就应该借鉴上述国家的标准，特别要增强适当成年人在场制度法律的强制性效力，规定没有适当成年人在场的讯问是非法的，所取得的口供不具有法律效力。同时，要规定讯问人员违反适当成年人在场制度相应的制裁措施等等。通过签字生效这种方式，确保适当成年人讯问时在场制度能够在实务中得到充分推行，最大限度地避免未成年人在被警察讯问时遭受的不利经历。

1　刘东根、王砚图：《我国未成年人刑事司法中的适当成年人参与制度之完善》，载《中国人民公安大学学报》（社会科学版）2010 年第 5 期。

2　刘立霞、郝小云：《论未成年人刑事案件中的适当成年人制度》，载《法学杂志》2011 年第 4 期。

3　姚建龙：《论适当成年人在场权》，载《政治与法律》2010 年第 7 期。

4　徐美君：《未成年人形式诉讼特别程序研究——基于实证和比较的分析》，法律出版社 2007 年版，第 120 页。

三、完善适当成年人在场制度的若干建议

适当成年人介入制度是西方国家较为普遍适用的制度，它体现着对特殊犯罪人的人性关怀，追求程序正义的精神。基于程序正义、人权保护的需要，建立完善的适当成年人在场制度意义非凡。因此，在上述适当成年人在场制度完善思路的论述基础上，现笔者提出以下几点完善建议。

（一）规范适当成年人的选任

在适当成年人的选任问题上，我国立法中规定：优先通知法定代理人到场，而当法定代理人无法通知、不能到场或者是共犯的，也可以通知犯罪嫌疑人、被告人的其他成年近亲属，所在学校、单位或者居住地的村民委员会、居民委员会、未成年人保护组织的代表到场。

笔者认为，对于适当成年人的选任，不宜限定在法定代理人、老师、亲属以及村委会、居委会中，而应该基于触法未成年人的身心特点，秉承恢复性司法的理念，宜构建一支专业化的适当成年人队伍，理由如下：（1）基于法定代理人与未成年犯罪嫌疑人的关系考量。由于未成年人父母一般带有强烈的感情色彩并且可能与案件具有利害关系，如果让他们作为适当成年人，会不利于刑事诉讼的正常开展。[1]另外，如果该未成年犯罪嫌疑人所处的家庭关系不和谐，未成年人与父母之间冷漠疏离，那么由父母担任适当成年人，则不具备信任的基础。（2）基于为未成年犯罪嫌疑人提供特殊保护的角度出发。构建专门的适当成年人队伍，提高他们的专业化水平，以他们良好的法律素养、道德素养，丰富的工作经验来担当这一角色，正是体现了权利的细微关怀。专业化的适当成年人对未成年人犯罪案件进行全程跟进，围绕触法未成年人展开各项工作，一切以维护触法未成年人的合法权益为核心，为其提供特殊、优先保护。[2]在适当成年人参与的盘龙试点中，就要求适当成年人必须是经项目办专业培训考核的有责任心、有一定社会阅历及工作经验，有教育学、心理学、法律知识的非司法在职人员的社会工作者或志愿者[3]

要求适当的成年人在未成年犯罪嫌疑人讯问时在场，显然能够弥补因为未

1　林志强：《第二次中欧少年司法制度——适当成年人参与制度研讨会会议综述》，载《青少年犯罪问题》2004年第6期。

2　刘立霞、郝小云：《论未成年人刑事案件中的适当成年人制度》，载《法学杂志》2011年第4期。

3　祁涛：《引进"适当成年人"制度初探》，载《云南大学学报》2005年第2期。

成年人自身的一些弱点而可能导致的程序不公正。正是因为适当成年人这一角色所发挥的重要意义，立法应明确担任适当成年人的条件以及权利和义务。

1. 担任适当成年人必须具备的条件

年龄应当不低于 20 周岁，有完全责任能力，健康，品质优秀，热爱关心青少年工作，必须是经专业培训考核的有责任心、有一定社会阅历及工作经验，有教育学、心理学、法律知识的非司法在职人员的社会工作者或志愿者。尤其是需要具备心理学专业知识，帮助未成年被告人克服心理障碍，建立良好的积极向上的心态，取得他们的充分信任。这种信任既是适当成年人发挥保护、教育作用的必要条件，又是确保判后适当成年人延伸参与帮扶矫正取得良好矫治效果的关键性因素。[1] 具备上述条件，再经过严密考核，择优选任。

2. 适当成年人的权利义务

适当成年人应当享有介入未成年人案件不受非法干预、对司法工作人员违法或不适当行为提出纠正，同时获得适当的薪酬与奖赏等权利。[2] 同时，还应履行及时迅速地对触法未成年人的违法犯罪动机、目的、原因和家庭情况、当事人的态度即相关社会背景进行了解、记录并形成综合报告；[3] 不得泄露与案件有关的秘密、不得泄露未成年人真实身份、隐私等信息的义务。

（二）构建适当成年人讯问时在场的程序

澳大利亚《犯罪法案》规定：在警察讯问之前，未成年人有权与成年讯问人在不被监听的情况下交流。这个程序的设计意义在于可以在讯问前，让适当成年人对未成年人有一个全面的了解，同时也让未成年人知悉适当成年人的陪同讯问究竟有什么作用，充分建立适当成年人与触法未成年人之间的相互信任关系，从而建立触法未成年人接受讯问前的良好心理状态。需要强调的是，这样的一个前期接触不能受到警察的监听，而在不被监听的情况下，为了确保适当成年人给予未成年人一个积极的影响，我们必须对适当成年人选任进行严格的把关，所以这也是与笔者倡导构建专业化适当成年人的理念相契合。

讯问开始之前，警察应当告知未成年犯罪嫌疑人享有一位适当成年人讯问时在场的权利，同时将可供选择的适当成年人的基本信息展示给未成年人浏览，允许其自由选择一位担任，在触法未成年人选定好到场协助的适当成年人后，

1　梁经顺、姬凯：《适当成年人介入制度的本土化构建》，载《重庆理工大学学报》（社会科学版）2010 年第 24 卷第 12 期。

2　刘东根、王砚图：《我国未成年人刑事司法中的适当成年人参与制度之完善》，载《中国人民公安大学学报》（社会科学版）2010 年第 5 期。

3　赵国玲：《未成年人司法制度改革研究》，北京大学出版社 2011 年版，第 181 页。

讯问机关即向适当成年人发出到场通知书，然后等待该适当成年人的到场，待该适当成年人到场之后，他（她）会完成一系列的工作，主要包括：检查记载着未成年人被羁押的时间和自逮捕后发生了什么样的羁押记录；与未成年人核对，以确定是否被告知拘留的原因；向未成年人解释自己的职责和哪些能做哪些不能做；让未成年人知道在警察局的权利和程序；警察应当在适当成年人到场的情况下，告知嫌疑人享有通知他人已经被捕的权利、私下咨询律师的权利等基本权利。[1]

在警察讯问之前，未成年人有权与该适当成年人在不被监听的情况下交流。这个单独的交流过程，是未成年犯罪嫌疑人和适当成年人建立相互信任基础的关键步骤。适当成年人对未成年人能有一个较为全面的了解，更重要的就是要让未成年人明确适当成年人的陪同讯问究竟有什么作用。经历了这一环节，在接下来的讯问过程中，触法未成年人就可以大胆的寻求适当成年人的相关建议，积极配合讯问工作。

（三）设置专门的适当成年人管理机构

要建立专业化适当成年人队伍，必须设置专门的适当成年人管理机构，由它来管理适当成年人，统筹安排适当成年人在讯问现场的出席，形成规范化、效率化的适当成年人管理体系。同时明确该机构必须得到公安机关、检察机关、审判机关及其他政府部门的支持。[2]英国在三十多年的实践中形成了一支能在24小时内随叫随到的合适成年人队伍，这样一支队伍对于确保警察机构的讯问是必不可少的。

适当成年人管理机构的组建必须形成以政府为主导、未成年人保护组织积极配合推动，该管理机构应当是独立的，不依附于其他组织，尤其不能依附于侦查机关。适当成年人管理机构负责招募、培训、管理适当成年人，对于合格的适当成年人，再正式聘任参与未成年人刑事诉讼。主持培训考核的工作人员应具备的相应的专业性，如检察官、法官、律师等法律职业者可以担任兼职培训师。对于青少年社工、共青团干部、居委会、村委会工作人员、离退休人员等充当适当成年人的，必须经过专门培训合格后，加入适当成年人队伍。适当成年人管理机构设置协调员负责联系和派遣适当成年人。

构建专业化的适当成年人队伍，需要一笔经费支持，用于适当成年人的考

---

1 姚建龙：《英国适当成年人介入制度及其在中国的引入》，载《中国刑事法杂志》2004年第4期。

2 刘芹：《"中欧少年司法制度——合适成年人参与制度研讨会"会议综述》，载《青少年犯罪问题》2003年第3期。

核培训和相应的报酬等等。因此，应当说，经费问题将是推行适当成年人在场制度所面临的主要困境。对此，可以由当地政府拨款为主，青少年保护机构的适当援助为辅来作为对适当成年人机构的经费支持，同时还可以积极吸收社会上一些企业的资助等等。总之，应当发挥全社会的力量共同支持。

论票据质权的实现

刘 娟

宁波大学法学院

摘 要：票据质权是一种担保物权，受票据法和担保法的双重规范。在票据质权实现条件方面，其不仅要满足担保法关于权利质权实现的一般性要件，还需满足票据法中票据行为的构成要件，即质押背书。在票据质权实现途径方面，因票据的特殊性，则需依据票据法中的具体规定，即质权人行使票据权利。此外，质权人的再背书转让行为，不仅体现了效率原则而且更能充分实现票据流通价值，因此应该将其作为票据质权实现的途径。并且，为保障票据安全性和依据善意取得理论，应该承认无处分权人所设票据质权的有效性。

关键词：票据质权；质权实现；无权处分

伴随商行为的日益活跃，票据质押已经成为一种非常重要的融资方式。出生于商事交易活动的票据，具有明显的商事特性，若以其作为质物，则需兼顾其自身商事特性和担保物权的一般规定，此两者如何兼顾是日前学界争论不休的论题。其中，对于票据质押生效的条件，《物权法》的颁布并未平息此争论，反是火上浇油。[1] 与此同时，质权人背书转让质押票据能否成为票据质权实现另一的形式？无处分权人所设立的票据质权是否有效？这都是目前亟须解决的问题。

一、票据质权实现的条件

作为特殊债权证券的票据有其独特的性质，这亦使得票据质权具有有别于其他质权的特性。[2] 票据质权的实现条件实现，需兼顾票据质权的担保性以及票据本身的诸多特性，因此，票据质权的实现既要满足担保法中所规定的

---

1 董翠香：《票据背书法律规制之我见》，载《法学论坛》2005 年第 3 期。
2 钟青：《权利质权研究》，中国社会科学研究生院 2002 年博士学位论文。

条件，又需满足票据质权的生效要件。本文将票据质押实现的条件概括为以下几点：

（一）票据质权有效

票据质权有效是票据质权实现的前提条件。本文认为，票据质权的生效要件包括：票据的交付和占有及质押背书。《物权法》第224条规定，有权利凭证的权利，其质权设立的时间是权利凭证交付之时。换言之，权利凭证的交付是权利质权设立的生效要件。此外，依《票据法》第27条第3款可得：持票人处分票据时，应当背书并交付票据。[1]且谁占有票据即推定其享有某种票据权利。[2]票据权利的行使也是以占有该票据为前提。因此，票据的交付和占有是票据质权实现的条件之一。

票据的文义性，要求票据行为需要有相应的文义。传达票据质押意思的文义就是质押背书。但是，对此要件，因《票据法》《担保法》《物权法》及诸多司法解释在质押背书是否为票据质押生效要件问题上表述不一，学者众说纷纭，莫衷一是。

目前学界有三种观点，第一种观点认为，质押背书是票据质权的对抗要件而非生效要件。[3]其认为《票据法》《担保法》皆未直接认定未作质押背书的票据质权为无效。此外，《最高人民法院关于适用〈中华人民共和国担保法〉若干问题的解释》（以下简称《担保法解释》）第98条规定，质押背书仅是票据质权的对抗要件。第二种观点则认为，取得票据质权需要在票据上进行背书并将该票据交付给债权人，但该背书无需有"质押"字样，"质押"字样只是对抗要件。[4]只要票据上记载的文句能表达这张票据已经出质的意思，就是有效的质押，例如"担保""抵押"等。第三种观点认为，质押背书是票据质押的生效要件，且该背书需有"质押"字样。[5]这也是本文所持观点，主要理由如下：

其一，《物权法》《担保法》属一般法，而《票据法》对票据的签发、使用和流通等票据行为的专门规定，属特殊法。因此认定票据质权的生效要件应首先适用《票据法》的规定。《票据法》第35条明确规定记载"质押"字样

1　汪世虎：《票据法律制度比较研究》，法律出版社2003年版，第133页。

2　董惠江：《票据法的坚守与发展》，载《中国法学》2010年第3期。

3　曹士兵：《中国担保诸问题的解决与展望》，中国法制出版社2001年版，第316页。

4　郑孟状：《票据法研究》，北京大学出版社1999年版，第168页。

5　高圣平：《设质背书的效力研究——兼及〈票据法〉与〈物权法〉的冲突及其解决》，载《中外法学》2009年第4期。

的背书是票据质押的生效要件。加之，《票据纠纷解释》亦明确规定质押背书为票据质押的生效要件。

其二，《物权法》和《担保法》调整票据质押的原因关系，票据质押中的票据关系则是由《票据法》调整。应该将《物权法》第212条中"交付"的含义结合《票据法》做出合理的理解，票据关系上的交付，在常态下皆应背书交付。

其三，票据质权是一种担保物权，票据质权人享有优先受偿权，其权利本身就有着对抗效力。未作质押背书的票据质押未生效，便不能对抗第三人。《担保法解释》第98条规定，质押背书是票据质押的对抗要件便可由此解释。

（二）发生票据质权实现情形

票据质权，是债务人向债权人作出的担保，保证债务到期能够清偿。权利质权是一种期待权，票据质权需要待相应条件成熟时才能行使。《票据法》未对质权实现的条件作出具体的规定，仅针对票据质权实现的具体途径和方式做了规定，需参照《物权法》与《担保法》的一般规定。

《物权法》第170条规定，债务人到期不能偿还债务或者是发生了当事人约定的实现质权之情形时，质权人所享有的质权才可实现。约定情形是由债务人和债权人双方进行协商约定，并记载于债权债务合同之上，当然，这些条款必须是有效的，无效的条款视为未做出相关约定。只有满足条件时，质权人的质权才从期待转为既得，票据质权在同时满足质押背书、质押票据的交付和占有两个条件时即可实现。

二、票据质权实现的途径

票据质权在满足实现条件后即可通过合法途径得以实现，票据质权实现的途径在不同的情形下有所不同。一般而言，质押票据到期日是后于主债权的到期日，但若票据到期日先于主债权到期日时，根据《物权法》第225条规定，票据质权人可以兑现该质押票据，并与出质人协议将兑现所得价款提前清偿债务或是提存。另一情况，即票据到期日后于主债权到期日时，《物权法》第219条规定，质权的实现的方法可由质权人和出质人双方协议，选择变卖、折价和拍卖等途径。《担保法》第71条亦有类似规定。并且两部法律均规定禁止流质。就票据质押而言，依照特殊法优于一般法适用的原则，《票据法》有相关规定时，其实现途径应适用《票据法》规定。因此，票据质权实现的途径有以下几种：

（一）行使票据权利

依《票据法》第 35 条、第 80 条和第 93 条规定，票据质权实现后，质权人可行使票据权利。票据权利包括票据付款请求权和票据追索权，由此可得，质权人实现质权的途径有：行使票据付款请求权和行使票据追索权。

付款请求权，指票据权利人享有向票据付款人请求付款的权利。[1]当票据质权满足实现条件时，若该票据已被承兑或保付，则承兑人和保付人对该票据负有绝对的兑付义务和付款义务。其他票据债务人则退居为第二债务人。如果承兑人和保付人不履行该义务，质权人则可通过直接向法院起诉，要求承兑人和保付人履行其付款义务。

票据关系人因自己的票据行为而承担的连带担保责任，是一种对内的连带关系，相对于付款人、承兑人来说就是一种补充担保。仅当票据付款请求权不能实现或无法得到满足的情况下，持票人才能向其前手进行追索，以此来保障票据权利的实现。但是，付款请求权和追索权均以票据上所代表的所有价款为标的，因此，在超出质权所担保的价款以外的价款需要返还予出质人。

（二）再背书转让

票据质权满足实现条件时，质权人可以通过行使票据权利的途径来实现质权，但是基于票据是信用工具和支付手段，质权人再背书转让亦可作为票据质权实现的另一途径。质权人再背书转让只需背书即可，而不必去向付款人请求付款或行使追索权，质权人可以节省一定的质权实现成本。票据质押关系人一般为商人，交易活动较为频繁，以质押票据作为支付手段也更能够体现票据的使用价值。

《物权法》、《担保法》以及《票据法》均未明确否定被质押票据的再转让背书行为，《担保法解释》第 101 条明确否定质押票据再背书转让行为。《票据法解释》第 47 条认定质权人再为转让背书的行为无效，而其第 51 条却仅否定了该背书对出质人的效力，从侧面上承认了其对其他票据关系人的效力。能否单凭《担保法解释》的规定而简单地否认质权人再背书转让这一行为呢？回答是否定的，除了法律滞后性等因素，这一行为的合理性亦使得其可作为票据质权实现的另一途径。

但是，票据的文义性，使得选择这一途径首先需解决背书连贯性问题，解决之策即为：出质人再为转让背书将票据转让给质权人。出质人和质权人因主

1　熊伟、罗平：《票据质押若干问题研究》，载《法学评论》1999 年第 6 期。

债权合同的存在而保持一定的联系，在质权实现之时，出质人再为转让背书并非难事。此种途径使得质权人以所有人的身份再次转让票据，但是质权人的初衷是更加方便地实现票据质权。此外，这样的制度设计不用过多地考虑确立如涂销等制度而带来的负面影响。质权人以再背书转让的方式来实现票据质权，其可行性还有以下几点：

其一，再背书转让行为是质权实现之后行使。[1] 基于票据质押的担保物权性质，在主债权未到期之前，债务人仍有直接偿还债务的可能。并且，依《物权法》第 214 条，在质权存续期间，质权人有妥善保管质物的义务，不得再为转让等行为。在时间上做了如是限制，可以很好地解决这些问题。

其二，对出质人而言，质押票据的合法再转让并不会给其增加失票风险。在票据质权实现的情况下，质权人以行使票据权利的方式实现质权，出质人也是无能力收回该票据。质押票据合法再转让这一途径与质权人行使票据权利在此问题上并无差异。

其三，对质权人而言，出质票据的合法再转让可使其受益。质权人以再背书转让的方式实现质权，相比于行使票据权利，更为方便和快捷，这符合"当代商法强调效率原则"[2] 的特点。

其四，对票据受让人而言，其所获得的票据在这一转让关系中并无任何瑕疵。[3] 因为票据之上的背书为连续背书，受让行为并不会产生法律效力方面的不利影响。

由以上几点理由可以看出，质权人以再为转让背书的形式来实现自己的质权无疑是一种可行的、高效便捷的途径。但在实务中，具体以何种方式，还是有赖于质权人自我衡量所处的情境，选择最佳途径。

三、无权利人所设票据质权的实现

无处分权人以他人票据设质，属无权处分行为。依《票据法》第 12 条，以胁迫、欺诈或者偷盗等手段取得票据的人是无处分权人，除此之外，还有另一种情况，即受他人之托合法占有但无处分权之人。这样的情况在实务中频频发生，所以解决在该种情况下所设的质权效力及其实现的问题刻不容缓。厘清

1　杨忠孝：《票据质押三问》，载《华东政法大学学报》2010 年第 6 期。
2　范健：《我国〈商事通则〉立法中的几个问题》，载《南京大学学报》2009 年第 1 期。
3　潘勇锋：《论我国商法上的善意取得制度——以票据权利善意取得为中心》，载《商事法论集》2009 年第 1 期。

无处分权人所设票据质权的效力问题是其实现的第一步。

债权人以合法的手段从无处分权人处获得票据，并且所得票据满足法律规定的各种形式要件。但其前手，即无处分权人，质押票据却属无权处分行为。这便导致了原票据权利人与最后持票人之间的利益冲突。在票据使用过程中，受让人是很难查证转让人是否为有权处分人，因无处分权人的无权处分行为而否定最后持票人的权利，极大地削弱了票据的信用度，这使得接收票据风险大大地增加，那么受让人在交易中当然就更不愿使用票据，转而使用其他支付手段，最终使得票据的流通受阻。[1] 为解决这一困境，我们可采用善意取得理论来认定该票据质权的效力。

在票据法关系上，与善意取得在制度价值、功能等多方面重叠的另一理论则是票据无因性原理。关于善意取得与无因性能否相互替代的问题，民法学者多有讨论。[2] 善意取得是用于无权处分人无权处分的情况，而其他有瑕疵的票据行为如果能够解决的话，则应适用无因性理论而非善意取得。[3] 因此，本文将以善意取得理论来论证无权处分人所设票据质权的效力问题。

《物权法》第 106 条规定了善意取得制度，作为担保物权的票据质权，可适用物权善意取得制度。此外《票据法》第 12 条第 1 款规定持票人恶意和重大过失取得票据时，不享有票据权利，学界通说认为，该条从反面确立了善意取得可适用于票据权利的取得。[4] 因票据的特殊性质，使得票据质权善意取得的构成要件应结合其特性，在此本文依《物权法》第 106 条基础上具体讨论票据权的善意取得的构成要件，并分析本文所讨论的无处分权人所设质权是否满足票据质权的善意取得构成要件。

首先，从无权利人处取得票据。票据质权的无处分权人应包括两种人：虽合法占有但却无处分权之人；以偷盗、欺诈或者胁迫等手段获取票据而非法持有之人。[5] 该取得形式是无处分权人将票据质押于债权人。

其次，债权人为善意。善意即为，债权人在接受无处分权人的票据质权时，

1　吕来明：《票据权利善意取得的适用》，载《法学研究》1998 年第 5 期。

2　叶金强：《公信力与物权行为无因性原则》，载《清华法学评论》2005 年第 6 期。

3　潘勇锋：《论我国商法上的善意取得制度——以票据权利善意取得为中心》，载《商事法论集》2009 年第 1 期。

4　曹艳春：《票据权利善意取得制度法律探讨》，载《当代法学》2002 年第 8 期。

5　潘勇锋：《论我国商法上的善意取得制度——以票据权利善意取得为中心》，载《商事法论集》2009 年第 1 期。

相信该票据是出质人所有或者是该出质人有权以该票据设质。[1]依票据的文义性，票据可仅以其自身在商业活动中作为支付手段流通，票据关系人不能以票据之外的证明来变更其上的权利义务关系，即使票据记载与实际情况不符，甚至是出现错误。[2]我国《票据法》第4条规定出票人和其他票据关系人需要按照法律的规定签章，按照票据上所记载的事项承当票据责任，这就明确规定了票据效力依其文义的原则。因此，第三人可仅依票据进行形式上的认定，而不需要关注建立票据关系的实质权利义务。债权人从无处分权人处获得票据，无处分权人通过伪造背书解决票据背书的连续性问题，在形式上已经满足了其能够在该票据上设立质权的要件。因此，票据质权人可以更依赖于票据的形式合法，而不必过多关注其实质内容。

再次，须有相当的对价。担保物权是为保证债权的实现而设立的，是从权利，其效力从于主债权效力。因此，只要主债权存在，即构成合理对价。[3]

最后，该票据质押满足法律规定的有效要件，进行了公示。票据质押的有效要件，即包括：（1）质押背书；（2）出质人交付质押票据；（3）质权人现实占有质押票据。只要满足了这些有效要件以及前述的两个要件，第三人即可善意取得票据质权。

由此可知，本文所讨论的情况是无处分权人将他人票据质押给债权人，债权人以合法方式获得该票据质权，满足以上三个要件，所以该债权人善意取得票据质权，有效的票据质权在满足票据质权实现的条件时，即可通过其实现途径以实现票据质权。

结 语

票据质押既是一种债权担保，又是一种票据行为。票据质押同时具有两种属性，但这两种属性是结合在票据质押之中，而不是分别各自存在的，因此，票据质权实现的条件需要同时兼顾票据质权的双重属性。以《物权法》的概括统一规定为主，具体的规定在《票据法》中实现。票据质权的实现途径也应在权衡各方利益的情况下，尽可能地满足票据流通性的需求，以充分发挥其作为

---

1 王利明：《善意取得制度的构成——以我国物权法草案第111条为分析对象》，载《中国法学》2006年第4期。

2 赵意奋：《简论票据的无因性》，载《三江论坛》2011年第12期。

3 潘勇锋：《论我国商法上的善意取得制度——以票据权利善意取得为中心》，载《商事法论集》2009年第1期。

信用工具和支付手段的作用。实务中发生的无处分权人所设的票据质权，应在理清现有法律规定上，准确把握其在特定情况下的有效性，从而更有利于纠纷的解决。此外，《物权法》《担保法》《票据法》及各法的司法解释需要进一步的统一，以便更好地规范各种票据行为。

食品安全地方法制：实践与经验

——以陕西、宁夏、河南与山东四省区食品安全地方立法实践为样本

刘 欣 王 纲 胡晓瑞

中国计量学院法学院

摘 要： 食品安全地方立法对保障公众食品安全奠定着坚实基础。由于我国地域辽阔，不同地域的食品安全问题有其自身特点。本文以陕西、宁夏、河南与山东四省区食品安全地方立法为分析样本，进行比较，进而提出完善国家食品安全法的建议。

关键词： 食品安全；地方法制；地方立法

如何解决食品安全问题，保护公众身体健康和生命安全，已成为摆在世界各国政府面前的一项重要的战略任务。[1]《中华人民共和国食品安全法》自2009年6月1日起实施，这标志着中国食品安全法律制度的构建迈上了一个新台阶。2009年7月20日颁布的《中华人民共和国食品安全法实施条例》，将食品安全法中较为原则的规定具体化，增强制度的可操作性，这也标志着新的食品安全监管机制，新的食品技术法规和新的食品生产经营理念、规则和原则的启动与运行。[2]《食品安全法》及《食品安全法实施条例》的出台为食品安全地方立法指明了方向，同时也为地方立法留下了解决诸多疑难问题的制度空间。[3]然而，由于食品安全问题的复杂性与特殊性，不同地域对于食品安全问题有自身不同的特点。因此，具有地方特色，利于贯彻实施国家食品安全立法，能够解决食品安全实际问题的食品安全地方立法，是值得我们予以特别关

1　信春鹰：《中华人民共和国食品安全法释义》，法律出版社2009年版，第1页。

2　王艳林：《中华人民共和国食品安全法实施问题》，中国计量出版社2009年版，第41页。

3　李燕：《食品安全地方立法的重大疑难问题解析——以起草〈重庆市食品安全条例〉为视角》，载《现代法学》2010年第2期。

注的话题。

一、陕西、宁夏、河南与山东

食品安全地方立法现状及存在问题

我国食品安全地方立法承载了细化落实国家食品安全立法与针对地方特点弥补不足的双重功能。在我国长久以来奉行"宜粗不宜细"的立法理念的情况下，一部能够兼顾国家性与地方性的食品安全保障的地方性立法，也是法律生命力和实践性的重要保障。在一定程度上可以说，地方性立法的地方色彩越浓重，对解决本地实际问题的适用性越强，法规的实施效果就会越好，法律的表达与实践之间的裂缝也就会越小。[1]

作为西部发展重镇，陕西与少数民族自治区代表——宁夏回族自治区相毗邻，而河南和山东分别是华中和华东地区的代表，因此，本文选取这四地的食品安全地方立法为样本进行研究。

（一）陕西食品安全地方立法现状

本文从陕西省人民政府网和陕西省食品安全网搜索到的陕西省食品安全地方立法可以看出，在形式方面，除了《陕西省清真食品生产经营管理条例》属于地方法规外，其余均属于地方规章；在内容方面，关于食品安全监管队伍建设制度的居多。同时，《陕西省食品生产加工小作坊和食品摊贩管理条例》目前还处于征求意见稿的状态。陕西省食品安全地方立法详情见表1。

表1　陕西省食品安全地方立法

序号	名称	实施日期	颁发单位
1	《关于省级食品药品监督管理体制改革的实施方案》	2013.6.3	陕政
2	《陕西省食品安全地方标准管理规定》	2013.1.10	陕卫生厅
3	《陕西省食品生产经营领域禁止从业人员管理制度（试行）》	2012.4.3	陕食安委办
4	《陕西省食品安全专家委员会管理制度（试行）》	2012.2.7	陕食安委办
5	《陕西省食品安全信息公布管理制度（试行）》	2011.10.27	陕食安委办
6	《陕西省食品安全举报奖励办法（试行）》	2011.10.25	陕食安委办
7	《陕西省食品安全工作信息报送办法（试行）》	2011.5.17	陕食安委办

---

[1] 谢天放：《我国地方立法的流变与展望——以上海市地方性法规的分析为例》，载《政府法制研究》2005年第4期。

续表

序号	名称	实施日期	颁发单位
8	《陕西省食品非法添加和滥用食品添加剂违法线索举报人奖励制度》	2011.5.11	陕食安委办
9	《陕西省食品安全放心县（区）建设标准》	2011.4.12	陕食安委办
10	《陕西省食品安全放心县（区）评定管理办法》	2011.4.12	陕食安委办
11	《陕西省食品安全行政责任追究暂行办法》	2011.4.6	陕政办
12	《陕西省清真食品生产经营管理条例》	2007.1.1	陕人大常委会

（二）宁夏食品安全地方立法现状

本文从宁夏回族自治区人民政府网和银川市食品安全网搜索到的宁夏回族自治区食品安全地方立法可以看出：在形式方面，除了《宁夏回族自治区食品生产加工小作坊和食品摊贩管理办法》和《宁夏回族自治区清真食品管理条例》属于地方法规外，其余立法均属于地方规章；在内容方面，宁夏回族自治区关于牲畜屠宰、食品安全监管制度规定详细。宁夏回族自治区食品安全地方立法详情见表2。

表2　宁夏回族自治区食品安全地方立法

序号	名称	实施日期	颁发单位
1	《宁夏回族自治区肉品质量溯源备案登记办法》	2013.3.1	宁政
2	《宁夏回族自治区家禽屠宰管理办法》	2012.3.1	宁政
3	《宁夏流通环节食品安全监督管理实施办法》	2011.9.23	宁工商局
4	《宁夏回族自治区食品生产加工小作坊和食品摊贩管理办法》	2010.3.1	宁人大常委会
5	《宁夏回族自治区食品安全联席会议制度》	2009.10.9	宁食安委
6	《宁夏回族自治区食品安全信息发布制度》	2009.10.9	宁食安委
7	《宁夏回族自治区重大食品安全事故和风险因素报告制度》	2009.10.9	宁食安委
8	《宁夏回族自治区重大食品安全事故查处制度》	2009.10.9	宁食安委
9	《宁夏回族自治区食品安全专家委员会工作制度》	2009.10.9	宁食安委
10	《宁夏回族自治区食品安全风险性评估制度》	2009.10.9	宁食安委
11	《宁夏回族自治区食品安全地方标准制定制度》	2009.10.9	宁食安委
12	《宁夏回族自治区污染性食品监测管理制度》	2009.10.9	宁食安委
13	《宁夏食品安全行政责任追究办法》	2008.6.1	宁政
14	《宁夏回族自治区清真食品管理条例》	2002.11.7	宁人大常委会

（三）河南食品安全地方立法现状

本文从河南省人民政府网和河南省食品安全网搜索到的河南省食品安全地方立法可以看出：在形式方面，《河南省实施〈中华人民共和国农产品质量安全法〉办法》、《河南省食品生产加工小作坊和食品摊贩管理办法》和《河南省流通环节食品质量安全监督管理办法》均为地方法规，其余立法均属于地方规章。《河南省食品流通许可证发放管理办法（试行）》表明，河南省致力于流通环节食品的质量安全监管。同时，河南省还十分重视对企业信用，监督检查工作的规制。河南省食品安全地方立法详情见表3。

表3　河南省食品安全地方立法

序号	名称	实施日期	颁发单位
1	《河南省实施〈中华人民共和国农产品质量安全法〉办法》	2013.10.1	豫人大常委
2	《河南省食品流通许可证发放管理办法（试行）》	2013.7.17	豫工商局
3	《河南省食品安全监督检查工作暂行办法》	2013.1.5	豫食安办
4	《河南省食品安全地方标准管理办法》	2012.11.8	豫政办
5	《河南省食品生产加工小作坊和食品摊贩管理办法》	2012.9.1	豫人大常委会
6	《河南省餐饮服务食品安全监督量化分级管理等级评定办法（试行）》	2012.4.26	豫食药监协
7	《河南省食品安全事故应急预案》	2012.3.13	豫政办
8	《河南省食品安全举报奖励办法（试行）》	2012.2.10	豫政办
9	《河南省清真食品管理办法》	2011.3.7	豫政办
10	《河南省食品生产加工质量安全监督抽查管理办法（试行）》	2010.8.10	豫质监局
11	《河南省涉及饮用水卫生安全产品卫生行政许可规定（试行）》	2010.7.10	豫卫生厅
12	《河南省企业质量信用等级评价暂行办法》	2010.7.2	豫质监局
13	《河南省兽药经营质量管理规范实施细则》	2010.5.13	豫畜牧局
14	《河南省著名商标认定和保护办法》	2010.2.1	豫政办
15	《河南省保健食品广告发布企业信用管理规定（试行）》	2008.7.21	豫食药监察
16	《河南省餐饮业食品索证管理规定》	2007.10.12	豫卫生厅
17	《河南省流通环节食品质量安全监督管理办法》	2006.1.1	豫人大常委会
18	《河南省商场（超市）散装食品经营管理规范》	2005.8.2	豫工商局
19	《河南省生猪屠宰检疫管理办法》	2005.7.15	豫畜牧局
20	《河南省突发卫生事件应急条例》	2003.7.29	豫政办

（四）山东食品安全地方立法现状

本文从山东省人民政府网、山东省人大信息网、山东省质量技术监督局和山东省食品药品监督管理局搜索到的山东省食品安全地方立法可以看出：在形式方面，除了省人大常委会制定的《山东省农产品质量安全条例》外，其他都是一些地方性规章。2003年以来，山东省通过《关于加强农村食品安全工作的意见》等致力于农产品、农村食品安全问题的解决。2011年施行的《山东省农产品质量安全条例》，更是将农村食品安全问题的重视上升到了一个前所未有的高度。《山东省食品安全条例》（征求意见稿）已出炉，并已将山东省食品安全条例草案列入2013年立法工作计划。同时，山东省还十分重视对企业信用、企业标准等问题的规制。山东省食品安全地方立法详情见表4。

表4　山东省食品安全地方立法

序号	名称	实施日期	颁发单位
1	《山东省学校食堂餐饮服务食品安全监督管理办法》	2013.6.1	鲁食药监
2	《山东省食品药品监督管理局食品药品安全风险会商暂行办法》	2012.12.11	鲁食药监
3	《山东省食品安全风险监测技术机构实验室设备配置标准（试行）》	2012.6.21	鲁卫
4	《山东省餐饮服务食品安全监督量化分级和等级公示管理规定》	2012.5.3	鲁食药监
5	《山东省食品安全举报奖励办法（试行）》	2012.5.1	鲁食安办
6	《山东省农产品质量安全条例》	2011.10.1	鲁人大常委会
7	《山东省生猪屠宰管理办法》	2011.7.25	鲁政
8	《山东省食品安全企业标准备案实施细则》	2009.9.11	鲁卫
9	《山东省清真食品管理规定》	2003.1.1	鲁政
10	《山东省食品安全条例》（征求意见稿）		

（五）陕西、宁夏、河南与山东食品安全地方立法特点及存在问题

1. 四省区食品安全地方立法特点

（1）陕西食品安全放心区（县）创建方面具有特色。《陕西省食品安全放心县（区）建设标准》从组织管理、风险监测和检验检测、监督管理、应急管理和宣传教育五个方面制定了食品安全放心县（区）评定标准，要求人民群众对食品安全状况满意率达到80%以上，农产品、食品生产加工、流通和餐饮服务各环节基本品种抽检覆盖率达60%，群众食品安全知识知晓率达90%以上。对于食品生产加工、流通和餐饮服务、生猪定点屠宰各环节的监管项目均应达

到 100%，涉嫌犯罪的向刑事司法部门移送率为 100%。《陕西省食品安全放心县（区）评定管理办法》也规定了食品安全放心县（区）评定的申报条件和申报程序。同时，对于撤销食品安全放心资格称号的县（区）也规定了相应的条件。

（2）宁夏肉制品质量监管方面具有特色。《宁夏回族自治区肉品质量溯源备案登记办法》对备案登记条件、销售条件及撤销《肉品质量溯源备案登记证》等进行了详细规定。在监督管理方面，市、县（区）商务主管部门负责本辖区"肉品质量溯源备案登记"管理工作。农牧、工商、卫生、公安、食品药品监管、质量技术监督、民族事务等部门按照各自职责，协同做好"肉品质量溯源备案登记"工作。备案登记主要分为畜禽定点屠宰厂（场）、市场、肉品批发商和零售商备案登记，对于符合条件的，备案登记机关颁发《肉品质量溯源备案登记证》，并对其实行年审制。《宁夏回族自治区家禽屠宰管理办法》对家禽定点屠宰厂（场）设立条件、肉品品质检验等进行了规定。

（3）河南食品流通环节监管方面具有特色。河南省是农业大省，粮食产量占全国总产量的 1/10，也是我国人口最多的省份，农产品总量和食品加工业在全国名列前茅，是最大的粮食和食品调出省之一，河南省的食品安全不仅影响本省而且影响着全国广大地区，因此，河南省流通环节食品质量安全尤其重要。《河南省流通环节食品质量安全监督管理办法》规定工商行政管理部门施行以直观检查和抽样检测相结合的制度，并对经营者的行为做了禁止性规定，及其应承担的行政责任、民事责任、刑事责任。2013 年 10 月由省工商行政管理局发布了《河南省食品流通许可证发放管理办法（试行）》开始实施食品流通许可证制度，有效加强食品安全监督管理。

（4）山东农产品、农村食品安全监管规制方面具有特色。山东省对对有关农产品的重视尤其突出。这也与山东是农业大省，同时也是农产品出口大省[1]的现状及注重农村食品安全工作的政策相吻合。2003 年山东省政府办公厅发布的《关于加强农村食品安全工作的意见》通过采取一系列诸如建立标准化基地和疫病监控检验检测体系、整顿和规范农村食品市场流通秩序、推进农村食品安全流通网和农村食品安全信用体系建设、完善农村食品安全信息网等有力措施，来保障广大农民饮食安全，促进农村食品产业健康发展。2011 年《山东省农产品质量安全条例》的出台，进一步凸显了山东这个农业大省对农村食品安全工作和"三农"问题的高度重视。

1　甘新会、周升起、朴永日：《山东省农产品出口竞争力的实证研究》，载《北方经济》2012 年第 6 期。

2. 四地区食品安全立法存在问题

（1）未制定统一食品安全地方立法

目前，陕西、宁夏、河南与山东四地均未制定统一的食品安全地方立法。这四地食品安全地方立法规定分散，某些问题的规定相互冲突，不利于对食品安全问题的统一管理，造成执法不便。值得一提的是，《山东省食品安全条例》（征求意见稿）的出炉并将山东省食品安全条例草案列入 2013 年立法工作计划，体现了山东省正着力推进立法进程。

（2）食品安全地方单行立法效力等级存在差异

虽然四地食品安全单行立法多为地方规章，但四地针对同一食品安全问题制定的单行立法效力等级存在明显差异。比如，宁夏和河南关于食品生产加工小作坊和食品摊贩管理的地方立法采取形式为地方法规，山东还仅为省政府办公厅发布的《关于加强食品生产加工小作坊和食品摊贩监督管理工作的意见》。

（3）食品安全地方立法不均衡

陕西、宁夏、河南与山东四地食品安全地方单行立法存在明显的不均衡现象。比如，陕西和宁夏已出台关于食品安全专家委员会管理制度，以充分发挥从事食品安全科研、生产、经营、管理等食品科技和管理工作者的专业特长，为食品安全工作的开展提供技术支持和帮助，而河南和山东仅部分地市确立了此制度。由此可见，各地对国家食品安全法的实际贯彻力度并不一致。

二、陕西、宁夏、河南与山东食品安全地方立法比较

（一）食品安全地方立法对国家立法的授权规定或原则性规定进行完善

1. 食品生产加工小作坊和食品摊贩管理

《食品安全法》第 29 条第 3 款规定："食品生产加工小作坊和食品摊贩从事食品生产经营活动，应当符合本法规定的与其生产经营规模、条件相适应的食品安全要求，保证所生产经营的食品卫生、无毒、无害，有关部门应当对其加强监督管理，具体管理办法由省、自治区、直辖市人民代表大会常务委员会依照本法制定。"从该规定可以看出，《食品安全法》对食品生产加工小作坊和食品摊贩监管的规定比较笼统，并将具体管理办法的制定授权地方立法机关。

《宁夏回族自治区食品生产加工小作坊和食品摊贩管理办法》规定了食品生产加工小作坊和食品摊贩进货查验记录、食品添加剂、食品召回、食品安全事故处理等制度。另外，其在第 8 条规定"从财政、税收、信贷等方面对食品小作坊和食品摊贩给予支持；县级以上政府应当统筹规划，建设、改造适宜食

品小作坊和食品摊贩生产经营的集中场所、街区，建设基础设施及配套设施"，第12条规定"从事清真食品生产经营的食品小作坊和食品摊贩，应当依法取得清真食品准许经营证和清真标牌"。

《河南省食品生产加工小作坊和食品摊贩管理办法》明确指出："县级以上人民政府统一领导、协调本行政区域的食品生产加工小作坊和食品摊贩的食品安全监督管理工作"，"相关部门对食品生产加工小作坊和食品摊贩的监督管理职责发生争议的，由同级人民政府裁定"。[1] 同时，为规范对食品生产加工小作坊和小摊贩的管理，该办法规定小作坊应取得营业执照并备案，不同监管部门对相应小摊贩实行备案管理。为确保食品安全问题可追溯，《办法》强调，食品生产加工小作坊生产的食品应当有外包装或者标签，应当如实记录购进食品原料、食品添加剂、食品相关产品以及批发出去的食品、供货者和购货者的名称及联系方式等相关信息。[2] 对于食品摊贩，采购食品、食品原料、食品添加剂、食品相关产品，应当查验供货者的许可证和产品合格证明文件并索取相关票据。

山东省目前专门对食品加工小作坊和食品摊贩问题的监管作出规定的仍然是省政府办公厅发布的《关于加强食品生产加工小作坊和食品摊贩监督管理工作的意见》。该《意见》虽然仅从指导思想、职责分工和相关要求方面做出原则性的要求，但是在职责分工部分仍然明确了食品加工小作坊、食品摊贩、"前店后坊（厂）"、学生"小饭桌"等所属的监管负责主体以及相应公安、教育、民族事务等部门对该问题解决的协助配合工作。

陕西省目前仅公布了《陕西省食品生产加工小作坊和食品摊贩管理条例（征求意见稿）》，该条例目前并未出台。征求意见稿中要求"食品摊贩实行摊点备案，应当向经营所在地乡镇人民政府或者街道办事处备案，取得食品摊贩备案证明"。

2. 企业诚信建设

《食品安全法》第7条规定："食品行业协会应当加强行业自律，引导食品生产经营者依法生产经营，推动行业诚信建设，宣传、普及食品安全知识。"

陕西省出台的《陕西省食品生产经营领域禁止从业人员管理制度（试行）》，即食品安全"黑名单"制度。陕西省食品安全委员会办公室负责组织开发食品安全"黑名单"数据库软件并提供运行平台（陕西省食品安全信息网），协调

---

1 http://www.henan.gov.cn/jrhn/system/2012/08/23/010328069.shtml，最后访问日期：2013年9月18日。

2 http://www.henan.gov.cn/jrhn/system/2012/08/23/010328069.shtml，最后访问日期：2013年9月18日。

省级各食品安全监管部门组织实施食品安全"黑名单"制度，实现全省联网录入和查询食品生产经营领域禁止从业人员信息，通过实施行政许可和监督检查，坚决将恶意生产销售不安全食品的企业负责人和直接责任人，以及被吊销食品生产经营许可证单位的直接责任人逐出食品市场。

宁夏回族自治区的食品工业企业诚信网建立了清真食品和穆斯林用品诚信信息平台，有诚信公示、诚信查询、诚信资料、失信举报和企业展示等窗口，并建立了宁夏食品药品企业失信和不良行为记录数据库，这将有效净化食品市场，更好树立宁夏食品的安全信誉和良好形象。

《河南省保健食品广告发布企业信用管理规定（试行）》规定了信用信息的采集和发布制度，对违法广告企业建立企业不良信息记录档案。信用等级认定制度，依据所发布的保健食品广告是否含有不良行为，将保健食品广告发布企业的信用等级分为守信、失信和严重失信三级。《河南省企业质量信用等级评价暂行办法》将企业信用质量等级分为 A，B，C，D 四等，并详细规定了各等级应满足的要求。"企业质量信用等级评价工作程序"是指进行企业质量信用等级评价工作所遵循的操作步骤，包括：评价准备、级别初认、级别审查和公示、级别审定和表彰。

山东省《餐饮服务食品安全监督量化分级和等级公示管理规定》对省内的取得《餐饮服务许可证》的餐饮服务单位，按照一定的评定标准进行食品安全动态等级和年度等级的评定，并将等级评定结果在餐饮单位经营场所醒目位置、山东省餐饮服务食品安全监管信用网及各级监管部门门户网站及时公布。

（二）食品安全地方立法对国家立法未规定部分进行补充

1. 清真食品管理规定

通过对陕西、宁夏、河南和山东四地的清真食品的立法比较分析得知，四地都对清真食品的范围界定、监管部门、清真标识、生产者经营者的条件以及相应的罚则作出了规定。同时，由于陕西、宁夏和河南三地的回族等食用清真食品的少数民族人口数量较多、比例较大，因此其对清真食品的管理规定与山东相比更为详细，特色凸显。这主要表现为：《陕西省清真食品生产经营管理条例》规定了政府应当鼓励发展清真食品业，对清真食品产业化方面给予投资、税收、信贷等方面优惠以及清真食品的经营场所和经营方式的特殊性。《宁夏回族自治区清真食品管理条例》规定了《清真食品准营证》和清真标牌管理制度，同时也对《清真食品准营证》申请条件、申请程序、核发机关、使用方式和禁止条件等进行了详细规定。《河南省清真食品管理办法》同样也特色性的对清真牌、证的审批管理等情况作出了规定。

2. 食品安全监管基层队伍建设

2013 年 4 月 7 日，国务院办公厅出台的《2013 年食品安全重点工作安排》要求"强化基层食品安全管理责任，确保县级人民政府食品安全监管责任到位，乡镇、街道食品安全管理责任到位"。

宁夏回族自治区出台的《宁夏回族自治区家禽屠宰管理办法》第 5 条规定："县级以上人民政府商务部门负责各自行政区域内家禽屠宰活动的监督管理，乡（镇）人民政府协助县级以上人民政府商务主管部门对家禽屠宰活动进行监督管理，配合动物卫生监督机构做好家禽屠宰检疫工作。"

（三）食品安全地方立法对国家立法已规定部分进行创新

1. 食品药品行政执法与刑事司法衔接机制

陕西省商洛市丹凤县药监局、公安局和检察院联合下发《关于开展食品药品行政执法与刑事司法衔接工作的实施意见》（以下简称《意见》）建立五项制度，完善食品药品行政执法与刑事司法衔接联动机制。一是信息通报制度。县公安局、县药监局、县检察院确定专人，负责日常的信息交流、线索移交以及案件查处工作的协调配合工作；二是案情咨询制度。对案情重大、复杂、疑难、性质难以认定的案件，三方积极配合，互相进行案情咨询探讨，根据实际情况互相派员介入侦查，参加案件讨论，审查相关案件材料，提出取证建议；三是案件移送制度。《意见》规定，县药监局发现符合刑事追诉标准、涉嫌犯罪的8 个方面食品药品案件，要及时按程序向公安机关移送，并抄送县人民检察院，三方在工作过程中发现有关违法、犯罪线索及案件互相移送、互相反馈；四是提前介入制度。县药监局在行政执法过程中认为案件复杂、涉嫌构成犯罪，可以提请县公安局或县检察院提前介入，共同拟定行动方案；五是考核激励制度。加强行政与刑事司法衔接工作的考核，把是否依法移送、受理、立案、办案等情况纳入各单位行政执法考核和有关部门的综合考核评价体系，对在食品药品行政执法与刑事司法衔接工作中做出突出成绩的单位和个人给予表彰奖励。[1]

2. 食品安全"一票否决"制度

河南省郑州市自 2011 年 12 月 27 日正式开始实施食品安全"一票否决"制度。在食品安全方面出现问题的县（市、区）政府、管委会及市政府有关部门，将由上级政府和有关部门取消其当年的评先、评优资格；在当季食品安全绩效

---

[1] http://www.danfeng.gov.cn/news/2013618/n95826977.html，最后访问日期：2013 年 9 月 17 日。

考核中，自动降为最后一名；在年度食品安全绩效考核中，取消其前三名资格。市政府食品安全委员会负责全市食品安全"一票否决"工作，市政府食品安全委员会办公室负责具体组织实施食品安全"一票否决"工作。各县（市、区）政府及管委会负责本行政区域内的食品安全"一票否决"工作。以便能有效防范各类食品安全事故发生，进一步落实食品安全责任，不断提高全市食品安全保障水平，持续推动食品安全体系建设工作。[1]

三、国家食品安全立法需完善之处

通过对陕西、宁夏、山东和河南的食品安全地方立法进行比较，本文认为，国家食品安全立法应从以下几方面进行完善：

（一）设立清真食品管理规定

《食品安全法》第101条规定："乳品、转基因食品、生猪屠宰、酒类和食盐的食品安全管理，适用本法；法律、行政法规另有规定的，依照其规定。"可以看出，《食品安全法》对清真食品的管理办法并没有进行规定。本人建议在《食品安全法》第101条中增加第2款，即"清真食品的食品安全管理办法由地方立法机关根据本地的民族生活情况作出规定"。

我国有较大的清真食品消费群体，规范清真食品生产经营和管理活动势在必行。建议由国家统一对清真食品管理办法进行详细规定，或由国家授权地方立法对清真食品的安全进行规制，以便从立法根据上解决地方清真食品安全立法上位法不明的问题。

（二）完善食品生产加工小作坊和食品摊贩管理规定

《食品安全法》第29条第3款规定："食品生产加工小作坊和食品摊贩从事食品生产经营活动，应当符合本法规定的与其生产经营规模、条件相适应的食品安全要求，保证所生产经营的食品卫生、无毒、无害，有关部门应当对其加强监督管理，具体管理办法由省、自治区、直辖市人民代表大会常务委员会依照本法制定。"可以看出，该条款并没有规定食品生产加工小作坊和食品摊贩食品安全应符合国家标准或地方标准。本人建议，应在《食品安全法》第29条第3款"保证所经营的食品卫生、无毒、无害"后增加"应符合食品安全国家标准或地方标准"。

1 http://www.henan.gov.cn/jrhn/system/2011/12/27/010283562.shtml，最后访问日期：2013年9月18日。

据调查，从全国来看，现在食品分 28 大类，500 多种，产品名称更是数以万计。现在有 100 多万家企业从事食品生产、加工。调查发现，大约有 70% 以上的食品加工企业是 10 人以下的小企业或者小作坊，有的是夫妻店，三五个人。中国整体的食品生产加工能力水平还是属于分布比较分散，这给生产监管带来了很大难度。[1] 食品生产加工小作坊和食品摊贩食品安全标准不统一是食品生产加工小作坊和食品摊贩监管难的原因之一。食品安全标准是衡量食品是否安全的尺度，由《食品安全法》对食品生产加工小作坊和食品摊贩食品安全标准加以规定，可以实现食品安全标准保障食品安全的宗旨，同时，有利于食品生产加工小作坊和食品摊贩行业的健康、长久发展。

（三）完善食品安全监管规定

《食品安全法》第 4 条第 1 款规定："国务院设立食品安全委员会，其工作职责由国务院规定。"可以看出，该款仅规定国务院设立食品安全委员会，对于各省市专门设立食品安全委员会制度并没有进行规定。本人建议，应在《食品安全法》第 4 条中应增加一款，规定"省、自治区、直辖市政府应制定本行政区域食品安全专家委员会制度"。

近年来，食品安全问题频频出现，使得我国政府高度重视食品安全监管队伍建设工作。陕西省和宁夏回族自治区出台的《陕西省食品安全专家委员会管理制度（试行）》和《宁夏回族自治区食品安全专家委员会工作制度》对专家委员会的定义，专家委员会、专家委员会办公室、主任委员、副主任委员的主要工作职责，专家委员会成员具备的条件、聘任、解聘，会议的召开程序等进行了详细规定。另外，陕西省还对设立专业委员会进行了详细规定。可以看出，地方制定食品安全委员会制度已成为一种趋势。因此，在国家食品安全立法层面应要求各省市制定食品安全专家委员会管理制度，以此规范和加强陕西省食品安全专家委员会管理工作，充分发挥食品安全专家作用，确保食品安全工作的科学性。

《食品安全法》第 5 条规定："县级以上地方人民政府统一负责、领导、组织、协调本行政区域的食品安全监督管理工作，建立健全食品安全全程监督管理的工作机制；统一领导、指挥食品安全突发事件应对工作；完善、落实食品安全监督管理责任制，对食品安全监督管理部门进行评议、考核。"可以看出，该条对推进食品安全监管队伍力量配置下移，强化基层食品安全管理责任规定

1　http://news.xinhuanet.com/report/2005-07/01/content_3163060_1.htm. 最后访问日期：2013 年 7 月 1 日。

不到位。笔者建议，《食品安全法》第 5 条应增加一款，规定"乡镇、街道食品安全监管公共服务机构统一负责、领导、组织、协调本行政区域食品安全监督管理工作，建立健全食品安全全程监督管理的工作机制"。

2013 年 4 月 7 日，国务院办公厅出台的《2013 年食品安全重点工作安排》要求"推进食品安全工作重心下移，力量配置下移，强化基层食品安全管理责任，确保县级人民政府食品安全监管责任到位，乡镇、街道食品安全管理责任到位。充分发挥基层派出机构及乡镇农产品质量安全监管公共服务机构的作用，加快构建覆盖社区（村）的协管员队伍。加强乡镇、街道与监管部门的沟通协作，密切协管员队伍与监管执法队伍的衔接配合，全面推行基层食品安全网格化监管，加快形成分区划片、包干负责的基层食品安全工作责任网"。因此，在国家食品安全立法层面规定食品安全监管队伍下方，将乡镇、街道与县级食品安全管理队伍的衔接配合，弥补了食品安全监管空白，使食品安全工作在基层真正落到实处。

四、小结

《国务院关于加强食品安全工作的决定》要求"各地区要积极推动地方食品安全立法工作，加强食品生产加工小作坊和食品摊贩管理等具体办法的制修订工作"。就此而言，加强食品安全地方立法工作既是地方政府防治食品安全地方风险发生的有效抓手，也是对本区域的食品安全负总责的应有之意，更是地方政府加强食品安全监管的有力保障。

食品安全地方立法是确保《食品安全法》顺利实施的重要保障，其配套衔接和拾遗补阙功能的充分发挥，成为食品安全法制的重要保障。[1]在食品安全地方立法施行的过程中，地方性规定发挥了良好的规制作用，在对社会公众的身体健康和生命安全做出有力保障的同时，也解决了食品安全领域的一些"痼疾"。但我们也必须看到，在地方保护主义是造成我国食品安全危机的根源之一的情况下[2]，如何遏制地方保护主义，当是食品安全法修改及实施中必须认真对待的问题。国家统一立法对此应有所回应。

---

1 丁冬、陈冲：《食品安全地方立法研究——以宁夏、上海与浙江三地立法为分析样本》，载《法治论坛》2012 年第 3 期。

2 丁新正：《构建以公权主体第一责任为核心的食品安全监管新机制》，载《食品安全法论坛暨国际研讨会论文集》。

政府廉租住房行政给付设定程序的完善

柳　沛

浙江工商大学法学院

摘　要：为了解决中低收入群体的住房问题，我国政府提出要建立多层次的住房保障体系。廉租住房供给是一种典型的行政给付行为。行政机关，作为这一公共产品的供给方，在给付设定阶段享有一定的裁量权，使用不当有可能造成权力滥用，甚至损害低收入群体的切身利益。文章结合行政给付相关理论对廉租住房给付设定的决策过程进行深入系统研究，引入公众参与机制对公权力的行使进行事前监督，提出应当建立完善的廉租住房给付设定程序，从源头上制约行政机关的裁量权，促进依法行政，实现公平正义。

关键词：廉租住房；行政给付；决策；程序

一、引言

随着经济的加速发展和社会的全面转型，政府职能也从以管理型为主逐步转向以服务型为主，行政法的研究对象也随之调整，由"自由权和社会权——国家行政权"为主轴的第二形态向"自由权和社会权——公共行政权"为主轴的第三形态转变。[1]这就必然要求政府将更多的精力倾注到为公众提供各类公共服务上来。为住房困难的低收入家庭提供安身立命之所便是一个重要方面。"十二五"期间，"我国城镇保障房覆盖率将提高到20%以上，基本解决城镇低收入家庭住房困难问题。"[2]大规模廉租住房进入分配阶段必然会导致承担给付职能的行政机关所享有的裁量权扩大。

1　江必新、邵长茂：《社会治理新模式与行政法的第三种形态》，载《法学研究》2010年第6期。

2　邱道持：《保障性住房建设的理论与实践》，西南师范大学出版社2012年版，第2页。

据审计署 2010 年年底公布的数据显示，"32 个重点调查城市中有 18 个城市的房管局向 2132 户不符合条件的家庭发放廉租住房租赁补贴 413.12 万元，分配廉租住房 533 套。"[1]2011 年审计结果表明，"66 个市县中，有 9 个市县的 5479 户保障对象未经资格审核即被纳入保障范围，42 个市县的 2.1 万户保障对象存在收入财产超标、重复享受保障待遇、应退未退出住房保障等问题。"[2]2012 年 2 月 6 日，李克强同志在保障性住房公平分配工作座谈会上着重强调，确保公平分配是"关系保障性安居工程成败及可持续发展的生命线"。他要求在分配方面要做到：一是保障基本，二是公正程序，三是公开过程。可见，加强对保障性住房给付程序的研究，科学设定行政给付标准，从程序上保证公正分配，事关保障性安居工程成败，事关千千万万老百姓安居梦的实现。这样的研究具有重要的现实意义。

二、廉租住房之理论展开

（一）廉租住房的概念

1998 年，国务院颁布实施的《关于进一步深化住房制度改革，加快住房建设的通知》（国发 [1998]23 号）中第一次提出"廉租住房"的概念。廉租住房，也叫廉租房或者城镇廉租住房，是指政府为履行其社会保障职能，以租金补贴或者实物配租的方式向符合相应条件的城镇居民低收入家庭提供的租金相对低廉的保障性住房。

（二）廉租住房供给的性质界定

现代福利国家，政府具有积极地实现社会性正义的给付义务，公民享有获得相应保障的权利。通说认为，行政给付指"行政主体在公民年老、疾病或者丧失劳动能力等情况下，以及在公民下岗、失业、低经济收入或者遭受天灾、人祸等特殊情况下，根据申请人的申请，依照有关法律法规规章或者政策的规定，赋予其一定的物质权益或者与物质有关的权益的具体行政行为。"[3]从廉租住房的定义可以看出，廉租住房供给在启动程序上，以依申请为原则，依职权

1　杜宇：《地方廉租房建设不平衡部分地方挪用保障金》，载《半月谈》2010 年第 11 期。

2　中央政府门户网站 http://www.gov.cn/zwgk/2012−07/18/content_2185904.htm，最后访问日期：2013 年 6 月 7 日。

3　姜明安：《行政法与行政诉讼法》，北京大学出版社、高等教育出版社 2007 年版，第 34 页。

为例外，给付主体是政府，给付对象是符合城镇居民低收入标准且住房困难的家庭这一特定群体，在给付形式上包括实物配租和住房补贴，给付核心内容是廉租住房或住房补贴的新财产权，这些方面的特征与行政给付的概念特征具有高度的契合性。因此，廉租住房供给属于行政法上的行政给付行为，是积极行政中极具代表性的一类具体行政行为。

（三）政府廉租住房供给的特征分析

廉租住房供给行为具有一定的裁量性。按照行政给付权力运行的不同阶段，可以将行政给付程序划分为行政给付设定程序和行政给付实施程序。"行政给付设定程序是享有行政给付设定权的机关设定行政给付时应遵守的程序，也是相对人与社会公众参与行政给付设定的程序依据。"[1] 在廉租住房供应过程中，行政裁量权在这个阶段的很多方面都有不同程度的体现。2007 年颁布施行的《廉租住房保障管理办法》第 6 条[2]、第 16 条[3] 将保障标准的制定权、保障对象的设定权交由各市、县人民政府确定。也就意味着对于一个家庭，是否能够享有廉租住房保障的资格要件由相应的行政机关判断，这属于行政法上广义行政裁量中的要件裁量。[4]

（四）政府廉租住房供给的控制模式

如何有效控制行政裁量权，是现代行政法上的一个永恒话题。行政法学者对此也进行了大量的深入研究。[5] 概括起来有三种。一是通过运用精湛的立法技术来减少行政机关在执行过程中的裁量余地的立法模式，二是通过构建裁量基准与监控裁量的行政导控模式，三是通过诉诸法院来利用司法权约束行政权的司法控制模式。在当下福利国家，给付行政日益占据行政法的主导地位，在《行政程序法》出台之前，想要单单通过实体立法和司法事后审查来控制行政权就

1　柳砚涛：《行政给付研究》，山东人民出版社 2006 年版，第 433 页。

2　《廉租住房保障管理办法》第 6 条：市、县人民政府应当根据当地家庭平均住房水平、财政承受能力以及城市低收入住房困难家庭的人口数量、结构等因素，以户为单位确定廉租住房保障面积标准。

3　《廉租住房保障管理办法》第 16 条："申请廉租住房保障，应当提供下列材料：（一）家庭收入情况的证明材料；（二）家庭住房状况的证明材料；（三）家庭成员身份证和户口簿；（四）市、县人民政府规定的其他证明材料。"

4　要件裁量指"对法律规范所规定的要件进行解释以及将行政机关所认定的事实适用于法律规范所规定的要件过程中的裁量"。参见余凌云：《行政自由裁量论》，中国人民公安大学出版社 2005 年版，第 103 页。

5　主要著作有余凌云的《行政自由裁量论》，北京中国人民公安大学出版社 2009 年第 2 版、杨建顺的《行政裁量的运作及其监督》和《论行政裁量与司法审查》、王贵松的《行政裁量的内在构造》等。

显得有点力不从心，因而，学者们理所当然地把目光更多地投向了重视行政行为过程的程序监控。

程序是行政行为实施的载体，也是公民权利实现的保障。通过公众参与程序来控制行政给付过程中公权力的滥用具有重要意义。首先，有利于实现公平、公正、公开。让公众参与到行政给付决策阶段，可以有效提高决策透明度，增强决策民主性和科学性。韦德教授认为："只有依靠程序公正，权力才可能变得让人能容忍。"[1] 其次，是保障行政相对人程序权利的要求。公众参与是给付相对人享有的一项程序性权利，公众对决策过程有知情权、表达权和监督权。最后，有助于建立现代合作型行政关系。理想型的行政程序理念包括"人民权力利益保障"、"行政过程之国民参与或行政之民主化"及"行政之公正公开化"。[2] 随着人们法治意识的不断增强，利益表达诉求日益强烈，参与行政决定的意愿愈来愈明显，尤其表现在涉及公众自身利益的诸多行政决策事务方面。因此，这种公众参与、行政合作、利益平衡的现代合作型行政关系的建立是行政给付领域发展的最终结果。

三、我国廉租住房给付设定程序的现状与问题

廉租住房的给付义务主体从表面上看是政府，实质上是"部分公民经过政府中间体对另一部分公民进行的帮扶"，而政府因担负给付行政责任，而有权力制定相应的规章制度进行管理。

（一）廉租住房给付设定的实质

给付设定过程，体现到廉租住房供给过程中，就是各地方政府依据政策法规，决定廉租住房的保障范围、标准、程序等一系列问题，并制定相应的较为详细的政府规章及规范性文件的过程。属于一项与公众切身利益密切相关的行政决策行为。行政决策，作为一项重要的行政活动，指"具有法定行政权的国家行政机关或有合法权限的政府官员为了实现行政目标，依据既定的政策和法律，对面临要解决的问题，拟定并选择活动方案，作出决策的行为。"[3] 它是保障廉租住房公平公正分配的首要环节。

1　[英]威廉·韦德：《行政法》，徐炳等译，中国大百科出版社1997年版，第94页。
2　蔡秀卿：《现代国家与行政法》，台湾学林文化事业有限公司2003年版，第115页。
3　戴建华：《作为过程的行政决策——在一种新研究范式下的考察》，载《政法论坛》2012年第1期。

（二）给付设定的决策过程中存在的问题

目前，针对行政决策方面的法律法规尚不完善，有关公众参与行政决策机制也正在探索之中，在行政给付领域也没有统一的决策程序，只能在现有法律规定的基础上，结合某一领域的特殊规定，从地方政府层面来寻找依据。纵观我国 22 个省级人民政府颁布的有关行政决策程序方面的政府规章及规范性文件，发现其中仍存部分问题。

1. 公众参与主体不明确

在我国目前的法律体系下，对公众参与的主体语焉不详。据笔者整理分析，大致有五类参与主体：第一类沿用我国《民法》中通用的民事主体类型——公民、法人或其他组织；第二类是具体行政行为作出的对象——行政相对人；第三类是公众、专家、单位；第四类是与该事项密切相关的利害关系人；第五类则在法律文本中没有明确表述，大多都是运用被动语态，将参与对象予以忽略。而在国家层面的《廉租住房管理办法》第 8 条也仅规定"实物配租的住房租金标准实行政府定价"，并没有意识到公众参与到该过程中的作用和意义。以上这些模糊的规定给行政机关的具体决策者带来了很大的选择空间。到底"公众"一词指代哪些人？让公众参与了，谁知道？如果没有让公众参与，谁又能证明？根据"经济人"假设，每个人都是理性自利的，在没有证据能证明进行该项活动对自身有利的前提下，多一事不如少一事。而且，多数情况下，待决策事项背后又往往存在着多方利益的复杂纠葛，在巨大的诱惑面前，任何一个决策者都希望对自身有利的决策可以尽快作出，那么基于这样的情况，有部分民生事项直接规定由政府决策，即使有些规定了公众参与，也基本上形同虚设，甚至部分法律规定有束之高阁之嫌。

2. 缺乏有效的公众参与形式

通过整理发现公众参与形式主要有以下四种：第一种是座谈会、论证会、听证会等多种形式。《立法法》第 58 条创造性地列举了这些形式，后来就被其他法条大量地借鉴。第二种是单独就听证会进行了比较详细的规定。主要参照 1996 年《行政处罚法》中有关听证的法律条文规定。第三种是比较笼统、模糊地规定"听取意见"。第四种则为近年来新兴起的参与途径，如开放式听取意见、协商会等新型参与方式。在廉租住房给付领域，对这一内容并没有作出规定。然而，公众参与形式直接决定了公众参与的效率和公平性。

3. 公众参与程序不完善

通过梳理法律文本，可以总结出公众参与程序的规定大致有三种模式。第一种是由法律条文具体规定的听证式程序模式，最典型的是由《行政处罚法》

规定的听证会程序。第二种是由独立章节规定的"湖南式"行政决策程序模式，我国首部地方性法规《湖南省行政程序规定》中第三章规定了行政决策程序，主要包括重大行政决策的作出程序和规范性文件的制定程序。类似的还有 2011 年山东省政府通过的《山东省行政程序规定》。第三种是就公众参与行政决策程序这一问题制定单独的规范性文件。如浙江省杭州市人民政府在 2009 年制定的《杭州市人民政府重大行政事项实施开放式决策程序规定》，较为系统地规定了重大决策事项的参与主体、参与程序、听证事项、听证程序等方面的内容，是目前公众参与方面比较成熟的范本。这也是近年来公众参与行政决策机制建立的一个很好的标志。

而在《廉租住房管理办法》的整个文本中，并没有规定保障标准制定过程所应当遵循的程序，更多笔墨倾向于保障行政机关所享有的公权力的有序行使，对公众则规定了较多的义务，忽视其享有的权利。笔者认为，造成这样现状的一个主要原因在于对公众参与的重要性意识不到位，对参与实施程序规定分散零乱，法律规定的执行力度不够、可操作性不强、缺乏责任追究机制，虽有部分省市尝试探索创新，但尚未形成制度性约束机制。这些都严重影响了参与的公众所享有的部分程序性权利的有效行使，需要进一步进行完善。

四、公众参与廉租住房给付设定程序的完善路径

现代社会需要行政裁量来适应日新月异的生活，但过度裁量又会带来权力滥用、侵害权益等问题。行政裁量曾被学者们称为"传统行政法的特洛伊马"。而行政给付设定程序的重要功能之一是限制权力尤其是裁量权的恣意行使。将公众参与引入廉租住房给付设定程序中可有效监督行政权的行使，防止权力寻租。

（一）立法层面，加快出台《基本住房保障条例》

在法治社会，只有法律才能有效落实各方的权利和义务，保障制度的有序运行。我国应在深入调研论证的基础上，完善顶层设计，加快出台较高位阶的行政法规《基本住房保障条例》，将公众参与行政决策的程序规则以法规的形式加以规定，明确公众享有的这一法定权利，并对公民、行政机关的权利义务分别进行系统性规定。建立低收入群体意见表达机制，保障公民的知情权、参与权、表达权和监督权，增强信息透明度，明确法律红线，接受公民监督，让权力滥用行为无处藏身。从 2005 年到 2012 年，住房问题一直都是两会热议的焦点。很多人大代表都提议完善法律法规，尽快通过立法保障民生。据了解，

国务院已将《基本住房保障条例》列入立法规划，由住建部负责组织调研、带头起草。

（二）公众参与给付设定程序的完善建议

在廉租住房给付行政领域，行政机关的给付行为直接关系到老百姓的切身利益，且这种利益是一种持续的获利关系，因而要求行政机关在行使公权力的过程中遵循相应的行政程序，"给予大量各种各样的利害关系人机会，以使得他们能够参加影响其利益的政策制定和执行的正式行政程序"。

1. 明确公众参与主体

公众参与行政决策过程是一项程序性权利，应当在法律层面上予以确定。参与主体不仅应具有广泛代表性和有效针对性，而且应当注意赋予利害关系人尤其是弱势群体参与表达意见的机会。笔者认为，在廉租住房供给的程序中，参与主体首先应当是利益相关者。在廉租住房供给方面，主要表现为必须要求保障对象，低收入住房困难家庭代表参加，为他们提供不同利益诉求表达的机会，将他们的意见融入政策制定过程中，同时，也可以让他们了解在政策制定过程中的事实根据、形成过程、基本目标、预期成本和效益等各种综合因素的考量，保证他们的知情权，有利于将来政策更好的落实。

2. 拓展参与形式

在涉及公共事务和公共利益的领域，只有经过利益相关者积极参与公开讨论和协调所达成的共识，才能最大限度地显示、聚合公共需求和公共利益，提升公共利益分配的公平性、公正性。随着网络社会的快速发展，越来越多的人通过网络来传播和获取相关信息。"截至 2012 年 12 月底，我国网民规模达 5.64 亿，手机网民规模为 4.2 亿，微博用户规模为 3.09 亿。"[1]如此大规模的网民使得互联网，尤其是微博，已经成为社会舆论生产和传播平台。作为公众参与行政决策的创新模式，建立一个专门用于征求公众意见的网站不失为一种好的方式。部分省市已经进行了一定的探索，如云南省开设专门网站进行意见征集。这为公众参与廉租住房给付设定形式提供了很好的模板。

3. 完善舆情反馈程序

公众参与廉租住房行政给付设定决策全过程只是对公权力进行限制的一个手段或者方式，并不是目的。那么，为了尽可能地提高参与的质量和效率，行政机关必须对公众反映的意见进行反馈。对没有采纳的部分，应当说明理由，进而从结果意义上强调公众意见的约束力和对公共政策的影响力。但考虑到人

1　中国互联网络信息中心：《中国互联网络发展状况统计报告》2013 年 1 月。

力财力有限，各地发展不均衡，要求对每一位公众参与者的意见都回复或反馈是不现实的。故应当利用现代科技手段以及媒体和现代网络传播等方式对公众参与意见的处理结果进行集中归类，安排专门的工作人员负责意见的分类、整理、核实和选择工作，对公众反映强烈的、争论较大的部分内容作出解释、分析，构建舆情收集、分析、回应机制，是公众有效参与的保障。

五、结束语

给付行政的兴起宣告了以高权性侵害行政为中心的行政法学"奥托·梅耶（Otto Mayer）时代"的落幕，在行政实体法规制和司法事后审查的缺陷日益暴露的现代福利国家，越来越多的学者将目光更多地投向了行政行为的程序监控。"即便是对带着柔和、温情、慈爱面纱的给付行政，仍不能忽略面纱背后强大利维坦的存在，仍应通过适当的法律程序进行引导。"[1]

在党的十八大报告提出政府要"坚持科学决策、民主决策、依法决策，健全决策机制和程序"的背景之下，公众参与行政给付设定程序的研究系"行政法学从理论视角对解决社会问题的一种积极回应"。[2]与此同时，我们也应该清醒地意识到"程序规制只是行政给付领域的一种法律规范技术而已，其价值不能过分夸大"。[3]但是，没有完善的给付设定程序，公平分配的目标也难以实现。笔者将公众参与机制引入行政给付设定的整个决策中来，提出明确参与主体、拓展参与形式、完善舆情反馈程序的针对性建议，以期对国务院住建部正在征求意见的《基本住房保障条例》（征求意见稿）贡献一分力量。

1　江必新、邵长茂：《共享权、给付行政程序与行政法的变革》，载《行政法学研究》2009年第4期。

2　高秦伟：《论给付行政中国的听证制度及其构建》，载《甘肃行政学院学报》2008年第4期。

3　刘艺：《民生立法视阈下的给付行政程序辨析》，载《甘肃社会科学》2012年第1期。

农业政策与环境保护的冲突与整合

缪若妮

浙江农林大学法政学院

　　摘　要：法治中国建设，任务艰巨，其突破口在于农村法治建设，而农村突出的环境问题使得农村环境法治建设成为农村法治建设的核心，因此，建设法治中国的首要任务在于农村环境法治建设。当前，农村法治建设主要是由党和中央的政策的推动，尤其是"中央一号文件"。但现实中农业政策与环境保护存在激励的冲突，不利于农村环境法治建设，这要求农业政策因应变化，转变其与环境保护离散的状态，立足于整体性原则和可持续发展原则，转换为与环境保护相协调促进的模式。在政策制定中，打破当前环境影响评价的桎梏，对农业政策进行环境影响评价，从而真正实现农业的可持续发展。

　　关键词：农业政策；环境保护；法治；政策环评；风险控制

　　建设法治中国是一项综合性的系统工程，目标宏大，任务艰巨。农村法治是中国法治建设的重要组成部分，是突破口之所在。在"五位一体"新格局下法治的基础和动力不能仅局限于经济的市场化、政治的民主化，以及意识的主体化[1]，还应包括环境的生态化。当前农村环境污染严重、自然资源透支、环境风险一触即发，农村环境保护举步维艰，农村环境法治建设更是重中之重。

　　我国农村以往各项改革的启动和深化，主要是依靠不同时期党和国家适时发布的政策来推动的。[2]正是农业政策作为普适性的法的渊源，是农村环境法治的一个重要影响因素。但我国当前农业政策体系主要围绕以粮食生产、农业增效、农民增收和农村综合发展，对环境关注度不高，环境保护在农业政策中处于被忽略的地带。这使得农村环境法治的重点不在于通过设计或完

　　1　卓泽源：《法治泛论》，法律出版社 2001 年版，第 141 页。

　　2　李昌麒等：《农村法治建设若干基本问题的思考》，载《现代法学》2001 年第 4 期。

善农村环境法律体制来解决农村环境问题，而应在于改进现有的农业政策，使农业政策真正融合经济发展与环境保护的要求，协调平衡多方利益关系，在保障农村经济发展的前提下，最大限度地减少对环境的影响，推进农村环境法治的建设。

一、农业政策与环境保护的冲突

为了增加农民收入，突破资源与市场双重约束的瓶颈，从 2004 年到 2013 年的"中央一号文件"提出各种对农村、农业、农民的扶植政策，不断开拓农业增效增收的空间，从而使得农民的收入也逐年递增（具体见图 1）。但当前农村环境问题日益严重，农村排放的化学需氧量占全国的 43%、总氮量占全国的 57%、总磷量占全国的 67%（《2010 年完成的第一次全国污染源普查》），迫切需要农业政策实现生态化。

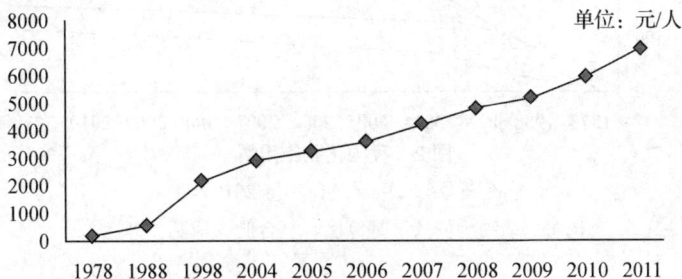

单位：元/人

图 1　农村居民家庭人均纯收入

资料来源：《中国农村统计年鉴 2012 年》

"大力发展特色农业""一村一品""鼓励有条件的地方利用荒山、荒地等资源，发展生物质原料作物种植"这些政策，提高了优势农产品集中度，可能在一定程度上降低区域生物多样性，增加农业生物灾害发生的风险。根据《中国农业年鉴 2011》我国 2010 年各地区农作物病虫害的发生面积为 367369 千公顷，约占当年播种面积的五分之一，实际损失粮食 16211916 吨、棉花 540514 吨、油料 778644 吨，其他 13619028 吨。优势区域产业集聚度的提高，部分优势农畜产品在少数地区高强度生产，根据《第一次全国污染源普查公报》畜禽养殖业粪便产生量 2.43 亿吨，尿液产生量 1.63 亿吨，可能对当地资源环境造成一定压力。此外，现行的补贴政策既没有把农资使用的外部成本完全内部化，也未能起到激励农户和农业主管部门进行保护环境的功用。[1]并干预了市场机制，

1　刘超：《环境风险行政规制的断裂与整合》，载《法学评论》2013 年第 3 期。

农资成本的降低促使农户多使用或持续使用化肥、地膜、农药等环境污染品，这几年的施用量及趋势具体见图2、图3和图4，使得农业发展面临着生态破坏和环境污染的困境。

不恰当的农业政策可能对环境造成不利的负面影响，导致环境污染严重、自然资源衰竭、环境风险频发等一系列环境问题，这需要我们不断对农业政策进行生态上的考量，需要对农业政策制定切实可行的环境影响评价法律制度，时刻关注农业与环境的关系。

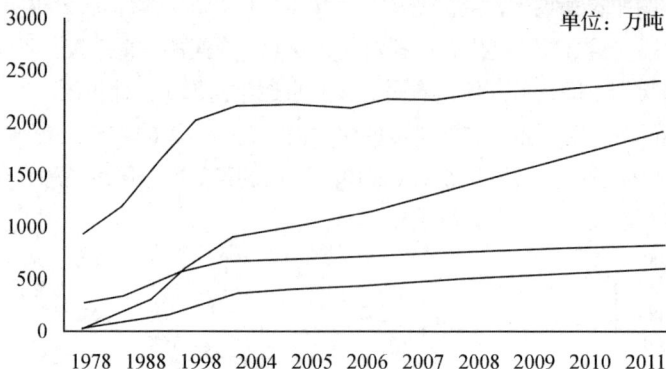

图2　我国化肥施用量

数据来源：《中国统计年鉴2012年》

（说明：从高到低依次是氮肥、复合肥、磷肥、钾肥）

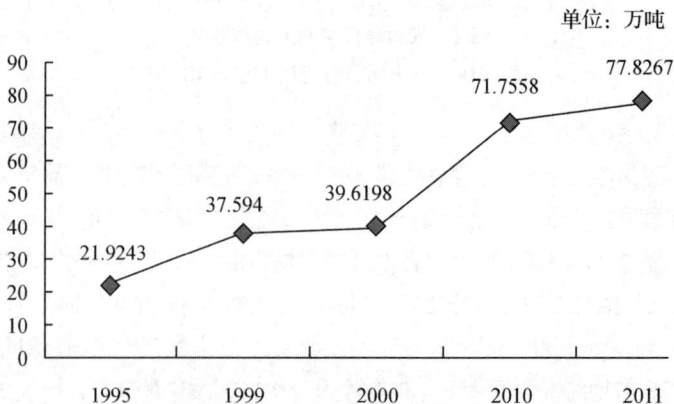

图3　农用塑料薄膜使用量

资料来源：《中国农村统计年鉴2012年》

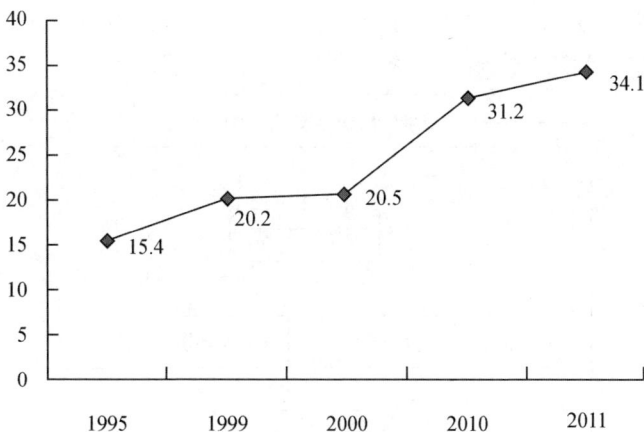

图4　我国农药施用量

资料来源：《中国农村统计年鉴2012年》

二、农业政策与环境保护整合的原则

　　农业环境管理必须破除"条块分割"、各自为政的分散局面，应该有着统一的管理目标和管理模式，遵循农业生产方式和自然环境的生态属性，按照一定的原则，制定对环境影响小并有利于解决农业与环境矛盾的农业政策，实现农业发展与环境保护的双赢。

（一）整体性原则

　　整体性思维又称系统思维，主要是运用于哲学领域的，它认为整体是由各个局部按照一定的秩序组织起来的，要求以整体和全面的视角把握对象。整体性原则指在具体处理一件事情的过程中能够全盘考虑问题，使事情的结果体现出鲜明的整体性。"一个国家应当尽可能通过一系列融贯的政治原则来进行统治，将这些原则的益处惠及所有公民。"[1]在农业政策制定时也应遵守整体性原则，考虑到正义、公平和自由，将农业政策与环境保护相结合，即满足了农民对经济增长的需求，实现了城乡公平，也保护了人类赖以生存的环境，保障了人类的生存，有利于实现个人发展。

　　当前，农业政策与环境政策各自为政，都企图独立运动，抢占主导地位，使得农业系统呈现无序状态，经济、环境和资源这三个子系统，均陷入一轮又

　　1　樊安：《英美法理学中的整体性问题——以德沃森整体性法律观为中心的考察》，吉林大学2011年博士学位论文。

一轮的恶性循环中，每次的循环都无一例外伴随着子系统状况的进一步恶化，亦即整个农业系统的不断恶化，图5表现了这个恶性循环。

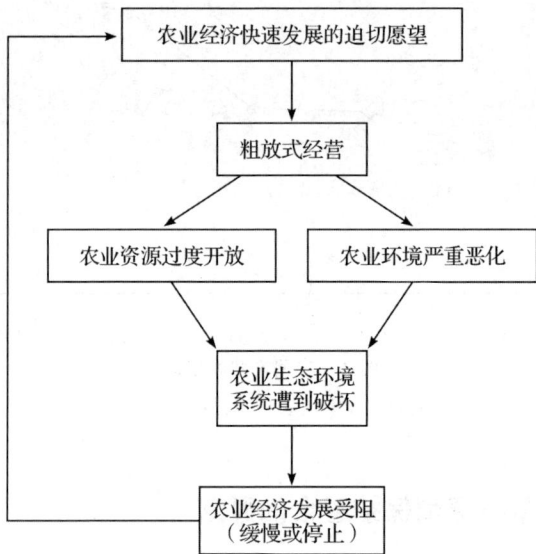

图5　农业系统恶性循环

农业政策与环境保护的分离导致农业发展陷入怪圈，前景黯淡，但其实不然。农业与环境之间是存在平衡点的，可以以 Antle 在1993年的论文中所提到的农业产出—环境产品转化边界为例，帮助我们将此复杂的关系简单化。如表6所示，横轴代表农业产出（Q），纵轴代表环境服务（E）。Antle 认为，这个边界的确存在，且在环境服务（E）和农业产出（Q）均为凸的情况下，边界也是凸的。在 B 点，环境服务的边际生产率为 0，这是不存在环境政策时的均衡状态。可是，环境保护政策将会使经济的移向 F 点，届时环境服务增加，而农业产出则下降。如果将贸易的因素引入其中（贸易因素是影响共同农业政策改革的重要因素），那么这个边界将会外扩，再一次的平衡点将是 D 或者 G。向 D 的移动代表农业产出和环境服务均得到增加，而向 G 的移动则代表农业产出的增加将以环境衰退为代价。[1]

因此，国家在制定农业政策时，应当有整体性思维，对各种利益诉求的紧迫程度，及其对环境造成影响的严重性进行价值排序，从而确立各种价值之间的优先顺位，据此设定社会资源的投入、环境保护展开的规则等。如果能利用

1　孙淼：《欧盟农业环境政策评估——欧洲经验对中国农业环境政策的启示》，首都经济贸易大学 2012 年硕士学位论文。

整体性的方法将农业政策和环境保护揉为一体，合二为一，这样就会使得各个子系统之间积极作用，相互协调，将会呈现出良性的发展趋势，见图7。对资源的合理利用，虽然加大了生产成本，但是促进了农业长期良性发展；农业发展带来经济效益，是环境保护的有力保障；良好的环境可以促进农业持续发展。在农业政策与环境政策的相互作用下形成现代化的农业生态经济系统，实现可持续发展。

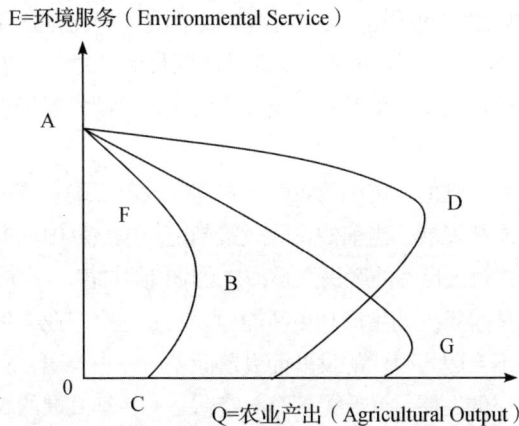

E=环境服务（Environmental Service）

图6　农业产出—环境产品转化边界（Antle1993）

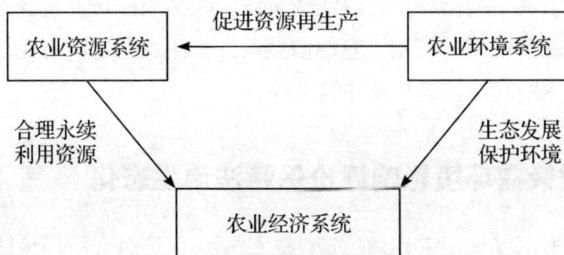

图7　农业良性发展图

（二）可持续发展原则

1991年4月，联合国粮农组织在荷兰举行国际农业与环境会议，向世界各国提出了建设"持续农业"，以实现农业可持续发展的要求。可持续发展是农业发展与环境保护的基本原则，对农业与环境保护的协调具有指导性作用。各种农业政策的制定和实施都不能偏离可持续发展的轨道。我国当前制定农业政策应该遵循可持续发展原则，农业可持续发展需要兼顾生态、经济、社会这三个方面的可持续发展。

在农业政策的制定时，可以通过汲取中国的传统农耕文化，在政策中引导农业生产转向可持续发展的道路，将环境保护内部化，使可持续的农业生产方式成为农业生产者自主选择的结果。中国传统的农耕文化具有可持续性。虽然我国国土辽阔，环境、气候、地质等情况都不一样，而且各民族的生产生活习俗也各有差异，但是其内涵是统一的，"应时、取宜、守则、和谐"[1]是其最好最贴切的概况。农耕文化就是在天、地、人之间建立一种和谐共生的关系，"人"既不是大自然的奴隶，也不是大自然的主宰，而是"赞天地之化育"的参与者和调控者，人和自然不是对抗的关系，而是协调共生的关系。[2]农耕文化是人类最古老的原生性遗产文化，但其对于当今的农业可持续发展仍充满强大的借鉴的生命力。

历史的年轮是前进的，传统的农耕方式需要政府正确引导才能达到现世的"天人合一"，永续发展。当前的农业政策制定时应该从中国的传统文化中得到启迪。只有怀着对大自然的敬畏之心，并遵循自然规律，不贪婪，合理利用，才能保护和加强环境系统的生产和更新能力。农业这个产业与生态环境联系最为紧密，并且并不会因为时代的发展而衰落而从历史中淡出，农业政策既要有利于当前这个时空的发展，又要为下个时空留下可持续发展的农业生态环境，这样的政策才是恩泽万代的。

在可持续发展观的指导下，农业政策制定时必须在研究资源的再生能力和环境自净能力的基础上，利用已有的自然条件，使农业生产者在行使利用这些条件的权利，承担起保护这些条件的义务。

三、农业政策需环境影响评价保障法治生态化

在美国，根据其《国家环境政策法》的规定，凡对人类环境质量具有重大影响的各项提案或法律草案、建议报告以及其他重大联邦行为，均应进行环境影响评价。[3]在1992年的《地球峰会宣言》中，第17条原则提及应当将环境影响评价引入所有可能影响环境的项目中去。而我国环境影响评价的范围只限定在规划和建设项目，是时候拓宽环评的范围，对政策进行环境影响评价，尤其是农业政策。由于农业政策自身并没有进行风险评估，在未彻底考虑其所造成

---

1 彭金山：《农耕文化的内涵及对现代农业之意义》，载《西北民族研究》2011年第1期。

2 夏学禹：《论中国农耕文化的价值及传承途径》，载《古今农业》，2010年第3期。

3 张梓太：《环境与资源法学》，科学出版社2007年版，第81页。

的环境影响，就匆忙推出，使得环境问题涌现。农业环境问题的高度的科技背景使得农业政策的创设充满了浓厚的利益衡量与社会选择的特质。[1] 政策和科学都必须建立在可持续发展的观念上，因此，需要在农业政策的整个制订过程中进行环境影响评价，规制环境风险。

（一）农业政策环境影响评价对象的限定

加拿大对需提交给部长个人或内阁批准的，并且执行该提案可能导致正面或负面的重大的环境影响的政策，应当对其进行环评。对有利于可持续发展或公众强烈关注该提案的环境后果的政策，可以进行环评。突发事件无充足时间的，或情况紧急并且早已环评的事项，免于环评。[2] 加拿大对将那类政策纳入到环评的范围内有细致的规定，这值得我国借鉴。为了避免对环评范围过于宽泛而流于形式，影响到政策环评的推广，应当确立评价对象。我国的农业政策环评对象可以细分为，在省、全国范围对环境可能具有重大影响的农业政策需要严格对其进行环境影响评价。而省以下的农业政策则是可能对环境具有重大影响的，并且出现频率较高的农业政策，应当进行环境影响评价，其他则是可以进行环境影响评价。但如果不进行环评，公众对该政策的环境影响持强烈质疑的，则应当进行环评。

（二）政策层面环境影响评价监督主体的确定

由于战略环评一般遵循"自己评价"的原则，所以对农业政策进行环评的通常就是政策的拟定者。[3] 那么我们如何克服"既当运动员，又当裁判员"所产生的不公呢？这就需要法律对政府的权力行使设置障碍，并力求用持续性和恒久性方面的某些保障措施保护农业政策环评的合理运行，同时又不对现行的社会制度带来剧烈冲突。因此，笔者认为应该引入检察院作为监督主体。

之所以由检察院作为监督主体，主要是从国内外两方面情况进行考虑。在美国，法院站在中立位置，对战略环评进行监督，制约着政府机构、私营开发商和公众。[4] 就我国的现实情况来讲，监督主体可能性主要有环保部门、公众、法院及检察院，但还是确立检察院作为监督主体比较可行。

1　刘超：《环境风险行政规制的断裂与统合》，载《法学评论》2013 年第 3 期。
2　程雨燕：《加拿大战略环评的经验及局限性》，载《环境保护》2007 年第 22 期。
3　汪劲：《欧美战略环评法律制度中的主体比较研究》，载《环境保护》2007 第 4 期。
4　朱水成：《中国地方公共政策评估现状与对策》，载《甘肃社会科学》2001 第 3 期。

这主要是因为，环保部门在我国并非垂直管理，是隶属于政府，不具有独立性，在政府利益与法律尊严中徘徊，又常常被经济效益所左右，因此在政策环评的监督中，难以做出果断、正确的判断，难以确保环境效益的保障。公众参与是现代民主的主要体现，但公众参与可能会增加政府的公务成本，降低政府的运行效率，并且由于公众的人数众多，情绪易受煽动，而容易造成破坏性的负面影响；由于利益驱使影响公众和社会长远利益；缺乏专门知识、经验和信息影响政策环评的进行等，[1] 因此在农业政策环评的运行初始阶段不适合采取公众参与的监督方法，可以等公众参与有了成熟的法律保障和丰富的经验支持后再推行。

司法主体的独立性和中立性，使其在现阶段较适合担任监督主体。但不是由法院担任监督主体的原因在于，我国司法体系的组成与世界同行的有所不同。在西方实行"三权分立"制度的国家，司法体系一般指法律体系，所谓司法机关，也就是法院。至于检察机关，则隶属于行政机关。[2] 而我国，司法主体是由法院和检察院构成的，检察院与法院一样具有中立性与独立性。但法院是行使审批权，检察院是行使检察权，因此检察院更适合做农业政策环评的监督主体。

《宪法》第 129 条规定："中华人民共和国人民检察院是国家的法律监督机关。"可知，法律监督是检察权的本质特点，检察机关不仅拥有西方国家检察机关的各项监督权力，而且还拥有监督行政执法和审判活动的权力，法律监督的性质更加突出。[3] 虽然对农业政策环评的监督是法律监督性质的检察权，但在监督过程中，发现国家工作人员对政策环评工作存在渎职现象，检察机关可以立案侦查。而且，我国已有多个地方的检察院参与处理了多起环境公益诉讼案件，可见检察机关在环境保护中的积极作用，并且检察机关有责任也有能力在环境保护中扮演积极的角色。无论是从理论上，还是实践中，笔者认为检察院都是农业政策环评最适合的监督主体。

（三）农业政策环境影响评价的阶段性设计

农业政策环评是一个动态的过程，应从三个不同阶段对农业政策进行环评。首先是预测阶段。预测性农业政策环境影响评价，它发生在农业政策制定阶段，结合政策方案可行性分析和方案优选进行。该阶段的环评需要及早介入，可以

1　姜明安：《公众参与与行政法治》，载《中国法学》2004 第 2 期。
2　张文显主编：《法理学》，高等教育出版社、北京大学出版社 2008 年版，第 253 页。
3　谢鹏程：《论检察权的性质》，载《法学》2000 年第 2 期。

与政策制定同时进行。[1] 主要目的是为了降低农业政策内容对环境的影响，并制定应对将可能发生的环境风险的措施。在这个阶段还应提出相应的替代方案，虽然我国《环境影响评价法》没有规定替代方案，但是环境影响评价作为一项决策机制，其功能主要在于为决策者提供关于拟议行动及其各种替代方案的各种环境影响信息，从而使决策者能够确定在环境、社会、经济等方面均为最佳的方案。[2] 尤其是像对农业政策这样对环境影响范围广、持续时间长，产生的环境危害潜伏时间长的，进行环评就应当有替代方案。

其次是监控阶段。监控性农业政策环境影响评价，它是在政策实施阶段对政策实施和执行的环境影响进行监测、评价，并且及时调整并将评价结论通过决策者体现到政策的调整上，以保证政策运行不偏离环境约束目标。[3] 该阶段的环评要从政策实施开始到政策失效为止，之所以要贯彻始终是因为，政策环评与建设环评的客观、定量分析不同，政策环评是采取定性分析，主观性较强，人为影响因素大，因此需要时刻监测、评价。在方法选择上可以采取抽样的方式，应注意信息反馈，随时检查验证，发现问题及时调整。这样有利于增强政策环评的客观性和效率。

最后是回顾阶段。回顾性农业政策环境影响评价，是针对实施完成后处于调整中的政策进行的，对于政策过程及系统改进具有重要作用。回顾性环评是在政策调整阶段才开始介入。[4] 该阶段的目的在于，通过对已经产生的环境影响的评价，对未来农业政策的改进或制定提供依据。因此，该阶段适宜对所造成的环境影响进行全面评价，可以通过对比分析的方法进行。

农业、农村、农民对于中国社会具有举足轻重的影响，甚至在最终的意义上制约着中国的社会发展。中国的现代环境法治建设是在大农业的基础上启动并推进的，对此，我们没有理由加以否定或者置若罔闻。[5] 在农村迈向生态文明的进程中，离不开政策的引导。但当前农业政策与环境保护之间的互动与冲突并不仅仅表现为表面的环境恶化，而是由内而外的，既表现为直观的环境问题，也涉及深层次的制度问题。因此农村环境法治是一个漫长的、循序渐进的过程。这需要农业政策要包含生态意识和生态良知，做到尊重自然、保护自然，达至"天人合一"；也要包括理性规则，浸染对自然的关怀，明确我们对自然的责任和

1　包存宽：《战略环境评价的几个基本问题》，载《环境导报》2000 年第 6 期。

2　蔡守秋：《论健全环境影响评价法律制度的几个问题》，载《环境污染与防治》2009 年第 12 期。

3　包存宽：《战略环境评价的几个基本问题》，载《环境导报》2000 年第 6 期。

4　包存宽：《战略环境评价的几个基本问题》，载《环境导报》2000 年第 6 期。

5　卓泽源：《法治泛论》，法律出版社 2001 年版，第 143 页。

义务。农业政策应以系统理性为逻辑起点，应以整体的可持续发展为基本出发点，统筹兼顾各方利益。农业政策不能仅停留于农业、农村和农民问题，必须注意其与生态环境保护的协调促进，唯此，农业政策才能真正实现农村环境法治，保证环境正义。

论融资性担保公司的法律监管

潘 淑

浙江财经大学法学院

摘 要：企业的发展离不开资金的支持，而中小企业资金的有限性决定了其在发展过程中必然会产生融资需求。中小企业融资途径的不畅，以及融资性担保公司在融资方面具有的安全和规范等优势，促成了融资性担保公司的产生与发展。面对融资性担保公司的自身属性及其发展过程中的失范现象，我们应当从监管主体、监管措施、监管程序等方面对其加强法律监管。

关键词：融资性担保公司；金融风险；法律监管

资金是企业从事生产经营和市场开拓的前提条件，而中小企业资金的有限性决定了其在发展过程中必然会产生融资需求。然而，从 2011 年浙江、河南等地涌现的融资性担保公司"高息揽储、违规放贷"事件，到 2012 年年初担保业巨头北京中担、广州华鼎及创富三家公司"长期违规操作"，因此三家公司陷入了流动性危机，融资性担保公司法律监管问题受到社会各界的关注。本文将就如何对融资性担保公司进行法律监管发表浅见，望各大方指教。

一、融资性担保公司的特征和存在的必要性

根据《融资性担保公司管理暂行办法》第 2 条的规定，融资性担保公司是指依法设立，经营融资性担保业务的有限责任公司和股份有限公司。可见，融资性担保公司具有以下特征：

1. 安全性。融资性担保公司是通过和银行之间的合作，给那些无法通过银行审核获取贷款的中小企业提供担保，增加信用度，为这些中小企业获取贷款。因此，一定程度上，融资性担保公司更具有安全性。

2. 流动性。融资性担保公司的资金来源是各大商业银行的贷款，商业银行作为债权人，在资金方面实力雄厚，而且在各地都设有营业点，资金流动性好。

3.收益稳定性。融资性担保公司通过自己本身的资金实力，为那些"贷款难"的中小企业获得贷款，中小企业会支付相关的费用，其在收益上比较稳定。

中小企业竞争力不强，资信状况不佳，担保物不足，财务管理不规范，信用观念不强等内部原因，加上对中小企业融资提供支持的法规政策不完善，社会融资门槛过高等外部原因，导致中小企业融资难成为一个普遍性的社会问题。在我国，投资于中小企业的资本供给是不足的，存在严重的融资缺口。而我国的中小企业又存在企业财务制度不健全，自身抗风险能力差等问题，再加上借贷资金逆向选择与道德风险的存在，其获取信贷后的监督成本非常高，金融机构普遍对中小企业"惜贷"。[1] 因此，为了使市场配置达到最有效果，就需要政府进行适度的引导和干预，弥补市场调节的不足。

因此，为了使市场配置达到最优效果，就需要政府进行适度的引导和干预，把建立和实施中小企业信用担保体系作为政府扶持中小企业发展的政策体系和社会化服务体系的重要组成部分。市场经济体制的逐步建立和完善，使社会对信用的需求迅速增加，也随之促使了担保行业的产生，融资担保公司也就随之建立。

二、对融资性担保公司进行法律监管的必要性

（一）融资性担保公司具有脆弱性和高风险性

与其他工商业企业相比，融资性担保公司具有脆弱性和高风险性。这主要由以下因素决定：

第一，产品的特殊性。金融企业经营的是建立在信用基础上的虚拟产品。信用是与人们的信心联系在一起的，而普通公众的信心却取决于各种因素，只要其中一种因素发生变化，就可能导致信心的变化，导致信用乃至金融市场的变化，因此融资性担保公司其本身产品的特殊性决定了金融市场的不稳定性。[2]

第二，信息的不对称性。金融机构信息的不对称会带来以下问题：首先，金融机构可以借机谋取不正当利益。其次，信息不对称影响了客户的选择。普通的金融客户无法了解金融机构的实际经营情况，因此无法根据自己的判断选

---

1 徐爱水：《融资性担保公司监管制度剖析——比较与功能的视角》，载《华北金融》2011年第7期。

2 陈秋明：《中国政策性担保公司法律制度研究》，法律出版社2011年版，第55页。

择更优质公司。[1]最后，可能造成金融市场的恐慌。由于金融客户无法真正了解金融机构的真实经营情况，若当某一金融机构出现问题时，人们自然会怀疑其他金融机构是否存在同样的问题，随之金融客户就产生恐慌。

第三，金融问题的传染性。金融机构业务的开放性，导致金融机构之间具有大量的业务往来，特别是实行金融混业经营之后，金融机构之间的业务交叉越来越广泛，融资性担保公司和银行的合作就是其中一种，如果融资性担保公司出现问题，就会将问题传染给银行，从而就出现了系统性的金融问题。[2]华鼎事件使得多数银行陷入困局。

（二）融资性担保公司在经营中存在失范现象

融资担保行业是一个对资本金高度依赖的行业，资本金的多少直接决定了其业务规模的大小和风险抵御能力的强弱。随着国内担保行业的快速发展，担保公司数量的逐年增多，担保行业出现业务不规范，操作不合理的情况。[3]这集中表现在以下几个方面：

第一，缺乏科学规范的内部控制制度。不少公司对担保资金的来源与运用、担保比例与结构、受保企业信用状况及评级标准、担保资产评估等缺乏明确详细的制度规定和操作规范，再加上风险补偿机制落实不到位，给自身埋下巨大的风险隐患。目前很多担保公司都存在交叉入股现象，而且其往往在多家银行从事担保业务，银行很难掌握同一家担保公司资本运作的真实情况，影响了它们之间的合作。

第二，主营业务收益低，主辅业倒置现象较为严重。融资性担保公司的对外担保金额一般可以放大到其注册资本的五至十倍之间，但是公司出现问题，就会导致大量的坏账、烂账。公司自身风险大而利润低，因此许多担保公司偏离主营业务，热衷于大项目和高风险、高盈利的投资项目或证券投资，增加了经营的不确定性。[4]

第三，担保机构和银行业金融机构合作不对等。再担保风险分担机制尚未建立和完善，担保架构普遍反映其与银行很难建立地位平等、互利双赢、风险

1　陈秋明：《中国政策性担保公司法律制度研究》，法律出版社，2011年7月第1版，第55页。

2　陈秋明：《中国政策性担保公司法律制度研究》，法律出版社，2011年7月第1版，第56页。

3　叶茜茜、杨福明：《民营融资担保机构发展的现状与对策——以温州为例》，载《对策研究》2011年第3期。

4　杨国顺：《融资性担保公司法律制度研究》，载《法制与经济》2012年第2期。

共担的合作关系。银行对担保机构合作门槛过高，制约担保机构发挥其担保能力。大部分地区尚未建立再担保机构，已建立的再担保机构经营机制和业务拓展能力尚待进一步提高，再担保风险分担机制仍需探索和形成。

第四，违法违规经营问题突出。有些担保公司在注册成立后，便非法挪用注册资金，从事投资投机活动，导致资本金严重不实；有的担保公司为扩大业务规模，通过违规扩大担保倍数开展担保业务；还有些担保机构甚至从事吸收公众存款、高利转贷、担保诈骗等严重违法行为。

三、融资性担保公司的法律监管现状及不足

融资性担保公司从事涵盖有关商业信用和银行信用的业务，行业准入限制较少，其发展前景受到众多企业和其他投资者的青睐，成为新的投资热点。[1] 但在表面繁荣的背后，不断暴露出来的一些严重问题，不仅损害了行业的整体形象，也对正常的经济金融秩序造成很大干扰，产生了不良社会影响。融资性担保公司应该如何从法律角度进行监管？

迄今为止，针对融资性担保公司的最高立法是银监会等七部委联合发布的部门规章《融资性担保公司管理暂行办法》（以下简称《办法》），其他相关规定也多是不同部门和不同地方在各自监管领域和地域内颁布的监管规章和规范性文件。这些监管规定不仅存在部门和地域局限性，而且内容交叉重复，有的甚至相互冲突，无力对整个担保行业形成全面有效约束，法律威慑力明显不足。具体来说，当前对融资性担保公司的法律监管主要存在以下问题：

（一）监管主体不明确

按照《办法》的要求，目前我国对融资担保公司的监管总体上由银监会等多部门组成的部际联席会议负责，而省级以下融资担保公司的监管主体则由所属省级人民政府自行确定。从各省的情况看，省级以下融资担保公司的审批和监管，有的由各级政府金融办负责，有的由工信部门负责，有的则由发改委等部门负责，而由地方财政出资组建的担保公司又多与财政部门存在监管被监管关系。[2] 这种复杂而混乱的监管体系造成了"群龙治水"的尴尬局面："人人可管却无人肯管""人人在管却人人管不好"，遇到利益大家都管，遇到问题大

1　钟士取：《融资性担保机构的发展困境及模式转化——以温州为例》，载《中国金融》2011 年第 24 期。

2　蒋平：《试论我国融资担保监管体系的构建——基于博弈论的视角》，载《南方金融》2011 年第 3 期。

家都不管，严重削弱了对担保公司的监管力度。

（二）监管措施不完善

第一，信用评级体系不健全。目前，我国的企业和个人信用评级制度和体系尚不完善，一方面缺乏国际权威评级机构，另一方面以目前我国担保公司的风险管理水平，也不可能有能力建立起自己的内部评级体系。这使得担保公司在为企业提供担保时缺乏明确的判断标准。

第二，信息披露机制不完善。及时、充分而准确的信息披露，是增强外部约束和保证公司稳健经营的重要途径。但由于自身存在较多问题，大多数担保公司管理者自愿披露信息的积极性不高，政府也没有出台相应的法规要求担保公司及时披露公司信息。[1]担保公司透明度的严重缺乏一方面加大了社会监管成本，增加了监管难度，另一方面市场参与者（尤其是银行）也很难搜集到担保公司真实有效的信息，对担保公司的信任度难以提高。

（三）监管程序懈怠

融资性担保公司属于金融机构，具有高风险性以及金融问题的传染性，因此需要建立一个长期有效的监管机制。然而，首先，监管部门对于融资性担保公司的监管意识不强，监管程序往往懈怠。监管程序的启动机制具有随意性，是政府部门依职权还是申请人申请启动，往往没有明确规定；其次，政府部门往往忽视监管调查程序，这使得融资性担保公司的权利保障受到很大的挑战；最后，监管决定的送达程序欠缺合理性等等。华鼎事件导致商业银行的贷款无法追回，在金融市场引起轩然大波，最主要的原因是监管部门在监管程序方面的懈怠，甚至不闻不问，导致银行、一些中小企业遭到致命打击。

（四）法律责任不明确

法律责任分为民事责任、刑事责任和行政责任。融资性担保公司的监管部门通常都是政府的有关部门，融资性担保公司承担的一般是行政责任，只有在触犯了刑法的有关规定时，才承担刑事责任。目前，监管机构拥有对融资性担保公司的行政处罚权，主要是《融资性担保公司管理暂行办法》规定的违反准入许可制度的行政处罚等。可以说，对融资性担保公司的监管不力，与融资性担保行政责任制度不完善不无关系。

---

1 李国安：《国际融资担保的创新与借鉴》，北京大学出版社2005年版，第217页。

四、完善融资性担保公司法律监管的对策

加强法规建设，加快立法进程，提高融资担保机构的市场地位。国家应抓紧制定阶位较高的法律，并在该法律中规定融资性担保公司监管一章，对融资担保公司的准入标准、业务范围、风险管理、监管主体、违法责任进行统一规范。对信用担保业务规范及运作方式、信用担保资金的构成与运作、信用担保机构的准入制度、信用担保风险防范与控制机制等问题进行明确规定，确保担保机构在公平宽松的法律环境中开展相关业务。同时，要在清理与整合部门和地方规章及规范性文件的基础上，研究制定与其相配套的法规体系，解决现有部门和地方规章及规范性文件不配套、不协调、不完整的尴尬现状，使融资担保行业的运营和监管真正实现有法可依。总体上，主要围绕以下几个方面进行法律监管：

（一）加强行业监管，明确监管主体

从我国融资担保行业的现状来看，亟待改变目前部门和地区各管一段、各管一片的现状，应在全国范围内明确一个部门统筹对融资担保行业进行监管。从长远来看，考虑到融资担保行业的发展潜力及对社会的重大影响，可参照银行、证券、保险行业的分业监管模式，成立自上而下的独立监管机构，对融资性担保行业进行专业化管理。这样不仅有助于提高监管标准的统一性和完整性，而且有利于形成有力而高效的监管系统，解决目前融资担保行业复杂混乱的局面。

（二）完善监管措施

第一，加强评级建设，提高信用水平。各级政府应致力于诚信社会建设，推进社会整体信用水平的提高。要加快培育高水平、权威性的社会评级机构，对包括担保公司在内的各类企业进行信用评级，使其成为担保公司、企业和银行开展业务合作的重要参考，提高银、保、企的合作效率。推进社会信用体系建设，营造良好的融资担保运行环境，从而减少交易风险。

第二，加强信息披露，扩大合作空间。有效的融资担保模式需要建立起有利的信息资源优势，有效缓解银、保、企之间的信息不对称状况，促使担保贷款期限、规模、担保产品特性等融资担保要素实现良性转化，从而有效改善融资担保公司的运行，缓解银行对中小企业的信贷配给现象。[1]监管部门应出台强制性披露规定，以便市场参与者对融资担保公司资本金规模、风险防范等各个

1　刘志兰：《当前融资担保业发展中面临的矛盾及对策》，载《金融理论与实践》2009年第5期。

方面进行评价，增强市场对融资担保公司的约束力，促进其经营管理更加规范。

（三）完善监管程序

首先，要强化金融监管部门的监管意识，因此我们要对金融监管部门进行明确分工，要把监管职责落实到个人，将懈怠监管转化为主动监管。同时还要明确责任。同时我们要加强内部控制，建立"黑名单"制度，对存在的违法机构进行公示。其次，监管部门应该建立一套完整的监管程序，实施长期的监管机制，对于实际金融活动中发生的事情，依职权启动监管程序，监管部门每个月或者每个季度对融资性担保公司进行检查，对其财务账本，人员素质等，确保公司健康正轨的发展，同时对于已经发生问题的融资性担保公司，监管部门自己组成一个突发情况小组，对于已发生问题的公司进行调查，着手解决问题，使损害降到最低。同时要严格设置一个监管调查程序，使得融资性担保公司的权利得到保障。最后，监管决定的送达程序要符合相关规定，要在一定时期内将相关决定书送至相关权利人手中。保障相关权利人的合法权益。

（四）明确法律责任

前文论及，我国现在的相关法律对融资性担保公司的法律责任规定不明确，不完善，因此我们需要明确法律责任。希望有关金融监管部门针对现实经济活动中融资性担保公司违规的行为，采取不同的行政处罚，并且加大力度，同时将法律责任也落实到个人。

（五）实行再担保模式

所谓再担保，就是对担保的担保，对担保人所担保债权的再一次担保。我国目前无论是在立法上还是司法判例上，再担保模式还是一片空白。事头上，我们可以采取再担保的形式来保障债权：一种是补充担保责任的反担保，在债务已设定担保的基础上，对该担保再设定担保，当前一担保人不能清偿债务时，由后一担保人在前一担保人不能清偿的范围内对债务清偿；[1] 另一种为分担责任的反担保，如 2009 年 2 月 28 日挂牌成立的深圳市中小企业信用再担保中心，根据其章程和有关合同实行分账分段代偿再担保方式，再担保风险比例在 30% ～ 60% 之间。[2] 由于我国现有法律对再担保没有明确的规定，实践中可以采取不同的再担保模式，由当事人之间自由约定。

1　李宇林：《深圳再担保模式的浅析》，载《中国担保》2011 年第 1 期。
2　刘保玉：《担保法原理精要与实务指南》，人民法院出版社 2008 年版，第 59 页。

（六）建立基金，保护各方利益

融资性担保公司，中小企业等应与政府的相关监管部门沟通，在其支持下，成立一个基金会，由当地的融资性担保公司和中小企业组成。使得银行在放贷时，不再提心吊胆，若自己发放的贷款无法取回，可以从基金会中得到补偿，增加了保障；对于中小企业来说，其在受到损害时，也可以向基金会申请，得到一定的保障，使得在融资上更加放心。

环境群体性事件的私力救济属性探讨

——以 PX 事件为例

任 凯

杭州师范大学法学院

摘 要：环境群体性事件是指群众因环境问题或潜在的环境问题，以群体性事件为方式来表达自身权益的诉求的行为。目前我国习惯将这类事件简单的定义为群体性事件或突发性事件。然而因为"群体性事件"本身的争议性和环境问题的特殊性，将环境群体性事件如此简单定性不足以表达其本质含义，也不利于我们应对、解决环境群体性事件。在笔者看来以游行、"散步"等缓和手段为表达方式的环境群体性事件属于公民对自身环境权的诉求，这一行为应该属于私力救济范畴，其本身具有正当性和合理性。当然在此过程中出现的违法行为和其他非法目的行为是应予以严肃制止和惩罚的。因此，辨析清楚环境群体性事件的性质就有了现实层面的意义。

关键字：环境群体性事件；私力救济；环境权

一、PX 环境群体性事件简介

近年来，我国多个城市发生抵制 PX 项目的群体性事件。2013 年昆明市民"散步"反对 PX 项目；2012 年，宁波镇数百名村民集体上访，抗议某 PX 项目距村庄太近；2011 年，大连市民游行反对 PX 项目；2007 年厦门市民自发"散步"反对 PX 项目。

近年来，环境群体性事件以年均 29% 的速度递增，已成为引发社会矛盾、影响经济发展的重大问题。[1]群众面对可能带来不良环境影响的工程项目以及周边企业是否达标排放等问题发起一系列的"自发维权"行动。随着社会经济的

---

1 余光辉、陶建军、袁开国、李振国：《环境群体性事件的解决对策》，载《观察与思考》2008 年第 5 期。

进一步发展，环境问题成为一个不得不正视的问题。如何正确认识并处理该类问题变得相对迫切。下文中笔者将尝试探讨并分析该类型环境群体性事件的私力救济属性。

二、环境群体性事件

自 20 世纪 90 年代，群体性事件成为我国学界关注的热点问题。但是学界对群体性事件的研究尚处于初级阶段，对群体性事件的概念与性质的界定还没有形成共识。在此有必要对这一基础性问题做相应探讨。

（一）群体性事件概念的界定

群体性事件至今没有统一称谓，包括"突发性事件""群体性上访事件""群体性治安事件""聚众活动""群众事件""群体性事件"等。这些称谓具有一定的相似性，也反映出学者看待这一问题时的不同视角。归纳起来，代表性的观点有以下三种：

1. "群体性治安事件"说

在 2000 年 4 月公安部颁布的《公安机关处置群体性治安事件规定》第二条中，明确指出：本规定所称群体性治安事件，是指聚众共同实施的违反国家法律、法规、规章，扰乱社会秩序，危害公共安全，侵犯公民人身安全和公私财产安全的行为。主要包括人数较多的非法集会、游行、示威在内的 10 种行为。[1] "群体性治安事件"说主要从事件处置者的立场出发，强调这一事件的破坏性。但是仅从治安角度界定群体性事件，容易对群体性事件的认识出现片面性，导致"以暴制暴"，不利于从整体上对群体性事件的预防与处理。

2. "群体性突发事件"说

中国行政管理学会课题组认为：群体性突发事件，就是由人民内部矛盾和

---

[1] 这十种行为是，人数较多的非法集会、游行、示威；集会、游行、示威和集体上访活动中出现的严重扰乱社会秩序或者危害公共安全的行为；严重影响社会稳定的罢工、罢课、罢市；非法组织和邪教等组织的较大规模聚集活动；聚众围堵、冲击党政机关、司法机关、军事机关、重要警卫目标、广播电台、电视台、通讯枢纽、外国驻华使馆、领馆以及其他要害部位或者单位；聚众堵塞公共交通枢纽、交通干线、破坏公共交通秩序或者非法占据公共场所；在大型体育比赛、文娱、商贸、庆典等活动中出现的聚众滋事或者骚乱；聚众哄抢国家仓库、重点工程物资以及其他公私财产；较大规模的聚众械斗；严重危害公共安全、社会秩序的其他群体性行为。参见 2000 年 4 月公安部颁布的《公安机关处置群体性治安事件规定》。值得注意的是在 2008 年 12 月公安部新修订的《公安机关处置群体性事件规定》中不再用"群体性治安事件"一词，而统称"群体性事件"，同时也未对群体性事件做明确的界定。

纠纷所引起的部分公众参与的对社会秩序和社会基本价值产生严重威胁的事件。具体来说，在社会转型过程中，因人民内部矛盾而引发，或因人民内部矛盾处理不当而积累、激发，部分公众参与的，有一定组织和目的，采取围堵党政机关、静坐请愿、阻塞交通、集合、聚众闹事、群体上访等行为，并对政府管理和社会秩序造成影响甚至使社会在一定范围内陷入一定强度对峙状态的突然发生的群体性事件。[1]"群体性突发事件"说着重强调事件的突发性，但是"突发"说容易导致对群体性事件的片面认识，忽视其产生原因的深层次考察，不利于从动态的视角来把握、防治群体性事件。

3."广义群体性事件"说

有学者认为："群体性事件是指信念或利益趋同的民众，为表明主张、宣泄情绪、扩大影响、实现目标所采取的集体行动。"[2]"广义群体性事件"说从化解社会矛盾的视角出发强调了群体性事件的中性特征。这种观点对群体性事件的范畴没有做具体的限定，其定义等同于社会学中的集体行为。这种观点有利于把群体性事件放在社会整体背景下进行考察和防治。不利的是"广义说"内涵过于宽泛，容易忽视群体性事件行动方式的非法性。

（二）群体性事件的特征分析

1.由某些社会矛盾引起的

当前我国所发生的群体性事件绝大多数是非政治性的人民内在矛盾的体现。一些人发起或卷入群体性事件的主要目的在于寻求社会公正，维护自己的"正当"利益诉求。因此，就其本质而言"具有非对抗性、非政治性、暂时性、局部性和人民内部性"[3]。这种定位基本限定了群体性事件的政治属性和社会属性。所以某些政治行为引起的"群体性"事件以及被刑法规定的聚众共同犯罪案件应被排除在本概念之外。

2.采取非理性、非正统的群体行为方式

虽然群体性事件绝大多数不以反对党和政府为目标，但是这种利益冲突往

---

[1] 中国行政管理学会课题组：《中国群体性突发事件：成因及对策》，国家行政学院出版社 2009 年版。

[2] 王天敏：《企业群体性事件的特点及预防》，载《集团经济研究》2005 年第 2 期。

[3] 中国行政管理学会课题组：《中国群体性突发事件：成因及对策》，国家行政学院出版社 2009 年版。

往是一种非理性化的冲突[1]。不特定的多数人参加的群体性事件往往是没有合法依据的规模性聚集。其对社会势必带来一定的负面影响，甚至会发生多人之间的肢体冲突。

3. 其动机是主动表达"民意"

这里的民意一般可纳为三类：表达诉求和主张；争取和维护自身利益；发泄不满并制造影响。这些行为的目的，虽然间接或直接地对社会秩序、党的执政造成影响，但多数事件中群众的实质目的只是希望有关机关重视、维护群众利益，解决群众难题，并不包括对现有社会制度和政治制度的对抗。所以从动机上讲，群众并不愿意主动发动此类事件，政府也不希望任其发展。

4. 具有可能破坏社会稳定和社会秩序的性质

虽然有些群体性事件对解决社会问题、消除社会隐患有一定的积极作用，甚至在一定程度上促进社会结构合理化。但是多数群体行为是没有合法依据的，所以容易对社会秩序造成较大的负面影响。

总体而言，群体性事件并不仅仅是治安问题，它实质上是复杂的社会问题。公安部在 2008 年 12 月颁发的《公安机关处置群体性事件规定》中废除了"群体性治安事件"的称谓，而使用"群体性事件"这一统称，这一变化可以说明公安机关对群体性事件的认识从政治性、刑事性向客观中性开始转变。基于以上讨论，本文将群体性事件定性为：面对在我国社会转型过程中，因人民内部矛盾或因内部矛盾处理不当而积累、激发的社会问题，部分公民耦合或有组织的表达自身诉求的行为。该种方式在一定程度影响社会的正常运行，且不符合政府期望与社会既定规范。

三、私力救济

（一）私力救济概念辨析

正所谓，没有救济就没有权利。"救济是纠正、矫正或业已造成伤害、危害、损失或损害的不当行为。"[2] 在辨析某一行为的私力救济属性时，应该弄清私力救济的含义。私力救济在历史的长河中随处可见，但随着公力救济制度的合法

1　科塞曾提出现实性冲突与非现实性冲突，所谓现实性冲突是指那些为达到特定目标而指向冲突对象的对立行为，非现实性冲突是指由人们敌对心理或侵略心理所引起的冲突。非现实性冲突常常引发人们对现实社会制度和社会价值的怀疑。这里所说的非理性化的冲突指的就是现实性冲突。［美］刘易斯·科塞著：《社会冲突的功能》，立平等译，华夏出版社 1989 版。

2　《牛津法律大辞典》，光明日报出版社 1988 年版。

化和规范化，私力救济也陷入了"生存困境"。学者们基于不同的立场，对于私力救济的观察角度也迥异。私力救济大体可以做广义和狭义之分。

广义的私力救济，大多从纠纷解决机制的角度出发，如诉讼法学者倾向将私力救济看做一种现实存在的纠纷解决机制。既可能正当，也可能不正当甚至不合法。学者徐昕认为：私力救济指当事人认定权利遭受侵害，在没有第三方以中立名义介入纠纷解决的情形下，不通过国家机关和法定程序，而依靠自身或私人力量，解决纠纷，实现权利。[1]

狭义私力救济的观点主要存在于部门法领域，它将私力救济限于合法范围内，强调对合法私力救济行为的保障。实体法学者在论及私力救济之时，多强调它是合乎法律规定的行为或权利。如："自力救助，在民事法律关系中，权利人不借助国家机关的公力，而以自己的力量来保护自己或他人权利的合法行为。"[2]

本文所指的私力救济观点是其广义概念。因为"权利之保护，有公力救济与私力救济二种。公力救济系依国家之权力以实现私人之权利；反之，私力救济系以权利人所有之腕力自行实现其权利"[3]。笔者认同将不借助国家公权力，且不排除第三方组织的介入而实施的救济归为私力救济。

（二）私力救济的特征界定与合法性分析

私立救济并非是公权力下的权利救济模式，它依赖于当事人的自发行为，本身有着很强的随意性、模糊性。有必要对其特征做基本概括：

1. 没有第三方以中立名义介入纠纷解决。[4]这一特点是私力救济区别于其他救济方式的关键。有人认为："自主性是私力救济的灵魂"，但是无法仅以此与公力救济相区别。正如他们也承认，"公力救济无非是自主性在诉讼程序领域的延伸而已"。

2. 过程的非程序性。[5]中立第三方介入纠纷的方式推动了调解、仲裁、司法等程序的演进。私力救济作为个体之间解决纠纷的机制通常缺少或难以遵守相对正式的程序。即便现代社会中一些双向和解程序，如我国有关交通事故"私了"的规定，其操作过程中也充满了随意性。

1　徐昕：《论私力救济》，中国政法大学出版社 2005 年版，第 27 页。
2　《中国大百科全书》（法学卷），中国大百科全书出版社 1984 年版，第 921 页。
3　李宜琛：《民法总论》（民国法学名著丛书），胡骏勘校，中国方正出版社 2004 年版，第 286 页。
4　徐昕：《论私力救济》，中国政法大学出版社 2005 年版，第 38 页。
5　徐昕：《论私力救济》，中国政法大学出版社 2005 年版，第 104 页。

3. 以当事人认定其权利遭受侵害为原因。[1]权利一直有着一个原始的概念："在竞争性环境中，要生存下去，就要有某些最起码的感受，即某些根本的东西应按照一个人自己的意志来保有和处理，并随时准备为这种权利而战斗，这种就绪状态就是权利感。"[2]私力救济源于人们对自身权利的维护，起码是当事人自己认定自身权利受到侵害。存在这种预判，私力救济才有可能发生。

4. 通过私力来实现权利、解决纠纷。就私力救济的目的而言，它和其他救济方式没有本质区别。[3]由于当事人是认为自己权利受损，且无法通过公力救济得以保护，所以只有是"私力"来实现这一目的。这里的"私力"是一个宽泛的概念。泛指行动者对行动对象产生预期效果的影响力；对权利救济具有影响力的一切手段；自身的和其所能动员的其他私人力量等。[4]

私力救济是权利救济的最原始、最简单的救济方式。"被害人通过自己的实力（包括家庭或家族的实力）进行报复或恢复权利，即所谓的'私力救济'或'自力救济'作为通行的原则或习惯，为社会所普遍承认和实行。"[5]

随着私有制和国家的产生，私力救济因其缺乏公认的标准、随意性强、易引起新的冲突而被公力救济所逐渐取代。尽管"私力救济的观念被荡涤到边缘，但其实践依然盛行"[6]。私力救济这种存在于法律边缘的救济方式有其自身的正当性。这种正当性指"就经验层面，正当性表现为得到社会的普遍认同和尊重；就理性层面，正当性是经过道德哲学论证而取得的合理性。"[7]

值得正视的是私力救济与法治并不相悖。理由分析如下：

1. 社会契约论的法理基础。在自然状态下，人人具有生存权、财产权、自由权。个人的安危是由自己来进行保护的。人们为了更好地保护自己的生命、财产和安全，以契约的形式组建政府，让渡自己的部分权利。因此，政府有义务履行契约，行使保护的职能。当政府不能履行契约，不保障人们权益时，人们天然的有权利保护自己，进行自我救济。

2. 保障权利与正义的目的。从直观的角度看，私力救济是人的本能反应。

1　徐昕：《论私力救济》，中国政法大学出版社 2005 年版，第 106 页。

2　［美］波斯纳：《法理学问题》，苏力译，北京，中国政法大学出版社 2002 年版，第 413 ~ 415 页。

3　徐昕：《论私力救济》，中国政法大学出版社 2005 年版，第 114 页。

4　徐昕：《论私力救济》，中国政法大学出版社 2005 年版，第 114 页。

5　范愉：《非诉讼纠纷解决机制研究》，人民出版社 2000 年版，第 30 页。

6　徐昕：《为什么私力救济》，载《中国法学》2003 年第 6 期。

7　刘杨：《法律正当性观念的转变——以近代西方两大法学派为中心的研究》，北京大学出版社 2008 年版，第 51 页。

正如波斯纳所指出的，"当人们的权利受到侵犯时，他们的本能反应就是义愤，并要求正义……一旦行为被分类为不公的，而不提供任何形式的补救也许确实令人震惊。"[1] 同样，正义也不是高深的理论，而是人们通过直觉所获得、可感知的正义感。

3. 有效的补充公力救济。尽管公力救济已经成为现代社会权利救济的主要方式，但是法律与公力救济自身的局限性都会影响公力救济的实施效力。倘若公力救济用尽却依然无法保障权益、公力救济自身存在瑕疵，这些情形无疑会导致人们动摇对法律的信仰。面对依旧需要解决的实际问题和得不到诉求的权利保障，当事人往往会求助于私力救济。

4. 私力救济依旧可寻求法律的支撑。私力救济尽管是行为人依靠自身的力量保护权益、解决纠纷，但是在许多情形下，当事人在实施私力救济时都是尽量与国家法律、国家意志相一致。国家制定法是当事人私了的基点，为当事人双方讨价还价提供条件，尽量避免因一时冲动而受到法律的制裁。[2]

综上所述，私力救济在一定范围内有其存在的正当性和合理性。在现代法治社会中，对待私力救济的态度应当是理性的。在注重和完善公力救济并以之为主的前提下，遇特定情况时应允许私力救济的存在和使用。

四、环境群体性事件的私力救济性质探讨

（一）环境群体性事件的权利基础

环境群体性事件基于公民对自身环境权的诉求。环境权产生于人类在环境危机面前对于自身及未来的生存发展的忧虑。环境权的提出始于 20 世纪 60 年代。联合国大会 1966 年决议并于 1971 年召开的斯德哥尔摩人类环境会议通过了《人类环境宣言》，该《宣言》第 1 条庄严宣告："人类有权在一种能够过尊严的和福利的生活环境中，享有自由、平等和充足的生活条件的基本权利，并且负有保证和改善这一代和世世代代的环境庄严的责任。"[3] 在理论和现实层面环境权已经纳入人权的讨论范畴。

首先，环境权的产生和发展以环境危机为背景，它源于人类对于自己与环境关系的重新认识。其次，环境权不仅其他人权的基础，也是对其他人权的保障。环境问题涉及人类生存和发展的基本条件。人类如果没有生存权其他权利

1　[美]波斯纳：《法理学问题》，苏力译，中国政法大学出版社1994年版，第95页。
2　孙宁昕：《私力救济的正当性及其规制》，载《成都行政学院学报》2010年第1期。
3　吕忠梅：《论公民环境权》，载《法学研究》1995年第6期。

的讨论也就失去了意义。而环境权深刻的影响，甚至决定着生存权的实现。

有学者深刻地指出，环境权"本质上是一种与其他权利相冲突的权利，在一定意义上，它实际上起着控制其他权利的途径之作用。在某种程度上，它确定了对所有其他人权的功能上的限制，特别是当对环境作广义的定义时，情况更如上所述"。[1]

（二）环境群体性事件的综述

从上文中提及的 PX 环境群体性事件可以看出，环境群体性事件的主体是有相似环境权诉求的不特定公民形成的无组织或者有一定形式组织的群体。他们基于同样的诉求而相互认可对方，希望通过群体的力量来保护个人的权利。

环境群体性事件是利益主体对自身利益的救济行为。其直接目的是要求相关部门或企业公开有足够可信度的消息使相关环境事件（项目）透明化，以保证自身的环境权乃至生命健康权。在沟通严重不顺畅的情况下，相关利益主体才会阻碍、抵制相应项目的落实。

从我国现状看，绝大多数环境群体性事件是在没有借助公权力或公力救济渠道不畅的情况下进行的救济行为。在当事人或相关群体向相关部门反映问题、提出要求之后，得不到及时有效的答复或者负责部门的答复不足以让该群体安心。当该群体不能有效地行使自己的环境知情权、参与权，而现实情况又相对紧迫时，他们认为自身的环境权，乃至生存权面临迫切的威胁，遂采取该种方式来保护自身权益。

民众之所以选择群体性事件的方式来应对环境问题，一是民众认为公力救济渠道缺失或者对公力救济的不信任，认为其不公正、效率低；另一种是已经用尽公力救济，但是没有达到自身对效果的预期，被迫采取这种方式继续申诉权利。

无论上述哪种情况，都是民众放弃法定的救济渠道，借助自身人数多的优势迫使对方做出让步，整个过程不存在借助公权力的情形。

结语

通过上文的论述，我们可以看到环境群体性事件有着其本身的权利基础——环境权。在关乎自身生存环境乃至生存权安危的情况下，当事人或相关群体面对公力救济不利或不信任公力救济，自发通过私人、群体性行为向相关企业、

1　[斯里兰卡]C·G·威拉曼特里编：《人权与科学技术发展》，张新宝等译，知识出版社1997年版，第223页。

部门施压，希望自身的合法权益得到保障和维护。

在这一行为中，大多数通过自发的游行、"散步"等形式表现，其行为切合私力救济的性质。笔者看来公民在自身环境权面临紧迫威胁时有权使用相对缓和的群体行为对权利进行诉求。

诚然该类聚众行为在一定情况下是不合法的，甚至会冲击社会秩序，但是我们也应该看到其本质并不包含对现存社会制度、政治体制的对抗。这种社会矛盾并不属于人民外部矛盾，更不应该用对立的敌我态度来处理。

2013年民事诉讼法中增加了公益诉讼，环境类诉讼无疑属于公益诉讼的一种。然而在新增这一类诉权之时，我国也同时规定了行使这一诉权的必须是特定主体。这种制度设计一定程度上反映了立法者面对环境类问题时的矛盾心态，既认可环境类问题的迫切性和严重性，又担心该诉权被社会中部分人员滥用造成新的司法矛盾与社会不稳定。

解决此类问题的关键在于高效、透明的解决相关环境问题；建立起让民众信服的矛盾解决机制。正确认识环境群体事件的性质又成为有效认识、解决上述问题的必要前提。

论行政合同制度的建立

杨梦晓

宁波大学法学院

摘　要：随着社会的发展，行政合同制度的重要性也逐渐显现，但至今立法上也没有相应制度进行明确，而理论上也对行政合同是否存在有争议，这也导致了实践中实属行政合同的争议均被划入了民事诉讼程序，从而也带来了现实中的诸多问题，因此，我国应在及时借鉴西方各国就行政合同的规定的同时，结合我国立法与司法实践的现实情况，从实体与程序方面分别对我国行政合同制度进行建构。

关键词：行政合同；存在争议；制度建构

自新中国成立以来，长期的计划经济模式导致我国行政与契约二者的概念不曾有交集的可能，而随着计划经济逐渐被市场经济所替代，行政合同[1]概念也慢慢地浮现出来，行政合同在立法上的忽视和在实践上更多的显现是造成当前争议的最大缘由。笔者认为：行政合同具有存在的正当性理由，就我国当前实践中已经出现以及亟须出现的各种行政合同，应当对行政合同出现的各种问题进行认真探索与反思，为行政合同制度的构建做好理论上的铺垫。

一、行政合同的存在性争议

我国在理论与实践过程中，针对行政合同的性质问题，向来都是各行其是，莫衷一是。那些否认行政合同存在的学者多数持以下理由：（1）公私法的界限问题。公法和私法领域存在着一套共同的价值，"公私法的划分也支撑着三

1　行政合同与行政契约概念各国用法不一，也有使用政府合同代替的，但本质上这些概念所表达的内容在总体上应该是一致的，而我国各正式法律文本均将其称之为行政合同，为行文的一致性，本文亦直接使用行政合同。

种最高价值，即民主、参与和公民资格"[1]。公私法的划分就是为了让社会生活中发生的各种现象归入各自的领域，并由该领域中特有的规范性约束力加以调整。而在新中国成立之初社会主义的国家性质亦使得这种公法关系成为各种社会经济关系的必然，涉及私法的行政合同从一开始就被视为障碍性言论。（2）行政管理与合同合意的冲突。行政是一种上下之间的权力支配关系，在行政机关的依法行政中存在一种行政优益权；而合同是平等主体之间对等的合意，是可以由双方之间协商决定合同内容的，合同中包含的是一种平等自由主义精神，行政合同这一概念的形成从始就是冲突的。（3）我国的立法现状。我国没有对行政合同的定义及其性质作出明确规定，即使本质上属于行政合同，立法上给予的定位也多偏向于民事。例如国有土地使用权出让合同，法律给予的规定是土地使用权出让合同应当按照平等、自愿、有偿的原则订立。

在多数学者的讨论之下，行政合同本身是否存在，就是一个不清晰的概念。我国当前的现状是：在立法上，我国没有关于行政合同的专门立法，就其二者的界限也无标准。在理论上，虽然很多学者都支持行政合同的概念，但也有学者认为："控制公权力的依法行政原则与契约中的契约自由原则在本质上不易调和"[2]，也就是说"在支配关系下，行政契约无法找寻救济，也使得行政契约没有实际意义"[3]。例如国有土地使用权出让合同，在性质上大多也被认定为行政合同，但"基于合同，国家不是站在社会最高管理者的位置，而是土地所有权人，那么二者均应被视为平等的民事主体，并适用《民法通则有关规定》"[4]，在实务中，也缺少行政合同争议纠纷解决机制，《行政复议条例》和《行政诉讼法》均未对行政合同的可诉性作出明确规定。也就是说即使被认定为行政合同，权利也不能得到保障。由此可知，在我国，行政合同的存在仍然只是一个理论上的概念，在实践中也无认定的可能。

但是，在实践中也确实出现了许多行政合同，将各类行政合同类比民事合同的规定进行处理也并非都合理，可以说是"立法上的缺失和理论上的模糊造成了实践中的混乱"[5]。仍以国有土地使用权出让合同为例，依据《城市房地产

1　[新西兰]迈克尔·塔格特：《行政法的范围》，金自宁译，中国人民大学出版社 2006 年版，第 281 页。

2　吴庚：《行政法之理论与实用》，中国人民大学出版社 2005 年版，第 362 页。

3　杨建顺：《日本行政法通论》，中国法制出版社 1998 年版，第 517～518 页。

4　王利明：《中国民法学·民法债权》，中国民法学出版社 1998 年版，第 62 页。

5　何文娟：《行政合同的法律规制探究—以国有土地使用权出让合同为例》，载《陕西理工学院学报》2011 年第 1 期。

管理法》第 20 条及第 26 条行政机关享有的提前收回权和一定的制裁权[1]，行政机关在该特权范围内为维护社会公共利益而与行政相对人签订的合同，合同内容必须遵照法律规定，相对人不能协商更改协议内容。根据我国当前实践所做的将其依照民事诉讼进行规制，那么，就该合同出现的当事人不能协商的内容如何可以归入民事合同？按照民事诉讼进行后双方在地位上又能否实现平等？

　　笔者认为，我国目前在行政合同的问题上，学者们在理论上讨论热烈，实践中运用也很广泛，但立法上却依旧没有明确的态度要承认行政合同的存在，以至于立法与实践的脱轨，导致我国的行政合同很多时候都只能依靠私法规范来解决。行政合同难以在我国得到普遍发展也许是因为以下原因：其一，我国长期的计划经济模式使得政府在社会经济关系中一直处于上位，尽管当前已从计划经济逐渐过渡到了市场经济，但这种指令型的模式以及政府在社会经济中的地位却并未经历根本性的变更，而行政合同毕竟是一种合同，而合同的本质就是需要双方的合意，在这种情况下，合意性显然很难得到支持。其二，行政合同是集行政性与合意性于一体的，在我国，行政性就是行政机关和相对人处于管理者与被管理者的地位，行政相对人是一种被支配地位，此时，有些私法学者就认为若是将行政合同视为公法管辖范围，无疑在某种程度上行政机关就会受到更多的保护，而私法则更多的是讲求双方地位的平等，显然能更全面的保护私权，那么就没有必要另外对行政合同进行规定，而只要按照私法合同的有关规定参照适用即可。其三，英美法上并无公私法的划分，尽管英美国家现实生活中也大量存在行政合同，但其仍然可以良好运行，那么行政合同的专门规定以及行政法院的构建似乎也并无必要。其四，行政合同具有特殊性，在合同争议发生之后，争议的原告只能是行政相对人，这是对相对人私权保护的一种制度体现，但是合同体现的是自由平等原则，"私法理念在公法领域的适当引入能在很大程度上促进其发展"[2]，因此也可以在行政合同制度的诉讼权利方面同样的赋予行政机关一定的权利，只是这种权利必须受到法律更多的限制。

　　民事合同与行政合同的区别也表明了将其适用同一规定并不合理，而"目前的主要问题是如何科学地将行政合同与民事合同区分开来"[3]依据我国当前对

　　1　《城市房地产管理法》第 20 条规定：行政主体为了公共利益的需要可以提前收回土地使用权。第 26 条规定：以出让方式取得土地使用权进行房地产开发的，必须按照土地使用权出让合同约定的土地用途、动工开发期限开发土地。满两年未动工开发的，可以无偿收回土地使用权。

　　2　蒋吉才、付东年：《行政合同中相对人权利救济制度研究》，载《行政论坛》2003 年第 5 期。

　　3　王克稳：《论行政合同与民事合同的分离》，载《行政法学研究》1997 年第 4 期。

行政合同在立法上的忽视和在实践中的混乱是不能够对以上问题给出令人信服的答案的。而之所以会出现这种民事合同与行政合同的混乱以及我国当前实践的无措，其根源在于我国立法对行政合同的忽视以及理论上对行政合同的研究不够深入，同时也不能够合理地对他国的立法与实践现状进行引用和完善。

二、行政合同的正当性分析

不同的法律体系对行政合同有不同的定性，就当前国内外各国法律体系对行政合同的不同规定以及该规定对其现实状况所产生的利弊，我们可以有针对性地采取有容乃大，吸收借鉴的态度。

英美法系国家向来不承认公私法的划分，因此对行政机关的各种管理行为也并无太多的关注，对行政合同的概念、性质等问题也无更多的关注，但实践中也确实存在不少行政合同，但英美法系中存在的是"与行政契约相对应的'政府契约'概念"[1]。在英美法系国家，国家的管理由守夜国家逐渐向行政国家转变，"现代行政国家正在形成，纠正社会和经济的弊病是政府的职责"[2]，而行政法也恰是在这种转变过程中为防止专制而产生的控权法，因此，行政合同在英美法系国家更多设置的是对政府在管理社会过程中的权力的限制。

在英国虽无专门的行政契约制度规定，但实践中，行政机关也是如同个人，通常有权力签订在其权利范围内的各种合同，而其参与签订的合同在许多时候也受普通合同法的调整，"行政法只调整行政合同的某些特殊方面的问题"[3]。在缔约对象上，行政机关可以签订的合同除了与个体私人，还可以与行政机关之间签订；而在效力上，政府契约因受公共利益的目的性约束，所以在契约内容等方面都受到很多规则约束。[4]

"美国行政法源于英国普通法院和普通法"[5]，因此它在很大程度上与美国行政法有着相似之处，美国行政法同样没有关于行政合同制度的专门性规定，对实践中出现的政府合同，美国对其的规范主要也是将普通合同法和一些政府合同规范法律结合起来。在合同纠纷的救济上，美国的行政首长对合同纠纷可以行使其一定的裁决权，这一裁决即使在国会立法否定而由法院开始审查后依

1　闫尔宝：《行政行为的性质界定与实务》，法律出版社 2010 年版，第 293 页。

2　威廉·韦德：《行政法》，徐炳等译，中国大百科全书出版社 1997 年版，第 1～3 页。

3　姜明安：《外国行政法教程》，法律出版社 1993 年版，第 162 页。

4　法苑精萃编辑委员会：《中国行政法学精萃》，机械工业出版社 2003 年版，第 114～128 页。

5　曾繁正等编译：《美国行政法》，红旗出版社 1998 年版，第 9 页。

然有效，因此它也被认为是终局性的裁决。[1]

与英美法系不同，大陆法系国家对行政合同的规定有着较为完备的体系，如德国对行政合同有着专门的立法，在他们看来，行政合同是适应实践发展的需要，在现实中出现的众多涉及政府的合同，如果没有专项的立法加以规范，是不足以在合同过程中体现公平正义的。德国的《联邦行政程序法》对行政合同在一些重要原则上作了规定，此外，社会给付法和税法也包含了相应的合同规则。在合同制度上，德国也设立了多种不同类型的行政合同，其中《联邦行政程序法》规定了和解合同和双务合同两种类型，另外在行政合同的制定程序上、内容上、履行以及违约上都予以了明确规定[2]，应当说，德国的行政合同制度已经具备了较为完备的体系，也为我国行政合同制度的发展提供了借鉴。

日本产生的是德国意义上的行政法，它在很大程度上汲取了德国行政法学的立法特点，形成了公私二分的法学体例。在立法上，日本采用列举式，对法院管辖的诉讼事项以列举的方式进行规定，就契约的适用范围上，税收、行政机关之间、公立大学入学、公务员录用等领域行政契约都广泛地存在，但"契约理论却没有得到充分的发展，同时也缺乏将行政契约作为公法上的契约来把握"[3]显然，在日本行政契约有发展，但不深入。

法国是大陆法系的另一代表，它也一直被视为行政法母国，是行政法学的主要发源国家，法国对行政合同在实践和理论中应该说也是较为充分的，它在行政合同的成立、执行和终止都有较为完善的规定，在行政合同的标准上法国首先在立法上规定行政部门的某些契约永远是行政契约，分别是公共工程合同、国有不动产的出售、为清偿债务而进行的拍卖、包含占有公共领地的契约、国家的公债契约。而就行政部门签订的某些契约根据司法判例确立的标准来判定，其一，原则性的条件必须是公共法人为一方主体；其二，契约含有超出普通法范围的条款或者契约的目的在于履行公共服务本身，当然也有例外情形，如混合经济公司与私营承包商之间的合同在权限争议法庭曾被认为是行政契约，而工商业公共服务机构与其用户之间达成的合同永远是私法契约，两个行政机关之间的合同，一般属于行政契约，即使条件不充分。[4]

1　徐景波、刘微：《论我国行政合同制度的构建》，载《黑龙江省政法管理干部学院学报》2005 年第 2 期。

2　[德]哈特姆特·毛雷尔：《行政法学总论》，高家伟译，法律出版社2000 年版，第 14 页。

3　[日]盐野宏：《行政法》，杨建顺译，法律出版社1999 年版，第 2～14 页。

4　[法]古斯塔夫·配泽尔：《法国行政法》，廖坤明、周洁译，国家行政学院出版社1998 年版，第 82～95 页。

三、行政法中行政合同制度的建构

为了解决我国当前行政合同理论与实践的脱节问题，有必要对我国行政合同制度进行构建。为此，必须首先弄清行政合同的内涵及其标准。

行政合同在当前行政法中的地位还没确定，自然也不存在对行政合同进行专门规定的法律，但基于实践需要，有些地方已做出规定，如《湖南省行政程序规定》第 5 章第 1 节专门规定了行政合同，它将行政合同定义为"行政机关为了实现行政管理目的，与公民、法人或者其他组织之间，经双方意思表示一致所达成的协议"。由此可以看出：（1）行政合同的一方主体必然是行政机关，即具有法定行政职权的主体。（2）行政机关订立合同的目的须是为实现行政管理目的，且不能违反法律规定。（3）合意性。即行政合同的是否订立以及合同内容须有双方协商一致决定，这种合意在实质应该是在行政法领域形成的发生行政法律效力的双方合意，例如，德国行政法理论上就肯定行政机关间缔结对等契约[1]。一般来说符合以上几项就应认定为是行政合同，否则该合同只能按照民事合同的规定处理。

问题在于，仅以上述特征来判断是否属于行政合同未免有点过于简单，比如就行政合同目的这一条，为实现行政管理目的是行政合同的必备属性，但应当说只要就其职务需要，行政机关的多数行为均具备这一目的，那么在行政机关购买办公用品时，要是也将其界定为行政合同，不免过于宽泛，也与行政合同制度设计的目的不太相符。又如主体一方为行政机关这一特征，但非行政主体间也可能缔结行政契约，比如根据有关国内重要生产资料订货管理规定而由双方当事人签订的合同，这里双方可能都是企业，但因其实质上符合公共管理的目的，这样的合同也应当被认定为是行政合同。其实，学界对行政合同的定性有着各种标准，主要有：（1）主体说，即按主体一方是否为行政主体；（2）目的说，即行政合同所主张的效果是否为发生行政管理目的；（3）契约标的说，即合同是否发生了行政法律关系；（4）手段说，即合同是否作为公务执行方式。[2]

笔者认为，上述观点均存在一定的合理性，他们都找准了行政合同具有的其中一个显著特征，但同时这些观点也都过于狭隘，不能覆盖所有的行政合同。其实，一个行政机关与其他行政机关、法人或其他组织签订的合同，不能仅靠

---

1 余凌云：《行政契约论》，中国人民大学出版社 2006 年版，第 24 页。
2 王克稳：《论行政合同与民事合同的分离》，载《行政法学研究》1997 年第 4 期。

单一标准，虽然就大部分的行政合同来说，上述标准都具有普遍性，"我国的通说标准是主体、目的、优益权多重标准说"[1]，应当说这一多重标准相对于单一标准可能更加全面，却似乎存在多面囊括却不精确的问题，特别是行政优益权，已经受到诸多质疑，行政主体因其具有的社会管理权，当为了社会整体利益考虑时，行政机关确实可以享受一定的行政优益权，但将其作为一个标准来判定是否属于行政合同，行政优益权显然有点本末倒置，要是把所有存在行政优益权的合同都认定为行政合同，那么行政合同的范围显然太大。笔者认为对行政合同的定性，应当按照客观标准进行判定，即不能完全受主体等特征约束，而应该从合同的整体出发，首先，考察行政机关的行为是否存在公权力因素，行政性在于权力支配关系，行政合同的签订也必须具备公权力因素，公权力的参与主要涉及合同的缔结、依据、履行、消灭各个阶段，也可以说在其他条件都符合的情形下，只要行政机关的行为存在公权力，不管其公务人员行为是否超越权限，都应当被认定为是行政合同。其次，应考虑行政机关的行为是否以社会公共利益为目的。"法律上的公益，是指社会成员在事实上的利益，经交互影响形成的理想整合状态。"[2]行政合同是行政机关实现社会管理目的的结果，而这一目的最终是为了实现一定的社会利益，这种行政合同的存在才具有合理性，而行政合同本身其实就是公益与私益的结合体，当为了其他社会利益而必须采取措施终止合同时，行政机关代表的公益性就击败了行政相对人的私益，这也是行政优益权的一种体现。

"制度上的缺陷及传统观念的弊端，使得对行政合同制度的构建具有必要性"[3]我国行政合同制度的构建，仅就内涵及标准显然是不足以涵盖这一制度的所有内容，正如我们所倡导的正义是实体正义与程序正义的结合，我们的制度也必须涉及实体与程序的各个方面。

从实体意义的基本方面来说，主要应包括行政合同的原则，合同的缔结、履行、终止制度。具体来看：（1）行政合同的原则。原则是在宏观状态下适用于合同所有过程的指导性规范，结合以上各国的行政合同制度，笔者认为，我国行政合同的原则可以就以下几项作出规定：①依法行政原则。行政机关签订、履行行政合同必须依照法律授予的职权，不能超越、滥用职权。②行政优

1　杨欣：《论行政合同与民事合同的区分标准》，载《行政法学研究》2004年第3期。

2　吴庚：《行政法之理论与实用》，三民书局2000年版，第61页。

3　徐景波、刘微：《论我国行政合同制度的构建》，载《黑龙江省政法管理干部学院学报》2005年第2期。

益原则。行政合同履行过程中，行政机关为了社会公共利益可以行使行政优益权，变更或解除合同，但因此给相对人造成损失的，必须给予补偿。③协商一致原则。合同订立以及合同内容必须由双方当事人协商一致，行政机关不能依其职权强迫行政相对人。此外，行政合同的变更、解除在某些时候虽然行政机关可以就其行政优益权单方面解决，但也必须与行政相对人进行协商，并尽量使双方都能接受。④公平公正原则。在相对人的选择、合同的缔结、履行、终止每个阶段，行政机关都必须保持公平公正，不能恶意损害相对人的利益。（2）合同的缔结、履行、终止制度。其实行政合同虽说是涉及国家行政机关，但其本质仍属于合同，因此在很多方面都可以参照我国《合同法》的有关规定进行，在缔结阶段，主要制度是要约和承诺，但也因为行政机关作为社会公众的管理部门，必须做到公平公正，也为了防止行政权力的滥用，在要约阶段，行政机关不能任由自己的意志决定合同相对人，而必须采取公开招标、拍卖、协商等方式。在履行方面，行政机关首先必须在享有合同权利的同时依照合同内容全面履行自己应尽的义务，也要监督行政相对人履行其义务，此外，在遇到因社会公益必须变更合同内容之时，可以行使其特有的行政优益权而变更，但此时也必须赋予行政机关相应的义务，即可以要求其及时告知行政相对人，若因行政机关的原因导致合同不能履行的，必须给予相对人相应补偿。在终止阶段，解除权的行使是主要内容，而不能履行是导致解除权行使的重要原因，因此不能履行就必须承担相应的赔偿和补偿。从程序上来看，程序上的制度规定除了保证合同各阶段的正义，也是在当事人权利受到侵害的法律救济途径。笔者认为对行政诉讼法进行重构相对于重新建构关于行政合同的程序规范会更具有可操作性，毕竟我国当前是存在《行政复议法》和《行政诉讼法》，且就同一部门设立多部法律在法律体系上来说并不合理，从我国法律体系来看，各实体法与程序法都是相适应而存在的，因此从行政诉讼角度构筑也许更为合理。

而就行政程序的具体制度来说，可以从以下方面来规范：第一、公告程序。行政机关就相对人的选定不是任意的，而必须在事前经过一定的公告程序，将要招标、拍卖或协商的对象通过各种渠道向社会大众公开，保证任意相对人参与行政合同的条件的公平公正。第二、审批程序。行政机关签订行政合同之前必须要经过相应权限部门的审批，经过公权力参与的行政合同无论是否越权均会对国家行政部门产生一定效力，为保证行政管理活动的有效性，事前审批实属必要。第三、回避程序。所谓回避，就是要求与欲签订合同的行政相对人有特殊利害关系的或者会为行政合同的履行带来不必要麻烦的，应当回避，回避也是对相对人利益的保护。

法治指数中国化应用的探索与思考

俞伟飞

浙江工商大学法学院

摘　要：法治指数是判断、衡量一个国家的法治状况及其程度的量化标准和评估体系，折射着一个国家法治的真实状态。现今国际上已付诸实践的法治指数实例能够有效地比较研究各国家和地区间的法治发展水平，对我国法治建设有着重要的启示作用。同时，我国不断提高的法治发展水平、较成熟的理论法学、高素质的法治评估者为法治指数的中国化应用提供了优异的条件。然而，我国地域辽阔，地区法治发展水平不均衡，公民社会尚不成熟，如何使之快速适应我国的基本国情，为我国的法治建设寻找一种新型、理想的发展道路，值得我们思考。

关键词：法治指数；可行性；中国化应用

"法者，天下之程式也，万事之仪表也。"在我国法治建设不断深化的今天，如何以一种客观、公正、准确的方式评价法治现状，越来越被社会所关注。在这样的背景下，"法治指数"的概念逐渐走进政府和法律学者们的视野。建立一个量化评估体系显然是一种值得尝试的方式，但"法治指数"终究是一个"舶来品"，如何通过科学的设计使之适应中国这块土壤并成为我国法治进程中的重要组成部分，需要理论界和实务界的共同努力。

一、法治指数的国外经验与国内探索

（一）"世界正义工程"的法治指数

2005 年，世界银行在《国别财富报告》（Where is the Wealth of Nations）中首次提出法治指数，并定义为用以评估一国人民的法治意识及其对该国法律制度的信任程度。[1]2007 年，美国律师协会联合泛美律师协会、泛太平洋律师协会等律师组织成立了"世界正义工程"（the World Justice Project），明确指出法治指数是衡量、判断一个国家的法治状况及其法治程度的量化标准和评估体系。[2]"世界正义工程"的"法治指数"评估体系是用以衡量一国法治状况，分析法治发展中出现的各种问题。它经过充分地调研与广泛地试点，相比其他指数而言更具有国际代表性，该指数提出 4 个基本原则：（1）政府及其下属部门和官员必须遵守法律；（2）法律必须公开、公正、稳定、明确，并能够保障人身和财产等基本权利；（3）立法、司法、执法的过程须透明、公正且高效；（4）正义是由独立自主、德才兼备的法律职业群体来实现的。项下设 16 个一级指标和 68 个二级指标。法治指数对法治状况进行分析评估主要有"普通人口抽查"和"专家型调查问卷"两大数据来源。[3]"世界正义工程"在设计法治指数时，兼顾立法、司法、执法各层面法律的运行情况，同时融入部分非正式的规章制度，使法治指数的衡量更富弹性，力求建立起客观、真实、全面的法治评估体系。

（二）香港的法治指数

2005 年，由香港大学戴耀庭先生牵头，在香港社会服务联会的支持下，香港法治指数的调查研究项目得以顺利开展。法治指数以法律的基本要求、法律面前人人平等、依法的政府、公正地施行法律、司法公义人人可及、不许有任意权力和程序公义七个法治条件为根据，搜集到相关的可量化的法律数据和民众的主观观感数据为基础，由评审者在没有任何政府权力干涉的情况下，最终得出 2005 年香港的法治指数为 74.66 分（满分为 100 分，50 分为及格）。仅从得分来看香港已有较高的法治发展水平，但在该指数具体指标的量衡下，揭示出香港法律制度仍存在缺漏与不足。然而，令人感到遗憾的是香港法治指数调查仅在 2005 年进行了一次，并没进行持续性地采集和评估，因此法治指数在香港并没有很好地展现它本身的价值和功能。

（三）浙江余杭的法治指数

2008 年 6 月 15 日，由浙江省杭州市余杭区法建办与浙江大学法学院共同研究的"法治余杭"量化评估体系正式出台，象征我国内陆的法治建设也开始

1　戴浩飞：《法治政府指数评估体系研究》，载《行政法学研究》2012 年第 1 期。

2　"世界正义工程"官方网站，http://worldjusticeproject.org/what-rule-law，最后访问日期：2013 年 10 月 10 日。

3　"世界正义工程"官方网站，http://worldjusticeproject.org/rule-of-law-index，最后访问日期：2013 年 10 月 10 日。

了"量化之旅"。整个评估体系，概言之，为"149"三个数字："1"是指一个法治余杭指数，即用一个指数来反映余杭的法治状况；"4"是指四个评估层面，即区本级、机关部门、乡镇街道、村（社区）；"9"是指"面向公众的九种调查问卷，涉及党风廉政建设、政府行政工作、司法工作、公民权利救济、全社会法治意识程度、市场秩序规范性、对权力的监督、民主制政治的参与和满意度等九个方面"。[1]法治指数的数据来自四个方面：一是群众满意度评估，占总指数的 35%，是权重最大的群体；二是专家组评估，占总指数的 30%；三是内部组评估，占总指数的 17.5%，成员来自地区各党政机构中直接参与法律工作的人员；四是外部组评估，占总指数的 17.5%，成员来自大学、企业、杂志社等非政府机构。为了体现余杭法治指数评估结果的权威性、公正性和客观性，余杭法治评估主体中非政府评估者的意见占总评估意见比重的 82.5%。余杭法治指数选取的法治条件不仅符合内地县区的客观实际，同时也十分重视民意，并且连续实行了 5 年，克服了香港法治指数缺乏持续性的问题，但余杭法治指数只适用于本地，缺少横向比较，不利于真正发挥法治指数的功能。

二、法治指数中国化应用的可行性分析

法治指数涉及经济、政治、文化、公共事业等社会事务的各个方面，它将法治的内在要求分解、量化后，变抽象为具体，将法治的原则转化为可操作的具体标准，一方面可以有效带动整个区域政府和社会组织的法治转型，另一方面可以提高公职人员的法治意识和提高法治服务的能力，从而不断满足人民日益增长的社会公正和法治建设的需求。[2]

（一）法治指数中国化应用的内部优势与劣势

1. 法治指数中国化应用的优势

不断提高的法治水平为法治指数中国化提供了实践的土壤。自 20 世纪初，我国便开始结合自身特点，借鉴西方的法治模式。法治指数通过对法治指标的量化评估，挖掘并解决法治发展过程中遇到的问题，从而不断提高法治水平，不失为法治建设的新亮点。近年来，随着我国立法不断完善，公众参与度越来越高，公权力的运行越来越透明，建立起一套有效的量化评估体系完全具有可

---

1 孙曙生：《法治城市建设之模式、特征与评析——以余杭、昆明、重庆、宿迁为对象的考察》，载《国家行政学院学报》2009 年第 6 期。

2 钱弘道：《2008 年余杭法治指数：数据、分析及建议》，载《中国司法》2010年第 3 期。

能性。现阶段我国法治指数的研究与实践虽处于试探阶段，但余杭法治指数经过 5 年的探索与完善，已经初步形成一套能很好地适应当地民情且操作性强的法治评估体系。综观"余杭法治指数连续了 5 年评估显示，评分从最初的 71.6 到现在的 72.56，每年的法治指数分数都有微幅上扬，总体上升的这 1 个百分点，实属不易"。[1]

较成熟的理论法学为法治指数中国化提供了理论指导。法治指数尚为引入我国的新鲜事物，在国内外都还未形成一套系统的、全面的、科学的理论体系，但已有雏形。我国著名法学家张文显教授认为，根据不同国家的法治实践和各时期的法治精神，可以得出不同国家、不同时期的共性化法治标志。这主要分为形式标志与实质标志两大方面："形式标志指的是法治国家的外部形式以及实现法治国家的技术性条件，如完备统一的法律体系、专门化的法律职业、严格的执法制度、公正的司法制度等；实质标志是指依据法治的精神而形成的理性制度的确立和运作，涉及权力与权利、公共权力与国家责任、法律与政治等方面的关系"。[2]在法治指数被引入我国之后，这些对法治构成要素的理论分析，可以为法治评估提供学理依据，为法治指数中国化提供理论指导。

高素质的法治评估者为法治指数中国化提供了技术支持。我国高校教育的不断普及和法律职业精英的不断增多，为法治指数的中国化提供了足够的人力和技术支持。高素质的评估工作者能够为我国设计出更加科学、全面的量化评估体系，保证量化评估体系得到充分的发挥。

2. 法治指数中国化应用的劣势

区域法治发展水平不均衡。我国地域辽阔、幅员宽广，加之正处于社会转型期，东西部经济、法治等各方面的发展差距都较大。有古语云："橘生淮南则为橘，生于淮北则为枳。"再好的东西，从一地移植到另一地，如果不注意其生长环境，便会产生"叶徒相似，其味不同"的后果。余杭区属于经济发达的东部沿海地区，法治发展水平较高，设计出的量化法治评估体系虽然适合当地情况，但如果将其推广，尤其是在经济和法治都欠发达的地区推行则可能举步维艰。

公民社会尚不成熟。西方国家政治、经济、法律等相对都比较发达，公民的法治意识相对较高，形成一个相对成熟和稳定的法治社会环境，法治指数的出台能顺利得到公民的参与与支持，不会受到公权力太多的限制，其可信度和参考价值也就相对较高。而我国实行垂直行政的管理体制，民众对公共决策的

---

1 钱弘道：《2011 年度余杭法治指数报告》，载《中国司法》2012 年第 11 期。
2 张文显：《法理学》，法律出版社 2007 年版，第 90 页。

参与及法治化建设的热情有限，缺乏对政府监督的积极性且缺少对自己权益追求的勇气，在这样一种"大政府小社会"的状态下，即使政府出台法治指数，其可信度值得深思。

（二）法治指数中国化应用的外部机遇与挑战

在全球化的背景下，无论是资本主义国家还是社会主义国家的法治建设都存在着契合点。法治指数将具体的法律事实抽象成客观数据，进而提炼出有普适性和可操作性的共性标准来衡量不同社会体制和不同文化背景下的法治。"世界正义工程"的法治指数经过长久的探索，不仅扩展了评价的范围，并使衡量尺度更富于弹性，最大限度增强对法治进行评价尺度的国际兼容性。[1]"世界正义工程"的法治指数让国际社会找到了一种衡量法治发展状况的普遍适用原则。闭门造车的时代已经远去，我国法治指数却缺乏与其他国家和地区法治情况的互动与比较。国际上的法治指数实例已经在实践中显现出强大的指导力和前瞻性，未来会有越来越多的国家和地区出台法治指数，这是一种不可逆转的趋势。因此，我们在建设国内"法治指数"的同时，也有必要积极地寻求国际交流与合作，这样才能为法治指数的完善提供更多更科学的建议和意见。国际间的合作不仅能够切实地推进我国法治建设，也有助于国际社会了解我国法治建设的现状和取得的成就，提升我国在国际社会中的地位。

然而，法治指数毕竟是一个"舶来品"，我国法治应当坚定走中国特色社会主义道路，应当坚信我国的法治建设有着自身独特的经验和教训，外国经验是无法替代其独特价值的。即使西方法治发达国家存在许多先进的法治理论与制度，值得我们借鉴和学习，但我国的立法、司法、行政体系完全不同于西方，移植后的法治指数还能否体现原来法治指数的功能，是否会出现"南橘北枳"的局面，不可知晓。盲目借鉴西方的法治理念必然会挑战我国的法治思想，"法治指数"这个"舶来品"若要彻底融入我国的社会主义法治理念，就必须立足于我国国情，直面本土文化。

三、深化法治指数中国化应用的思考

（一）进一步提升法治指标的普适性

著名法学家季卫东先生认为，建立一套法治指数可以对不同社会体制和文化进行比较分析，为改造权力结构提供更清晰的蓝图，使法制建设的具体举措

1　季卫东：《以法治指数为鉴》，载《财经》2007 年第 21 期。

和绩效的评价趋于统一化。"世界正义工程"的 9 项一级指标是法治的基本要件，基本人权、没有腐败、秩序和安全、有限政府等指标尤为重要，值得借鉴。在二级指标上我国可以根据基本国情再细化或增加相关项目，提出具有前瞻性、科学性、可操作性的量化指标，以适应时代和人民群众对法治提出的新要求。如在法治衡量体系中建立腐败指数作为法治指数的辅助性参数。余杭法治指数的指标基本涵盖了余杭的法治情况，但是余杭只是杭州市的一个区级行政单位，而指数一旦正式确立试用，则应当选取三个以上的地区进行检测和对比；如果法治指数要推广延伸到省一级，甚至国家一级，法治指标的涵盖面就需要更广，情况也会更复杂，其普适性要求就会更高。另外，由于法治评估带有主观性，指数的指标不能只带有"积极性"，数据中还应增加反映法治建设不足之处的"消极"的数据，如群体性事件发生次数、刑讯逼供发生率等。

（二）进一步确保指数数据的客观性

法治数据包括客观数据和主观数据。客观数据一般是指政府部门或民间调查机构通过统计或抽样调查得出的法律数据，主观数据则是评估专家对指标制定的评级或分数以及普通民众对法治现状的评价。[1] 在整个评审过程中，打分者包括每个地区随机抽样组成的民众、各研究所或学校的法律专家、法律工作人员三块评分群体。由于数据来源于提供方的主观意愿，指数评估具有主观性，其真实性难免受到影响。但是可以通过扩大问卷调查的范围，对多个地区、持续性地进行检测，有其他地区作对比分析，加上连续多年的检测，也会逐渐提高人民和政府对指数的重视度，提高人民的法治意识，增加对指数的认识，从而减少虚假信息。此外，指数数据的收集应当进一步鼓励人民的参与，加大人民满意度在评分中的比重，同时逐步缩小来自公权力部门意见在评分中的比重，提高指数的透明度，最终得到一个客观的评分。

（三）进一步加强评估主体的独立性

法治指数的最初设计者由谁担任是确保法治指数真实性的关键。由于法治指数和公共权力融合紧密，因而有人曾经评价指数的出台是政府在"作秀"。从世界几类有影响力的法治指数来看，他们不隶属于任何国家政府机构，均来自民间组织。香港法治指数由香港社会服务联会制定，它是非政府性质的社会福利服务机构，余杭法治指数的设计者虽是一批具有较高知名度的法学家团队，但指数的试行却由当地政府进行主导，恰恰政府的工作绩效是指数评估的主要

1　占红沣、李蕾：《初论构建中国的民主、法治指数》，载《西北政法大学学报》2010 年第 2 期。

对象之一，由于牵涉自身利益，地方政府自己编制的指数难免会有失偏颇。虽然，现阶段法治指数的推广还要靠公权力部门的倡导和推动，但在法治评估实现推广之后应该走向独立，由中立的第三方研究机构推出，保障法治指数的客观准确，从而更好地推进法制建设。

（四）进一步重视法治指数的合法性

《管子·立政》中指出："凡将举事，令必先出。"要办理大事，不先制定法令，人们将无所适从。现阶段法治指数刚引入我国，在制度建设和实践上都不完善，在立法领域更是一片空白，而法治指数是一个结论性数据，想要法治指数健康长久的发展下去，需要通过法律对实体性和程序性的内容都进行规范。对法治指数进行法律规范，一方面可以使人民群众更有效地对政府进行监督，另一方面可以对评估过程中产生的侵权行为进行救济，保障公民权利。但法治指数在我国各方面规则都还处于摸索阶段，现阶段制定法律显然不现实，因而法治指数的立法之路还很长。

本科生二等奖

食品生产加工小作坊监管办法的现状及其完善

包茜茜　季任天

中国计量学院法学院

摘　要：食品生产加工小作坊是食品安全的"重灾区"。因此加强食品生产加工小作坊的监管尤为重要。本文通过阐述我国目前食品生产加工小作坊监管办法的立法现状，分析食品生产加工小作坊监管办法颁布的必要性以及不足之处，为监管办法的颁布提供建议，从而使得小作坊在监管办法的规制下，保证其食品的安全。

关键词：食品；生产加工；小作坊；监管办法

2009 年颁布的《食品安全法》第 29 条 [1] 将食品生产加工小作坊监管办法的制定作出了一个专门性的规定。考虑到中国地域辽阔，食品生产加工小作坊在各地差别大的情况，我国对食品生产加工小作坊监管方面采用了授权性立法 [2]。截止到 2013 年 10 月 11 日，有些省市已经制定小作坊监管办法，但是仍有一

1　《食品安全法》第 29 条规定：食品生产加工小作坊和摊贩从事食品生产经营活动，应当符合本法规定的与其生产经营规模、条件相适应的食品安全要求，保证所生产经营的食品卫生、无毒、无害，有关部门应当对其加强监督管理，具体管理办法由省、自治区、直辖市人民代表大会常务委员会依照本法制定。

2　授权性立法指全国人大授权地方人大根据本地实际情况对食品生产加工小作坊管理制定具体办法。

部分省市尚未制定小作坊监管办法。目前，随着国家食品安全监管机制调整[1]，《食品安全法》已在修订日程中，笔者认为制定食品生产加工小作坊监管办法是各省市亟待解决的一项事情，因此，对小作坊监管办法现状的研究以及提出改进建议是极其必要的。

一、食品生产加工小作坊监管办法现状

目前，我国有不少省市已经出台了食品生产加工小作坊监管办法。根据本人搜集的资料的来看，截止到 2013 年 10 月 11 日，我国有宁夏、甘肃、福建、河南、山西、内蒙古、广西、浙江、上海、湖南、吉林 11 个省（市）出台了《食品生产加工小作坊的管理办法》。2009 年我国甘肃省出台了《甘肃省食品生产加工小作坊质量安全监督管理暂行办法》，2010 年我国宁夏回族自治区出台了小作坊监管办法，2011 年广西、上海、浙江 3 个省（市）出台了小作坊监管办法，2012 年福建、河南、山西、内蒙古、湖南、吉林 6 个省制订了相应的食品生产加工小作坊管理办法，从中可以看出我国各省（市）制定食品生产加工小作坊监管办法的步伐正在加快，并且一部分的省市虽未出台相应的管理办法，但是其将食品生产加工小作坊规定在地方食品安全条例的章节之中，如黑龙江省 2012 年出台的《黑龙江省食品安全条例》、贵州省 2012 年出台的《贵州省食品安全条例》、北京市 2012 年出台的《北京市食品安全条例》。目前湖北、辽宁、云南、安徽等省（市、自治区）正在制定《食品生产加工小作坊和食品摊贩监管办法（草案）》或是将其纳入立法规划，但是并没有真正地出台《食品生产加工小作坊管理办法》。

分析已有省（市）颁布的《食品生产加工小作坊监管办法》，这些办法在很大程度上勾勒出《食品生产加工小作坊监管办法》总体上的框架：

一是总则。总则起着总体性的作用，规定了一些基本的内容，如食品生产加工小作坊的定义，应当负责监管的部门以及该部门所应当履行的职责等。

二是食品加工小作坊生产经营。在这一部分中，对食品生产加工小作坊作一个具体性的规定，其中包含食品生产加工小作坊应当具备的条件，食品生产加工小作坊禁止经营的食品等。

1　2013 年 3 月，国务院机构改革，组建了国家食品药品监督管理总局，对生产、流通、消费环节的食品安全和药品的安全性、有效性实施统一监督管理，将工商行政管理、质量技术监督部门相应的食品安全监督管理队伍和检验检测机构划转食品药品监督管理部门，与此相对应的，食品生产加工小作坊的监管由原先的质监部门监管调整到食品药品监督管理总局监管，这为小作坊的发展提供了一个契机。

三是监督管理。监管部门可以根据这一部分的规定行使其权利以及履行其监管的义务。与此同时，这一部分的规定也为监管人员的执法提供了相应的监管依据。

四是法律责任。对于违法经营的或者不按照要求履行职责的食品生产加工小作坊，法律责任的这一部分根据食品生产加工小作坊违法的严重程度，规定了与此相当的惩罚措施。

二、食品生产加工小作坊监管办法在实践中出现的问题

（一）食品生产加工小作坊监管办法各地差距太大

由于中国幅员辽阔，食品生产加工小作坊具有"小而多，分布广"的特点，各个地方对于小作坊监管办法的规定不相同在于常理之中，但是目前出台的食品生产加工小作坊监管办法的规定各地差距太大，如对于食品生产加工小作坊定义的规定，有些省市直接规定小作坊不包含现做现卖的小作坊，且该小作坊尚未取得食品生产许可证，有些省市则并未规定。另外，对于生产经营条件以及禁止经营的食品的种类上，各个地方小作坊监管办法的规定差距很大。因此，笔者认为，各地小作坊监管办法差距大是一个亟待解决的问题。

（二）食品生产加工小作坊的定义模糊不清

从现有的《食品生产加工小作坊监管办法》（以下简称《办法》）来看，大部分的《办法》对食品生产加工小作坊的定义还是模糊的，"定性表述比较多，定量表述几乎没有"[1]，对于生产规模的大小的判断主要以从业人员数量来表述，但是对于"从业人员较少"，到底是少到怎样的程度，均没有做出表述，所谓的较少是 8 个算少，还是 9 个算少？"食品生产加工小作坊监管中最难的就是不明确定义导致监管过程中无所适从。"[2]另外对于"传统的工艺加工"，如果豆制品小作坊使用了部分先进的生产机械是否还属于传统的工艺，很难界定。与此同时，小作坊可分为三类，一类是无营业执照且没有注册为法人的小作坊，一类是有营业执照但是并未取得法人资格的小作坊，另一类是取得法人资格的小作坊。那么监管部门到底监管的是哪一类？还是其中的两类或三类都要管？由于食品加工小作坊这个概念比较模糊，导致监管部门在实际操作中感到困惑。

---

1 周震宇：《试论食品生产加工小作坊的定义》，载《江西食品工业》2011年第2期。
2 俞建定：《食品小作坊监管之我见》，载《食品质量安全》2007年第10期。

（三）食品生产加工小作坊的市场准入标准过于严苛

2009 年出台的《食品安全法》为各个地方食品生产加工小作坊监管办法中涉及小作坊市场准入标准的制定提供了依据。现有的《食品生产加工小作坊监管办法》中的市场准入标准，如申请小作坊的许可证的条件，小作坊的生产经营条件等定，大多与《食品安全法》的规定趋同。笔者认为，由于小作坊自身条件的限制，现有的监管办法中市场准入标准对于小作坊来说过于严苛，对其标准的设定可以适当地放宽。

（四）对食品生产加工小作坊的监管规定力度不强

在现有的《食品生产加工小作坊监管办法》中，有些监管办法对小作坊的材料以及对于小作坊食品生产安全性的检验均作出了规定，如《山西省食品产加工小作坊和食品摊贩监督管理办法》中规定了禁止使用的材料，以及要求采取现场检查、抽样调查等有关检验方式来确保食品的安全，与此相对的，有些监管办法则并未对这一方面作出说明。另外，现有的小作坊监管办法并没有规定监管人员在实施小作坊监管中的行为准则。与处于绝对支配者的强大职权相匹配，行政机关也是食品安全风险规制责任的集中承担者。当其在食品安全风险规制过程中存在不履行食品安全法律规范所规定的职责或者存在滥用职权、玩忽职守、徇私舞弊等情况时，则要承担相应的行政责任，甚至刑事法律责任[1]。因此，笔者认为在《食品生产加工小作坊监管办法》中对监管人员的行为准则作出相应的规定是极其必要的。

三、食品生产加工小作坊监管办法的完善建议

对于食品生产加工小作坊的完善，笔者建议全国应当统一制定一个关于食品生产加工小作坊的基本要求，在此基础上，应当确保小作坊的监管成效，同时通过对小作坊的重新定义、降低准入标准等来进一步规范食品生产加工小作坊。

（一）全国应当统一制定一个关于食品生产加工小作坊的基本要求

该基本要求可以在《食品安全法》中体现，如规定必须事先获得许可，许可时的审查项目与审查标准应当具备的一些必备的项目，针对大部分全国流行食品的小作坊，确定生产过程监管的基本要求、食品安全指标的最低要求、监管的最低频次与要求等。在此基础上，允许各地根据自己当地情形，制定更加

1　咸建刚：《我国食品安全风险规制模式之转型》，载《法学研究》2011 年第 1 期。

严格的小作坊监管办法以及适应对于当地特产的特殊要求。例如，对于各类食品中铝含量的标准问题，全国应当统一。地方上有些食品，如豆面中铝含量可能远远超标，那么对于该类小作坊的铝含量要求可以适当低于全国标准，但是对于超标的量应当有所限制，或者对于超标含量的食品贴上警示标签，以此来提醒人们应该适量购买。

（二）重新定义食品生产加工小作坊

对于食品生产加工小作坊的定义，有人认为应当按人数的多少来确定是否是小作坊，有人认为应当按照产量的大小来对小作坊进行定义，笔者认为以上两种观点均有不足之处，若按照人数来确定，由于小作坊的人数具有不确定性，可能存在着每天人数都在变化的情况，这样就不能很准确的判定是否是小作坊，若按照产量来确定，由于有些小作坊的产量跟季节紧密相关，旺季的产量要远远大于淡季的产量，因此这样也不能很好的定义小作坊。笔者认为，可以对小作坊按是否取得法人资格来准确定性。小作坊应当仅限于只获得营业执照，但不具备食品生产许可证这种情形。与此同时，笔者认为将小作坊称为"作坊"更加恰当。不论小作坊的大小，只要不注册为法人，均要按照食品生产加工小作坊监管办法监管。结合食品监管改革，可以将所有未注册为企业法人的仅领取营业执照的食品加工、流通、消费环节的实体，统称为小作坊、小卖坊、小吃坊（严格来讲，应称为作坊、卖坊、吃坊）。不领取营业执照的实体，都应当取缔。

（三）降低食品生产加工小作坊的市场准入标准

笔者认为，由于食品生产加工小作坊受规模、生产设备、科技水平以及从业人员素质等的限制，对于食品生产加工小作坊应当适当地降低准入标准。值得注意的是，这里所称的"降低"是对食品生产加工小作坊的生产主体、生产条件、生产过程的要求等的降低，而不是对小作坊食品安全标准的降低。比如说，在仪器检测这一方面，对小作坊可以降低要求。当然，这也要对此做出一些必要的、合理的限制，包括对作为食品安全第一责任人的食品生产加工小作坊的经营者[1]做出一些必要的限定，如食品生产加工小作坊的经营者必须是当地的居民，或者外来者若想在当地经营小作坊，应当提供外地监管部门提供的安全经营3年以上的证明等。作出此等限制，笔者有以下几点考虑：一是若食品生产

1　我国2009年颁布的《食品安全法》第3条规定，食品生产经营者应当依照法律、法规和食品安全标准从事生产经营活动，对社会和公众负责，保证食品安全，接受社会监督，承担社会责任。由此确定了食品生产经营者是食品安全的第一责任人。

加工小作坊的经营者不是当地居民,则存在着短期经营的情况,一旦经营环境恶劣或者被监管部门发现不符合生产经营条件时,他们就马上撤退,另寻一个经营地方,异地生产,并且这些经营者不顾安全的可能性也比较大,由于小作坊存在的资金、设备、人员等条件的限制,以及食品行业赢利空间较小,小作坊业主法律意识淡薄、素质偏低[1],为了追求经济利益,他们会尽可能地降低生产成本,生产出一些不卫生、损害人体健康的食品。反之,若经营者为当地居民,他们经营时会受到一定的制约,毕竟彼此之间或多或少是认识的,出了问题,可以直接追究经营者的责任。二是排除不利影响。通过对外来经营者的限制,既为那些诚心要经营的人提供了机会,也为食品生产加工小作坊的经营提供了一定的保障。与此同时,对一些事关食品安全的重要事项,如生产设备、生产环境、人员健康等则必须做出硬性的规定[2],其中的一些强制性的标准也是不能降低的,比如说小作坊经营的范围必须限定在一些低风险的行业中,对于那些婴幼儿食品的加工的行为是绝对禁止的。

(四)对小作坊的监督

对食品生产加工小作坊要进行科学的抽检,笔者认为可以从以下几点来保障,一是定期巡查。各级监管部门应对食品生产加工小作坊建立定期巡查制度,根据巡查中发现的问题,应及时、灵活的调整巡查次数,对于那些在检查中发现存在安全隐患的食品生产加工小作坊,应当缩短巡查周期,督促小作坊按标生产,规范经营,保证不合格产品不出厂。二是随机抽查。根据季节特点,随时抽查蛋制品、腌腊制品、冷冻饮品、乳制品等质量不稳定、安全风险系数较大的食品生产加工小作坊。对经常抽查、复查仍然达不到质量要求的,坚决取缔,消除安全隐患[3]。三是专项检查。对重点食品产品以及上级统一部署的检查计划,认真实施。既要做到文明执法,又要做到严格执法。应当注意的是,不论时间空间上多分散,都必须按比例抽检。

最后是根据抽检结果作出处罚或奖励。对无证无照生产加工以及制售假冒销售伪劣、有毒有害的违法行为,严厉打击,一些非法窝点,坚决予以摧毁,对触及刑律的坚决移送司法机关。要通过严格执法,严厉打击,始终对违法犯罪行为形成高压打击态势,提高行政执法的威慑力。与此同时,对在抽检结果

1　周萍:《打好持久战——关于食品小作坊监管的一些思考与探索》,载《中国质量技术监督》2008 年第 11 期。

2　杜媛媛:《浅析小作坊食品加工监管法律模式》,载《经济众横》2013 年第 3 期。

3　王淑文:《关于食品小作坊监管工作的思考》,载《世界标准化与质量管理》2007 年第 5 期。

位居前列且符合符合要求的小作坊，应当予以奖励。另外，对作为监管主体的行政机关，笔者认为在监管办法中应该规定其不履行职责或滥用行政职责等应当负的法律责任。

食品生产加工小作坊实施食品经营活动，是我国长期形成的食品经营形式。只有根据《食品安全法》的规定以及各省市根据实际情况制定的《食品生产加工小作坊监管办法》，认真研究和分配各职能部门的监管职责和建立健全协调机制，真正把食品生产加工小作坊监管落到实处，保障公众健康与安全，让小作坊能够与食品安全这条链条无缝连接，更好地满足百姓的需求。

民间调解、诉讼传统与法治国家

陈　建　高　聪

浙江工商大学法学院

　　摘　要: 民间调解,这一扎根中国几千年的纠纷解决方式以其对社会现实的不断适应而绵延不断地发展着。在法治中国建设的背景下,民间调解因其与中国法治语境的契合,显示出积极作用。而面对现代社会的挑战,民间调解的发展瓶颈开始凸显,草根性、亲和力、情理性是其需要从传统得以继承的,组织化、专业化、法律化将是其未来发展的必由之路。在大多数借鉴移植的法律与中国社会现实不相契合的当下,法治中国建设必须关注中国的传统与现实。对此,民间调解的发展或许能给予法治中国建设以借鉴意义。

　　关键词: 民间调解;诉讼传统;本土资源;法治中国

　　十几年前,朱苏力教授旗帜鲜明地倡导法治本土资源论,"中国的法治之路必须注重利用中国的本土资源,注重中国法律文化的传统与实际"[1]。十几年后的今天,在法治中国如火如荼进行的当下,许多借鉴移植于国外的法律制度在中国的施行并不理想,甚至出现问题,法治中国的建设亦受到影响。中华文明源远流长,传统诉讼文化亦积淀深厚,从中发现其内生性,并在其内生性的基础上改良创新,将是法治中国建设长期进行的保障,法治中国的建设需要关注中国的传统与现实。

　　值得高兴的是,中国的法学仍有自己的东西,有学者言,"如果说中国法学还有自己的东西的话,民间调解机制是唯一的"。[2]产生于初民社会的中国民间调解制度有着悠久的历史,从最早《周礼》记载的"调人"之职,"掌司万民之难而谐合之",[3]到明朝的申明亭,再到现今的大调解制度,其形式虽有变化,但其实质却依旧如初,仍作为一种较好的纠纷解决机制存在着。

　　1　朱苏力:《法治及其本土资源》,中国政法大学出版社1996年版,第6页。

　　2　于语和、刘志松:《从民间调解的历史性与现实性看中国法学的发展》,载《徐州师范大学学报》2008年第1期。

　　3　《周礼·地官》。

中国社会、政治结构几经变化，民间调解却一直保持生命力且从未中断，并且继续与现实社会相适应。而对于法治，只有与社会相适应的法律才能促进法治的长期发展，一国的法律也只有当其规定性与内在性越趋于接近时，其法律制度才可能越趋于完善。民间调解在中国社会绵延不息地发展与适应，或许能为法律的本土化提供有益的信息，中国的法治建设抑或能从中获得借鉴。

一、民间调解与中国法治语境的契合

（一）适合国人自己的解纷方式，有效补充法治的空白

法律是国家制定或认可的，由国家强制力保证实施的，以规定当事人权利和义务为内容的具有普遍约束力的社会规范，因此，选择法律途径解决纠纷是一种普遍公认的价值取向，其优点不言而喻。然而，作为舶来品的法律却在许多方面与国人的生活习惯、思维方式、处世之道不相契合。在实际的操作中，纠纷虽然能最终得到解决，但往往破坏了和气，不利于和谐社会的构建。此外，我们之前的民事司法改革将当事人主义[1]作为基本方向，但这种发展方向将案件事实发现的重责基本转移到当事人身上致使出现了诸多冤假错案，因而被证明不符合中国的法治语境。我们必须从自身的法治本土资源中寻找真正契合我们的法律制度或者诉讼理念。

相较而言，民间调解拥有较深的文化基础，是更符合国人需求的解纷方式。在几千年的封建君主制度统治下中国基层社会形成了以儒家"和文化"为基础的"无讼文化"，[2]即大多数人不愿意将矛盾纠纷闹大。在观念层面，这种观念评价也在现代城市社会中体现出来，即认为邻里和睦的价值要远大于小型纠纷矛盾中获得的利益。

目前，民间调解机制在现代社会亦有较大的发展与改变。在当下，民间纠纷解决机制的新兴探索大部分集中于采用自上而下的组织方式，主张由党政，司法等有关部门牵头，倡导社会参与，实现纠纷调解。例如江苏省南通市于

---

1 当事人主义诉讼模式与职权主义诉讼模式相对应，也是近代西方诉讼模式之一，诉讼的发动、继续和发展主要依赖于当事人，诉讼过程由当事人主导，法官仅处于消极的中立的裁判者地位；当事人要负责证据的调查、准备、提出、和证据价值的陈述工作，法官不能在当事人指明的证据范围以外依职权主动收集证据。定义来源于百度百科。

2 费孝通：《乡土中国》，人民出版社 2012 年版，第 34～36 页。

2003 年 4 月在全国率先建立的党委统一领导下的"大调解"[1] 突出党委、政府的主导地位；江苏省高邮市司法局和厦门市思明区人民法院都很注重"无讼社区"[2] 的打造。在专业民间纠纷解决组织方面，四川广安郭太平调解工作室[3] 和上海市卢湾区田子坊、郭英俊人民调解工作室[4] 等调解工作室属于人民调解的范

1　目前对于大调解机制的理解，依据主体的不同主要有四种：一是从人民法院的角度而言，大调解机制主要是指诉讼调解，包括诉讼内的法院调解，及在诉讼系属法院委托其他单位进行调解或者协助进行调解；二是从民间自治团体的角度而言，大调解机制主要指人民调解委员会的调解，当然我国的人民调解委员会或多或少带有行政机关的色彩，但在发挥纠纷解决的作用上，有其独到之处；三是从党政机关的角度而言，指党政机关领导，政法委带头指挥，由司法行政部门、法院及其他相关部门参与、各种手段相互配合、相互协调，纠纷预防和处理的机制；四是不分主次的混合调解委员会，主要是从各个相关部门抽调的业务精英或代表，按照一定的规则组成的机构，通常设置在法院内部或者相关的政府部门。

2　李华斌：《创新社会管理的先行先试者，厦门市思明区人民法院创建"无讼社区"工作纪实》，载《中国审判新闻月刊》2012 年第 5 期。

3　广安郭太平人民调解工作室概况。广安郭太平调解工作室（以下简称郭太平工作室）成立于 2009 年 11 月 20 日。它是以"全国模范人民调解员"、四川省"劳动模范"郭太平同志的个人姓名命名的个人调解工作室。该工作室位于四川省广安市广安区，经广安区人民调解委员会联合会批准、广安区人民调解委员会下设的附属调解工作机构，是以郭太平同志为核心，其他优秀人民调解员按照分工协作的原则组成的群众性、自治性的专业化、职业化调解组织。现有工作人员 9 名，郭太平是该工作室的负责人，全面主持该工作室人民调解工作。郭太平工作室与区司法局签订《人民调解工作责任书》，接受区司法局契约式管理监督和考核，接受区人民调解委员会联合会和区人民调解委员会的指导。经它调解达成的人民调解协议，加盖广安区人民调解委员会印章。它上与行政机关、司法机关、信访部门对接，接受委托或指派，调解纠纷；下与乡镇（街道）、村（社区）、企事业单位、行业性调委会相联结，接受移送，调解纠纷。它按照人民调解工作原则、制度、纪律和程序调解纠纷。它的一切办公条件、工作经费、调解员补贴均由区政府财政预算给予保障。参见张永进：《调解工作室：上海与广安模式的比较》，载《中国司法》2011 第 3 期。

4　上海市卢湾区田子坊郭英俊人民调解工作室。田子坊历史文化风貌区位于上海市卢湾区打浦桥街道辖区内，是上海历史街区中最具里坊风貌特色的社区之一。调解员郭英俊是一位长期从事田子坊社区工作的退休老同志，具备担任社区调解人的人格魅力，即人生阅历丰富、责任心强、和蔼可亲，具有娴熟的调解技巧，通晓法律政策和人情世故等，在田子坊的居民中具有一定的威信，社区居民对其的信任度较高。事实上，在工作室开展调解工作中，许多居民之所以愿意把纠纷交给工作室调解，就是基于对郭英俊本人的信任和信服。在纠纷调解中，郭英俊也正是通过运用自己在以往社区工作中长期与田子坊居民交往中建立的情感型信任，综合灵活运用情理法，通过讲邻里之间的情分、缘分，讲人际关系的处理方式，讲"抬头不见低头见""冤家宜解不宜结"的传统道理来化解矛盾、调停纠纷的。参见杨萍：《现代城市社区矛盾调解的信任机制——以田子坊郭英俊调解工作室为例》，载《社会视野》2011 第 7 期。

畴，都具有一定的政治资源，均被党和政府予以大力表彰和支持。[1]

社区居民主观上排斥将矛盾闹至社区居委会，更不愿意闹至法庭，与邻里形成敌对关系。在这种价值层面的取向虽然难以评估其影响力的大小，但是不能因为其难以计量而将其省略。在重隐私、重面子、讲究以和为贵的当下，民间调解对和谐社会的构建的价值不言而喻。

（二）构筑纠纷防火墙，极大减轻司法压力

随着法治的进步与社会媒体的发展，报纸、期刊都越来越多地出现"法院案多人少，司法压力巨大""司法爆炸"等字眼儿，"司法压力"一词对人们而言已不再陌生。但说起我们所面临的司法压力究竟有多大时，这就需要用具体的数据来量化。

单位：万

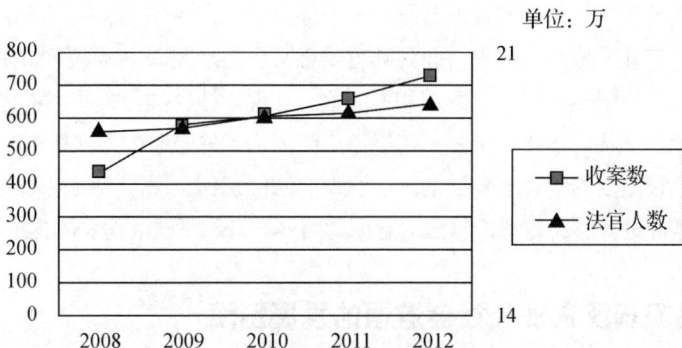

图 1　2008—2012 年全国法院法官人数与民事案件一审收案数

从图 1 不难看出，五年来我国的民事纠纷数量总体上有了明显的增加，各级人民法院受理的民事案件以每年超过 9.5% 的速度高速增长，且呈现指数性增长的趋势，相比而言，我国的法官数同期增长不足 4.5%，这更是让法院的工作压力逐年上升。[2] 以杭州市各基层人民法院为例，平均每名法官年均办案 240 件，日均办案超过一件，这对法官的业务能力来说不啻为严峻的挑战。

反观民间调解机构，2012 年杭城各民间纠纷解决机构共调解纠纷 91911 件，调解成功率高达 98.6%。这一机制极大地分担了基层法院的工作压力，让法官们有更多的时间谨慎考虑疑难、复杂案件，作出公正、公平的判决；同时还能引领公民重新树立"大事化小、小事化了"的大气胸怀，以促进和谐社会的健康发展。

1　这里指政府购买服务以及其他部门的支持和合作。
2　中国法律年鉴编辑部：《中国法律年鉴》（2013），中国法律年鉴社 2013 年版，第 1210 ~ 1239 页。

（三）加强基层民主自治，为法治的长期建设打下基础

民间调解组织的发展将极大加强基层组织自治能力，作为让自己人管自己事的民间调解组织，可使公众依法参与自我管理以满足公民多元化利益诉求，而强调参与渠道、程序、手段的规范性也将公民利益诉求完整地呈现。通过居民推动基层社区居民的公民意识培养和基层社会支持系统发育有机结合起来的方式也可以在很大程度上降低社区管理的成本，提高社区居民的认同度。在具体实施过程中，涉及具体的人和事的问题、全局与局部、眼前利益和长远利益的关系处理等方面，存在着认识上的差异和各层次的矛盾，这就需要媒介充当政府和民间的缓冲——在可以自由处理的纠纷之中替代政府，老百姓也更需要能够表达他们正当的意愿的代表。民间调解组织可以成为承担这一职责的代表人推动政府和民间职责的合理分配。一个强调独立自治的新型组织不仅密切联系群众，有效反映民众需求，而且其重要意义更在于民众主体意识的提升，有利于民众形成强烈的主人翁意识和责任感。在现代社会推行民间调解组织有利于社区管理结构的优化，增强了基层自治能力，减轻政府的工作压力。而长期的法治建设是依靠于大众较强的民主意识、法治意识，民间调解在基层的发展将极大地促进基层民主意识与法治意识的培养，有利于法治建设的推进。

二、民间调解在现代社会遭遇的发展困境

近现代社会的变革和现代化的建设加剧了中国的社会结构变动和利益格局调整的深度和广度，导致纠纷的数量不断增长，纠纷类型呈现多样化和复杂化的趋势。作为体现传统和"和文化"的民间调解在满足居民自治需求、缓解司法压力、促进社会和谐等方面有其独特的优越性。然而，目前的民间调解还存在较多的不足，难以很好地发挥其应有的优势。

（一）现有机制片面追求解决纠纷，难以达到真正和谐

目前民间纠纷解决机制多片面追求解纷率，忽视了"人和"的重要性，难以达到真正的和谐。许多民间纠纷解决机制如大调解、居委会调解、专业调解工作室等往往注重调解的结果，认为只要将纠纷解决，让双方当事人签署协议就足够了。然而，调解纠纷是一项非常注重细节与过程的工作，有些纠纷虽然最后双方达成了协议，但可能是出于拉不下面子，或者迫于行政的压力。直接造成的结果就是虽然解决了纠纷，但双方可能伤了和气，再也不相往来。长此以往，各类组织的解纷率虽然很高，但是并没有真正地促成双方的和解，不利

于社会的和谐发展。

（二）现有机制调解模式多处被动，无法有效预防纠纷的激化

目前的民间纠纷解决机制多采用被动式的调解模式，即当事人要求帮助后才介入纠纷调解的运作模式，这样的模式只能起到解决纠纷的作用，而无法有效预防纠纷的发生。若解纷组织在纠纷还未激化之前就介入调解，可能只需说几句话就能让双方握手言和，化干戈为玉帛。然而纠纷如不及时处理和化解，时间一长，非常容易激化，最终变成难以解决的复杂纠纷。目前的民间纠纷解决机制往往没有前期的纠纷信息收集过程，当事人的主动寻求才会启动解纷的程序，这时的纠纷往往较为棘手，难以解决。且其大多不主动了解居民是否有纠纷发生，让一些本可以及时得到化解的纠纷升级激化，不利于社会的和谐。

（三）现有机制行政化的色彩过强，难以满足居民自治需求

随着义务教育与高等教育的普及，居民自治意识进一步增强，居民对自治组织的需求也变得更加强烈。而目前的民间调解组织的构建多以自上而下的方式进行，带有较为强烈的行政色彩。在很多情况下，调解协议是迫于"权威"压力而达成，这极大地背离了调解的基本原则——自愿公平，居民内在的纠纷并不能得到根本上的解决，因此这种调解在很大程度上难以获得居民的认同。此外，从事调解的人员多为社区居委会的工作人员、专业的调解人员、社区律师等，虽然以此种方式推进调解可以提高其专业性，但居民很难参与到调解中来。在这种民间纠纷解决机制下，居民无法通过有效的途径来参与社区管理，其自治需求难以被有效满足。

三、民间调解在法治中国建设背景下的发展方向

面对这些发展困境，民间调解应当秉承特有的制度特色，探索新的发展方向。笔者认为，面对现代法治国家的发展趋势，民间调解应该向组织化、专业化、法律化发展，同时继承绵延数千年的传统文化，即保障调解的草根性、亲和力与情理性。这样的发展趋势不仅有利于民间调解的发展，更是有助于塑造和提升法治社会所必需的规则意识和规则理念。

（一）组织化但不失草根性

随着城市化进程的推进，过去的熟人社会逐渐向人情关系较为冷漠的陌生人社会过渡，过去的那种个人为社区（村）的大部分居民所熟识的情况也逐渐减少。相较于个人，现代居民更加信赖一些组织，如社区居委会、物业、消费

者协会等。因此，民间调解想要适应现代社会并长久发展，组织化是有必要的。但需要注意的是，民间调解之所以能深入人心，获得居民较强的信赖，这与其草根性这个属性是分不开的。相较于与其无较大瓜葛的政府机关，居民更愿意相信这些生活在他们身边的调解员，觉得他们就像是自家人，更为自己考虑。而且草根性的组织因为其生活在居民身边能较好地起到预防纠纷升级的作用，在解纷上也较为追求人和。因此，在民间调解组织化的发展中，政府应减少对其的干预，可进行适当指导，但不可取其而代之，成为实际的操作者。以笔者调研的杭州社区"和事佬"协会[1]为例，有一种走访式的协会运行模式，[2]其具体模式如图2所示：

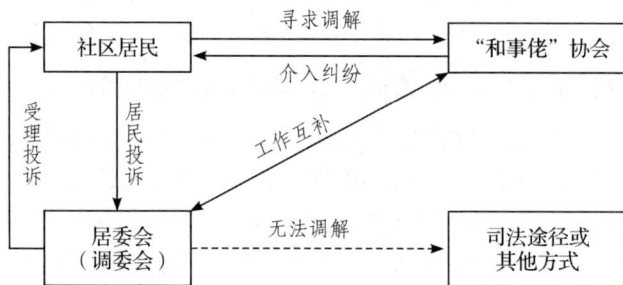

图2　"走访式和事佬协会"工作模式

上述"走访式"的模式将民间调解的组织化与草根性较好融合，单个的民间力量被组织到一起，发挥了较大的解纷与预防纠纷升级的作用。在当今政府职能转型的进程中亦提出政府与民间职责的重新分配，强调"社会可以做好的就交给社会"。[3]鼓励草根性民间组织的发展可帮助政府逐步实现其"全能性职能"向"有限责任性职能"的转变，[4]而"小政府"的逐步建立将极大地促进法治的建设。

（二）专业化但不失亲和力

当下中国经济的快速发展，利益格局的深刻变动使得纠纷变得愈发复杂。

1　一种杭州的特色民间解纷组织。"和事佬"是杭州坊间流传的一个"土称呼"，专指那些乐于助人、处事公道、德高望重的调解纠纷的热心民众。而社区"和事佬"协会（以下多以简称"协会"出现）就是聚集了这些热心居民的自我教育、自我服务、自我管理、自我约束的，不以盈利为目的的，无直接利害关系人，介入他人纠纷中进行斡旋、调解，从而达到平息纠纷，化解纠纷的群众性自治组织。

2　整个协会完全由普通居民组成，在日常的走动中"和事佬"充分发挥其自主能动性，积极主动深入居民群众发现问题、解决问题。

3　第十二届全国人大第一次会议，李克强在答记者问时谈机构改革。

4　刘毅博：《政府过程视角下的我国政府职能转变》，载《政府研究》2012第32期。

过去的那种以威望、情理推进调解的模式已难以满足现代社会的需求。据笔者对杭州社区"和事佬"协会的调研，"和事佬"们多为机关单位退休的老干部，拥有较好的群众基础与个人威望，也拥有较丰富的处理纠纷的经验，但专业性稍显欠缺。据笔者采访的几个"和事佬"的反映，在面对那些借贷纠纷、继承纠纷、侵权纠纷等包含专业性内容纠纷时，往往力不从心。法律、心理学、经济学等专业知识的缺乏使得许多民间调解员难以处理那些需要专业知识的复杂纠纷。因此，民间调解要想适应现代社会并长期发展，专业化是必由之路。就国外来看，例如德国的《促进调解及其他庭外纠纷解决程序的法律》（BR-Dr 377/12）[1] 中即指出，每个调解员都应当以自我负责为出发点，通过适当的培训与定期进修确保自身掌握调解所需之理论知识与实践经验，以此方可使其调解工作更为有序进行[2]，这里的知识通常包括调解的基础知识、谈判与沟通的技巧、冲突化解的能力等五项，而这同时也是目前我国民间调解员们亟待提高的能力。

但需要注意的是，民间调解在其专业化的进程中不可失去其亲和力。民间调解之所以能取得较司法途径更完满的解纷结果，与其具有强大的亲和力是分不开的。仍以笔者调研的杭州社区"和事佬"协会为例，有一种"兼任式"的协会运行模式，[3] 其具体模式如图 3 所示：

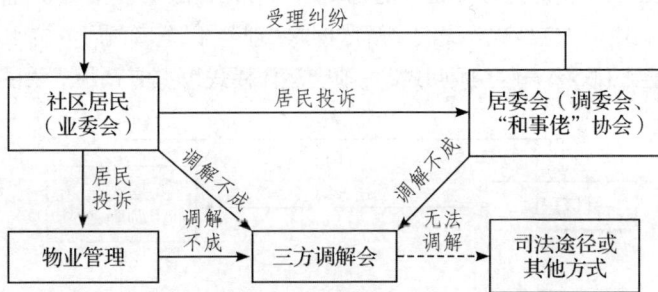

图 3　"兼任式和事佬协会"工作模式

上述兼任式的模式因其调解员多为社区工作人员，拥有较强的专业性，同

1　该法律第 1 条便是"调解法"，具体细分为 9 个条款。

2　龙柯宇：《德国调解制度的最新构建与启示》，载《河北法学》2013 第 6 期。

3　此类模式的特点是协会中成员多由社区工作者以及社区每片负责人兼任，"一人数职"。"兼任式"充分发挥新兴社区物业管理较为完善的功能，统筹物业、社区居委会以及协会，共同为社区居民服务，促进社区和谐发展。居民产生有关物业方面的问题可直接向物业投诉，让物业解决；遇其他方面纠纷时，居民则直接向社区居委会投诉。"和事佬"在接收到居民纠纷后，会及时上门了解纠纷产生根源，并相应提出解决方法，促成双方达成一致的协议。若调解不成，双方无法达成一致意见，"和事佬"会介绍相应司法途径帮助居民解决问题。

时该类组织中也会有来自社区的居民；既兼顾了组织的专业性，又不失其亲和力。现在的民间调解员一般为接受过较好教育的年轻人，具有较高的专业性，但因其社会阅历较浅，难以具备那种具有丰富社会经验人的所拥有的亲和力，在实际的调解中说服力不强。因此。民间调解员应由具有丰富阅历的中老年人担任，退休者为最佳，一来这批退休者拥有较充裕的时间进行调解，二来参与调解工作也将丰富其老年生活，缓解退休所带来的精神空虚。

（三）法律化但不失情理性

传统民间调解所依据的规范主要不是国家法律，而是在特定群体中，在长期生产、生活中所生成的习惯、习俗、礼节、仪式、舆论、禁忌、乡规民约、家法族规以及大至民族规约、宗教戒律、行业规程等。[1]但随着法律法规的日趋完备，传统民间调解所依据的内容与现行法律发生冲突，此时若仍按照过去的方法解决纠纷，可能会出现违反法律的情况。法治的建设中，定分止争决不能以牺牲成文法为代价。此时民间调解必须要以法律依据为准绳，在法律框架内处理纠纷。而传统民间调解之所以能够在居民中扎根，几千年来都发挥其独特的魅力，这与其晓之以理，动之以情的调解方式是分不开的。因此，民间调解在法律化的过程中也不能抛却这个方式，法律应该成为民间调解不可逾越的底线，也应当成为民间调解依据的"理"。以笔者调研的杭州社区"和事佬"协会为例，有一种"顾问式"的协会运作模式，[2]其具体模式如图4所示：

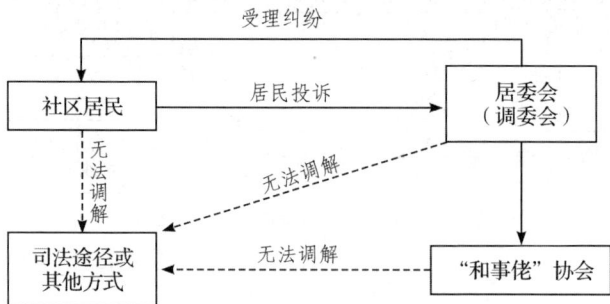

图4　"顾问式和事佬协会"工作模式

上述顾问式的模式因为调解主要有社区居委会推进，保证了在法律性，"和

1　于语和、刘志松：《从民间调解的历史性与现实性看中国法学的发展》，载《徐州师范大学学报》2008 第 1 期。

2　协会成员都是居民，他们同楼道长等一起担当信息员，能及时掌握纠纷信息，为下一步介入解纷打下良好基础。但纠纷仍主要依靠社区调委会解决，"和事佬"则辅助其调解；必要情况下，如纠纷涉及积怨或被调解人希望"和事佬"出面等，协会才介入调解纠纷。

事佬"作为顾问团存在，较好地运用了情理性。民间调解的调解方式应成为"动之以情，晓之以法"。而解纷的过程也同样是一次普及、宣传民间调解的过程，以"纽约州纠纷解决协会"为例，该协会以其独特的社区组织分部、调解的制度化、组织的民间性等特点[1]，每年可解决数量可观的纠纷，在调解领域具有相当的认同感与公信力。

此外，新《民事诉讼法》关于调解的司法确认制度的出台[2]，将进一步确认调解的效力，而如何加强民间调解与司法确认的对接也将是民间调解制度发展的努力方向。

结 语

法治中国的建设未满百年，而民间调解已然在中国这片广袤的国土中生生不息地发展了数千年。不可否认的是，传统往往难以在短时间内改变，直到如今，国人惯有的以和为贵的思想也一直没有消亡。卡尔波普曾有言："制度，如果没有传统的支持，往往适得其反。"近代中国对传统断然的割裂[3]已经开始显现恶果，文化、政治、法律等方面皆有表现。而作为与民众生活息息相关的法律制度，其与中国的现实和传统的背离将会带来更大的危害。民间调解在每次时代的变革中都相应地调整了其发展模式，这次面对现代化与法治的进程，它也在逐步地调整与改变，以适应新环境。有学者言："在现实社会当中发挥作用的规则，尽管有其外在的被规定性，但其内质都是自生自衍的。规定性与自生自衍性越接近，一个国家的法律制度就越具有现实的合理性。"[4]正如其所言，只有与社会相适应的法律才能长久地发展，也只有这样的法律才能推动法治的建设。

1　孙育玮：《替代性纠纷解决机制（ADR）的借鉴与融合》，载《学习与探索》2009 第 1 期。

2　《中华人民共和国民事诉讼法》第 194 条：申请司法确认调解协议，由双方当事人依照人民调解法等法律，自调解协议生效之日起三十日内，共同向调解组织所在地基层人民法院提出。第 195 条：人民法院受理申请后，经审查，符合法律规定的，裁定调解协议有效，一方当事人拒绝履行或者未全部履行的，对方当事人可以向人民法院申请执行；不符合法律规定的，裁定驳回申请，当事人可以通过调解方式变更原调解协议或者达成新的调解协议，也可以向人民法院提起诉讼。

3　近代中国对中国传统文化的割裂主要是发生在第一次世界大战期间的新文化运动与发生于 1966 年的"文化大革命"。

4　于语和、刘志松：《从民间调解的历史性与现实性看中国法学的发展》，载《徐州师范大学学报》2008 年第 1 期。

民间调解在每次的变革与发展中都充分考虑中国诉讼传统的内在性，在传统的基础上，针对现实的需求进行相应的变化。面对现代法治国家的发展趋势，民间调解未来的发展方向该是组织化、专业化、法律化，而面对绵延数千年的传统文化，草根性、亲和力、情理性也是需要继承的。这样的发展趋势不仅有利于民间调解的发展，更有助于塑造和提升法治社会所必需的规则意识和规则理念。

同样的，法治中国的建设也需要关注中国诉讼传统的内在性，关注中国的现实。在传统的基础上，辅以外国学理、法律的输入，只有如此，作为舶来品的法律才能真正地在中国的现实土壤中落地生根，开出中国的法治之花。

主观抑或客观

——对盗窃数额认知的归责

陈　颖

浙江大学城市学院法学院

摘　要： "天价手机盗窃案"引发了本文中探讨的关键问题：数额与行为人主观认识的关系。数额应当被认识吗？当行为人主观上对数额的认识与客观上的数额发生不一致时，刑法当何去何从？为了解决实践中主客观不一致引发的矛盾，笔者试图引入德日刑法体系中的客观处罚条件，使盗窃行为的成立并不需要行为人主观上对具体盗窃数额的认识，从而确定盗窃罪中的数额应当由财物本身的客观价值所决定。

关键词： 盗窃罪；数额；定量因素；主观；客观处罚条件

一、天价手机盗窃案引发争议

被告人张云翠因涉嫌盗窃罪，被郑州管城区人民检察院起诉。郑州管城区人民法院经审理认为：被告人张在其雇主被害人苏××家里做家务时，将苏××放在家门口鞋柜上的一部价值68162元的"VERTU"手机藏在厨房里，当时张主观上以为手机仅价值两千多元而企图非法占有。次日10时许，苏××因找不到手机问张，张称未见，并趁机下楼挖萝卜时将手机放在塑料袋里埋在萝卜坑里。被告人张犯盗窃罪，判处有期徒刑十年，并处罚金20000元。

张不服一审判决，提出上诉。郑州中院认为一审原判存在涉案手机价值未充分质证的等问题，裁定撤销原判，发回重审。再审法院认为，被告张的行为构成盗窃罪，其盗窃财物实际价值达68162元，数额巨大。但鉴于所盗手机明显超出社会公众的一般认知水平，该手机外观无明显特征显示其高额的价值，结合张的文化水平和生活阅历，法院采纳其当庭"以为手机价值两千多元"的供述。判处被告人张有期徒刑二年，并处罚金3000元。

由此可见，此案的争议焦点是被告人主观上对被盗财物数额认识的问题。

从判决书来看，一审法院的判决认为被告人主观上有盗窃的故意，客观上实施了盗窃行为，并且所盗财物客观上已经达到数额巨大的标准，应当按照数额巨大处以刑罚。而再审法院却认为被告人虽有实施盗窃的故意，但其的主观恶意仅在数额较大标准以内，缺乏对被盗手机的真实认识，应当按照数额较大处以刑罚。

两个法院对同一案件截然不同的态度让人民困惑：两行为人同时盗窃一个物品，一行为人是博士毕业，另一行为人是小学毕业。由于两人学士不同，社会阅历不同。是不是博士毕业的行为人定罪量刑的程度就必然高于另外一个行为人？回到案件，不难看出，其实两审法院会做出截然相反的判决是因为在盗窃数额和行为人主观认识方面存在相对立的态度。那么，到底盗窃数额和行为人的主观之间的关系应该如何定位呢？

二、盗窃罪中数额的定位

我国《刑法》第 13 条后半段规定依照法律应当受刑罚处罚的，都是犯罪，但是情节显著轻微危害不大的，不认为是犯罪。这是我国刑法定性加定量犯罪定义模式的立法化体现。储槐植教授认为：犯罪概念由立法定性，司法定量，这是世界的通例。而我国在界定犯罪概念时采取了所谓的定性＋定量分析，故犯罪概念的定量因素是我国刑法对世界刑事立法所做的创新，反映了人类认识发展的时代水平。[1] 确实，"立法定性、司法定量"是世界各国较为普遍的一种做法，我国立法中同时规定定性与定量两方面的因素，是相对特殊的立法例。[2] 笔者将在下述文章中论述现今学术界对这一制度的通说，并且将以盗窃罪为例。

（一）定罪数额

刑法是规定刑罚这种残酷的法律效果的法律，它以最苛酷的手段介入社会成员的生活，且针对犯罪亦附随着最严厉的社会伦理谴责。[3] 当然刑法的谦抑性也发挥着重要的影响，主要体现在合理的区分罪与非罪中，即将社会危害性尚未严重到一定程度的非法行为排除在犯罪圈外，从而减少犯罪数量。而这种前提条件即为：对这种界分程度的把握具有确定的、可行的、体系完备的标准；这种标准应是一种阈值，达到某值则引起相应的后果，达不到一定的值不引发

1　储槐植：《我国刑法中犯罪概念的定量因素》，载《法学研究》1988 年第 2 期。
2　涂龙科：《犯罪论中数额的地位》，载《法律科学》2012 年第 4 期。
3　熊琦：《德国刑法问题研究》，台湾元照出版公司 2009 年版，第 27 页。

特定的后果。[1] 上述所说的阈值也就是我们所说的"量"的因素。总而言之，定量因素可以将一些不值得刑法关心的行为从浩如烟海且杂乱无章的犯罪中排除出去，从而缩小犯罪圈。因此，刑法在关注行为的"质"的同时，也不能忽略行为的"量"。

盗窃罪作为最典型的数额犯罪，当然也具备上述特征。立法通过规定"数额较大"，从而划定了罪与非罪的范围，而司法解释通过更加具体的规则，确定了"数额较大"的范围，也即确定了盗窃罪的入罪标准。因此，我们说盗窃数额是定罪因素。根据最新的司法解释，盗窃公私财物价值 1000～3000 元以上，应当认定为《刑法》第 264 条规定的"数额较大"。行为人盗窃的财物一旦达到"数额较大"的规定，那么就可以成立盗窃罪。

（二）量刑数额

数额是我国刑法规定的最为常见的定量因素。在财产、经济犯罪中，财产的价值一般以数额作为表现形式存在，可以被量化。即它可以具体化，存在明确的客观化的外在形式。关于数额的犯罪在我国称为数额犯，是指刑法分则明文规定以一定的经济价值量或者行为对象的物理量作为犯罪构成要件的犯罪类型。[2] 有人认为：实际上数额犯是对我国刑法分则中所有规定"数额较大"等罪状的具体罪名的一种理论归纳与总结，坚持的是犯罪构成的标准，那么数额犯中的"数额"自然就应涵括了此类犯罪中与定罪量刑相关的所有数额与数量因素。[3]

但是笔者以为此处的数额不包括行为次数与人数，仅指一定行为所涉及的经济价值量或行为对象的物理量。[4]

针对盗窃罪，刑法规定了"数额较大""数额巨大""数额特别巨大"三个法定刑幅度。据最新司法解释，盗窃公私财物价值三万元至十万元以上、三十万元至五十万元以上的，应当分别认定为《刑法》第 264 条规定的"数额巨大""数额特别巨大"。事实上，在司法实践中，三个法定刑幅度中的数额既在定罪中被考虑也在量刑中被抉择。那么数额在盗窃罪中作为量刑因素是否具有合理性呢？盗窃罪是侵犯财产所有权的犯罪，将盗窃数额作为判断刑事可罚性的标准有其存在的价值。

1　熊琦：《德国刑法问题研究》，台湾元照出版公司 2009 年版，第 28 页。

2　陈兴良：《刑法的明确性问题——以〈刑法〉第 225 条第四项为例的分析》，载《中国法学》2011 年第 4 期。

3　王昭振：《数额犯中"数额"概念的展开》，载《法学论坛》2001 年第 3 期。

4　郭林：《数额犯基本问题研究》，中国政法大学 2010 年硕士论文。

三、盗窃罪中主观认识的定位

盗窃罪是以非法占有为目的，秘密窃取公私财物，数额较大或者多次盗窃的行为。也就是说，盗窃罪中的故意是指行为人明知自己实施的是秘密盗窃公私财物的行为并且希望或者放任由盗窃行为导致的结果的发生的一种主观心理状态。由此可知，盗窃罪中的故意是针对盗窃行为性质的主观心理态度，而不会涉及被盗财物的性质。另外，从不成文构成要件要素的"以非法占有为目的"是行为人主观认识上无法看出行为人主观上需要对被盗财物数额的认识。

立法尚如此规定，我们又怎能去嘲笑甚至是背道而行呢？可能有人认为即便盗窃罪中的行为人不需要认识到被盗财物数额，那么至少该行为人应当是具备认识可能性的，否则有悖责任主义原则。而这一认识可能性的评价标准则可采用"行为人所属的外行人领域的平行评价"的理论。但是笔者以为，运用"行为人所属的外行人领域的平行评价"理论去衡量行为是否具备认识可能性反而会画虎不成反类犬。因为既然数额不属于故意的范围之内，那么其就应当被排除在构成要件之外。而此时，数额就类似于张明楷老师所说的"客观的超过要素"。既然如此。当这个所谓的"客观的超过要素"现实的存在时，再去判断行为人的认识可能性时就是有问题的。因为客观的超过要素是在主体等犯罪构成满足以后才发挥效力的，那么这就意味着，只要到了认定"客观的超过要素"这一阶段，行为人必罚无疑。

因此，笔者认为，数额并不需要行为人主观上的认识，也不需要行为人具备认识可能性。

四、主客观冲突时的解决之道

（一）置于客观处罚条件之下的数额

根据上述行文，行为人对数额的认识发生的主客观不一致这个问题便迎刃而解了。因为既然数额不需要主观认识，那么即便两者发生认识错误也不会产生惊天动地的影响了。

事实上，刑法学界对数额在刑法理论体系中的定位争议不断，有严格责任论[1]、复合罪过理论[2]、罪体—罪责—罪量说[3]、客观的超过要素说[4]、可罚的违法性说[5]等等。其中大部分理论都认为数额作为犯罪成立条件，对区分罪与非罪具有重要意义。然而笔者以为，在以数额较大作为罪量要素的情况下，达不到数额较大这个标准只是不能处以刑罚，并非不成立犯罪。即笔者更青睐于将数额纳入客观处罚条件中。

客观处罚条件说认为：虽然成立犯罪，原则上就可能对行为人发动刑罚权，但在例外情况下，刑罚权的发动，不仅取决于犯罪事实，而且取决于刑法所规定的其他外部事由或者客观条件。这种事由或条件称为客观处罚条件。[6]

客观处罚条件是基于刑事政策的考量而设定的，独立于构成要件之外。这也就是客观处罚条件最大的特征：因为它独立于构成要件之外，因此不是故意的认知内容，也不一定非要以过失而引起。[7]换言之，法益侵害性不论客观处罚条件有没有出现，都得到了满足。例如盗窃 200 元与盗窃 2000 元，行为性质并不发生任何改变，并不是说盗窃数额大了，盗窃便自此成了抢劫，所以剩下的只是刑罚问题。将数额纳入客观处罚条件中，笔者便有理由认为行为人对于数额较大等不需要存在认识，只要满足犯罪成立条件即构成要件该当性、违法性、有责性并且事实上出现数额较大，犯罪就成立并且可以科处刑罚；反之犯罪也成立，只是基于刑事政策的怜悯，对行为不科处刑罚。

此外，大陆法系国家刑法理论承认的这些客观处罚条件，与行为本身没有直接关系，通常是由第三者行为的结果。但是在此处，笔者以为，关于数额较大的结果是由行为人自己引发的，与第三人无关，数额要素作为一种结果可以归因于行为人的行为，没有行为就没有此结果。

其实究竟以行为还是结果来认定犯罪的主观心态，这在刑法理论上是存在争议的，这又与结果本位的刑法观和行为本位的刑法观存在着密切联系。学界

1　李文燕、邓子滨：《论我国刑法中的严格责任》，载《中国法学》1999 年第 5 期。

2　储槐植、杨文书：《复合罪过形式探析——刑法理论对现行刑法内含的新法律现象之解读》，载《法学研究》1999 年第 1 期。

3　陈兴良：《作为构成要件的罪量要素——立足于中国刑法的探讨》，载《环球法律评论》2003 年秋季号。

4　张明楷：《犯罪构成体系与构成要件要素》，北京大学出版社 2010 年版，第218 页。

5　[日]西田典之：《日本刑法总论》，刘明祥、王昭武译，中国人民大学出版社 2007 年版，第 173 页。

6　张明楷：《犯罪构成体系与构成要件要素》，北京大学出版社 2010 年版，第223 页。

7　熊琦：《德国刑法问题研究》，台湾元照出版公司 2009 年版，第 29 页。

诸多学者已有丰富的论述，笔者在此便不再加以赘述。[1]

（二）对客观处罚条件的反批判

现代社会对财物价值的认识越来越困难。风险是"平等主义者"，不会轻易放过任何人。例如股票投资，高风险高收益。但是无论结果好坏，股民必须自担风险，而不能将风险转移给第三人。国家对于合法行为，态度都是如此，更何况是违法行为呢？既然犯罪行为人选择超越法律的界限，通过损害他人的利益来谋求高额回报，就必须对自己的违法行为付出代价。

有人认为客观处罚条件无法很好的回应责任主义的非难：根据责任主义原理，要将客观的违法事实归责于行为人，就要求行为人对该客观事实具有非难可能性，尤其要求行为人对该违法事实具有故意或者过失。将数额较大、情节严重作为罪量要素，而不要求行为人有认识与认识可能性，就难以符合责任主义原则。[2]

但是正如论者自己曾经所言责任主义并不意味着故意犯罪的行为人必须认识到所有的客观要素。事实上，我们可以认为刑法上要求人们必须明知自己的犯罪行为会产生的社会危害，但是明知不等于确知，有些客观要素不可能被明确地认识。

另外，面对责任主义，笔者也试着用"客观归责理论"来解释这一问题。客观归责成立具有三个条件：1.制造不被允许的风险。2.实现不被允许的风险。3.结果没有超出构成要件的保护范围。[3]这个理论曾被用于解释"自陷风险"。一般情况下，被害人拥有此法益，该结果便不可归责于行为人。在有双方主体的情况下都是如此，更何况只有行为人一人呢？例如在盗窃罪中，行为人对自己的行为是有决定权的，只要实施犯罪行为便可以推定他同意使自己陷入了被刑法惩罚的风险当中，即便是盗窃数额超出了主观认识的范围。否则仅仅因为没有盗窃数额较大的主观就不以犯罪论处，显然不利于法益保护。

（三）德国模式的启迪

众所周知，德国是标准的"立法定性，司法定量"的大陆法系国家。可是人们却忽略了一点，往往有原则的地方就存在例外，其实德国刑法中并非不存在定量因素。德国刑法典的第248条"较低价值物的盗窃与侵占罪"中明确提

　　1　陈兴良：《"风险刑法"与刑法风险：双重视角的考察》，载《法商研究》2011年第4期；劳东燕：《犯罪故意理论的反思与重构》，载《政法论坛》2009年第1期。
　　2　张明楷：《犯罪构成体系与构成要件要素》，北京大学出版社2010年版，第249页。
　　3　张明楷：《刑法学》，法律出版社2011年第4版，第179页。

到了"较低价值物"，以与第242条盗窃罪的基本罪相区别。[1] 从中，我们不难发现定量因素的影子。德国往往将这种立法上定量因素看成是客观处罚条件，由此在理论上可能会产生两种结果：一是意识这种罪量[2]对犯罪成立的意义，与行为人的主观因素无关；二是欠缺这种罪量，不会牵扯未遂问题而可以直接否定犯罪成立。[3] 此种表述已将客观处罚条件的优势展示的淋漓尽致。在德国的刑法典中，作为客观处罚条件，常伴随"仅……时可罚"等相近似的表述出现。所以，人们可以更加清楚直观地了解到某罪中的客观处罚条件，不致发生误解。故笔者认为若要将客观处罚条件引入我国刑法体系之中，就应该对目前我国刑法中有关定量因素的罪则加以适当的修改。虽然工程量庞大，需要修改大量法条，但从长远来看，还是有利于刑法的发展的。

在德国，客观处罚条件看起来权利很大，享有一票否决权。但是事实上，犯罪成立的根本原因在于犯罪行为是违法并且有责的。正因为如此，德国刑法典中的客观处罚条件都是消极性的：它只能充当犯罪成立的必要非充分条件——没有它，可以否定犯罪，有了它，尚不能确定犯罪，真正的标准还是三段论体。[4] 因此，在中国，推行客观处罚条件这个制度适用无论现实理论都极为困难。

五、中国路径——天价葡萄盗窃案[5]细论

1. 本案中盗窃行为的性质

我国刑法规定，犯罪故意是指明知自己的行为会发生社会危害的结果，并且希望或者放任这种结果发生的主观心理态度。笔者认为，本案中四位农民工明知自己的行为是秘密窃取他人的葡萄，行为性质是非法的，仍然出于非法占有的目的实施犯罪行为。因此，葡萄的价值并不会影响四位农民工盗窃葡萄的

---

1 自陷风险的是指行为人与被害人共同作用的，被害人明知有风险，依然愿意实施冒险，并且两主体均不希望发生危害结果的情况。一般情况下，被害人拥有此法益，该结果便不可归责于行为人。

2 此处的罪量即指笔者在文章中论述的定量因素。

3 熊琦：《德国刑法问题研究》，台湾元照出版公司2009年版，第38页。

4 熊琦：《德国刑法问题研究》，台湾元照出版公司2009年版，第41页。

5 2003年8月7日凌晨，在北京市打工的农民李连朋、李高尚等四人进入北京农林学院林业果树研究所葡萄研究园内偷食葡萄，并摘了一麻袋离开研究园，路上被民警发现。原来他们所偷食和偷取的23.5公斤葡萄是斥资40万元，历经10年培育的科研新品种。涉案葡萄经估价价值人民币11220元。后经检察院两次退回补充侦查，葡萄的价格最终以价值人民币376元而尘埃落定，四位行为人也因此走出盗窃罪的大门。

行为性质。

2. 行为人主观上的认识错误

本案中，从最终结果来看，本案中的行为人事实上并未产生认识错误。因此，假设本案中最后的价值评估就是 1 万元，那案中行为人又当如何？实践中，行为人经常以主观上并不清楚为由企图逃脱法律的制裁，司法机关通常会按照一般人的认识水平进行判断。本案中，从一般农民工的角度出发，能对葡萄的价值做出正确判断的人少之又少，让他们认识到因为葡萄失窃而带来的巨大损失根本就是无异于上青天。但是我们说，行为人盗窃的葡萄给被害人造成的直接损失就是属于数额巨大，所带来的社会危害性从客观上说并不亚于一个盗窃 1 万元现金的行为人。所以，认识错误并不阻却违法，行为人仍然成立盗窃罪。

六、结语

近来名噪一时的一系列"天价"荒谬案件，引发了社会大众的广泛争议，大量的社会群众都倒向了弱势群体即行为人这一方，批判了刑法过于严厉，认为嫌疑人最多也就是触犯治安管理处罚条例，并不构成犯罪。但是倘若我们的现行刑法若真的遵从这一建议，由此便产生一个问题：被告人的刑事责任和刑罚依赖于他避免抑或吸引了报纸或者博客的关注的运气好坏，更依赖于媒体或社会大众的偏袒性。[1]当人民群众平静下来去审视这段不堪的历史时，便会发现当初的刑法是多么幼稚。由此，便会导致人民群众对刑法真正的不信赖。

刑事法律体系首先应当最大限度地与社群共有的正义看法相符合，必须注重公众在未来对其判决和所建立的刑事责任和刑法规范的整体看法，而不是仅关注大众对当下的某个案件处理的态度。我国现阶段依然是站在功利主义者的阵营中的。与报应主义者追求的正义相对，同犯罪做斗争从而达到犯罪的减少是典型的功利主义的思想。所以，笔者以为，将数额纳入客观处罚条件当中，是符合我国刑法的任务的，并不会违反社会大众的正义直观。因此并不会对刑法的道德可信赖性产生困扰，刑法能够得到民众的遵从。

1　2012 年 5 月 11 日，宾夕法尼亚大学著名刑法学者 Paul H. Robinson 教授在浙大光华法学院发表的题为"平民在刑事责任和刑罚过程中的恰当角色"的演讲中所述。

影响性诉讼积聚法治中国"正能量"

陈 颖

浙江理工大学

摘 要： 当今中国社会，信息化高度发达，人民法治意识逐渐加强，直接导致单个案件诉讼产生较大的社会影响，某些个案的价值已经超越本案当事人直接诉讼所产生的价值，这些案件即我们所说的影响性诉讼，它们能够对今后的案件，甚至对立法、司法、社会管理和法律意识的进一步改善产生较大促进作用。影响性诉讼正凭借着它独有的"轰动性"和"大众性"积聚法治中国建设的"正能量"。

关键词： 影响性诉讼；法治；正能量

普通民众作为社会最为庞大的群体，影响性诉讼是这一群体接触和关注法律以及法治发展的最直接便捷的方式。"影响性诉讼"因其本身的典型性和代表性，容易引起社会各界的关注，往往比普通的诉讼更具有影响力，其价值也远远超越个案诉求。这些"影响性诉讼"，通过公众的广泛参与、法律工作者的主动合作、媒体的积极报道，对我国社会主义法治建设产生了积极的促进作用。吴革教授指出："关注典型案件，促进法制改革。"[1] 这是中国法律人的不懈追求。显然"影响性诉讼"的作用已不仅仅是化解个案，影响类似案件，更是普及法律知识，宣扬法治理念，更重要的是，它正在给法律注入新鲜血液，推动中国法治的完善。本文具体分析影响性诉讼以及其诉讼"正能量"在中国法治化进程中的突出贡献。

一、法治内涵解析

古希腊著名思想家亚里士多德在公元前 4 世纪就对法治作过经典的解释：

---

1 ［古希腊］亚里士多德：《政治学》，吴寿彭译，商务印书馆，1983 年版，第 199 页。

法治应包含双重含义 [1]：一是已成立的法律获得普遍的服从；二是大家服从的法律又应该本身是制定的良好的法律。

"文革"过后，法治观念重新萌发，随着法治实践的不断深入开展，对法治这一理论内涵也在不断地变化和深入，很多学者在不断地进行补充和发展。首先，法治不同于法制，法治是一个国家在法律规范之下的运作过程也是一种状态，法制只是一种静止的状态是指一个国家的法律制度。[2] 二者虽仅有一个字之差，但这一字之差却谬之千里。不难看出，法治的包容度大于法制，所以是法治中国建设，如果仅仅停留在法制中国显然是不全面的。

法治本身在中国便拥有自己独特的内涵：

（一）法的统治，既是治国之道也是秩序状态

法治立足于权自法出，强调法的崇高地位。作为一种治国之道，法治是管理国家社会的重要方法，指在众多的方式中选择以法律为主的手段进行社会控制和国家治理。所谓法律主治、法律的统治是也。这是法治的最早最基本含义。

作为治国之道的法治其最终的目标是达成一种依法办事守法遵纪的秩序状态。作为一种秩序状态和生活方式，法治要求所有社会关系参加者的活动以法律为普遍原则、基本原则。在一个法治社会中，所有的人都自觉地把法律当作自己的行为准则、行为标准，自觉地用法律来引导、规范自己的一切活动，依法实现了自律；所有的人与人之间关系、所有的社会关系都建立在法律的基础上，以法律的方式正当地处理相互之间的权利和义务、权力和职责的关系。

（二）良法善治，法律制度和政治制度的统一

从亚里士多德最初的法治定义中不难看出，法治是在良法的基础上进行合理适度的管理，最直接的表现为法律制度构成的体系，其法律制度是无疑的。

政治制度似乎没有那么直接，但其实结合不难看出，法律制度构建是良法，那么其政治制度的属性就是善治的基础，以法律制度为工具，政治制度为手段进行国家管理。所以，法治是法律制度和政治制度的统一。

作为一种政治法律制度，法治就是民主宪政，它建立在民主基础上，根据人民主权原则实现了社会生活的制度化、规范化、民主化，一切活动、一切权力的行使都以保障、维护、促进和实现人民的权利为根本。

1　庄建平：《法治中国之内涵再认识》，载《法制与社会》2011 年第 20 期。

2　刘炳君：《中国法治：从静态到动态，从抽象到具体》，载《政法论丛》2008 年第 6 期。

（三）人权至要，秩序与价值的一致

"人无完人"过多的把信赖和权力交于个人手中显然是不合理的，这也是我国几千年来的经验教训，从"文化大革命"等教训中法治经历了从废除到重构，从起步到发展的过程。法治最终获得了认可，成为人权的捍卫者。法治[1]奉行人道主义文化和权利文化，本质在于以人为本，核心价值追求是国家保障公民权利的最大化。在我国，依此理念指导下的立法实践，莫大于2004年我国《宪法》增加的"国家尊重和保障人权"的条款。它预示着我们的制度设计以实现人权、保障人权作为基本特征和根本原则，即人权至上。

另外，法治并不是单纯的法律制度，更是社会价值的体现，承载着特定的社会价值观念体系及其目标，包括人权至上、公平正义等，所以是法治是以特定社会价值为指引构建社会良好秩序。

（四）法律至上，规则与信仰的统一

以法律秩序为基础框架构建法治社会，体现的是人权至要、法律至上的社会理念。法治之法代表理性和正义，是至高无上的法则；任何人必须受法律的约束，任何权力均不能凌驾于法律之上。法治之国家的最终权威出于法律。

所谓信仰是对某种主张、主义、宗教或某人极其相信和尊敬。从法治的实现来看，法治最高的境界不仅在于法律被遵守，更重要的则在于法律能成为人们自觉的信仰。法治最高诉求应是人们能够自觉地以法律为行为的最高准则并主动维护法律的尊严。所以，法律是一种规则，是一种需要被信仰的规则。美国法学家伯尔曼也曾说过："法律必须被信仰，否则它将形同虚设。"

二、影响性诉讼在法治中国化的突出性

普遍说法影响性诉讼开启于2004年，是一群致力于公益诉讼的律师所发起的，2005年全国律师协会成立宪法与人权委员会，"影响性诉讼"得以制度化运作。该组织先后发起多场重大案件研讨会，并于2005年起，开始主办一年一度"中国十大影响性诉讼评选"活动，到今天中国十大影响性诉讼已经连续开展了八年的评选活动，共评选出80例极具代表性的案例，引起了广泛的社会影响。"强调以个案促进法治"，是年度影响诉讼评选活动的初衷和理想。2013年的评选也即将进行，将会有新的一批案例影响中国的法治界。那么，为

1　张明明：《法治中国的模式选择及其原因》，载《玉溪师范学院学报》2009年第1期。

什么影响性诉讼独具他的影响力，为什么是影响性诉讼？它在法治进程中究竟扮演什么样的角色……一连串的问题引发我们对影响性诉讼的关注。

（一）政府推进型的法治模式

中国是一个有着悠久历史的国家，传统因素在中国这样的国家有着不可忽略的重要地位。中国自古以来的官员等级文化以及偏于温文儒雅的儒家教养，种种历史和传统的影响下使得我们对于法制的选择也偏于平和化，一直较为遵循政府主导的趋势，即政府推进型的法制模式，与西方一些国家自上而下的改革截然不同。需指明的是，这里的政府是相对于社会而言的广义，就是泛指上层建筑，即引导和推进社会法治化进程的，除了政府行政机关之外，还有执政党的机关、国家权力机关等。[1]那么这个模式为什么会突出影响性诉讼的重要性呢？

政府法治进程的推进一方面需要不断地发现问题并进行完善；另一方面需要民众的支持和认可，迅速地扩大法治影响力。最直接有效的方式莫过于影响性诉讼，凭借其影响力可以很快很全面的发现法治中的一些漏洞，并且从中看到民众对法治的不同程度的反应，有利于法治渗透到社会国家的方方面面。

站在公民的立场上，不妄加的评论这一法治模式，影响性诉讼在这样的社会环境下不失为一面好的镜子，让政府在法治的道路上不断地正衣冠，所以，既是政府推进型的法治模式选择了影响性诉讼，也是影响性诉讼发展了这样的法治模式。

（二）填补法律的灰缺地带

"问渠哪得清如许，为有源头活水来。"学者吴革曾用此句比喻影响性诉讼和法治的关系[2]。笔者也赞同，认为影响性诉讼可以很好地接受社会各界的声音，为法治不断地注入新力量。

影响性诉讼可以明确法律的灰色地带，填补法律的空白，从某种意义上讲，一个经典的"影响性诉讼"往往是法律界和法学界有识之士共同努力的"作品"，会推动社会法治的变革，必然存在很多的可借鉴之处。[3]2002年的山东齐玉苓案引发法学界对宪法司法化前所未有的关注和研讨热潮；2002年的陕西夫妻看黄碟案彰显了法治社会的一个朴素的"有所为和有所不为"的真理：法律没

1　王健：《吴革：用"影响性诉讼"推动司法进步》，载《法律与生活》2007年第8期。

2　刘武俊：《影响性诉讼：法治进步的司法引擎——解读2005年度十大影响性诉讼》，载《人大研究》2006年第3期。

3　邵波：《浅析影响性诉讼对中国法治发展的影响》，载《商品与质量》2011年第10期。

有明确禁止的，公民就可以作为；法律没有授权的，执法机关就不可以作为；2003年的广东孙志刚案宣告了传统的收容审查制度的终结；2004年的湖南嘉禾拆迁案引起社会对私产保护的广泛关注；2005年的佘祥林案是推动刑事司法制度改革的重要个案，为推进刑事诉讼法的修改和死刑复核制度的改革发挥了潜移默化的积极作用。

可见，影响性诉讼案件可以使法律规则的实施状况得到真正的检查。实际上，越是具有轰动效应的案件，越是可以成为推动法治进程的"窗口"。通过它，有关部门可以充分地展示，自己是如何严格执行法律的，又是如何充分保障公民（哪怕是一个杀人恶魔）的人权的。所以我们有理由相信影响性诉讼可以很好地发现法治的进步以及变革中存在的问题，不断地积聚中国法治的正能量，发挥法治的积极作用。

（三）推动其他社会力量的合理分配

法治和民主是相互的，一个法治的社会除了充分发挥法律制度的保障作用外，还应该是各个方面的社会管理力量共同作用，相辅相成。影响性诉讼除了是一个司法审判的过程，更是一个社会各界共同参与和塑造的社会事件。体现了民主的监督和协调。

每一个影响性诉讼案件的处理过程，都不仅仅是一个简单的适用法律的过程，也不仅仅是一个向公民"普及法律"的过程，而更多的是一个观点、意见、分析、判断，相互交涉和相互碰撞的过程。在这一过程中，处于不同阶层，具有不同价值观念、风俗习惯和生活方式各异的广大民众，可以相互学习，进而相互妥协。虽然，这种交涉和碰撞，有时未必能达成共识，有时也不能改变一些人根深蒂固的观念，但是，毫无疑问，这样的交涉和碰撞，往往在很大程度上吸纳了一些人的不满和怨言。所以从大格局来看，影响性诉讼给了社会各方面力量参与法治的机会，社会各界，如民间组织、公企业集团甚至是个人都可以直接地参与法治的进程，共同筑造法治的社会管理体系。更好地激发社会正能量，实现推行法治、保障民主的社会目标。

（四）典例影响性分析——许霆案促进《刑法修正案（八）》出台

2006年4月21日，广州许霆与郭安山利用ATM机故障漏洞取款，许取出17.5万元，郭取出1.8万元。事发后，郭主动自首被判处有期徒刑一年，而许霆潜逃一年落网。2007年12月一审，许霆被广州中院判处无期徒刑。2008年2月22日，案件发回广州中院重审改判5年有期徒刑。

为何两次判决结果相差如此之大？在本案中，许霆在第一次取款时，仅构成民事上的不当得利；但他在明知 ATM 机有故障后继续恶意取款，并叫上自己的朋友再次取款，此时许霆已经具备了盗窃金融机构犯罪构成要件。但许霆的人身危险性并不大，他只是展现了人性应有的贪婪，并且再犯的可能性也较小，所以一审的判决，在公众眼里觉得很不公平。[1] 在笔者看来，公众认为不公平的根本原因是立法的不平衡造成的，我国是公有制经济，银行属于国有，在国家眼里，百姓盗国家和盗个人造成的危害自然不同，但是随着社会的进步，中国经济的快速发展，非公有制经济的宪法地位日益提高，《刑法》对盗窃金融机构的处罚加重量刑，这种对金融机构的过度保护公众自然难以接受。

《刑法修正案（八）》的出台，废除了盗窃罪的死刑，对盗窃金融机构和珍贵文物不再区别量刑。《刑法修正案（八）》的修改，让我们看到，在今天的市场经济中，要求主体资格平等和获得法律的平等保护的情况下，对金融机构不再过度保护，不再区别对待。根据社会经济的不断发展，及时修改立法不当的地方，这是我国立法制度的进步。

三、诉讼影响性"正能量"的最大化发挥

在大篇幅的谈论了影响性诉讼以及影响性诉讼在中国法治进程中的正向推动作用后，如何最大化的发挥影响性诉讼的"正能量"显得备受注视。究竟该如何最大能量的发挥作用呢？主要考虑以下几方面：

（一）法律精神的转换

法律精神的转化就是能够在传统的成文法改进上引进判例法，在成文法条的基础上，学会接受吸收社会各界针对案件的独特性提出的正确有效的观点和方法，在法条的基础敢于进行适当的突破和创新，在道德的基础上做出最有效的法律选择，而不是一味遵守法条的字面，法条是原则下的，案件需要大原则指导下的独特性选择。这些法治的精神都需要各个职位的人共同的接受和配合，最终发挥影响性诉讼的时代性指导作用，在条文的基础上增加法律的灵活性。

（二）法律体系的重塑

法律体系的重塑，对外方面，鉴于我国经济发展的全球化脚步的不可逆转，需要将国内与世界范围上的主流领域内的人为局限消除，为经济发展打下坚实的基础；对内而言，对于诸多法律方面的主次、地位和作用进行调整，以适应

1　张文显：《全球化时代的中国法治》，载《吉林大学社会科学学报》2005 年第 3 期。

人民的普遍权利和经济体制变革的必然要求。[1]

（三）社会监督的规范化和程序化

影响性诉讼的突出性来源于它的社会关注度和民众参与度，在发挥影响性诉讼的正能量发面，社会各界的监督和参与显得至关重要。如何在案件的审理过程中让更多的人多渠道的进行意见反馈和法治评论是我们需要解决的问题。

在参与陪审、意见反馈、专家意见等都应该建立完善的制度和体系，确保社会各界能够很顺畅地参与案件，发挥影响性诉讼的填补灰缺的功能，也是调动民众对法治社会的了解和关注。

（四）影响性诉讼的体系化整合

交由专门部门将影响性诉讼进行体系化的整合，发挥其判例的指导作用，逐渐形成法律渊源，将其精神元素融入各个法律的制定和法官的判决中。才能更好地发挥影响性诉讼的作用。潜移默化地推动法治中国的发展。可以这样说，每一个影响性诉讼案件的处理，无论其最终结果如何，都在悄悄地改变着人们的心理习惯、思维方式乃至行为方式，也都将轻轻地唤醒、发育、训练与养成公民的权利意识。所以影响性诉讼案件的体系化整合在法治的进程中是必不可少的。

结语

笔者认为影响性诉讼案件可以理解为各种"法治理论"的实验室和观察室。从一定程度上说，我们已经有相当庞大的法治理论体系，所以现在最需要的，不是高深莫测的法治理论，而是实实在在的法治实践。个案，尤其是影响性诉讼案件，往往是一个难得的法律实验室和观察室。影响性诉讼是一个很好的"本土资源"能充分地体现我们的特殊性和社会性，是将理论运用于实践的很好的方式，从这一点上，我们可以说，法治的蓝图，是人们在社会生活中自觉实践和提炼出来的。影响性诉讼的大众性能很好地宣扬法治，完善法治。所以我们有理由相信影响性诉讼积聚中国法治"正能量"，也希望影响性诉讼在未来能够构建出法治的蓝图。

---

1 张文显：《全球化时代的中国法治》，载《吉林大学社会科学学报》2005年第3期。

关于云和县木制玩具产业的
知识产权状况调查报告

丁　琦

浙江工商大学法学院

　　摘　要：云和县木质玩具产业的发展遭遇瓶颈。木制玩具企业自身品牌的知名度和吸引力已愈来愈成为制约云和玩具走向全国走向世界的关键所在。如何解决木玩企业的品牌吸引力须从整个木玩产业的知识产权现状以及木玩企业对于知识产权的态度方面着手。

　　关键词：木制玩具；知识产权；产业发展

　　大力推进我国的自我创新能力，是实现中华民族复兴的重要方法途径。作为保护创新成果最有效的途径，知识产权的专利保护已经越来越成为促进企业自身发展的重要因素。基于这一点，在云和县科技局的实习过程中，通过直接接触云和木制玩具企业每年申请专利的情况做出以下调查报告。

　　木制玩具是云和的支柱产业，全县有生产企业 500 多家，由于一直以来从事外贸出口，大部分企业产品多为贴牌生产，但近年来随着玩具生产成本、劳动力、原材料等生产成本的增加，国际竞争加剧，导致企业间竞争的日益激烈，云和木制玩具行业利润正在缩减，企业创新研发能力及品牌建设等短板逐渐凸显。因此，当前整体木制玩具行业的产业升级迫在眉睫。在此大趋势下，云和一些玩具企业开始专注于自主研发和销售自己的产品，力图在国内外打开市场。

　　从"制造"到"创造"，从"贴牌"到"品牌"，云和一些木制玩具企业正在逐步转型。几年来，在云和县大力实施品牌战略的扶持和引导下，政府与企业积极探索知识产权保护模式，引发了云和木制玩具业新一轮的创业高潮。大部分企业开始注重产品研发和技术创新，不仅设立了中国木制玩具技术开发中心，还建立了木制玩具研究中心、生产力促进中心、质量检测中心信息化推进中心等一系列机构，以推进整个行业的发展。但同时，由于法制建设滞后，知识产权整体保护体系尚未建立，司法、行政救济途径难以解决目前出现的各种矛盾，整体木制玩具行业的健康、可持续发展受到影响。

一、木制玩具产业中的知识产权发展特点

直至 2012 年年底，云和县共计有木制玩具企业近 700 家，产品 90% 以上供出口，企业主要以贴牌生产为主，自主创新产品较少。由于云和县地处经济欠发达区、知识产权保护起步较晚以及云和木制玩具特殊的行业环境等，云和木制玩具行业的知识产权保护面临各种困难。

（一）知识产权种类发展不平衡

与其他行业相比，木制玩具专利所占比例较高，商标所占比例较少，著作权保护尚未开展。具体来说，就专利方面，2006 年至 2010 年云和县专利授权量为 1002 项，位于丽水市首位，其中木制玩具企业的专利授权量为 916 项，占全县专利授权总量的 91.4%；商标方面，截至 2010 年年底，云和县商标总计 289 个，其中木制玩具企业的商标 92 个，占全县商标总数的 31.83%。分析其原因，主要与企业品牌意识薄弱及对著作权保护的潜在价值缺乏准确判断有关。

表 1 　2006—2010 年云和县木制玩具行业专利类型比例表

年份	发明	实用新型	外观设计
2006—2010	4	295	619

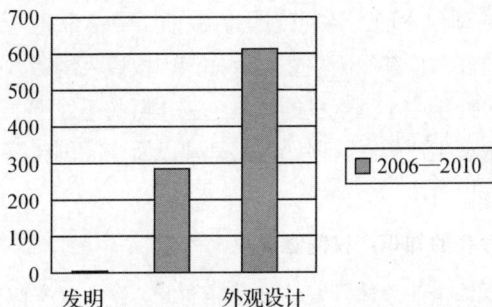

图 1

表2 2000—2012年专利授权量统计表

年份	授权类型			合计授权量
	发明	实用新型	外观设计	
2000				30
2001	0	8	29	37
2002	0	14	15	29
2003	1	4	14	19
2004	0	6	12	18
2005	0	3	44	47
2006	0	31	127	158
2007	2	69	91	162
2008	0	58	74	132
2009	0	20	122	142
2010	0	164	244	408
2011	0	158	234	392
2012	0	183	162	345
合计	3	718	1168	1919

（二）企业之间知识产权发展不平衡

大型玩具企业较一般玩具企业知识产权保护工作做得好。据不完全统计，截止于2011年7月13日。云和县其中5家大型玩具企业专利总数为494项（新云集团、和信玩具有限公司、金马工艺品有限公司、振鹏实业、木佬佬有限公司），其比例约占县玩具行业专利总数的54%。而据政府资料记载，另一家中型木玩企业实用新型仅2项，外观设计为16项。中小企业与大型企业间知识产权发展差距明显。分析其原因主要与对知识产权投入经费、科研开发能力等的要求较高有关，处于中小型规模的玩具企业，目前还处于依靠薄利多销、贴牌生产等传统粗放型生产模式阶段，对品牌建设及产品创新等存在需求尚未明显凸显的状况。

（三）企业存在的知识产权问题表现

研发能力较低，企业总体开发、设计能力低，企业大多以生产加工为主，产品多以模仿改造为多，真正具有浓郁本土文化特色，尤其是地方文化特色的玩具几乎没有；产品质量档次较低，生产规模小，实力较弱，通常以价低品繁取胜，一些小企业生产劣质产品，严重影响云和木制玩具的美誉度；品牌经营严重滞后，大多数企业缺少品牌意识，95%的玩具产品贴牌生产，全县玩具企业现在仅有七只商标，而且使用率低，对木制玩具进入国内外市场极为不利，严重影响企业品牌的培育；企业文化意识淡漠，普遍缺乏对企业文化的理解与认识。

二、木制玩具产业知识产权状况调查原因

（一）知识产权保护的行业环境欠佳

追溯云和县木制玩具企业的发展历程，主要由七八十年代二轻、乡镇企业依托本地资源优势转产木制玩具发展而来。

目前，云和县的几家龙头玩具企业联系密切，导致在云和木制玩具产业内亲缘关系浓厚。中小型企业经营绕不过龙头企业，自身能力缺乏并且产权发展保护意识不强，导致企业不能做大做强。长此以往致使整个行业的发展环境欠佳且导致目前木制玩具行业内部的知识产权侵权现象较为严重。这之后最重大的问题在于被侵犯了自身产权利益之后却很少有企业主动通过法律、行政等官方途径解决纠纷。

笔者在研究了每年的侵权官司判定之后，发现这种情况与企业主间复杂的人际关系有很大的关系。在与龙头企业打官司之后，很有可能在企业自身不能取得较大盈利的情况之下，又招致大型企业与本企业不正当的垄断竞争，最终导致中小企业破产。因此极少有企业会在自身产权利益受到损害后选择通过法律与行政的途径来讨回自身的合法利益。

企业间这种自主协商的法律保护方式将使中小企业在协商中处于被动状态，不利于中小企业做大做强。同时由于自主协商最终多数以经济补偿等形式化解矛盾，极少负法律责任，导致企业管理者对于法律能够保护自身企业利益的信赖度不高。长此以往，致使法律制度的漏洞和弊端日益显现却不能有效地更正。

（二）知识产权保护的法律环境弱化

根据《最高人民法院关于同意浙江省部分中级人民法院专利纠纷案件地域管辖范围的批复》及《浙江省各级人民法院第一审民事案件级别管辖的规定》，可知丽水中院不具备专利案件的审判资格，企业间发生专利纠纷须由温州中院进行审理。距离的增加使得企业维权的路途更加困难。再加上云和县的中小企业几乎未设有法务部或者雇有法律顾问。对于法律的模糊理解以及对自身权力的不了解降低了企业参与专利保护的积极性。并且由于当地法院及相关的政府

部门对于典型案例的宣传力度不足，弱化了司法审判的威慑力。且目前几乎没有云和县木制玩具行业的典型案例宣传。

与此同时，云和木制玩具的企业在此类案件发生时自身的话语权力小。在发生侵权案件时他们的违法成本低，造成法律保护意识不强烈。同时由于行业内部的恶性竞争与贴牌生产的利润空间少等要素导致他们在非常时期会采取不正当的手段来最大限度地获取自身的利益。

（三）知识产权保护的管理体系不健全

目前，云和县尚未建立完备的知识产权保护管理体系，而是由科技局、工商局、文化局分别就专利、商标、著作权三块内容独立进行监督管理。木制玩具行业协会作为自律性的整合机构，由于缺乏相应的职能授权，难以在知识产权保护管理体系中真正发挥统筹协调作用。

这一涣散的管理体系将导致木制玩具行业知识产权保护面临以下困难：

一是知识产权保护部门之间的信息流通、共享不流畅，影响保护效率，另外由于各部门由不同的领导分管，易导致责权不明、效力低下、相互掣肘、扯皮；

二是由于缺乏规范化文件，就知识产权纠纷的处理责权不够清晰，增加了企业知识产权保护方式的选择难度，再加上知识产权本身专业要求高的特性，法院内部在处理此类案件时会遇见技术问题。

三是相关部门之间执法发生冲突时无法可依。比如在实际工作中，工商局依据有关规定执法在一些情况下可能与科技局的执法形成潜在冲突，在这种情况下缺乏协调机制，影响保护体系的整体合力。

三、木制玩具产业知识产权保护措施

理论上，根据我国《著作权法》第2条，中国公民、法人或者其他组织的作品，不论是否发表均享有著作权。我国采取著作权登记自愿制度，不论是否登记，作者或其他著作权人依法取得的著作权不受影响。根据相关司法解释，对于企业来说，如果木制玩具发生著作权纠纷，只要提供产品销售证明、出厂证明、合同、设计图稿等均可证明其享有著作权，可通过著作权保护其权益。

实践中，发生著作权侵权纠纷时，受侵害方必须证明其为著作权的合法持有人，且侵权人存在模仿抄袭等侵权行为。要证明这两点，著作权人不采取任何保护措施的情况下，取证存在一定难度。解决方法之一是进行著作权登记。另根据云和县木制玩具行业产品备案制度，玩具产品向行业协会进行备案，这样亦可作为受侵权方取证的途径之一。

　　与此同时，政府部门、木制玩具协会以及各企业也可以通过各种努力保护各自的合法权益，提高云和木制玩具产业的核心竞争力，巩固云和木制玩具产业的领先优势。

（一）政府加大知识产权保护建设

　　建立统一的知识产权保护机构。针对目前云和县知识产权保护管理体系不健全的现状，建议在县委、县政府的组织协调下，设立知识产权办公室专门负责木制玩具的知识产权工作，其中包括专利的申请以及协助企业加强知识产权知识和意识的普及等工作。同时明确办公室的地位，并在主任的领导下统一管理，内部权责分明，互相监督。

（二）玩具协会充分发挥行业优势

　　一要加强自身的建设。完善协会内部的机构以及增强协会自身的权威性。在会议表决的前提下通过《云和木制玩具企业知识产权公约》并在《公约》的指导下严格遵守公约的条约规定。二要增强协会的调节能力。在发生企业间侵权案件时在企业人提出调节申请时要第一时间投入人力物力调查案件，并在公平公正公开的原则下公布调解结果。三要设立自身的监督机构，力求做到公开透明并且在调节的过程中要坚持公正原则，对有违公正原则的，监督机构及企业有权对于调解结果表示异议。

（三）各部门多方位争取支持

　　一是首先法院要多多宣传典型案例。通过典型案例进行宣传，有效地发挥警示威慑作用，力求促进知识产权保护的发展。并且在发生侵权案件之时要严惩犯罪者加大惩罚力度。二是政府应在案件调解中设立协调机制，就冲突予以协调，提高保护体系的整体合力。三是企业自身应加强关于知识产权的法律意识，并坚决维护自己的合法权益。同时在现有的经营条件下加大对于产品设计的经费投入。最大限度地培养人才，加强企业自身的竞争力，力图创造利益最大化的同时保护自身的合法权益。

四、木制玩具产业未来发展方向

　　创新是一个企业进步的源泉，能够促使企业永葆生命力，同时增强企业自身的创造力，在新时代的条件下永远先于人前，为自身企业的发展注入新的活力并且创造企业自身的价值，在国际范围的竞争中拥有先决条件，增强自身的竞争力。

由此可知，创新是企业发展、强大的关键。而在创新的征途中，知识产权保护的完善目标是不可忽视的。只有建立起综合性、层级性、多元性的知识产权保护体系，云和的木制玩具才能不断地保持其领先的地位，增强其产业竞争力。从而从根本上建立起"山水家园，童话世界"的宏图。

保护知识产权，迫在眉睫。

"白领过劳死"现象的法律思考

方　敏

浙江财经大学法学院

摘　要：近几年来，"白领过劳死"现象日益剧增，一个个白领的过劳死引起社会广泛的关注。究竟"白领过劳死"是什么意思，这又是怎么发生的？法律上对于"白领过劳死"有没有相应的立法设置？对此，本文主要围绕"白领过劳死"的定义，特征以及产生这种现象的原因展开，同时论述了对白领过劳死现象的法律思考，将"过劳死"纳入工伤，提出自己的看法。

关键字：白领过劳死；工伤；局限性

引　言

2011 年 4 月微博上一则关于"普华永道 25 岁女硕士过劳死"的帖子，短时间内被大量转载；2006 年 5 月 28 号，深圳华为公司一名年仅 25 岁的工程师胡新宇因病毒性脑炎去世，据说死因是"加班累死"，华为按照"人道主义"的原则为死者处理了后事，但否认在法律上的责任。[1] "白领过劳死"现象又何止这两例。2011 年 4 月上旬的多项调查表明，目前我国城市白领处于"过劳"状态的接近六成，"过劳死"不仅威胁着生产线上劳作的职工，还呈现出向高新技术领域、白领阶层蔓延的趋势。[2] 在一般人看来过得舒舒服服的白领为什么会出现大量"过劳死"的现象，"白领过劳死"在法律上定位又是什么样的呢？如何保障白领的合法权益，"白领过劳死"的法律规制怎么改革？本文正是围绕这些问题展开论述，提出看法。

1　李碧芳：《对我国"过劳死"法律法规缺失的检视》，载《安徽警官职业学院学报》2011 年第 6 期。

2　《工伤保险：特定情形六三三》，载《职业》2011 年第 22 期。

一、"白领过劳死"的基本理论

要想对"白领过劳死"下定义，首先应该了解何为"过劳死"。"过劳死并不完全是医学上的概念，也不完全是统计学上的概念，而是由日常工作中日积月累的劳累所导致的结果。"[1]这是最早出现的对过劳死下的定义。现在一般认为"过劳死"是指非生理的劳动过程，劳动者的正常工作规律和生活规律遭到破坏，体内疲劳蓄积并向过劳状态转移，使血压升高、动脉硬化加剧，进而出现致命的状态。而国际上对于"过劳死"的普遍定义为：过劳死是因为工作时间过长，劳动强度加重，心理压力过大，存在精疲力竭的亚健康状态。由于积重难返突然引发身体潜藏的疾病急速恶化，救治不及，继而丧命的一种现象。[2]

遗憾的是目前过劳死还不是一个法律术语，我国对于"过劳死"还没有从法理上或者病理上作出明确的定义。笔者认为法律上的过劳死是指用人单位违反劳动法以及相关法律的规定，让劳动者超出正常劳动时间、劳动强度的工作和劳动，导致了劳动者没有得到必要的休息而出现积劳成疾并没有其他明显原因而最终死亡的现象。另外白领是指有教育背景和工作经验的，从事脑力劳动的阶层，是对企事业中不需要做大量体力劳动的工作人员的统称。[3]综上，"白领过劳死"是指在白领阶层中出现过劳死的现象，就是指用人单位违反劳动法以及相关法律的规定，让白领超出正常劳动时间、劳动强度的工作和劳动，导致白领得不到足够的休息而出现积劳成疾并没有其他明显原因而导致最终死亡的现象。

从上述的定义可以看出，法律上"白领过劳死"主要有以下几个特征：第一，"过劳死"发生在白领与用人单位之间存在劳动关系期间。不仅指有劳动合同的劳动关系也包括事实上的劳动关系。第二，必须是用人单位违反了劳动法或者相关法律，使白领长期处于超出法律规定的劳动时间和劳动强度的工作和劳动。第三，白领必须是没有其他的明显原因而死亡。如果满足前面两个特征但因为自己突发疾病而死亡的就不属于白领过劳死的现象。

1　王洪春：《过劳死：拷问医疗社会保障制度的缺陷》，载《人文社会医学版》2006年第11期。

2　王全兴，黄昆恼：《劳动法》，中国政法大学2008年版，第167页。

3　张闻骥：《论影响白领健康的因素及对策》，载《理论探索》2010年第9期。

二、"白领过劳死"产生的原因

在日益竞争的社会，"过劳死"已在我国愈演愈烈，不仅在农民工、公安干警身上出现，"白领过劳死"现象也大量出现。每天吹吹空调，工资福利不错的白领为何会出现过劳死？"白领过劳死"现象不仅引起白领阶层的恐慌，而且引起整个社会对于"过劳死"得不到很好的保障感到迷茫。李炜说："如果行业的发展是靠透支员工生命来换取，这不仅是个人悲剧，也是行业与社会的悲剧。"不得不发人深省。笔者认为"白领过劳死"产生的原因是多方面的。

（一）社会原因

中国社会整体的维权意识淡薄，劳动者根本不知道如何维护自己的合法权益。对于处在白领阶层的人员，在社会看来是舒舒服服的工作，很少有人会关注在白领阶层出现用人单位严重违反劳动法以及相关法律的事件，人民也许会觉得打工仔及生活底层的那些人会是过劳死的大多数群体，却忽视了脑力劳动的白领过劳死现象。

（二）用人单位的原因

企业是以盈利为目的的，为了增加利润，用人单位常常通过延长工作时间、加大工作力度来得到更多的利益。正如鲁宁所说资本家是"贪婪失控"的[1]，有不少没有良心的企业家压榨劳动者的剩余价值获得利益。《宪法》第43条明确规定："国家发展劳动者休息和修养的设施，规定职工的工作时间和休假制度。"《劳动合同法》中也规定了相应的内容。如《劳动法》第41条规定："用人单位由于生产经营需要，经与工会和劳动者协商一致后可延长工作时间，一般每日不得超过1小时，因特殊原因需要延长工作时间的，在保障劳动者身体健康的条件下延长工作时间每日不得超过3小时，但是每月不得超过36小时"。但是现实生活中大多数的白领是不能很好的享受到这项权利的。企业式不愿意也不会提倡劳动者比如"带薪休假"的合法权益。同时白领也不愿意冒着被炒鱿鱼的危险去请假。这样一来企业就会更加专制，无视白领的身心健康。这是"白领过劳死"现象出现的主要原因。

（三）白领自身的原因

不少白领对于法律一知半解，并不了解自己的合法权益，从而不知道自己

1　鲁宁：《"白领过劳"不应无处讨说法》，http://news.163.com/11/0417/21/71SDAAMH00012Q9L.html，最后访问日期：2013年5月。

拥有哪些权益，用人单位有没有违反法律侵害其合法权益。有些白领虽然知道自己所拥有的权利，但是作为弱势的一方，即使心里不愿意加班，但是为了工作不得不忍气吞声。为了得到老板的称赞和职位的提升，这些白领会更愿意加班完成任务。根据《劳动法》第44条规定，有下列情形之一的，用人单位应当按照下列标准支付高于劳动者正常工作时间工作的工资报酬：（1）在标准工作日内安排劳动者延长工作时间的，支付不低于工资的150%的工资标准；（2）休息日安排劳动者工作又不能安排补休的，支付不低于工资的200%的工资报酬；（3）法定休假日安排劳动者工作的，支付不低于工资的300%的工资报酬。通过加班可以获得更多的报酬，这正是促使白领加班的动力所在。

（四）法律对于劳动者的保护力度不够

专门研究劳动法的专家、华东政法学院经济研究主任董保华教授说：中国在立法上没有"过劳死"一说。[1] 在立法上没有出现"白领过劳死"，虽然《劳动法》对于劳动时间有具体的规定，但对于"白领过劳死"立法上还是空白。再者虽然《劳动法》以及《劳动合同法》以及相关法律规定了劳动者的维权机制但是维权难度大。工会的软弱、机构的纵容、劳动者维权的贫瘠以及相关程序的复杂使得劳动者合法权益难以得到维护。比如，虽然《劳动法》第7条规定：工会代表和维护劳动者的合法权益，依法独立自主地开展活动。但是在现实中，工会、职工代表大会不能真正代表工人，不能真正维护工人权益，只是中介者、调解者，甚至是被资方所控制、操纵，那么用人单位完全可以充分利用法律、职工代表大会而制订、通过侵害劳动者权益的各项制度。正如王兆国指出，"中国工会是党领导的工人阶级群众组织，不仅具有广泛的群众性、鲜明的阶级性，而且具有高度的政治性。没有立法的保障，执法人员就没法可依"。同时自从改革开放以来，我国坚持以"经济建设为中心，大力发展生产力"，政府部门把经济快速增长，物质财富日益剧增作为主要任务。为此要求企业提高生产力，创造更多的财物，这样一来企业就会通过"加班加点"来完成任务。执法部门对此睁一只眼闭一只眼，放纵企业更加肆无忌惮的侵害劳动者的合法权益。

种种原因导致了"白领过劳死"的现象，那么该怎么从法律上保护劳动者的合法权益，使得"过劳死"有法可依？

1　董雪、汤青青：《"过劳死"现象的法律规范研究》，载《今日湖北》第2011年第2期。

三、"白领过劳死"的法律定位

既然在目前法律上没有出现"白领过劳死"一次，那么"白领过劳死"到底是什么定位呢？对于"白领过劳死"的认定，也就是要对"过劳死"在法律作出认定，因为"白领过劳死"是过劳死的一种。有不少学者针对"过劳死"的法律定位提出自己的看法，在这里主要介绍三种观点。

（一）职业病学说

有学者认为应该将过劳死认定为职业病。尤中琴指出，"过劳死"的预防比"过劳死"获得的物质赔偿更有意义，为了保护广大劳动者的利益，她建议将"过劳死"纳入职业病范畴。[1] 国际上，日本在 1994 年就正式将"工作过度"列为职业病，近年来日本又把"过劳死"正式列为职业病的一种，并把其写入法律，不断完善。但笔者认为将"过劳死"作为职业病的一种不科学。根据《职业病防治法》第 2 条规定：职业病是指用人单位的劳动者在职业活动中，因接触粉尘、放射性物质和其他有毒、有害物质等因素引起的疾病。构成职业病的四个要件：（1）患病者必须是企业、事业单位或者个体经济组织中的劳动者；（2）必须是从事职业活动的过程中产生的；（3）必须是因接触粉尘、放射性物质和其他有毒、有害物质等职业危害因素而引起的；（4）必须是国家公布的职业病分类和目录所列的职业病。而"过劳死"很明显是与此定义不相符的。

（二）工伤学说

该学说认为应该把"过劳死"纳入工伤的范围。所谓工伤是指劳动者在劳动过程中或者法定特殊情况下遭受的事故伤害和职业病。工作时间、工作地点和工作原因是工伤认定的三个基本要素，即"三工原则"。主张这种学说的学者认为过劳死符合公司的构成条件：（1）"过劳死"是在劳动者和用人单位劳动关系存续期间发生的；（2）"过劳死"与工伤死亡在很大程度上有相同的性质。"过劳死"应当被认为工伤的一种特殊形式。

（三）侵权学说

该学说认为"过劳死"是用人单位对劳动者的侵权行为，应当通过侵权责任来保障劳动者的合法权益。所谓侵权行为是指行为人侵害他人合法权益，造成他人受到实际的损害结果，依法应当承担法律责任的行为。他们认为"过劳死"是对劳动者休息权和生命健康权的侵害。如果人的生命健康权在市场上进行交

1　《"过劳死"应纳入职业病范围》，载《天府早报》2007 年 4 月 30 日第三版。

易，那么，保障人权就是一句空话，处于弱势地位的劳动者就成为用人单位掠夺性使用的牺牲品。[1]笔者认为主张侵权学说很难实施。用人单位对于劳动者的生命没有故意，其实造成"过劳死"行为所侵犯的是劳动的休息权。我国《宪法》第43条规定：劳动者有休息的权利。这样又出现法律适用的问题，是否可以直接以宪法为判决依据。采用侵权说对于赔偿方面也存在实现的可能性。侵权的民事赔偿是个人化的赔偿机制，用人单位利用其强势地位必然会压低赔偿金额，两者之间的关系更加恶化。

综上所述，笔者赞成把"过劳死"认定为工伤，纳入工伤保险体系。随着社会的发展，劳动者尤其是那些坐在办公室的白领，承受着巨大的工作压力。这种压力主要体现在他们的脑力劳动上，造成了对身体健康看不见的损害。这种伤害是巨大的，也是往往不好判断的。"过劳死"正是现代社会工伤的一种新形式。所以要把"白领过劳死"纳入工伤的一种。

四、"白领过劳死"的法律规制对策

《工伤保险条例》第15条第1款规定应当认定为视为工伤的情形："（一）在工作时间和工作岗位，突发疾病死亡或者在48小时之内经抢救无效死亡的……"这其中虽然没有明确指明"过劳死"应认定为工伤，但是，在第1项的规定里已经很明显地包括了在工作时间死在工作岗位上的"突发死亡"情况，而且还扩大到了"在48小时之内经抢救无效死亡的"情况。应当说《工伤保险条例》为"过劳死"问题的出现提供了依据，但离直接规定"过劳死"为工伤尚有距离，这一标准存在严重的缺陷。如果"过劳死"超过48小时，就无法被认定工伤，针对"过劳死"的规定仍处于空白。而且会出现为了认定为工伤提前到48小时内死亡。因此将"过劳死"认定为工伤要进行制度的改革。

国际上应对"过劳死"主要有事前预防和事后管治两者方式。

雇佣制度发达的美国及欧洲各国采用事前预防措施，美国企业为员工制定弹性工作制度；欧盟各成员国制定了《健康与安全工作法》等法规，规定公司要向员工提供健康保障及心理支持等。

日本实行事后管制制度，在立法中明确规定如果疲劳过度以及疲劳过度导致自杀被认定为劳动灾害（简称"劳灾"，相当于我国的工伤），可以提起劳灾保险申请，从而能够享受到疗养补偿、损害补偿、遗属补偿等。日本新的"过劳死"认定标准，对死亡前的工作状况的调查时间从一个星期调整为半年，新

1　梁发芾：《工人"过劳死"谁来关注》，载《经理日报》2004年11月11日第四版。

标准还规定了企业保障劳动者安全的义务。[1] 从 20 世纪末以来，日本政府制定了相关的劳动政策、劳动法规等保障制度，制度了与《劳动基准法》相配套的法规。而在我国台湾地区，2011 年年初以来，"过劳死"便成为台湾媒体曝光率极高的一个词语——在短短几个月内，就有多起疑似过劳死案例发生。过劳死已然成为一个严峻的社会问题。就此，台湾地区"行政院劳委会"正着手准备翻修"劳动基准法"，大幅提高雇主违反该法罚则的力度。也就是说在台湾主张追究违规雇主的刑事责任，加重对违规企业的处罚来预防"过劳死"，国外对于过劳死的预防值得我国借鉴。为此对于"白领过劳死"的法律规则的对策主要有以下几点：

（一）修改相关法律将"白领过劳死"作为一种特殊的工伤形式

建立工伤保险制度的目的就是保护劳动者在工作过程中的生命安全与健康，通过保险的方式分担雇主的风险，同时也起到预防工伤事故与职业病发生的作用。因此，应当将"白领过劳死"纳入工伤保险的范围，规定"白领过劳死"的构成要件：第一，要有"过劳"的事实，即存在劳动长期超出法律规定的劳动时间；第二，要有死亡的事实；第三，"过劳"与死亡之间存在因果关系。所以对于"过劳"和死亡之间的因果关系的认定显得尤为重要。对于两者之间的因果关系可以从是否存在工作过度的现象，这种过度是不是导致突发疾病的诱因等方面入手。这样一来对于"过劳死"的认定程序的设定就是焦点所在。"白领过劳死"的认定要求要高于一般的工伤认定，其技术性要强，这样就必须健全相应的鉴定机构，提升其相关水平。同时《工伤保险条例》作出相应的补充。

（二）确定"白领过劳死"的法律责任

如果只是将"白领过劳死"写入法律，没有规定相应的法律责任，那么这样制定出来的法律就没有威慑力。为此还要确立"白领过劳死"的法律责任。对于此现象的出现，笔者认为主要可以有民事责任、行政责任以及刑事责任。

1. 民事责任

由于将"白领过劳死"作为工伤的一种，所以其赔偿制度采用的是工伤保险制度，将"白领过劳死"纳入社会保障范围。工伤保险是指由用人单位缴纳工伤保险费，对劳动者因工作原因遭受意外伤害或者职业病，从而造成死亡、暂时或者永久丧失劳动能力时，给予职工及其相关人员工伤保险待遇的一项社会保险制度。《工伤保险条例》第 39 条规定了因工受伤的赔偿制度，当出现"白

1　吴海航：《日本预防企业工人"过劳死"对策的启示》，载《生产力研究》2008年第 22 期。

领过劳死"的情形,白领的家人亲属可以根据这条规定申请工伤保险。

2. 行政责任、刑事责任

前面已经谈过"白领过劳死"出现的主要原因是用人单位违反相关规定,要求白领加班加点,为此笔者认为要在《劳动法》中明确规定用人单位的行政、刑事责任。如果用人单位违反规定,导致白领过劳死,则可以对其直接负责人行政拘留、罚款、通报批评,严重的吊销营业执照,情节更严重的可以依法追究刑事责任。将"白领过劳死"写入《刑法》规定:用人单位违反劳动法以及相关法律的规定,强迫劳动者长期超出正常的加班时间导致劳动者无其他原因而死亡,出现"过劳死",情节严重的,处以拘役、管制、有期徒刑3年。同时相关司法解释要解释何为情节严重,可以认定为白领过劳死出现2次以上或者对直接负责人处罚后不但不遵守法律反而更恶劣的对待白领的情形为情节严重。

同时白领自身也要加大法律认识力度,提高自身的法治精神,尊重生命,对用人单位侵犯其合法权益不忍气吞声,积极主张自己的合法权益。

结语

"白领过劳死"的大量事件,使人们意识到对于"白领过劳死"的法律认定尤为重要。笔者认为应该将"白领过劳死"认定为工伤的一种形式,纳入工伤保险体系,并规定相应的认定标准,通过立法,执法的相互配合更好的保护白领的合法权益。但是现在对于"白领过劳死"在法律上还是一片空白,将"白领过劳死"写进法律的心声越来越大。本文通过写"白领过劳死"的相关法律问题,主张将"白领过劳死"写入法律,规定用人单位的法律责任,保障白领的合法权益。社会主义和谐社会的构建是要法律来保障的,笔者在此希望在不久的将来,当白领出现过劳死现象时,可以通过法律来保障其合法权益。只有有法可依,有法必依,执法必严才能走上法治之路。

关于我国确立沉默权制度的思考

冯家欣

中国计量学院法学院

摘　要： 沉默权制度作为一项保障人权、维护正义的制度，在西方国家确立已有数百年的历史，但是这期间，人们对该制度的争论却从未停止。我国并没有确立沉默权制度。可是，近年来，国内频发的冤假错案，使得我们不得不重新思考尊重和保障人权的紧迫性，认真审视沉默权制度。

关键词： 沉默权；保障人权；必要性；可行性

引言

2013 年 3 月 26 日，浙江省高级人民法院依法对张辉、张高平强奸再审案公开宣判，撤销原审判决，宣告张辉、张高平无罪。十年前，即 2003 年，张高平、张辉二人因涉嫌强奸并杀害一名女子被杭州市公安机关逮捕。警方在没有掌握任何物证痕迹和找到目击证人的情况下，就认定二张为该案真凶；法院也在仅有两人孤立的口供的情况下给他们定罪判刑。二张声称，在审讯期间是因为遭受到了刑讯逼供才会作出有罪供述的，张辉还称遭到牢头狱霸袁连芳的暴打要求其抄认罪状。

迟来了十年的正义最后还是没有缺席，我们在感到欣慰的同时是否更应该反思为何在实施依法治国多年的今天，冤假错案还频繁发生？为何公民的基本权利仍然会遭受公权力的肆意践踏？原因肯定是多方面的，但是"无救济即无权利"这一古老的谚语提醒我们，犯罪嫌疑人、被告人权利救济机制不足才是野蛮司法滋生的真正原因。显然，在我国当前的司法体制下，犯罪嫌疑人、被告人仅有如实回答的义务而没有保持沉默的权利。沉默权制度的缺失，使得犯罪嫌疑人、被告人无法抗衡强大的国家追诉机关，他们轻则可能遭受皮肉之苦，重则可能被屈打成招，被剥夺自由甚至生命。沉默权制度的缺失，也使得刑侦机关忽视被追诉者的合法权益，片面追求口供。这样不仅容易造成冤假错案，破坏刑事司法程序的公信力，还会动摇公众对法治、正义的信仰，给社会的发展带来极大的负面影响。

同样经历十年的较量，我国的《刑事诉讼法》在今年迎来了它的第二次修订。这次修订，有将近一半的法规都经过了调整修改。可遗憾的是，沉默权仍然没有被写入《刑事诉讼法》中。既然我们已经清楚沉默权制度缺失带来的严重后果，为何在立法时还将其拒在门外？

学界与实务界对于我国是否应该建立沉默权制度的争论从来没有停息过。本文旨在通过介绍沉默权的基本内涵、我国相关的立法现状，分析我国对该制度的态度、沉默权制度的弊端、价值及其在我国构建的可行性来证明我国应该确立沉默权制度。

一、沉默权的基本内涵以及发展概况

（一）沉默权的基本内涵

沉默权有广义与狭义之分，广义的沉默权是公民言论自由权利的具体表现，即公民可以自主地决定自己说什么和不说什么；狭义的沉默权则是犯罪嫌疑人、被告人所持的一项诉讼权利，专指在刑事诉讼过程中，犯罪嫌疑人、被告人对于来自侦查机关的讯问和在法庭审判的时候，有拒绝回答和保持沉默的权利。我们这里所讨论的沉默权是狭义的沉默权。

（二）国外沉默权制度的发展状况

沉默权在西方有悠久的历史。17 世纪，英国率先以判例的形式对沉默权制度加以确认。随后，美国吸收英国的经验，在 1789 宪法修正案中也明确规定"在任何刑事案件中不得强迫被告人自证其罪"，首次将沉默权上升为一项宪法性权利，后来还发展出了家喻户晓的"米兰达警告"。此后，德国、日本等大陆法系国家也纷纷效仿，并通过刑事诉讼立法直接规定沉默权规则。

在 20 世纪 70 年代以后，西方国家新型的暴力犯罪、黑社会组织犯罪、毒品犯罪等越来越猖獗。沉默权制度束缚侦查活动、降低破案效率等弊端也逐渐显露出来，它严格限制了警察对犯罪嫌疑人的讯问，使得不少犯罪分子得以规避法律的制裁，严重危害社会的治安与稳定，不管是来自官员警察，还是人民群众，反对这种绝对的沉默权制度呼声越来越大。[1]

即使如此，西方国家对沉默权制度仍然情有独钟，他们并没有将该制度彻底废除，而是根据国家的具体实情对沉默权制度作出相应的调整和限制，使之不断靠近保障人权与打击犯罪之间的平衡点。[2]

同时，随着国际上保障人权的呼声越来越高，沉默权制度也被写进了第二十一届联合国大会通过的《公民权利和政治权利国际公约》——"任何人不得被强迫作不利于自己的证言或强迫承认犯罪"。

（三）我国与沉默权有关的立法概况

1. 参与国际司法活动方面

1985 年 11 月，我国参与制订了《联合国少年司法最低限度标准规则》，其中第 7 条规定：少年刑事被告人在诉讼各个阶段享有"保持沉默的权利"；1988 年，我国成为国际刑法学协会分会会员，于 1994 年签署了其在第十五届大会上通过的《关于刑事诉讼中的人权问题的决议》，其第 17 条：被告人有权保持沉默。1998 年，我国正式签署加入上文所提到的《公民权利与政治权力国际公约》，其中第 14 条规定：任何人不得被强迫作不利于他自己的证言或者强迫承认犯罪。[3]

2. 国内立法方面

我国 1979 年《刑事诉讼法》并没有确立沉默权制度，但是明令禁止强制取证，规定不得轻信口供。同时，基于发现案件实质事实的需要，1979 年《刑事诉讼法》还直接规定了与沉默权相对立的"如实回答义务"。[4] 而 1996 年《刑事诉讼法》中对这三方面的规定基本没有太大的变化。[5] 在 2013 年开始实施的《刑事诉讼法》中，将原来的第 43 条改为第 50 条，增加了"不得强迫任何人证实自己有罪"的规定；把第 46 条改为第 53 条，增加了判断证据"确实充分"的标准；并且增加了第 54 条，排除用非法手段取得的口供作为证据之用；同时也还是保留

1　边沁在沉默权发展伊始就曾经尖锐地指责其是"人的思想所曾经发现的最有害和最荒谬的规则之一"。庞德在 20 世纪初也对沉默权提出了新的批判，他不否认沉默权之出现是历史之必然，但是认为沉默权已经丧失了继续存在的理由。

2　例如，英国在 1994 年出台的《刑事审判和公共秩序法》规定了犯罪嫌疑人不回答警察的提问而有可能在审判中被法官或者陪审团据此作出不利推论的四种情况。美国的米兰达警告在实施 30 多年以后也作出了调控，规定了三种情况下警察不必实施"米兰达警告"。

3　崔建勇：《论沉默权在我国的实现》，载《商品与质量》2012 年第 7 期。

4　1979 年《刑事诉讼法》第 32 条、第 35 条、第 64 条。

5　1996 年《刑事诉讼法》第 43 条、第 46 条、第 93 条。

了犯罪嫌疑人、被告人"如实回答"的义务。[1]

二、比较分析我国对待沉默权制度的态度

（一）我国对待沉默权制度的态度

从上文可以看到，沉默权制度在西方国家确立已经有300余年了，它早已经超越了法系与诉讼模式的沟壑，并且受到国际社会的广泛肯定。

相比之下，我国虽然在国际司法活动中表示支持沉默权，但是在国内刑事司法制度中并没有对沉默权作出明确的规定。虽然在2013年开始实行的《刑事诉讼法》第50条后面新增加了"不得强迫任何人证实自己有罪"半句话，有人认为这代表着我国沉默权制度的确立。但是"不得强迫自证其罪"并不能简单等同于沉默权，而且我国刑事诉讼法一直坚持规定犯罪嫌疑人、被告人如实回答的义务，显然，我国与世界多数国家做法不一样，在立法中并没有接受沉默权制度。

（二）我国在立法中不接受沉默权制度的原因

我国在立法中没有接受沉默权主要是基于两个方面的考虑。其一，沉默权制度本身的弊端以及其所带来的消极影响；其二，沉默权制度与我国国情不相协调。

1.沉默权制度本身的弊端主要体现在以下两个方面

第一，沉默权制度容易导致放纵犯罪分子。沉默权制度赋予犯罪嫌疑人、被告人面对侦讯机关的讯问时保持沉默的权利，这种权利往往容易被惯犯、职业罪犯所滥用。一旦他们无限制地主张沉默权，警察就没有办法对他们进行讯问，一些要依靠言词证据才能证实的案件就难以查清，如行贿、受贿、贩卖毒品等案件。长此以往，就容易导致放纵罪犯，破坏社会的治安秩序，使得正义难以彰显。[2]

第二，沉默权制度不利于及时打击犯罪。沉默权制度在保障被追诉人的合法权益的同时会给侦查机关的侦查讯问设置障碍。犯罪嫌疑人、被告人缄默不言，没有他们供述的指引就会导致深挖其他潜在物证、书证等的难度加大，降低侦查效率，致使错过破案时机，延长破案时间甚至导致案件不能侦破。迟来的正义非正义，沉默权制度有碍于及时打击犯罪，其弊端不可小觑。

1　2013年《刑事诉讼法》第50条、第53条、第54条、第118条。
2　刘增娥：《沉默权的矛盾分析》，载《唐山学院学报》2003年第3期。

2. 沉默权制度与我国国情不相协调主要体现在以下三方面

第一，沉默权制度与我国现行的诉讼制度不相协调。我国刑事诉讼立法一直都坚持犯罪嫌疑人、被告人有"如实回答"的义务，这一规则体现的立法精神贯穿了刑事诉讼的全过程。很显然，"如实回答"的义务与"保持沉默"的权利是对立的。但是现阶段，公检法系统仍然比较重视"如实回答"积极价值，[1] 在没有免除犯罪嫌疑人、被告人该义务的情况下引入沉默权制度只会造成制度的混乱和无所适从。

第二，沉默权制度与我国目前的办案水平、侦查能力不相协调。现阶段，我国侦查机关长期以来奉行"口供中心主义"，侦查手段单一，传统的讯问取证方式仍然是他们寻找线索、收集证据的主要方法。长期以来，依靠口供的便捷性创造的"高水平破案 GDP"使相关的机关忽视了对其自身侦查水平、侦查技术、侦查设备的更新和完善，更不用说会重视提高侦查人员的素质了。因此，"现阶段我国的侦查技术落后，装备水平低，干警人员素质不高，沉默权入法将会使得法规超前且难以驾驭"成为侦查机关反对沉默权入法的主要理由。

第三，沉默权制度与我国传统的法律文化不相协调。沉默权制度是在西方个人权利之上的传统文化中生长和发展而来的。其关注的是尊重人的尊严，强调即使是国家也没有任何理由侵犯和剥夺公民自我保护的权利。

我们的传统文化以儒家文化为主导，提倡重义轻利，强调奉献精神和国家利益优先。[2] 这种思想反映在传统的法律观上就表现为，犯罪嫌疑人、被告人有义务配合国家打击犯罪，如实回答问题，不能为了一己私权对抗国家公权。

因此，我国的这种国家利益、集体利益至上、个人尊严不受重视的文化土壤根本不适宜沉默权落地生根。民众不能容忍被追诉者保持沉默，理直气壮地对抗追诉机关的，更不能容忍他们把沉默权当成规避法律惩罚都手段。

三、沉默权制度的价值

没有一项制度能够十全十美，沉默权制度也不例外，我们既不能否认它自身的弊端，但是也不能因此就把它视为洪水猛兽，忽视其价值，避而远之。沉默权制度的核心价值在于尊重和保障人权，而这也是我国建立沉默权制度的根

1　持该观点的人认为，要求犯罪嫌疑人如实陈述，有利于实现刑事诉讼的目的，无论是对保障诉讼参与人的利益还是惩治犯罪分子均有积极意义。如实供述的规定是贯彻区别对待的刑事政策的具体表现。

2　例如，《礼记》教育人们"君子贵人而贱己，先人后己"；范仲淹一句"先天下之忧而忧后天下之乐而乐"也成为后世人们处身立世的重要格言。

本依据。具体而言，沉默权制度的价值体现在以下四方面。

（一）使得被追诉者避免遭受刑讯逼供，维护其自身的合法权益

我国法律早已禁止刑讯逼供，但在司法实践当中，严刑逼供、屈打成招的冤案屡见不鲜。本案当事人张高平、张辉就透露自己当年曾经连续七天七夜遭受刑讯逼供，不说"实话"就不给吃饭、不让睡觉，甚至有关侦查人员还指使另一服刑人员对他们使用暴力与暴力威胁，迫使他们写认罪状。

赋予被追诉者保持沉默的权利就能有效地使他们避开侦查人员永无休止的诘问，因为他们没有必须开口的义务，侦查人员也失去了迫使其说话的借口。

虽然确立沉默权制度可能不是遏制刑讯逼供最佳的办法，更加不是唯一的办法，但是只有增强公民在诉讼中对抗公权力机关的力量，通过权力与权利的相互制约，才是对权力最好的监督。

（二）使得司法机关转变执法观念，提高执法水平

我国侦查机关长期以来奉行"口供中心主义"，甚至强调"无供不定案"。口供具有很大的优越性，能够帮助办案人员省去艰辛的侦查取证活动，并且提高破案的效率。但是面对现代社会中错综复杂的新型犯罪案件，如智力犯罪、技术犯罪、金融诈骗犯罪等，依靠单一的调查取证方式已经不足以迅速地打击犯罪，将犯罪者绳之以法了。

确立沉默权制度有利于削弱口供的地位，祛除办案人员对口供的依赖心理，转而自己去寻找线索，查找证据，在实践中积累办案经验。同时，还迫使有关机关为了侦破案件而引进先进的侦查设备，学习先进的侦查技术，并且提高办案人员的办案技术和水平。通过确凿的、客观的证据将犯罪分子绳之于法，还可以增强其公信力以及取得人民群众的拥护和爱戴。

四、我国应该确立沉默权制度的理由

（一）确立沉默权制度是一种价值选择

沉默权制度虽然具有保障人权的优越功能，但其自身也存在不可避免的弊端，一旦被滥用就有可能导致放纵犯罪、贻害正义。关于沉默权制度确立与否的争论，实质上就是关于保障人权与打击犯罪两种价值选择的争论。但是，法的终极关怀在于保障公民的合法权益。确立沉默权制度正是体现了这种价值取向。

（二）确立沉默权制度具有可行性

1.赋予犯罪嫌疑人、被告人沉默的权利并不必然导致口供的丧失

实践中，不少人坚持"如实回答"的义务而排斥沉默权，是因为他们认为赋予犯罪嫌疑人、被告人沉默权，他们就必然保持沉默。

其实这种前提设定是不合理的，赋予犯罪嫌疑人、被告人沉默的权利并不必然导致口供的丧失。

根据侦查心理学的解释，一般而言，有两个因素会促使犯罪嫌疑人、被告人作出不利于自己的供述。第一，这是犯罪嫌疑人、被告人的风险评估结果。他们通常会对供述与否的利害进行内心评估，当他的内心标准认为供述的利大于弊时，就会选择供述，反之则保持沉默。[1] 第二，人的社会属性往往会使犯罪嫌疑人、被告人向别人透露心迹，以减轻负罪感和缓解心理压力。在实践中，一些理性的人在犯罪后如实供述自己的罪行甚至纠正办案人员掌握的证据、线索上某些细节性的错误就属于这种情况。[2]

根据国外的一些数据分析，确立沉默权制度也并没有阻止犯罪嫌疑人、被告人供述认罪。日本的刑事被告人认罪率就高达 92.3%；而在美国，辩诉交易是以被追诉人认罪为前提的，其辩诉交易案件占宗案件的 90% 以上；早在1993年，英国刑事案件中被追诉者行使沉默权的仅有 4.5%。当然，不可忽视的是，确立沉默权制度的各国均建立起一系列旨在使犯罪嫌疑人、被告人开口说话的制度，并没有将沉默权推向极端。[3]

从上述分析可知，赋予犯罪嫌疑人、被告人沉默的权利并非必然导致口供的丧失，也不是要阻断追诉机关获取被追诉人陈述的途径。我们完全可以通过掌握其罪犯心理以及建立相应的制度使他们自愿开口说话，而非野蛮地"撬开他的嘴巴"。

2.办案水平、侦查能力低并非必然限制沉默权制度的确立

根据马克思主义理论，经济基础决定上层建筑。不可否认立法必须根据具体的国情进行。盲目照搬照抄国外的做法是不可取的。但是，法制建设与具体国情也并非亦步亦趋的。难道，侦查机关办案能力低，犯罪嫌疑人、被告人就

1　袁曙光、张静：《口供的心理学解释：暴力与自愿》，载《山东警察学院学报》2012年第1期。

2　袁曙光、张静：《口供的心理学解释：暴力与自愿》，载《山东警察学院学报》2012年第1期。

3　这里是从沉默权制度整个发展过程来看的，当然也曾经出现过极端使用沉默权的时期。

无权选择沉默了吗？而且，我国侦查水平低也是相对于现阶段的西方国家而言的。英国在 17 世纪确立沉默权制度的时候，其侦查手段和能力也不见得比现在我国所具备的要高。

侦查机关的这种担忧显然低估了侦查手段提升的潜力。侦查手段应当按照法律规定的程序进行，而非根据其机关内部自己的规定实施。一时事评论学者曾经指出："如果侦查手段不得不依照新的程序而变动，那么它总会在新的程序中找到效率。只要有章可循，侦查效率总能得到提升。"

因此，笔者认为，法律应当首先从价值上体现公平、正义，而不是一味地迁就现有的侦查水平；其次，沉默权制度的确立关键不在于办案能力、侦查水平，而是与价值取向有关，关键在于是否珍惜和认可沉默权制度的价值。

3. 沉默权制度的确立与我国传统文化并非水火不容

首先，随着时代的发展和变迁，我国的传统文化不可避免地受到外来文化的影响而发生了改变。尤其是随着改革开放的不断深化，广大国民有机会学习、吸收西方流入的价值观念，中国传统的群体本位价值观念受到很大的冲击。我国国民的自我意识开始觉醒，逐渐认可西方民主、自由、平等的思想，并开始努力追求个人利益的实现。同时，对于人权、法治的向往和追求也使他们对诸如沉默权等先进的权利制度有更加客观的认识。据调查，2012 年两会期间，67% 的网友支持将沉默权明确加入当时正在修改的刑诉法中。

其次，虽然我国传统文化强调个人对国家利益的服从和忠诚，但是并不意味着中国人不重视自己的尊严。我国古代有不少诗词典故就反映中国人对于自己名誉、节气的重视和爱惜程度并不逊色于其对于国家的忠诚。[1] 同样，本案当事人张高平在接受记者关于赔偿问题的采访时，他如是说："我并不在乎，就算一分钱不给，我也不在乎。什么都比不上名誉清白的重要。"张辉在服刑期间也拒绝减刑的机会，不改造，因为他认为自己没有犯罪。他也说过，只要没有平反，即使刑满释放他也绝对不会回家，会继续坚持申诉。可见，沉默权制度致力于维护人的尊严的价值取向与中国人的荣辱观是存在暗合的。在司法腐败严重，公权力泛滥，每个人随时都有可能成为被冤枉对象的今天，中国人十分渴望能有有效的制度帮助他们捍卫自己的尊严和名誉。

4. 我国的法治化、民主化建设进程为沉默权制度的确立创造了良好的环境

2004 年，国家把尊重和保障人权写进宪法，而刑事诉讼法作为小宪法也迎

1　例如《礼记·儒行》强调："儒者可亲而不可劫也，可近而不可迫也。可杀而不可辱也。"以及"名节重泰山，利欲轻鸿毛""安能摧眉折腰事权贵，使我不得开心颜"等诗词，陶渊明不为五斗米折腰的典故。

来了重大的修改，先后确立了"无罪推定"原则、禁止刑讯逼供和以威胁、引诱、欺骗以及其他方法非法收集证据、不得强迫自证其罪等。这些制度的确立为沉默权制度的建立奠定了一定的制度基础。司法改革的逐渐深入，司法机关正在改变重实体而轻程序，重打击而轻保护的传统观念。逐步确立起实体与程序并重，打击犯罪和保障人权并重的新的法治观念。这为沉默权制度的建立提供了现实的可能性。

新一届领导人就职，随即强调要把权力关进笼子里，要让公民在每一个司法案件中感受到公正。这体现了国家规范公权力，保障公民权利的决心，为沉默权制度的建立提供了政策性导向。同时，法学理论对沉默权制度的研究不断深入，为沉默权制度的确立做了理论上的准备。

因此，我们有理由相信，随着我国法治与民主建设力量的加大，确立沉默权制度指日可待。

结语

德国法学家耶林曾经说过："世界上的一切法都是经过斗争得来的。所有重要的法规首先必须从其否定者手中夺取，不管是国民的权利还是个人的权利，大凡一切权利的前提就是在于时刻准备着去主张权利。"因此，笔者坚信，只要我们能够确信沉默权制度的先进性，坚持保护人权与打击犯罪并行，积极地为沉默权制度的确立做准备，在不久的将来，赋予犯罪嫌疑人沉默的权利，不再是奢侈品。

浅谈自助行为向索债型非法拘禁罪转化的认定

高　阳

温州大学法政学院

摘　要： 近年来，随着社会经济的发展，债务纠纷日益频繁，致使部分债权人无法及时有效地行使债权。在这种情况下，部分债权人通过限制债务人人身自由的方式以及时保护自己的权利，但在实施这种自助行为的同时，却在一定程度上侵犯了他人的人身自由权甚至构成非法拘禁罪。在这种情况下，应当结合该行为的持续时间、行为的方式及强度、行为造成的后果等多重因素综合考虑，在保护当事人权利的同时又防止公权力的滥用，以求私力救济和公力救济的效用合法化、合理化。

关键词： 人身自由；自助行为；非法拘禁罪；私力救济；公力救济

引　言

　　人身自由是自然人自主参与各项社会活动、参与各种社会关系、行使其他人身权和财产权的基本保障。[1] 公民的人身自由权，作为人权的重要内容，被大部分国家以法律的形式予以承认，我国《宪法》同样规定："中华人民共和国公民的人身自由不受侵犯"，[2] 这就要求公民在法律允许的范围内有权独立为一定行为而不受他人干涉，并且对于他人和国家机关而言，"禁止非法拘禁和以其他方法非法剥夺或者限制公民的人身自由，禁止非法搜查公民的身体"。[3]

　　相应的，我国《刑法》第 238 条也对非法拘禁罪进行了明文规定，界定了非法拘禁罪的构成及量刑，对保护公民的人身自由和打击非法拘禁犯罪起到了重要的作用。除此之外，我国还在多部法律法规中对公民的人身自由予以保障，

　　1　王利明主编：《民法》，中国人民大学出版社 2013 年第 5 版，第 514 页。
　　2　《中华人民共和国宪法》第 37 条第 1 款。
　　3　《中华人民共和国宪法》第 37 条第 3 款。

以切实维护公民的人身自由权不受侵犯。

与此相对比的是我国《民法（草案）》第八编的侵权责任法第 23 条规定，"在自己的合法权益受到不法侵害，来不及请求有关部门介入的情况下，如果不采取措施以后就难以维护自己的合法权益的，权利人可以采取合理的自助措施，对侵权人的人身进行必要的限制或者对侵权人的财产进行扣留，但应当及时通知有关部门"，这一条文被认为是关于自助行为的规定，它允许当事人在一定程度上对侵权人进行人身的限制以达到保护自己权利的目的。

民事上的自助行为和刑事上的非法拘禁犯罪虽然都在一定程度上限制甚至剥夺了他人的人身自由，但究其性质却截然不同，因而在责任的承担方面也存在着显著的差异。然而自助行为和索债型非法拘禁罪在行为的外在表现形式及行为的动机等方面可能具有同一性，在现实生活中的情况也极其复杂，导致在司法实践中存在不少分歧。因此，正确认定自助行为是否向索债型非法拘禁罪转化就显得尤为重要。

一、正确区分自助行为及索债型非法拘禁罪的意义

随着债务纠纷的增多，债权人就会通过各种手段保护自己的合法权益，其中就包括限制债务人的人身自由，那么，在这种情况下，债权人的行为在性质上是否合法，是属于民事领域的自助行为还是刑事领域的非法拘禁罪，要承担相应的民事责任还是刑事责任，就显得极为复杂。前者是在私权利的基础上形成的私力救济的途径，而后者则是以强制力为后盾的公力救济，对双方行使权利的限制乃至结果的承担都适用不同的规则，将直接影响其实体权利义务。因而正确区分自助行为、索债型非法拘禁罪意义重大。

（一）有助于保护债权人的权利，减少类似纠纷

正确区分两者的界限，将有助于保护债权人的权利，这是不言而喻的。试想，如果在司法实践中，不能明确区分两者，债权人也就无法判断自己的行为是否合法，也就无法预知自己要承担什么责任，这势必给债权人造成巨大的心理压力，使其不敢充分实施自助行为以保障自己的合法权益。相应的，债务人的侥幸心理得到助长，更容易滋生此类纠纷，陷入恶性循环。但如果能在司法实践中正确区分两者，就能在法定的限度内给予债权人最大的权利去保护自己的权益，对债务人无疑是一种有效的制约，也可以防止类似的纠纷案件再次发生，起到定分止争的作用。

（二）切实保护债务人的合法权益

法律面前人人平等，这就要求法律在保护债权人的合法权利的同时，也要保护债务人的合法权利。在现实生活中，债权人因债务人拖延债务的清偿而实施的限制人身自由的行为，难保债权人不会借机打击报复，对债务人的人身权造成损害。这就要求司法实践能正确区分两者，在债权人行为明显过当构成犯罪的情况下，应当追究其刑事责任以保护债务人的合法权益。

总而言之，正确区分自助行为、索债型非法拘禁罪意义极其重大，一方面它可以保护债权人的财产权不受侵害，并防止类似的纠纷案件再次发生；另一方面，它也可以在私权利使用过当构成犯罪的情况下对其进行制约以切实保障债务人的人身权等合法权益。可以这样说，正确区分认定两者，不仅是法治理念的内在要求，也是公平正义的必然选择。

二、自助行为、索债型非法拘禁罪概述

正确区分一个行为是自助行为还是非法拘禁罪的意义如此重大，这就要求相关机关在区分定性的时候严加甄别。而在认定自助行为是否已经向索债型非法拘禁罪转化之前，首先就要明确自助行为及索债型非法拘禁罪的概念，以全面了解其构成要件及适用条件。

（一）自助行为的概念及构成要件

自助行为作为一种私力救济的手段，在我国法律上并无明文规定，但在现实生活中却时有出现，并在一定程度上解决了公力救济不力的难题。自助行为英语为 self-help，德语为 selbsthilfe，从字面上解释就是自我帮助的意思。对于自助行为的概念，理论界的观点不一，如德国法学家梅迪库斯认为自助行为就是"为了阻止那些依靠官府的援助仍无法避免的危害请求权行为的发生，在法定的条件下，权利人侵害他人之物并对债务人实施暴力的行为"。[1] 另一位德国法学家拉伦茨认为，"为了保证权利而采取的法律上允许的、具有进攻性的行为，即法律允许的自助"。[2] 我国台湾地区的学者史尚宽先生将自助行为定义为"自助行为谓以私力确保权利之实行，原则上非自己执行，仅为临时性之保全处置"。[3]

1　［德］迪特尔·梅迪库斯：《德国民法总论》，邵建东译，法律出版社 2013 年版，第 133 页。

2　［德］卡尔·拉伦茨：《德国民法通论》，王晓晔译，法律出版社 2002 年版，第 358 页。

3　史尚宽：《民法总论》，中国政法大学出版社 2000 年版，第 756 页。

梅仲协先生认为，"以私力保护自己之请求权，伸臻于安全者，谓之自助行为"。[1]

笔者认为以上的观点各有侧重点，但以王利明教授的观点最具代表性，其认为自助行为是指权利人为实现自己的请求权，在情况紧迫又不能及时请求国家机关予以救助的情况下所采取的对他人的财产或自由施加扣押、拘束或其他相应措施的合法行为。[2]根据该观点，自助行为的构成应当符合如下五个要件[3]：（1）必须为保护自己的合法权利；（2）必须是情况紧迫而来不及请求有关国家机关的援助；（3）自助的方法是保障请求权的实现所必需的；（4）必须为法律或社会公德所许可；（5）不得超过必要的限度。

（二）索债型非法拘禁罪的概念及构成要件

根据我国刑法的相关规定，[4]非法拘禁罪是指非法拘禁他人或者以其他方法剥夺他人人身自由的行为。《刑法》第238条第3款规定，为索取债务非法扣押、拘禁他人的，依照非法拘禁罪的规定处罚。这是通常所说的索债型非法拘禁罪。索债型非法拘禁罪，顾名思义，就是指行为人以索取债务为目的而实施的非法拘禁罪，它不是独立的一个罪名，而是非法拘禁罪的一种特殊形态。

对于索债型非法拘禁罪的构成要件，笔者认为，应当同时符合如下三个要件：

（1）当事人之间存在债权债务关系是本罪的前提要件。债权债务关系的存在是成立索债型非法拘禁罪的前提，也是发生后续非法拘禁罪的原因和基础，但是应当注意，当事人的债权债务关系须在拘禁行为之前就已经存续，而非拘禁行为之后才发生，且根据最高院的解释，[5]这里的债务也可以是法律不予以保护的债务，如赌债等。

（2）拘禁行为以索债为目的是本罪的目的要件。索债型非法拘禁罪中行为人须以索取自己的债款为目的而拘禁他人，而不是因为其他非法的目的如勒索抢劫财物，否则应以其他相应的犯罪论处。

1　梅仲协：《民法要义》，中国政法大学出版社1998年版，第163页。
2　王利明主编：《民法》，中国人民大学出版社2013年第5版，第93页。
3　王利明：《侵权行为法研究》，中国人民大学出版社2004年版，第571～573页。杨立新教授对此也持有相同观点，参见杨立新：《侵权法论》，人民法院出版社2004年版，第216页。除王利明教授和杨立新教授的五要件说外，我国理论界还有六要件说和四要件说，分别参见孟继超、刘鹏崇《自助行为浅探》及徐建伟《论自助行为》。
4　《中华人民共和国刑法》第238条第1款。
5　根据2000年7月13日最高人民法院《关于对为索取法律不予保护的债务非法拘禁他人行为如何定罪问题的解释》（自2000年7月19日起施行），行为人为索取高利贷、赌债等法律不予保护的债务，非法扣押、拘禁他人的，依照《刑法》第238条的规定定罪处罚。

（3）构成非法拘禁罪是本罪的后续要件。作为非法拘禁罪的一种特殊形态，本罪除了要符合上述的前提要件和目的要件以外，当然还应该符合非法拘禁罪的构成要件，即本罪的客体是他人的人身自由权利，客观方面表现为行为人必须具有非法拘禁或者其他强制方法以非法剥夺他人人身自由的行为，犯罪主体为一般主体，主观方面出于故意，并且具有非法剥夺他人人身自由的目的，此处不再赘述。

三、区分自助行为、索债型非法拘禁罪应当坚持的理念

应当说，要想在司法实践中正确区分自助行为和索债型非法拘禁罪，仅靠明确它们的概念是远远不够的，这就好比一辆车行驶到分岔路口，有路却没有路标，还是会给人困惑。因此在明确了两者的概念和构成后，还需要有一个区分两者所必须坚持的理念。笔者认为，这个应当坚持的理念就是：对于一般的因自助行为而限制他人人身自由的行为，一律不以非法拘禁罪论处；对于行为人因实施自助行为而产生的明显过当行为，可参考民事中的正当防卫过当和紧急避险过当的做法，[1] 行为人承担相应部分的民事责任；只有在行为人的行为明显超出必要限度且情节确实严重的情况下才以非法拘禁罪论处，并在量刑上从轻处罚。之所以对该类行为主要认定为自助行为，主要基于如下考虑：

（一）自助行为符合法效率价值的要求

效率作为法的重要价值之一，充分体现在法律规范之中，并被广泛运用在司法实践中。在美国，大多数私人纷争都是在法院之外解决的（通常的估计是在所有的纷争中只有 5% 最终进行裁判）。[2] 同样的情况也存在于我国，随着经济的快速发展和商贸往来的频繁，民间的债务纠纷呈现上升趋势，若将所有的纠纷案件通过类似诉讼的公力救济的方式予以保障，不仅在能力上不可能，在现实中也不必要。而自助行为作为一种私力救济的手段，能在第一时间给权利人保护自己的权利创造机会，并且在时间、精力和其他成本方面较公力救济具

1　《中华人民共和国民法通则》第 128 条规定："因正当防卫造成损害的，不承担民事责任。正当防卫超过必要的限度，造成不应有的损害的，应当承担适当的民事责任。"第 129 条规定："因紧急避险造成损害的，由引起险情发生的人承担民事责任。如果危险是由自然原因引起的，紧急避险人不承担民事责任或者承担适当的民事责任。因紧急避险采取措施不当或者超过必要的限度，造成不应有的损害的，紧急避险人应当承担适当的民事责任。"

2　［美］罗伯特·D.考特、［美］托马斯·S.尤伦：《法和经济学》，施少华、姜建强等译，上海财经大学出版社 2002 年版，第 325 页。

有显著的优势，因而更能体现其效率的价值。

（二）自助行为在一定程度上弥补公力救济的不足

将自助行为纳入民事领域有利于发挥其自身优势，弥补公力救济的不足，并与公力救济起到互补的作用，更能充分保护权利人的合法权益不受非法侵害。众所周知，在民事领域中，只有在权利人的权利受到不法侵害并请求国家机关予以救助的情况下，国家机关才会依申请对其权利进行保护，这就决定了公力救济的被动性和滞后性，这势必会给权利人造成一定的负担，在某种程度上又对权利人保障自己的合法权益增设了障碍。此外，类似诉讼的公力救济方式往往会耗费大量的时间和精力，而在现代快节奏的生活生产中，大量耗费的时间又将给权利人造成不同程度的损失，会给权利人增加额外的维护权利的成本，使维权成本远远大于所遭受的损失，相当于在无形中给权利人施压，迫使权利人放弃保障自己合法权益的权利。

正如有学者所言，"当事人不仅是自身利益最好的法官，还是自身利益最好的执行者"，[1]权利人的自助行为就能较好地克服公力救济的上述弊端。一方面，自助行为不像公力救济那样，是一个具有滞后性和被动性的迟延过程，而是在第一时间就对自己的权利予以保护，在行动上具有及时性。另一方面，自助行为相较公力救济所花费的维权成本要更小更合理。自助行为不像诉讼需要花费大量的时间、精力和成本，对解决标的额较小的纠纷显然更便捷也更合理。简而言之，自助行为在维权的过程中能节约大量的时间和成本，在司法资源有限的情况下能更经济更快捷合理地解决纠纷。

（三）自助行为体现了均衡私权利和公权力的理念

应当说，私权利和公权力看似对立实则是统一的，因为公权力从来不是为限制私权利的行使而创立的，而是为了让公民更好地行使私权利，以保障和服务私权利为最终目的的。然而，不可否认的是，在现实生活中，公权力却往往凌驾于私权利之上，甚至过分干预私权利的行使。恰如德国法学家耶林所言，为权利而斗争是权利人对自己的义务。因而即便在公权力对权利人的权利予以保护的情况下，也应该允许权利人选择行使私权利维护自己权利。因此，公权力应当作为最后的后盾，即在权利人行使私权利却不足以保护自己的利益或者权利人主动申请公权力予以保护的情况下，公权力才作为保护权利人的主要力量。而在其他情况下，则仅作为私权利的补充对公民的权利进行保护。自助行为便是这样，允许权利人通过一定行为以维护自己的合法权益，起到权利杠杆

1　徐昕：《论私力救济与公力救济的交错》，载《法制与社会发展》2004年第4期。

的调节作用，防止公权力的滥用和私权利的不力，以切实维护权利人的合法权益。

（四）债务人过错在先

除了自助行为自身的优势外，债务人过错在先也是对该类行为主要认定为自助行为的原因之一。此类行为的发生，大多是因债务人没有及时履行清偿义务所致，也就是说，债权人的限制人身自由的行为是债务人的过错在先的结果，债务人完全可以通过履行债务来避免该行为的发生，即债务人有选择行为人为或不为该行为的能力。在这种可以预期结果的情况下，如果债务人仍逃避自己所需清偿的债务，那么对拘禁行为人就应该减少其法律上的负担以给予保障其权益的便利。

四、用以区分自助行为、索债型非法拘禁罪的标准

近年来，随着社会的经济发展和商业贸易往来的增加，债务纠纷逐渐增多，公力救济已无法完全并及时解决所有的债务纠纷。因此一些债权人通过限制他人人身自由的方式来促使他人清偿其债务以保护自己的合法债权，但这种在民事领域通过限制他人人身自由来保护自己合法权利的自助行为，却因行为人的行为方式、行为目的等多种因素的综合影响下有所变化，甚至构成刑事领域的非法拘禁罪。两者的责任承担方式和程度都截然不同，那么如何在实践中认定自助行为是否已经向索债型非法拘禁罪转化了呢？笔者以为，该行为是一个十分复杂的过程，不能仅凭某一标准就认定转化与否，而应当通过对整个过程的分析，结合行为的持续时间、行为的方式及强度、行为发生的空间、行为所造成的后果及其他标准综合考虑，判断自助行为是否已经向索债型非法拘禁罪转化。

（一）行为的持续时间

如上所述，自助行为不应当超过必要的限度，而行为的持续时间的长短就能在很大程度上反映这个限度是否合理。针对行为人的自助行为而言，在一定的时间内仍然无法通过该自助行为获得权利的救济的情况下，就应当及时请求国家机关予以公力救济，而不能依旧通过限制他人人身自由的方式形成一种权利的对峙，即行为人在合理的时间内仍然无法通过自助行为实现自己债权的时候，就有请求公力救济的权利或者必须负担给予他人人身自由的义务。

现代的社会是一个信息高度发达的社会，应当说信息的传递和流转所需的时间是相对短暂的，也就是说行为人在通常情况下，寻求公力救济所需的时间

不会过长。那么，多长的一个时间段才算得上是因自助行为而耗费的合理的时间，不构成索债型非法拘禁罪呢？笔者认为，在实行自助行为时起，限制他人人身自由 24 小时以上的，即构成索债型非法拘禁罪。之所以将自助行为的合理时间限定在 24 小时以内，主要基于以下理由考虑：（1）根据 2006 年 7 月 26 日最高人民检察院《关于渎职侵权犯罪案件立案标准的规定》，国家机关工作人员利用职权非法剥夺他人人身自由 24 小时以上的应予以立案。这对自助行为的行为人具有借鉴意义。（2）针对实施该行为的行为人而言，24 小时是一个足以寻求公力救济的时间，正如一句法谚："法律不保护躺在权利上睡大觉的人"，如果在 24 小时内还未请求国家机关的救济，实有恶意拘禁之嫌。（3）对于被限制人身自由的人而言，24 小时也是一个可以承受的范围，不会造成过大的人身或者财产的损失。

基于以上考虑，在行为的持续时间上，只要在实行自助行为之时起限制他人人身自由超过 24 小时的，应当认定为自助行为已经向索债型非法拘禁罪转化。

（二）行为的方式及强度

应当说，行为的方式和行为的强度是最能客观反映行为人意图的外在表现，因而在判断行为人的真实意图和认定自助行为是否已经向索债型非法拘禁罪转化有着重要意义，也是一个极其重要的衡量标准。在现实生活中，限制人身自由的方式多种多样，如实施捆绑、关押、软禁等，附随各种方式的强度也不尽相同，如对同一关押行为而言，既可以是言语恐吓也可以是暴力威胁。针对这种情况，笔者以为，只有当该限制人身自由的行为明显超出必要的限度即从限制人身自由转变为剥夺人身自由才构成索债型非法拘禁罪，而一般的限制方式如软禁、关押及相应强度均属自助行为的范畴，不以非法拘禁罪论处。这样规定不仅符合刑法的"但书"规定，[1] 也是对公权力的一种制约，在保护权利人的权利的同时防止公权力的滥用，同时对债务人形成一种威慑，促使其清偿债务。但如果行为人的行为明显过当即剥夺他人人身自由，如使用管制刀具等械具或运用殴打等暴力手段对他人进行人身限制，则可认定为自助行为已经向索债型非法拘禁罪转化，用公权力制约私权利以保护该债务人的人身权。

（三）行为造成的后果

判断一个行为是否已经由自助行为向非法拘禁罪转化，行为造成的后果同样是一个需要考量的标准，即行为所造成的后果是否严重，是否超过了必要的限度。如果超出了必要的限度，就构成非法拘禁罪。笔者认为，评价一个行为

1　《中华人民共和国刑法》第 13 条。

造成的后果是否超过必要限度，同样可以参考最高检《关于渎职侵权犯罪案件立案标准的规定》，即"非法拘禁，造成被拘禁人轻伤、重伤、死亡的"，或者"非法拘禁，情节严重，导致被拘禁人自杀、自残造成重伤、死亡，或者精神失常的"，均可认定为已经向非法拘禁罪转化，应当立案调查。但是应当注意的是，如果是被拘禁人自己的原因导致自身的损害，则所造成的结果不应当由行为人负担责任，如被拘禁人为了逃避债务，强行出逃不慎导致重伤，则该损害的结果不该由行为人承担，因为行为人不仅在主观上没有伤害的意图，在客观上也没有实施除限制人身自由以外的其他加害行为。

（四）其他的一些标准

笔者认为，上述的三个衡量标准兼具定性和定量的作用，即是用来判断行为是自助行为还是已经向非法拘禁罪转化以及承担责任的轻重，而下列的几个标准则更多的是一个定量的作用，即在认定行为的性质之后，解决行为人承担多少民事或者刑事责任的问题。这些标准包括：所欠债款数额的大小、被拘禁人所处的环境、拘禁的人数、是否给予必要的饮食等，在具体的司法实践中可由法官依具体情形而自由裁量。

综上所述，在判断行为人的自助行为是否已经构成索债型非法拘禁罪的时候，主要应当结合行为的持续时间、行为的方式及强度、行为造成的后果这三个评价标准，只有当自实现自助行为时起超过 24 小时或者行为方式及强度明显过当或者造成上述严重后果才构成索债型非法拘禁罪，否则均不成立非法拘禁罪，而属于自助行为的范畴，不应以刑事犯罪论处。至于上述的其他标准，应当视具体情况分别而论，如果还未构成非法拘禁罪，还属于自助行为的范畴，那么这些标准将作为衡量自助行为是否过当的标尺，从而决定行为人是否应该承担相应的民事责任。如果行为人的行为已经构成非法拘禁罪，那么，这些标准将作为考虑行为人量刑的情节。

结　语

没有救济就没有权利，法律在承认公民的权利的同时，应当允许公民通过私力救济的方式保护自己的权利，自助行为作为一种私力救济的重要形式，也应当被法律所认可甚至鼓励。但另一方面，公民在行使权利的时候，也不得损害他人的合法权利，否则就构成了权利的滥用。因而，在司法实践中，对认定自助行为是否已经向索债型非法拘禁罪转化就需要格外慎重，这既是对双方当事人的负责，更是对法律的权威性负责。

圈中的自由

贺吉凤

浙江工商大学法学院

摘　要： 本文是一篇关于自由限度的随笔。笔者有感于生活中、网络中各种对自由放任式的文化推崇的盛行，而展开自己对如何限定自由的理解。本文是即兴而发，论证不严密之处，望各位读者见谅。

关键词： 自由的限度；法的价值；法的价值位阶

自由，人人心向之。尤其，在我们中国，这个曾饱受封建主义思想毒害的国度，几千年来人性被压抑着，自由一直是少数人的专利，哪怕是那位站在金字塔最顶端的"天子"，或许还会羡慕今日中国一普通民众所享有的自由。可以说自由主义，在中国古代悠悠几千年的时间里，从来没有形成一种主流思想，成为一种普世的价值观，上升为一种国民信仰。在那个时代，于中国人而言，自由或许如飞天梦一般，永远只是一个无法实现的，只能在神话传奇演义中所讲述的故事；现实的状态是：处在社会底层的劳苦大众敢怒不敢言，靠近金字塔顶边的各个阶级的行为亦被各种规矩所束缚着，沉默的大多数一直就是古代中国的群体代表。在这样的背景下——古代中国法制不断走向专制——自由的价值完全被等级结构秩序观所淹没，直到洋人入侵，国门被破，国人才顿悟这个民族已经落后于西方的事实，而开始探寻强国之路。先人们研究学习吸收西方强国的各种制度，各种思想，不断对原有的社会制度进行着改革。在这样的进程中，西方民主自由的思想开始传入、流传、渗透到中国各个角落，在中华大地涌现出一批又一批的自由战斗士。

时至今日，自由、民主早已深入国人心中，也不断地被国人实践着。在我们的周围充盈着各类声音，那是国民对自由表达权利的行使，在各方报纸杂志中流传着各种小道消息，那是国民对出版自由权利的行使。然而自由战斗士依旧为追求更大的自由而斗争着。我们对自己现有的自由范围并不满足，极力追求更大的自由。部分自由主义者渴望美国式的自由，无疑，美国式的自由是值得借鉴的。美国称自己为世界上最自由的国家，它也不断地吸引着来自世界各地的移民。自由，在这个高度法治的国度里，被写入宪法第一修正案里："国会不得制定关于下列事项的法律：确立国教或禁止信教自由；剥夺言论自由或出版自由；或剥夺人民和平集会和向政府请愿申冤的权利。"这一宣言亦已被世界多国所借鉴，只是美国人对自由的尊重与信仰，矢志不渝。可以说自由一直贯穿于美国人的法治理念中，并在自由和其他法律价值的冲突战争中，一次又一次被赋予更高的价值位阶。第一修正案关于自由的含义，在美国建国 200 多年以来的岁月里被一代又一代的美国人所塑造。自由，已经不仅仅是美利坚这个民族法的目的价值，而是上升到这个国家关于法律文化的一种烙印。

"但是，正如林达所说，要想理解美国的自由，你得先看到美国的不自由。在欣赏美国自由的同时，我们所不能忽略的，是美国人为了自由而付出的代价。美国人热爱自由，他们甚至可以为了自由而选择承受随之而来的牺牲，即使在经历了如诸如恐怖袭击、种族冲突、信任危机等情况下，也不轻易放弃自由，虽然有时候，他们为了自由，不得不付出惨重的代价。""不自由，毋宁死"，在这个国度得到了最真切的还原。[1] 美国为自由划定了一个让所有他国公民都羡慕的圈。分析美国对自由固执地坚持的原因，这和自由已经上升为美国国家的法律文化上的信仰是不可分的。当自由成为一国烙印于文化的价值，立法者也好，普通公民也罢，当他们面对法的价值的各种冲突的时候，自然会自发地将自由列于法的价值位阶的前排。无疑，中国可以从美国建国两百多年来关于保障自由这条路上的得与失中得到很多借鉴。然而美国式的自由至上的原则以及其对自由之圈的划定真的就适合移植到中国这块拥有不同习俗文化的土地上吗？我们大多数公民似乎只看到了自由给美国带来的蓬勃生机，却忽视了美国人为了自由而付出的代价。在两千多年的封建思想还遗留于中国的今天，我们的民主还不是很完善，法治观念亦没有深入国民的信仰当中，但在各种思想、价值观、文化不断冲突的当下，社会矛盾不断涌现着，公民对正义的渴求，对廉政的渴望，对社会平等的追求，变得更加强烈。我们看到世界第一强国身上所焕发的自由民主光圈，羡慕于他们的各种社会制度，心中对现有体制的不满情绪不断地积淀着。而此时，一个突发的社会事件，经过这个日趋由思想自由主导下的市场的不断发酵，总会膨胀成为一种全民的监督。透过这种监督，公民的权利得到救济，平等自由等法的价值理念更加深入人心，我们越来越意识

1　作者佚名：http://www.unjs.com/zuowen/duhougan/20120204164709_754204.html，中国大学网。

到"公民能够自由表达其希望和意愿，乃是一个健全社会最大且惟一的安全所在"[1]。可是到底要赋予公民多大的自由才是最合适的？在各种价值的冲突中，中国式的法治国家该如何排列这个价值位阶？

赋予公民最大的自由权利，是中国建设法治国家的必由之路。个人拥有按照自己意愿说话与写作的自由，是民主制度不可或缺的必然要求。言论自由为公民对政府的监督提供保障，使公民不会"因言获罪"。出版自由促使这个国家流传更广的各种价值，各种思想，哪怕这种思想为人们所痛恨。然而在互联网时代，网络已成为公民自由表达的平台，各种言论在网上发布，而流传最广的，常常是对于现实社会中不公平事件的揭露。这是自由对于维护法的另一个目的价值——公平正义的一种促进作用。但是，现如今我们国家的整体网络文明秩序却是混乱的。网上的各种流言的传播影响着公民的生活，各种攻击性的言语不断发酵着，网民可以想说什么就说什么，因为在全球化的融合中，公民们早已懂得自己享有言论自由的权利。在网上，每个人都有可能成为被搜索的对象和成为搜索他人的看客，人对于隐私的保护在自由面前显得是如此微不足道。我们追求着自由，却丧失了隐私。"私人生活正在被摧毁，人们自身，也正在一点一点地丧失私人生活的感觉与体会。"[2]生活变成了一块巨大的透明玻璃，在这块玻璃下，人们行使着自由且这种自由被所有人围观着……当自由和隐私（当然和自由冲突的不只是隐私）分别放在天平的两端，美国人在200多年来的司法实践中，倾向了自由这一端，而中国该如何选择？

在这里，就要比较一下中美的文化差异了。美利坚这个民族对自由的保护，是超越了我们民族传统的"法制"观念的。自汉代春秋决狱开始，中国法律走上了儒家化的道路。儒家法律思想基本上坚持"亲亲""尊尊"的立法原则，为了维护国家的和谐，就要维护"礼治"，提倡"德治"，重视"人治"，从而形成严密的等级秩序和伦理价值观。虽然这样的思想早已在改革中被国人逐渐的改造，但透过这种传统的儒家思想还是可以窥见出中华民族自古以来的一种法律文化。这是一种等级结构秩序观，它体现在我国文化当中的便是"和"，体现在法的价值位阶中便是秩序的稳定大于个人的自由，体现在人与人的关系中便是不侵犯他人的隐私。就是这样一种文化，默默地影响着中国法治建设。在法治建设中，我们宣扬自由，但在实践中，在对法律行为的评价过程中，政府官员也好，普通大众也罢，总以我们民族的朴素价值观为出发点，不自觉地将法律的天平倾向于公共秩序这一端。而一些自由主义者却总是在事后对这种

1　[美]埃玛·戈德曼：《我的生活》，多佛尔出版社1970年版，第704页。

2　米兰昆德拉在1985年的一次访谈中所言。

法律行为的评价结果表示失望，对评价行为予以批判。当然，随着我国市场经济体制的建立和不断完善，中国社会的大趋向注定将变得更加自由，作为个体的我们将更为独立自主，更具有进步性和独创性。现下，自由已深入人心，我们公民个人的行为已趋向于做自由选择而不受约束，人与人之间的关系却似乎变得比以往更紧张，各种"和谐"关系破裂，随之而来的是各种矛盾。当然法律作为调节矛盾的一种有效手段，开始派上用场，各类法律机关开始繁忙。自然，在某种程度上，从一个国家司法机关的繁忙程度和判案效率可以窥见出该国的法律运行状况。在法治建设的进程中，必然会出现各类新的纠纷，司法机关对这些矛盾的解决结果，体现了社会对各种利益的衡量。在自由不断地侵犯其他法律价值的过程中，国家该如何选择？在自由至上已经成为普遍价值观的当下，该给自由划定怎样的边界？

于前所述，很多公民不满我国现在的自由体制，渴望着美国式的自由。诚然，现今中国民主法治的建设还不够完善，可是硬要在一个无自由放任文化深深扎根的国度里实行美国式的自由主义，这和揠苗助长有何区别？在当下中国，在法治建设中，比自由更重要的还有很多。胡适先生早在新文化运动中就为当时的中国人定义过自由二字："我们现在说的'自由'，是不受外力拘束压迫的权利，是在某一方面的生活不受外力限制束缚的权利。"自由是一种权利，既然享有了这种权利，就必然要承担一定的义务即不拘束压迫他人，不在某一方面的生活上限制束缚他人。而现在个人期望对自由不加限制，必然导致自由的滥用，也就必然侵害其他人的自由，从而造成不平等。这种不平等的涉及面是和自由至上价值观的盛行程度成耦合关系的。"我们不应该突飞猛进地去寻求建立一个只有少数人才享有的奢侈的权利体系，在转型期的当下中国，应该将实现权利平等的分配，社会秩序的安定作为我们今天法治建设的阶段性目标。"[1]而纵观当代的一些"自由主义者"，在行使自由的过程中完全摒弃其所应该承担的责任，造成社会秩序的混乱，造成他人权利的伤害。在"和"的思想依旧是中华文化烙印的情况下，我们可以也必然可以将"和"融入于法治建设，建立一个拥有中国文化烙印的自由社会，法治国家，却又何必沿着那些和自己没有文化交集的人的足迹前进去开垦一片不适宜生长的土地？难道我们非要等到"那些被我们所痛恨的言论同样自由"的自由行为即刻而明显地伤害到整个社会秩序时，才会领悟到要为自由划定一个边界吗？

这是一个开放的时代，自由是相互的，自由亦意味着容忍那些我们所痛恨

1　[美]安东尼·刘易斯：《吉迪恩的号角：一个穷困潦倒的囚徒是如何改变美国法律的？》，陈虎译，中国法制出版社2010年版，第2页。

的言论，接受自由社会的各种监督，而同时法律也需要给自由划定边界。对自由的追求是法治的要求，法治的特征之一是自由的表达，而法治社会要求以法治国，这就要求自由需被限制在法的价值所划定的边界中。这个边界的大小的划定各国不一，大小不等，正如对土地进行分割一样并不是让每个人得到相同面积的土地而平均分割，而是参考了不同因素的作用，毕竟每一块土地的成分都不会是相同的，同理，每一个文化所孕育的社会对自由的解释和自由限度的接受力是不同的。倘若实现个人的绝对自由将以牺牲稳定和谐的秩序为代价，那么在今日中国，它只会是一个令人恐惧的胜利。

失地农民权益保障与农户征地意愿的关系分析

——以浙江省庆元县五都征地为例

胡逢阳

浙江工商大学法学院

摘　要： 分析征地过程中农民的权益保障情况和征地意愿，对改革征地制度、建立完善被征地农民权益保障制度具有重要意义。本文通过对浙江省庆元县为建设香菇市场征地过程中所遇到的问题进行走访农户调查，分析目前在土地征收过程中，农民的权益保障情况及其对征地意愿的影响。为征地制度的进一步完善和农民权益保护提供重要指导意义。研究结果表明，失地农民的经济和社会权益均在征地过程中受到不同程度的损害，而权益保障的缺失导致农户征地意愿不强。因此，政府在征地过程中应当更加注重对失地农民各项权益的保障，通过保障失地农民权益来提高农户征地意愿，以此保证征地过程的顺利进行。

关键词： 征地；农民权益；保障；征地意愿

改革开放以来，我国以东南沿海为代表的地区工业化和城市化迅速发展。在此进程中，农村集体土地被大量征用，失地农民的数量日趋庞大。对农民而言，一旦土地被征，农民失去土地的同时也失去了最基本的生产资料和社会保障载体，其生产方式和生活方式也将发生重大变化。农户必须调动人力、资产、社会关系等要素以应对征地所带来的风险，以满足其生计目标。由于我国在发展过程中城乡发展不均衡，部分失地农民在社会保障制度不完善的情况下，收入低，难以维持基本生活。我国征地行为中农民权益一直没有得到应有的保障，这既有制度方面的原因，也有技术方面的原因，但这些问题都是可以加以切实解决的。尤其是征地后土地补偿问题及社会保障问题更应得到高度重视。分析征地过程中农民的权益保障情况和征地意愿，能够切实有效的帮助政府解决征地难的情况。

一、浙江省庆元县征地补偿的基本现状

庆元县位于浙江省西南部，是人工栽培香菇发源的地方，香菇产业自然成为当地的经济支柱。随着近年来，香菇产业的不断发展和壮大，20 世纪 80 年代建立的香菇市场已经很难满足日益壮大的香菇交易。因此，向近郊农民征地，建设更具现代化的香菇市场成为促进庆元经济发展的当务之急。根据县政府的规划，打算在距离县城 5 公里处的五都村征用 200 亩农民土地，建设一个具有现代化的香菇市场，方便香菇交易，促进经济发展。

（一）2012 年庆元县建设香菇市场征地过程

政府的征地计划从 2012 年年底便开始实施，但一直到现在也没能和当地村民达成一致，导致征地工作迟迟不能开始实施。笔者通过走访当地村民、村委会及政府相关部门，调查了解被征地农民的权益保障与其征地意愿之间的关系。

2013 年年初，政府和村委会协商以每平方米 75 元的价格向村民征用农田，但遭到部分村民的反对。村民普遍认为 75 元每平方米价格低于市场价太多，并强调土地是他们收入的来源，一旦失去土地，他们将失去最基本的生活来源。在协商无果两个月后即 2013 年 2 月 2 日，由于建设的迫切需要，政府在没能与村民协商一致的情况下，将施工队派入征地现场，随即遭到了村民的阻止。征地工作再一次搁置。

直到 2013 年 7 月，政府再次与村民进行协商，村民要求政府提供一定的宅基地作为征地补偿。根据每一位村民所被征用地的多少向村民提供一定的宅基地作为补偿。暂定标准是每征用 100 平方米的农田补偿农户 6 平方米的宅基地，当时政府表示接受。但在补偿宅基地的归属上，村民与政府出现分歧，政府打算将补偿的宅基地作为村集体资产交由村委会统一管理，但是村民认为补偿的宅基地应该直接归于村民个人。在这个问题上，政府与村民的协商再一次陷入僵局。2013 年 8 月，政府派施工队进行施工，打算先施工后协商，此举同样遭到了村民反对。现如今，征地工作仍旧搁置。

（二）庆元县五都村村民征地意愿与其权益保障的关系分析

以此次建设香菇市场征地为契机，笔者通过问卷调查的形式走访了五都村 60 户村民，分析其对于征地的看法及其征地意愿。

表1 农民对征地的意见

是否愿意	愿意	不太愿意	很不愿意	无所谓
样本户数（户）	5	23	32	0
比例（%）	8.33	38.33	53.33	0

表2 农民对征地补偿的看法

	征地补偿标准			补偿能否弥补土地损失		
	很低	偏低	合理	不能	差不多	能
样本户数（户）	32	19	9	54	3	3
比例（%）	53.33	31.66	15.00	90.00	5.00	5.00

表3 农民愿意选择的安置方式

安置方式	货币安置	土地置换	招工	社保
样本户数（户）	2	28	8	22
比例（%）	3.33	46.67	13.33	36.67

从调查的情况来看，大多数失地农民不愿意土地被征。在60户被征地农户中，有23户不太愿意土地被征，32户农户不愿意土地被征，两者合计占被调查农户91.66%。具体分析其原因：

1. 补偿标准偏低，分配不合理。在调查中，我们得知征地后农民一般平均得到的所谓"卖地费"仅为每平方米75元，而农民的期望值是150元，80%以上的农户认为现行的补偿标准低，90%的人认为现行补偿根本不能弥补其失去土地的损失。据了解，征地前平均每年种地收入大约在4000元～10000元，按规定拿到的征地补偿费，种上几年就可以收回了，而征地后就失去了种地所得到的收入。农户通过分析感到补偿标准不合理。

2. 征地后产生的外部性问题，影响了农民其他生产收益。由于部分农户可能只是部分土地被征收，剩余土地容易造成条块分割，不利于土地的规模经营，造成土地利用效率的下降。而被征土地的重新规划可能影响相邻土地的利用，甚至降低相邻土地的生产力。而水体污染、粉尘、噪音污染、河流堵塞或改道，这些都可能降低农作物的产盘，增加额外农地改造投入成本等。

3. 农民对征地后就业安置方式不满意。失地农民能否再就业关系到农民的长久生计。调查区域主要采取一次性货币安置的办法，也就是农民所说的"一刀切"。对于政府而言，这种方法操作简单易行，只要按法定补偿标准计算安置费发放到农户就行。对农民而言，单一的货币安置方式缺少对农民长久生计问题的考虑，因而引发了农民的反对。调查数据显示。只有 3.33% 的农民选择货币安置的方式进行征地。同时，农民也更倾向于社保安置和土地置换，有 36.67% 的农户选择愿意社保安置和 46.67% 的农户选择土地置换。其次是就业安置，13.33% 的农户选择愿意招工即就业安置。（如表 3 所示）。

笔者通过走访村民发现：村民最担忧的问题，一是部分年纪较大的居民因为子女经济收入不稳定，普遍对自己的养老问题担忧。二是土地被征用，村民的身份由农民变为无业居民，找不到工作，对今后的基本生活保障十分担忧。三是年龄稍大一些的农民认为，自己过去是靠卖粮维持生计，当今是买粮度日，手中无粮心发慌。

通过对村民的走访，笔者发现其实村民们对于政府征地的工作都是表示理解的，也并非无论如何都不出让土地，而是普遍认为政府所提供的征地价格较低，对于自己今后的生活无法保障。若政府能设身处地为村民的养老、就业等问题所想，提供更好的保障体系，相信村民的征地意愿会增强。

二、从庆元县五都征地看地方政府征地存在的问题

（一）地方政府对征地农民权益的不尊重

2001 年 6 月，国务院为了规范城市房屋拆迁工作曾颁布了《城市房屋拆迁管理条例》（俗称拆迁法）。2011 年 1 月，国务院又颁布了《国有土地上房屋征收与补偿条例》。中央对地方政府的征地拆迁工作做出了更为严格、更为细致的规定，明确限定了政府出于公共利益的需要进行房屋征收的范围，并严格禁止暴力拆迁。并且《宪法》第 13 条明确规定：公民的合法的私有财产不受侵犯；国家依照法律规定保护公民的私有财产权和继承权。虽然国家已经出台了多项保护被征地农民权益不受侵犯的相关法律法规，但这些条例的出台依然未能阻止某些地方政府的非法拆征行为，地方政府仍然随意侵犯公民的私有财产权。本案中，正是由于地方政府对于农户权益的不尊重才进而导致了农户不愿意积极配合政府的征地工作，最终使得征地工作一拖再拖。若政府能够从保护农户权益的角度上出发，切实为农户考虑各项保障措施，那么农户的征地意愿必然提高，征地工作也将顺利进行。

（二）地方政府地征地过程中对程序规定的不尊重

根据国务院《关于深化改革严格土地管理的决定》及国土资源部《关于完善征地补偿安置制度的指导意见》等部门规章来看，并结合本案，政府在征地

程序上并未严格遵循国家相关法律法规的规定，而是在没有和村民、村集体取得协商一致的情况下，派遣了拆迁队进入农田进行征地。从决定来看，一直由政府部门独立进行的征地报批制度被打破，被征地农民作为政府实施征地的直接相对人参与进了报批程序。显然政府在未取得村民同意的情况下想要直接征地的做法侵犯了农民的合法权益，并且违背了部门规章的相关规定。

通过对浙江省庆元县征地案例的分析，表明现阶段我国地方政府在征地过程中对程序规定的不尊重。我国目前征地工作程序在很大程度上由政府和集体进行暗箱操作，征地听证制度未能有效实施，监督机构的建立未能有效发挥作用，实施的每一个环节均由政府和集体操作，征地过程不透明，体现不出"公开、公平、公正"的原则。征地前，政府或村委会宣传力度不够，一般不向农民征求意见，农户对征地程序、征地用途、安置途径等一无所知；在征地过程中，政府很少向村民宣传土地法规，农民对征地政策不明确，特别是不能对补偿标准有准确认识。并且某些地方政府不公开测算耕地征用前三年的平均年产值，在没有村民代表参加下决定补偿安置费的倍数，只是简单地将结果通知农户；在征地完成后，集体截留资金的用途和数额未能明确公开，分户补偿安置费没有上墙公示，有关部门没有公开不同村的征地补偿情况。

地方政府在征地过程中对农户知情权的忽视，侵犯了农户的权益，同时农户对于政府的公信力也产生怀疑。政府在征地过程中对于程序的不尊重，实质是在侵害农户权益，因此农户对于政府征地行为产生排斥心理进而产生征地意愿不强的心理。

（三）现行制度的缺陷

查阅我国现行的土地征用制度相关的法律文献，主要有《宪法》第10条、《土地管理法》第2条及2012年11月28日，国务院常务会议通过《中华人民共和国土地管理法修正案（草案）》。结合本文案例，笔者认为现行制度存在以下缺陷：

1. 补偿原则不明确。通过对浙江省庆元县五都村征地过程分析不难发现，整个征地过程并没有一个明确的补偿原则作为整个征地过程的指导原则。党的十六届三中全会《决定》中虽然提出"合理补偿"的原则，但2004年《宪法》修正案中并未吸收采纳，至今为止仍未确定征地补偿原则的问题。[1] 正是因为没有补偿原则的指导意见，征地补偿的随意性很大，为政府在征地过程中能

---

[1] 帅海香：《我国农村土地征收补偿法律制度的问题与对策》，载《法学杂志》2011年第10期。

够轻易地侵害农民权益提供了便利，导致征地恶性事件层出不穷，引发社会问题。

2. 补偿标准和范围不合理。根据《土地管理法》第 47 条的规定，现行征地制度确定补偿与安置的费用，是基于被征用地的原用途和征地前 3 年的平均值计算的，与被征用地的区位和综合环境因素没有任何联系，致使补偿费用与实际市场价格差距甚远，引发群众不满情绪。

3. 补偿收益主体不明确。现行征地补偿制度中，征地补偿费用包括土地补偿费、安置补助费、青苗补助费和地上附着物四个部分。后两者的归属自然是各归其主，容易引发补偿费分配矛盾的主要集中在前两部分。由于我国的农村经济形式主要是以农村合作社为主的集体所有制形式，导致土地集体所有的主体虚位，本应直接发给被征地农民的土地补偿费因集体所有而折价。安置补助费常被乡、村扣除，致使被征地农民安置费大幅减少，对此被征地农民表现出极为不满。

4. 补偿的方式单一，安置难以落实。因为现行征地制度规定的补偿方式主要包括：货币补偿和劳动力安置。但在当今社会主义市场经济不断的完善下，该种补偿方式显然已经不适应社会的发展。农民的文化程度低、综合素质不高，农民的再就业问题必然是困难重重。

5. 补偿程序不规范，行政救济和司法救济徒于形式。《现代行政法基本理论》所设计的"通过行政程序重塑行政相对人主体地位"之路，亦证实了行政程序的不可或缺的地位。与在服从行政权的前提下进行消极的权利救济不同，良好的行政程序为行政相对人提供了一个与行政机关交流、沟通、对峙与合作的法定平台。通过这一平台"让行政相对人拥有站着而不是跪着与行政机关说话的充分理由，主动参与行政过程，讨论与己有关的事务或者大家都在关心的事务"。[1] 现行的征地制度存在着重实体轻程序的问题。程序的缺失将给社会稳定带来很大的危害。若没有明确程序要求，公民的实体权利就失去了应有的程序上的法律保护。对于征地行为是否符合"公共利益"的争议、征地补偿标准是否合理的争议，以及征地补偿费的分配争议，均在现行制度中被排斥在司法审查的救济之外。

1　章剑生：《现代行政法基本理论》，法律出版社 2008 年版，第 11～12 页。

三、改革征地制度的建议

（一）明确我国目前征地制度改革的主要内容

征地制度改革关系民生福祉、关系群众切身利益、关系社会管理。对于目前我国征地制度的改革，有许多观点，如我国学界关于农村集体土地征收补偿的五大理论学说：恩惠说、既得权说、公共负担平等说、特别牺牲说、人权保障说。[1] 征地制度改革的核心难题是现代化进程中耕地保护、农民合法权益与城镇化、工业化三者之间的关系。在这三者关系中找到平衡点，是征地制度改革的难题。把被征地农民安置好、稳定好，是征地制度改革的关键。我国征地制度改革重点在于规范政府征地行为、完善补偿程序。正如国家土地副总督察甘藏春强调：目的是确保被征地农民生活水平不下降，长远生计有保障。换言之，在中国现阶段，改革征地制度的重点应该放在规范政府征地行为、规范征地程序、完善补偿安置程序上。同时对于出现的征地补偿争议，要形成一个良性的协调机制。将被征地农民安置好、稳定好，不让他们的生活水平下降，不让他们的长远生计没有保障，这是最关键的。

（二）改革征地制度的建议

通过对庆元县五都征地问题的走访与调查，笔者对改革我国征地制度提出几点建议：

1. 完善已经建立的农民基本养老保障制度，提高基本生活保障待遇。浙江省已经建立了较为完善的农民基本养老保障制度，但从目前实施情况来看普遍存在每月所提供的生活保障待遇较低、难以对失地农民提供有效帮助的现象。在本案中庆元县政府于2013年6月发布《关于调整庆元县被征地农民基本生活保障有关政策的通知》文件对被征地农民基本生活保障政策内容进行完善。一是缴费标准适当提高。增加农民及政府对于被征地农户的保险支出，用来取得更高的每月生活保证待遇。二是待遇水平提高。其中，农户最低可享受的待遇为每月领取294元。但在笔者看来，被征地农民基本养老保险待遇仍旧太低，还有待提高，并且应当参照城市居民养老保险制度的待遇标准。毕竟土地是被征地农民赖以生存的物质基础，离开了相依为命的土地以后，对年龄稍大一些的农民来说，收入来源减少，仅凭每月微薄的保障待遇难以解决基本生活问题。

1　唐佩玉：《论我国农村土地征收补偿制度的缺失与完善》，广西师范大学出版社2010年版。

2. 建立完善被征地农民失业保障。失业人员是指在劳动年龄内有劳动能力，目前无工作，正在以某种方式寻找工作的人员。被征地农民养老保障金的领取年龄为男 60 周岁，女 55 周岁。因此，在确定失业保险缴纳人员时，也只需考虑男 20 ～ 60 周岁，女 20 ～ 55 周岁这部分人员。参照《失业保险条例》（国务院令第 258 号）规定：对于新增的被征地劳动力都须由征地单位按国家相关规定，替其按农业实践缴足失业保险费。失业保险作为中央级别的公共品，其外延性随地域性扩展而扩展。失地农民的失业保险自然应该和城镇居民一并公平待遇，尤其是失地农民相对于城镇居民来说是弱势群体，公平负担社会成员的缴费成本和转移接续资金比例是作为政府在公共治理道路上的重点。只有做到这一点才能在真正意义上达到对被征地农民权益的保障。[1]

3. 完善就业保障机制，积极拓展失地农民就业渠道。在解决失地农民基本生活保障的基础上，努力提高失地农民的劳动技能，积极拓展就业渠道，解决农民的就业问题。一是要完善社会化职业培训机构。加大对失地农民，尤其是中青年劳动主力的职业技能培训。二是要完善劳动力市场。拓展就业空间，在当地发展一批就业门槛低的、有特色的劳动密集型企业，以便失地农民进行就业。这样政府的征地工作必然能够比较顺利的进行，并且失地村民也能够得到相应的生活保障，实现双赢。

4. 借鉴留用地政策。在征地过程中，政府在被征收土地上划出一部分土地留给被征地农民自由支配，用于组织发展二、三产业，壮大集体经济、安置失地农民，其实质是一种有效安置方法。在征地实践中，地方政府为保障被征地农民的长远生计，一般规定按照农村集体被征地土地面积一定的比例，在地段较好、交通方便的指定位置划出部分土地，交由该农民集体按规划用途开发建设商铺、工业厂房等用于出租。例如，浙江省台州市规定，留出征地面积 5% ～ 10% 的土地，用于被征地村发展符合国家产业政策和规划的产业。从长远来看，留地安置政策可以缓解就业压力，壮大集体经济，使被征地农民得到长期的利益，充分调动被征地农民的积极性。

5. 制定科学合理的补偿标准。我国现行征用土地的补偿费用普遍采取法定补偿标准的低限。即使按照《土地管理法》的补偿高限标准计算，也往往不及该土地的市场价值。仅根据耕地的年产量并不能反映土地的位置、地区经济发展水平、人均耕地面积等影响土地价格的经济因素。因此，应以农用地市场价格作为确定土地征用费的基本依据。

1　潘楠：《农民工养老保险的公共治理道路：社会公平角度》，载《法制与社会》2010 年第 15 期。

6.完善相关法律，防止政府滥用公权力征地。在征地过程中，某些地方政府以维护公共利益的名衔，滥用公权力，强制被征地农民做出牺牲和让步的事情屡有发生。若政府出于公共利益的需求，通过政府适当地使用公权力，让少数人的利益服从社会公共利益，维护社会大多数群体的利益本身并没有过错。但问题的关键在于对公共利益的界定。关于此问题的解决，笔者赞同梁季阳[1]提出的以下观点：首先，应当修改现行《土地管理法》，明确界定征地过程中的公共利益问题；其次，让被征地农民有发言权，而解决发言权的最好途径就是通过完善相关征地法律程序。

1　梁季阳：《改变土地开发思维破解土地利用困境》，中国法院网：http://www.chinacourt.org/article/detail/2012/03/id/474527.shtml，最后访问日期：2013 年 3 月。

削弱或促进：大调解机制与中国实质法治的推动

黄璘斓

浙江工商大学法学院

摘　要：伴随纠纷多元化解决机制的兴起，大调解机制也在我国应运而生。有别于部分学者的声称，大调解机制实质上不曾抛弃司法中心主义，而又有助于实现情与法在解决社会纠纷方面的统一。大调解机制对中国实质法治的促进作用大于其削弱作用，是我国在多元化解决社会纠纷的道路上的有益探索与尝试。

关键词：实质法治；大调解机制；多元化纠纷解决机制

一、ADR 的兴起与大调解的勃兴

2004 年 8 月，联合国前秘书长科菲·安南在 2004 年 8 月所作的、关于《法律和过渡性司法在冲突中以及冲突后社会的应用规则》的报告中指出："（我们）必须关注本地的、非正式的传统在管理司法或者解决纠纷方面的作用，以帮助它们保持其通常是至关重要的地位，并且，我们应当在兼顾国际标准和地方传统的基础上促成这一切。"[1]

这是联合国官方对于非单一法律手段纠纷解决机制的明确认可，并或多或少成为许多学者、政治家以至于社会学家的进行非诉纠纷解决手段研究的重要参考。

"传统司法解决机制：比如 Culo Kwor，Mato Oput，Kayo Cuk，Ailuc 和 Tonu ni Koka 以及其他已经在受冲突影响的社区中得到实践的传统司法解决机制，在进行必要的修改后，应当被推广，并且应当在追究（社会成员）责任和

1　The Rule of Law and Transitional Justice in Conflict and Post-Conflict Societies. Report of the Secretary-General. New York: United Nations.

调和（社会关系方面）作为一个中心的部分。"这款规定出自于乌干达政府和当地反政府武装（LRA）主的抵抗军在2007年所达成的协议，[1] 同时也是双方基于传统的、重在社会调和纠纷解决机制向国际社会所发出的最强烈的信号，也吸引了不少西方法律学者为之侧目。

受到这些文件影响，在对非洲此类纠纷解决机制加以精深研究的基础上，西方学者 Luc Huyse 对西方标榜的以法律扮演统治性力量的纠纷解决方式产生了极大的怀疑。以国际刑法为例，他指出，即便是国际刑事起诉也存在固有的限制，它们通常是以犯罪人为中心的，而没有给予受害人以足够的重视：法庭确认个人犯罪，而不关心其所犯何种类型的暴行；其实施上的缺点也显而易见：一旦证据出现问题，在许多案件的具体情况下，法律的实施便会遭遇瘫痪；再者，这种司法很容易被感知为专横而导致受害者丧失对法律的信心（因为受害者本人不易参与这种司法的进程）[2]

与此同时，许多发达国家开始普遍利用替代性纠纷解决机制解决矛盾纠纷。替代性纠纷解决机制源于英文 Alternative Dispute Resolution，简称 ADR。ADR 概念源于美国，原指各种诉讼外纠纷解决方式，其中就包括调解，现已引申为对世界各国普遍存在着的、民事诉讼制度以外的非诉讼纠纷解决程序或机制的总称。西方发达国家在经历了漫长的法治发展历程后，相继兴起不同种类的ADR 解决方式，并逐步被纳入法制轨道。有数据表明，现在美国95%的民事案件经过和解和在法院内附设的强制仲裁或调解等代替诉讼解决纠纷程序中得到解决，只有不到5%的案件进入法庭审理阶段。[3]

由此，我们不难发现，国际社会上许多成员都意识到了运用基于传统的多元纠纷解决机制以解决社会矛盾的重要性；认识到了法律手段并非解决社会问题的唯一途径，除了法律手段外，各国的文化传统已经提供了不少行之有效的解决方式可供选择；了解到本国法治的发展并非要以牺牲本国固有的法律传统为代价，也并非要一味迎合西方的法律制度和观点。

为顺应这一法治发展的潮流，作为非诉讼纠纷解决机制之一的我国的大调解机制在这一历史机遇期得以提出。近年来，各地政法机关多按照中央的指示对这一机制进行了积极探索，但其对"大调解机制"一词的理解和使用仍不甚

1　Allen Tim，Trial Justice: The International Criminal Court and The Lord's Resistance Army（London:Zed Books，2006）

2　Luc Huyse，Introduction: Tradition-based approaches in peace-making，transitional justice and reconciliation policies（IDEA），p.4.

3　章武生：《司法现代化与民事诉讼制度的建构》，法律出版社2000年版，第520页。

统一。四川基层法院系统中就有人认为："所谓大调解就是在'调防结合、以防为主、多种手段、协同作战'方针的指导下，在党委政府领导下，综合利用多方面的力量，共同调解人民内部矛盾的机制和手段。"[1]宁波市有关部门则逐渐形成了"以党委、政府统一领导，政法综合治理，部门牵头协调，司法行政部门业务指导，调解中心具体运作，职能部门共同参与，整合各种调解资源，对社会矛盾纠纷协调处理的'大联调'机制。"[2]与此同时，厦门法院系统中又有法官提出，大调解机制应该是"以行政调解、人民调解、司法调解等调解形式的单独或组合运用为手段，各相关职能部门或机构联动参与，对社会纠纷进行综合调处的一种多元纠纷解决机制。"[3]

虽然上述关于大调解机制的说法均不十分统一，但通过归纳其中心思想，可以得知现阶段许多地区从事司法实务的人员已在不同程度上认识到：

1. 大调解机制是一种机制或者制度集合。

2. 大调解机制应该综合运用社会各方面的力量，灵活运用行政调解、人民调解、司法调解等各种调解形式。

3. 大调解机制应当坚持党委、政府职能部门的领导或指导。

4. 大调解机制的运行目标是多元化解决社会纠纷。

在现阶段司法实践中，大调解机制应是指在党领导下，在有关国家机关的具体指导下，综合运用各种社会力量对特定的社会纠纷进行调处解决的多元化纠纷解决机制。

二、大调解机制背后的质疑声浪：抛弃司法中心主义

伴随着大调解机制的出炉，一些质疑甚至反对的声浪也时有出现。有学者就认为，"大调解"抛弃司法中心主义，仍然以"维稳"为指导思想，它不计成本，不考虑不同机构、组织的功能，用单一的方法应对千差万别的个案，用钱来抹平个案中的是非曲直。所以，它仅仅是一支治疗绝症的强心剂而已。"大调解"的滥用，虚置了现有法律为解决纠纷而设计的各种制度，或者把这些制

1　牟乃东、陈寒非：《大调解机制中法院的角色定位》，http://cdfy.chinacourt.org/article/detail/2010/12/id/576552.shtml，最后访问时间：2013 年 10 月 1 日。

2　张炳生、郑丹丹：《宁波市大调解机制的发展与完善基于江东区经验调查与总结》，http://www.chinalaw.org.cn/html/dfxh/xsjl/3478.html，最后访问时间：2013 年 10 月 1 日。

3　张希华：《"大调解"格局中的衔接机制探析》，http://www.xmcourt.gov.cn/pages/ContentView.aspx?CmsList=132&CmsID=217，最后访问时间：2013 年 10 月 1 日。

度贬降为"大调解"的附属品，它的后果之一可能是昔日的"法律虚无主义"卷土重来。[1] 按照他的说法，遵循当事人主义的司法应该在纠纷解决机制中扮演中心角色，对每一个纠纷都有必要采取完整的司法程序、耗费一定的司法资源、在分清事实和是非曲直的情况下进行解决。

他的担忧不无道理。有别于西方发达国家在法治道路上累积多年而形成的当事人主义的诉讼模式和以司法为中心的纠纷解决方式，近代以来的我国在引进上述纠纷解决机制的历程中，基础仍显薄弱。如若此时大力提倡司法以外的其他纠纷解决方式，客观上将可能对现有的司法模式形成一定的挑战。而且从合理性角度上看，现有的司法制度已相对成熟，而大调解机制则不然，还处在一个探索阶段，用现有的司法模式解决纠纷可以在相当大程度上保证实体公正和程序公正，而对于大调解机制而言，则是未知数。

但是，更多情况下司法并不一定有能力介入所有纠纷，法律也不是所有社会问题的唯一解决办法，似乎更应该成为法律人的共识。笔者认为：大调解机制和司法诉讼模式在适用条件上并无互相排斥，而是各有自身的利弊，可以互为补充。

与大调解机制比较，司法模式下的纠纷解决更加强调事实真相的查明，程序的严格遵循和明晰区分当事人之间的权利义务。这样的解决机制固然对双方当事人给予了充分关注，得出的解决结论也比较可能接近公正合理的要求，也能充分展示事件真相，但是其不足之处就在于有限的司法资源无法给予数量不断膨胀的纠纷以同样的关注；再加上我国公民的法律素养、权利意识仍有待提高，还广泛存在着息事宁人、不愿诉讼的心理；诉讼给当事人带来的代价是巨大的，一场诉讼继续下来，本来和睦的亲人可以反目成仇，本来经营良好的事业可能受到严重拖累，本来疲惫不堪的心灵更是会被旷日持久的诉讼摔落低谷，而接踵而来的诉讼费用、诉讼风险则往往让当事人望而生畏。

与司法模式下的纠纷解决相比较，大调解机制主要以其灵活、方便和高效为人所称道，加之基本无须费用，隐秘性高，风险低，自然成为许多人解决纠纷的首选。目前条件下，调解可以深入田间地头，可以到达庭审现场，可以落户基层，可以闭门解决。许多事实或者程序环节在调解中变得不像在诉讼中那么重要，当事人之间的妥协在所难免，"退一步海阔天空"是促使双方走向一致、消弭分歧的最佳办法。但是，某些时候其"和稀泥"一般的行事风格，也被许

1　章剑生：《"维稳"不"维权"——关于"大调解"逻辑的一点思考》，http://blog.sina.com.cn/s/blog_7956769801017iy5.html，最后访问日期：2013 年 10 月 1 日。

多人批评为不重视对真相的发掘和缺乏对当事人的行为性质的评价，因而饱受诟病。

因此可以说，大调解机制并非排斥或抛弃司法中心主义，而是司法的重要补充。一方面，调解手段的灵活与费用低廉，可以有效满足负担不起诉讼成本的当事人的需求以及高效解决轻微纠纷的需要；另一方面，诉讼手段也可以用于纠正错误的调解以及把更多地司法注意力集中到纠纷争议较大、案件影响较大的案件中来，防止"诉讼爆炸"。

三、大调解机制背后的情与法：融情于法，以法驭情

我国传统文化长期受到儒家思想的统治，珍视家族、邻里之间的和平，倡导"和为贵"，素有"无讼是求"的传统。同时对轻易采取诉讼的行为采取消极蔑视的态度，即孔子语："听讼，吾犹人也，必也使无讼乎。"（《论语·颜渊》），受到这种文化影响，无讼现象是在古代中国很有代表性的一种社会现象，甚至时至今日它还在广大的乡村社会中普遍存在着。简言之，就是说，人们在发生纠纷时不主张首先利用法律诉讼来解决问题，而是利用传统的伦理道德等观念，以官吏、乡里长老等人进行调处的方式来调节协调。

大调解机制的产生，一定程度上顺应了此类"情理"上的需求，满足了当事人的心理需要。湖北法治网报道了几起通过人民调解解决的案件：2012 年 5 月初，黄石市黄思湾社区第四网格 93 栋居民王某，原系冶钢职工，也是早年的市级劳模。因个人离休待遇未落实，多次上访。调解员从家访中得知情况后，多次到冶钢集团公司协调，了解到王某有一个条件不符合离休政策，并及时与他沟通，解开了他的心结。6 月，和平街社区居民王某和胡某之间发生斗殴纠纷。在社区调解员的密切配合下，社区调委会依法进行调解。通过对当事人双方进行法律知识的宣传和教育，王某认识到自己的错误，提着水果到胡家赔礼道歉，并赔偿了经济损失。[1] 这两个案件，都是在当事人无意诉讼的情况下，通过调解人员的介入，把社会纠纷解决在当事人之间，稳定在萌芽时期，避免了无谓的诉讼纠缠，符合当事人的心理需求，有着一定的积极意义。

大调解机制发挥了其他社会规范在解决纠纷方面的重要作用，融"情理"于案件之中，使解决成果更能为当事人接受。众所周知，法律是调节社会关系的一种规范，但并不是唯一的。其他的社会规范，诸如道德、风俗习惯，乃至

1　《西塞山区社区网格化管理助推人民调解工作》，http://www.124.gov.cn/2012/0725/24507.shtml，最后访问日期：2013 年 10 月 1 日。

宗教信仰也同样在一定范围内发挥着调整社会关系的作用。正如孔子所说："导民以刑，民免而无耻；导民以德，有耻且格。"在许多情况下，仅凭借法律的作用来解决纠纷，其效果是有限的。除了法律之外，其他的社会规范同样可以在调解机制中被灵活运用，借以实现纠纷解决的法律效果、社会效果、政治效果的统一。

然而，在有可能合乎民间社会"情理"和文化习惯的同时，大调解机制是否合乎法治的要求似乎更受到人们的重视。民间社会的情理和法治社会的法律规范能否兼容，是人们关注的重点。在大调解机制目前的广泛实践中，其实不乏合情不合法的现象。据报道，湖北省黄石市开发区曾成功运用行政调解，化解了当地一企业的股东纠纷问题，不仅使企业得以存续，而且挽救了该企业许多员工的岗位，恢复了继续生产。[1]在这个案件中，或许当地政府机关的出发点是好的，符合公众的文化心理，然而其不经当事人双方申请便进行能动性行政调解的行为却值得在法律上进行再商榷。

但这并不意味着大调解机制只容情而不容法。一方面，大调解机制必须在法律范围内发挥其作用，不能违反法律强制性规定；另一方面，采用大调解机制解决纠纷得出的成果应得到法律的及时确认和保障。从这个意义上说，不仅大调解机制应当符合法治的要求，其所凭借的其他社会规范和"情理"也同样应该符合法律的要求。背离法治的大调解机制是无源之水、无本之木，不仅自身违法，也会使其纠纷解决的成果无效。

四、大调解机制与实质法治——促进多于贬损

法治，从法理学的意义上讲，应该包括实质意义上的法治和形式意义上的法治两重含义。其中，若要实现实质法治，就必须广泛运用包括政党、司法机关、行政机关、人民群众等在内的一切社会资源，使其享有法律规定的权利或者职能，自觉履行法律规定的义务。

笔者认为，从实质法治的意义上来看，大调解机制的促进作用多于其贬损作用，因为：

大调解机制并非抛弃司法中心主义，而是对实质法治进行有益的补充。大调解机制反映了替代性纠纷解决机制的发展趋势，是实现实质法治的理想道路。纵观法治发达国家的先进经验，其实没有哪个国家依靠司法可以解决所有纠纷。

1　《黄石开发区调委会妥善化解黄石市晨茂铝业股东纠纷》，http://www.124.gov.cn/2012/0531/24495.shtml，最后访问日期：2013年10月1日。

与之相反，他们建立了一个立体的纠纷解决机制，而我国却在很长一段时间里主要靠司法发挥作用。最高法院司改办指导处副处长龙飞谈及大调解机制的司法改革时认为：在西方发达国家，"有纠纷首先想到的是行业组织，通过这些渠道解决成本低、速度还快，比如美国，打一个官司要花很多钱，而且旷日持久，这时候非诉讼的机制就发挥作用了"，其结果是"很多法治发达的国家真正起诉到法院的案件一般只是在所有纠纷数量的 20% 上下"[1]。而大调解机制实际上弥补了我国的这一缺陷，成为我国寻求多元化机制解决纠纷的重要一步。

大调解机制并非牺牲法治而换取社会效果，而是寻求社会情理与正当法律的统一。法谚曰："法律之情理乃法律之灵魂。"可见，法律自身也是人类情理的产物，只有符合人情事理的法律才更易得到人们的遵守与执行，才更易接近于实质法治。在接受光明网记者采访时，全国人大代表、河南省驻马店市中级人民法院副院长李其宏指出："说起调解，应该与我们目前建设的和谐社会是一致的。法院在很多人心目当中是冰冷的，司法不仅是威严的同时也是有温度的。"（在调解过程中）"最重要的是体现案结事了，体现法律效果与社会效果的和谐统一。"[2] 法院，素以其权威性为社会成员所敬畏，对于依靠法院公力裁判的当事人来说，就更容易产生心理上的距离感。但通过有效的调解介入，不仅能使法院在当事人的心目中的形象由冰冷变为有温度，同时亦能借由调解中情理的疏通实现案结事了、息讼宁人。

大调解机制是维护社会稳定的重要机制，而社会稳定也是实质法治追求的目标之一。在这方面，山西省安泽县的例子值得借鉴。山西省安泽县原是一个移民大县，社会治安情况复杂，社会纠纷频发，但自从建构了大调解，并形成长效机制后，全县状况大为好转：面对全县 80% 的人口是从全国 16 个省、167 个县移民来的复杂情况，安泽县探索用"大信访、大调解"构筑农村社会稳定，形成了维护农村社会稳定的长效机制。全县 94% 的行政村连续 22 年无刑事治安案件、42% 的行政村连续 30 年无刑事治安案件、部分行政村近 60 年无刑事治安案件，真正实现了农村社会持续稳定。5 月 18 日，这个县荣获全国社会治安综合治理先进集体称号。[3] 安泽县的经验充分表明，社会治安工作的有效开展，不仅依赖纠纷的化解，而且更依靠纠纷的预防。通过法院、行政机关以及其他

1　申欣旺：《被误读的大调解》，载《中国新闻周刊》2013 年第 24 期。

2　《法官代表：民事纠纷首选调解与中国传统有关》http://lianghui.people.com.cn/2012npc/GB/239293/17351845.html，最后访问日期：2013 年 10 月 1 日。

3　《用"大信访大调解"化解社会矛盾——安泽县维护农村社会稳定的调查》，http://news.sina.com.cn/c/2009-06-01/091315714127s.shtml，最后访问日期：2013 年 10 月 1 日。

社会力量的全程介入，大调解机制能够有效预防社会纠纷由小到大、由一般到恶化的趋势，从而将纠纷化解在基层，促使当事人处于纠纷状态的权利义务得以及时实现，助益于实质法治。

大调解机制体现了我国重视调解功能的传统，而吸收这一传统有助于实现实质法治。从法律的本质上来看，法律的基础是社会，法律不可能脱离社会而独立发展，也不能超出社会发展的阶段凭空构建法治。而文化则属社会生活的一部分，是社会成员在自觉或不自觉中所拥有的一种生活方式与心理形态，它对法治的发展有着极大的影响力：一方面，脱离社会文化认同的法治因其违反公众的合理预期而可能得不到社会成员的一致认可与执行，故而难以实现实质法治；另一方面，各国实现实质法治的目标会因其文化传统不同而各异，在实现实质法治的过程中就更应注重吸取本国优秀的文化传统，使其与本国法律相契合。而大调解机制的勃兴正是反映了我国文化中长期重视调解功能的这一传统，在吸收这一传统的基础上以促进实质法治。

目前，虽有部分学者认为大调解机制对法治的贬损作用大于其推动作用，但其论据较多来自于对调解机制适用范围过宽的问题以及对党政机关可能滥用和误用大调解机制的担忧。有学者就认为："想调解就要让步，第一次调解可能利息不还了，再次调解可能本金也要打折扣了，这样的话，导向不太好，最高法要有指导性意见，一刀切会产生很多问题，弄不好法官就是强制调解。"[1] 也有其他学者认为："任何制度的有效性均有边界，都不可能包治百病，能动司法和大调解同样如此，未必能取得显著效果、充分满足社会的期待。"[2] 但笔者认为，上述关于大调解机制的不同看法，其实还是集中在：相较于成熟的司法制度，大调解机制在法律规定上还未能充分完善和健全，其因适用范围不明确而较有可能发生被滥用和误用的情况。然而，这些质疑的声音尚未对大调解机制的存在合理性造成根本性冲击，至多只能算是对大调解机制建设的一种建设性意见。大调解机制的基本方向与原理仍然是行之有效的。滥用和误用大调解机制以及关于大调解机制的法律规定不健全是可以通过立法手段和其他手段进行纠正的。但这并不意味着整套机制失去了存在价值。

综上所述，大调解机制是促进而非贬损我国实质法治的多元化纠纷解决机

1　《全国法院调解和解率再攀升》，http://china.caixin.com/2012-03-11/100366742.html，最后访问日期：2013 年 10 月 3 日。

2　苏力：《关于能动司法和大调解》，http://article.chinalawinfo.edu，最后访问日期：2013 年 10 月 7 日。

制。其反映了我国在多元化解决社会纠纷方面的努力和尝试。正如最高法院一位法官所说："真正成熟的法治社会，不仅依靠司法来解决纠纷，还要通过社会组织的自我管理、自我规制来自我消化矛盾。"[1]

1　《法官代表：民事纠纷首选调解与中国传统有关》http://lianghui.people.com. cn/2012npc/GB/239293/17351845.html，最后访问日期：2013 年 10 月 1 日。

组织出卖人体器官罪法律适用问题研究

蒋　婷

浙江师范大学行知学院

摘　要：近年来，随着人体器官移植技术的日益成熟，患者对器官的需求量也日益增加。但是，由于我国器官移植供需严重失衡以及我国关于器官移植问题在立法、司法和制度建设上存在缺陷，客观上导致了器官黑市交易等犯罪行为的产生。鉴于人体器官黑市交易日趋多样化、复杂化，已严重威胁到人民群众的生命健康安全，我国于 2011 年 2 月 25 日出台的《刑法修正案（八）》中规定了组织出卖人体器官罪。本文对该罪的立法背景、犯罪构成、立法完善等方面进行了研究，以更好地解决其法律适用问题，推进法治中国建设。

关键词：组织出卖人体器官罪；犯罪构成；立法完善

一、组织出卖人体器官罪的立法背景

我国的器官移植实践始于 20 世纪 70 年代，近年来随着科技的进步，该技术与规模都得到迅猛发展，如今我国已成为仅次于美国的第二大器官移植国，需要接受器官移植的患者数量与日俱增。据卫生部数据，我国每年约有 150 万患者急需器官移植，但受器官制约，每年器官移植手术成功的仅 1 万例左右，供需矛盾突出。加之我国关于器官移植问题在立法、司法和制度建设上仍存在缺陷，遂催生了器官交易的黑市。当今是电子信息时代，某些犯罪分子遂利用信息网络的便利进行网上招揽病人实施器官买卖，某些外国患者甚至还以旅游为名来我国购买、移植人体器官。这些现象无不表明人体器官黑市交易日趋多样化、复杂化。

众所周知，人体器官黑市交易这一公然挑战我国法律漏洞的行为，不仅会引发违法犯罪问题，还会引发一系列伦理道德问题。这些原由行政管理手段和民事手段调整的行为，由于其严重侵害了公民的身体健康权甚至生命权，逾越了社会正常的伦理道德和法治的底线，扰乱了社会管理秩序，具有严重的社会危害性，人民群众反应强烈。近年来许多全国人大代表也多次提出对此类行为予以刑事制裁的立法建议。[1] 在此背景下，经慎重考虑，我国在《刑法修正案（八）》中规定了组织出卖人体器官罪，从而将人体器官犯罪纳入刑法的调整范围。毋庸置疑，这将有助于为惩治人体器官犯罪提供统一的定罪量刑标准，强化刑法对人民的保护。

二、组织出卖人体器官罪的犯罪构成解读

根据《刑法修正案（八）》最新修正的《中华人民共和国刑法》（以下简称"刑法"）第234条之一规定："组织他人出卖人体器官的，处五年以下有期徒刑，并处罚金；情节严重的，处五年以上有期徒刑，并处罚金或者没收财产。未经本人同意摘取其器官，或者摘取不满十八周岁的人的器官，或者强迫、欺骗他人捐献器官的，依照本法第二百三十四条、第二百三十二条的规定定罪处罚。违背本人生前意愿摘取其尸体器官，或者本人生前未表示同意，违反国家规定，违背其近亲属意愿摘取其尸体器官的，依照本法第三百零二条的规定定罪处罚。"该规定即《刑法》对组织出卖人体器官罪的规定，为了准确地定罪量刑，须对其犯罪构成进行解读。在解读犯罪构成之前，有必要明确一下本罪的性质。

（一）本罪的性质

学术界对于"该犯罪行为是行为犯还是结果犯"至今仍众说纷纭。

一种观点认为，"本罪的客体是公民的人身健康权。为了充分保证公民的合法权益，严厉惩处组织出卖人体器官的行为，刑法将本罪设定为行为犯，而不是结果犯，是否实际获取、出卖人体器官并不影响本罪的成立，只要行为人组织他人出卖人体器官的行为实施完毕，对刑法所保护的法益构成实际的威胁，即可认定为犯罪既遂。"[2]

而笔者认同另一种观点，即该行为应被认定为结果犯，原因如下：首先，根据罪刑法定原则，《刑法》中没有明确将本罪规定为行为犯。虽然《刑法》对该罪的规定中未指明造成结果，但《刑法》对故意杀人罪与故意伤害罪的规

---

[1]　全国人大常委会法制工作委员会刑法室编：《中华人民共和国刑法修正案（八）（条文说明、立法理由及相关规定）》，北京大学出版社2011年，第135页。

[2]　王志祥、张伟珂：《论〈刑法修正案（八）〉中的人体器官犯罪》，载《山东警察学院学报》2011年3期。

定中亦未指明造成结果，而这两种罪都是结果犯；其次，本罪的客体是公民的身体健康权，只有对公民的身体健康造成损害时，即行为人实施了组织出卖行为并且摘取了被组织者的器官时，才称得上犯罪既遂。

（二）犯罪客体的认定

有学者认为，本罪的犯罪客体具有双重性，即既侵犯了器官出卖者的身体健康权，也危害了国家有关器官移植的医疗管理秩序。但笔者认为，《刑法》既然已将本罪纳入第二编"侵犯公民人身权利、民主权利罪"这一章，则可说明本罪的犯罪客体只有器官出卖者的身体健康权。

（三）犯罪对象的认定

1. 人体器官的范围

人体器官作为本罪的具体犯罪对象，明确其刑法学解释是定罪的基础。从医学角度来讲，人体器官是指由不同类型的人体组织构成的，能够挥特定生理机能的集合体。我国现有法律尚未对人体器官的范围作出明确规定，仅在《人体器官移植条例》（以下简称"条例"）第 2 条第 1 款规定："本条例所称人体器官移植，是指摘取人体器官捐献人具有特定功能的心脏、肺脏、肝脏、肾脏或者胰腺等器官的全部或者部分，将其植入接受人身体以代替其病损器官的过程。从事人体细胞和角膜、骨髓等人体组织移植，不适用本条例。"是否按照《条例》解释本罪的人体器官，理论界众说纷纭。笔者认为，刑法所要保护的是人民的身体健康权，因此需要保护人体的所有器官，所以人体细胞和角膜、骨髓等人体组织也应纳入本罪的犯罪对象的范围。

2. 被组织者的范围

《刑法》既然已将本罪纳入第二编"侵犯公民人身权利、民主权利罪"这一章，则可说明该罪侵犯了被组织者的身体健康权，因此被组织者为被害人。[1] 由此可推得，被组织者的年龄以及智力要求等均无特别限定，其范围亦无特别限定。

（四）犯罪客观方面的认定

本罪的犯罪客观方面即组织出卖人体器官的行为。因此，对"组织""出卖"两词的解释成为区分罪与非罪，此罪与彼罪的关键。

1. 对"组织"的认定

首先，因为本罪不一定是"共同犯罪"，因此，该罪中的"组织"不同于"共

---

1 张明楷：《组织出卖人体器官罪的基本问题》，载《吉林大学社会科学学报》2011 年第 5 期。

同犯罪"中的组织。其次，本罪的组织行为表现为以招募、雇佣、介绍、引诱等手段使他人出卖人体器官的一切行为，因此组织他人捐献器官的行为不成立本罪。[1]

2. 对"出卖"的认定

该出卖行为应当是基于被害人本人的同意，并且这种同意是基于本人真实的意思表示，即被害人在能够意识到其行为是出卖器官，并且能够认识到出卖器官对身体造成的影响的情形下仍同意出卖。在此，应当注意以下两点：

（1）如何理解"未经本人同意"

依据国务院《条例》的相关规定，只有那些书面的、明示的同意才是"本人同意"，除此之外，其他任何方式都不属于"本人同意"。

其次，本罪中"未经本人同意"，应包含三种情况：一是摘取人体器官遭到了"本人"拒绝；二是摘取的器官与"本人"所同意摘取的器官类型和大小不一；三是经事后追认获得本人同意也应当被认定为"未经本人同意"。

（2）如何理解"违背本人生前意愿摘取其尸体器官"

"违背本人生前意愿摘取其尸体器官"大致可分为两种情况：一是本人生前曾明确拒绝捐献器官；二是本人生前对是否捐献器官未做表示，其近亲属也未做表示，但行为人在未经本人或其近亲属同意的基础上，摘取了其人体器官。

这时，有必要明确此处"近亲属"的定义。对"近亲属"作出定义的法律包括民法、刑事诉讼法、行政法、条例等。其中，与本罪相关的是《刑事诉讼法》和《条例》。《刑事诉讼法》中的近亲属是指夫妻、父母、子女、同胞兄弟姐妹，而《条例》中的近亲属指配偶、成年子女、父母，不包括同胞兄弟姐妹。我国《刑法修正案（八）》对于此罪的规定以"违反国家规定"为前提，而此处的规定是指《条例》规定。[2]因此，笔者认为，此处的近亲属应依照《条例》规定，指配偶、父母、成年子女。

若未经本人同意，则按照其行为结果以故意伤害罪、故意杀人罪论处；若违背本人生前意愿摘取其尸体器官，则以盗窃、侮辱尸体罪论处。这时，"犯罪对象承诺（同意）的有效与否"就成为定罪的关键问题。关于该问题，理论界各有各的观点。笔者认为，得承诺的轻伤害成立本罪，但得承诺的重伤害或

1　参见张明楷：《组织出卖人体器官罪的基本问题》，载《吉林大学社会科学学报》2011 年第 5 期。

2　参见王灵燕：《对我国组织出卖人体器官罪的理性辨思》，载《法制与社会》2013 年第 16 期。

者死亡应成立故意伤害罪或者故意杀人罪，除非在被害人为了保护另一重大法益而承诺伤害的情形下（即采取合法途径将器官移植给患者），才应当尊重法益主体的决定权，肯定其承诺的有效性。

（五）犯罪主体的认定

本罪的主体是一般主体，凡是年满16周岁具有刑事责任能力的自然人都可以成为本罪的主体，不满16周岁的人不是本罪的主体。

（六）犯罪主观方面的认定

我国著名刑法学者赵秉志教授认为，本罪的主观方面应该是故意，并且是直接故意，而非过失。笔者认同其观点，具体分析如下：首先，在认识因素方面，本罪的犯罪主体在实施行为时是明知行为的违法性的；其次，在意志因素方面，本罪的犯罪主体希望交易顺利进行，对交易成功始终持积极追求态度，这与间接故意的"放任"态度不符。

三、组织出卖人体器官罪的立法评析及完善

（一）立法评析

1.《刑法》规定本罪的意义

（1）利于统一人体器官黑市交易行为的定罪量刑标准

在《刑法》规定本罪之前，我国对人体器官黑市交易行为以非法经营罪加以认定，然而该行为在实质上并不具有非法经营的性质。依照《刑法》第225条关于"非法经营罪"的规定，非法经营行为应当是指发生在商品的生产、分配、流通、消费等市场流转过程中的行为，而人体器官本身不属"商品"范畴，因此以非法经营罪定罪可以说是在法律未对该行为加以明确规定的情况下司法机关所采取的权宜之计。《刑法》规定本罪之后，能为该行为提供统一、科学的定罪量刑标准，从而利于对该行为进行准确、合理地定罪量刑。

（2）利于保护人民的身体健康权

众所周知，"保护人民"是《刑法》立法的最终目的，《刑法》之所以增设此罪，目的就是保护人民的身体健康权。在人体器官黑市交易行为中，一方面供体可能是在不得已的情况下被迫出售自己的器官，某些供体在出售身体器官后丧失劳动能力，难以继续维持生命质量和生活质量；另一方面，人体器官黑市交易致使器官移植质量下降，也在一定程度上威胁了受体的身体健康。《刑法》增设本罪，既符合刑法的法理要求，又能在很大程度上减

少人体器官黑市交易的发生，这对于保障我国民众的身体健康权而言具有重大意义。

（3）利于维护社会的和谐稳定

人体器官黑市交易行为严重侵害了公民的身体健康权甚至生命权，逾越了社会正常的伦理道德和法治的底线，扰乱了社会管理秩序，具有严重的社会危害性。

《刑法》规定本罪，改变了以往惩治人体器官黑市交易者一定程度上无法可依或有法畸轻的窘境，通过加大对人体器官黑市交易者的惩处力度，可减少买卖人体器官行为的发生，进而维护和促进我国器官移植事业的健康发展以及社会的和谐稳定。

2.《刑法》在本罪立法上的不足

《刑法》规定本罪的意义重大，但美中不足的有如下三点，需要进一步完善：第一，未设置单位犯罪；第二，未规定对精神病人的特殊保护；第三，未对组织出卖胎儿器官作出规定。

（二）立法完善

1. 应设置单位犯罪

《条例》第 26 条规定："违反本条例规定，出售、摘取人体器官或者从事与出售、摘取人体器官有关活动的，由设区的市级以上地方人民政府卫生主管部门依照职责分工没收违法所得，并处交易额八倍以上十倍以下的罚款；医疗机构参与上述活动的，还应当对负有责任的主管人员和其他直接责任人员依法给予处分，并由原登记部门撤销该医疗机构人体器官移植诊疗科目登记，该医疗机构三年内不得再申请人体器官移植诊疗科目登记；医务人员参与上述活动的，由原发证部门吊销其执业证书。"由此可看出，《条例》中规定了对单位的处分。但是，《刑法》却没有将单位设置为组织出卖人体器官罪的犯罪主体。在司法实践中，组织他人出卖人体器官的组织者既可能是自然人，也可能是黑中介等组织，甚至还可能是合法的单位，并且一些单位在实施组织他人出卖、非法摘取人体器官的行为方面不亚于个人犯罪，其犯罪情节和犯罪后果也不轻于单个人犯罪。[1] 若《刑法》不将单位设置为本罪的犯罪主体之一，不仅将导致刑事立法在惩治和预防犯罪中的失衡，还将使刑法难以达到保护人民的最终目的。因此，笔者认为，"单位"应被纳入本罪犯罪主体的范围。

---

1 樊博特、代仕福：《浅析组织出卖人体器官罪的司法认定及其完善之思考》，载《法制与社会》2012 第 3 期。

2. 应规定对精神病人的特殊保护

《刑法》第234条之一第2款规定："未经本人同意摘取其器官，或者摘取不满十八周岁的人的器官，或者强迫、欺骗他人捐献器官的，依照本法第二百三十四条、第二百三十二条的规定定罪处罚。"由此可看出，该条对未成年人的合法权益予以了特殊保护（即对于摘取未满18周岁的人的人体器官的，不管是否获得"本人"的同意，都不能阻却犯罪成立，应当以故意伤害罪或故意杀人罪论处），原因在于未成年人的辨认能力与控制能力不够健全。但是，《刑法》在本罪中却未给予精神病人特殊保护。众所周知，精神病人与未成年人一样，都是刑法需要保护的特殊群体，由于其辨认能力与控制能力的削弱或消失，不能准确判断自己的行为包括意思表示在法律规范上的性质和后果。若不给予其特殊保护，其合法权益难以得到应有的保障，所以《刑法》也应规定对精神病人的特殊保护。

3. 应对组织出卖胎儿器官作出规定

我国在临床上已开展多例将胎儿作为供体的器官移植手术，但一直缺少相关的法律加以规制，这不仅不利于我国器官移植事业的发展，还将为不法分子组织出卖胎儿器官提供可乘之机。在法律适用过程中，不能回避的一个问题是胎儿是否为"自然人"的问题。按照我国传统民法理论认为，胎儿不是自然人，不具有法律上的民事权利能力和民事行为能力。若胎儿不是自然人，那么组织出卖胎儿器官就不能适用《刑法》的相关规定。因此，《刑法》有必要对胎儿的法律身份作出明确规定，以对组织出卖胎儿器官作出准确的、科学的界定，从而保护胎儿的合法权益。

结语

党的十八大报告提出"科学立法、严格执法、公正司法、全民守法"的16字法治方针，这与党的十一届三中全会提出的"有法可依、有法必依、执法必严、违法必究"的社会主义法制建设16字方针既一脉相承又更加丰富和科学，表明我国法治中国建设在中国特色社会主义法律体系形成的基础上进入了一个成熟稳健的新阶段。十八大报告中亦提出了法治中国建设的目标，即在2020年全面建成小康社会时，实现"依法治国基本方略全面落实，法治政府基本建成、司法公信力不断提高，人权得到切实尊重和保障"。毋庸置疑，这需要我国全体人民的共同努力。

《刑法修正案（八）》对人体器官犯罪的法律规定，掀开了我国刑法对相关法益和法秩序保护的新篇章。对于人体器官犯罪的预防与惩治而言，无论立法完善还是司法探索，理论阐释还是实务研究，都还任重而道远。除了用刑法手段调整人体器官犯罪以外，还应建立合法、规范的器官移植资源库，加强医疗机构对器官来源的审查，阻断器官交易黑市的命脉，加强国际刑事司法合作，以实现刑法保护人民的最终目的，从而推进法治中国建设的进程。

浙江省民营企业涉诉风险的思考和防范

——以浙江金茂实业发展有限公司为例

金 燕

浙江财经大学法学院

摘 要: 民营企业涉诉的类型多样,原因不一。本文主要就民营企业与外部的其他投资人之间的涉诉问题,以及民营企业在面对这类型的涉诉问题的时候,如何处理和事前如何规避的问题进行相应的探讨。从而让民营企业的运营更加的顺畅以及在这个经济大环境下创造更多的社会财富。

关键词: 民营企业;涉诉风险;企业运营;防范

引言

随着1978年改革开放的提出和实施,我国的经济进入一个高速发展的时期。从以前单一的国有、计划经济模式逐步向以公有制经济为基础、多种所有制经济共同发展的新经济模式——市场经济模式转变。在这之中,国有企业经历了企业体制的改革,资产的整顿和重组,以全新的面貌投入市场经济的浪潮之中,在市场的考验下不断地发展壮大,为我国的经济发展做出了不可磨灭的贡献。与此同时,改革开放也给民营企业带来了一个巨大的发展机会,大量的民营企业在此次改革浪潮之中涌现并显现巨大的发展潜力。毋庸置疑,现在民营企业的发展在我国的经济发展中占有重要的作用,为我国的经济发展增添了一份不可小觑的动力。

随着我国法治化建设的不断完善,社会公众的法制意识不断提高,民营企业得到巨大发展的同时,也面临非常严峻的考验。这其中包含了民营企业自身的发展瓶颈,也有外界因素的变化而形成的发展危机,特别是企业在经营发展过程中和第三方产生的诉讼危机。

根据浙江省高级人民法院关于2013年上半年收案结案的统计数据[1]显示,

---

1 统计数据参见浙江省法院网:《2013年上半年各类案件情况》。

2013 年浙江省各级法院总共收到民商事案件共 270125 起，其中商事纠纷就有 238403 起，占到民商事案件的 88%，并且在这些商事案件中，诉讼纠纷主体频繁地与企业联系在一起，特别是一些民营企业。为什么在经济迅速发展的今天，企业会面临这么多的法律风险呢？为什么其中的民营企业又特别容易成为诉讼纠纷的主体呢？在不断走向法治的今天，民营企业防范涉诉的风险显得尤为重要。

一、当前民营企业涉诉概况

先从今年暑假我接触的浙江金茂实业发展有限公司和杭州金茂商业管理有限公司因拖欠业主商铺租金被集体起诉的案件看起：

浙江金茂实业发展有限公司（以下简称金茂实业）是一家以实业投资、商业地产、房地产开发与运营管理为主的综合性股份有限公司。金茂实业于 2007 年从浙江省武警军区取得一块位于杭州市德胜路 2777 号地块的完整使用权，并携手运营商红星美凯龙全球家居连锁机构一同开发杭州市城东九堡的项目——红星美凯龙·金茂 MALL。在该项目投入运营后，由金茂实业和金茂实业旗下的杭州金茂商业管理有限公司（以下简称杭州金茂）进行管理和运营。

当时金茂实业和杭州金茂在招商的过程中，与第三方——业主签订了两份合同，分别是《商铺使用权租赁合同》和《委托租赁和管理合同》。其中第二份《委托租赁和管理合同》是业主与杭州金茂签订的，主要内容就是业主将其对商铺的使用权委托给杭州金茂，由杭州金茂对商铺进行统一的管理和运营；同时杭州金茂按照合同约定定期支付给业主商铺租金收益，并且在本合同中，金茂实业作为担保方，在杭州金茂没有给付能力的时候承担给付责任。其中，合同中第 2 条是关于业主的收益以及支付方式的约定。具体合同条款如下：

甲方保证乙方在委托期内可获得不低于合同约定的租金收益，具体支付方式如下：

第一阶段：采取固定收益方式，甲方按表（1）支付乙方委托期前六年（即 2010 年 1 月 1 日至 2015 年 12 月 31 日止）的租金收益：

表 1　业主固定资金收益分配表

时间	收益率	年总收益	支付时间及方式
第一年	8%	32318	分两次：当年 6 月 30 日和 12 月 31 日
第二年	8%	32318	分两次：当年 6 月 30 日和 12 月 31 日
第三年	8%	32318	分两次：当年 6 月 30 日和 12 月 31 日

续表

时间	收益率	年总收益	支付时间及方式
第四年	11%	44438	分两次：当年 6 月 30 日和 12 月 31 日
第五年	15%	60597	分两次：当年 6 月 30 日和 12 月 31 日
第六年	20%	80797	分两次：当年 6 月 30 日和 12 月 31 日

第二阶段：采取租赁收益方式，即委托期后九年（即 2016 年 1 月 1 日至 2024 年 12 月 31 日止），甲方将按上述标的商铺的实际出租租金收益扣除 10% 的服务费后全额支付给乙方，租赁方式及租赁价格按当时市场情况确定。

商铺后九年委托期租赁给第三方所产生的相关税费由乙方负担，税费由甲方直接在支付给乙方的租金中扣除代缴，乙方对此无异议。

乙方在签订本合同后、无须支付标的商铺经营所产生的物业管理费、水电费、推广费。

金茂实业和杭州金茂在 2012 年以前，是完全严格按照合同的相关约定，履行合同义务，在合同规定的期限内支付业主相应的租金收益的。但是从 2012 年开始，金茂实业和杭州金茂两家公司开始拖欠部分业主的租金收益，但是在此期间，业主进行相应的催讨之后，金茂实业和杭州金茂都出具了相应的请求延长租金收益给付期限，并且约定在 2012 年 10 月之前还清之前拖欠的租金收益，并且支付万分之一的滞纳金。但是到了 2012 年的下半年，金茂实业和杭州金茂不仅没有按照承诺书约定清偿拖欠的租金收益，还拖欠其他业主下半年的租金收益。

出现矛盾之后，业主开始找金茂实业和杭州金茂进行协商谈判，希望可以找到解决的途径。在本次的协商过程中，金茂实业和杭州实业联名出具了一份一铺一租承诺书和一份补充合同。在那份一铺一租承诺书中，金茂实业和杭州金茂承诺，业主的商铺保证不会进行二次转租，业主对其商铺享有完整的使用权。在补充合同中，金茂实业和杭州金茂承诺，将业主的商铺的租赁期限从 15 年延长到 25 年，并且约定，多出来的十年按照合同关于租金收益中第二阶段的方式进行收益，但兑换条件就是，业主的租金收益的支付时间必须延迟到金茂实业和杭州金茂有支付能力的时候才开始履行给付义务。这份补充合同，由于业主认为，严重侵害到了他们的收益权，所以没有得到相应的认可。

此后，业主和这两家公司没有达成任何的和解，所以部分业主开始选择通过法律途径解决这个纠纷。截至目前，杭州经济开发区人民法院总共接收到了大概 70 名业主对金茂实业和杭州金茂提起的诉讼。

其实这个案例涉及的法律问题并不复杂，只是单纯的债权债务纠纷，就是金茂实业和杭州金茂消极逃避债务以及业主积极主张债权的后果。

根据浙江省高级人民法院关于 2010 年度到 2013 年度的工作报告显示，在浙江省各级法院的收案统计中，涉企的债权债务纠纷以及民间借贷纠纷的比例总是居高不下。其中 2009 年法院审结的涉企债务类和金融类案件就达 119057 件，而且有 25 家龙头企业面临资金链断裂，企业破产的困境；2010 年涉企债务类和金融类案件高达 117975 件，这样的高涉案率虽然在 2011 年和 2012 年有所好转，但是其涉案基数仍旧高达五位数，面临资金周转不灵，企业破产的困境大型企业也是居高不下。由此可见，企业发展中资金问题一直是一个大问题。

在这四年的法院年度工作报告中，虽然各个年度的提法不同，但都强调了一个重点："在不景气的大经济环境下，如何帮扶涉诉企业特别是中小型企业和民营企业解除危机，重新走上经济发展的正常轨道，从而保障我省经济的平稳发展。"由此可见，因债权债务处理不当而涉诉的企业在所有涉诉企业中不是个别现象，而是一个较为普遍的现象。

二、民营企业涉诉分析

（一）资金不足

对于民营企业因为与第三方投资人之间的诉讼纠纷，资金问题是其纠纷的最大问题所在。企业与投资人可以说是互惠互利的两个主体，他们两者合作的目的就在于实现经济效益的最大化。只要双方的行为没有触及对方的利益，或者说，只要企业按照自己当初承诺的，定期支付给投资人相应的回报，那么双方就可以良好和谐的合作。但是如果企业不履行自己的承诺，消极逃避自己的债务的时候，双方的债权债务纠纷也就应运而生了。

还是用"金茂实业和杭州金茂债务纠纷"这一案件来讲，业主当时之所以同意委托杭州金茂对他们的商铺进行统一的管理，就是因为他们认为，让一家专业的管理公司和一群专业的管理团队来统一管理自己手上的商铺会比自己管理单独管理商铺得到的回报更加的丰厚，可以让自己的利益在可能的范围内实现最大化。而作为另一个主体的金茂实业和杭州金茂之所以要求业主将他们手上的商铺交给杭州金茂进行统一管理，也是因为经由自己公司统一管理能够更好地实现商场内部的和谐运营，避免恶性商业竞争的出现，从而能够更好地维系整个商场的定位，提高自身的商业信誉以及经济利益。双方有着共同的利益目的，存在着合作的基础。后来业主集体起诉金茂实业和杭州金茂，就是因为金茂实业和杭州金茂经多次催讨仍旧不履行自己的承诺，支付业主相应的资金收益。

（二）融资困难

企业在面临资金链断裂，资金严重不足的时候，除了消极的逃避债务之外，最经常采取的手段就是：通过社会、金融机构进行融资。那么民营企业在面对债务危机的时候，为什么不采用融资的办法使自己摆脱资金不足的困境呢？其实并不是民营企业在面对债务危机的时候，不采用融资的方式，而是民营企业，特别是中小型的民营企业在进行融资的过程中困难重重。在李旭律师主编的《民营企业法律风险识别与控制》中提道："金融市场作为融资的最重要途径，民营企业对金融市场的参与程度比较低，民营企业直接融资的能力很弱，在总市值中的比例也很低。"[1] 由此可以看出，民营企业大多又是一些中小型企业，自身的能力让自己失去了利用股票、债权等形式进行融资的可能性，很难能够在市场上融资成功。对于向国家金融机构融资，虽然在 2009 年 9 月份国务院发布的《关于进一步促进中小企业发展的若干意见》中，对民营企业的融资提出一揽子举措，但是我们现在的金融机构针对民营企业的融资仍旧没有形成一套相对完整的融资渠道和融资体系，民营企业的融资仍旧是一大难题。

（三）经营模式僵化

有相当一部分民营企业不管是对内部人员管理、企业发展的规划，还是在企业经营方面，都出现了所谓模式僵化的现象。因为民营企业习惯的经营模式是家庭式经营模式，往往一个家族的成员就是一家民营企业的领导班子。在领导层中，用人的原则是人情而不是能力。在这样的家庭式经营管理模式中，领导层在很大限度上是排斥外姓人员进入核心管理层的，更不用说对企业的发展提出战略性的前瞻性建议了，所以也在很大限度上导致了很多真正有才能的人被排除在了领导管理层之外，致使企业流失了大批优秀人才。

（四）企业人员法律意识薄弱

民营企业中的人，从领导层到公司的基层员工在从事生产经营的时候，对经济利益的重视程度往往大于对法律法规的重视程度。因为在市场经济的引导下，生产经营者对利益的追求和向往是最大的，他们想要的就是实现利益的最大化；而在这个时候，法律法规对他们实现利益最大化，起到的不是推动作用，

1　李旭主编：《民营企业法律风险识别与控制》，中国经济出版社 2008 年版。

反而是外在的限制。在这种情形下，作为生产经营者的他们，就会想办法避开法律法规的限制，去实现他们的利益。

由于经营者自身存在着抗拒法律的心理，所以员工的法律意识就更难以提升了。要求企业员工在工作的过程中，严格按照法律的程序来进行就更是不可能实现的情况了。

三、民营企业防范和规避涉诉风险之道

在新一届国家领导人产生之后，习主席关于"中国梦"的演讲可以说开创了我们国家发展的又一个新的平台。其中包含了非常重要的发展目标：法治·中国梦。在法治进一步发展的新背景下，民营企业如何利用法律维护自己的权益以及寻求解决防范和规避与第三方投资者发生纠纷以及在发生纠纷之后如何解决纠纷的办法。在法治的基础上，寻求民营企业更好更健康的发展。

（一）拓宽融资渠道

民营企业发展受阻或者说是涉诉的最大原因就是资金不足，融资能力不强。民营企业的融资渠道主要是银行等金融机构融资和企业上市融资，除此之外，民营企业很少可以找到其他的融资渠道。融资渠道的单一，是民营企业融资困难的重要原因。

首先，民营企业在了解以上的融资方式之外，还应该认识到其他的融资方式，比如说：政府贷款、跨区域融资、集团企业内部互助融资、租赁等融资方式。个人私见，集团企业内部互助融资和租赁融资都是十分可行的融资方式。集团企业内部的互助融资形式可以带动资金在不同企业内部流转，提高资金的利用率；而租赁融资是一种最低价的融资方式，它通过以融物来实现融资的目的，并且其中的租金是固定的，而且由于物资的毁损风险较小，所以投资者的投资风险也是最低的，最重要的是运转过程中的低成本是民营企业最需要的，也是最切实可行的。

其次，制定相应的法律法规规范民间融资。对于民间融资这种融资形式，我国很早就存在了，虽说我们的法律没有明文规定说民间融资是违法融资，但是也没有明文规定这种融资方式的合法性。所以说，我们的民间融资一直处于一个暧昧不明的地带，没有相应的监管制度，没有监管主体，没有监管体系，缺少法律的必要保护，导致这个领域极易引发经济纠纷。从而，民营企业在遇到"资金难"的问题时，不敢明目张胆的选择民间融资，就怕碰上经济纠纷。因此，通过法律制定相应的监管体系，通过法律的明文规定，来规范民间融资，

对民间融资的贷款利率以及贷款主体进行相应的监管，发挥民间融资的优势去辅助民营企业解决"资金难"的困难。

（二）优化内部结构，提高企业素质

民营企业涉诉也是自身缺乏相应的法律意识，内部忽视法制建设，不重视引进和培养法律专业人才的结果。虽然大多数现有的民营企业在内部都设有法务部这个法律部门负责帮助企业规避法律风险，提供法律援助并且在发生纠纷后负责解决纠纷，但是民营企业中的法律顾问对于涉及企业内部的经营策略或者是重大合同的制定、签署等问题往往是无法参与其中的。

因此，要避免民营企业涉诉风险的出现，企业自身必须增强法律意识。这不仅要求企业的决策者和管理者要自觉学习国家的法律法规和方针政策，学习现代化的经营管理模式，增强法制观念、诚信意识和社会道德意识，努力提高自身的法律素质和道德修养，更加要求企业中的每一位员工要树立正确的法律观念，强化自身的法律意识，在以后的工作中，做到"知法、守法、用法"。在参与经济活动时，利用法律正义和经济效益并重的思维正确的处理自身和业主的关系，从而实现依法生产经营。

（三）优化企业退出机制

在民营企业的发展过程中，存在着"两大难"问题，分别是"入市难"和"出市难"。这也就喻示着，我们的民营企业在成立之初就"名不正言不顺"，没有任何一条法律可以准确地定义"民营企业"到底是什么性质的企业，到底适用什么样的法律；当民营企业生存不下去的时候，想要退出市场竞争的时候，它又不知道应该如何在损失最小的情况下退出市场。

1. 提高司法能动性，克服民营企业的困境

因为债权债务关系而涉诉的民营企业往往是到纠纷出现才会提起诉讼，所以，法院的诉讼都是一种事后的救济，并不能够从根本上解决民营企业的困境，反而有可能使民营企业陷入另一个更大的纠纷中。司法的基本功能在于定纷止争，其过程实质上就是法官解释法律和适用法律的过程，但仅通过纠纷解决形式，并不能够使企业摆脱目前的困境，故法院应以更为能动的方式介入困境企业的治理，帮助企业摆脱目前的困境。

浙江省高级人民法院发布的年度工作报告中，从 2009 年到 2012 年，每年浙江省高级人民法院都会发布一些相应的帮助涉诉的民营企业走出涉诉困境，摆脱资金链不足的措施。从 2011 年到 2012 年，浙江省高院针对国内外经济变化趋势，迅速提出帮助涉诉困难企业的司法措施，利用司法手段，以合并管理、

资产重组以及债转股等措施成功的帮助 50 余家龙头企业的司法重整，有效地防止了区域性金融风暴的出现。

2. 优化企业破产的司法机制，实现企业的完美落幕

并不是所有的企业都要一直存在在市场上，对于那些实在无法适应市场发展的企业，我们应该正确地引导该类企业通过司法途径申请进入企业破产清算程序。而现在民营企业存在的问题就是：不知道怎样才可以在最小损失的范围内退出市场。我国在 2006 年 8 月颁布了《中华人民共和国企业破产法》，在该法规中，虽然载明了企业申请破产的条件、程序以及条件，但是在实际应用的过程中，民营企业在面对破产时，由于自身的特点的特殊性，往往找不到完整的法条来引导企业进入破产程序。

法院应该在现有的《破产法》的基础上，制定出专门引导民营企业进入破产程序的指导性意见以及积极的探索兼顾各方利益的市场化破产退出机制，从而更好地帮助民营企业退出市场竞争。

结语

民营企业在发展的过程中一直是磕磕绊绊，缓步前行的。在这次法治化建设的过程中，民营企业将会面临又一个相当大的考验，如何让自己的企业在法律的监管下发展地更好成了新一代民营企业家思索的问题。笔者相信，法治化的社会建设，对于民营企业更是一次实现跨越的好时机，只有学会利用法律，在法治范围内寻求到的发展新路子才是一条真正的康庄大道。

浅论杭州市人民陪审员制度的改革

——基于杭州市人民陪审员制度的调研

李文沁

浙江大学城市学院法学院

摘　要：人民陪审员制度是我国一项重要的诉讼制度，各级法院对其在司法实务中的运用极为广泛，它对促进司法公平、公正具有监督作用，同时体现了人民当家做主的政治诉求，笔者通过走访发现当下人民陪审员在司法审判活动中的参与率非常高，起着一定的实际效用，但同时也存在许多不足之处，要继续保持人民陪审员制度的生命活力，建立完善的责任追究机制，充分发挥其应有的效用，还需制定和落实更多的改革措施。

关键词：人民陪审员；制度；杭州

引言

陪审员制度起源于英国。英美法系国家的陪审员只参与案件的事实审而不参与法律审。大陆法系国家的陪审员与英美法系国家的陪审员不同，既参与案件的事实审，也参与案件的法律审。陪审员制度于清朝末年在我国正式出现。这种制度是在借鉴了苏联和大陆法系国家陪审员制度的基础上形成的。新中国成立以后，陪审员制度被作为一项重要的司法制度确定下来[1]。1982 年修改宪法时，删除了有关人民陪审员制度的相关规定，因此，我国目前的陪审员制度没有宪法地位，实际上只是一项诉讼制度，而不是一项宪法制度。

人民陪审员制度是我国一项重要的司法制度，是人民群众当家做主、行使国家权力和体现司法民主的重要手段。人民法院贯彻落实人民陪审员制度，有利于在新时期传承司法传统，实现司法民主和司法公正，自觉接受人民群众的监督，顺应人民当家做主的政治诉求，促使审判工作的透明化、规范化，树立

1　赵小锁：《谈谈我国陪审员制度的改革》，载《人民论坛》2003 年第 1 期。

法院公正司法的良好社会形象。

虽然人民陪审制度有这些优点，但该制度实施至今也暴露出一些问题，使得人民陪审制度的优点打了折扣。针对这些问题，2013 年 6 月，最高人民法院对于人民陪审员制度的实施出台了两个新的要求，一是要求落实陪审员的职能与义务，解决陪审员"陪而不审，审而不议，议而不决"的不尽职现象；二是要求各级法院实施"倍增计划"，确立于 2015 年 5 月前实现人民陪审员数量翻一番的基本目标，其中，有条件、较发达的地区要实现人民陪审员与法官在数量上达到比例 2 ∶ 1 的目标。

在此背景下，笔者走访了杭州市上城区、下城区、西湖区、拱墅区、滨江区、江干区等基层法院以及杭州市中级人民法院，对杭州市人民陪审员制度进行了实地的调查研究（下文数据均来自此次走访调研）。通过调查研究有关人民陪审员制度的相关实务问题，了解人民陪审员制度的运行现状，总结当下存在的问题，并提出相对应的改进设想。撰写本文的目的是为了深入了解杭州市人民陪审员制度在司法实务中的具体实施情况，并且就发现的相关问题提出自己的改进设想，为完善人民陪审员制度、推动中国法制民主化贡献自己的微薄之力。

一、杭州市人民陪审员制度的基本概况

（一）杭州市人民陪审员的选任基本合法合理

目前在我国，人民陪审员的任职形式是兼职而非专职的。杭州市人民陪审员的选任主要以招聘的形式进行，候选人员来自个人申请和单位推荐，各个人民法院会向社会发布招聘公告，然后根据学历、职业、单位等进行资质审查，同时根据有无不良犯罪记录等进行政治审查，最后将合适人选报批人大任命。入选委任的人民陪审员将参与部分案件的司法审判。

（二）杭州市人民陪审员的人数总体较为充足

通过实地调研得知，上城区人民法院目前在任的人民陪审员有 64 人，西湖区人民法院在任的人民陪审员有 60 ~ 70 人，江干区人民法院于今年 8 月新聘人民陪审员 30 人，委任后在任陪审员共计 64 人，拱墅区人民法院、下城区人民法院情况也都相近，杭州市中院不独立招聘陪审员，主要从基层调用，在任被调用的有 10 余人，其中刑事常驻陪审员 4 人。目前，杭州市各法院人民陪审员数量与法官数量的比例基本达到 1.2 ∶ 1，但滨江区例外，滨江区人民法院 2012 年一共审理案件 6580 件，其中 90% 需陪审员参与审理，2013 年上半年共审理案件 4001 件，其中陪审员参与审理的有 762 件，但目前滨江区人民法院的在任陪审员只有 38 人，因此，相比其他法院，滨江区人民法院"案多人少"的矛盾较为突出。笔者认为，就当下的综合情况来看，目前杭州市人民陪审员的总体数量基本够用，但人民陪审员自身素质有待提高，短期内的目标应在增质而不是加量，可在提高陪审员的集体质量后再进一步提升人员的数量，直至符合最高院的要求。

（三）杭州市人民陪审员的职业广度较宽泛，但普遍缺乏法律的专业素质

人民陪审员来自社会的各行各业，有老师、教授、医生、企业管理人员、商人、归国留学生等。陪审员是人民的代表，来自民间，为了保证其职业的广泛性，陪审员的招聘门槛设置较低，因此，陪审员的法律专业素养普遍不高。为此，杭州市中院每年会召开人民陪审员的委任大会，明确人民陪审员的职权与义务，阐明人民陪审员的监督作用，使得人民陪审员对于自身岗位有较为基础的了解。各基层法院会各自组织一系列比较系统的培训，大多以讲座授课形式展开，给人民陪审员讲授必要的陪审技能，进行案例指导等，部分法院还制作了陪审常用手册等口袋书，内容包括人民陪审员的职责、常用法律条文、调解经验、陪审技能、经典案例等，对人民陪审员受益匪浅。人民陪审员来自社会各行各业，在提升自身陪审技能与法律素养的同时，他们还可以用丰富的社会阅历以及职业素养来弥补法律素养欠缺的不足，这也是他们有别于法官的最大优势。大多数法院在有关陪审员的招贤纳士时都考虑到了职业的广泛，因此在部分案件中，会选择一些专业对口的业内人士参与陪审，为审判公正提供专业意见。但对于余下的大部分案件，每个法院均设了常驻陪审员，部分法院还将常驻陪审员按庭分组，在审判庭前由书记员或法院工作安排者选取陪审员与主审法官组成合议庭参与案件的审理。此外，基层法院还有法官指示制度，许多重要的法律条文等法律规范性文件的具体内容与适用条件，法官必须根据案情需要有针对性地向人民陪审员进行阐明和解释。

（四）杭州市人民陪审员参与案件审理的比例极高

根据实地调研结果显示，拱墅区人民法院每年陪审员参与审理的案件约350 起，法院要求每年每个陪审员审案不少于 6 起；上城区人民法院每日陪审员参与审理的案件约为 6 ～ 7 起；西湖区人民法院每月陪审员参与审理的案件大约为 10 余起；江干区人民法院每日陪审员参与审理的案件约为 5 ～ 7 起。目前，在基础法院，不管什么类型的案子，只要是符合且需要陪审要求的，法院组成合议庭的一审案件的陪审参与率几乎能够达到 100%。至于杭州市中院，

2012年一审案件有 1998 起，陪审员参与审理的有 1579 起，陪审参与率约为 79%。2012 年，全杭州市陪审员参与审理的案件共有 25963 件。综上所述，杭州市各法院的陪审参与率非常高。

（五）杭州市人民陪审员的职责与保障

在审理案件的过程中，人民陪审员与法官同职同权，他们可以基于对案情的了解对当事人进行发问，在合议庭合议时可以提出自己对案件处理的建议与意见，但目前，庭审的进行主要由法官主导，合议结果的产生也仍由法官拍板决定。人民陪审员在参与每个庭审时，不仅要做到认真听审、遵守庭审秩序，还要恪守职业道德，禁止泄密，否则人民法院会对其进行处分，情节严重的直接提请人大解除委任。

此外，为了鼓励陪审员积极主动地参与陪审活动，非常驻陪审员每参与一个案件的审理可得到 30 ~ 60 元不等的经费补贴，常驻陪审员不论多审少审，每月根据具体情况（部分法院有出现书记员兼职陪审员的特殊情况）可得到 1350 ~ 2200 元不等的报酬。但总体上陪审仍属于半公益事业，所以没有设立较多的专项经费。

二、杭州市人民陪审员制度的效用与不足

（一）杭州市人民陪审员制度发挥着一定的实际效用

1. 人民陪审员制度能够保障司法的公正，实现法律价值与社会价值的统一

在与各法院相关人员的访谈过程中，笔者发现法院在审理案件时追求法律价值与社会价值的统一。法官作为合议庭的主审，主要保障法律价值的实现，而社会价值的实现则更多的是通过来自民间代表人民的陪审员来保障。在参与案件审理时，法官在开庭前基于对案件的庭前了解，可能会产生私断和偏见，而陪审员一般都是在庭上接触案件的具体内容，他们会运用自己的善恶观念、判断能力，结合双方的质证和辩论提出自己的意见和建议，防止法官一家独断，在程序正义得到保障的前提下，突显道德层面意义上的实体正义，从而保障司法的公平与公正。

2. 人民陪审员制度有利于诉讼中的人权保障

法院的判决，特别是刑事判决，直接影响到被告人的人身、财产利益以及被害人的切身利益。陪审员来自社会各界，来自不同的职业领域，熟悉各种各样的社会生活。从社会常识、公序良俗、公众理性出发，普通陪审员在庭审讯

问中更多地涉及社会公众关心的"鸡毛蒜皮"的情节，而这些细枝末节的查明，可能是关系案件事实定性的重要因素，在刑事案件中还可能涉及被告人的量刑情节。普通陪审员只需要以平常人的视角和思维判断即可，使广大民众对法律的理解及更多的社情民意融入法院的审判工作中，他们参与审判，尤其能在庭前调解、庭上调解、庭后安抚当事人等方面发挥极为重要的作用，可以集思广益，可以更广泛地代表人民的意志，也是顺应了人民当家做主的政治诉求，可以更有效地防止司法决策过程中的主观片面和独断专行。

3. 人民陪审员制度具有监督价值

陪审员作为人民的代表，对司法活动具有不可忽视的合理监督作用。通过走访了解，当下的人民陪审员制度已经突破了参与传统民商刑事案件的基础，在执行、传达、信访、减刑假释的听证等多方面都有所扩展。人民陪审员在司法实务中的监督作用也越来越广泛，说明人民陪审员制度也越来越得到各级法院的重视。

（二）杭州市人民陪审员制度存在的问题

1. 陪审员专职化现象比较严重

现实中的确有社会不同行业、不同性别、不同年龄的人员参与到人民陪审员的队伍中来，确保了人民陪审员来源的广泛性。但是，在法院的工作安排中，由于陪审员的有空时间难以确定，法院很难实行以随机方式抽取确定人民陪审员参加案件审理的做法。在走访中，笔者发现许多法院都设有常驻陪审员，有些法院把人民陪审员分配到各个审判庭固定使用，也有些法院对没有正式工作的或者退休的人民陪审员长期连任使用，使陪审工作成为某些人民陪审员的固定工作。人民陪审员的生命力在于其产生的随机性和代表的普遍性[1]，因此，不能只出于缓解法院的工作压力或者方便陪审的考虑，限制陪审的生命活力，将陪审任务固定地交给少数陪审员。

2. 陪审作用没有得到充分的发挥

通过走访了解，笔者发现在专业对口的案件陪审员确实起到了值得肯定的作用，例如，医疗事故纠纷类的案件以及故意伤害类的刑事案件，法院会请来学医的陪审员，他们可以从专业的角度进行事实判断，从而给出非常好的意见；又或者是对于少年犯案件的处理，来自学校主职为老师的陪审员总会有比较好的对待少年犯改造的教育意见。但总体来说，专业对口的情况还是比较少的。

---

1 佟季：《人民法院实施人民陪审员制度情况分析》，载《人民司法》2008年第7期。

在其他大部分案件中，陪审员"陪而不审，审而不议，议而不决"的现状仍然普遍存在。虽然在走访过程中，接受访谈的相关人员提供了许多陪审员参与案件审理后产生积极作用的典型事例，但典型并不能代表全部。实际上陪审员受自身素质限制较多，很多陪审员主要听从法官的决定，仍然常常会出现法官一家独断，陪审员变成"陪衬员"的情况。这导致了陪审员的辅助和监督作用没有得到有效而充分的发挥。

3. 人民陪审员制度的责任追究机制并不完善

在走访过程中，笔者询问法院是否会在陪审员违反陪审纪律或者不尽职务责任和义务时追究其责任，得到的许多回答是一般陪审在选任时就经过严格的筛选，任职期间也没发生什么重大过错。即使因陪审员的过失导致的裁决错误，也不追究陪审员的责任，而是追究合议庭主审法官的责任，这就在客观上存在人民陪审员责任豁免的现象。但是根据权力和责任相一致原则，若人民陪审员在参与审理案件出现行为不当或者判断错误等问题，就应当承担起相应的责任。如果陪审员只有权力没有责任，就难以保障司法公正，人民陪审员制度的设立目的也就不能够得到实现。因此，不论是制度层面还是实务层面，关于人民陪审员制度的责任追究机制并不够具体和完善。目前没有发生陪审员存在相关过失与错误，不代表不需要责任追究机制，这方面的漏洞还是很大的。

4. 主动申请陪审员参审的当事人非常少

大部分人民陪审员参与的案件都是法院判断为影响重大等需要陪审员的案件。然而，对于规定人民法院在一审审判时会有陪审员陪审的情况，《全国人民代表大会常务委员会关于完善人民陪审员制度的决定》第2条第2款是这样规定的："刑事案件被告人、民事案件原告或者被告、行政案件原告申请由人民陪审员参加合议庭审判的案件。"可实践中，当事人申请陪审员参与的几乎没有。分析原因，笔者觉得有两个：一是有关人民陪审员制度的法律知识的社会普及率不高，许多社会人都不知道陪审员的存在；二是许多当事人对陪审员并不信任，他们认为陪审员是对自己的案件毫无相关的人。

三、杭州市人民陪审员制度的改进设想

（一）建立本地区陪审员选用系统，落实随机选用陪审员制度

在实现陪审员与法官的人数比例达到 2：1，陪审员人数相对案件数大体够受用的前提下，各级法院可以依托电子网络，建立本地区的陪审员选用系统，由各法院立案庭通过网上摇号的方式随机确定具体案件的陪审员，避免陪审员

选用的"暗箱操作"[1]。另外，根据职业和学历，可以对在任陪审员进行分组，分为专家组和普通组。遇到疑难案件则从专家组随机选取陪审员，而对于普通案件则可以效仿西方国家实行的陪审员"庭选"制度。

（二）建立规范的选任制度，提高陪审员的陪审技能与素质

在发布海选陪审员的社会公告之前应加大有关陪审制度基本法律知识的宣传，使更多的民众知道什么是人民陪审员制度，什么是人民陪审员，提高民众对于人民陪审员的知情度和参与度。在选人时，目前各基层法院都有自己的选择要求和程序，为了使人民陪审员选任制度规范化、制度化，应该制定统一的标准和选任程序。此外，在陪审员正式任命后，应加强对陪审员的专门培训。虽然所有基层法院和中院都有组织相关的培训，但每年的次数很少，时间很零散，传授内容不够系统，讲座等培训形式所产生的效果无法保证。所以，应该对于在任的陪审员进行系统有规律的培训，传授必要的陪审技巧，以提高陪审员的陪审能力，协助法官提高审判效率。

（三）明确陪审员的权利义务，建立完善的责任追究制度

根据权利与义务相一致原则，应当明确陪审式合议庭各成员的责任，既然人民陪审员与法官同职同权，那就应做到人民陪审员与法官权责明确。主要体现在两个方面：一要明确当出现人民陪审员义务履行懈怠、违反陪审纪律和职业道德、泄露当事人隐私或司法机密等行为不当的情况时，应追究的责任与处罚；二要明确基于人民陪审员职业的广泛性和代表的普遍性所导致的因陪审员法律素养不足而可能产生部分问题的免责情况。

结语

人民陪审员制度虽然没有正式的宪法地位，但其在司法实务中运用极为广泛，几乎渗透了基层法院的众多一审案件，尤其是刑事案件。所以，为了使人民陪审员制度更为规范化、制度化，以此来发挥其最大的效用，建立和完善必要的配套设施迫在眉睫。只有明确人民陪审员制度的法律依据，落实陪审员的责任与义务，完善责任追究机制，使制度在运行的过程中有法可依，有法必依，违法必究，并且能够在问题发生后有责任追究机制的救济与保障，这样人民陪审员制度才能发挥所长，为司法实务增光添彩。

---

1 佟季：《人民法院实施人民陪审员制度情况分析》，载《人民司法》2008年第7期。

中国法治建设

——法治的四个支点

刘仕倩

浙江理工大学

　　摘　要： 随着网络技术的发展，各种具有转发功能的网络用户平台吸引了公众的广泛参与，人们在网上可以畅所欲言，言论自由可谓发挥得淋漓尽致。然而，当人民从自由中获取的好处看似越大，就到了越接近失去自由的时刻。在监管力度不够、法治不够完善的网络环境下，人们的人格尊严权以及隐私权易受到侵犯。2013 年 9 月两高出台的司法解释明确规定了："同一诽谤信息实际被点击、浏览次数达到 5000 字以上，或者被转发次数达到 500 次以上的"应当认定为诽谤行为"情节严重"，即可构成诽谤罪。该司法解释是对言论自由的限制还是保障言论自由呢？本文以此热点问题为引子对法治建设中中亟待解决的问题予以探讨。

　　关键词： 法治；法律的边界；司法腐败；同案不同判；法律权威

　　古希腊哲学家思想家亚里士多德曾经说过："法治应该包含两重意义：已成立的法律获得普遍的服从，而大家所服从的法律又应该本身是制定得良好的法律。"[1]前者要求我们处在一个法律至上的社会，人们的法治意识观念足够强。而后者要求立法足够完善，且所制定得法律应为良法。有学者认为，一部好的法律，至少应当处理好以下几对关系：一是要正确处理规范人类行为与促进人类发展的关系；二是要正确处理特殊利益与普遍利益的，个人利益与国家利益的关系；三是要正确处理管理者与被管理者的关系；四是要正确处理思想与现实的关系。[2]笔者认为，要认定一部法律是不是良法，还得着手于法律本身的宗旨，即法律最根本的是要保障什么，是保障权利、限制权力还是规范义务，是

　　1　［希］亚里士多德：《政治学》，吴寿彭译，商务印书馆 2007 年版。

　　2　刘海年、李林：《依法治国与法律体系建构》，社会科学文献出版社 2008 年版，第 38 页。

保障多数人的利益还是少数人的利益。

一、何为"良法"

现今通俗的说法：法是统治阶级意志的反映，是国家意志的体现。国家本身是一个抽象的概念，其自身是没有生命的，因而不可能有自己的意志，国家意志必定是人的意志的反映。我国是工人阶级领导的社会主义国家，那么依这种说法，法即是工人阶级意志的体现，保障的是工人阶级的利益。工人阶级又称无产阶级，在社会中所占的比例最高，那么从这个角度上来看，法律保障的是多数人的利益，保障的是弱者的利益。然而多数人的利益之间又有分歧，弱者的利益也并非完全统一，那么以此标准来定义的法最终不能算之为良法，在法律执行的过程中必然会产生一系列的冲突和矛盾。笔者认为，法应该有一个统一的标准，法应当是"善人"意志的反映。从辩证统一的标准来看，是非善恶区直在一定条件下都可以相互转化，对于这部分人来说是善的，对于另一部分来说就是恶。假如一个法律，100 个人之间只有一个人认为是善的，那么就不能称之为良法。

保障善人意志，最根本的是要尊重其最基本的人权。自由与平等是人权体系内的俩个基础性权利。法律至上最根本的是要保障人的权利和自由。关于自由的定义，不同的学者有不同的理解。孟德斯鸠认为，"自由只存在于做可以自主选择所做之事并不被强迫做非自主选择之事的权力中"。[1] 他还认为自由是相对的，是要在法律允许范围内的，不得强迫任何人实施法律没有强制其实施的行为，也不得强迫任何人不得实施法律允许其实施的行为。所以法律的边界实为重要，法律允许做什么，不允许做什么，必须有一个严格的标准。"法行故法在"，在封建社会中，专制制度以及腐朽的官僚制度，使得某些行为的边界总是向官僚势力靠拢。那么在法治社会的今天，法律的边界应当是向善的，向维护多数人利益的边界靠拢。法治社会最终是要实现人类社会的和谐发展和进步，那么根据利益最大化原则，越来越多人身在社会当中觉得受益的，那么法治的推进必然是其中的内在推动因素。2013 年 9 月两高出台的司法解释明确规定了："同一诽谤信息实际被点击、浏览次数达到 5000 次以上，或者被转发次数达到 500 次以上的"应当认定为诽谤行为"情节严重"，即可构成诽谤罪。这是诽谤罪这一法律条文根据实践的需要，自我完善的一个过程，也就是笔者所说的法律边界的移动。法律边界就好似一架天平，天平的两端是完全对立的

1　孟德斯鸠：《论法的精神》，光明日报出版社 2012 年版，第 127 页。

两个利益集团，砝码向哪边移动，就代表法律边界更向哪一方靠拢。笔者认为，诽谤罪的完善边界更倾向于人们的隐私权和人格尊严权，相对应的人们的言论自由权就受到了一定程度地限制。有学者认为，法律不保护坏人的权利，那么好人的权利也难以受到保障。在这里也同样适用，法律如果不限制人们的言论自由，那么极端的不受约束的言论自由最终不是走向一个人人都敢说的社会，而是走向一个人人都敢怒不敢言的社会。自由和限制自由从来都不是矛盾的，反而是相互依存的条件。设想一下，如果没有限制自由，没有约束，当大家争相上一辆公共汽车的时候，表面上看似非常自由，人人都不受约束，但是事实上，却是每一个人的自由正在被其他人践踏。

二、良法的完善

如果说一部法律根据实践的需要发展成一部越来越接近良法的法律，我们把它称之为："法律的纵向发展"，即"法律的深度"；那么法律的充实完善，法律渗透到人们生活的各个方面，我们把它称之为："法律的横向发展"，即"法律的广度"。在亚里士多德关于法治的定义中，笔者认为，法治还应当在法律的广度方面多做努力。

我国从新中国诞生开始，就积极着手于立法工作，到 21 世纪，逐步形成了一个以宪法为统率的兼有行政法、民商法、经济法、刑法、诉讼法、社会法等几大独立的法律部门。从整体上来看，法治建设越来越完善。但是许多严峻的问题也不容忽视。归纳起来讲，主要存在三大问题。

在立法观念上，缺乏对法律体系的整体考虑，导致立法规范在较大程度上难以取得理想的实际效果，立法规范不能得到很好的实现，造成立法结构不够均衡。社会经济生活中所迫切需要的一些法律、法规迟迟不能出台。近年来，各种新闻媒体对司法活动的监督力度明显加大，但是我国竟还没有出台一部规范传媒行为的新闻法。"法无明文规定即无罪""法无明文禁止即有权"。由于新闻法的缺失，使得新闻媒体在司法监督过程中，就如一艘没有航向的轮船。激进的媒体可以打着"法无明文规定即无罪"，大大侵犯公民的隐私权等等。保守的媒体却担心着司法监督过程中所承担的巨大风险，小心谨慎，如履薄冰。他们显然又不懂得"法无明文禁止即有权"这个法律原则。

在立法权限的划分方面，由于我国宪法和有关组织法对不同立法主体的立法权限的划分不够明确，在实践中，不同层次立法主体在立法权限上有时会发生冲突。其直接后果之一就是不同立法主体所制定的不同效力层次的法律、法规之间，以及同一效力层次的法律、法规之间的重复与冲突，不仅损害了法律体系应有的协调和谐，而且妨害了社会主义法治的权威。实践中，守法者可以钻法律的漏洞，执法者在适用法律时又无所适从，那么法律的尊严就势必会受到侵犯。希望《立法法》的制定工作能够充分有效地进行，它的出台能够很好地规避这一法律现象。

法律概念的模糊。法律概念是指人们认识法律事物、法律行为、法律状态等法律现象所形成的相关法律术语。2002 年的"夫妻看黄碟案"曾经引起了全国人民的强烈反响。事件大致如下：延安市宝塔公安分局万花派出所民警接群众电话举报，称张某夫妇在家中播放黄碟，4 名民警遂前去调查，他们找借口进入张某家中，在查处过程中与张某夫妇发生冲突，两民警受伤。因场面难以控制，民警后以妨碍警方执行公务为由，将张某带回派出所，并将从现场搜到的 3 张光碟，连同电视机、影碟机作为证据带回。张某向派出所交了 1000 元暂扣款后被放回。时隔两个月后的 10 月 21 日中午，张某又被宝塔公安分局治安大队带走，并以涉嫌"妨害公务"被刑事拘留。

本案中执法人员程序不合法以及认定事实不清基本上达成了共识。争论的焦点在于本案中夫妻的行为是否违反我国刑法关于严禁淫秽物品的规定。《关于严禁淫秽物品的规定》的客体是贩卖、制作、传播等确实危害社会与他人的行为或在公共场合内观看的行为。张某夫妻所看的地点非常特殊，位置处于一人流段比较多的诊所后屋，那时的民间这种在经商的地方搭建一个小屋的情况比较多。所以对于这种在经商地方搭建的小屋究竟是公共场合还是私人场合就难以找到法律的依据了。法律没有明文对公共场合进行定义，这就造成了一个执法守法的盲区。

三、去除实践中影响法律权威的不利因素

古希腊哲学家思想家亚里士多德曾经说过："法治应该包含两重意义：已成立的法律获得普遍的服从，而大家所服从的法律又应该本身是制定得良好的法律。""已成立的法律获得普遍的服从"要求人们能够自觉地遵守现行的法律，人们的法治意识观念不断强化，除此之外，法律本身也应当维护自身的权威和尊严，只有当法律自身所具有的权威和尊严，让人们觉得不可侵犯与践踏，那么人们就会自觉地遵守法律了。那么法律在提升自身权威和尊严方面还需要哪些方面的努力，当前有哪些因素能够使人们越来越对法律的尊严和权威失去信心呢？可能造成的因素有很多，本文仅从以下两个方面予以探讨。

（一）司法腐败

依法治国的基本要求："有法可依，有法必依，执法必严，违法必究"。其中"有法可依，有法必依"对法律制度的完善提出了要求。那么"执法必严，违法必究"则对司法制度的公正与独立提出了要求。法律是至高无上的，一切事物都要按照它来运作。根据法律至上这一原则，那么要从源头上防止司法腐败，就必须建立完备的法律体系。"司法腐败既是权力腐败的表现形式之一，也是一种全民众深恶痛绝且后果极为严重的腐败。作为对行政腐败的一种响应，它的发生有其深刻的制度和文化根源，更与权力本身的特性密切相关，它暴露出现行权力结构中的种种弊端或漏洞。而权力结构中的这些弊端和漏洞，也正是我国法律体系结构中的弊端和漏洞。"[1] 由此我们可以看出，司法腐败的根源之一在于制度不健全，法律体系不健全。当然，造成司法腐败的不仅仅限于制度不健全。孟德斯鸠的三权分立制衡思想中也阐述了司法独立的必要性。"倘若司法权不分立于立法权和司法权，也不能享有自由。倘若司法权合并于立法权，臣民的生命与自由将会任由专制之权宰割，因为此时法官就是立法者。倘若司法权合并于行政权，法官就可能粗暴地压迫他人。"[2] 国家应当制定出更完备的法律来保障司法独立，将保障司法独立用白纸黑字的法律条文固定下来。对可能干扰司法独立的行为予以明确的定罪量刑。简而言之，保障司法独立是防止司法腐败的前提，而保障司法独立与防止司法腐败都对法律制度的完善提出了必然性的要求。

（二）同案不同判

同案不同判是一个通俗的说法，是指上下级法院之间、不同法院之间、不同庭室之间乃至不同法官之间，对一些相同或者相似的案件，作出大相径庭的判决结果。与之类似的说法还有同罪不同刑、同刑不同执、同事不同判等等。这些都是司法领域同等情况不等同对待的一些特殊情况。英美法系是判例法的国家，同案同判的程度比较高。我国虽是普通法系的国家，同案同判这一司法原则同样非常必要在司法活动中得到有效贯彻实施。

10月16日，22岁男子李启铭在河北大学工商学院生活区醉酒驾车，导致两名女生一死一伤，该案最终的判决结果是：以交通肇事罪论处，判处有期徒刑三年，监外执行。与之相对应的另外一个案件，7月19日，市中级人民法院对高速驾车造成五人伤亡的被告人李某、唐某进行宣判，被告人李某、唐某均

1　林喆：《司法公正与司法腐败》，载《政治与法律》1998年第3期。
2　孟德斯鸠：《论法的精神》，光明日报出版社2012年版，第129页。

犯以危险方法危害公共安全罪，分别被判处无期徒刑和有期徒刑 15 年，剥夺政治权利终身和 3 年。两案都是违规驾车，一个案件是以交通肇事罪论处，一个按照一危险方法危害公共安全罪论处，其量刑结果却产生了如此大的差别。事实上，李启铭的行为也足够构成以危险方法危害公共安全罪，根据我国刑法规定，醉酒驾驶并造成人员重伤或者死亡的行为属于以危险方法危害公共安全罪。交通肇事是过失犯罪，以危险方法危害公共安全是故意犯罪，李启铭醉酒驾车，还在限速只有 5 公里的大学校园生活区超速行驶，这是明知自己的行为会发生危害社会的结果，却放任这种结果发生，这不是过失，而是故意犯罪。从法律上来看，以交通肇事罪判就不那么合理。且李启铭在案发后不仅认错态度不好，还叫嚣"我爸是李刚"。这就造成了社会群体心理上倾向于偏重的刑罚，可是在判决结果公示之后，大部分群体心理上不仅对的是此时的失望，更是一种对法律尊严、法律权威的一种不信任。

类似的同案不同判的案件还有很多，虽然造成同案不同判的因素可能与我们国家当前的国情和政治体制有关，也有很多法律在现实中执行中的无奈，但是无疑，在建设法治国家的过程中，同案不同判会造成人们对法律认同感的弱化，不利于在群众当中树立法律的尊严和权威。如果一个国家的法律不能大多数的认同和尊敬，那么建立法治国家的口号应该也是一张"空头支票"。

四、提高公民的法律意识

法治国家的建设是一个循序渐进的过程，笔者认为应当经历以下四个步骤：制定良法，完善良法，去除实践中影响法律权威的不利因素，提高公民的法律意识。提高公民的法律意识应该属于提升公民道德素质的一部分，最根本的还是要依靠教育，发挥文化对人的潜移默化以及深渊持久的作用。我国目前的法学教育模式应该算是一个精英教学模式，而不是一个面向全民化的教育模式。建设法治国家，应当要将法律面向大众化，平民化，越来越多的人都懂法，守法，有一天，当我们国家的民众面对类似于"辛普森案件"的判决结果，我们都可以很客观地回答："我们觉得法律的判决很公正，辛普森是无罪的。"那么我们的法治国家建设就取得了明显的成效。

法律的真正目的是诱导那些受法律支配的人求得他们自己的德行。[1]建设法治社会最终是要人们生活在一个物质文明精神文明都健康发展的一个文明有序

---

[1]　转引自李秀清主编：《法律格言的精神》，中国政法大学出版社 2003 年版，第 20 页。

的社会环境当中，人们处在这样一个社会环境中，发展经济符合法律的规范，人们的生活水平因为有了法律作为后盾和航向标而不断提高；人与人之间相处能够遵守法律和道德的规范，人们用法律的标准去求得自己的德行。

　　要建立这样一个法治社会国家，对法律制度的完善，对司法制度的公正与独立，对执法建设的完善与监督，对人们的法律道德意识，都提出了严峻的挑战。我们公众所能做的就是不断提高自己的法律道德修养，我们期待有一天，社会生活中任何冲突都能通过法律得到解决，我们也相信这一天并不遥远！

吹响法治建设的芦笛

卢乐云

温州大学瓯江学院

摘　要：改革开放以来，我国经济迅速发展，综合国力不断提升，成为世界第二大经济体。实践证明，实现中华民族复兴的"中国梦"，必须坚持发展中国特色社会主义，坚定实施依法治国，全面建设法治中国。法治建设在社会发展中的作用不容忽视，对于社会主义的制度创新，引导党的领导方式和法律运作，管理经济文化事业，社会事务以及逐步实现社会主义民主的制度化、法律化等有起着重要的意义。因此，加快法治建设对我国的发展不容小觑。

关键词：法治；建设；权力

一双鞋，若是不载着你行走，永远只是柜台的一个摆设；一首歌，若是从未被高声吟唱，永远只是苍白的几个字眼；一支芦笛，若是不曾被吹奏，也不过只是一根孤独的木头。

法治建设就像一根芦笛，只有被注入音乐，才真正有了生命，才真正地能够让更多的人享受它的美好。因此，它需要像活水那般，不断的流动，不断的蔓延，到那些需要的地方，去成为一个祝福。

而谁应当来吹奏这支法治建设的芦笛呢？首先，建设法治中国，政法机关及其干部肩负着组织发动、普法宣传、执法监管、依法办案等重任，是创建法治社会的中坚力量。他们作为专门机关，拥有集中的法律专业人员，丰富的实践经验和法治文化沉淀，在推进法治文化建设中具有良好的基础和优势。因此，他们不仅需要努力吹奏法治建设的芦笛，还要认真的将这项技能传给大众，组织人民群众去吹奏。带头开展法治建设不仅是提高司法机关工作人员素质的要求，也是提高法律工作质量的要求。由此可见，吹奏这支法治建设的芦笛并非某些单位，或是某些人的责任，而是我们每一个人的义务。建设法治中国是全社会的事，所以，人民群众是法治中国建设的主体。

因此，当我们被赋予这样一份责任和使命的时候，就应该义不容辞，竭尽全力去建设法治的中国。这是我们的国家，这是我们赖以生存的土地，而安康稳定的生活是我们每个人都憧憬和向往的，当我们试着这么去做的时候，改变就开始了。法治中国的建设需要我们每个人的努力，需要我们成为传播光明的使者，去影响身边的人群，逐渐地使一盏灯成为一片光明。

而至关重要的就是如何吹的问题。建设法治中国，需要全面推进科学立法、严格执法、公正司法、全民守法，坚持依法治国、依法执政、依法行政共同推进，坚持法治国家、法治政府、法治社会一体建设，不断开创依法治国新局面。一幅美好的愿景不是靠着几句动听的话语或是一张宏伟的蓝图就可以成就的，"不积跬步，无以至千里"，只有不断地通过实践，付诸群众的努力，才会有不断的希冀。

首先，我们需要不断地强化以宪法为核心的中国特色社会主义法律体系。宪法是我国的根本大法，是党的意志、国家意志、人民意志的集中体现，是通过科学民主程序形成的普遍行为规范，是13亿中国人都必须严格遵守的共同行为准则。我们应当在现行宪法基础上，制定并完善了一大批法律、行政法规、地方性法规、自治条例和单行条例，法律体系日趋完备，国家经济、政治、文化和社会生活的各个方面基本实现了有法可依。立法的科学化、民主化水平和立法质量不断提高，法律在促进经济社会发展、维护社会公平正义、保障人民各项权利、确保国家权力正确行使等方面的作用不断增强。

其次，我们需要注重改进党的领导方式和执政方式。一个优秀的领导者才能为群众指引正确的方向，带领大众走向康庄大道。党的领导主要是政治、思想和组织领导。我们要善于把三者统一起来，在各个领域充分发挥党对改革和建设的领导作用。通过制定大政方针、提出立法建议、推荐重要干部、进行思想宣传、发挥党组织和党员的先锋模范作用来实现。另外，处理好党委与人大、党委与政府、党委与政协以及人民团体的关系也是极为重要的。拧成一股的绳子是不容易被折断的，也更有利于统一良好的方针有效的落实。改革和完善党的领导方式和执政方式，是提高党的领导水平和执政水平的重要途径。要做好各项工作，把党的事业不断向前推进，在激烈的国际竞争中始终掌握主动权，就必须适应不断变化的新形势，改革和完善党的领导方式和执政方式，从而不断提高党的领导水平和执政水平。

再则，有效地制约公权力也是建设法治中国的关键。公权力的行使必然会影响到公民的基本权利，因此，行政机关在行使职权时必须严格的依照法律，把权力关入国家法律法规的"笼子"当中去。当执法机关把权利当作护卫群众的利器时，法治中国也就为时不远了。因此，需要这些权力机关规范执法行为，加强执法程序制度建设，细化、量化执法裁量权，公正文明地对待当事人，严格落实行政执法责任制。要创新执法方式，完善执法体制，深入研究保证每一部法律法规全面严格实施的有效办法，最大限度地实现法律效果与社会效果的统一。

法治的另一个需求是充分的尊重和保障公民的权利，这也是法治的核心所在。全面落实依法治国基本方略，加快建设社会主义法治国家，必须坚持以人为本。以人为本是科学发展观的核心，也是社会主义法治建设必须坚持的价值追求和基本精神。以人为本，执法为民，公平正义，体现了我国社会主义法治的本质要求和价值追求。这是国家性质、党的执政理念的具体体现，也是法律的社会主义性质的具体体现。人民是依法治国的主体，依法治国不是依法治民，法治的根本目的是为了人民。只有坚持以人为本，才能保证立法的人民性、科学性、正义性的统一。只有坚持执法为民，严格、公正、文明执法，才能真正树立法律的权威。法治建设与广大人民群众的切身利益紧密相连，只有以解决人民群众最关心、最直接、最现实的利益为重点，为了人民，依靠人民，法治才能真正成为广大人民群众自觉接受的生活方式。依法治国的发展要更多体现在尊重和保障人权、改善民生上来，才能为人民群众所认同和拥护。离开了以人为本，单纯追求形式上的严格依法办事，依法治国就可能偏离法治的方向，就可能成为一种"恶法之治"。

要尊重和维护人民作为国家主人在全面落实依法治国基本方略过程中的主体地位，发挥人民群众在全面落实依法治国基本方略过程中的主体作用。要通过全面落实依法治国基本方略，扩大社会主义民主。要通过法治的方式，进一步健全民主制度、丰富民主形式、拓展民主渠道，使人民的知情权、参与权、表达权和监督权得到更充分的法律保障，从各个层次、各个领域扩大公民有序政治参与，使人民享有更多更切实的民主权利。

最后，我们需要有效的保障法律的实施。一部良法必须在真正投入实践的时候才能让问题渐渐浮出水面，才能知道如何去改进，才能逐渐地将问题细化，使它符合我国的市场经济和国情，真正地成为具有中国特色社会主义的法律。另外，我们还必须对全民进行法律思想的教育，增强干部和群众的法律观念从而保证法律的有效实施。

一首悦耳的歌曲往往打动人心，如一阵清风，温柔的拂过脸庞，驱走所有的疲惫和睡意。良好的法治建设就是这么一阵充满魔力的风，给人民带去了平安和幸福，也为国家带来了稳固和强盛。

　　由此观之，以心、以生命去吹奏的法治建设的芦笛必然会带来美好的效果。首先，法治取代了人治，从而以统一、稳定、权威替代了人治的随意和多变，以国家强制力为后盾，能有效地制裁违法行为，保证社会的稳定和有序发展，并且法治更体现了平等的原则。其次，在人治观念依旧存在影响的今天，要想逐渐消除它并深化法治的观念，就需要我们迫切建设法治文化。因此，实施法治更好的培养了全体公民的主体平等观、民主自由观、保障人权观、诚实信用观和法律至上观，使以宪法为核心的社会主义法律法规体系得到全体公民的普遍认同和遵守，为全面推进依法治国方略提供坚实的精神支柱和强大的内在动力。此外还限制了行政机关的公权力，强化了它们的责任。更充分的保障了人权，排除了利害相关人对立法、执法、司法的影响，同时让群众更广泛的参与和反映意见和要求，直接参与国家立法、行政、执法活动的决策过程，对国家的治理工作提供社情、民情依据。

　　吹奏一曲婉转动听的曲子是不容易的，建设法治中国也并非一天两天的事情。或许明天的光景我们不能预料，但当我们知道这是一条建设法治中国的道路，即使步履缓慢，也能走得更加坚定，相信这支法制建设的芦笛会越吹越响，更相信一个美好成熟的法治中国会在不久之后浮现在世人的眼前！

刑事侦查活动中的人文关怀

闵可宁

杭州师范大学法学院

摘　要：一直以来，我国刑事法律在传统文化的影响下被误解为维护统治、惩罚犯罪的工具，带有浓厚的政治色彩。伴随时代变迁社会变革，尤其是法治现代化的到来，人文关怀这一法律本质属性渐渐地被更多人所认识和倡导。在刑事侦查活动中，犯罪嫌疑人的权利保障极为薄弱，其权利受损的现象也较为普遍。为此，规范侦查程序，加强侦查监督，提升侦查人员专业素养，保障嫌疑人各项权利，呼吁法律的人文关怀显得尤为重要。

关键词：侦查活动；犯罪嫌疑人；人文关怀；刑事正义

引　言

长期以来，刑事法律在人们心中是惩罚犯罪的工具，伴随着立法及制度的现代化转型，被追诉者的人权保障日益被重视，这与制定法律、实施法治的目的在于更好的保障公民的自由和权利相一致。然而侦查阶段中犯罪嫌疑人在罪否罪轻罪重都尚未确定时，受纠问式诉讼传统的影响其人权保障往往较为薄弱，极易受到侦查权的侵犯。因此，规范侦查程序，加快侦查监督的立法，保障嫌疑人各项权利，呼吁法律的人文关怀显得尤为重要。本文笔者将就刑事侦查活动中的人文关怀展开讨论。

一、刑事法律与人文关怀

法律，作为秩序和正义的综合体，其本质是通过构建一个相对规范的秩序体系来对专断权力进行限制，从而达到理想的正义状态。在人们的传统认知中，作为"惩罚工具""镇压手段"的刑事法律，其在刑罚价值取向上过度重视秩序，缺乏对人的关注。在此种误读中，刑讯逼供、超期羁押等种种侵犯人权的案例时有发生，这与刑事法律制度的初衷惩罚犯罪、预防犯罪和保障人权无疑是背道而驰的。

（一）人文关怀是法律的本质属性

法律的任务是解决现实问题，但这并非法律生活的全部。法律规则的最终指向是人类幸福，其所提供的不仅是秩序，更是一种无限的可能性。制定、实施法治的目的是为了更好地保护公民的自由和权利，而个体权利得到保障，自我人格尊严得到尊重是人们认同和希望法治的前提。正是因为这种人文关怀，法治才能树立起权威性，才会被人们所信仰。

现代法律精神中的人文主义在内容和本质上与社会主义人文关怀是一致的。其核心意义在于，一切从人自身出发，把人自身作为观念、行为和制度的主体，人的尊严、幸福和全面发展应成为个人、群体、社会和政府的终极关怀。[1]亚里士多德的法治公式明确提出法治应包含两重含义：已成立的法律获得普遍的服从，而大家所服从的法律又应该本身是制定的良好的法律。[2]并且其主张的"良法之治"即法律不应该被看作奴役，法律毋宁是拯救，直到今天社会中大多数人也都承认应该尊重法律。合乎立法程序制定的法律应获得尊重，但这种尊重不是无条件的，必须是以人为本，维护人的尊严和权利能够肯定人的价值的法律。因此，人文关怀是法律的本质属性和法治的重要内涵。

（二）刑事法律人文关怀的价值性和正当性

正义是刑事法律的基本人格。作为维护法治正义的最后手段，在维护社会安全和法秩序过程中，如何协调社会秩序、被告人和被害人三者间的利益，如何正确处理打击和保护关系，满足司法公正的价值目标追求，刑事法律责任重大。如不能确立一种起码的公平正义观，刑法就会沦为压制人性的工具。

刑事法律的人文关怀与其正义品质的追求是一致的，都是促进公正和善良。亚里士多德认为平等就是正义。休谟说："正义是在人类心灵上必须起着自然和原始的一种德。"并且认为公共福利是正义的唯一源泉。穆勒主张正义是关于人类的基本福利的一些道德规则。罗尔斯提出正义两原则，即平等地享有自由并在不平等时机会均等。综上正义观的实质都是公平、公正、平等、幸福等伦理观念在法律上的反映。

作为社会对抗和制约违法行为的最后一道防线，刑事法律的适用必须严谨，

1　谢根成：《现代法律精神与人文主义》，载《华北水利水电学院学报》（社科版）2001 年第 6 期。

2　[古希腊]亚里士多德：《政治学》，吴寿彭译，商务印书馆 1965 年版，第 199 页。

因为稍有不慎，公民的正当权利就会被侵害。人文关怀中的宽容性在刑法领域体现为其谦抑性，即能用其他手段调整尽量不用刑法手段调整。以人为本，尊重人性，要求刑法保持一种人道精神，给予犯罪人基本权利的同时，尽可能降低刑罚，使其更容易回归社会，尤其对老年人和未成年人等弱势群体给予更多的关怀。因此，人文关怀是刑法实现实质正义的内涵。

（三）刑事侦查阶段人文关怀的迫切性

刑事司法领域中，以犯罪嫌疑人和被告人为代表的一方，其自由权、人格权、生命健康权等基本人身权利面对强有力的国家公权力存在巨大的威胁，明显处于弱势地位。而法律的任务就是在尊重个人自由和维护社会根本制度之间保持平衡，即平等地促进与维护一切正当利益。

刑事诉讼中人权保障的基本原则是无罪推定原则，即"任何人在未被宣告为犯罪以前，应当被假定为无罪"。那么刑事侦查阶段犯罪嫌疑人的各项诉讼程序上的基本人权应得到尊重和保障。然而，在我国侦查不过是侦查机构针对犯罪嫌疑人的犯罪事实所进行的单方面的追诉活动，自上而下带有"超越职权主义"的行政行为特征。[1] 面对强大的国家机器，弱小的个人人身自由、名誉等极易在打击犯罪、维护社会秩序的正当名义下遭到侵害。加之长期以来传统纠问制的影响，刑讯逼供、超期羁押现象普遍，屡禁不止。一旦犯罪嫌疑人被采取限制人身自由的强制措施，便与外界失去了联系，缺乏对抗执法司法人员不法侵害的法律手段进行自我保护。

综上，侦查阶段里，犯罪嫌疑人的权利极易遭到司法机关侵犯，而该阶段司法权也最易被滥用，对侦查权进行合理有效的制约，加强对犯罪嫌疑人的人文关怀显得更具有现实性和迫切性。

二、刑事侦查活动中人文关怀的现状

侦查行为是侦查机关实现侦查司法的必要手段，基于其侦查对象即犯罪行为的隐秘性和暴力性，侦查过程往往伴有强制力。随着诉讼制度的现代化，刑事司法理念越来越向既有利于国家打击犯罪又有利于国家保障人权的方向发展，尤其是一直被忽视的被追诉人的权利保障问题也日益被重视。人文关怀、人权保障在新刑诉法中有明显体现，然而实践运行中问题也很多，还有很多地方尚待完善。

1　左锋：《形式侦查阶段犯罪嫌疑人的权利保障》，http://www.110.com/ziliao/article-322270.html，最后访问日期：2009 年 3 月 2 日。

（一）我国侦查阶段立法上对犯罪嫌疑人人文关怀的表现

20世纪90年代我国司法改革以来，众多国际条约的签署使我国对长期以来"超职权主义"诉讼模式有了反思，并对犯罪嫌疑人权利保护愈加重视。

新刑诉法出台前，就已确立了侦查阶段犯罪嫌疑人有权聘请律师、拒绝回答与本案无关问题、核对笔录、请求自行书写、进行无罪辩护、强制措施超期时要求解除等八项诉讼权利。2012年出台的新《刑事诉讼法》更是将保障人权精神融入了诸多法条之中。首先，第2条明确写了"尊重和保障人权"是我国刑事诉讼的任务；证据制度中，规定了不得强迫任何人自证其罪和非法证据排除原则；批捕程序中，严格限制采取强制措施后不通知家属的例外规定；侦查程序中，规定了侦查人员在讯问犯罪嫌疑人的时候，对于可能判处无期徒刑或者死刑的，应当对讯问过程进行录音或者录像。录音或者录像应当全程进行，保持完整性。这都在一定程度上对侦查权进行了限制有效保障了犯罪嫌疑人的权利。

长期以来，"重实体，轻程序""重惩罚，轻保护"的理念一直在司法实践中盛行，新刑诉法的出台，明确将极具人文关怀特征的人权条款以法律形式给予确认，这对于侦查阶段处于劣势地位易被公权力损害的被追诉人无疑是极大的保护。

（二）我国侦查阶段犯罪嫌疑人权利保障存在的问题

不少学者提出，受大陆法系国家的影响，我国采取以职权主义诉讼观所支持的非对抗式侦查模式，造成侦查阶段犯罪嫌疑人的权利保障和救济难以实现。也有学者认为侦查程序中犯罪嫌疑人未被赋予沉默权且在获得律师帮助方面存在障碍的立法现状和司法现状，导致犯罪嫌疑人权利受到侵犯的现象比较普遍。华东政法大学的曾宪亚教授曾将原因归结为"重权力、轻权利；重打击、轻保护；重实体、轻程序"。

侦查阶段，犯罪嫌疑人权利保障较弱主要表现在以下几个方面：

第一，嫌疑人的隐私权面对国家公权力不具对抗性，尤其是强制侦查措施赋予侦查机关可以违背犯罪嫌疑人员进行侦查的权利。虽然我国《宪法》第38条和第39条规定了公民人格尊严不受侵犯和住宅不受侵犯，其中含有对隐私权的保护，但是我国的司法现状是强制侦查措施由侦查机关内部的上级领导和部门审查批准。作为侦查主体的侦查机关本身就处于嫌疑人的对立面，追求侦查效率加之破案率是其考核的重要指标，这就很难保证嫌疑人的隐私权不受侵犯。

第二，刑讯逼供现象屡禁不止，对嫌疑人的正当权利损害比较严重。长期纠问制和传统文化认知中对侦查的误读，使普通大众甚至侦查人员自己都认为给嫌疑人、被告人吃苦头，他们才会招供，才会有证据，才能破案，而往往忽略了这种侦查手段自身的不正当性。同时"无罪推定原则"并未得到实质意义上的贯彻。尤其在侦查阶段，虽然冠以"犯罪嫌疑人"的名称，但他们往往被侦查人员先入为主的观念定性为了"罪犯"，言语上对其人格尊严的侵犯在所难免，而对于案件繁多、当事人态度稍有强硬的情况，变相刑讯逼供的现象可想而知。

第三，超期羁押现象严重，对犯罪嫌疑人的自由和法律尊严造成极大创伤。羁押是基于国家刑事追诉控制措施以保障公民自由与安全的一般社会利益，而对个人所做的必要限制。[1] 虽然立法上规定了取保候审等救济权利，但现实中由于审判前羁押期长，且对于现行犯和重大嫌疑分子先行拘留最长可达 37 天，特殊情况还可申请延长羁押。而基层侦查人员由于法律知识欠缺，在找不到充分证据的情况下，超期羁押现象相当普遍。

第四，侦查人员的职业道德欠缺和责任感上的不足往往使嫌疑人的合法权利大打折扣。譬如讯问中，侦查人员可能因为讯问室条件差且要提审的嫌疑犯又多，难免走个过场草草了事，不少侦查员甚至不会告知嫌疑人有申请法律援助等权利，只是一纸权利义务告知书让嫌疑人签字，至于他们是否看得懂看得明白一概不管。又如批捕阶段，检察院承办案件的检察员多通过卷宗材料已对先入为主有了定论，加之受案卷材料记录人员叙述的语言和文字字迹等多种因素影响，给嫌疑人贴好了标签，甚至批捕报告已经做出，之后的讯问完全流于形式。所有犯罪嫌疑人按指压的地方基本都是办案人员免责的证据，犯罪嫌疑人的人权保障更加难以实现。

另外，值得关注的是未成年人犯罪案件，由于其心智发育不健全，一时糊涂误入歧途的案件比比皆是。做好对他们的人文关怀，给予他们充分的人格尊严，对于他们日后的成长和整个人生的发展都有重要意义。然而实务操作中侦查人员可能因为长期从事与"犯罪分子"的博弈，很容易忽略未成年人的特殊性，常常在言辞上给他们的心灵造成创伤。

三、刑事侦查活动中人文关怀的建议

一直以来，我国刑事法律在传统文化的影响下被误解为维护统治、惩罚犯

1　雷校锋：《侦查阶段羁押基本问题研究》，西南政法大学 2005 年硕士学位论文。

罪的工具，带有浓厚的政治色彩。而伴随时代变迁社会变革，尤其是法治现代化的到来，人文关怀这一法律本质属性渐渐地被更多人所认识和倡导。在刑事侦查活动中，犯罪嫌疑人的权利保障极为薄弱，其权利受损的现象也较为普遍。为此，规范侦查程序，加强侦查监督，提高侦查人员专业素养，保障嫌疑人各项权利，呼吁法律的人文关怀显得尤为重要。

（一）确立犯罪嫌疑人的侦查管辖异议权

侦查管辖作为刑事诉讼活动的首要前提，与犯罪嫌疑人的利益息息相关，为避免侵害当事人权益及侦查机关之间因为管辖问题而互相推诿，应当对侦查管辖进行监督和救济。首先是确立当事人的管辖异议权，同时设置异议审查机制，以此监督侦查机关的侦查行为，其次是通过侦查机关的上级机关和检察机关对侦查管辖进行双重监督。对侦查管辖进行监督，有利于促进司法公正的实现。但就对当事人权利保障而言，笔者更倾向于支持第一种观点。

（二）重视侦查讯问中嫌疑人的权利保障

刑讯逼供现象屡禁不止，很大程度上与在封闭、秘密状态下对犯罪嫌疑人进行讯问的方式有关。不透明又缺乏证明，必然给犯罪嫌疑人的权利损害埋下暗雷。如何真正有效杜绝刑讯逼供，需要构建一个全面的防范体系。

首先，应当赋予犯罪嫌疑人在被讯问时享有保持沉默的权利，不强迫自证其罪是基础，其次，改革先行羁押制度，侦查羁押分管，看守所应独立于控辩双方，严格提审登记制度，充分利用现代高科技讯问过程全程录像，做好监督工作。最后，对刑讯逼供的认定可采取责任倒置，参照民事案件种特殊侵权中的责任倒置更为合适，侦查机关相对于犯罪嫌疑人来说掌握更多的证据，让当事人举证是不公平也不现实的。另外严格非法证据排除原则，强调证据链的完整性，弱化嫌疑人口供在证据中的地位，重视物证，唯有此才能真正保障犯罪嫌疑人在侦查讯问中的权利。

（三）规范办案流程做好监督，明确责任制做到警务透明检务公开

长期以来，公安司法机关在使用强制措施时选择余地大，加之犯罪嫌疑人没有被赋予对适用强制措施不当的救济权，办案人员在决定强制措施和使用上比较随意，而嫌疑人又申诉无门或者根本没有自我保护的意识。面对这种单向性带有"职权主义色彩"的侦查活动，必须严格规范侦查程序才能切实保障当事人应有的权利。

实行责任到人，谁办案谁负责，确保案件质量；加强侦查监督，公开办案程序，能够公开的尽量全部公开，不能公开的也要保留文明执法的证据；严格责任制，发现案件质量问题和对嫌疑人侵权问题，直接追究承办人员的责任，严肃处理。对于超期羁押，在司法系统内部监督之外，应当保留当事人及有关人员对超期羁押的申诉权，并且建立相应的程序保障。

（四）强化侦查人员的法治理念，提升其人文素养

剖析刑事侦查实践中犯罪嫌疑人权利保障存在问题的原因，不难发现部分侦查人员的素质障碍，一是传统的"特权思想"根深蒂固，把自己当作法律的化身。二是自身的法律知识贫乏，"有罪推定"的执法观念已成习惯，不自觉地就把犯罪嫌疑人视为罪犯，认为和他们讲权利是对犯罪的姑息纵容。另外，部分办案人员缺乏职业道德和社会责任感，认识不到诸如未成年人这样的特殊群体的心理需求，或者根本就视而不见。

所谓治病治本，提高侦查人员的综合素养是减少侵犯人权现象的关键。科学的知识和法治的素养是侦查人员的硬件设备，而人文情怀则要求侦查人员关注人的基本权利和伦理品性，把犯罪嫌疑人当作人来看待，给予他作为一个人应有的尊严，发扬人道主义精神，从而认真审查案件做到真正的事实清楚证据充分。只有将科学知识、法制素养和人文素养三者结合，侦查人员才能养成依法办事的习惯，使法律真正被信仰并获得应有的尊严。

结语

刑事侦查阶段，犯罪嫌疑人的权利极易遭到司法机关侵犯，对侦查权进行合理有效的制约，加强对犯罪嫌疑人的人文关怀有现实的迫切性和正当性。规范侦查程序，加强侦查监督，提升侦查人员专业素养，或许能在一定程度上遏制侦查强权，给犯罪嫌疑人一定的权利保障。但是转变公众对刑事传统的错误认知，弘扬"人文关怀"这一法律的本质属性，显然才是正途。

对《鹿特丹规则》确立电子运输记录效力的思考

——兼谈我国对此的应对策略

隋婉君

浙江大学城市学院法学院

摘　要：《鹿特丹规则》确立了电子运输记录的效力，而将电子化的运输记录广泛应用于实践还有一段漫长的路要走。本文将从电子化的运输记录与传统单证的比较，适用鹿特丹规则时电子运输记录下的交付与其存在的问题，及对我国适应《鹿特丹规则》的角度提出的建议。

关键字：电子运输记录；电子运输单证

一、电子信息技术在国际货物海上运输中的发展及运用

国际货物运输单证电子化是基于 Electronic Data Interchange（简称 EDI）技术产生的。EDI 技术在国际货物运输中最先应用于提单——电子提单。电子提单是指通过电子传送的有关海上货物运输合同的数据。实际上是利用电子数据交换系统转让海上运输中货物所有权的程序。[1]

在实践上，各个国家和国际组织对电子提单的实践操作做出了诸多有益的尝试，主要有三个：SeaDocs 电子提单项目、CMI 电子提单规则和 Bolero 电子提单机制。

自国际海事委员会于 1990 年制订了《电子提单规则》后，电子运输单证终于为国际及各国立法正名。在 2001 年 CMI 提交给 UNCITRAL 的运输法（草案）中出现"电子记录"（electronic record）后，至 2008 年《鹿特丹规则》的出台，首次引出了"电子运输记录"（electronic transport record）这一概念。《鹿

1　邢海宝：《海商提单法》，法律出版社 1999 年版，第 591 页。

特丹规则》第 1 条第 18 项对电子运输记录下了定义"指承运人按运输合同以电子通信方式发出的一条或数条电文中的信息，包括作为附件与电子运输记录有着逻辑联系的信息，或在承运人签发电子运输记录的同时或之后以其他方式与之有联系从而成为电子运输记录一部分的信息，该信息：（一）证明承运人或履约方已按运输合同收到货物；并且（二）证明或包含一项运输合同。"

二、电子运输单证与传统纸质运输单证的比较

（一）传统运输单证的困境

1. 存在前提改变

提单等单证可用以代替货物本身进行转让，有一个基本前提，即提单的流转速度快于船货，从而可使收货人先取得提单保证其及时提货。[1] 该前提在过去是成立的，但随着造船技术、通信手段的发展，货物在港口的留滞时间大大缩短，而在多数情况下，尤其是提单经过多次转让时，货物会先于提单运抵港口。如此一来，因高效、快捷而使用提单反而妨碍了货物的正常流转。给承运人增添了不必要的保管成本。

2. 提单欺诈多见

提单作为纸质载体，极易伪造。通常提单欺诈的形式有两种，一为伪造子虚乌有的货物提单，并加以转让，损害他人利益。二为签发货物数量、种类、质量，装运时间不实的提单，在此种情况下收货人将可能承担货物瑕疵、倒签预借提单产生的损失。跟单信用证制度下，银行遵守的是"单证相符"和"表面相符"的基本原则，只要提单和其他装运单据表面符合信用证的要求，银行就有权利支付货款，买方不能因为银行接受的是一份假提单而拒付。银行也就没有动力为防止欺诈作出任何努力。

（二）电子运输单证的优势

与传统单证相比，电子运输单证的优势表现为"更快、更高、更低、更强"等。[2]

1. 单证流转速度更快

由于电子运输单证使用了 EDI 技术，故大大缩短了单证可能经由承运人、托运人、银行、收货人之间流转的时间，几乎实现了"投递"与"到达"同步

---

1 郭瑜：《提单法律制度研究》，北京大学出版社 1997 年版，第 156 页。
2 向在胜：《电子提单法律问题研究》，武汉大学 2005 年博士学位论文。

的现实效果。

2. 安全性更高

传统纸质单证易伪造、涂改，而电子运输单证可以通过加强技术手段加强安全性，防范欺诈。

3. 成本更低

据联合国统计，国际间全年的贸易总额约为6万亿美元，而其中的约7%（约4200亿美元）被用于制作、管理，寄送和处理各种贸易单证[1]。而使用电子运输单证，不仅可以减少大量纸面成本，还能节省投邮费、人工费等。

4. 适应性更强

在互联网、电子技术如此普及的现在，其优点不胜枚举，"电子化"几乎已成为各行各业的大势所趋，而电子运输单证在当今社会具有更强的适应性。

5. 可避免重复质押

目前在操作上，电子运输单证都被以"打标记"的方式将已出质与未出质的单证加以区分，可有效避免重复质押的发生，保护质权人的利益。

6. 转让提单时可一并转让运输合同

提单虽然具有代表运输合同的功能，但我国《海商法》并未明确规定提单转让时运输合同一并转让，故可能由此产生的追偿权、诉权无法得到保障。而电子运输单证则可通过技术将运输合同与提单一并转让。

（三）使用电子运输单证需克服的问题

杨良宜先生在其著作《提单及其付运单证》一书中对电子提单需具备的条件提出了以下几点：能去转让货物或财产；能去转让运输合约；能起到文件证明的作用；能提供大家任意使用；防止或减少欺诈；加快处理单证。[2]

1. 转让货物或财产

第一，电子运输单证的意义。传统运输单证因其在贸易中被长期使用，使人们信赖其背后所代表的物权意义，而电子运输凭证目前仍处在起步阶段，难有习惯做法。如何让人们信赖电子运输单证有物权凭证之功能是亟须解决的一大问题。

第二，转让方式。众所周知，为了贸易的需要，提单在货物尚未运抵卸货港前就可能已被转手数次。某些传统运输单证，如指示提单，背书即可转让。而电子运输单证如何背书？如何转让呢？如果不能解决单证自由流转这一问

1　茂建勋：《Bolero电子提单系统（上）》，载《集装箱化》2000年第5期。
2　杨良宜：《提单及其付运单证》，中国政法大学出版社2001年版，第150～153页。

题，电子化将会阻碍贸易的发展，最终被摒弃。

第三，签名方式。在传统的提单签发中，签名有两种功能：一是表明签发人愿意接受提单内容的约束的意愿；二是提单作为私法性质的文件，只有有了亲笔签名，提单才能生效并拥有证据效力。[1]但在电子单证中如何实现这些功能呢？国际货物运输当事人之间发生争议时法庭又如何辨别是谁签发了电子提单呢？

2. 文件证明之作用

《海商法》第77条、第80条规定了承运人签发的提单及其以外的用以证明收到待运货物的单证，即为订立海上货物运输合同和承运人接收该单证中所列货物的初步证据。可见，在海商案件纠纷中，传统运输单证还有作为初步证据的作用。那么电子化的运输单证如何实现这一功能呢？单从电子运输记录本身记录的信息并不影响这一功能的实现。但电子化的产品均存在一个较大问题——被恶意修改后无迹可寻。

电子运行环境下，如果有黑客蓄意攻击该"权利注册中心"，或恶意篡改运输记录上所载信息，后消除痕迹退出，那么将会给使用电子运输单证的当事人带来巨大损害，尤其被修改了运输记录而不自知，且无迹可寻，那么电子运输单证作为"初步证据"将毫无意义。如何保证其"原始性"是技术层面需要解决的一大问题。

3. 可供任意使用

在比较具有里程碑意义的三种尝试电子提单的实践下，笔者认为Seadocs模式无意义。CMI过分加重承运人的责任，不可取。唯有Bolero模式引入了第三方——权利注册中心，较为可行，只是该第三方的运行维护成本较高，只有中远集团等大型公司才得以进入，不具有普适性。但如何让国际贸易中的绝大部分当事人——不因其不能支付高额的Bolero运营费用而出局，均能进入该权利注册中心，参与使用电子运输单证的国际贸易成为亟待解决的关键问题。

三、使用电子运输记录时的交付

（一）不可转让电子运输记录的交付

在《鹿特丹规则》第35条中规定货物一经向承运人或履约方交付运输，托运人（广义）有权从承运人处获得不可转让运输单证或不可转让电子运输记

1　向在胜：《电子提单法律问题研究》，武汉大学2005年博士学位论文。

录。可见承运人有权签发不可转让电子运输记录。而在其后货物交付一章中并未出现关于使用不可转让电子运输记录时的交付。故立法者应当是认为使用不可转让电子运输记录时货物的交付应当与使用不可转让运输单证时相同。其交货方式有以下两种：

1. 按《鹿特丹规则》第9条第1款述及的程序证明其为电子运输记录持有人。《鹿特丹规则》第46条第1款规定收货人应当按承运人要求适当表明其为收货人并提交不可转让单证。结合本规定第47条第1款第1项及第2款第2项，可知在单证持有人需证明其为收货人并提交不可转让单证时，电子运输记录持有人需按本规定第9条第1款述及的程序证明其为电子运输记录持有人。

2. 在由于收货人的原因导致承运人无法交货时，承运人可根据托运人或单证托运人的指示交付货物，同时解除其向运输合同下持有人交付货物的义务。

（二）可转让电子运输记录的交付

1. 根据《鹿特丹规则》第47条第1款第1项，若持有人按本规定第九条第一款述及的程序证明其为可转让电子运输记录的持有人，则承运人即应向该持有人交付货物，若不能满足该条件，则承运人应当拒绝交付。

2. 根据《鹿特丹规则》第47条第2款，若可转让电子运输记录明确规定可以不提交电子运输记录交付货物的，则若因收货人的原因导致承运人无法交货时，承运人可根据托运人或单证托运人的指示交付货物，不论持有人是否已按本规定第9条第1款述及的程序证明其为可转让电子运输记录的持有人，同时解除该承运人向运输合同下持有人交付货物的义务。

（三）未签发运输单证或电子运输记录时的交付

1. 承运人应在运输合同约定或行业惯例的时间、地点，向按其要求适当表明自己为收货人的人交付货物。

2. 《鹿特丹规则》第45条第2项规定："收货人的名称和地址未在合同事项中载明的，控制方应在货物到达目的地前或在货物到达目的地时，将收货人的名称和地址告知承运人。"

3. 在由于收货人的原因导致承运人无法交货时，承运人可根据控制方或托运人或单证托运人的指示交付货物，同时解除其向运输合同下持有人交付货物的义务。

（四）不记名提单消失

结合本规定第57条及全文，不难发现，在电子运输记录中并不存在"不记名提单"的规定。因为使用不记名提单时货物的交付，只交单不需表明身份，而在电子运输记录中并无"现实"的单证，需表明电子运输记录的使用方法（method）及适当的身份证明。故不记名提单在电子化的单证的使用中遭受摒弃。

四、对我国使用电子运输单证的相关建议

（一）确立法律地位

我国尚未立法确立电子运输单证的法律地位。这不仅会阻碍电子运输单证在我国的发展，还无法保证使用其的当事人的合法权益。尤其在质押时电子运输单证的合法性，会对可能参与海运的银行产生巨大影响，若无立法确定电子运输单证的质押权，银行将可能不会参与国际海运中的支付环节，长此以往将从根本上影响电子运输单证在国际贸易中的实践应用。

1. 确立其物权效力

《合同法》中承认了"电子数据交换"可作为一种书面形式，2012 年新修订的《刑事诉讼法》及《民事诉讼法》，其中证据的类型中新增了"电子数据"。也已相继颁布实施了一系列规范性文件，如《海上国际集装箱运输电子数据交换管理方法》《海上国际集装箱运输电子数据交换协议规则》《海上国际集装箱运输电子数据交换报文传递和进出口业务流程规定》等。这些承认电子信息的立法无疑是我国与国际接轨的标志，但要想继续坚守、扩大在国际货物贸易上的市场份额，运输必须跟上。《鹿特丹规则》为国际海运指引了一个方向——电子化，故我国必须适应国际上先进的做法，完善《海商法》为"电子运输记录"提供法律保障，确立其物权效力，唯有如此，电子运输单证的转让才有意义。

2. 确立电子签名的效力

电子化运输单证自然不像传统单证一样通过亲笔签名。目前电子签名技术主要有数字签名、生物特征识别技术等。而数字签名应用较为广泛，其通过数字秘匙的方式，确定签名人的身份。根据"功能等价法"的原理，只要电子运输记录能实现传统运输单证的在签名上的功能，即可解决签名的问题。只是目前对于电子签名的效力还是缺乏立法保护。虽以出台《电子示范法》、我国的《电子签名法》，但仍需要建立一套有约束力的多边法律机制，统一世界范围内对电子提单的认识及操作程序的规范化。[1]

1　李德华：《论电子提单的几个问题》，载《宿州教育学院学报》2004 年第 9 期。

（二）完善流通程序

对电子提单的转让作出规定的是国际海事委员会通过的《CMI 规则》。该规则提出了一个基于一套较为复杂的新旧密码转换的运作方案，在 CMI 电子提单规则下，每次提单的转让都需经承运人核实发放密码，这无疑加重了承运人的负担。

目前现有的 Bolero 模式是一种较为公正客观的电子运输单证的运行系统。要想电子运输单证得以在托运人、承运人、收货人、银行等之间流转，必须引入独立于运输关系和电子提单转让关系的可信赖之无利害关系人。围绕着第三人登记制度，还应该确立信息传递制度、身份认证制度。这三项制度将构成一个可行的电子提流通制度。[1] 显而易见，运行此系统需要有巨大的资金支持，故其缺乏普适性。所以，最好由相关国际组织牵头建立一套以 Bolero 模式为原型，但在功能、技术上越加优化的第三方系统。由于该机制的运营成本较高，能够加入并使用的当事人较少，不利于电子运输单证的普及，可以考虑由各国政府按其在国际货物贸易运输中所占份额缴纳一定资金，再由各货运当事人缴纳部分资金供其运营。为了防止因"门槛低、好进入"，而容易增加欺诈的机会，该"权利注册中心"应当施行严格的准入制度。不仅审核各方当事人的营运资格，并且在长期的使用中为其建立一套完整的信用评价制度，且向将与其订立合同方公开。

（三）解决技术问题

技术是电子化之后的一大难点。若有人恶意"权利注册中心"并修改运输记录内容，那么将会给各当事人带来巨大的损失。从技术层面做好系统的安全防卫工作，或者事前通过技术让运输记录的每一次修改都留下痕迹，将会实现电子运输记录"初步证据"的功能，大大减少欺诈的发生。

电子运输记录要成为海运业中的主流方式，还有一段漫长的路要走。

1　吴仁坚：《电子提单流通的法律制度》，载《南华大学学报》2008 第 4 期。

法治中国的正义之手：法官庭外
调查权的合理规制

——以新刑事诉讼法的适用为背景

王晓程

温州大学瓯江学院

摘　要：纵观各诉讼模式，均存有法官庭外调查权。法官庭外调查权的存在有其必要性。其既可以提高刑事诉讼效率，又可平衡控辩双方力量，保证控辩平等原则。然而，不可忽视的是，法官庭外调查权的存在必然损害了程序公正。程序的问题可以通过程序设计来解决。合理规制法官的庭外调查权，方可实现法律之公平正义。

关键字：法官庭外调查权；合理规制；公平正义

弗兰茨·卡夫卡《审判》有一则寓言中提道，一个守门人尽忠职守地守在法的门前，一个乡下人走在守门人面前，请求见法一面，然而，乡下人倾其所有，用一生的时间去等待，也未能见到法。[1]法的大门一直都是开着的，但是，正义还是抛弃了乡下人。如果，法主动伸出自己的手，或许乡下人可以实现自己的正义梦想。如同在我国刑事诉讼中，法官在控辩双方力量失衡的情况下，可以走下神圣的审判席，合理使用庭外调查权，还原客观事实，对无罪之人，还其清白；对有罪之人，定罪判刑，维护社公平正义。

一、门内徘徊的法：法官庭外调查权的发展与变革

我国1979年创建了第一部社会主义类型的刑事诉讼法典，刑事诉讼活动从此依法开展。在该部法典下我国采用了职权主义诉讼模式，职权主义模式下

1　[美]博西格诺等著，《法律之门》（第八版），邓子滨译，华夏出版社2002年版，第1页："法的门前有一位守门人在站岗。一个从乡下来的人走到守门人跟前，请求进门去见法，但守门人说现在不能放他进去。"

法官处于主导地位，法官证据调查权较为广泛，根据该法的有关规定，法官在审前以及审理的过程中均有自行调取证据的权力，其启动不受限制；调取证据的范围广泛，可以收集关于案件定罪量刑的所有证据，强化了被告人有罪的追诉的国家权力。

1996年修正的刑事诉讼法改变了庭审方式，废弃了"纠问式"，采用控辩式的庭审方式，增强了控辩双方在庭审阶段的对抗性，减少了超职权主义色彩，同时对法官的证据调查权进行了更大程度的限制：1.取消法官的庭前证据调查权中的实体调查权，1979年刑诉法规定对于不符合"犯罪事实清楚、证据确实充分"这一开庭条件的案件，法院有权退回侦查机关补充侦查或自行进行勘验、检查、搜查、扣押和鉴定等。而修正后法官的庭前审查不再注重实体审查，以程序审查为主，只要控诉方提交的起诉书有明确指控的犯罪事实，并附有证据目录、证人名单、主要证据的复印件或照片，法院就应该开庭审理；2.将法官的庭内调查权置于补充地位，即在庭审中只有在控辩双方对被告人、证人、鉴定人询问之后，法官才能对他们进行询问。3.限制了法官庭外调查权的范围，1979年的刑事诉讼法则规定合议庭在认为案件证据不充分或发现新的事实的情况下，可以选择退回检察院补充侦查，也可以自行调查，而根据1996年修正的刑诉法规定，在案件庭审过程中，如果合议庭对经公诉人或者辩方对证据进行补充或者说明之后，对证据仍有疑问的，不能再退回检察院补充侦查，也不能自行调查，但是可以选择休庭，对有疑问的证据进行调查核实。4.法官庭外调查权手段删除了"搜查"，但是增加了"查询和冻结"的方式，然而法官的庭外调查权限定在法定的方式之内。

2012年我国再次修正了刑事诉讼法典，仍然采用控辩式的庭审模式，也保留了法官的庭外调查权，并再次完善了法官的庭外调查权。第一，提前了调查时间，除了原有的庭前审查程序，为了切实贯彻教育、感化、挽救未成年人的刑事政策，人民法院在审理未成年人刑事案件时，可以根据具体案情对未成年人的被告人的成长过程、犯罪原因、监护教育等情况进行调查；第二，扩宽了启动条件，法官庭外调查权可以依辩护人申请启动，如果辩护人认为人民检察院在审查起诉期间收集的证明被告人无罪或者罪轻的证据材料未提交的，有权申请人民法院调取；第三，与刑法同步，增加了新的调查手段，1996年修正的刑诉法只规定了六种调查手段，这次修正的刑诉法在原有的"勘验、检查、扣押、鉴定、查询、冻结"的调查手段上，增加"查封"，以便法庭在审理新增的环境污染等案件时可以查明案件事实，准确定罪量刑。[1]

二、打开正义之门：保留法官庭外调查权的必要性

纵观古今中外，无论是在哪一种诉讼模式之下，法官庭外调查权都是保留的。新中国成立后，诉讼模式不断改革，但都一致保留了法官的庭外调查权，这是有其必然性的。

（一）是提高刑事诉讼效率的要求

刑事诉讼中的效率价值主要体现在两个方面：一是刑事诉讼过程的经济合理性；二是刑事诉讼效果的合目的性。刑事诉讼过程的经济合理性是以实现刑事诉讼的目的为目标，一般是以诉讼周期的长短和诉讼程序的繁简来考量，必须在有限的司法资源的条件下，合理地设计刑事诉讼程序和科学的分配这些司法资源，刑事诉讼效果的合目的性表现为保持审结案件量与质的统一性。[2]从经济合理性来看，法官庭外调查可以提高法官的主动性，避免了案件久拖不决，最大限度的缩短了审理期限。如对有疑问的证据，法官可以宣布休庭，调查核实，而不需要控辩双方重新调查取证，延误审理期限，延长诉讼周期，浪费司法资源。从实现刑事诉讼效果的合目的性来看，法官积极调查取证，可以增加证据数量，有助于快速审结案件。如在证据不足时判决有罪，以及仅仅在双方举证的基础上判决，法官都要承担较大风险，而主动调查取证，则可增强法官内心确信，既可查明案件基本案情，又保证了案件的质量。

（二）是实现公平正义的要求

1. 现行诉讼模式下，法官行使庭外调查权，有利于实现实体正义

经过一系列的发展与变革，我国从超职权主义模式，到适当吸收当事人主义的合理因素，构建了混合当事人主义和职权主义的诉讼模式，即国内所称的"控辩式"。"控辩式"诉讼模式下法官处于主导地位，纯粹的当事人主义诉讼模式中的法官完全"消极中立"在我国仍然难以实现。我国还未建立保证控辩双方平等的举证和辩论的规则，难以实现控辩双方平等对抗。若完全取消法官调查权不利于查明案件事实，难以实现实体公正。因此，保留法官的庭外调查权更适合我国现行的诉讼模式，更符合我国的国情。

2. 现行诉讼模式下，法官行使庭外调查权，有利于平衡控辩双方力量，实

1　史立梅：《刑事诉讼证明责任的分配与法官的证据调查权》，载《河北大学学报》（哲学社会科学版）2005年第1期。

2　杨骁：《法官查证权研究——以刑事诉讼为视角》，西南政法大学硕士学位论文。

现控辩平等原则

在现行的诉讼模式下，公诉机关拥有强大的国家权力，以侦查机关和侦查部门为后盾，且决定逮捕或者其他强制措施的权利，拘束被告人，行使公诉权。而被告人被置于公安机关的强制措施之下，难以冲破牢房的铁窗和制度的枷锁为自己答辩，且因受经济条件或者其他条件的限制，有的被告人无法请辩护人。另外，在现有法律法规之下，辩护人在不同的阶段只能行使有限的调查权，为保护被告人的合法权利，法官在发现被告人无罪或者罪轻的量刑情节下，应积极行使调查权，避免发生冤假错案。

难以忽视的是，法官走下居中的审判席，参与庭下控辩双方的证据调查，损害了法官居中裁判的形象，与裁判中立原则、控审分离原则、控辩平等原则相矛盾。但是，程序问题归根结底可以通过程序设计改良来保证程序公正。

三、伸出正义之手：法官庭外调查权的合理规制

（一）限定法官查证权的启动条件、查证范围和方式，保证裁判中立原则

1. 限定启动条件

（1）公诉案件中启动庭外调查

第一，保护被告人利益为原则，依职权启动调查。在庭审前，为贯彻宽严相济刑事政策，对犯罪的未成年人实行教育、感化、挽救的方针，在审理未成年人刑事案件时，坚持教育为主，惩罚为辅的原则，根据案情选择性的对未成年被告人的成长过程、犯罪动机、家庭环境等情况进行调查。掌握未成年被告人性格特征、家庭背景、日常表现、成长经历及其在诉讼中的表现，在审判时针对其身心特点展开工作，并在对其判处刑罚时加以考虑。针对成年被告人，法官也可以委托司法部门开展审前社会调查，作为对其判处非监禁刑时的参考。

在庭审中，合议庭对有疑问的证据，在公诉机关、辩护人、自诉案件当事人及其法定代理人、诉讼代理人补充证据或者作出说明之后，仍然对证据有疑问的，可以休庭，进行调查。对于"有疑问的证据"的判断基准，可以借鉴台湾的判断标准，即关联性、必要性和可能性标准。[1] 关联性，指待证事实可以补强证实基本案情或者证实被告人无罪、罪轻量刑情节。如果待证的事实与案件无联系，就无须耗费有限的司法资源，拖延诉讼。必要性，对于众所周知的事实和待证事实已被证实，不再调查取证。否则不利于提高刑事诉讼效率。例如，

1　林钰雄：《刑事诉讼法》，中国人民大学出版社 2005 年版。

在一起危险驾驶案件中，被告人参加朋友结婚酒席，席上数十人看到他喝了酒，被告人酒后在道路上驾驶机动车被公安民警查获。查证时，只需询问酒席上看到他饮酒的三五个证人，法院无需对看到被告人饮酒的数十人都查证。可能性，要求待证事实客观存在，法官对待证事实有权行使调查权，可以依靠法定方式查证。例如在一起故意杀人案件中，被告人供述已将作案工具扔进万丈深渊中，难以取证，法官就开展庭外调查。

第二，依辩方申请启动调查。依现行法律的规定，公诉机关在认为需要补充侦查时，可以申请延期审理。为保证控辩双方平等对抗，应当赋予辩方申请法院调取证据的权力。辩方申请调查取证时候应该表明拟证明的案件事实、调取证据的理由、证据的存放处、取证方式、自己不能调取证据的理由。辩方的申请应当以书面的方式提出，在紧急情况下，可以通过电话等口头方式提出，但是应当及时记录在案。对于辩方的申请，法官应当由合议庭严格审查，对于独任制审理的，由承办人审查。对辩方的申请，法官应当在合理期限内作出决定，认为有必要查证的，应当同意，不同意的，应当书面说明理由。辩方对于法官不同意的决定有权提出异议，申请复议一次。

（2）自诉案件中调查权的启动

对于自诉案件，根据现行法律的有关规定[1]，在法庭审理过程中，审判人员如果对自诉当事人提供的证据有疑问，需要调查核实的，可以宣布休庭。审判人员对证据进行调查核实，可以选择勘验、检查、查封、扣押、鉴定和查询、冻结。在自诉案件中，自诉案件当事人因难以到有关部门调取证据或者其他的客观原因不能调取证据的，可以申请人民法院调取，人民法院认为确有调取必要的，应当及时调取。[2]自诉案件的当事人不同于公诉案件的公诉机关，没有强大的侦查权，对于一些涉及他人人身权利和财产权利的证据难以取得。而且对于一些容易灭失或者被被告人销毁的证据，自诉人不易及时取得，难以诉讼，因此，应赋予自诉人庭前申请证据保全的权利。对于证据保全的申请，法院应当予以审查，及时作出决定。

2. 限定查证范围和方式

如前所述，法官只可在听取控辩双方质证辩论后，查证控辩双方已经出示的存疑证据，对双方未申请调取或未提出的证据不能进行调查。

法官依职权启动的庭外调查的方式限定在七种：勘验、检查、查封、扣押、鉴定和查询、冻结。限定在实物证据，不包括言词证据。法官依申请启动的调查，

1　详见《刑事诉讼法》第 205 条第 3 款。
2　详见《最高人民法院关于适用〈中华人民共和国刑事诉讼法〉的解释》第 268 条。

可以收集言词证据，刑事诉讼法司法解释规定[1]，当事人和辩护人可以申请通知新的证人到庭，调取新的证据，但是应当提供证人的姓名、证据的存放地点。笔者认为，对于法官依职权启动的调查方式应限定在法定的七种方式当中，对和案件有关的全部物品、场所、人身进行勘验、检查或者查封，必要时可以指派或聘请具有专门知识的人，在审判人员主持下进行勘验、检查。法官可以对有关的物证、视听资料、书证进行扣押；可以对案件中的某些专门性问题组织鉴定或重新鉴定，可以就与案件有关的事项向相关单位、部门查询，还可以对与案件相关的财产进行冻结。对于询问证人，只能依辩方申请，由法庭作出决定。但是，对于"询问"的对象是否只能限定在证人，而不能包括被害人，仍有待探讨。例如，在一起多次盗窃案中，被告人记不清楚每次盗窃数额，其中一名被害人两次陈述的被盗金额不一致，也无法与被告人的供述相互印证，法官如果面对面询问被害人，可增强内心确信。

（二）限定查证主体，质证查证证据，保证控审分离原则和控辩平等原则

1. 限定查证主体

法官进行庭外调查权是否让控辩双方到调查现场，目前学术界和实务界主要有三种不同的看法：第一种观点认为控辩双方到场监督法官查证情况是维护诉讼公正性的需要，是程序公正的必然要求，是监督法官查证活动的必要举措，应规定控辩双方必须到场监督。第二种观点认为控辩双方不必到场。一来法官庭外调查取证是为达到内心确信而采取的职权行为，控辩双方没有程序上的建议权和监督权；二来庭后调查取得的证据也要提交法庭以供双方质证，双方没有到场监督之必要。第三种观点则认为控辩双方是否到场应根据需要由合议庭决定。这是最高人民法院《解释》中采用的观点，即赋予法院采用调查核实方式的一种酌定权。[2]笔者认为，法官可将控辩双方是否到场的选择权抛给控辩双方，由其对自己的决定负责。因为，法官庭外调查取证，或依职权启动或依申请启动，其行为既是一种权利也是一种义务，均应受到监督。法官可在调查取证前书面通知控辩双方到场，紧急情况下可以口头通知，但是应当记录在案。未及时到场的一方视为自动放弃监督权。但是，庭外调取的证据仍然需要经过庭审质证，控辩双方发表其质证意见。

2. 对查证所获证据进行举证质证

对于法官庭外调取的证据的使用和效力，理论上有不同意见。第一种观点

---

1 详见《最高人民法院关于适用〈中华人民共和国刑事诉讼法〉的解释》。
2 陈光中主编：《刑事诉讼法实施问题研究》，中国法制出版社 2000 年版，第228 页。

认为，对于辩方有利的证据，交给辩方出示，对于控方有利的证据，则交由控方出示。第二种观点认为，依辩护方申请进行的庭外调查中，应由辩方进行出示，控方对证据进行质证；在法官依职权做有利于辩方的庭外调查时，应将证据交由辩方出示，由控方进行质证。第三种观点认为，对于辩方申请调取的证据，可由合议庭转交给辩方提出，在取得辩方同意的情况下，也可以由合议庭直接提出。对于法院依职权调取的，一般由合议庭直接提出。第四种观点认为，法官庭外调取的证据应当由法庭出示，控辩双方进行质证。笔者赞同第四种观点。理由是，法官庭外调取的证据，有时会出现与申请方的预期不符或者相反，辩方可能不予接受，若此时控方也不予接受，法庭将会陷入尴尬的境地。有观点认为，此时，应当将该证据排除，但是笔者认为，调取的证据应交由法庭出示，由控辩双方发表质证意见，因为既是法庭依法调取的证据，其必具有关联性、必然性与可能性，该证据与该案有联系，应当列入案件证据之列，作为定罪量刑的依据。第一种观点和第二种观点存在缺陷。此外，我们可以沿用"谁调查，谁出示"的传统。无论证据是法庭依据辩方申请调查的还是依职权调查的，都由法庭出示。经出示后的证据与其他证据效力一样，由法官根据全案情况，按照证据规则决定其可采性和证明力。

（三）赋予申请庭外调查未果的救济途径

辩方依法申请庭外调查，可能产生两种消极的结果，法谚云"无救济，则无权利"，为了保护被告人的合法权利，应当及时为辩方提供救济途径。第一，辩方申请庭外调查，法庭经审查，决定不予调查时，应当书面说明理由，例如辩方提供的证人已经移民国外，联系方式已经变更，无法联系或者辩方申请调取的书证已经在一次自然灾害中灭失等等。在这种情况下，如果辩方可以提供新的证人或者其他书证，申请重新调取的，应当允许。第二，辩方申请庭外调查，法官经庭外调查后，发现辩方提供的证人难以联系或者书证已经灭失，此时，应当及时告知申请人，如果有新的证据，可以允许再次申请调查。

（四）强化法官庭外调查的法律监督

为了有效规制法官庭外调查权，预防调查权演化为侦查权，现行法律规定，人民法院对证据有疑问，宣布休庭，调查核实证据的，在必要时，可以通知检察人员、辩护人、自诉人及其法定代理人到场。上述人员未到场的，应当记录在案。然而，何为"必要时"仍未有明文规定，依然是靠法官自由裁量。此时，为了强化法官庭外的调查权的监督，检察院、辩护人、自诉人及其法定代理人可以主动要求到场。此外，为了贯彻宽严相济政策，最大限度地保障被告人的合法权利，法律也规定了"应当"的情形。人民法院调查核实证据时，发现对影响被告人"罪轻、无罪、有罪、他罪"或者其他定罪量刑有重大影响的新的证据材料的，应当告知检察人员、辩护人、自诉人及其法定代理人。必要时，也可以直接提取，并及时告知检察人员、辩护人、自诉人及其法定代理人查阅、摘抄、复制。[1]

四、结语

法官庭外调查权几经发展和变革，但最终的目的是为实现公平与正义。在我国控辩式的诉讼模式下，合理使用法官庭外调查权，既提高了刑事诉讼效率，又增强了辩方的力量，保证了控辩双方的平等对抗，实现了法律的公平与正义。

1　详见《最高人民法院关于适用〈中华人民共和国刑事诉讼法〉的解释》第66条。

关于我国农村守法状况及农民
法律意识的调研

——以浙江省桐乡市乌镇镇陈庄村为对象

王晓燕

浙江工商大学法学院

摘　要：本次调研活动以浙江省桐乡市乌镇镇陈庄村为调研地区。调研活动将立足于对农民法律意识现状的调查，以问卷和走访的方式，从影响农民了解法律的知识水平、对现行法律的评价、对权利义务的理解、农村的普法宣传、村民自治等方面对农村的守法状况及农民法律意识的现状进行分析，最终得出农民法律意识淡薄、法律知识缺乏、农村普法力度不到位的结论并提出相应的解决对策。通过创新普法形式和加大普法力度、加强农业的立法工作、开展农村成人教育可以为提升农村法治水平提供借鉴。

关键词：陈庄村；守法状况；法律意识；法治建设

改革开放 30 多年以来，我国一直相当注重法治建设，特别是自 1997 年召开的中共十五大的政治报告中首次明确提出了"建设社会主义法治国家"的目标后，党中央一直把法治建设作为党政工作的重头戏。近年来，我国的法治建设成果也有目共睹，全国人大、国务院、各级地方政府出台的法律、法规、行政规章、地方性法规使我国的法律体系越来越全面。但是，值得注意的是，我国农村地区的法治建设相比对于城市而言一直处于相对落后状态，农村的法治建设由于各种主客观原因的影响也一直难以彻底贯彻落实，并且收效甚微。因此我国农民的守法状况一直不尽如人意，淡薄的法律意识和对法律知识的缺乏使农村法治的主体——农民，游离于法律的边缘。而这也势必会影响整个法治建设的进程。

一、陈庄村的守法状况及农民法律意识现状

在本次调研对象陈庄村中，通过向陈庄村村民发放问卷调查、走访陈庄村村民和到村委会查阅相关资料，可以从表1、表2列出陈庄村的基本状况中了解陈庄村守法状况及农民法律意识的现状：

表1　陈庄村村民基本情况

总人口	男性人口	女性人口	文盲人数	大学生人数
约5000人	约2700人	约2300人	约250人	约115人

表2　2008—2012年间村民违法犯罪情况

年份＼案件（件）	民事案件（调解）	刑事案件	行政案件
2008	5	1	0
2009	4	2	0
2010	5	2	0
2011	6	3	1
2012	4	1	0

下表是在陈庄村进行调研时发放的问卷调查统计：

表3　陈庄村村民问卷调查情况（总样本：30份）

性别	年龄	懂法程度	法律重要性	国家出台有关农业的立法的必要性	关注与自身相关法律的出台	遇到侵权会寻求法律援助	认为法律是为什么人群服务	知道检察机关统一举报电话	关注本村的《村民委员会组织法》	文化程度
男(46.7%)	29以下(23.3%)	很懂(16.7%)	重要(16.7%)	有必要(43.3%)	关注(36.7%)	会(6.7%)	官员(53.3%)	知道(3.3%)	关注(40%)	大学或大专(3.3%)
女(53.3%)	30～44(33.3%)	略懂(56.7%)	不重要(83.3%)	没必要(23.3%)	不关注(63.3%)	不会(93.3%)	人民群众(46.7%)	不知道(96.7%)	不关注(60%)	高中或中专(23.3%)
	45～60(26.7%)	一点也不懂(26.7%)		与我无关(33.3%)						初中及以下(56.7%)
	60以上(16.7%)									从没读过书(516.7%)

上述数据显示，陈庄村村民文化程度不高，文盲率高达 5%。而大学生数量仅仅为 115 人，平均每 10 户村民家里才有一名大学生，不高的文化程度极大地限制了陈庄村村民接触法律的可能性。同时，在进行问卷调查及走访时笔者发现，陈庄村村民法律意识淡薄，村民守法状况令人担忧。从走访时的情况来看，村民所涉案件多为民事案件，其中又以婚姻家庭案件、人身损害赔偿案件为主，村民有了纠纷趋向于由法律途径解决的比例少，仅为 6.7%。很多村民不清楚民事、刑事、行政案件的区别，也有一些人甚至不知道自己的某些行为触犯了法律。不知法又谈何守法呢。同时，对法律的漠视也让法治建设在农村地区难以施行，根据问卷调查统计可以看到高达 83.3% 的村民没有意识到法律的重要性，63.3% 的村民在接受采访时表示不会关注与自身相关的法律的出台，更别提其他法律，村民对待法律的态度决定了农村地区的不容乐观的守法状况和农民淡薄的法律意识所带来的农村法治建设的困境。笔者在陈庄村走访过程中了解到一个实例：几年前的一个夜晚，在村民都入睡时，突然有人高呼捉贼，刚刚入睡的村民们听到喊声都起床拿着棍子、锄头向声源地涌去，几十号人从四面八方将嫌疑人团团围住，二话不说就将手上的棍子、锄头往那人身上招呼。将他打了一顿后又威胁他以后不准再进村偷东西，否则就"打死你"云云，然后就将他驱赶出村子，再无后续。在调研时，笔者问他们觉得这样做合理吗，绝大多数村民坚持认为抓贼打贼不犯法，村里千百年来向来是这么做的，这是村里的惯例，遇到贼就打他一顿，威胁他以后不准再来，再将他赶走就是。笔者追问他们难道不知道遇到小偷可以报警，将嫌疑人交由警方处理吗？村民理所当然的反问：就这么点事还用警察来？而且我们一直以来都是这样干的。从这一实例中我们不难看出一些农村地区的村民对一些基本的法律常识还不是很了解，或者说是不重视，淡薄的法律意识使他们所做的一些社会行为都是脱离法律认知、依着自己的性子来进行的。

调查结果显示，96.7% 的村民表示从没听说过检察院的举报电话。村委会没有村民的要求也不会主动进行普法教育，大多数村民不知道公检法的区别，认为它们离自己很远，不会、不想，也不能和自己产生关系。绝大多数农民买到假冒伪劣产品根本不会想到要向消费者协会举报维护权益，最多到商店要求退钱，但多数人都自认吃了这个哑巴亏。很多农民认为国家对农村和城市区别对待，农村的养老保险制度不合理，但这些都只停留在口头抱怨的阶段，从没想过要像上面反映情况。有权利意识的人少，将维权付诸执行的人数更是少之又少。有超过一半的农民不愿意和政府机关和村委会打交道，因为觉得心里没底，发生纠纷时也会选择忍气吞声，坚信"民斗不过官"，所以"少惹为妙"。而村民委员会的换届选举更是进行暗箱操作，村委会通知下来谁是村主任，谁就是村主任了，根本没有所谓的村民民主选举之说，村民不说上面就理所当然的不做，农村委员会组织法中的民主选举成了一纸空文，根本得不到贯彻执行。所以村委会一直存在贪污受贿的现象，一个村主任因为贪污而落马了，下一个顶上，过不了多久又出现问题就再换一个，最夸张的时期两年换了三个村主任，而村民没有意识到自己的选举权受到剥夺。

当然，农村地区法律援助资源的短缺也是一大问题，比如有名的律师不会把律师事务所开办到农村地区，农民也不会有遇到纠纷寻求法律援助的意识，又或者高昂的咨询费用让农民对法律咨询望而却步。笔者这儿有一个实例：陈庄村走访的一名受访村民是一个木匠，三年前在建筑工地上施工时不慎从二楼摔下，一枚长铁钉从其右脚的脚踝处插入，由于和承包方协商赔偿事宜不成，当时原是想找律师通过诉讼途径解决问题的，但他去一咨询，回来说那个律师就花了十来分钟打出一张有关民事纠纷的诉讼建议纸张就收了 300 元（后来证实纸上的内容可以在网上找到，就更改了几个字）。哪位村民当时大呼：律师请不起啊。这种种的问题纠结在一起，造成了法律普及率的难以上升。

以上种种实例都反映了一个现状：农村守法状况水平不高，农民法律意识淡薄。

二、农村守法及农民法律意识现状原因论

从陈庄村守法状况欠佳及法律意识淡薄的现状可以推测出我国农村守法状况及农民法律意识的现状，而穷其原因，笔者认为可归结为以下几方面：

（一）农村村民总体文化水平较低

从调查中可以发现陈庄村 73.4% 的村民文化水平在初中及以下，绝大多数为小学文化水平，部分村民甚至从未上过学，文盲率达 5%。农民较为低下的文化水平大大的制约了他们获得法律知识的可能，而这也导致了农村大批法盲的出现，严重地阻碍了农村地区法治建设的进程。

（二）传统思想的影响

我国经历过两千多年的封建统治，而新兴思想在 20 世纪初才在我国大量传播，这区区百来年的时间一时难以快速的瓦解几千年的传统思想的影响，传统思想在提倡民主科学的当代仍占据着统治地位，特别是在受传统思想影响、

根深蒂固的广大农村地区仍保留着一些落后民俗习惯和思想，对西方的民主科学思想仍持保留态度。更何况，在鸡犬相闻的农村地区不比在钢筋混凝土结构为主的都市，村民很是注重邻里关系，大家普遍认为村丑不可外扬，一般不愿将纠纷诉诸法，影响邻里关系。法律在村民眼中还不如村里有权威的长者来得可靠，法律的权威性在这里受到挑战，一些法律法规在农村地区难以真正得到贯彻实施。

（三）农业立法相对滞后

近年来，国家虽然加大了对农村地区法治建设的关注度，也相继出台了一系列的农村法律法规及规章制度，但总体来讲数量仍嫌欠缺，质量也不是太高，更多的是一些原则性问题的规定，大谈理论，空洞有余而实际不足，很多法律法规缺乏可操作性。尤其是关系到农民切身利益的农业立法无法充分反映农民的实际利益。比如虽然自 2006 年十届全国人大常委会表决决定取消农业税的征收，但农民只关注的是是否不用交钱了，而为什么不用交钱、出台了什么法律法规、以后是否需要更加关注相关方面法律，农民却不是很注重。究其原因，是长久以来国家立法重心向城市倾斜，农村地区的农业立法相对滞后，农民难以对法律产生亲切感，法律价值感难以得到农民认同。

（四）农村普法工作没有落到实处

一部法律要得到切实的执行，关键在于法律出台之初的宣传普及要做的到位。有关注才有影响，而这就要求农村的基层群众性自治组织对国家所出台的法律法规进行积极及时的宣传，但显然一些村委会对国家出台的农业立法重视程度不够，没有认识到法律普及的重要性，对出台的法律敏感程度不高，没有及时进行全面的普及和宣传。政府也没有加大对普法活动的投入，只是单纯进行宣传手册的分发，普法活动大多流于形式。总的来讲，普法活动收效甚微。而这也势必会让村民对法律产生忽视感。

三、农村守法及农民法律意识现状结论论

基于陈庄村守法状况及农民法律意识，笔者得出以下结论：

（一）农民法律意识淡薄

通过对问卷的回收、整理和分析我们不难发现，陈庄村绝大多数农民对法律的态度为"可有可无""没什么关系"，而这一比重竟占到 83.3%。其态度淡漠的程度令人担忧，而当自己的利益受到侵害时趋向于寻求法律援助的比例

却仅为 6.66%！这究竟是相关政府和村委会对中国各类法律及公民权利保障宣传的缺位还是老百姓对当今法律的漠视和不信任？这一点值得我们深思。很多人对一些基本法律也不甚了解，比如村民大多知道杀人放火是犯法的，但是对强占他人用地却不认为是犯法的。农民的守法状况及法律意识不容乐观。

（二）农民法律知识缺乏

虽然经过多年的普法教育，农民对一些基本大法如宪法、刑法等有了一定的了解，但值得注意的是他们对这些法律的认识是片面、粗糙的。由于社会政治经济文化的影响、加上很多普法宣传流于形式，农民对一些关系到其自身利益的相关法律知识的认知仍停留在浅层次的感性认识上。这一现象归根结底是法律知识缺乏的原因，这种对法律的陌生感、排斥感决定了农民在遇到相关问题时选择将法律拒之门外，而更倾向于采取非法律的方式解决。

（三）农村法律普及力度不到位

农村法治建设进程步履维艰，其原因在于农民的法律意识淡薄、法律知识缺乏，而造成这一困境的原因则是农村的普法宣传活动不到位，大多数农民平时忙于务农或者外出上班，没时间、精力了解一些法律法规的出台，而村委会又对普法这一块重视不够，宣传力度不到位，这导致了很多农民错失了解最新法律出台的时机，农民没有获得法律知识的途径。农村对有关法律法规的宣传状况令人担忧，农民获得法律知识难，法律知识在农村更新慢，这确实制约了广大农村地区的法治建设进程。

四、农村守法及农民法律意识现状对策论

基于农村地区存在的影响法治建设进程的现状及原因，我们要解决或者缓解该矛盾，就要对症下药，寻求一系列提高农民法律意识的方法。只有如此，才能从根本上解决矛盾，早日实现中国法治建设的宏伟目标。从原因出发，笔者列举了一下几项措施。

（一）开展农村成人教育，提高农民整体文化素质水平

前面既然说过，农村村民文化素质的普遍低下是制约农村法治建设的决定性因素，那么提高农民的整体文化素质迫在眉睫，地方政府部门和村委会可以相互合作，开办各种成人夜校，利用自身的人力、物力资源安排各自的行政工作人员前往夜校开课，鼓励农民积极努力提升自身的文化素质，增强农民的法律意识，提高他们用法律维护权益的想法。

（二）加强农业的立法工作

针对我国当前农村立法方面的不足，加强对农业农村的立法工作。首先，对当前农村法律过于空洞，村民难以理解的问题，政府可以对这些法律进行清理，废止不规范、不需要的法律；其次，及时制定一些浅显易懂的新法，便于文化素质低的农民理解接受；最后，立法要因地制宜，迎合乡情，让农民在心理上认同法律，这样才能让普法工作更顺利地进行。

（三）创新普法形式和加大普法力度

普法是农民认识了解法律的最重要的途径，因此普法是法治的关键之一。同时传统的普法方式又难以为广大农民所接受，效率极低，所以创新普法方式尤为关键。

1. 普法内容要突出重点

普法的内容要突出普及宣传农民利益密切相关的法律，增强农民对普法活动的兴趣。

2. 普法形式要创新

普法形式可以通过法治文艺演出、法律问题有奖竞答、通过网络媒体宣传、在集市口设立免费法律咨询点等方式来增加吸引力。

3. 普法对象要分层次

普法对象要先对农村地区基层干部进行普法再往下进行递传，增加普法的效率。只有增强农村普法工作的针对性，不断拓展普法渠道，才能增强农村普法的实效，真正提高农村农民的法律意识。

农村法治是实现中国法治的关键所在，然而长久以来国家一直将法治重心放在城市却忽略了农村。比如农民工进城所引发的社会问题就是忽略农村法治建设所带来的后果。如果一味地只关注城市而忽略农村的法治建设，就永远无法真正实现中国的法治化，不厚此薄彼，城市、农村法治建设齐头并进才能让中国法治建设得到良性发展。

附录一

中国农村农民法律意识问卷调查

1. 您的性别

A. 男　　　　　　　B. 女

2. 您的年龄

A. 29 以下　　　　B. 30～44　　　C. 45～60　　　D. 60 以上

3. 您的认为自己懂法吗？

A. 很懂　　　　　　B. 略懂　　　　C. 一点也不懂

4. 您认为法律重要吗？

A. 重要　　　　　　B. 不重要

5. 您认为国家出台有关农村的相关法律是否有必要？

A. 有必要　　　　　B、没必要　　　C. 出不出台与我无关

6. 您平常关注与自身相关法律的出台吗？

A. 关注　　　　　　B. 不关注

7. 您在日常生活中遇到侵权问题会寻求法律帮助吗？

A. 会　　　　　　　B. 不会

8. 您认为法律是为什么人群服务的呢？

A. 官员　　　　　　B. 人民群众

9. 您知道检察机关统一举报电话吗？

A. 知道　　　　　　B. 不知道

10. 您关注本村的《村民委员会组织法》吗？

A. 关注　　　　　　B. 不关注

11. 您的文化程度

A. 大学或大专　　　　B. 高中或中专

C. 初中及以下　　　　D. 从没读过书

附录二

中国农村农民法律意识问卷调查

总样本 30 份

有效回收 30 份

1. 您的性别

A. 男（14　占 46.7%）　　　　B. 女（16　占 53.3%）

2. 您的年龄

A. 29 以下（7　占 23.3%）　　　B. 30～44（10　占 33.3%）

C. 45～60（8　占 26.7%）　　　D. 60 以上（5　占 16.7%）

3. 您的认为自己懂法吗？

A. 很懂（5　占 16.7%）　　　　B. 略懂（17　占 56.7%）

C. 一点也不懂（8　占 26.7%）

4.您认为法律重要吗?

A.重要(5 占16.7%)   B.不重要(25 占83.3%)

5.您认为国家出台有关农村的相关法律是否有必要?

A.有必要(13 占43.3%)   B.没必要(7 占23.3%)

C.出不出台与我无关(10 占33.3%)

6.您平常关注与自身相关法律的出台吗?

A.关注(11 占36.7%)   B.不关注(19 占63.3%)

7.您在日常生活中遇到侵权问题会寻求法律帮助吗?

A.会(2 占6.7%)   B.不会(28 占93.3%)

8.您认为法律是为什么人群服务的呢?

A.官员(16 占53.3%)   B.人民群众(14 占46.7%)

9.您知道检察机关统一举报电话吗?

A.知道(1 占3.3%)   B.不知道(29 占96.7%)

10.您关注本村的《村民委员会组织法》吗?

A.关注(12 占40%)   B.不关注(18 占60%)

11.您的文化程度

A.大学或大专(1 占3.3%)   B.高中或中专(7 占23.3%)

C.初中及以下(17 占56.7%)   D.从没读过书(5 占16.7%)

悖逆与互动：冤案平反与司法公信力

吴培华

浙江工商大学法学院

摘　要：司法公信力是衡量法治文明程度的重要标尺，为现代法治国家普遍重视，成为不容忽视的重要参数。然而，冤假错案的发生不断侵蚀着司法公信力的根基。浙江省高级人民法院平反张氏叔侄冤案更是引发了社会和国民对司法公信力的贬损，冤案的平反损害司法公信力似乎成为普遍接受的学术命题。实证调查表明，平反冤案表面上侵损了司法公信力，却表明司法机关勇于纠正司法错案，坚决维护司法公信力的决心和努力，实质上是对司法公信力的巨大提升。冤案平反与司法公信力之间存在着悖逆与互动的二元关系，应当全面理解二者之间的关系。

关键词：冤案平反；司法公信力；法院；当事人；司法错误

一、假设命题：冤案平反损害司法公信力

近日，张氏叔侄冤案成为中国法学界热议的一个焦点问题，同时也成为全社会关注的热点。简单地看一下案情：2003年5月18号晚，被害人王某搭张高平、张辉的车去杭州，在路上被强奸后杀害，并被抛尸。张高平、张辉在刑讯逼供下招供，杭州市中级人民法院以强奸罪判处张辉死刑，张高平无期徒刑。狱中，张高平发现了自己案件的若干疑点，经过他本人及家属的申诉，浙江省高级人民法院依法再审公开宣判，宣告张辉、张高平无罪，而此时，叔侄二人已服刑10年。最后，省高院依法赔偿张辉、张高平各110.57306万元，共计221.14612万元人民币。

张氏叔侄从获罪入狱到复审无罪，再到获得赔偿这一跌宕起伏的情节在公众中的影响究竟如何？不少人直接将矛头指向了浙江省高级人民法院，指责其审判不公。甚至有人评论："冤案十年才昭雪让人情何以堪！追溯十年前那些

办理此案的执法部门存在诸多问题，当中不乏刑讯逼供，以至于渎职、枉法。一些人凭借手中的公权力置公民生命于不顾，视国家法律如儿戏，草菅人命、毁人清白。他们知法犯法，明知是错，却毫无人性地去坚持着，制造着冤案，这比一时冲动而杀人越货者还要'杀人不眨眼'，这和刽子手有何区别？执法者如果目无法纪，那么对于普通百姓而言就是一场灾难。"

不光是此案，其他许多类似的冤假错案都让公众愤慨，如湖南滕兴善"杀人碎尸"枪决 16 年后被宣告无罪；湖北佘祥林"杀妻"服刑 11 年后妻子现身无罪释放；河北宋保民"强奸女青年"冤死狱中 7 年后被宣判无罪等。于是部分公众得出了这样一个结论：这就是我们的社会！这岂止是一个冤假错案？这就是我们的人民公仆。我们的社会和人民会被这些"魔王"吞吃的。中国的公检法到了该整治的时候了。

公众慷慨激昂的言论认定我国的司法机关已是黑暗至极。种种激烈言论沉重地打击了司法公信力。而司法公信力是社会公众通过可以信赖的司法程序，对司法人员的裁判案例产生的普遍信服和尊重。而在公众心目中建立起来的诚实守信、公正、正派的信任度和影响力体现的是人民群众对司法制度、司法机关、司法权运行过程及结果的信任程度，反映的是人民群众对司法的认知和认同状况。省高院在十年后纠正自身的错误，为张氏叔侄冤案平反，这就意味着此案件在十年前存在着重大的司法错误，既包括侦查阶段的错误，更包括诉讼程序上的错误。如果当时检察官能够在侦查阶段及时发现疑点并排除非法证据，法官能够对于证据或者案件事实严格把关，这样的司法错误或许可以消除。正是检察官、法官没有尽到相应的司法职责，造成了社会和国民对司法机关工作人员职责的消极评价。冤假错案的发生使得国民和社会不满司法机关的法律行为，实质上包含着一个潜在的假设：冤案平反意味着对司法公信力的侵损。那么，这种潜在假设是否具有合理性呢？

二、实践证成：冤案平反事实上提升司法公信力

乍一看部分公众的评论，我也一下子跌入了这个假设的深渊。但是静下心来细想，我将信将疑。为了验证这个假设的真实性和合理性，笔者利用课余时间在浙江省进行了调研。本次调研共发出 300 份问卷，收回 284 份。为了使调研数据和调研结果更具有说服力，笔者调研了各年龄段的公民。其中，15 ~ 25 岁的公民占 59.86%，26 ~ 35 岁的公民占 18.37%，36 ~ 45 岁的公民占 11.56%，46 ~ 55 岁的公民占 10.21%。他们中有 24.46% 是教师，34.78%

是学生，2.17%是记者，0.55%是政府工作人员，38.04%是其他职业。他们的文化程度有12.22%是初中，28.33%是高中，58.33%是大学或大专，还有1.12%是研究生。

随着该冤案的真相浮出水面，浙江省高级人民法院也及时纠正了错误。此举引来了公众的纷纷议论，其中不乏一些负面评论。有人认为省高院平反冤案的行为有损法律尊严，给司法机关抹黑。在调研中，有20.11%的公众赞同该说法，认为平反冤案就意味着公开承认错误，以后还怎么让人民相信司法机关？然而，调研结果显示74.46%的人对省高院此举持支持态度，理由是法律面前人人平等，不能因为犯错误的是国家机关就可以不改正。而且古话说得好：知错能改，善莫大焉。人非圣贤，孰能无过？在还没有造成更恶劣的后果时，如果能及时纠正错误，还无辜之人一个公道，这应该是对司法机关的一个最起码的要求。如果连犯错误却仍然不改正，那才真正会失去民心。

而对于冤案平反后公众对司法机关的信任度是否有所改变，调查结果如下表所示。

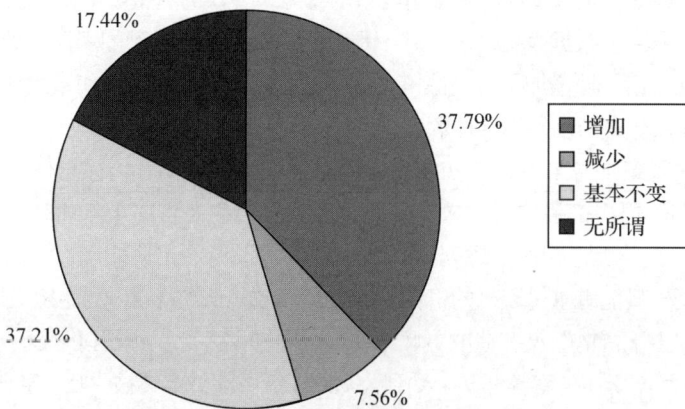

图1　冤案平反后公众对法院信任度的改变

从图1可知，37.79%的人增加了对法院的信任度，37.21%的人表示基本不变，17.44%的公民持无所谓的态度，剩下的7.56%则减少了对法院的信任度。在省高院十年前犯下如此重大司法错误的情况下，一连串的数据却有力地证明了其冒着破坏自我形象的风险坚决为张氏叔侄冤案平反的行为反而得到了公众的大力支持。

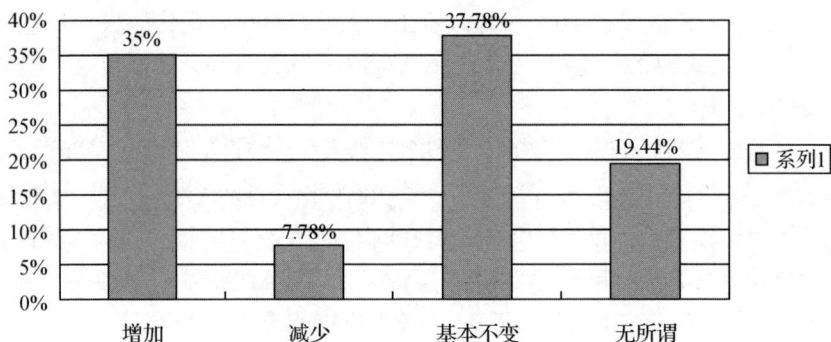

图2　冤案平反后公众对检察院信任度的改变

　　从图2可知，35.55%的人增加了对检察院的信任度，37.78%的人表示基本不变，19.44%的公民持无所谓的态度，剩下的7.78%则减少了对检察院的信任度。尽管有不少公众对检察院未能及时排除非法证据，间接导致冤案的发生的过失不满，但是从调研结果来看，对于其在驻监检察官张飚递上来的材料后认真盘查自身存在的不足以及向法院提出再审的行为，公众仍然持接受和赞成态度。

　　以上一系列数据表明，事实并不是我们在一开始所看到的那样，而是更多的公众在冤案平反增加了对司法机关的信任。透过省高院再审纠错的现象看此事件的本质，这一结果不难理解。

　　就该冤案本身来说，当初并没有人想把它做成冤案，所以责任并不完全在于我们的司法机关的工作人员。而且，省高院的法官在十年前就此案也莫衷一是，于是决定判处张辉死刑，后改死缓，张高平无期徒刑，为的就是让此案有朝一日能有重见天日的机会。2013年，这一天终于到来了！正因为当时法官的"手下留情"没有造成更坏的结果。同样因为此冤案得以平反，蚌埠于英生案、河南李怀亮案等都一一受到公众的广泛关注并最终被平反。省高院"有错必纠"的做法被全国各地效仿，体现了"司法公正"理念，推动了我国的法治建设。

　　在此案之前也有类似的冤案，但公众发现是冤案的原因往往是"亡者归来"或"正凶再现"，最后司法机关也都是比较低调或不太公开地处理。司法机关这种事前不公正的评判和发现错误后不光明正大、不真诚的处理方式导致公众不再相信他们，甚至不再相信存在司法公正。这极大地损害了司法公信力。同样，省高院平反冤案的行为遭到部分公众的指责与不满，甚至是诋毁。在表面上看似这一行为也降低了司法公信力。然而此案毕竟不同于彼案，因为浙江省司法机关能够在没有媒体大众曝光的情况下发现疑点，积极、公开地采取核查措施并最终纠正自己的错误。这一过程在目前的司法环境中要完成需要极大的勇气和毅力，实属难得。恰恰是这一举动深刻体现了浙江省司法机关坚持实事求是的精神和有错必纠的负责任态度，赢得了大部分人民群众的肯定，提升了司法公信力。

省高院在此案的再审过程中更加严格按照 2012 年《刑事诉讼法》的规定，逐一排除非法证据，严格遵循法定诉讼程序，最终使张氏叔侄冤案得以平反。正是这一系列极其严格的程序使"二张"冤案从黑暗走向光明。同时进一步完善了"程序正当"原则，彰显了程序正义。

司法机关在整个社会的压力下不仅纠正了冤案，而且让公众了解了案件的具体审判过程，得到了大家的认可。社会大众的参与和公权力机关开诚布公在很大程度上形成了一种互相信任的状态。这说明，司法公正理念更加深入人心，法律意识更加深入人心，人权保障意识更加深入人心。

虽然迟来的正义令人感到痛心和惋惜，但这也是一种正义，同样不可或缺。因为百分之百地实现所有正义更多的是一种理想与追求，在实践中很难做到。而对于浙江省高级人民法院再审宣判二张无罪，笔者认为此举对于"法治浙江"乃至"法治中国"的建设都具有里程碑式的促进作用和意义。

三、理念与制度的融合：冤假错案的预防与矫正

冤案平反的确在实质上有助于司法公信力的提升，但是我们不能总是期望冤案平反这种后发性的程序纠正机制，我们更应该从源流或者程序之中保证司法公信力的提升。具体而言，应主要从以下几个方面着手：

（一）真正践行程序法定原则

程序法定原则，也被称为法定刑事诉讼程序原则，指国家刑事司法机关的职权及其追究犯罪、惩罚犯罪的程序，都只能由作为人民代表集合体的立法机关所制定的法律即刑事诉讼法来加以明确规定，刑事诉讼法没有明确赋予的职权，司法机关不得行使；司法机关也不得违背刑事诉讼法所明确设定的程序规则而任意决定诉讼的进程。其他团体或个人，以其他任何形式对刑事诉讼程序规则作出规定，都只能被视为是对任何机关、程序法定原则的背离，其合法性都值得质疑。

为了避免冤假错案的再次出现，我们应当学习法治发达的国家，将"程序法定原则"确立为《刑事诉讼法》的基本原则，以符合其作为现代刑事诉讼法基石的地位。当然，纸上的规则是死的，我们要让它活起来。因此，要通过对"二

张"冤案的分析与宣传，向办案人员输送依据该规则行使侦查权的重要性的意识，将程序意识深深植入司法工作人员的血液中，让按程序办案成为一种习惯。

（二）切实推行无罪推定理念

无罪推定原则指任何人在未经证实和判决之前应视其无罪。无罪推定强调的是如果没有充分、确凿、有效的证据证实被告人有罪，就应推定其无罪。而疑罪从无原则是无罪推定原则的一个派生标准，即对任何一个案件的认定必须依靠确实、充分的证据，如果达不到证明标准就会形成疑案。无罪推定原则对疑案的处理是按照疑罪从无原则，即在判决的结果上宣告无罪。在实际的刑事审判中，有的案件有罪证据和无罪证据势均力敌，无法定夺是否有罪。按照国家实行的关于刑事案件证明标准，无法排除矛盾，证据达不到法律所要求的确实、充分的程度，就不能认定被告人有罪。

因此，司法机关的工作人员必须时刻牢记"在法官判决以前，一个人是不能被称为罪犯的"这一训诫，尊重犯罪嫌疑人、被告人的诉讼主体地位，保障其应有的合法权利；同时，只有在达到"定罪量刑的事实都有证据证明、据以定案的证据均经法定程序查证属实以及综合全案证据，对所认定事实已排除合理怀疑"的前提下才能作出有罪判决，否则应当作出无罪判决。执法、司法工作人员必须坚持"以事实为依据，以法律为准绳"，不放过一个坏人，不冤枉一个好人。

（三）贯彻落实非法证据排除原则

非法证据排除规则是对以各种非法方法取得的证据予以排除的统称。也就是说，除非法律另有规定，否则执法、司法机关不得采纳非法证据并将其作为定案的依据。从我国关于非法证据排除规则的立法进程来看，非法证据排除的标准经历了从宽松到严格再到宽松的变化，但标准定得过于严格，反而难以落实。而且，由于缺乏完整的程序性规定，该规则的可操作性不强。这导致刑讯逼供、自证其罪、做伪证等现象屡禁不止，犯罪嫌疑人、被告人的权利无法得到保障。

2012 年《刑事诉讼法》除了实体性规定外，还增加了非法证据排除的主体以及启动、举证、审查、排除等程序性规定，已经把"非法证据排除"规则制定得比较具体和完善，目前所要注重的是要严格按照法条来进行启动、举证、审查和排除的程序。另外，要将非法证据排除规则的范围扩展到物证和书证。值得一提的是，我们一定要对"刑讯逼供"持"零容忍"的态度，将刑讯逼供的证明责任课予检察机关，坚决和严厉打击此现象。

（四）建立有效司法纠错机制

《刑事诉讼法》第 7 条规定："人民法院、人民检察院和公安机关进行刑事诉讼，应当分工明确，互相配合，互相制约，以保证准确有效地执行法律。"近年来在强调政治的大背景下，法律被淡化，从而造成检、法机关在进行刑事诉讼活动时"配合"的成分越来越多，"制约"的成分越来越少，形成了一种"抱团"的状态，这对于冤案的纠正非常不利。我国设立公、检、法三机关，目的不是为了互相配合，而是为了互相制约。过于注重配合，必然会使三机关间的制约机制不能发挥有效的作用，最终会导致"三道防线都失守"。因此，非常有必要在相关法律中制定"公、检、法机关相互制约"的诉讼原则。

而在两张案中，检察机关的努力是本案最终得以平反的一个重要原因。可以说，如果每一个检察工作人员都能够像新疆石河子监狱的驻监检察官张飚那样履行好法律监督职能，而非仅仅停留在口头上，那么就能增加案件办理过程中的错误和疏漏暴露并被纠正过来的可能性。仅仅是检察机关的监督还不够，如果在法律层面能够确立一种有效的纠错机制，由检察院向法院移送可疑案件并请求法院再审。法院审判委员会经过讨论研究，认为案件确实存在诸多疑点的，可以按照法定程序再审，如两张冤案的平反。可以说，省高院此举给我国司法界建立纠错机制提供了一个值得探索和效仿的方向与模式。

四、冤案平反与司法公信力的关系调整

一个冤案得以平反，公民首先想到的是法官没有尽到自己应尽的职责，审判不公。浙江省高级人民法院主动纠正冤假错案的举动，似乎也在因循这一思维模式，招致国民和社会对司法机关法律行为的谴责和批评，不得不承认这是对司法公信力的巨大贬损。然而，如果冤案没有被平反，那么受害者永远不能重见光明，冤案就永远成了冤案。因此，冤案平反实质上是还无辜之人一个清白，事实上证明了司法机关维护司法公信力的坚定决心，实质地促进了司法公信力的提升。司法公信力的提升意味着国民法治信仰的强化和规则意识的育成，这是现代国家法治建设的基本前提。我们国家正在逐渐构筑法治大厦的根基，这需要理念与制度、国家与国民的多方协力。因此，我们不但要厘清冤案平反与司法公信力这二者之间的关系，更要从源头和程序变动上探寻预防和矫正冤假错案的机制，这是我们深化法治理念，构筑法治国家无法推卸的课业。

附 录

冤案平反对司法公信力影响的调查

2013年3月26日,浙江省高级人民法院依法再审公开宣判,认定原判定罪、适用法律错误,宣告张辉、张高平无罪。此结果一出,舆论一片哗然。我们为了解冤案平反对公众对司法机关的信任度的影响,制作了这份问卷。本次调查采取不记名方式,所有信息不对外公布。非常感谢您在百忙之中填写问卷!

案情简述:2003年5月18号晚,被害人王某搭张高平、张辉的车去杭州,在路上被强奸后杀害,并被抛尸。张高平、张辉在刑讯逼供下招供,杭州市中级人民法院以强奸罪判处张辉死刑,张高平无期徒刑。狱中,张高平发现了自己案件的若干疑点,经过他本人及家属的申诉,省高院依法再审公开宣判,宣告张辉、张高平无罪,而此时,叔侄二人已服刑10年。最后,省高院依法赔偿张辉、张高平110.57306万元,共计221.14612万元人民币。

1.您的年龄:

A. 15～25　　　　B. 26～35　　　　C. 36～45　　　　D. 46～55

2.您的性别是:

A.男　　　　　　B.女

3.您的职业是:

A.教师　　　　　B.学生　　　　　C.记者　　　　　D.政府工作人员

E.其他

4.您的文化程度:

A.初中　　　　　B.高中　　　　　C.大学或大专

D.研究生　　　　E.博士

5.您对上述案件的了解程度:

A.没听说过　　　B.听说过但不是很清楚　　　　C.非常了解

6.您对法院和检察院的办案过程的了解程度:

A.完全不知道　　B.知道一些　　　C.了解得比较清楚

7.您认为"省高院依法赔偿张辉、张高平110.57306万元"是否合理?

A.非常不合理　　B.不合理　　　　C.比较合理　　　　D.非常合理

8.有人认为省高院平反冤案的行为有损法律尊严,给司法机关抹黑,您怎么看?

A.赞同,平反冤案就意味着公开承认错误,以后还怎么让人民相信司法机关

B. 不赞同，法律面前人人平等，不能因为犯错误的是国家机关就可以不改正

C. 没看法，对法律和司法机关不怎么关心

9. 您认为出现类似的冤案哪个机关该负主要责任：（可多选）

A. 法院　　　B. 检察院　　　　C. 公安局　　　　D. 其他

10. 冤案平反后您对法院的信任度是否有所改变：

A. 增加　　　B. 减少　　　　C. 基本不变　　　　D. 无所谓

11. 冤案平反后您对检察院的信任度是否有所改变：

A. 增加　　　B. 减少　　　　C. 基本不变　　　　D. 无所谓

12. 为了从根本上减少冤案的出现，您认为最有效的措施是：（可多选）

A. 确立有关办案程序的法律，保证行动有法可依

B. 规范有关工作人员的办案程序，保证实事求是、公平公正

C. 加强有关工作人员的专业技能职业道德修养

D. 加强有关工作人员的职业道德修养

E. 对出现错判的有关工作人员给予严厉惩罚

F. 其他措施

13. 您了解过近几年其他的冤案吗？如：湖南滕兴善"杀人碎尸"枪决 16 年后被宣告无罪；湖北佘祥林"杀妻"服刑 11 年后妻子现身无罪释放；河北宋保民"强奸女青年"冤死狱中 7 年后被宣判无罪等。

A. 没有　　　　　　B. 有一些　　　　　　C. 经常关注

微时代下的法制反思

——别让微博成为公民知情权的最后防线

夏培森　郑祎楠

浙江工商大学法学院

2010 年以来，我们的生活正在上演着一场"微革命"，引领我们走向"全民媒体的时代"，走向"草根时代"。据 2013 年 7 月 17 日下午中国互联网络信息中心（CNNIC）消息，《第 32 次中国互联网络发展状况统计报告》显示，截至 2013 年 6 月底，中国网民已达 5.91 亿。而《2012 年中国人权事业的进展》则透露中国微博用户注册超过 3 亿。

微博因其传播的迅捷、即时，将新闻的时效性提高到了"秒杀时间"程度，极大地满足了现代都市人奔波忙碌的生活状态和碎片化的信息获取方式，消解了传统媒体中的"把关人"和"过滤者"的角色，模糊了受众和新闻制作者之间的界线，解构了精英话语权，最大限度地保障了公民话语权的实现，促进了多元化意见市场的构建，推动了我国反腐、监督、参政、议政的进程。但诸如此类的期盼、解读是否高估了微博的实际功效，或者说高估了微博目前的实际功效呢？

一、信息使者 vs 谣言温床

微博以其较低的门槛，激发了人们的表达欲望，将信息传播的主动权交给了个人，开放性和自由性令其在"制造混乱"上有着先天的基因，也正是由于微博信息可信度的不确定性，使其很可能同时成为"谣言的温床"。而在微博超 3 亿的使用者中，必然存在着一些想要利用此平台谋取不正当利益的人群。俗言"三人成虎"，重大事件发生时，若有一些别有用心者以微博为手段，利用网络推手刻意夸大或者捏造虚假消息、混淆视听，普通的民众根本无从辨别信息的真伪，反而盲目地扩散负面的消息，导致虚假信息的泛滥，产生不良的舆论导向。

就拿李天一一案来说，让我们先放下门第之见，且不说其案究竟最终判决如何，从一开始一则"李天一早年玩弄多名女性、外号银枪小霸王"微博到引来铺天盖地的谩骂，再到煽惑造谣"其余四名被告均为高管子女，李天一实乃替罪羊"到水军矛头由李家转向兰和律师，再到案件不断深入、信息不断公开、疑点不断增多，最后不同的声音开始出现，民众对于此事的情绪逐渐趋于平静。我们看到这大起大落中，民意被轻而易举地利用了，甚至可能不是真正的民意。据陈有西律师调查，此案中 80% 的网络谩骂来自于水军，其微博账号根本就是空的或假的，而其涉及酒吧、北京海淀公安局等诸方利益。微博既发，覆水难收，即便删除，影响已在。但显而易见的是，对于这件事的发展，微博已起到了推波助澜的作用。

再如前段时间十分火热的网络反腐，从 2008 年第一案"天价烟"周耕久案、到 2012"微笑局长"杨达才案再到各类"表哥""房叔""车爷""名烟""不雅视频""日记门"等等，似乎让人们感受到了其内含的巨大能量，然而 2012 年之后出现的众多不实、虚假的举报给过热的民间机制降了降温。"微笑局长"爆料人周禄宝 8 月 9 日涉嫌对中国各地 23 个单位和工作人员及普通群众实施网络敲诈勒索、编造虚假恐怖信息被拘的事件更是提醒我们鱼龙混杂的网络应做到民间力量与政府管制的无缝对接。

诚然微博极大地保障公民的知情权，我们也并非要求每一条微博都须做到百分之百的真实准确。但微博信息的真实度却是其能否成为保护公民知情权长效机制的前提。由此观之，提高微博真实与可信度的问题亟待解决。

二、集体民主 vs 群体极化

法国的心理学家 Gustave Le Bon 在其书《乌合之众》中指出"群体极化"这一概念。个人一旦融入群体，其个性便会被湮没，群体的思想便会占据绝对的统治地位；而与此同时，群体的行为也会表现出排斥异议，极端化、情绪化及低智商化等特点，进而对社会产生破坏性的影响。在一个组织群体中，个人决策因为受到群体的影响，容易做出比独自一个人决策时更极端的决定，而这一社会现象，就被称为"群体极化"。在群体中，成员倾向于与其他成员保持行为与信念的一致，以获取群体对他的认可及团体归属感，在对需要决策的事件拿不准的时候，模仿与顺从他人的行为与信念往往被认为是安全的。人们会通过比较，衡量自己的观点和一般性言论的距离，并倾向于把自己的观点向可以预见的方向靠拢，或者被说服，或者主动把自己的观点收起，选择沉默或者附和。最终小群体意见保持了趋同和极端化的倾向。

无独有偶，王小波在其著作《沉默的大多数》提到"the silence majority"，表面上微博各方抒发意见、人人掌握发言权，是"the speaking majority"其实则不然，5.91亿网民中真正静心思考、用心说话的实则不足20%甚至更低，其隐藏后果往往是"多数人的暴政"。

在我国，微博自从它诞生那一天起就被寄予了太多民众对于民主的渴望，现阶段微博的匿名性更极大地降低网民的心理压力，使其更愿意使用快意恩仇甚至是谩骂来发泄自己的愤慨。所以在微博中，公民都尽可能地去充当"惩恶扬善的法官""道德审判者""政策评论家"，似乎通过这些角色扮演，网民在虚拟社会中能找到一个高度认同的自我。所以微博中充满了怀疑、批判的声音和情绪化的表达。在一个情绪化的人群里，有理性的声音往往受到人们的忽视，愤怒的情绪更易被分享，这就造成微博里面骂声一片，让极端的意见更加极端。尤其是大家都在挥舞着道德的大旗，站在道德的制高点，将矛盾的焦点指向他们所谓的"当事人"时，个人其实是会"去个性化"的，是融入群体之中的。这种集体围观的环境会让个体有一种自己的声音被极度放大并被广泛认可的错觉。

2013年5月的茅于轼事件就是最好的佐证，当我们呼喊着"惩办汉奸茅于轼、茅老贼祸国殃民"这样的口号时，扪心自问，我们对得起默默耕耘的老一辈学者吗？我们有没有想过我们应该对自己说的话负责？

公民知情权的"魅力"在于意思自治，即其自主性，公民能够依其自己的意思行使权利。而在飞跃发展的信息化时代，信息的膨胀和爆炸会使人迷惑。在微博不断被转发、评论的过程中，又有多少个声音因为不符合主流而被湮没，又有多少份真实因为不合理的"支持"而被隐匿？我们不得而知。

三、精炼简洁 vs 碎片阅读

现今媒体的路越走越窄，不仅仅是报纸甚至电视也是如此，大家似乎都朝着微博赶了，微博是按分秒算。而当人们知道一则消息时，思考的越来越少，机械性的评论却越来越多。这是人们对公共事务的管理意识越来越强了呢，还是整个社会正在一点一点走向浮躁？

微博短小、简易，往往只有寥寥数语。但这同样决定它的深度严重不足，140个字的容量限制了人们充分说理的欲望，人们在书写微博时往往不会经过仔细思考，大多数时候是通过不停地转发并加上自己简短的评论或者根本没有评论，以表示自己的关注，这就导致了信息的严重重复；而在接受某一个信息时，更多的情况下倾向于感性的、主观的、情绪的认识，根据已有的经验贴标签、下结论。如此一来，140 字（就目前而言，新浪微博的字数基本限定在 140 字）的限制能出多少真知灼见、高谈阔论？无非是一些闲杂琐碎的心情；转发与评论毕竟寥寥数字，只能造成网民的视觉疲劳，怎么会有思想的交锋和情感的碰撞？

笔者曾经调查过大学生微博控情况，接近 80% 的采访者表示使用微博已经一年以上，每天通常是在课间休息、饭前饭后使用。而超过 90% 的采访者表示使用微博是每天必做的事情之一，甚至许多人明确表示控制不住使用微博的欲望。相反超七成人只是将微博作为闲暇时间娱乐的工具，并不会将其影响带到现实生活中，仅此而已。

我们沉迷在这个世界里，长此以往，只会形成一种"快餐式"的生活模式，填饱肚子即可，管他有几分营养。"微沉迷"也许不像网络沉迷那样真的会消耗我们大量的时间和精力，但是它也会成为我们的依赖，然后同化我们，让我们也变得简单而机械。

相反，博客与微博则不同，它需要一篇完整的文章，需要缜密的思路、清晰的条理、通顺得体的语言表达，这些都是微博只言片语、碎片化的形式无法企及的。如果我们习惯了在微博上用三言两语表达一些零碎的随感，久而久之，我们就会丧失对一件事的整体把握；进而当我们面对长篇大论时，变得不再有耐心，乃至丧失了独立思考的能力，变得易怒易冲动，不假思索地相信了网络言论，而庞杂的信息和舆论的浪潮会裹挟着你前行。茅于轼案就是最好的证明。可以毫不夸张地说，每一百条信息中有五条有含金量的信息已经是高估了微博的价值。

此外，微博展现的更多的是私人生活，这似乎得益于国人的某种劣根性——中国人向来很热衷于窥探和关注他人的私隐。微博有效地帮助我们避开了社会活动中的种种问题诸如人际关系、礼仪礼貌甚至是虚伪的客套等等，我们甘愿被这种更加适宜我们本性的方式麻醉。这种微麻醉导致我们现实感的缺失，失去了现实的交往能力，个体与社会的隔阂进一步加深。

正如目前较受关注的王菲李亚鹏离婚事件，由于他们的一些粉丝们的猎奇心理，使得对于这一事件发生原因，产生了三种说法。2013 年 9 月 23 日经王菲亲自证实，此前三种说无一不是无端的猜测和质疑。而这些猜测和质疑却都是源自对于当事人微博内容的捕风捉影。

公民知情权的价值，很大程度上取决于其能够"知"的内容和范围。依唯物主义辩证法的要义,我们得出的结论必会囿于片面的观点。试问,若只能看到问题的冰山一角,又怎能得出正确的结论?若得不出正确的结论,那么实现公民知情权的意义何在?

四、草根精神 vs 名人效应

社会舆论普遍认为,微博的兴起显示出的是草根言论的强大力量。然而,当我们初次加入微博,映入我们眼帘的不是熟人而名人;当我们打开各大微博的关注人气排行榜时,排名前100的永远都是名人;当我们关注某件社会突发事件,看到的、转发的观点言论亦是大都来自名人,逃不出歌星、影星、体育明星、评论明星等等诸星的狭隘圈子。而从2009年短短四年,新浪微博之所以成为目前中国互联网最大的微博平台,很大一部分原因就在于强大的"名人效应",新浪几乎覆盖了所有领域的知名人士,使其入驻新浪微博,反观腾讯微博、人人网、百度贴吧等,无一不在佐证着这样一个观点,强大的是名人效应而非草根力量。表1为中国意见领袖排行榜:

表1　中国微博意见领袖排行榜 TOP2

排名	网名	性别	年龄	微博提及数	粉丝数	总得分
1	潘石屹	男	49	524万	766万	98.02
2	大自然保护协会—马云	男	48	37万	366万	97.05
3	任志强	男	61	702万	559万	93.86
4	李开复	男	51	505万	964万	87.88
5	郎咸平	男	56	165万	514万	84.48
6	李承鹏	男	44	330万	398万	82.89
7	陈光标	男	44	63万	207万	81.98
8	于建嵘	男	50	286万	120万	79.05
9	方舟子	男	45	169万	131万	76.32
10	李稻葵	男	49	9万	212万	75.58
11	贾平凹	男	60	5万	22万	75.58
12	芮成钢	男	35	122万	285万	70.45
13	王小山	男	52	228万	39万	70.18
14	孔庆东	男	48	73万	34万	70.16
15	贾樟柯	男	42	50万	126万	69.95
16	张鸣	男	55	89万	23万	69.50
17	袁岳	男	47	98万	93万	69.16
18	慕容雪村	男	38	49万	118万	68.48

续表

排名	网名	性别	年龄	微博提及数	粉丝数	总得分
19	五岳散人	男	40	41万	34万	68.00
20	罗永浩可爱多	男	40	212万	120万	67.77

一者这些名人由于其特殊的社会地位无疑会被推为"意见领袖"，在微博这个平台上扮演了所谓的"精英"的角色，享有了更多的话语权，而当下多数网民并不会独立的产生自己的观点，处于集体无意识中，就更加凸显了其领袖地位。二者当意见领袖发现自己身边围观了那么多的粉丝，而且多是附和、鼓掌的声音时，就会强化原有的观点。三者新浪微博的商业效应、营销方式无一不建立在"名人"的基础上，如：在某种意义上名人与新浪之间也产生了心照不宣的潜规则，一方宣传造势、一方名利双收。如此机制使得名人效应在潜移默化中继续扩大，甚至沦为名人竞争炒作的工具和舞台，因而平民化、草根精神根本无从谈起。即便是某些草根借助了微博这一平台青云直上，有朝一日脱胎换骨、摇身一变成了明星，我们还能指望他们代表草根的利益吗？

以2013年9月闹得沸沸扬扬的薛蛮子事件为例。据9月15日央广报道，因涉嫌嫖娼被拘留的网络名人"薛蛮子"日前向警方讲述了自己在网络世界的发展经历和心路历程。他说："所谓大V的威风，就跟皇上一样，都是'已阅'。每天早上几千条求我，我马上'此条批给某某省人民政府阅'。如果把一条私信转发给一个单位，当天下午就回了。你说像不像皇上……这时候由不得你不飘飘然一下。"

"薛蛮子"因网络而成名，因涉嫌嫖娼而被拘。其之所以成为网络名人，既与他"中国天使投资第一人"的身份无关，也与他的家世无关，而是与他介入拐卖儿童的公共事件相关。此后，"薛蛮子"粉丝量继续猛增，则与各种"推手"有关，各路"推手"把薛蛮子推到了"飘飘然"的地步，导致"有很多事没有核实就直接转发了"。

而让薛蛮子感觉"做大V像皇上"，无疑是多种因素造成的。比如，一些网友过分追捧某些网络名人，以及各种"推手"推波助澜，造成薛蛮子的网络影响力越来越大，给薛蛮子似乎可以"号令天下"的感觉。虽然说一个没有名人、没有偶像的网络空间是不可能存在的，但如果过分追捧、推崇某些网络名人，名人效应在产生正能量的同时，就有可能会让某些网络名人迷失自己。而这显然对其他网络名人是一种警示：必须对自己的言行负责。

虽然我们不能将所谓的名人和草根绝对地孤立开。然互联网本身就是一个大众的舞台，其本质归根到底还是草根性和大众化。我们应看到名人效应是草根效应的有效补充而非占据主流地位。而从这个角度看，公民知情权的实现不仅仅要依赖于制度，还要赖于公民自身素质、辨识能力的提高。

五、微博，公民知情权的最后防线？

实现公民知情权，不仅仅是法治文明建设所要解决的一个重要问题，也是提升民族素质、推进精神文明建设所要面对的一个重要方面。

反观最近的湖南曾成杰案、临武城管砸死瓜农案、李天一案、叔侄冤案等等关注度极高的事件，其无一不是从微博中最先被爆出、继而广为传播为人所知为人所评的。在庆幸我们还有微博这样的平台保障公民知情权的同时，却没有看到我们似乎只有微博这样的平台，微博几乎成为我们与社会阴暗面接触的唯一媒介、与坏人坏事斗争的最后防线。不可否认，微博这一平台的出现的确是保障公民知情权的一道"重要防线"。但囿于目前中国微博存在"谣言温床"、"群体极化"、"草根精神"和"碎片阅读"四大缺陷。我们决然不能让微博成为保障公民知情权的"最后防线"，否则一旦我们不再相信微博的声音，我们将一无所有。

凡此种种，笔者认为，近来微博的火热只是对社会法治和监督机制的健全与完善形成一种倒逼，"微革命"是法治社会形成的必要条件但不是充分条件，其背后必须存有一个强大的制度体系，而在完善目前中国微博管理制度的同时，我们也应着眼于实现公民知情权的其他途径。

第一，完善我们的政府信息公开制度，制定《政务公开法》。可以说我们政府信息公开制度是极好的保障公民知情权的途径，然而目前，在基层政府部门的官方网站中，80% 是一年前的信息甚至几年前的信息。可以说 2008 年颁布的政府信息公开条例在 6 年后的今天仍然没有扮演好其应有的角色。因此，我们应根据《政府信息公开条例》实施四年多的经验和暴露出的问题，应该抓紧制定《政务公开法》，提升政务公开的立法层级，实现公权力行使全过程的公开。

第二，完善我们的信访举报制度。在笔者基层课题调研中不少政府采访者透露，为了达到上级部门的硬性指标，目前政府披露的信访数目、解决百分比都是大量掺水的，在 99% 的信访解决率背后却是政府公信力的缺失。

第三，尽快建立我们的官员财产公示制度。从 2008 年网络反腐第一案"天价烟局长周久耕"到微笑局长杨达才、房叔蔡彬，5 年来的 39 个网络反腐典型案例让我们看到了舆论监督的巨大力量。但是我们更应看到的是当下中国网络反腐弊病已开始显露，打击精确度低、虚假信息过多、草根力量薄弱等缺陷引发人们反思。如果没有良好的财产公开制度，舆论监督的长期有效性根本无法保证，网络反腐也终将成为过眼云烟。

第四，健全司法公开制度。首先，人民法院实行六项公开，将立案、庭审、执行、听证、文书、审务向社会公开。人民检察院实行检务公开以及公安机关实行警务公开，推出刑事案件立案等制度。其次，建立人民法院、人民检察院、公安机关的新闻发言人制度，通过设立举报电话、设置沟通民意的信箱、公开服务窗口，通过公示栏、报刊、网站、微博等，及时通报重大信息，回应社会关切。复次，完善人民陪审员制度，拓宽人民陪审员的选任来源，增强人民陪审员的代表性。最后，探索建立人民监督员制度，依照监督程序对人民检察院办理职务犯罪案件过程中容易出现问题的立案、撤案、逮捕、不起诉等环节进行监督、评议。

相信有一天微博会成为信息使者，走向集体民主，体现草根精神，造就精炼阅读。相信有一天我们不再盲信微博带给我们的信息冲击，而是通过理性分析让谎言不攻自破。相信有一天我们不再视微博为公民知情权的最后防线，因为我们的社会有那么多优良的制度来共同保护我们的知情权。

在自由与责任之间：网络谣言的
法律制裁与反思

谢 燕

浙江工商大学法学院

摘 要： 现代社会的沟通与私人间的联络已经实现信息化，特别是网络传播使得人们表达观点极为便捷，在相当程度上拥有了原本属于少数精英分子掌握的话语权。然而，网络传播中随心所欲的言论表达，道听途说的传闻，天花乱坠的谎言，以及谩骂、侮辱、诽谤、诈骗等为现实生活所不容的不良信息和行为，也在网络找到了横行的场所，而网络谣言与自由言论的法理界分也比较模糊，因此这就要求我们对其价值冲突、言论自由与谣言的法理界分以及构成要件进行探讨，以便找到对应之道。

关键词： 网络谣言；法律规制；言论自由

为预防 H7N9 而疯狂抢购板蓝根，为防日本核泄漏辐射而盲目囤积加碘食盐，为了好玩而编造爆炸性言论，不知真伪只是盲从转载、跟帖。在网络谣言中不少人获取暴利，从一块多的一包盐涨价到十几元，甚至到二十几元，其中的利益可想而知。

利用互联网这样快速广泛的传播工具进行炒作，其危害相当巨大。网络在带给我们极大便利的同时，也引发了不少问题。通过互联网传播信息已经成为普通公民的重要表达方式。网络对我们的生活影响变得越来越大，因此我们探讨其中虚假言论的划分界限及规制，是具有重大的意义的。

一、网络言论的法律价值冲突

（一）正义价值的彰显

网络作为新媒体，受到广大民众的支持，其所特有的言论自由及其快速广泛传播的特性，为人们畅所欲言和伸张正义提供了更大的空间。比如 2003 年 3 月 17 日的孙志刚事件，就是很好的例子。当晚武汉大学毕业生孙志刚外出到网吧上网，途遇广州市天河区黄村街派出所民警检查身份证，因未带身份证，被作为"三无"人员带到派出所，并于次日送往收容遣送站，继而因"身体不适"被转往救护站诊治。3 月 20 日，孙志刚死于广州市收容人员救护站。4 月 25 日，《南方都市报》以"被收容者孙志刚之死"为题，首次披露了孙志刚惨死事件，经网络转载引起轰动，传统媒体介入跟踪报道后引起社会强烈反响，网民纷纷为孙志刚的去世鸣不平，质疑尸检结果，矛头直指有关行政司法部门，强烈要求有关部门彻查真相，形成声势颇大的舆论浪潮，对案件进展形成压力。孙志刚事件最终促使国务院废除了《城市流浪乞讨人员收容遣送办法》。

2008 年的"天价烟事件"。12 月 10 日，南京市江宁房管局局长周久耕接受了当地 9 家媒体关于房市问题的集中采访，认为房价过低。该事件由《现代快报》报道后，进入网民视野。从天价烟、瑞士名表到凯迪拉克座驾；从有一个担任辖区房地产老总的亲属，到有一个做建材、贸易等生意的儿子，诸多与周久耕作为地方公务员身份以及工资收入水平明显不相称的情况，不断出现在公众视野之中，刺激着饱受腐败困扰的社会民众的神经。周久耕遭到"人肉搜索"和举报，这起网络事件引起了南京市高层的高度关注，并最终以周久耕被免去公职，因受贿获刑 11 年并处罚金 120 万元而告终。

通过这些事件，我们可以看出，这些案件发生于现实，但在现实中往往会因为各种情况被忽视或被掩盖。而经过网络曝光，引起媒体广泛注意，促使媒体记者对事件进行调查，再经网络舆论渲染，迅速在全国范围扩大影响力。网络不仅成为传统媒体声音的"放大器"，更成为民众伸张正义和抱打不平的"加油站"。民众可以通过网络这一途径对发生在身边的事件进行监督检举，也可共同关注不同类型的案件，结合媒体的声音力量和影响力，进行而且引发了从网上到网下影响现实事件进程的强大力量，其正面影响不容小觑。

（二）自由价值的内在张力

互联网的诞生，使人类的社会交往方式产生了空前的变化。互联网上的每个人，无论王公贵族还是平民百姓，也无论身在何处，都可以直接通过网络进行交流和发表意见，不受时间、空间、对象的限制，极大限度地扩大了言论自由。网络的开放性决定了每一个网络用户都能参与特定主题或者事件的探讨并发表意见，在网络环境下，人们能够更容易地行使网络言论自由。

然而，网络言论自由也容易导致对他人自由价值的损害，如隐私、名誉、荣誉等。在互联网世界，用户可以使用真名、假名，甚至匿名自由地发表意见。一方面，道德约束力下降，另一方面，即使涉及侵权，追究法律责任也非常困难，从而导致网络言论侵权事件频频发生。网络时代是一个注意力经济的时代，不少网站和网络用户为了吸引注意力、提高点击率，使用夸张、煽情、耸人听闻的语言。比如2006年2月，网上有则新闻说的是一名女研究生父亲身患重病，因为家境贫寒无钱医治，提出如果哪家单位出钱治疗自己的父亲，她愿意毕业后去出钱单位努力工作，以自己的一辈子来偿还。可是新闻标题却是"女研究生欲'卖身'救父"，虽然"卖身"加了引号，但是还是有很多读者以为是真的卖身，很多网民留言骂新闻中的女研究生，说她不知廉耻、想傍大款。

再比如在杨丽娟追星事件中，很多网民没看到事实的全部和整个事件的发展过程，想当然地认为追星者是弱势群体，失去理性地批判明星，在很多论坛上出现了一些言辞激烈的言论。

（三）秩序价值的危机

在非典时期，由于前期信息不透明，网上出现了大量混乱的言论，造成小道消息横行，造成了社会的恐慌，严重扰乱了社会秩序。《南方都市报》曾发表过一篇评论，标题是"流弹不是流星，该管不能不管"，但经某网站的转载，标题却成了"广州流弹横飞，该管不能不管"。其实只是龙洞村发生的流弹个案，网站却把它变成了"广州流弹横飞"。比如"抵制家乐福"事件，一开始在网络上有消息说家乐福的股东支持"藏独势力"，于是网民迅速在网络上集合起来，声讨家乐福，并联合起来抵制去家乐福购物，后来发展到了在家乐福门前游行示威。

虽说网络媒体只是对其中的内容进行小部分改动，但是这些改动足以让大部分群众产生较大的误解，对当事人也造成一定的心理压力。这样的情况不仅仅存在于网络报道，也存在于其他多个方面。追求网络言论自由价值的同时也可能会对公共秩序产生损害。互联网曾经是民意表达、统计最便捷、最真实的平台，但是随着诸多"公关"手段的甚嚣尘上，所谓的民意变得越来越不可信了。企业曾经希望通过网络公关梳理正面形象，但越来越发现，能不被负面，就已经很不错了。在不良公关的催化下，企业间正常的商业竞争逐渐异化，不良竞争日渐恶化，令人反思。

二、网络自由言论与谣言的法理界分

美国著名大法官霍尔姆斯说过："对言论自由作最严格的保护，也不会容忍一个人在戏院中妄呼起火，引起恐慌。"对公共利益和个人利益的尊重一直被视为对言论自由的限制，网络环境下，二者仍然应当作为言论自由行使的界限。

（一）公共利益边界

公共利益最早可以追溯到公元前 5 世纪至公元前 6 世纪的古希腊，古希腊特殊的城邦制度造就"整体国家观"，而与这种国家观相联系的就是具有整体性与一致性的公共利益，是全体社会成员的共同目标。而在卢梭看来："惟有公意才能按照国家创制的目的，即公共幸福，来指导国家的各种力量；因为如果说个别利益的对立使得社会的建立成为必要，那么就是这些个别利益的一致才使得社会的建立成为可能。"作为共同体利益和公众利益，公共利益是一个与私人利益相对应的范畴。

在这一意义上，公共利益往往被视为一种价值取向，当成一个抽象的或虚幻的概念。但是，公共利益也具有一些基本的属性：（1）不确定性。表现在公共利益的主体和内容有极大的不确定性，谁是共同利益的享有者？公共利益包括哪些内容？（2）社会共享性。公共利益是社会共同利益，那它就不是特定的、部分人的利益，而应该由全体社会成员所共享。（3）客观性。公共利益不是个人利益的叠加，也不能简单地理解为个人基于利益关系而产生的共同利益。公共利益都是客观的，尤其是那些外生于共同体的公共利益。因为这些利益客观地影响着共同体整体的生存和发展。

在我国，侵害公共利益的案件也存在不少。2013 年 8 月 15 日 19 时 48 分，手机 1301777×××× 机主短信报警，称"杭州 20 时 10 分飞往成都的川航 3U8912 上有炸弹"。经公安机关落地查证，该报警人真实身份为龚某，嘉善县公安局依据《刑法修正案（三）》第 8 条，对涉嫌编造、故意传播虚假恐怖信息的犯罪嫌疑人龚某依法刑事拘留。又如 2013 年 8 月 23 日，网民"Mr. Pan"在宁海某论坛发布题目为："宁海艾滋病！危！危！危！危！危！危！危！危！"的帖子，称"宁海县范围内 KTV 足浴店小姐中有 567 位患有艾滋病，现正在向普通人扩散"，宁海县公安局依据《中华人民治安管理处罚法》第 25 条，以"散布谣言扰乱公共秩序"为由，对其作出行政拘留 3 日的处罚。

公共秩序是维持正常生活生产的关键。如果在网络上编造、故意传播足以使社会公众产生恐慌心理，致使工作、生产、营业、教学和科研活动无法正常进行，引起社会秩序混乱的信息，要以编造、故意传播虚假恐怖信息罪追究行为人的刑事责任。如果在网络上散布谣言，谎报险情、疫情、警情或者以其他方式故意扰乱公共秩序的，或者公然侮辱他人或者捏造事实诽谤他人的，尚不构成犯罪的，要依据《治安管理处罚法》等规定承担行政责任，行政机关应当依法给予行为人拘留、罚款等行政处罚。

公共利益作为网络言论自由行使的边界，意味着网络言论的发表以不得损害公共利益为前提，这种理念在国际人权文件和各国宪法中早已确立。法国《人权宣言》指出，意见的发表在"扰乱法律所规定的公共秩序"时，应加以制止。我国《宪法》第51条规定："中华人民共和国公民在行使自由和权利的同时，不得损害国家的、集体的、社会的利益和其他公民的合法的自由和权利"。

（二）个人利益边界

个人利益的内涵十分丰富，"有些直接包含在个人生活中并以这种生活的名义而提出各种要求、需要或愿望。这些利益可称为个人利益"。但网络言论自由的行使往往只与个人的人格尊严发生联系，宪政实践中亦只强调言论自由不得侵害公民的人格尊严。我国《宪法》规定："中华人民共和国公民有言论、出版、集会、结社、游行、示威的自由""公民的人格尊严不受侵犯""禁止以任何方法对公民进行侮辱、诽谤和诬告陷害"。人格尊严属于与个人的人格价值相关联的不可侵犯的权利，狭义的人格尊严包含隐私权、名誉权、肖像权、姓名权，而广义的人格尊严还包含构成人格本质的个人生命、身体、精神以及个人的生活相关联的利益等其他内容。本文仅探讨狭义的人格尊严。法律对任何权利的保护都不是绝对的，当一项基本权利的行使和另一项基本权利的保护相冲突时，需要在各种权利保护之间找到一个平衡点，就是权利行使的边界。"在法律意义上，解决权利冲突就是尽可能地明确相互冲突的权利的边界和范围，使二者在法律上不再冲突。"

1. 隐私权

"隐私乃是一种与公共利益、群体利益无关的，当事人不愿他人干涉的个人私事和当事人不愿他人侵入或他人不便侵入的个人领域。""每个人都有权决定他的思想、观点和情感在多大程度上与他人分享"；"在任何情况下，一个人都被赋予了决定自己所有的是否公之于众的权利"。隐私权作为世界各国广泛承认的公民基本权利，受到了严密的法律保护。《世界人权宣言》第12条规定："任何人的私生活、家庭、住宅和通信不得任意干涉，其荣誉和名誉不得加以攻击。人人有权享受法律保护，以免受这种干涉或攻击。"我国《刑法》246条规定："以暴力或者其他方法公然侮辱他人或者捏造事实诽谤他人，情节严重的，处三年以下有期徒刑、拘役、管制或者剥夺政治权利。"甚至还有国家比如美国制定了专门的《隐私权法》《家庭教育及隐私权法》《财务隐私权法》。互联网为实现全球信息资源共享创造了条件，同时，个人数据的收集、传播与加工也更为便利，互联网用户的个人数据都有可能被任何互联网用户知悉、篡改、删除、复制、盗用。如在虐猫事件中，网友就是通过"人肉搜索"，找出了虐猫的女子，并把她的详细资料公布出来。最终虐猫女子用否定自身人格的言辞公开向网民道歉。

2. 姓名权和肖像权

姓名权是公民依法享有的决定、使用、变更自己的姓名并要求他人尊重自己姓名的一种人格权利。网络言论自由的行使不得擅自盗用他人姓名。

而肖像权则是自然人所享有的对自己的肖像上所体现的人格利益为内容的一种人格权。网络言论自由的行使不得对他人姓名和肖像加以歪曲捏造的描述。

3. 名誉、商誉

人的名誉是指具有人格尊严的名声，是人格的重要内容，受法律的保护。任何人对公民和法人的名誉的损害，都是对名誉权的侵犯。《中华人民共和国民法通则》第101条规定："公民、法人享有名誉权，公民的人格尊严受法律保护，禁止用侮辱、诽谤等方式损害公民、法人的名誉。"同样，网络言论自由的行使须以不得侮辱、诽谤他人名誉权为前提。

商誉是企业的生命活力之所在。如果在网络上捏造并散布虚假事实，损害他人的商业信誉、商品信誉，给他人造成重大损失或者有其他严重情节的，要以损害商业信誉、商品信誉罪追究行为人的刑事责任。

此外，需要强调的是，如果网络言论自由的行使并未伴随某种法律意义上的行为，则没有界限。例如思想自由，我国宪法虽然没有规定思想自由作为公民的基本权利，但它是网络言论自由的前提条件，网络言论自由实际是思想自由的表现度式之一。因其对这种自由的行使只是属于人们内心的一种精神作用，所以，"思想自由是一种绝对自由，因为思想自由不可剥夺，不能限制，也无法限制。"

三、网络谣言的构成要件

网络世界给我们出了一道难题：一方面它给我们的言论自由带来了更大的方便，缩短了发言者与受众的时空距离，另一方面也为造谣者提供了很好的传播途径，使谣言就像长了翅膀的鸟儿，可以满天飞舞，影响范围更大。网络谣言应成为我们打击的对象，然而造谣与言论自由只有一步之遥，我们如何认定网络谣言与言论自由的界限就显得至关重要。认定发帖人是否构成网络造谣还是属于一般的言论，至少应从以下三个方面作出判断：

（一）主观上的明知

主观意图是判断网民是否构成造谣的重要依据，判断是否属于散布网络虚假言论行为，首先要看其是否有故意的动机。虚假言论的目的就是要迷惑不明真相的人，造成坏的影响，达到诋毁别人、制造混乱，自己从中达到某种不可告人的目的。

根据 2013 年 9 月 5 日两高出台的《关于办理利用信息网络实施诽谤等刑事案件适用法律若干问题的解释》，"明知是捏造的损害他人名誉的事实，在信息网络上散布，情节恶劣的，以'捏造事实诽谤他人'论"；"编造虚假信息，或者明知是编造的虚假信息，在信息网络上散布，或者组织、指使人员在信息网络上散布，起哄闹事，造成公共秩序严重混乱的，依照刑法第二百九十三条第一款第（四）项的规定，以寻衅滋事罪定罪处罚"。对于不知内容真假，而发帖或者转帖的，即使后来经过查证内容失实，也不能认定为"散布网络谣言"，因为"散布网络谣言"属于故意行为，对于过失给他人带来损失的可以通过民事途径予以解决，而不宜认定为"散布网络谣言"予以行政或者刑事处罚。

（二）损害对象

判断是否达到造谣制裁还要看其指向的损害对象。网络帖子指向的对象是公权力机关还是非公权力机关，或者是普通民众，认定的标准应有所区别。如果造谣对象仅仅是一名普通民众，那么，只要查实发帖内容确系捏造并且会给被造谣者带来危害，并实际存在损害后果才可以认定为网络造谣。对此，最高人民法院、最高人民检察院出台的《关于办理利用信息网络实施诽谤等刑事案件适用法律若干问题的解释》第 2 条规定："利用信息网络诽谤他人，具有下列情形之一的，应当认定为刑法第二百四十六条第一款规定的'情节严重'：（一）同一诽谤信息实际被点击、浏览次数达到五千次以上，或者被转发次数达到五百次以上的"，对于个人损害，其构成要件要求较低，跟帖次数与实际损害后果并无必然关系，相对而言较容易构成。而根据该司法解释，第 5 条规定："利用信息网络辱骂、恐吓他人，情节恶劣，破坏社会秩序的，依照刑法第二百九十三条第一款第（二）项的规定，以寻衅滋事罪定罪处罚。编造虚假信息，或者明知是编造的虚假信息，在信息网络上散布，或者组织、指使人员在信息网络上散布，起哄闹事，造成公共秩序严重混乱的，依照刑法第二百九十三条第一款第（四）项的规定，以寻衅滋事罪定罪处罚。"对于公共秩序的损害构成要求较高，如上述的寻衅滋事罪条款，就要求有造成公共秩序混乱的结果，如果仅在网络上转载或跟帖很多，就不应算作公共秩序混乱。公共秩序还是要以现实中实际发生的行为和损害后果作为标准。

但如果造谣对象是公权力机关，在认定时应采取谨慎态度。因为每个公民都享有宪法规定的批评权，公权力机关相对于普通公民而言处于强势地位，由于信息上的不对称，这种批评可能出错或言过其实，但是，在一个民众享有广泛民主的国家里，作为政府而言，对公民的错误批评应该具有起码的宽容性和容忍度。只要编造内容不会对政府造成实质性的损害，并且作为容易接近媒体的公权力机关，只要站出来声明一下就能够轻易避免实质性伤害的，就不应该轻易认定为"网络谣言"。

（三）损害结果

一个国家之所以需要对某种行为从法律上作出禁止性的规定，是因为该行为是一种带来社会危害性的行为。我们之所以要对"散布网络谣言"行为予以打击，就是因为该行为会给他人、社会、国家带来一定的危害。而认定网络谣言应该从以下两个方面考察：

1. 即刻而现实的危险

要看虚假言论是否造成明显而即刻的危险。明显而即刻危险是美国保护或限制言论自由的重要原则。美国最高法院法官霍姆斯在其判决中指出：在剧院高呼起火而引起恐慌的言论，会引发明显而即刻的危险，这种情况下才不受宪法保护。同样通过网络发布虚假内容，即使还没有出现现实的危害，但是如果任其发展下去，这种现实危害马上就会来临，就说明网络虚假言论造成了明显而即刻的危险。

2. 直接损害结果

看散布行为或谣言是否造成了直接损害。对于通过网络编造虚假内容进行传播，能够给他人、社会或者国家带来现实危害的行为，只要主观上具有故意行为，就可以认定为"散布网络谣言"。在很多方面，是否造成了直接损害，也是断定其是否构成刑事犯罪的最重要的标准。

而根据 2013 年 9 月 5 日最高人民法院、最高人民检察院出台的《关于办理利用信息网络实施诽谤等刑事案件适用法律若干问题的解释》第 2 条规定："（一）同一诽谤信息实际被点击、浏览次数达到五千次以上，或者被转发次数达到五百次以上的"，应当认定为《刑法》第 246 条第 1 款规定的"情节严重"，归入利用信息网络诽谤他人罪。这条例一出，此款可谓备受争议。

第一，以次数认定诽谤程度不合理。虽然这样可以更大限度地抑制网民随意性言论，但也存在变相影响网络环境下所特有的言论自由。倘若达到浏览次数5000以上或转发次数达500以上，而其中有多少是受害人熟人浏览的呢？对与明星而言，其言论浏览或转发数量会很大，但对于普通人，数量会很小。而真正影响受害人损害程度的往往是熟人的知晓程度。不区分明星与普通人，根据简单的浏览和转发次数很难证明损害后果的大小，依次认定构成诽谤罪，值得商榷。

第二，以浏览和转发次数认定损害后果极易导致致执法者理解混乱。针对个人的诽谤后果依据浏览和转发次数，而针对公共秩序的损害则不适用这一标准，为什么？很难说明其中的原因。而实际上，针对公共秩序的损害，更适合依据浏览和转发次数标准。这也正是导致执法者发生误解的原因。

近日引起广泛关注的甘肃天水张家川县公安局因"9·12"案件刑拘16岁初中生杨某一案就是其中的例子。这是在9月9日两高司法解释出台以后，首次因"转发500次"而进行刑拘的案件。经由甘肃省公安厅调查核证，9月12日6时17分，张家川县张川镇发生一起意外死亡案件。经张家川县公安局现场勘查、调查取证、尸体检验、认定排除他杀，死者高某系高坠致颅脑损伤死亡。9月14日中午，杨某发布第一条涉案微博称，"张家川9·12杀人案"发生后警方不作为，且多次与群众发生争执甚至殴打死者家属。此后，他再发微博称警方强行拘留死者家属，与群众发生冲突。15日晚，杨某发微博称，钻石国际KTV（案发地）的法人代表是张家川县人民法院的副院长苏建。警方最初通报说法是："依照相关法律规定，张家川县公安局已对在'9·12'案件中利用网络平台虚构事实，扰乱公共秩序的违法人员给予治安处罚（其中行政拘留1人，罚款5人），对情节严重，发帖转载500次以上的一名犯罪嫌疑人依法刑事拘留。"实际上此条款是针对诽谤信息，并非所有网络信息均可构成，其次要针对特定的自然人进行，否则难以认定。而杨某的微博言论中，并不存在针对特定自然人的诽谤意思，因此不应按此条款定罪。

在本案当中，在察觉到以"转发500次"定罪不妥后，张家川县警方重新拿出了一份通报，这份通报将对杨某刑拘的理由变成了以"涉嫌寻衅滋事案立案"。而根据最高人民法院、最高人民检察院《关于办理利用信息网络实施诽谤等刑事案件适用法律若干问题的解释》第5条，"利用信息网络辱骂、恐吓他人，情节恶劣，破坏社会秩序的，依照刑法第二百九十三条第一款第（二）项的规定，以寻衅滋事罪定罪处罚"；"编造虚假信息，或者明知是编造的虚假信息，在信息网络上散布，或者组织、指使人员在信息网络上散布，起哄闹事，造成公共秩序严重混乱的，依照刑法第二百九十三条第一款第（四）项的规定，以寻衅滋事罪定罪处罚"，至少要有主观故意、因果关系和严重混乱等三方面原因方可定罪。在寻衅滋事罪条例中，其认定标准与诽谤罪不一致，不以浏览和转发次数为标准，而要求造成实际"严重混乱"损害后果，在实际执法过程中给执法者产生误解，并增加执法难度。针对该司法解释上述条例，单以浏览和转发次数认定损害后果，在实际执法中，不加以身份区分，极易造成执法者的理解混乱。在本案中，杨某仅为在校的初中生，其言论的可信性不高，且与死者没有任何关系，也不在现场，并不能从中获取任何利益。此外，其言论并没有针对特定的自然人进行诽谤，也没有造成实际的损害后果。因此，这一条款的具体执法细则，笔者认为还需进一步加以区分，并将其法理精神贯彻到地方，忠实执行。

四、结束语

笔者认为，目前我国的法律急需在网络言论方面加以监控，当然力度应该要好好把握，不能一刀切，使其失去网络该有的生命力和原始本质；也不能放任不管，任其自由发展，滥用必然出现极大的问题。网络使长久以来难以实现的言论自由落实到每个人手中，使其最大限度地享有自主的言论权。但是没有界限的自由是可怕的，不承担责任的自由会造成难以想象的恶果。今天我们探讨在自由与责任、网络言论自由的法理界分，是希望可以更好地了解言论自由的真谛与法律责任的本质，也借此借鉴国外的政治运作与法律操守。网络谣言止于法治，止于良好的社会道德环境。在坚守我们追求的言论自由的同时，应该毅然承担起法律及社会责任。而司法机关应当及时跟上时代的步伐，研究制定清晰的条例规范，并严格忠实地按照相关法律法规执行，不枉不纵，不私不盲，以保障公民正当的言论表达。

中国梦·法治路

叶雨晴

浙江大学宁波理工学院法律系

　　摘　要：习总书记说，实现中国梦即是实现中华民族伟大复兴。社会的失败，源自于国民对国家与体制的失望，但是"中国梦"要给人们一种对未来的憧憬和理想。然而提出"中国梦"不仅仅是给人民以希望，同时也是向国际社会展示，我国积极向上的态度。只有人民每天对美好的未来有一股劲，才会鼓足劲儿干事，民族才不致失败。然而这一切靠什么来保障呢？法治。不讲法治，就会造成银行违规操作，企业负担过重，实体产业难以为继，促使企业冒险的恶性循环。法治是一种许诺，"走在斑马线上是安全的"。可是，若不能真诚落实法治，斑马线将成为死亡线，死因则是对制度的信赖。这是国家和国民最不能承受的。然而法治还在艰难前行，法律人一直在为法治的启蒙而呐喊。

　　关键词：中国梦；法治；建设

一、什么是中国梦

　　中国梦就是中国特色社会主义现代化之梦。中国梦最终的落脚点是"民富"，而"民富"体现在尊严上。前国家总理温家宝曾说过："要让人民生活得更加幸福、更有尊严。"如何才能让所有人都"有尊严"地活着？首先社会需要为人民提供一个公平的机制。让所有人享有同等机会，保证底层人拥有一个向上流动的通道，这些就需要法治来保障。可以肯定，通向理想的道路注定不是坦途，追梦路上我们会遇到曲折与辛劳，可能会有抱怨，有纠结。例如在城市化进程中的"三改一拆"，必然会碰到这样或那样的难题，但是我们要坚信，只要人人都贡献出自己的力量，办法总比困难多，梦想总能成真。

二、什么是法治

"法治"一词中国古代就有，最早见于先秦诸子文献。《管子·明生》中有"以法治国，则举措而已"。在中国古代，法治是工具论，是治民的工具，代表学派是法家，它强调把社会关系纳入法律的轨道，用带有权威性、强制性的法律规范或严刑峻法治理社会。而古代人治论者代表学派是儒家，它强调，"为政在人"（《论语·为政》），强调人在治民中的作用。不过在实践中，中国古代儒法之争只是一条虚线，古代的法治说到底还是人治。

对法治，定义最经典的还是亚里士多德。他说，法治应包含两层含义：已成立的法律获得普遍服从，而大家所服从的法律又应该是本身制定良好的法律。第一层含义，普遍服从，属形式意义，法的普遍统治；第二层含义，制定良好的法律，法治的内容，属价值意义，善法之治，指法的完善性、向善性，恶法非法。

近代以来，法治与人治的对立主要表现为民主与专制，主权在民，还是主权在君。法治是众人之治即民主政治，人治是一人或几个人之治即君主专制或贵族政治。法治依据的是反映人民大众意志的法律，人治则依据领导个人意志，区分界线，权大还是法大。

就我国而言，随着十一届三中全会的召开，中国法学界开始摆脱有了政策可以不要法律等法律虚无主义观念的阴霾，并萌发了一场从"法制"到"法治"的观念变革。"我国不能再搞人治，必须搞法治"，知名法律学者李步云和王德祥、陈春龙于1979年合作撰文《论以法治国》，成为当时法学界关于"人治与法治"问题大讨论的先声。

归根到底，就是是否主张法律至上，是工具论的法律观还是价值论的法律观。1996年3月第八届人大四次会议提出的"依法治国，建设社会主义法制国家"还是制度的"制"。建设社会主义法治国家，治理的"治"是1997年9月党的十五大报告首次出现。1999年3月入宪。这一字之改，可以说是社会科学生产的巨大贡献。为什么？因为制度的制，顾名思义指法律和制度，是静态的法制建设，重心在于立法和制度建设，但是几年的实践证明，效果不好，仅有法律制度，不依法办事，仍然不能解决存在的问题。据不完全统计，只有14%的法律得到较好的执行。而治理的治就不同，它不仅意味着要完备的法律体系和制度，而且要树立法律的权威，保证切实依照法律治理国家、管理社会。意味着法律至上，亦即意味着人民的意志至上，现代法治的核心部分要有一套法律体系，要建立一个法律框架，我国的中国特色的社会主义法制体系已经完成。但是有法律体系，并不等于已经实现法治，法治要求法律符合公认的基本正义。比如重视程序正义，规则要透明，要使人能够预见自己行为的后果，规则不能追溯既往等等。正义和公平是法治具有统领价值的内涵。法治实现，社会公平。法治社会，如同伯尔曼所说："法律必须被信仰，否则它将形同虚设。"首先是各级官员应当具备对法律的敬畏之心。法治社会将是陌生人的社会，符合条件的办，不符合条件的不办，熟人办事这么快，陌生办事也这么快，办事不用托人，不用找关系。法治社会，倡导个人自由、个人奋斗。

三、法治的关键在于——依法行政

我们经常说政府的权利哪里来？老百姓给的，主要是通过全国人大制定法律，法律给的权力。这和老百姓的权利不同，老百姓的权利应该本来就有的。对于老百姓来说，他的权利是无限的，但是他要受法律的约束，凡是法律禁止的事情都不能做，法律没有禁止的都可以做。对政府而言，法律授权给你，你才有权，法律没有授权给你，你不能做。政府要做的行政执法责任制的梳理就是要明确本单位的职权。现实中，有些地方政府和部门常说，法律没有禁止的，政府就可以做，这不对。例如，某个体户违反治安处罚法，被公安机关治安处罚。某领导说："这人太坏，不适合再经营，把他的营业执照吊销了。"大家知道，法律没有授权公安机关吊销执照的权利，所以吊销不了。这个权力是工商局的，所以行政权一定要法律明确授予才行。

政府对于法律授予的权力必须去行使，要做好，自己没有自由处分权。法律规定你应该做的事情，你必须去做，你如果不做，法律上叫不作为。行政主体履行或完成了部分的法定义务，但是只要其尚未完整、全面地实现其法定权力，也属于行政不作为。不应该做的事情做了，就属违法。比如发放许可证，政府来审批，符合条件的就应该批，不批就违法；不符合条件就不能批，如果批了也违法。有人说，批不行，不批也不行，研究研究总可以吧！可以研究，但必须在期限内，超期限不回答属拖延履行法定职责，照样算行政不作为，照样要追究责任。

四、中国梦与法治的关系

依法治国是实现中国梦的必然路径，如果要描绘美好中国梦的图景，公平正义就是它的底色。没有公平正义作为基础，再美丽的中国梦也无法得到真正的实现，只会与我们越来越远。如果我们希望社会上的人们都能拥有一份体面的工作，生活的有尊严，就必须消除机会不均等、权利不平等。只有通过法治手段保障改革成果，才能真正铲除公平道路上的种种障碍。在法治已上升为治国理政基本方式的今天，对每一个拥有梦想的中国人来说，平等的机会、奋斗的方向和梦想的最终实现，都离不开法治的保驾护航。法治如何保障公平正义的实现，从以下三个方面可以看出。

（一）用法治保障平等参与社会生活

公平首先来自于门槛平等。现在社会上有很多"萝卜招聘"的现象，也有许多"官二代""富二代"凭借关系进入心仪的工作单位。暑假在法院实习的时候也遇到一位哥哥说自己只是莫名其妙地吃了一顿饭就进到法院当速录员的情况。现今公务员招考的要求和程序比以前更加严格了，但是制度却仍有漏洞可以钻。如果真的实现法治，我相信，这样的情况一定会得到很大程度上的改变。因为家庭背景的原因，许多人空有一身才能却得不到重用，也有的人却"好风凭借力，送我上青云"。公平的社会，应该是面向全体人民的，并不能因为家世背景就决定一个人能否胜任一份工作，每个单位的编制有限，滥竽充数的多了，岗位实际上仍然是有空缺的，这对效率的实现来说也有一定的影响。

所以，只有改变机会不均，打破权力操控，铲除就业腐败，厉行法治，才能让每个公民都能在一个公平、公正、公开的竞争环境中，为自己理想的生活，去拼搏，去奋斗，真正地以自己的实力参与社会生活。

（二）用法治保障平等享受劳动成果

据披露，电力、烟草、电信、金融、保险等国有垄断企业职工的平均工资是其他行业职工的 2～3 倍，如果再加上工资外收入和职工福利待遇上的差异，实际收入差距可能在 5～10 倍之间。相对于普通员工，垄断企业高管的收入更为惊人。

收入分配不公现象具体体现在：居民收入在国民收入分配中的比重偏低；普通劳动者收入偏低；政府部门一些不合理收入没有得到有效规范，灰色收入、隐性收入的普遍存在，对纳税人实际上是不负责任的表现。一些企业不执行国家最低工资标准，不按规定缴纳各种社会保险，随意克扣工人工资；一些行业乱收费、乱罚款、乱摊派、乱涨价，这些都对人们平等地享受自己的劳动成果有一定程度上的影响。

社会保障领域不公同样饱受诟病。养老金双轨制，导致企业退休人员养老金只是同等条件的公务员养老金的1/3。更有甚者，农村老人还享受不到养老金待遇。这种人为地把公民贴上身份标签，既是公共资源分配不公，也是一种歧视。

正是由于收入分配领域和社会保障领域的种种不公，才会导致我国社会群体之间的收入差距不断扩大。

不公平的收入分配，实际上损害的是整个社会的公平。然而，造成这种不公的，是一种躲在暗处的权力。只有打破目前的利益分配格局，杜绝权力对经济活动的不当干预，加强对收入分配领域的改革，调节过高收入，取缔非法收入，进一步形成合理有序的收入分配格局，继续建立和完善社会保障制度，才能在真正做到消除这种不公正的存在，使两极分化不再严重，城乡差距不再持续拉大。

（三）用法治保障当家做主权利

《南方周末》曾刊登过一期讲述上访人员的专访，他们很多人在刚刚抵达北京站时，就被老家驻京办带走，有的被遣送回乡，有的甚至被秘密关起来，直到他们同意再也不上访。

我国宪法规定，公民对于任何国家机关和国家工作人员，有提出批评和建议的权利；对于任何国家机关和国家工作人员的违法失职行为，有向有关国家机关提出申诉、控告或者检举的权利。社会主义法治国家的主体是人民，保障人民当家做主，集中体现在落实宪法赋予的包括信访权利在内的各项基本权利。

只有实现法治，实现社会公平正义，保障公民的每一项宪法权利，人们群众才能够真正地当家做主。

五、尾声

作为一名法科生，笔者常深切地感受到来自内心深处的忧虑与来自社会的压力，我们生活的环境中还有那么多不美好、不完善的地方等待着我们去改变。或许很难，可是我们只愿守住本心，还要流泪，为这沧桑世事，为这人间疾苦，还要义愤填膺，为这满目疮痍，为这黑暗不公。命运永远掌握在自己手中，只要前方还有一丝光亮，即使知道前路漫漫，举步维艰，仍手持烛火，哪怕孑然一身，踽踽独行。这是笔者的中国梦，这是笔者的法治路。我们必须相信："有一天，每一位普通群众都能以法律为标尺来获取自己的合法权利，让不法行为成为全民抗争的对象；有一天，每一位法律人都能以法为鉴，让群众从自己经手的每起案件中感受到公平正义的力量；有一天，每一位传媒工作者都能以专业均衡的法治报道抑恶扬善、激浊扬清；有一天，每一位草根网民都能以法治的理性来审视和监督所有的乱象。届时，法治的阳光将照亮每位中国公民的梦想，也将照亮这个复兴的民族。"

论性贿赂的刑法规制

余懿臻

浙江农林大学法政学院

摘　要：随着社会市场经济的发展以及道德观念的变革，官员腐败方式正在逐步变化，性贿赂成为职务犯罪的新动向。传统贿赂犯罪的内涵、外延已无法涵盖今天包括性贿赂犯罪在内的众多贿赂形式。故而本文将围绕"性贿赂"犯罪这一问题从刑法角度进行探讨，以性贿赂的含义与特征入手，通过一一反驳反对者的观点和阐释性贿赂犯罪的危害、国外合理的立法模式等方面来证明性贿赂入罪的必要性与可行性，并借此提出笔者自己关于性贿赂入罪的方案：将性贿赂确立为单独的罪名，以此加强对性贿赂犯罪的打击力度。

关键词：性贿赂；刑法；立法

近期雷政富等官员不雅视频的曝光以及刘志军性贿赂丑闻的出现，使"性贿赂"再一次引发了新一轮舆论。其实近年来，随着色情腐败现象的日益猖獗和权色交易案件逐年的上升，人们要求将"性贿赂"入罪的呼吁越来越强烈。然而，翻开我国现行刑法，贿赂的内容仅限定在财物范围，这样的法律界定显然已不符合已经变化了的形势。目前，"性贿赂"已大量充斥于现实生活中，尽快制定有关"性贿赂"的法律，对惩治犯罪有着直接的现实意义。但是不可否认的是，仍然有很多学者持否认态度。比如马克昌教授即曾认为性贿赂入罪"内涵不确定，缺乏可操作性，定罪量刑都有困难"——果真如此吗？

一、性贿赂的含义与特征

（一）性贿赂的含义

性贿赂，顾名思义，在法律上应当包括"性受贿"与"性行贿"这两大方面。对性贿赂的定义有很多的版本，但是一般我们将其解释为："国家工作人员，接受色情服务，为他人谋取不当利益；或行为人（包括单位）为谋取不正当利益而给予国家工作人员以性服务，称为'性贿赂罪'。"

结合各学者对性贿赂的定义，笔者认为，性贿赂的含义至少应包含以下几方面的内容：第一，主体方面，应该认识到性贿赂的主体涉及两方，不仅包括受贿的主体——国家工作人员，同时也应包括行贿者——一般的主体；第二，客观上应有性行贿这一危害行为并动用国家权力造成了危害结果；第三，在主观方面上，性贿赂只能主观上存在故意的心态，即行贿人在为国家工作人员提供性服务或者受贿人在收受性服务时必须是处于明知自己的行为会危害社会的结果，并且希望或放任这种结果的发生的状态。

（二）性贿赂的特征

相较其他贿赂形式，性贿赂有着自己鲜明的特征。

第一，就贿赂罪本身而言，性贿赂的对象与涉及主体比较特殊。性贿赂的内容不仅仅停留在财物这一方面，更多的是非物质性的利益。同时性贿赂除了牵扯到当事双方也往往会牵连第三方，使案件变得复杂。第二，性贿赂具有隐蔽性。由于性贿赂以提供性服务为手段，故而在具体实施过程中会经过周密的布置，不易被发现。同时因其灵活性，会依据形势转移，使得性贿赂被发现的可能性更是大大降低。第三，表现形式的多样性。现今性贿赂行使的方式主要表现为两种：（1）行贿人出资雇用他人与受贿人发生性关系；（2）行贿人与受贿人发生性关系。同时司法实践中常见的主要有以色换权，以色谋权等。

综上所述，目前我国贿赂罪在立法上是存在缺陷的。我国立法规定的贿赂仅限于财物，自1997年新《刑法》出台以来，不论是以后的八次刑法修正案还是最高人民法院、最高人民检察院均未将贿赂罪的外延扩大到非财产性利益或将特殊的贿赂刑事单独立罪，所以实践中掌握的贿赂范围只能限定在金钱与物品上，让不少行为得以钻法律的漏洞，实际上获得大量不法利益，根本无法使性贿赂犯得到应有惩罚。

二、学界存在的不同观点

即使将性贿赂入刑的呼声甚高，但是不可否认的是，反对者的意见还是有值得思考的地方。现今对于性贿赂不可入刑主要有以下几点顾虑：

1. 性贿赂入罪缺乏法理支撑。

2. 量刑以及取证的难题。因为性贿赂的隐蔽性与其非物质性的特点，的确给侦查机关与审判机关出了一大难题，但是这不能成为阻止性贿赂入罪的理由。

现在即使是疑难案件也可借助发达的科技得到侦破，何况一个个性贿赂案件，只要用心就一定能发现蛛丝马迹，追查下去定能发现关键证据。对于量刑方面，可以以行贿者支付的嫖资或者获取的利益或者其他方式作为对受、行贿者量刑的标准。

3. 容易混淆道德与法律。虽然在一般人的观念里，个人性生活、性行为是属于私人领域的一部分，是公民的基本权利，即使有伤风败俗之嫌，其也只会受到道德的谴责，而不必然受到法律的制裁。但是我们应该清楚地认识道：这些受贿者的身份是国家工作人员，利用的是人民赋予的公共权力，以权谋私，事实上是一种损害社会公共与公众利益的行为，而这光靠道德是起不了遏制作用的。

4. 国家机关工作人员在生活上有腐化堕落行为的，应由党纪、政纪约束。有学者认为刑法作为国家的基本法律，他并不是万能的，一些规定只要由行政规章制度就可以起到作用。可是若仅仅以开除党籍等"不痛不痒"的方式解决性贿赂犯罪，根本无法对这些犯罪分子起到震慑作用，在一定程度上也无法防止他人的犯罪。

三、刑法应将性贿赂纳入犯罪

（一）性贿赂犯罪设立的必要性

1. 性贿赂的社会危害性

刑事古典学派大师贝卡利亚曾说过："衡量犯罪的真正标尺，即犯罪对社会的危害性。"

贿赂罪破坏的主要是国家工作人员职务的廉洁性，并会给整个国家的秩序和稳定带来严重的威胁。单从这一层面而言，贿赂罪的危害就是深远的，但是作为贿赂中的"特殊存在"——性贿赂，他的危害性则更为凸显。"性贿赂"作为色情腐败，它既严重损害了国家工作人员的形象，又败坏了社会风气，而且成为贪污、受贿、渎职等多种犯罪的直接诱因：一、性贿赂犯罪具有连续性与持久性。一旦性贿赂既遂，行贿者可能要挟受贿者多次为其谋取不正当利益，给社会造成不良的影响，而这一危害结果甚至会超过财物性的贿赂；二、随着社会经济的发展与人们犯罪意识的提高，贿赂罪的方式变得愈发趋向隐蔽，正是这样的环境为性贿赂的滋生提供了"良好"的生长环境，进而导致近几年性贿赂犯罪屡屡发生，且呈逐年上升的趋势；三、损耗了社会的公正性与诚信度。行贿者通过受贿者的不当手段得到了他们所需要的利益，这势必会使权利的原本享有者遭受损失，不利于实现社会的公平、正义。长此以往必定会令人的价值观出现偏差，是社会堕落的肇始。

综上所述，性贿赂具有严重的社会危害性，他必然导致权力变质，导致国有资产大量流失，而性贿赂的入刑将有效地打击这一不良的风气，使国家公权力归于本位。

2. 刑法谦抑性原则的要求

刑法的谦抑性原则指立法机关只有在没有可以代替刑罚的其他适当方法存在的条件下，才能将某种违反法秩序的行为设定为犯罪行为。刑法是规范人们行为的最后一条底线，并且制裁的方式极其严厉，因而对于一个罪名的成立有相当更严格的要求。

全面地看待我国现状会发现：我国现在对性贿赂的刑法规定处于一个青黄不接的阶段。一方面性贿赂犯罪对我国的各个方面都产生了深远的不良影响，扰乱了法治社会的基本秩序；另一方面我国对于性贿赂的处罚规定还处于空白阶段，司法机关无法就这一行为进行判决。性贿赂已不能依靠一般的民事、行政法律或规范达到有效的规制，通过刑事立法将其规定为犯罪，处以一定的刑罚，进而通过相应的刑事司法活动加以解决已经成为不二的选择。

3. 尊重法治社会中的人

性贿赂的出现使男、女都有可以成为性贿赂犯罪的载体，危害现有的社会秩序。值得注意的是，在这里尤其是女性更是会充当着重要的角色。由于历史、生理等多方面的限制，女性在这个社会往往会成为弱者，并有很大的可能性被利用到性贿赂这一交易中去，即使不是出于她们的自愿心理，但是如果将这些情况的案件统归为强奸案，又会出现取证困难、事实难以认定等难题，最终甚至可能放大对这些女性的伤害。而对于那些半推半就的女性性贿赂的入刑也会警醒她们洁身自好，当然这也是民众意愿的一个传达。故而将性贿赂规定为犯罪有利于保护女性的性权利和人格尊严不受侵犯。

（二）性贿赂犯罪设立的可行性

1. 国际条约的约束

我国于 2005 年加入的《联合国反腐败公约》第 15 条、第 16 条规定贿赂的范围为"不正当好处"，这就意味着贿赂对象既包括钱、物等财产性利益，同时也应包括非财产性利益。作为一部全国人大常委会批准加入的国际公约，理所当然地应成为我国的法律渊源，对我国公民都具有约束力。

2. 古今中外的借鉴

回顾历史，性贿赂入罪的规定古已有之。《唐律》现定："诸监临之官……

枉法娶人妻女者，以奸论加二等。为亲属娶者亦同。行求者，各减二等，各离之。"唐律这里处罚的正是性贿赂。此后，《元律》《清律》都有类似的规定。可见我国设定性贿赂罪是有一定的历史、人文基础的。

考察周边的国家，可以提供诸多借鉴方案。德国刑法典第331条将公务员或从事特别公务的人员，以现在或将来职务上的行为为对价而为自己或他人索要、让他人允诺或收受他人利益的规定为受贿罪。同时在刑法典第333条将行贿规定为"对公务员或从事特别公务之人员或联邦军人所从事之裁量范围内之将来职务行为、期约或交付利益"或"对法官或仲裁人为其裁判上之职务行为，而行求、期约或交付利益"。日本刑法典第197条规定：公务员或仲裁员，关于其职务实施不正当行为或不实施应当实施的行为，收受、要求或约定贿赂，是受贿罪。我国台湾地区"刑法"第121条规定："公务员对于职务上的行为、要求、期约或者收受贿赂或其他不正当利益者"可构成不违背事务之受贿罪。

3. 构成犯罪的可能

如果仅就犯罪构成的四大组成要件而言，性贿赂犯罪要想入罪是存在可行性的。但是从法律角度而言，对"性贿赂"是否能视为犯罪加以立法，还要考虑以下三个要素：其一，它是否具有社会危害性；其二，它是否具有普遍性；其三，它是否有可操作性。如果具备了这三种因素，就应该立法来对这种犯罪加以处罚。

对于性贿赂的危害性以及可操作性上文已经细述，不在此一一分析。

从性贿赂的普遍性来说，也正如我们所见，涉及的范围与领域越来越广。据我国婚姻法起草者巫昌祯教授的调查，目前领导干部腐败60%以上都跟"包二奶"有关，而在被查处的贪官中，95%的人都有"情妇"。几乎可以毫无疑问的下结论：贪官中几乎没有一个不是与"性贿赂"沾边的，其已经成为法治社会建设的一个毒瘤。

观上述，性贿赂完全符合以上三点因素，其被列入犯罪是必然的导向。

四、性贿赂罪的立法构建

（一）现今对性贿赂入罪的主要观点

目前学界关于如何将性贿赂入罪存在不同的意见：第一种意见提出对性贿赂没有必要认定为贿赂犯罪，可以以对国家工作人员适用其他罪名进行处罚，如渎职罪等，关键是看主体的行为表现；第二种意见则认为应通过立法扩大贿赂内容，将性贿赂纳入法的调整范围，将条文中贿赂的内容"财物"扩大为"财产性利益和其他不正当利益"；第三种意见提出把性贿赂从现有的贿赂罪中独立出来，单独成立一个新的罪名——性贿赂罪。

以上观点各有千秋，笔者个人更倾向于第三个观点。第一个观点，就性贿赂的特征与本质而言，其可视为一个单独的犯罪，却以其他罪名来顶替的做法是欠妥当的。针对观点二，是将贿赂的范围做出了扩大，但是这种做法不能有效解决"性"不可金钱化这一问题，同时由于在司法实践中人们已经习惯了将贿赂限定在"财物"上，一朝变革会引起思想上的混乱。至于观点三，笔者认为是现今最适宜的方式：首先，将"性贿赂"作为单独的罪名列出来便于理解，能够很好地区分与其他贿赂的区别，使大家进一步认识其的危害性；其次，在量刑上不会出现无法金钱化的尴尬，即可直接根据其程度定罪量刑；最后，这一罪名还可与其他罪名数罪并罚，加大惩罚力度。

（二）性贿赂入罪后定罪量刑的问题

按照上述的意见，笔者建议在未来修改刑法时应将性贿赂罪纳入刑法："国家工作人员，利用职务上的便利，向他人索取性服务，或非法收受他人提供的性服务，为他人谋取利益的，是受贿罪""为谋取不正当利益，给予国家工作人员以性服务的，是行贿罪"。其他相关规定依以上规定得出。

在量刑上，可以下的几个标准为基点：1.情节作为量刑的标准。虽然性贿赂不能被具体的用数字表示情节，但是我国《刑法》第61条规定："对于犯罪分子决定刑罚的时候，应当根据犯罪的事实、犯罪的性质、情节和对于社会的危害程度，依照本法的有关规定判处"，这就表明在判决过程中要综合考虑多方面的因素。2.造成的损失与获得的不法利益作为量刑标准。性贿赂的后果必然导致国家正当程序的破坏与公共财产的流失，在量刑时，对受、行贿人因其行为造成的损失可以量化并在此基础之上给予处罚。3.数罪应当并罚。受理的案件不能因为已经涉及贿赂罪，而将性贿赂拒之门外。

综上所述，就贿赂犯罪来说，不仅要看到行贿人以什么样的方式行贿，更要看受贿人是否利用职务上的便利为行贿人谋取不正当利益，是否给国家造成损失。如果忽视性贿赂犯罪对社会造成的危害性和对国家工作人员职务廉洁性的侵犯，而将其排除在刑法范畴之外，将直接危害我的国家利益和社会利益。因此，将性贿赂入罪在我国不仅必要而且可行，性贿赂应当被圈进法律射程。只有用法律之剑斩断性贿赂蔓延势头，荡涤权色交易污浊，才能将我国的打击贿赂犯罪和反腐败工作向深度和广度不断推进，建设和谐的法治社会。

论期限治理之中国特有

张瀚翔

浙江师范大学法政学院

摘 要：限期治理制度是指国家法定机关对污染严重的项目、行业和区域作出决定，限定其在一定期限内完成环境治理任务，达到治理目的的环境法律制度。这项制度是我国特有的一项环境法律制度，它与环境事故报告制度一起属于环境保护的补救性措施，主要发生在环境保护的事后阶段。期限治理于1973年第一次全国环境保护会议上提出。1979年颁布的《环境保护法（试行）》中将其确认为一项环境法律制度。自1973年以来，三十多年的环境保护执法实践中，形成了三种类型的限期治理：区域性限期治理、行业性限期治理和对污染严重的排放源（设施和单位，主要是企业）的限期治理。

关键词：期限治理；中国特有；反思

一、我国环境法上的限期治理制度

限期治理制度是指国家法定机关对污染严重的项目、行业和区域作出决定，限定其在一定期限内完成环境治理任务，达到治理目的的环境法律制度。这项制度是我国特有的一项环境法律制度，它与环境事故报告制度一起属于环境保护的补救性措施，主要发生在环境保护的事后阶段。期限治理于1973年第一次全国环境保护会议上提出。1979年颁布的《环境保护法（试行）》第一次从法律上确定了限期治理制度。

《环境保护法》第29条规定：对造成环境严重污染的企业事业单位，限期治理。

《环境保护法》第18条规定：在国务院、国务院有关主管部门和省、自治区、直辖市人民政府划定的风景名胜区、自然保护区和其他需要特别保护的区域内，不得建设污染环境的工业生产设施；建设其他设施，其污染物排放不得超过规定的排放标准。已经建成的设施，其污染物排放超过规定的排放标准的，限期治理。

《环境保护法》第 39 条规定：对经限期治理逾期未完成治理任务的企业事业单位，除依照国家规定加收超标准排污费外，可以根据所造成的危害后果处以罚款，或者责令停业、关闭。

前款规定的罚款由环境保护行政主管部门决定。责令停业、关闭，由作出限期治理决定的人民政府决定；责令中央直接管辖的企业事业单位停业、关闭，须报国务院批准。

目前，我国《环境保护法》《大气污染防治法》《水污染防治法》《环境噪声污染防治法》《固体废物污染环境防治法》《海洋环境保护法》等污染防治法律都明确规定了该制度。

二、日、美环境法上类似制度及其启示

那么说期限治理是中国特有的，其他国家就没有类似的制度或规定吗？虽然限期治理制度是我国所特有的一项环境保护制度，但是，作为环境行政执法的一种手段，其他国家环境法上也存在类似的规定或者制度。考察域外环境法上类似制度，特别是环境法制发达国家的类似制度，对于我国限期治理制度的完善，无疑具有重要的借鉴意义。

（一）日本的改善命令制度

在日本，改善命令是作为控制环境污染的手段而广泛存在的。1970 年制定、1998 年修订的《水污染防治法》第 13 条规定，都、道、府、县知事认为企业有可能不符合排放标准的外排水，或者有可能排放不符合总量控制标准时，可以命令企业限期改善特定设施的构造、使用方法或者临时停止其外排水的排放。其 1968 年制定、1995 年修订的《大气污染防治法》第 14 条规定，都、道、府、县知事烟尘排放者在排放烟尘量或者烟尘浓度均不符合或者总量控制标准的危险情况下，认为因其继续排放会发生于人体健康或生活环境有关的危害时，可以命令排放者在规定期限内改善该烟尘发生设施的结构、使用方法或者与该烟尘发生设施有关的烟尘处理方法，或命令其暂时停止该烟尘发生设施的使用。

（二）美国的环境行政守法令

自 20 世纪中期以来，美国制定和颁布了大量环境法律，建立了相当完备的环境法体系。同时，美国也建立了一种有效的和有特色的环境行政执法制度，

这一制度的重要组成部分就是环境行政守法令。环境行政守法令在实践中既能发挥鼓励守法的作用，也能发挥强制守法的作用。

在环境行政执法理念上，美国一方面加强守法援助（主要是通过向受管制部门与一般公众提供生产、管理、生活过程中需要遵守的环境法律、环境管理信息，以及提供一些更高效、更低成本地达到环保要求的帮助等服务，以促进公众遵守环境法律法规和相关政策）的服务职能，减轻执法压力；另一方面积极创新管理手段，利用经济激励引导守法。在具体操作上一般包括四个阶段：一是告知受管制者出现的违法行为，提出相关要求；二是告知自查期限；三是企业自查、披露相关信息、采取纠正措施后被告知免于处罚或减轻处罚；四是对不执行自查者进行处罚，并告知以后将面临更严厉的处罚措施。该政策对能够事先积极预防污染，能够在环境事故发生后自觉揭发、及时纠正违法行为从而降低环境破坏程度带来的损失的行为者给予不处罚或减轻处罚的激励，是一种提高排污者守法自觉性和积极性的利益诱导机制。

三、关于限期治理之中国特有的反思

既然在日本、美国等国家都有类似的环境法律制度，那为什么又说期限治理制度是我国所特有的呢？在中国，有很多的制度、法规都被冠以"中国特色"等等名头，但是笔者思考这个"中国特有"背后的潜台词并不是骄傲，我想更多的是一种无奈。相比起日美等国家相对健全的环境法制体系，我国的环境法制体系十分需要这种"补丁"性质的补救性措施，而且它也确实在当前我国的环保体制下作出一定贡献。这种"中国特有"的存在是尴尬的，虽然该制度的存在适合我国环境法制的国情，作为一种补救性措施，它很好地弥补了我国现行环境法的不足，有效地促进了环境保护的发展；但是期限治理的属性是一种补救性措施，它存在的本身就从侧面反映出了我国环境法制制度的不足。因为本身不足所以需要补救，遗憾的是这补救措施也存在不足：

（一）限期治理决定权的分配不合理

《环境保护法》第29条第2款规定："中央或者省、自治区、直辖市人民政府直接管辖的企业事业单位的限期治理，由省、自治区、直辖市人民政府决定。市、县或者市、县以下人民政府管辖的企事业单位的限期治理，由市、县人民政府决定。"而决定权的所有者，各级政府并不能及时有效地行使这一权利，且可能因为地方保护主义，为了地方的经济发展而产生地方政府对大污染企业视而不见的现象。

（二）限期治理程序设计不科学

按照环境保护法及相关单行实体法与程序法的规定，对污染企业决定"限期治理"直至"责令停业关闭"，要经过一个相当复杂的程序：群众投诉→环保部门现场采样监测→上报政府；决定限期治理→听证→污染者向上一级政府申请行政复议→维持决定→污染者开始治理→环保部门验收未达标→上报政府；决定停业关闭→听证→本级政府作出责令停业；关闭的决定→污染者向上一级政府申请复议→上一级政府作出维持决定→污染者向法院提起行政诉讼→法院判决维持→政府申请法院强制执行。这些复杂的程序每一步都伴随着时间期限，而这些期限有些是法律明文规定的，有些则可能是难以规定甚至难以预期的。即便作出了限期治理决定，还有一个最长可达 3 年的治理期限，污染者经常利用这一期限"打时间差"，甚至采取"自杀式"行为，在限期治理决定的"规定期限"内大肆排污，即使最后被"责令停业、关闭"，其造成的污染也已然形成。

（三）限期治理法律保障不充分

综观我国现有的环境法律体系，对于违反限期治理的法律责任规定几乎如出一辙：除依法加收超标排污费外，可以根据所造成的危害后果处以罚款，或责令停业关闭。缴纳超标排污费本就是企业应尽的义务，不包含惩戒的性质；而行政处罚无论是在额度上，还是方式（实行单罚制，仅对企业本身进行处罚，对其法定代表人和相关负责人缺乏约束）上都远远不能对企业形成有效的威慑；责令停业、关闭对于企业而言无疑是最严厉的责任，但如前所述，因存在程序设计上的不足和"规定期限"，其威力也大大减弱。限期治理制度及其相应的法律责任中如此低的惩罚严厉性，必然影响到这种制度在制止环境违法行为中的实际效果。

四、个人感想

对于这样尴尬的期限治理制度，我们从法制上必须将它完善，但是笔者认为更加重要的是提升全民的环保意识，提高民族整体素质，真正将污染扼杀在初始阶段。而期限治理等环保法律作为环保最后的保障，笔者的想法是我们尽量完善它，也尽量不去使用它。将环保意识与环保法律的宣传做到深入人心，人人守法人人环保，这是环保的高境界。到了此等境界，环保法律似乎也就可以功成身退了。

村民委员会贿选问题分析

张佳炯

浙江工商大学法学院

摘　要：本文以基层选举作为法治中国建设的着眼点，以贿选问题作为分析对象，并依据访谈调查中反映的实际情况，按发现问题、分析问题、提出方案的思路进行讨论。其中，对于贿选问题的分析与解决主要是从选举的监督制度（监督机关的人员产生、监督职责的履行）以及村民的政治意识这两方面展开讨论。

关键字：法治；村民委员会选举；监督制度；政治意识

引言

"法治"，是"一个无比重要的，但未被定义，也不是随便就能定义的概念"。在公元前 4 世纪，亚里士多德对"法治"作过经典性的解释：法治应该包含两层意义：已成立的法律获得普遍的服从，而大家所服从的法律又应该本身是制定得良好的法律。这一解释可以理解为法治的形式上的要求和实质上的要求。形式上，它体现的是一种与"人治"对立的宏观的治国方略，强调限权政府、利用法律治理国家，要求法律居于最高的地位并得到普遍遵守。实质上，它要求所立之法要能体现正义、保障人权。

从这个意义上说，法治要求对公权力的制约，对人权的保障。那么仅依靠公权力来推行法治，就会出现依靠公权力来制约公权力这样的悖论。因此，实现对公权力的制约就需要依靠由民主途径产生的法律，以及这些法律赋予"公民"或者"公民大会"的政治权利。

而此种制约存在的基础在于：选举制度的实行，即进行国家公共事务管理的权利，不是来源于管理者本身而是来自于国家的公民。公共事务管理者由选举产生使得管理者的权力受限制成为可能；同时，选举本身也是对公权力的一种有效制约。因此，强调法治中国的建设就不得不强调形成限权政府的制度基础——选举制度的实行与完善。故，本文将从村民委员会选举这一角度来谈谈法治中国的建设。

一、访谈记录（贿选相关问题预览）

"选举"是一个古老而常新的话题。从辞源学上诠释，选举就是择善者而举之。它作为公共行为，属于政治活动范畴。用现代政治学的观点来分析，选举是一种具有公认规则的程序形式，其实质是人民主权的寄存过程。保证选举的公正进行是人民真正行使主权的重要保障，也是法治中国建设的基本要求。其中村委会选举是选举的重要内容，是当前我国影响巨大的民主实践形式之一。然而由于多种原因，村委会选举中的贿选现象越来越多，这值得我们关注与思考。

本文以贿选问题作为切入点对村民委员会的选举制度进行讨论分析。为了了解村民委员会选举的实际情况，笔者于 2013 年暑假对位于萧山区临浦镇南片的新港村村民进行了访谈。访谈调查主要涉及选举程序的践行、监督制度以及村民的政治意识这三方面的内容，访谈记录如下：

➢ 预备问题（表1）

表1 预备问题

编号	访谈问题	回答
1	你们村或者附近的村有通过暴力、贿赂等这些不正当手段来获得选票的情况存在吗？	有，我们村、邻村都有，贿选的比较多。

➢ 选举程序的践行（表2）

（问题参照《村民委员会选举法》第14条、第15条，《浙江省村民委员会管理办法》第10条、第23条）

表2 选举程序的践行

编号	访谈问题	回答
2	村民委员会的选举办法有公布吗？	有的。
3	登记参加选举的村民名单在选举日的二十日前由村民选举委员会公布吗？ 有公布结果出错的情况吗？ 知道对登记参加选举的村民名单有异议的，可以自名单公布之日起五日内向村民选举委员会申诉吗？	有公布； 一般没有出过错； 知道可以提起申诉，在选举期间有被告知过可以提起申诉。

续表

编号	访谈问题	回答
4	投票时有设秘密写票处吗？ 是用无记名投票方式吗？ 是否公开计票，并当场公布？	有； 是无记名； 是公开计票并当场公布。
5	选举的当日，竞职活动都停止了吗，就是参选人不再拉票？	是的，一般都不让他们出来活动了。

> 监督制度——村民选举委员会（表3）

（问题参照《村民委员会组织法》第12条、第16条，《浙江省村民委员会管理办法》第7条）

表3　监督制度1

编号	访谈问题	回答
6	知道在选举的时候要设村民选举委员会吗？村里有设立吗？ 村民选举委员会成员你们是怎么推选出的？	知道，有设立； 我们这里是哪个想当就哪来东西来找人签名支持他当，一般由于人情在那里，就都会签，村民小组组长也是这样选的。
	那不是通过会议的形式吗？	不是的。
7	这个推选办法是通过村民会议的形式决定的吗？	好像是通过村民代表会议吧，应该是通过决定的，我也不是很清楚。

> 监督制度——乡、县的村民委员会选举工作指导机构（表4）

（问题参照《浙江省村民委员会管理办法》第7条）

表4　监督制度2

编号	访谈问题	回答
8	知道乡、县政府应该成立村民委员会选举工作指导机构吗？	知道，我们这里有
9	乡、县政府成立的村民委员会选举工作指导机构有对候选人名单进行审查对吧？那么审查结束后公布结果的同时写出理由吗？	是送到镇里去审查的，公布的话就是名单。
10	乡、县政府成立的村民委员会选举工作指导机构有来村里指导村民小组组长和村民代表的推选工作吗？有的话他们是怎么指导的？	有来的，但是怎么指导就不知道了。
11	在村民委员会选举结束后，村民委员会选举工作指导机构有公布选举工作的总结报告？	应该没有公布出来，我是没有看到。

> 村民的政治意识（表5）

（问题参见《村民委员会组织法》第17条，《浙江省村民委员会管理办法》

第 34 条）

表 5　村民的政治意识

编号	访谈问题	回答
12	你们知道对通过暴力、贿赂等这些不正当手段来获得选票的情况，村民有权向乡、镇的人民代表大会和人民政府或人民政府及其有关主管部门等举报吗？你们举报过吗？	知道啊，但是一般不会去的，都是认识的，去举报什么的不太好。
13	知道可以罢免村民委员会的成员吗？之前有罢免过吗？	知道，不过没有罢免过，反正也选出来了。

访谈小结：

1. 村民委员会贿选的情况是存在的，甚至具有"公开性"。2. 关于村民委员会选举的相关法律法规中的程序性规定得到较好的践行，并没有被直接地违反。3. 监督的组织、机构是依法设立的，但是其产生的方式以及监督职责的履行程度则较为模糊。4. 村民的政治意识不强，在选举权、监督权的行使中参杂较多的人情成分，没有正确认识到自己的政治权利。

二、详细分析

由以上的访谈调查可以得出：在贿选大量存在的现状中，关于村民委员会选举的相关法律规章中的程序性规定得到较好的践行，并没有被直接地违反。这在一定程度上是由于选举的程序主要是规定选举的主要流程，并体现选举的公开性，如选举办法的公布，名单的公布以及公开计票等。而贿选委员的产生并没有表现出与该流程有太大的冲突，并且贿选的情况也是较为普遍甚至说是"公开"的。

那么，问题的症结就可以从选举监督制度等方面来分析。所以，接下来对于贿选现象的分析将主要围绕监督制度的规定及其施行来展开。同时，因为在很多方面村民本身就是监督的主体，村民政治意识的提高是保障监督有效进行的重要方面。所以，在主要分析监督制度的同时，会适当地提到有关村民政治意识的问题。

（一）监督制度方面的问题

监督制度主要涉及组织机构的设立、人员的产生、职责的履行这三个方面的问题。依据《村民委员会组织法》《浙江省村民委员会管理办法》的规定，村民委员会的选举监督机构主要包括：村民选举委员会、县级人民政府和乡、镇人民政府成立的村民委员会选举工作指导机构。所以，对于村民委员会选举的监督制度的分析就主要从这两个机构的三个方面来入手。

组织机构的设立：在选举监督机构的设立方面，根据以上的问题 6 和问题 8 可以得出，监督机构一般都依法设立，因此不再赘述。

人员的产生（选举工作指导机构）：县级人民政府和乡、镇人民政府成立的村民委员会选举工作指导机构人员的产生是由乡镇级行政机关内部产生，所以在这里也不进行着重分析。

因此，村民委员会监督制度方面的问题在这里进一步缩小到村民选举委员会人员的产生以及监督机关职责的履行这两方面。

1. 村民选举委员会人员的产生

村民委员会的选举，由村民选举委员会主持。而上诉的访谈中的问题 6、问题 7 体现村民选举委员会人员的产生方式是存在问题的。《村民委员会组织法》第 12 条第 2 款中规定：村民选举委员会由主任和委员组成，由村民会议、村民代表会议或者各村民小组会议推选产生。也就是说法律规定的村民选举委员会的人员产生方式是经"推选"产生，而对于推选制度的规定则较为模糊。《浙江省村民委员会管理办法》第 8 条第 3 款规定：推选方式和具体名额由村民会议或者村民代表会议讨论通过。而上诉接受访谈的村民所在村的推选形式是：想要担任选举委员会委员的人主动找村民签名以示支持，集齐一定数量的签名的即可当选。而其推选方式是否由村民会议或者村民代表会议通过也没有用公告的形式进行确认。同时，问题 6 也体现出，村民进行推选的标准不是从选举的整体要求出发，而掺杂了较多的人情成分。

由此，不难看出，留有较大的裁量空间的推选制度在农村的特殊选举环境中，由于没有得到无记名投票等形式的保护，难免会受到村民之间情面因素的影响，难以做到从全体村民利益出发，以奉公守法、品行良好、公道正派、热心公益、具有一定文化水平和工作能力为推选标准。这样的推选制度必然会影响村民选举委员会的质量，从而影响选举工作特别是选举中监督工作的进行。这样产生的村民选举委员会也就不能有效阻止贿选现象的出现。

2. 监督机关职责的履行

这里的监督机关职责的履行问题主要是针对乡、县政府成立的村民委员会选举工作指导机构提出的。《浙江省村民委员会管理办法》第 7 条规定：县级人民政府和乡、镇人民政府应当成立村民委员会选举工作指导机构，并履行相关的职责。其中第 5～7 项规定："选举工作指导机构应该……（五）指导、帮助村民选举委员会对候选人或者自荐竞职的选民的具体条件进行审查；（六）依法处理有关选举的问题，确认特殊情况下的选举结果，决定是否重新组织选举；（七）指导村民小组组长、村民代表的推选工作。"这三项职责的履行是防止贿选等现象出现的有效途径。

但是，在访谈中我们可以看到，对候选人或者自荐竞职的选民的审查只有结果的公布，指导工作的进展也并没有及时让村民知晓。这说明选举工作指导机构职责的完全履行与否并不能被确定，村民缺乏有效的途径去对选举工作指导机构进行监督。也就是需要考虑对监督的监督，而笔者认为最终的监督应该归于村民。这在下面的建议性方案中会进一步说明。

（二）村民的政治意识

既然村民本身是对选举监督的重要主体，那么其政治意识的薄弱便会使监督的力量大幅度下降。

从访谈的内容中我们可以看到，村民对于选举权与罢免权的政治性认识不高。在选举权与罢免权的行使中，村民首先考虑的是人情，而几乎忽略了公正选择公共事务管理者的重要性。既然只把自身的选举权视为对人情关系的一种调节，那么接受贿金和游说来"处理"选举权也就变成顺理成章了。所以，本应成为对贿选进行监督的重要主体的村民也就在农村普遍的情理环境中失去了监督作用。

三、建议性方案

对于村民委员会选举中的贿选问题，通过以上的访谈认识和深入分析，最终集中在监督制度和村民的政治意识这两个方面。依据上面分析的要点，笔者尝试提出一些解决途径。

（一）监督制度的完善

村民委员会选举监督制度方面的不足在本文的分析中主要体现在：村民选举委员会人员产生的推选制度和对监督机关的监督这两个方面。

其中，对于推选制度，笔者认为，相关的法律法规对于推选的规定过于模糊。虽然，村作为一个自治的集体应该保有一定的自治范围，但是对于"推选"制度的模糊设置会使该制度被一些不公正的习惯所代替，并使选举工作受到人情、利益的影响。所以，对于"推选"制度可以给出一些详细的程序性的规定。如，推选的方式必须于每次产生村民选举委员会前由村民会议或者村民代表会议通过并公布，并且说明该推选方式的合理性和公正性。

对于监督机关的监督这个方面，笔者认为，相关的制度规定中缺少一些能提供给村民对其工作进行监督的途径。政府机关的指导小组作为一个外来的力量对村民委员会的选举进行监督，而对它自身职责的完成与否的监督则存在空白。因此，为了使其能更充分地履行它的职责，就需要对它进行监督。村民是村民委员会选举结果公正与否的最终受影响者，而受益者会尽量使结果向公正靠拢。在这个层面上，选举的监督机关的工作应该受到村民的监督。

根据《浙江省村民委员会管理办法》对于选举工作机构应履行的职权的规定，笔者认为需要建立的监督的重要途径有：1. 乡、县政府成立的村民委员会选举工作指导机构公布候选人或自荐竞职的名单的同时，应该给出审查建议和审查通过的理由。这样能促使工作指导机构在审查时给予足够的注意并给出合理的审查理由。2. 乡、县政府成立的村民委员会选举工作指导机构在统计、汇总选举情况，建立健全选举工作档案的同时，应该在选举结束后做工作报告并予以公开，从而给村民提供对其工作进行监督的途径。

（二）村民政治意识的提高

村民的政治意识的提高不能依附于单一的政治宣讲，而要依靠制度的完善与保障制度的依法施行。以临浦镇新港村村民委员会对杭州市"三改一拆"政策的执行为例，新港村村民委员会依照"三改一拆"进行拆整住房，只是进行委员会内部研究，没有把相关文件进行公布，并组织解答。大部分村民几乎不知道政策的内容。这样的情况中，村民的知情权没有得到实行的同时，久而久之也使村民忽略了自己应有的权益。所以，需要通过制度的建设来引导村民积极行使自己权利，从而提高村民的政治意识。如，规定除特殊文件外其他文件的公开制度；村民会议必须定期召开，不能全权委托村民代表会议处理事务；村委会在执行职责时有告知村民相应的政治权利的义务等。

结言

村，是我国的基层组织之一。基层法治的建设与中国整体的法治建设是基础与目标的关系。村民委员会是村民自我管理、自我教育、自我服务的基层群众性自治组织。村公共事务管理权公正地产生既是基层法治建设的要求，也是法治中国建设的基础。所以，我们要正确认真地对待村民委员会选举中出现的问题，通过制度的完善和村民政治意识的提高来解决贿选等问题。

试论"污点证人"制度在我国的发展

郑国将

温州大学法政学院

摘　要: 在20世纪末的重庆曾经发生过一起特大案件——綦江虹桥垮塌案。这件案子的出现震惊中外,而在这件案件审判过程中检察机关对费上利和林世元的处置也让各界人士耳目一新,首次在中国打开了"污点证人"制度的先河,这起案件也被称之为中国"污点证人"第一案,它为中国证据制度的发展提供了一个新的方向。但在这起案件之后,更多的司法实践依然还在刑法规定的范围内进行,"污点证人"豁免制度在我国并没有太多的发展。而到了2013年新刑事诉讼法开始施行后,我国依旧没有进一步明确"污点证人"在我国司法体系中的地位,但创建一个有中国特色的"污点证人"豁免制度却是必要的,"污点证人"制度的建立亟须各界的努力。

关键词: "污点证人";豁免;刑事诉讼;保护

一、关于"污点证人"的概述

(一)"污点证人"的概念

"污点证人"一词,在我国的刑事诉讼司法实践中不多见,然而我们却对它并不陌生,因为在英美法系的国家和地区中,"污点证人"作证豁免制度已经是一项趋于完善的司法制度,被广泛运用到治理贪污腐败等问题的司法解决机制之中。但在我国,现行法律对"污点证人"作证豁免制度尚无明确规定。在司法实践中,犯罪嫌疑人的证言也仅适用于刑法中关于自首和立功的规定。那么到底什么是"污点证人"?所谓"污点证人"本质上是实施了危害行为,参与了犯罪活动的人以减轻或免除刑事责任为目的,向国家公诉机关提供证据,指证他人的犯罪行为,从而作为公诉方证人时所处的一种身份。主要包括两种情况：一为本身是犯罪分子的"污点证人"；二为本身是卧底的侦查人员但参与了犯罪行为的"污点证人"。"污点证人"大多存在于贿赂犯罪、共同犯罪和团伙犯罪等案件中。

（二）"污点证人"作证豁免制度的起源与发展

"污点证人"作证豁免起源于英美法系国家。作为英美法系国家的典型代表，英国是这一制度的发源地，而美国则使这一制度得到了充分的发展和完善。这两个国家的"污点证人"作证豁免制度的形成和发展是整个"污点证人"作证豁免制度的缩影和代表，其他多数国家的"污点证人"作证豁免制度都是在借鉴上述两国的"污点证人"作证豁免制度，并结合本国的司法实践的基础上形成和发展起来的。

在美国，从"污点证人"的确立到最终的保护都有一套行之有效的制度。美国的"污点证人"作证豁免制度从性质上看，是政府拥有的司法"权力"而不是证人享有的"权利"或"特权"。从内容上看，有点辩诉交易的色彩，但是并不被视为辩诉交易。辩诉交易所说的是处于控方的检察官和代表被告人的辩护律师进行协商，以检察官撤销指控、降格指控或要求法官从轻判处刑罚为条件，换取被告人的认罪答辩。而"污点证人"制度的豁免决定权在检察官和法官手中，犯罪嫌疑人没有选择的余地，只要被决定豁免，必须依法承担作证义务，否则将以"藐视法庭"行为处理。

（三）"污点证人"作证豁免制度在我国的现状

"污点证人"一词其实是一个西方的概念，中国大陆目前在法律上并未对其有明确的叙述，只是在我国刑法中有类似的规定。《中华人民共和国刑法》第68条第1款规定："犯罪分子有揭发他人犯罪行为，经查证属实的，或者提供重要线索，从而得以侦破其他案件等立功表现的，可以从轻或者减轻处罚；有重大立功表现的，可以减轻或者免除处罚。"而所谓"重大立功"，根据最高人民法院《关于处理自首和立功具体应用法律若干问题的解释》，指检具、揭发他人可能被判处无期徒刑以上刑罚的重大犯罪行为的，或者提供了同等严重的犯罪案件侦破线索等行为。

从法律条文中我们也不难看出我国司法实践中对于"宽严相济"方针的适用，以及在对犯罪嫌疑人检举立功的规定，这都已经体现了"污点证人"作证豁免的精神。而且在实务案件中，司法机关也多次运用相关原则来对案件进行审判。但目前我国法律条文中也没明确"污点证人"的诉讼地位，司法机关也只能在现有的法律规定范围内进行有限的尝试，这就需要我国立法工作者的努力，争取尽早在法律中加入"污点证人"作证豁免制度，使其适用法律化。

此外，由于我国的刑事惩罚措施大体上是为了实现国家的"一般防御"，对犯罪人采取的大都是惩罚性的强制手段，这对于"污点证人"作证豁免制度的建立也是不小的障碍。在国内很多人的眼中，所谓的欠债还钱、杀人偿命的传统观念已是根深蒂固，要使得"污点证人"的作证豁免制度得以实行，势必会与之相冲突，而我国的司法往往在很大程度上会受到公众舆论的影响，这对于立法或司法实践来说也是一个很大的难题。

二、在我国建立"污点证人"制度的意义

当前，由于我国司法取证的技术水平还不够完善，对很多隐蔽性较强的犯罪行为都束手无策。在 2013 年的《刑事诉讼法》第 49 条明确了公诉案件中，被告人有罪的举证责任由检察院承担，而作为举证方的公诉机关往往很难收集到充分的证据，以形成一个完整的证据链条。而当举证难的问题同惩罚犯罪的需要相冲突后，往往会产生一系列问题，诸如刑讯逼供、非法取证等。虽然在刑诉法中明确了对采用刑讯逼供等非法方法收集的犯罪嫌疑人、被告人供述和采用暴力、威胁等非法方法收集的证人证言、被害人陈述的排除，但我国毕竟不同于英美法系国家，在我国的证据制度中并未排除对"毒树之果"的运用，这就导致了很多情况下，公诉人往往会摒弃非法证据而选取由其引申而来的更为有力的证据，以此来规避法律。在各国都加强对犯罪嫌疑人、被告人人权保障的背景下，我国也应注重确立一套更为完备的被告人权利保障制度，不仅仅是无罪推定原则的贯彻，更需要将沉默权施行地更为彻底。而值得注意的是最新的刑事诉讼法对于非法证据的排除制度，这是我国刑事诉讼法的一次突破，这对于规范我国的司法取证有着深远的影响，但是这还需要一个更为严格紧密的非法证据审查及排除机制的配套，这一点还需要不断地努力。

对于我国正处在发展阶段的证据制度而言，"污点证人"制度的建立无疑可以更加完善整个证据体系，特别是对于雇凶杀人案、黑社会性质案件、毒品犯罪案件、贿赂犯罪案件、恐怖犯罪案件等，犯罪人的反侦察意识特别强烈，这就导致侦查机关对于证据的收集有了极大的困难，就像在贿赂犯罪中，因其行为大都发生在行贿人与受贿人之间，而且多为私下交易，具有很强的隐蔽性，缺少物证、书证等客观证据，知情的其他证人也很少。行贿人作为重要的知情人，其证言对于受贿案件的侦破和定罪起到了关键作用。就像在我国香港，它曾有过一段贪污受贿猖獗的黑暗时期，在当时的廉政公署大力打击下，才予以遏制，

而当时治理受贿犯罪的最主要办案手段就是提供"污点证人"。如今的中国，在国家号召反腐倡廉的风气下，在司法体制中就更需要加大对贪污腐败的打击力度，而"污点证人"作证豁免制度的建立，无疑是对廉政建设的极大推动。

与此同时，在"污点证人"制度的保证下，可以使刑事司法的效率大大提高，可以使得司法资源能够得到更为有效的利用。在云南韩永万贩毒案中，昆明中院的法官对"污点证人"制度进行了一些思考和探索，对整个案件的侦破起到了极大的推动作用。作为紧邻"金三角"的边陲省份，毒品案件多而复杂，而随着近些年科学技术的发展，越来越多的毒品犯罪呈现出智能化、隐蔽化的趋势，有的时候其犯罪手段让侦查人员也感到惊讶。如果能够在我国建立起"污点证人"作证豁免制度，那不仅能将更多的不法分子绳之以法，而且还将极大地降低司法成本。而且对于毒品案件的定罪量刑往往依据的是涉案毒品的数额和涉案的次数，而我国法律尚无"污点证人"作证豁免制度，这就意味着作为同案犯的犯罪嫌疑人在指证毒枭的同时，也会将自己的罪行加重，以至于犯罪嫌疑人在被抓获后，除了供述被侦查机关掌握确凿的罪行外，不会再交代其余的犯罪行为及其他不法分子。

而在贪污贿赂案件中，"污点证人"的出现，无疑也能够使得一些重案得以有效地解决。就拿薄熙来案说，王立军、薄谷开来等人的出庭作证，使其对薄熙来的贪污受贿罪行得以佐证。虽说他们的出庭多少带些道不明的原因，但正是因为有了这些"污点证人"的出现，对薄熙来受贿案件能够形成一个完整的证据链条，使得法律上的程序得到了完满的实现。虽说在我国刑法中，对这些所谓证人的出庭作证予以重大立功的处理，但直接引入"污点证人"的概念，将其转为"污点证人"来对待，却更能够对其制度化、规范化，而且更能同国际接轨。现如今的美国、英国等英美法系国家和德国、中国香港、澳门等在处理贪腐的问题上都使用"污点证人"来加大其破案成效，而且也取得了非常明显的作用。

而为什么这一制度在我国到目前为止还没有得到法院的全然接受，这同我国和美国等所属的法域差异还是有很大的关联的。美国的刑事诉讼奉行正当程序主义，在诉讼中追求程序正义为第一要义，强调对被告人的权利保障。而我国对于实体公正却更为看重，我国的刑事司法发展历程有很强的政策性，对于犯罪方本着不姑息的原则，维护社会的整体稳定，同时我国传统思想中杀人偿命的思维模式根深蒂固，民众可能会不太能接受司法机关同犯罪人所谓的"交易"。这种种的问题，都需要随着我国司法制度的健全而不断努力地解决，但在笔者看来，"污点证人"制度的建立，对于我国而言是非常有必要的。该制度的设计实质上是国家与犯罪嫌疑人之间的一纸双赢契约，其运作有着丰厚的现实基础，因为每个犯罪嫌疑人都是一个潜在的信息提供者。

三、我国"污点证人"保护制度的设立与完善

（一）我国"污点证人"的适用范围

"污点证人"的确立应遵循比例原则。在"污点证人"作证豁免制度中，所能转化的"污点证人"必须是其所犯罪行较轻，而其揭发的罪行较重。因为"污点证人"的适用必然以牺牲部分的实体公正为代价，通过针对罪行较轻的"污点证人"所提供的线索来侦破重大犯罪案件，而使得其罪行得以豁免，这是符合正义标准的。但是面对最大恶极的犯罪分子，无论是提供与其相当还是罪行较轻的其他犯罪的线索，都不能使其转为"污点证人"，否则，这就失去了"污点证人"制度的本身意义了。

另外，对于"污点证人"使用的案件范围，应该先予以限制。如果我国要初步建立起"污点证人"的作证豁免制度，那么应率先在贿赂案件、毒品犯罪案件、黑社会性质案件以及其他有组织类案件等较难取证的范畴内施行，这样能够有效避免打乱原有司法秩序，也可以防止对"污点证人制度"的滥用。而且，在这些案件中，只有当某犯罪嫌疑人的证言有利于查清重大案件的犯罪事实，达到惩罚犯罪的效果时，才能作为"污点证人"得以豁免。

（二）"污点证人"作证豁免制度的类型

在美国的刑事诉讼程序架构中，"污点证人"作证豁免通常有三种类型：一是罪行豁免，即不得对"污点证人"提供的证言中涉及的任何犯罪事实进行起诉的豁免形式；二是证据使用豁免，即"污点证人"提供的证言或其派生证据不得被用作不利于该证人的证据豁免形式；三是非正式豁免，即非法律正式规定而由检察官作出不起诉决定以换取"污点证人"证言的豁免形式。而鉴于我国目前的刑事立法和司法实践状况，对污点证人的豁免应该先采用罪行豁免为宜。与此同时，为避免检察官的裁量权过大，对于其将犯罪嫌疑人转为"污点证人"的决定应报请法院审查，最终由其双方共同决断。

（三）建立"污点证人"保护体制

在我国的证人作证历史上，我们可以发现一个十分尴尬的现象，就是刑事案件的证人出庭率低得可怜，几乎没什么人愿意出庭指证刑事被告，特别是当涉及黑社会等有组织犯罪案件。究其原因，主要是我国对于证人的保护没能建

立起一个健全的制度。特别对于污点证人而言，更需要一个完善的体制来打消其对于作证后果的顾虑。

对于如何建立"污点证人"保护体制，首先，要在我国的法律体系中明确"污点证人"的法律地位，通过人大的立法，使得"污点证人"在我国得以合法化，这样才能够使得其他部门对"污点证人"的保护能够放开手脚。其次，要建立一个专门的"污点证人"保护机构。这样有利于防止部门间相互推诿，也有利于对"污点证人"的保护进行统一管理、调度，增强对证人保护力度。在美国对此专门有四个机构来进行负责：联邦马歇尔办公室、司法执行局、联邦监狱、联邦总检察长办公室，这四个机构分别对证人的确认到保护都进行了一系列分工，能够有效地保护证人的合法利益。而我国，也可以参照其做法，连通公安、检察、监狱等系统，专门开辟一个"污点证人"保护办公室，为"污点证人"的保护做出努力。

对于"污点证人"的保护方法，在美国主要是为其设计一个匿名的身份、帮助"污点证人"在一个不会被认出的新的城市生活，这一做法要求多部门合作、项目周密、保密严格。当"污点证人"到一个新的处所后，为其提供合理的工作机会、帮助寻找住房、提供不低于当地最低生活水平的保障、提供变化了的"污点证人"及其家庭成员的身份资料，必要的时候提供心理医生、伦理咨询师和社会工作者。对于那些因被转为"污点证人"而免于刑事处罚的人而言，他们迫切的需要国家机关为其之后的生活提供安全保障，美国对于"污点证人"的对待方式，正是我国可以借鉴的，而相较于我国，这一系列措施对于庞大的政府机构而言并不是什么难事。"污点证人"制度建立和保护的障碍就在于司法的不独立，整个司法系统受限于舆论、政策等诸多因素的影响，导致司法体制改革进程缓慢，这是我国司法界迫切需要改变的局面。

财产公示制度期待二度蓄力

——两"高"背后的法制反思

郑祎楠

浙江工商大学法学院

摘　要：自1766年瑞典首开官员财产公示之先河，至今世界上建立官员财产公示制度的国家已达97个。曾是世界上最腐败国家的菲律宾60年代开始财产公示后已成为世界上最清廉的国家之一，俄罗斯也经过三年努力终于2013年5月7日发布法案，禁止政府官员及其配偶子女拥有国外银行账户和有价证券。财产公示并不能保证药到病除、一劳永逸，但却是中国法治路上必需的助推剂，是人心之所向、大势之所趋。然而2009年以来我国多处财产公示试点几乎都以失败告终，公务员考录比例、裸官密度却不断升高，财产公示制度已亟待二度蓄力。为此，本文总结过去4年经验，从法律完善、改革动力、社会基础、配套措施四方面进行二度探索，助力走好财产公示这一小步，中国法治道路的一大步。

关键词：法治中国；财产公示；"两"高；派系冲突；制度破冰

一、畸高的现实呼唤财产公示制度

10年前国家公务员报考人数12.5万，录取比例15：1，自2004年、2005年之后，招考录取比例一直高居50：1至60：1之间。过高的考录比例隐藏着巨大的隐患。去除中国崇尚安定的文化风俗、公务员工资收入稳定等现实因素，这一比例仍然太高，在某种程度上，反腐体制的健全与否已不仅仅关系到官员的廉洁程度，更影响到未来一代的职业选择与价值取向。

2013年两会上，全国人大代表、著名反腐专家、中共中央党校教授林喆曝光，中国目前有118万官员配偶和子女在国外定居。即平均每个省都有将近4万裸官，按照全国2000多个市县来算，每个市县也有50多人。这些人"赤条条来回无牵挂"，在国内当官能捞就捞，能贪就贪，一看风头不对，就脚底下抹油，溜之大吉，跑到外国。此外，据披露，近 30 年约有 4000 贪官人均席卷约 1 亿元赃款外逃，足以媲美一个发展中国家一年的 GDP，而这仅仅是冰山一角。

两"高"问题关乎的不仅仅是官员的廉洁程度，更关乎着政府的威信、法律的威严。而它折射出的也不仅仅是恐怖的数据，更是中国法治路上最重要也最艰难的一步——财产公示。

2013 年两会对财产公示的讨论十分热烈，但国家反腐败的正式文件、会议、行动规划对此仍然只字未提。观当下中国正反双方意见，争点已不是财产公示制度推行与否，而是何时推行。支持派认为官员财产公示制度的实施条件已经具备，应当立即寻找有效方案全国推广。而反对派认为官员财产公示制度的实施条件还不具备，其主要理由为财产公示主要依据个人财产申报，而目前申报的真实性存疑。

笔者认为财产公示制度并不依赖于财产申报的真实性，现阶段也没有寄希望于官员全部如实申报。财产公示制度的核心，在于公示和公示之后的社会监督。通过公众和媒体无所不在的监督，发现官员财产申报的遗漏和疑点，然后由专门监督机关去调查核实并进行相应的后继处置，而非申报之后马上由监督机关全面核实。事实上有非法收入来源的官员，在受到调查追究前也不会主动如实申报。从另一个角度看，财产公示制度恰恰是财产申报真实性的有力保障与补充。

因此，官员财产公示制度的实施并不存在条件不具备、时机不成熟的情况，相反应尽快建立、推行。

二、财产公示制度的实践困境

2009 年开始，许多地区试点开展官员财产公示。首先是全国官员财产公示先河的新疆阿勒泰，到"最彻底公开模式"的湖南浏阳，再到制度破冰、地方探索样本的浙江慈溪、宁夏银川、重庆江北等等。然而三四年过后，无论早期的高调启动者，还是后期的跃跃欲试者，近几年兴起的官员财产公示探索浪潮，都在实践中走上了不同却又相似的道路。

表 1　各地官员财产公示情况表

地点	始于	对象	公示内容	公示方法	后续
新疆阿勒泰	2009.1	1月公开了55名新提拔的副县级官员，2月又公开了阿勒泰地委管理的全体县（处）级干部和部分科级干部，共1000人	一是工资；二是各类奖金、津贴、补贴及福利费；三是历年来从事咨询、讲学、写作、审稿、书画等全部劳务所得；四是申报人及其父母、配偶、子女接受申报人行使职权有关系的单位和个人赠送的现金、礼金、有价证券、各类支付凭证、贵重礼品情况	通过媒体和当地的阿勒泰地区廉政公署公示	阿勒泰纪委书记吴伟平在2009年8月去世后再无下文
浙江慈溪	2009.2	所有现职副局（科）级以上领导干部和国有企业负责人，共700多人	工资收入，房产与私家车等大宗财产、干部未成年子女名下的房产以及官员亲属的从业、子女就学	在本单位的政务公开栏张贴3天	2009年12月、2010年1月新一轮公示。对象、内容有所扩大
湖南浏阳	2009.9	75名拟提拔干部	个人及家庭年度收入情况、个人财产情况（含配偶、未成年及共同生活的父母、子女名下）、其他财产收入情况等。在年收入情况一栏，除工资外，要求将各类奖金、津贴、补贴及福利费、从事咨询、讲学、写作、审稿、书画等工作的劳动收入、婚丧喜庆等其他收入均进行说明。个人财产情况一栏则要求填写住房情况、商铺、写字楼、私车情况等	在浏阳党风廉政网公示3天，后即被撤下。	2010年7月进行了第二轮公示。但范围、影响力明显不如第一轮
湘乡市	2009.11	包括市委、市政府、人大、政协一把手在内的69名县（处）级干部	官员的住房情况，包括：住房套数、住房性质、住房位置、建筑面积、房屋价格、产权人姓名与公示人的关系	湘潭廉政网上公示一个月后被撤下	无下文，没有继续或推广
安徽庐江县	2011.8	17名新提拔的副科级干部	本人及其配偶和共同生活的子女所属的国（境）内外房产、地产（含车位）；机动车；配偶、共同生活的子女投资公司、企业、个体工商户情况；有价证券及其他投资性资产；5万以上的银行存款（含现金、外币）；债权；需要申报的其他财产；债务及其他非工资性收入等八项内容	本单位公示和县政府办公大楼政务公开栏公示结合	无下文，没有继续或推广

表1为近年来各地官员财产公示试点情况，选取了五个关注度较高的地区进行分析，结合总体情况得出以下三点问题。

（一）财产公示限定过多

1. 公示财产的官员级别低

财产公示对象大多是从基层政府开始的，如浙江慈溪、四川高县、湖南浏阳和湘潭所辖的湘乡、江西黎川均为县级党政部门，只有重庆提到了省级层面，而就所公示的级别来看，则大多集中在乡科级干部和县处级干部。

2. 公示财产的范围窄

慈溪实行的是"有限公示"原则，规定得较为全面。任副局（镇）以上领导干部不仅公布其基本收入情况，而且干部未成年子女名下的房产、拥有的私家车等大宗财产以及官员亲属的从业、子女就学等情况都需要详细公布，但却只在本单位公告栏上公告3天即撤下了。阿勒泰则采用了"两本账"方式，一本是向社会公众公开的，主要包括工资、补贴、奖金、本人及其近亲属接受礼金等内容；另一本则是秘密申报表，主要是官员历年来详细财产情况，包括大额动产、不动产交易、购置、租赁收入情况及资金来源等，而这一部分是不予公开的。

总体上讲几个地区财产公示具体对象虽不尽相同，但是大都局限于个人财产、部分财产。前文已经阐述了财产公示的核心不在于申报是否准确而在于事后民众与媒体监督。既然要公开就全部公开，片面公开不仅使舆论监督无法起到应有作用更会加剧民众不信任感。

3. 公示财产的方式单一

各国财产公开方式主要有两种：一是确定公开，即申报材料通过党报、国报、网络等形式公开；二是推定公开，是指法律规定通过一定程序可查询。而除了当时（现已转向）阿勒泰是将当地1054名干部的财产申报状况放在阿勒泰地区廉政网上即确定公开外，其他的大都局限于党政内网，如浙江慈溪是将全市700余名现任副局（镇）以上领导干部的财产申报情况放入各单位公示栏中公示3天，且只向本单位人员公示，四川高县更是只呈送纪委。

（二）博弈激烈改革后劲难续

财产公示实为公权与私权之博弈，而各地财产公示试点则为博弈之产物。其主要阻力来自于公务员群体，2012年9月，现任阿勒泰地区纪委书记杨振海在接受媒体采访时说："现在只有申报，没有公示。"浙江慈溪市的官员财产公示制度，虽一直在稳步推进但也囿于种种原因，仍是采用单位政务公开栏进行公示。而曾被外界称为官员财产公开"最彻底"的湖南浏阳模式，如今已将财产申报移交组织部，纪检和监察部门只负责查处不实申报。根据调查，阿勒泰、浏阳的做法至少已经转向，大多数地方也都刻意转向低调，可见阻力之大、博弈之激烈使本来就脆弱的改革更加艰难。

（三）匹配金融监管制度缺失

公职人员的财产事务尤其是那些具有投资性的获利行为，涉及许多复杂情况，如果没有相关的配套制度，就会影响财产公示制度的有效实施，而目前我国金融监管机制尚存在以下问题。

①金融实名制与大额现金交易报告制度未完全建立。目前我国仅仅基本建立储蓄实名制，其可以有效解决公款私存的现象但却对"黑钱"无能为力，因为这一部分资产是以只有犯罪分子本人才知晓的假名存在银行体系中，所以司法机关在查处的过程中取证就十分困难。

②身份信息制度不完善。金融实名制可以说是建立在准确的身份信息之上的，而我国目前对个人身份的验证基本是依靠身份证，这就会带来很大问题，比如很多洗钱犯罪者都是利用假证，再看看"房姐"龚爱爱的四张假身份就知道目前我国连最基本的身份证也不一定能有效验证身份。

③不动产登记制度不完备，联合管理尚未建立，个人信息管理、银行账户制度、外汇管制等配套制度还未很好配合等等。

三、财产公示制度的制度化推进

如最高人民法院胡云腾主任所说："任务何其艰难，问题何其复杂，道路何其曲折，功成何其漫远。"没有任何改革是一帆风顺的，也正因为难才要改革。就上文指出的三点困境，本文分别从法律完善、改革动力、社会基础、配套措施四方面提出四点建议予以化解。

（一）完善立法一级推进

首先，提高《刑法》中巨额财产来源不明罪的处罚力度，同时对拒不申报或不如实申报者予以行政处分。目前司法实践中其追究刑事责任标准为30万元以上，数额过高。此外，虽然2009年2月28日通过的《刑法修正案（七）》，已将巨额财产来源不明罪的最高刑罚从原来的五年有期徒刑提高到十年有期徒刑，但其处罚力度与贪污、受贿相比，仍然太小。

其次，抓紧制定《政务公开法》并将巨额财产来源不明罪作为财产申报、公示制度的后置程序。国外的处置方式有三种模式：第一种模式为"财产申报制度＋巨额财产来源不明罪"。即财产申报制度作为巨额财产来源不明罪的"前置"制度存在，巨额财产来源不明罪是财产申报制度的刑事司法救济途径（如泰国、印度、新加坡等国即采用此种立法模式）。第二种模式为"财产申报制度＋自身附带的刑事惩罚"。即财产申报制度作为一种完备的行为规范，不仅提供了赖以遵守的行为模式，而且还提供了相应的刑事法律后果（如美国、英国、法国、澳大利亚、韩国、我国台湾地区）。第三种模式只在刑事法典中规定巨额财产来源不明罪，在这种模式下，虽然也可以对国家工作人员拥有来源不明巨额财产的行为进行处罚，但由于缺乏相应的"前置"制度，其刑事追究程序的启动常带有偶然性或者偶发性。就我国目前的发展态势而言，笔者认为应当引入第一种模式，即制定《政务公开法》并将巨额财产来源不明罪作为财产申报、公示制度的法定后置程序。通过刑法惩治与行政制度的有效结合，反腐功效将大大提高。

（二）自上而下二级续力

任何公权力规范和约束都应该也只能是自上而下的。韩国于1982年就开始实施财产申报制度，但直到1993年金泳三总统率先从自己开始推行财产公开，才使韩国财产申报制度出现活力。俄罗斯的财产公示制度也是在2008年总统梅德韦杰夫和普京总理联手出台《俄罗斯联邦反腐败法》之后才逐渐出现转机。而其他国家也大都是"由上而下"推行的，先从高级公务员和议员（人大代表）开始，再逐步推广到普通公务员。另外，世界银行报告也显示，在建立公务员财产公示制度的国家里，规定高级公务员必须公示财产的国家占100%，规定内阁成员必须公示财产的国家占93%，规定议员（人大代表）必须公示财产的国家占91%，规定高级司法人员必须公示财产的国家占62%。

从我国各地的实践来看，地方性财产公示有极大局限性，要长久、全面地建立官员财产公示制度仍需中央领导带头实行。2012年中国官方媒体新华社播发习近平、李克强、张德江、俞正声、刘云山、王岐山、张高丽7位中共中央政治局常委的人物特稿。人们得以知悉中共高层领导的重要生活经历、施政理念、工作作风、甚至家庭情况和个人业余爱好等。虽然报道较为笼统，但意义非同寻常，这让我们看到以中央领导为标杆，推进省市县三级主要领导的个人信息、工作信息、家庭信息逐步公开化的可能。

（三）稳固社会基础三级加速

1. 取得公务员群体内部支持。官员财产公开制度的主要阻力来自于公务员群体，要设法通过完善制度建设保护公务员群体的合法利益。首先，完善网络反腐体系，建立及时澄清机制以及乱举报的惩罚措施，保护官员们的合法权益。其次，将财产申报属实程度列为公务员考核事项，一旦他人举报、媒体监督属实，申报人有漏报、虚报的情况予以相应处罚，争取获得一部分行正身直官员的支持，得以在官员内部形成一股向外的力量助财产公示有效实施。

2. 取得社会大众外部信任。现阶段社会大众对官员财产公示有着极大的矛盾心里。一方面希望以财产公示来制止权力腐败，另一方面又对这种公示怀抱普遍不信任的态度。因此，我们必须在大力宣传的同时对民众提出的质疑、困惑进行及时的解答，使民众能对官员财产公示的性质、目的和具体执行举措有一个更为清晰的认知。

3. 建立举报人保护机制，同时借鉴美国经验，设立政府道德办公室（专门负责官员的各类财产申报和公示事项），使公职人员财产公示制度的推行在官民中达成共识，并形成上下齐动、内外结合的局面。

（四）配套措施跟进四级辅助

1. 尽快推行全面实名制。在存款、不动产、其他金融业务，以及通信工具、网络交易等方面全面推行实名制。同时，要求官员及家属申报登记在他人（单位）名下而由自己使用或实际占有的财产，交给公众监督，以解决普遍存在的官员以亲朋好友或其他人名义登记财产的问题。

2. 建立房屋权属异地联网查询系统。据不完全统计，2012 年落马的官员 98% 以上拥有 2 套以上房产，而 80% 的房产分散在全国各地。可见房产与官员腐败之间的"亲密关系"。而房屋权属异地查询系统的建立意味着，同一权属人在不同城市拥有的住房情况将一目了然。这将从根本上改变公职人员不如实申报家庭房产状况的现象，更有利于腐败的预防和发现。

3. 完善公职人员国外利益的登记管理。2003 年 12 月 10 日，中国在《联合国反腐败公约》上签字，世界银行建立了各国财产公示数据库，但世界银行金融市场透明局局长吉恩·佩斯姆称，从未收到过中国提出的协助反腐请求。我国完全可与海外银行合作，帮助预防灰色财产外流，追回转移到国外的灰色所得。

4. 加快建立追回腐败资产的国际合作机制。《联合国反腐败公约》第 8 章构筑了追回腐败资产的机制。然而我国目前却没有很好的运用它，我们应更主动地做好域内外法律制度的衔接。通过腐败资产的国际追回更加充分地保护国家、集体和公民个人的合法权益，更加有效地打击和制裁腐败犯罪。

四、结语

2013 年，我们提出了振奋人心的"法治中国"概念，然而，当我们看着各类官员数不清的艳照门，听着司空见惯的腐败案件，不禁要问，我们的法治梦真的能实现吗？法治社会的基础源于政府的良好治理，而政府的良好治理在于一批廉政亲民的官员。我们需要的不仅是远大激情的梦想，更是踏实可感的道路，相信有了完善的立法支持、强大的改革动力、坚实的社会基础和多样化的配套措施，我们一定能走好官员财产公示这极其重要的一步。而财产公示这一小步也终将成为中国法治道路上的一大步。

论网络舆论监督与司法审判的良性互动

朱竹梅

绍兴文理学院法学院

摘　要：本文基于日渐热烈的网民参与舆论监督的现象，讨论了网络舆论监督和司法审判活动的相互影响，并且从中国法治建设的角度探讨了如何促进我国网络舆论监督与司法审判活动的良性互动，进而证明二者的良性互动的关键是在尊重舆论自由与司法独立的前提下，完善网民的发言平台和法院的透明机制的建设，从而使中国法治建设在网络舆论监督之下顺利开展。

关键词：网络舆论监督；司法审判；良性互动；言论自由；司法独立

如果说在 20 世纪末使用互联网还是"少数人"的身份地位的象征的话，那么，在 21 世纪初，随着互联网在中国大陆的迅速普及，社交网站，论坛，博客等信息交流平台的大量兴建，网络平台已然成为最廉价便捷的信息交换地。得益于互联网承载信息量之巨大，公众有机会更加广泛地认识自己身边的环境，加之受到社会变革的巨大影响，公众也要求更加深刻地认知自己周围的环境，其中最为显著的即是对司法审判案件的强烈关注，因为作为社会最后底线与保障的司法审判的运作，关乎每个公民的切身利益和自身命运。

一、网络舆论监督与司法审判活动产生冲突的原因

纵观近几年来在网上引发网络舆论的司法案件，不仅数量逐年增加，而且案件的覆盖面也越来越广。其中"邓玉娇案""许霆案"都算是其中比较典型的案子。这些案件从侦查初期到进入审判，网民一直参与其中，甚至当司法审判结果不符合网民的心理诉求时，网民会积极为行为人奔走呼喊，并对法院裁决开始猜疑和非理性的谩骂，此时，网络舆论和司法审判的冲突就到达了顶点。那么二者冲突的原因何在呢？

第一，中国的法治建设一直奉行精英主导模式。中国的司法是受法治精英

导控的，存在与民众存在脱节的现象。本来的法治建设的主体即大多数的民众反而被少数精英"管理"着。中国民众虽然缺乏市民意识，但是随着科技的发展和物质水平的提高，民众接触到越来越多的民主思想，市民意识在逐渐苏醒。可是，一向强势的、高高在上的司法精英显然还没适应这突然崛起的市民力量。第二，网络舆论监督的存在前提是言论自由，司法审判的价值基础是司法独立。"自由是做法律允许做的一切事情"[1]，自由的界限应是不去损害别人的自由，但是网民如果只是享受言论自由的权力而不承担其对应的义务，那么自由的言论就将不再自由。网络上横行的"人肉搜索"就是典型的网民滥用其监督的权力和言论自由的权利对个人私权的伤害。另外，司法审判活动的封闭性，要求合议庭人员要杜绝外界舆论的干扰，但是在网络遍及化如此高的今天，作为普通人的法官也是生活在被舆论包围之中。如果关于未审案件的舆论被法官吸收，那么必然会对法官造成或多或少的影响，从而影响案件审判结果的走向。甚至于法官迫于"言之凿凿"的舆论压力，在写判决书时不是根据法律而是根据民意作出判决。[2]

虽然二者的冲突在当下显得尤为明显，但是二者的冲突并不是必然发生的，是可以避免的，并且二者可以实现良性的互动。

二、网络舆论监督与司法审判的相互影响

（一）网络舆论监督对司法审判的影响

网络舆论监督是一种伴随网络的兴起而迅速发展的权力监督的新模式。任何新生事物的产生和发展，都要经过一个由弱到强，逐步成长的过程，网络舆论监督在它的发展成长期也是如此。打开网页，随处可见网民对时下的司法案件发表个人看法，这些看法或中肯或偏激，在经过相互感染和交换后形成舆论，对司法审判必然会产生一定的影响。

1. 网络舆论监督对司法审判的有益影响

（1）网络舆论监督有利于遏制司法腐败

权力的运行没有有效的监督往往会产生腐败，而民众作为监督权的绝对拥有者，对司法审判享有当然的监督权，也只有当监督权实际掌握在广泛的民众手里，而不是政府的喉舌之中时，监督才能展示出了它真实的力量，这种强力会迫使公权力在维护社会秩序时不会越界伤害私权利甚至是破坏社会秩序，从

1　［法］孟德斯鸠：《论法的精神》，申林编译，人民出版社2007年版，第154页。
2　1997年"张金柱案"中，"不杀不足以平民愤"被写进判决书中。

而遏制腐败的产生与蔓延。

网络舆论监督的最大特点是民众开始掌握监督的主动权。从20世纪90年代末互联网在中国大陆引发第一次热潮开始，互联网就在中国迅速发展，加之网络的匿名性，民民不用担心强权压顶、说话害己，他们开始在网络上自由地发布信息、展开讨论、发表独家意见，俨然每一个网民都是一名"记者"。民众回归舆论监督的主体地位，无疑对遏制公权力的滥用起到了低廉高效的作用。

（2）网络舆论监督有利于司法审判的透明化

网络舆论是"网络环境中，公众对社会现象和问题公开或匿名表达意见、态度、情绪等，并在交相互动中不断对外在现实产生影响直至出现相对稳定的意见分布"。[1] 网络舆论的产生过程本是舆论事件招引关注的过程，因此，网络舆论一旦形成就会产生强大"气场"，像一盏明灯高悬在司法审判的上方。越是司法机关想要遮掩回避的，越会激发网民的关注兴趣。如果司法机关面对穷追不舍的网民只是一味地逃避，那么必然将网民从"说"的层面逼向"行"的实践。

比如说云南的"躲猫猫"事件，在当地公安局发布有悖常理的案情通报并引起疑惑后，公安局面对质疑闪烁其词，甚至拒绝回应，这一做法不仅没有缓和舆论，反而激起了民愤，不少网民亲自参与了调查委员会，更有甚者亲自去探望了李荞明的家属，导演山寨版的新闻发布。虽然，云南省的相关部门最后查清了此事并且召开新闻发布会告知公众真相，但是，这件长达一年的当地政府与网络舆论的争战，已经严重损害了当地政府的形象，也让民众对当地司法的信心降至谷底。

当今中国，已经进入网络舆论监督做全科医生的时代，公权力与其选择堵住根本不能堵住的悠悠之口，不如坦然地接受公众的监督，做到权力运行的透明化，建立信息交流平台，主动交代案件的发展实情，掌握舆论的主导方向。

（3）网络舆论监督有利于促进司法民主、保障司法独立

由于网络舆论监督的即时性和全程性，使网民不仅能在第一时间发布案件的新消息，而且可以全程跟踪案件的新发展，并且迅速在网络这个公共领域中交换意见，达到一传百、百传神州大地的效果。由于案件一直处在"众目睽睽"之下，网民随时监督着案件的发展情况，因此妄图对案件进行法律寻租和暗箱操作之人将无处下手。网络舆论监督像是给司法案件喷上了杀虫剂，任何可能干扰司法独立的非法因素统统都会因为网络舆论的监督而窒息，在网络舆论监

1　田卉、柯惠新：《网络环境下的舆论形成模式及调控模式》，载《现代传播》2010年第1期。

督的防护下，法官在审判案件时就可以只遵从法律和自己的良心，真正做到司法独立。

2. 网络舆论监督对司法审判的消极影响

（1）"网络暴民"伤害司法公正

网络舆论监督的主体是广大的网民，据《2013年网民数量及互联网状况报告》显示，2012年12月底中国的网民数量已经达到5.64亿。[1]网民的欣欣发展，表明我国将有越来越多的网民加入网络这个社会大讨论的平台中来，但是，面对如此庞大的社会群体，社会上却没有有效的监管机制来规制他们的行为界限。由于网络的匿名性，网民在虚拟的网络空间可以肆意宣泄个人情绪或者为了自我炒作在网上肆意发布恶意言论，这些带有情绪色彩的言论往往具有比正面的言论更强的感染力和号召力，在短时间内此种个体言论就会迅速得到网友共鸣和传播而形成一个舆论群体。"群体是非理性而冲动的，没有推理能力，易于受到暗示和传染而变得极端、狂热，不能接受独立意见。"[2]因此，已经在网络暴民掌控之下的舆论群体开始站在自设的道德制高点来攻击政府，攻击个人私权，攻击一切异己的言论。而在此种情势下，司法审判结果若也成为网民炮轰的对象，那么不仅会挫伤不明就里的公众对司法的信任和依赖心理，而且也是对司法公正的一种严重破坏。

（2）"舆论审判"影响司法独立

在舆论潜伏期、突发期，如果司法机关没有通过主流媒体向网民即时披露案件的真实情况和发展动态，极有可能造成网民从个人情感和传统道德出发来认知案件并传播"变异"后的案件情况，这样网络舆论会逐渐偏离正常轨道，最终形成偏激的、排他性的主流舆论。这种主流舆论形成的强大压力在无形中会影响到审判结果，准确地说会影响有权利可以左右审判结果的人，进而影响审判结果。比如"邓玉娇案"，该案件被曝光之初，就被网民冠上了"侠女杀官除害"的倾向性称谓，并且，几乎所有网民在一开始不知具体细节的情况下，就开始为邓喊冤，认为色官该杀。而且，在该案件尚未通过司法审判的情况下，央视网就在其官方网站上设置了"邓玉娇是否有罪"的民意投票调查，其中有高达92%的网民认为邓无罪。最终法院在网络舆论的一路督促下，宣判了对邓玉娇免予刑事处罚。如果出现了不符合网民的预期设想的审批结果，那么网民就将"据理力争"，最终要是用民意绑架了司法，要么认为中国司法是权、钱的保护伞，不再相信法律。

1　CNNIC：《2013年网民数量及互联网状况报告》。

2　［法］古斯塔夫·勒庞：《乌合之众：大众心理学》，法律出版社2011年版。

（二）司法审判对舆论监督的影响

司法审判不仅可以修正人们对案件的错误认识，也可以起到防止谣言的作用，并且司法审判的过程就是普法的过程。

我国正在积极建设社会主义法治国家，每年国家都会花费大量的人力、物力来对民众进行普法宣传，但是收效甚微，因为晦涩的法律字眼以及浩瀚的法条都让民众望而却步。但是这并不代表民众不关注法律，从近几年引发网络舆论热议的事件种类可以看出来，几乎所有与司法审判有关的案件都会成为时下热议的网络舆论焦点。司法审判的案件受到如此大的关注，是因为"司法活动的终极关怀是对社会公平、正义和道德的归复与实现，所有的法律事件都触及社会价值体系。因此，法律案件尤其是那些存在较大争议的法律案件往往最能集中反应时下的社会矛盾，刺激公众神经，吸引公众视线，成为舆论焦点"[1]。民众通常认为，今天发生在别人身上的事件也许明天就会发生在自己身上，此刻的审判也会成为自己明日审判的预演。他们积极地参加舆论讨论，不仅评判行为人本身，更为往后该行为发生在自己身上时发表言论。与此同时，他们中的大多数又不具备完善的法律知识，只是从传统道德的角度出发加之个人的生活经验来简单评判行为的善恶，而以道德为标准和以法律为准绳的裁判结果却不一定一致。因此，民众可以从司法机关、民间学者发布的权威消息与法律知识来修正自己对案件认识的偏颇。通过一个个真实的案例，民众不仅充分地行使了自己的监督权力，还能学到案件背后的法律知识和法治思想。"从长远来看，司法审判与我网络舆论监督的交集越多，就越能加速全社会的普法进程，也越能提高民众的舆论监督的素养。"

三、网络舆论监督和司法审判进行良性互动的理论基础

（一）网络舆论监督的法理基础是人民主权原则

网络舆论监督与传统的舆论监督相比，最大的不同就是舆论监督的主体更加广泛，并且传播媒介发生了质变。究其本质，网络舆论监督与舆论监督的法理基础具有共通性。

在现代法治国家，对于国家公权力的制约和监督一直是经久不衰的社会议题。一方面，由于社会自身的缺陷，要求国家运用公权力对社会生活进行管控；

---

1 王越、梁刚：《网络舆论监督与司法审判互动—以"邓玉娇案"为例》，载《北京邮电大学学报》2010年第2期。

另一方面，由于权力天生的膨胀性和侵略性，又导致国家公权力对市民权力的侵害和对社会运行秩序的破坏。因而，人类不停地探索如何制约和监督国家公权力，人民主权原则就是探索的结果。

人民主权原则是现代民主制度的理论基石，最早提出主权观念学说的学者为法国人布丹，其认为主权是"统治公民和臣民的不受法律约束的最高权力"。文艺复兴时期的思想家洛克首先提出了人民主权理论，其后的法国资产阶级启蒙思想家卢梭则进一步完善了人民主权理论，其认为国家是社会契约的结果，所有个人同意服从国家意志，政府的统治完全来源于人民的委托。按此理论，可知国家行使的权力属于人民，人民则是国家权力的真正主人，此为"人民主权"。[1] 人民主权思想后来成为资产阶级革命的强大理论武器，催生了资产阶级革命的胜利，这一符合民主思潮的理论也被各国陆续以宪法的形式确定。在我国，《宪法》第 2 条也规定了："中华人民共和国的权力属于人民。"

（二）司法审判活动的前提条件是司法独立

司法审判指司法机关主要是指法院根据现有法律对客观事实进行审判。司法审判活动的主要内容就是解决纠纷和满足一定的社会效益即平息纠纷双方的不满和教育大众以及提供解决同类纠纷的范式。若要达到如此"高标准"的社会效益，司法审判就必须保有公正裁决纠纷的基本操守，因为只有在法官平等地对待纠纷双方、公正地审视案情的前提下，才能作出令双方和社会都信服的判决，从而警示大众。司法审判要做到公正就必然要求司法权必须独立，因为"司法的独立性是其公正性的必要条件，离开了独立性，公正性就失去了保障，就无从谈起"[2]。

司法独立是现代司法制度的一项基本原则，最早由资产阶级运动的启蒙思想家提出，是资产阶级三权分立学说的派生物。三权分立学说的代表人物孟德斯鸠认为，为了保证政治的自由，权力不被滥用，立法、行政、司法这三种权力需要相互独立并且相互制约。这种理论顺应了资产阶级对民主、平等的渴求，随着资产阶级的胜利，各国纷纷在宪法和法律中确立了此原则。

我国是社会主义国家，不是实行三权分立的国家，但是也同样确立了司法独立，而且仅是司法独立。究其原因，莫不是因为司法不管是在资本主义社会还是在社会主义社会，面对立法和行政的实体强权，司法作为束缚权利、保障社会最后底线的正义使者，其权力倘若不能强大到与之抗衡，那么就将流于表

1　林蕾、黄进喜：《中国法治建设的大众化进路及其推进法式》，载《东南学术》2008 年第 5 期。

2　谭世贵：《论司法独立和媒体监督》，载《中国法学》1999 年第 4 期。

面，成为形象工程。因此，为了弥补先天的权力不对称性，国家为司法设置了倾斜性保护政策，即司法独立，这就使得司法可以超然独立于其他权力之外。另外，司法权作为惩罚犯罪和定分止争的重要国家权力，必须是超然、独立的。这点在我宪法中体现为："人民法院依照法律规定独立行使审判权，不受行政机关、社会团体和个人的干涉。"

（三）网络舆论监督和司法独立统一于法治建设

法治建设的核心是以人为本，即实行民主制度。人民主权原则就是民主制度建设的最好纲领，通过低廉、便捷的网络平台，民众可以自由地参政议政。同时，法治建设还需要社会建立起法治观念。法治观念的核心是强调法律的权威性，政府的权力只能来源于法律授权，即政府的权威来源于法律权威，而道德权威只是法律权威的补充，司法独立就是法律权威的有力保障，可以确保法律权威凌驾于一切其他形式的权威之上。

法治建设的内在要求是建立公平正义的民主法治社会，建立在人民主权原则上的网络舆论监督就是公平正义的守望者，是划破司法封闭长空的利矛，司法独立是维护社会公平正义不被强权压制的坚强盔甲。利矛厚盾对于公平正义来说缺一不可，没有网络舆论的全方位的监督，司法审判会逐渐沦为掌权者寻租权力的工具，缺少司法的独立，网络舆论监督也就失去了背后支柱，变为苍白的呻吟。

四、如何实现网络舆论监督和司法审判的良性互动

（一）法院完善制度建设是基础

第一，法院应切实做到"以法律为准绳，以事实为依据"。事实和法律是法院启动审判程序的首要条件，只有当行为人触犯了相关法律时才需要通过司法审判来对其进行量刑定罪，而法官在审判过程中也必须做到以法律为准绳，因为"法官不仅是纠纷的解决者，更是正义的宣告者。一次正义的，公正的审判和宣布真理对谬误、正义对邪恶的胜利是法律教育远远胜过千百次的对法律条文的宣教。民众对法律的信任会大大激发他们对法律生活积极、主动的参与，同时也会使听众、观者产生对司法信仰的情感。"[1]

第二，法院应做到"公开审判"。《宪法》第 125 条规定："人民法院审理案件，除法律规定的特别情况外，一律公开进行。"这是宪法赋予民众知情

1　周克达：《网络舆论监督及其规范》，载《学术论坛》2009 年 7 期。

权的又一体现，也有利于促进司法的公平正义的实现。

第三，加强法院透明机制的建设。①建立完善的对外交流平台，一切可以公开审理的案件都要进行通报。②对每个案件作出的判决要做出说明与解释，并且保证与民众交流互动的有效性。③对于引起舆论关注的案件，最好进行司法审判的同步直播。④满足媒体的报道权。虽然现在的传媒已经不再像过去那样完全掌握舆论话语权，同时他们也不能掌控民众的思想，但是通过议程设置，他们可以引导民众的舆论关注点。因此，法院应适当给予媒体便利，若不是特殊审判，就应当允许媒体列席记录，包括对声像的记载。⑤在结案后，应在网络上向公众公开与司法审判相关的法律文书、上诉书、辩护稿、证人证言等相关材料。大多数网民对于案件的了解都是来自于论坛的只言片语，都是片面的、单向的，他们并不真正了事件的全部事实和相关的法律条文。因此，案件的信息公开，有利于修正网民对案件的错误认识，以及对案件审判结果的认可。

第四，法官要提高自身素质。作为一名合格的法官应当具有抗干扰和抗压的能力，并且要与现世生活保持一定的距离，只有这样才能在法庭上做到超然独立。但是，由于早前出现了较普遍的司法权力滥用的情况，司法界对于外界的监督普遍发生反应过度甚至集体恐慌，在"言之凿凿"的舆情压力之下，司法界往往会用妥协来换取安宁。相较于中国，西方国家的法官在该问题的处理上就值得我们借鉴。他们大多数人不看报，不关注时事舆论，在法庭上只是忠于法律和自己的价值判断。比如，著名的"辛普森杀妻案"，美国传媒与民众无一例外地认为辛普森就是最大的杀人嫌疑凶手，但是最终结果是辛普森被判无罪释放。由此，我们可以发现，一个成熟的陪审团，一个公正的法庭，一个真正独立的司法审判，并不会因为舆论的介入而使法官的判决受到影响，进而影响审判结果的走向。

（二）媒体积极配合是关键

第一，媒体应该做好"把关人"的角色。在网络中，把关人的角色主要是由各大网站的网络编辑、各论坛贴吧的版主、楼主扮演。这些传媒组织在接收到新闻素材后，通常要经过筛选、审查、整理后才会向公众发布，而在筛选审查的过程中，就是把关人过滤掉虚假信息、恶意信息，净化舆论环境的时候。

第二，媒体应该保有新闻职业人的操守。媒体组织往往为了追求新闻报道的刺激性和影响力，而故意夸大案件事实，甚至颠覆事实真相，在报道和评论舆论事件时，尤其是对未审判完的案件，常会做出倾向性报道和诱导性报道，均干扰了司法审判的独立性。

（三）网民洁身自律是核心

伴随着网民市民意识的觉醒，网民自身法律素养也应当随之提高。网民是网络舆论事件的缔造者，是网络舆论监督的主体，因此，要建设一个健康洁净的网络舆论环境，最核心的要求就是网民要洁身自律。网民不能在网络上肆意发表情绪化、反社会的言论，更不能在网络上故意散播谣言。《宪法》第51条规定："中华人民共和国公民在行使自由和权力的时候，不得损害国家的、社会的、集体的利益和其他公民的合法的自由和权力。"因此，网民在自由发表言论的时候必须尊重国家、社会、集体和其他公民的利益，只有不妨碍他人行使自由权利下的自由才是真正的自由，也只有网民把握好这种自由的分寸，才能真正充分、合法地行使自己的监督权。

后　记

　　在2012年11月举办的"浙江省法学会法学教育研究会年会"上，浙江工商大学法学院院长、浙江省法学会法学教育研究会会长谭世贵教授首次提出要在全省范围内举行法科大学生职业技能竞赛，由此开创了国内法律职业能力系列竞赛的先河。2013年6月，浙江省法科大学生法律职业技能竞赛"古玩城杯"征文比赛正式启动，该项比赛由浙江省法科大学生法律职业技能竞赛组织委员会、浙江省法学会宪法学与地方立法学研究会主办，宁波大学法学院承办。"古玩城杯"征文竞赛活动共收到来自全省24所院校法学院系的一千余件参赛作品。

　　此次竞赛取得了多项成效。第一，辐射面广，参与度高。按照规则，比赛初赛均由各高校法学院系自行组织进行，复赛选手在各高校法科大学生中产生，据了解，全省有近1/4的法科大学生作为选手参与了竞赛初赛，广大法科大学生积极踊跃，以不同形式参与其中。第二，反响强烈，赞誉度高。广大师生对于本赛事的开展给予高度认同，同时对于活动的效果表示出大力赞许，与赛选手纷纷表示通过此次比赛激发了学术研究的兴趣，锻炼了自己的思考、写作能力，获益良多。第三，比赛为浙江省法学教育的互相交流、互相学习创造了机会，从而促进各法学院系教学质量的提高，在整体上推动了浙江省法学教育的发展。第四，社会各界积极响应。浙江省举行高校法律职业技能竞赛的消息一经传出，就吸引了包括法学界在内的社会各界的注意并得到高度评价，不少企业争相赞助，支持赛事并期待通过赛事为企业发现高素质、高技能人才奠定基础，本次比赛即由宁波古玩城冠名赞助。

　　本着"公平、公开、公正"的原则，"古玩城杯"征文比赛参赛选手经过校内选拔、专家初评和2013年11月份举行的全省法学院长联审会议终评，最终共有210件作品获奖。为了纪念这次比赛，展示浙江法科大学生的风采，我们精选出其中的一、二等奖作品结集出版，以飨读者，同时，我们也期待本书可以转化为教学辅助资料，用以与第一课堂密切结合，实现教与学的良性互动，促使教学水平的提升，教学效果的增强。当然，还要说明的是，为了保证学生

思 后 记

作品的原创性和完整性，除了细微之处的形式修改以外，本书基本保证了参赛作品原貌。

　　厦门大学出版社对本书的及时出版予以鼎力支持，法律编辑室主任甘世恒先生、责任编辑李宁女士为本书的顺利问世付出了辛勤的劳动，在此由衷表示感谢！

编者谨识
2015 年 3 月

图书在版编目(CIP)数据

法之思：浙江省首届法科大学生征文比赛获奖论文集/谭世贵主编. 一厦门：
厦门大学出版社,2015.11
ISBN 978-7-5615-5477-7

Ⅰ.①法… Ⅱ.①谭… Ⅲ.①社会主义法制-建设-中国-文集 Ⅳ.①D920.0-53

中国版本图书馆 CIP 数据核字(2015)第 068183 号

官方合作网络销售商： dangdang.com　亚马逊 amazon.cn　JD.COM 京东

厦门大学出版社出版发行

(地址:厦门市软件园二期望海路 39 号　邮编:361008)

总编办电话:0592-2182177　传真:0592-2181406

营销中心电话:0592-2184458　传真:0592-2181365

网址:http://www.xmupress.com

邮箱:xmup @ xmupress.com

厦门市明亮彩印有限公司印刷

2015 年 11 月第 1 版　2015 年 11 月第 1 次印刷

开本:720×970　1/16　印张:35　插页:2

字数:628 千字

定价:69.00 元

本书如有印装质量问题请直接寄承印厂调换